정치편
관습조사(1)
일제의 관습조사와 토지법제 인식

정치편

일제침탈사
자료총서 13

관습조사(1)
– 일제의 관습조사와 토지법제 인식

동북아역사재단 일제침탈사편찬위원회 기획

왕현종·방광석·심희찬 편역

| 발간사

　일본이 한국을 침탈한 지 100년이 지나고 한국이 일본의 지배로부터 벗어난 지 70년이 넘었건만, 식민 지배에 대한 청산은 이루어지지 못하고 있다. 일본의 독도영유권 주장은 도를 넘어섰다. 일본은 일본군'위안부', 강제동원 등 인적 수탈의 강제성도 인정하지 않고 있다. 일본군'위안부'와 강제동원의 피해를 해결하는 방안을 놓고 한·일 간의 갈등은 최고조에 이르고 있다. 역사문제를 벗어나 무역분쟁, 안보위기 등 현실문제가 위기국면을 맞고 있다.
　한·일 간의 갈등은 식민 지배의 역사를 어떻게 볼 것인가 하는 역사인식에서 기인한다. 역사는 현재와 과거의 대화이며 이를 기반으로 미래로 나아갈 수 있다. 과거 침략의 역사를 미화하면서 평화로운 미래를 말하는 것은 불가능하다. 식민 지배와 전쟁발발의 책임을 인정하지 않고 반성하지 않으면 다시 군국주의가 부활할 수 있고 전쟁이 일어날 위험성도 배제할 수 없다. 미래지향적 한일관계를 형성하고 나아가 동아시아의 평화와 번영의 기틀을 조성하기 위해 일본은 식민 지배의 책임을 인정하고 그 청산을 위해 노력해야 할 것이다.
　식민 지배의 역사를 청산하기 위해서는 식민 지배는 어떻게 이루어졌는지 그 실상을 명확하게 규명하는 일이 긴요하다. 그동안 일본제국주의에 맞서 조국의 독립을 위해 헌신한 독립운동가들의 활동을 찾아내고 역사적으로 평가하는 일에는 상당한 성과를 거두었다. 반면 일제 식민침탈의 구체적인 실상을 규명하는 일에는 충분한 노력을 기울이지 못했다. 제국주의가 식민지를 침탈했다는 것은 너무나 당연한 사실로 여겨졌기 때문에, 굳이 식민 지배에서 비롯된 수탈과 억압, 인권유린을 낱낱이 확인할 필요가 없었는지도 모른다. 그러는 사이 일본은 식민 지배가 오히려 한국에 은혜를 베푼 것이라고 미화하고, 참혹한 인권유린을 부인하는 역사부정의 인식을 보이는 데까지 이르고 있다. 일제의 통치와 침탈, 그리고 그 피해를 종합적으로 조사하고 편찬할 필요성이 여기에 있다.
　일제침탈사를 체계적으로 정리하는 일은 개인이 감당하기 어렵다. 이에 우리 재단은 한국학계의 힘을 모아 일제침탈사 편찬위원회를 꾸렸다. 편찬위원회가 중심이 되어 일제의 식민지 침탈사를 정치·경제·사회·문화 모든 방면에 걸쳐 체계적으로 집대성하기로 했다. 일제 식민침탈의 실체를 파악하기 위해 2020년부터 세 가지 방면으로 사업을 추진하고 있다. 하나는 일제침탈의 실상을 구체적이고 생생한 자료를 통해서 제공하는 일로서 〈일제침탈사 자료총서〉로 편찬한다. 다른 하나는 이들 자료들을 바탕으로 연구한 결과물을 〈일제침탈사 연구총서〉로 간행한다. 그리고 연구의 결과를 대중들이 이해하기 쉽게 〈일제침탈사 교양총서〉를 바로알기 시리즈로 간행한다. 자료총서 100권, 연구총서 50권, 교양총서 70권을 기본목표로 삼아 진행하고 있다.

〈일제침탈사 자료총서〉에서는 정치·경제·사회·문화 모든 방면에 걸쳐 침탈의 역사를 자료적 차원에서 종합했다. 침략과 수탈의 역사를 또렷하게 직시할 수 있도록 생생한 자료를 제공하는데 목표를 두었다. 그동안 관련 자료집도 여러 방면에서 편찬되었지만 원자료를 그대로 간행한 경우가 많았다. 이번에 발간되는 자료총서는 해당 주제에 대한 침탈의 실상을 체계적으로 이해할 수 있는 구성방식을 취했으며, 지배자의 언어로 기록되어 있는 자료들을 독자들이 쉽게 읽을 수 있도록 모두 번역했다. 자료총서를 통해 일제 식민 지배의 실체와 침탈의 실상을 있는 그대로 이해할 수 있게 되기를 기대한다.

2021년
동북아역사재단 이사장

편찬사

1945년 한국이 일제 지배로부터 해방된 지 76년의 세월이 지났다. 그럼에도 불구하고 일본 사회 일각에서는 여전히 일제의 한국 지배를 합리화하고 미화하는 주장이 나오고 있으며, 최근에는 한국 사회 일각에서도 일제 지배를 왜곡하고 옹호하는 주장이 나오고 있다. 이는 한국과 일본 사회, 한일 관계와 동아시아 국제관계의 미래를 위해서도 결코 바람직하지 않은 일이다.

이에 동북아역사재단은 일제의 한국 침략과 식민 지배에 대한 학계의 연구 성과를 총정리한 〈일제침탈사 연구총서〉를 발간하기로 하였다. 이에 따라 2019년 9월 학계의 전문가를 중심으로 편찬위원회를 구성하였으며, 편찬위원회는 학계의 연구 성과를 토대로 정치·경제·사회·문화 부문에서 일제의 침탈이 어떻게 이루어졌는지 정리하여 연구총서 50권을 발간하기로 하였다.

주지하듯이 1905년 일제는 러일전쟁에서 승리한 뒤, 한국에 군대를 주둔시키면서 한국의 외교권을 빼앗고 통감부를 두어 내정에 간섭하였다. 1910년 일제는 군사력으로 한국 정부를 강압하여 마침내 한국을 강제 병합하였다. 이후 35년간 한국은 일제의 식민 통치를 받았다.

일제는 한국의 영토와 주권을 침탈하였을 뿐만 아니라, 군사력과 경찰력으로 한국을 지배하면서, 정치·경제·사회·문화의 모든 부문에서 한국인의 권리와 자유, 기회와 이익을 박탈하거나 제한하였다. 정치적으로는 군사력과 경찰력, 각종 악법을 동원하여 독립운동을 탄압하고, 한국인의 정치활동을 억압하고 참정권을 박탈하였으며, 집회와 결사의 자유를 억압하였다. 경제적으로는 일본자본이 경제의 주도권을 장악하고, 일본인 위주의 경제정책을 수행했으며, 식량과 공업원료, 지하자원 등을 헐값으로 빼앗아 갔고, 농민과 노동자 등 대다수 한국인의 경제생활을 어렵게 하였다. 사회적으로는 한국인들을 차별적으로 대우하고, 한국인의 교육의 기회를 제한하고, 한국인으로서의 정체성을 박탈하여 결국은 일본의 2등 국민으로 만들고자 하였다. 문화적으로는 표현과 창작의 자유, 종교와 사상의 자유를 억압하고,

한글 대신 일본어를 주로 가르치고, 언론과 대중문화를 통제하였다. 중일전쟁, 아시아태평양전쟁을 도발한 뒤에는 인적·물적 자원을 전쟁에 강제동원하고, 많은 이들을 전장에 징집하여 생명까지 희생시켰다.

〈일제침탈사 연구총서〉는 침탈, 억압, 차별, 동화, 수탈, 통제, 동원 등의 단어로 요약되는 일제의 침략과 식민 지배의 실상과 그 기제를 명확히 밝히고자 하였다. 이를 통해 일제의 강제 병합을 정당화하거나 식민 지배를 미화하는 논리들을 비판 극복하고, 더 나아가 일제 식민 지배의 특성이 무엇이었는지, 식민 통치의 부정적 유산이 해방 이후에 어떤 영향을 미쳤는지를 밝히고자 하였다.

편찬위원회는 연구총서와 함께 침탈사와 관련된 중요한 주제들에 관하여 각종 법령과 신문·잡지 기사 등 자료들을 정리하여 〈일제침탈사 자료총서〉도 발간하기로 하였다. 아울러 일반인과 학생들이 보다 쉽게 읽을 수 있는 〈일제침탈사 교양총서〉를 바로알기 시리즈로 발간하기로 하였다.

일제의 한국 침략과 식민 지배의 역사는 광복 후 서둘러 정리해냈어야 했지만, 학계의 연구가 미흡하여 엄두를 내기 어려웠다. 이제 학계의 연구가 어느 정도 축적되어 광복 80주년을 맞기 전에 이와 같은 작업을 할 수 있게 된 것을 다행으로 생각한다. 한일 양국 국민이 과거사에 대한 올바른 역사인식을 갖고 성찰을 통해 미래를 향해 함께 나아갈 수 있기를 기대하면서 삼가 이 책들을 펴낸다.

2021년
동북아역사재단 일제침탈사 편찬위원회

| 차례

발간사 004
편찬사 006
편역자 서문 011

들어가며 일제침탈사『관습조사』자료집 편찬의 의미 013

Ⅰ 한말 관습조사 관련 기사 자료 017

1 신문기사 자료 018

2 잡지기사 자료 170

Ⅱ 관습조사의 실행 준비 계획 217

1 한국 입법 사업 담임 당시 기안 서류 218

2 부동산법조사회안 254

Ⅲ 관습조사의 추진 및 조사 활동 ·············· 277

1 토지 및 건물의 매매, 증여, 교환 및 전당의 증명에 관한 규칙 및 지령 등 요록 ······ 278

2 한국 부동산에 관한 조사 기록 ·············· 324

3 한국 부동산에 관한 관례 제1철 ·············· 378

4 한국 부동산에 관한 관례 제2철 ·············· 418

Ⅳ 부동산법조사회 관습조사 실행 결과 ·············· 497

1 한국 토지에 관한 권리 일반 ·············· 498

2 한국 토지소유권의 연혁을 논함 ·············· 546

자료목록 ·············· 602
참고문헌 ·············· 603
찾아보기 ·············· 614

| 일러두기

1. 일제침탈사 자료총서는 가급적 일반 시민들이 읽고 이해할 수 있는 현대적인 문장과 내용으로 구성했다.
2. 인명 및 지명 등 고유명사는 처음 등장할 때 원어를 병기하고 이후에는 한글만 표기했다. 한국어 표기는 국립국어원 외래어표기법에 따랐다.
3. 연도는 서력 표기를 원칙으로 하고 관련 연호는 병기했다. 그러나 기사 자료 등에서 문맥상 필요한 경우 원문의 연도 표기를 그대로 옮겼다. 날짜는 원문 그대로 표기하고 음력과 양력 여부를 알 수 있는 경우에만 '(음)', 또는 '(양)'으로 기재했다.
4. 숫자는 가급적 천 단위까지 아라비아 숫자로 표기하고 만 단위 이상은 '만'자를 넣어 표기했다. 그러나 문맥에 따라 필요한 경우나 도표 안의 숫자는 그대로 표기했다.
5. 탈초만으로 문장을 이해하기 힘든 국한문 혼용체 자료는 가급적 현대어에 가깝게 윤문했다. 낱말이나 문구에 대한 설명이 필요한 경우, 또는 편찬사업의 취지에 따라 자료 해설이 필요한 경우 편역자 주를 적극 활용했다. 단, 편역자 주는 각주를 활용했고, 원자료의 주석은 글자 색을 연하게 하는 등으로 표기했다.
6. 원문에서 윗첨자, 홑낫표, 홑따옴표 등으로 강조 표시된 부분은 꼭 필요한 경우에만 그대로 살려서 표시했고, 나머지는 과감하게 생략했다. 원문에서 판독이 불가한 글자의 경우 ■로, 원문에서 삭제된 것은 ×로 표시했다.
7. 한자 표기, 자료의 넘버링, 소목차 등은 원문을 존중하되, 가독성을 위해 일관성과 통일성을 고려하여 수정·보완했다.
8. 책, 잡지, 자료집 제목은 『　』, 논문, 소책자, 문서 제목은 「　」, 신문, 잡지 제목은 《　》, 기사문 제목은 〈　〉로 구분했다. 법령명, 정책명은 필요한 경우에만 〈　〉을 사용했다.

| 편역자 서문

　1905년 러일전쟁 이후 일본은 대한제국을 장래에 식민지로 만들기 위한 제반 조사 사업에 착수하였다. 1906년 7월 부동산법조사회를 설립하여 한국의 부동산 관행과 소유권 조사를 수행하였고 1908년에는 법전조사국을 세워 한국 전반에 관한 법제조사와 관습조사를 진행하였다. 일본은 전국적으로 치밀한 조사를 통해 식민지의 기초 법제를 적용할 준비를 마치고, 마침내 1910년 8월 조선을 식민지로 만들었다. 처음에 일본은 한국의 제도와 관행에 입각한 법 제정을 명분으로 내세웠으나 실제로는 일본의 통치에 적합한 식민지 법제를 적용하려는 의도였다. 그래서 기왕의 관습과 법제 조사는 1910년 이후 조선총독부 참서관실과 이후 중추원에 이관되어, 이른바 '조선 구관조사 사업'이라는 통치 자료로 정리되었다.

　일본은 1910년 한말 조선 관습에 대한 조사 사업을 일단락하고, 이를 정리하여 『조선 관습조사 보고서(朝鮮慣習調査報告書)』(1912, 조선총독부)를 펴냈다. 이 보고서는 초기 관습조사 사업에 대해 부동산법조사회와 법전조사국 시기에 작성한 각종 자료들을 총정리한 것이다. 이는 우메 겐지로(梅謙次郎)의 지휘 아래 전국 주요도시에 걸쳐 이뤄졌던 수년간의 관습조사 성과를 집대성한 것이다.

　또한 1938년 조선총독부 중추원은 식민지 시기 조선의 구관관습조사 사업을 정리하여 『조선 구관제도조사 사업개요(朝鮮舊慣制度調査事業槪要)』(1938, 조선총독부 중추원)를 간행하였다. 이 책은 일제의 조선 관습조사 연혁을 자기 나름대로 재정리하여 전반적인 관습 및 법제 조사 활동과 그 성과물들을 수록한 것이다. 일제의 조선 관습조사에 대한 2권의 저작은 당시 식민지 지배정책 중 식민지 법제 수립의 토대였던 조선 관습에 대한 개괄적인 정리이면서 동시에 일제의 침략의도를 집약한 책이라고 평가할 수 있다.

　하지만 관습조사의 실지 측면에서는 여러 가지 한계가 있었다. 일제는 전국적으로 관습조사를 실시했음에도 실지조사에서 채록된 관습의 다양성과 구체성을 훼손하는 통계적 조작이나 사실의 의식적 배제·추출을 감행하였다. 결과적으로 구래의 관습 내용과 조선인의 법제 관념과 관행을 자의적으로 왜곡했을 가능성이 높았다.

　마침 2012년부터 일제의 조선 관습조사 자료 수집과 해제 작업이 착수되어, 일제가 『조선관습조사 보고서』로 정리하기 이전에 별도로 수천여 종의 실지조사 보고서가 있음을 확인하게 되었다. 이처럼 일제의 식민지 법제 침탈을 위한 기초로 활용되었던 관습조사 자료들이 새롭게 발견되었고, 현재 수원역사박물관과 국사편찬위원회를 비롯하여 국내외 대학도서관 및 주요 기관에서 소장하고 있는 관습자료 문서들에 대한 총괄적인 조사 사업이 수행되었다.

　앞으로는 기존 일제의 시각에서 정리된 조선의 관습과 법제 기초자료를 통해서가 아니라 원본 자료에 반영된 조선 사회의 원래 상황을 추적해 가면서 일제의 식민침탈사를 근본적으로 비판하는 연구 작업이 필요하다. 이렇게 일제의 관습연구사의 전환이 필요한 시점에서 동북아역사재단이 추진하는 일제침탈사 자료총서 편찬 사업은 시의적절하다고 하겠다.

　이번 공동연구팀은 '일제의 조선 관습조사와 식민지 법제 창출'이라는 주제로 접근하려고 한다. 주요한 내용은 조선 관습조사 관련 주요 자료를 해제하고 번역 및 학술적 역주 작업을 수행하는 것이다. 일제의 관습조사에 관한 자료들에 대한 심층적 분석과 해석을 덧붙임으로써 일제 침략 의도와 식민지 법제화 추진과정을 구체적으로 설명할 수 있을 것이다. 이 자료집이 오늘날 일제의 침략을 비판하고자 하는 시민과 대학생을 비롯한 일반 독자와 대중들에게 새로운 역사인식을 제고시키는 결과를 가져올 것이라 기대한다.

편역자를 대표하여
왕현종

들어가며

일제침탈사 『관습조사』 자료집 편찬의 의미

일제가 수행한 조선 관습조사와 식민지 법제의 창출과정을 파악하기 위해서는 조선 관습조사 활동과 각종 보고서 편찬에 대해 시기별로 나누어 이해할 필요가 있다.

이 자료집에서 다루는 대상은 부동산법조사회에서 수행한 조선 관습조사(1906. 7~1907. 12)이다. 1905년 한국통감부 통감 이토 히로부미(伊藤博文)는 일본인의 토지 거래를 확대하고 한반도에 일본 자본주의를 이식시켜 식민지 토지제도를 수립하려고 하였다. 이를 위해 1906년 7월 일본 근대 민법의 기초를 닦은 우메 겐지로(梅謙次郎) 교수를 초빙하여 부동산법조사회를 발족시켰다. 애초에 대한제국 정부는 한국인 관료로 기초위원을 위촉하여 '토지소관법 기초위원회'를 구성하려 했으나, 일본은 자신들의 의도에 맞는 조사위원들로 위원회 구성을 전면 개편하였다. 일본은 우메 겐지로를 비롯하여 보좌관 나카야마 세타로(中山成太郎), 보좌관보 가와사키 만조(川崎萬藏) 등을 통감부 소속 직원들로 위촉하면서 부동산법조사회 위원으로 참여시켰다. 이후 부동산법조사회는 우메 박사의 지휘 아래 토지소유권 등 토지 및 부동산 관련 종래의 제도와 관습을 조사하는 사업에 착수하였다.

부동산법조사회는 1906년 7월 23일부터 이사청이 있는 8개 지역을 대상으로 토지관습을 조사하였으며, 8월 27일부터 전국 주요 지역의 토지관습을 조사하였다. 1907년 2월부터는 〈토지가옥증명규칙〉의 시행에 대비하여 조사를 실시하기도 했다. 일본 측 인사들은 그들의 조사 의도에 따라 마음대로 한국 토지관습을 재단하였다. 그래서 이들은 "인민의 토지소유권은 존재하지만 법제적인 형식을 갖추지 않았기 때문에 사실상 토지소유권이 존재한다고 할 수 없고 양안은 토지소유권의 근거로 유효하지 않다"는 등으로 보고하거나 기존의 토지에 대한 물권과 채권의 관행을 전당, 환퇴, 권매 등의 개념으로 재해석하였다. 일본 측은 한국의 전통적인 토지소유권 개념을 인정하지 않았고 한국에서 근대적 토지소유권은 부재한다며 단정적이고 편향적으로 해석한 것이다. 한편으로 일본은 〈토지가옥증명규칙〉을 공포하여 토지건물의 매매, 교환, 양여, 전당 시 관의 절차를 통해 토지 거래를 증명하게 하고, 일본인의 토지 소유를 합법화시켰다. 결국 부동산법조사회는 전통적 토지소유권과 관습 등의 법제를 조사한다는 원래의 취지를 살리지 못하고, 체계적인 조사 보고서도 완결하지 못한 채 1907년 12월 해체되어 법전조사국으로 재편되었다.

부동산법조사회에 관한 자료들로는 우선 우메 겐지로가 처음 부동산법에 관한 조사 방침을 세우면서 기안한 '한국 입법 기초 문서군'이 있다. 이는 일본 호세이대학의 우메 겐지로 문고로 기증되어 있다. 대부분 대한제국의 의정부 부동산법조사회(1906~1907)와 대한제국 내각의 법전조사국(1908~1910)의 입법과 관련된 초안문서이다. 이들 부동산법조사회 당시 한국 부동산 관련 입법에 관한 기안문들이 『한국 입법 사업 담임 당시 기안 서류(韓國立法事業担任当時ニ於ケル起案書類)』라고 편철되어 있다.

다음으로 부동사법조사회에서 수행한 조사 보고서류도 중요하다. 「토지가옥증명규칙 요지(土地家屋證明規則要旨)」, 『조사사항설명서(調査事項說明書)』, 『한국 부동산에 관한 관례 제2철: 황해도 중 12군(韓國不動産ニ關スル慣例 第二綴: 黃海道中拾貳郡)』, 『토지 및 건물의 매매, 증여, 교환 및 전당의 증명에 관한 규칙 및 지령 등 요록(土地及建物ノ賣買, 贈與, 交換及典當ノ證明ニ關スル規則及指令等要錄)』 등이 있고 또한 서울대학교 도서관과 규장각한국학연구원에는 부동산법조사회 관련 공문서류가 소장되어 있다. 부동산법조사회의 직제, 직원의 임면 사항, 예산, 출장 및 조사 방침 등을 상세히 기록한 「부동산법조사회 관계 서류」, 『부동산법조사회

안(不動産法調査會案)』 등이 있다. 부동산법조사회 관련 주요 자료의 현황이라고 할 수 있다.

1차년도 편찬 작업은 동북아재단의 편찬지침에 따라 다음과 같이 구성하였다.

『관습조사(1)-일제의 관습조사와 토지법제 인식』 수록 자료

	대상 자료		원본 형태	수록 방식
1	신문기사 자료	129건 (기간 1897. 11~1907. 12)	국문 및 국한문 혼용	선별 번역
2	잡지기사 자료	15건 (기간 1906. 9~1907. 10)	국한문 혼용	선별 번역
3	관습조사의 실행 준비 계획	한국 입법 사업 담임 당시 기안 서류	필사(→탈초)	법제정 관련 부분 추출
4		부동산법조사회안	필사(→탈초)	번역 역주
5	관습조사의 추진 및 조사 활동	토지 및 건물의 매매, 증여, 교환 및 전당의 증명에 관한 규칙 및 지령 등 요록	활자본	번역 역주
6		한국 부동산에 관한 조사 기록	활자본	번역 역주
7		한국 부동산에 관한 관례 제1철	필사(→탈초)	번역 역주
8		한국 부동산에 관한 관례 제2철	필사(→탈초)	번역 역주 추가
9	부동산법조사회 관습조사 실행 결과	한국 토지에 관한 권리 일반	활자본	번역 역주
10		한국 토지소유권의 연혁을 논함	활자본	번역 역주

본 자료집 편찬의 특징은 다음과 같다. 첫째, 1900년 전후 일제의 토지 침탈을 배경으로 하여 한국 주민들이 이에 대응하며 벌인 조선의 근대법 수립 노력을 시계열적으로 파악하기 위해서 당시 신문과 잡지의 기사들을 체계적으로 정리하였다. 이 시기 주요 신문인《독립신문》을 비롯하여《황성신문》,《대한매일신보》뿐만 아니라《제국신문》등의 기사를 포함시켰으며, 한말 잡지 중에서《대한자강회월보》,《대한유학생회학보》등을 비롯하여 각종 학술지를 포괄하였다. 이러한 신문 잡지 매체에 실린 법률 관계 논설 및 기사 중에서도 전통관습, 민·형법, 가족·친족 관계 및 일제의 침략 사실 등의 주제를 포괄하였다.

둘째, 부동산법조사회의 활동 일체와 관련된 자료를 모두 포함하고 있다는 점이다. 부동산법조사회의 설립 초기부터 각 지역의 조사 활동에 대한 기록들을 망라하고 있으며, 특히 각종 부동산조사 원칙과 전국 주요 지역에 대한 관습조사 보고 상황을 빠짐없이 수록하

였다. 특히 『한국 부동산에 관한 관례 제1철』과 『한국 부동산에 관한 관례 제2철』 중 제2철은 최초로 번역되는 것이며, 『토지 및 건물의 매매, 증여, 교환 및 전당의 증명에 관한 규칙 및 지령 등 요록』은 일제의 부동산 침탈 정책의 전모를 알 수 있는 자료이다. 또한 일제의 부동산 및 관습조사를 통한 법적 침탈에 대한 기본 계획을 담고 있는 우메 겐지로의 『한국 입법 사업 담임 당시 기안 서류』는 난삽한 초서 원본을 새롭게 정서하여 다시 번역한 것으로, 지금까지 나온 어떤 정리본보다도 가장 정밀한 정본을 갖춘 것이라 할 수 있다.

셋째, 부동산법조사회 조사의 결론이라고 할 수 있는 보고서를 수록하였다. 부동산법조사회 일본인 관리의 2개 보고서류(『한국 토지에 관한 권리 일반』, 『한국 소유권의 연혁을 논함』)를 번역함으로써 일본 측이 갖고 있는 한국의 전통적인 토지소유권 제도와 연혁에 관한 정리 방식을 구체적으로 파악함과 동시에 일본 측 식민지 법제의 시각과 편향성을 파악할 수 있도록 하였다.

이상의 성과는 이후 2차년도 법전조사국의 관련 자료 수집·편찬과 연결된다. 이 자료집을 시작으로 일제의 식민지 법제 수립과 시행과정을 추적해 나가는 자료집 편찬 작업을 수행하게 될 것이다.

I

한말 관습조사 관련
기사 자료

1.
신문기사 자료

해제

일제침탈에 관한 토지와 관습에 대한 신문기사로 1897년 11월부터 1907년 12월까지 《독립신문》과 《황성신문》, 《대한매일신보》 등 다양한 신문 중에서 주요 기사를 선별하여 129건을 대상으로 추렸다. 크게 5개 범주로 나누어 분류하면 다음과 같다.

- **관습·풍습 조사 관련 기사**(19건)
    - 전통사회의 풍속, 관습(혼인제도, 혼인연령, 여성권리)과 관련된 기사
    - 한말 여성교육의 중요성을 강조하는 기사
- **법률 제정 관련 기사**(45건)
    - 당시 법률제도의 문제점과 폐단을 고발하는 기사
    - 한말 당시 민법 제정의 필요성을 요청하는 기사
- **이민법 반대 관련 기사**(13건)
    - 1901년 일본 이민법을 둘러싼 논란을 포함하는 기사
- **부동산 침탈 관련 기사**(12건)
    - 1904~1905년 일본의 황무지개간권 침탈 등 토지 침탈에 관한 기사
    - 토지와 재정 침탈과 관련하여 대응책을 촉구하는 기사 등
- **부동산법조사회 관련 기사**(40건)
    - 1906년 부동산법조사회의 동향을 보여주는 기사
    - 부동산 증명 등 당시 토지제도의 문제점을 제시하는 기사
    - 부동산법조사회 관련 인사, 조사 사항 등과 관련된 기사

한말 관습조사 관련 신문기사 자료는 다음의 원칙대로 수록하였다.

1) 각 주제와 관련된 주요 신문기사를 추려내어(사설, 칼럼 포함) 기사의 전문을 가능한 한 이해하기 쉽도록 풀어썼고, 중간에 생략된 부분을 빼고 실었다.
2) 연·월·일 순으로 배치하였다.
3) 자료의 정보는 자료 연번, 신문명, 발행일, 분류, 게재면, 기사 제목 순으로 제시하였다.
4) 주제 분류와 내용 요약은 각주에 설명하였다.
5) 당시 신문기사에는 크게 세 가지 문체가 수록되어 있다. 순한문체, 국한문 혼용체, 순국문체 등이다. 내용적으로 당시 한문 문장을 그대로 수록한 경우에는 가급적 현재 쓰이는 서술 방식에 따라 풀어서 번역하였다. 다만 바로 의역하기 어려운 경우 직역을 유지하되 괄호 안에 한자를 넣어 이해하기 쉽도록 하였다.
6) 주요한 기사 내용은 진하게 강조하여 주목할 수 있도록 하였다.
7) 주요 인물과 주요 사건은 선별하여 각주에 설명하였다.

관습·풍습 조사 관련 기사

자료 01 | 《독립신문》, 1897. 11. 6, 잡보, 3면 3단

요전 일요일 오후에 독립관에서 토론회 회원들이 모여[1]

요전 일요일 오후에 독립관에서 토론회 회원들이 모여 동포 형제간에 남녀를 팔고 사고 하는 것이 의리상에 대단히 불가하다는 문제를 가지고 여럿이 강론을 하는데 유조하고 의리 있는 말이 많이 있으며 토론 후에 물제 가부를 작명하는데 모두 이 문제가 옳다고 작정하고 사람마다 말하기를 **동포 형제간에 남녀를 매매하는 것이 과연 의리상에 크게 불가하다고 하더라. 이다음 일요일에는 회원들이 모여 대한이 세계 각국과 비견하여 제일 상등국이 되려면 근일 새 법과 새 학문을 배우지 말고 한나라 당나라의 풍속과 예절을 본받는 것이 마땅하다는 문제를 가지고 강론들 할 터인데** 당 풍속과 예절에 유의하는 이들은 많이 와서 들으시고 회원들도 실고 없으면 다 와서 참례들 하시면 유조한 말들을 많이 들으실 듯 하더라.

---

1   [관습-매매] 인신매매에 관한 의제에 대해 세계 각국에 비교하여 풍속과 예절을 개혁하고자 하는 논의

자료 02 | 《독립신문》, 1898. 2. 12, 사설, 1면 1단

남녀 간에 혼인이라 하는 것은 평생에 큰 관계가 있는 일[2]

　　남녀 간에 혼인이라 하는 것은 평생에 큰 관계가 있는 일이요 다만 혼인하는 당자에게만 관계가 있는 것이 아니라 전국에 매우 소중한 일이 혼인으로 하여 생기며 후생에 이해가 있는 일이며 그 인종에 흥망이 달린 일이라. 그런고로 나라마다 혼인을 법률로 마련하여 전국 인민이 혼인을 하려면 정부와 교중 허락을 받아야 남녀 간에 부부가 되는 것인즉 세계 각국들이 오늘날 백성들이 자주 독립한 마음이 있고 인종이 강성하며 신체 골격이 충실한 것은 얼마큼 혼인하는 법률이 엄히 선 까닭이라. **외국서는 혼인을 허락하는 법이 첫째 남녀의 나이 마땅하여야 할 터인데 사나이는 21세 이상이요 여인은 19세 이상이라. 당초에 혼인하는 법이 청국과 대한과 같이 모르는 계집아이와 모르는 사내아이를 다른 사람이 중매하여 짝을 짓는 것이 아니라 사나이와 계집이 장성한 후에 저희 자유권으로 자원하여 서로 언약하고 부부가 되자 한 뒤에 관청과 교당에 허락을 받아 예법을 갖추어 부부 되는 제절을 친척 붕우 앞에서 행하고 그날부터 두 몸이 한 몸이 되어 생사흥망을 같이 나누는 것이라.** 외국은 사나이 처 놓고 장가든 이후에 처자를 능히 벌어먹이지 못할만한 사람이 남의 처녀를 데려다가 같이 살자고 하는 법은 없는 고로 대개 누구든지 혼인하는 사람은 제가 넉넉히 그 아내와 만일 자식을 낳거드면 자식을 능히 의식을 준비하여 줄 만한 처지라야 혼인을 하는 법이라. 설령 사람이 재물이 없더라도 학문과 지식과 재조와 힘이 있어 물론 무슨 벌이를 하든지 돈을 벌어 그 처자를 먹여 살릴 만한 가량이 있어야 남의 여자더러 아내가 되어 달라고 감히 말을 하며 또 누구든지 신병이 있다든지 형세가 없다든지 힘이 없어 처자를 벌어먹일 처지가 못 되면 아내 얻는 법도 없고 아내 될 여편네도 없는지라. 대한은 만사를 압제로 무리하게 하는 것이 풍속이 되어 심지어 자녀의 혼인까지도 압제로 시키는 고로 어린아이들을 억지로 짝을 지어 부부로 살라 하니 어찌 자녀를 사랑하면서 그 자녀의 평생에 크게 관계되는 일을 당자에

2　[관습-혼인] 혼인 연령에 대한 논의. 남자 21세 이상, 여성 19세 이상으로 자유결혼을 주장하는 것으로 조혼 관습 타파를 주장하고 있다.

게 물어보지도 않고 하니 어찌 인정이라 하며 또 그렇게 한 혼인이 피차간에 무슨 길거움이 있으리오. 그뿐이 아니라 소학교에서 반절이나 배우고 있을 아이들을 아내를 거느리고 남편을 데리고 살라 하니 그 아이들이 무슨 지각이 있어 남편 노릇을 할 줄 알며 아내 노릇을 할 줄 알리오. 아이들이 아직 기혈도 자라지 못한 것들이 합하여 아이들을 나으니 이것은 어린 아이들한테 몹쓸 학정이요 또 그 어린아이한테서 난 어린아이가 무슨 뛰어난 재조와 강한 체골이 생기리오. 그러한즉 전국 인종이 자연히 좁아져 못생긴 인물이 많이 나는 것이 생물학 이치에 자연한 일이라. 그뿐이 아니라 소위 사나이가 제 몸을 주체할 줄 모르고 제 의식을 준비할 세력이 없는 터에 아내를 얻으니 이런 사람의 처지는 혼인이 안락한 일이 아니라 세상에 몹쓸 고생되는 일이요 또 소위 사나이가 처자를 능히 벌어먹이지 못할 지경이면 그 사나이가 무슨 낯으로 그 처자를 보며 또 그 처자가 그 사나이를 어찌 점잖게 생각하리오. 사람이 제 몸 일신을 가축 못 하여도 마음이 조잔하여 얼마큼 세상에 내로라고 할 기운이 나지 못하는데 하물며 아내와 자식들이 있어 그것들까지 까득한 고생에 겹된 누가 되니 자녀 있는 것이 기꺼운 일이 아니라 도로 견딜 수 없는 걱정이요. 또 이렇게 누만한 사람이 누에 못 이기어 독립할 마음과 옳고 그른 것을 분간하는 마음이 다 사라지고 주야로 막 다른 골 사람이 되어 아무 일이라도 하며 아무 말이라도 하여 제 빈 배를 차이며 주린 처자의 눈물을 잠시라도 마르게 할 경영뿐인즉 사람이 이렇게 막 다른 골이 되어 놓거드면 열 사람이면 아홉은 거짓말이라도 하고 남을 속이기라도 하고 남을 해하기라도 하여서 이간고 한 걸면 하려고 할 터이니 전국 인민이 십 분에 구가 모두 이 모양일 것 같으면 그 나라가 어찌 능히 세상에 기를 펴 볼 수가 있으며 그 백성들이 무슨 생각과 뜻이 있어 그 나라를 보존하여 보려 하리오. 그런고로 위선 **정부에서 백성의 누를 조금 제하여 주려거드면 위선 혈수할 수 없는 사람들이 경계 없고 지각없이 혼인하려는 것을 막으면 불과 몇 해 아니 되어 국중에 지금 같이 막 다른 골 된 사람이 좀 적어질 터이요 또 사람마다 아내 얻을 욕심으로도 학문과 지식을 넓히며 재조와 근력을 길러 벌어먹을 방책들을 할 터이라. 또 그뿐이 아니라 체골이 장성한 후에 남녀가 자기들의 평생을 예산하여 자유권으로 자원하여 부부가 될 것 같으면 화합하지 아니한 부부가 없을 터이요 또 장성한 남녀가 나은 자식들이 신체가 강건하고 총명이 나아갈지라. 정부에서 법률을 만들어 압제 혼인법을 없애고 남녀의 혼인할 연기도 작정하며 또 병신과 비렁뱅이들과 천치들은 당초에 혼인을 못 하게 하며 누구든지 혼인하려면 그 고을 관원이 친히 신**

랑 신부의 연기와 사세와 소원을 자세히 사실하여 법률상에 마땅한 연후라야 혼인하는 것을 관허하여 주는 것이 나라에 큰 사업이라. 지금 규칙 없고 경계 없고 의리 없이 혼인하는 풍속 까닭에 대한에 내외 불합한 집이 한둘이 아니요 울고 은근히 서러움을 이기지 못 하는 여인이 여간 백여 명이 아니요 남의 첩이 되어 세상에 천대받고 남의 집안에 불화한 경색을 일으키며 계집의 등분을 낮추는 계집이 여간 백여 명이 아니며 내외 불합한 까닭에 음행이 성하며 손톱과 발톱이 닳도록 일하여 돈푼 벌어 아무것도 아니하고 가만히 자빠져 있는 서방을 먹여 살리는 여인이 한둘이 아니며 개와 돼지같이 천하고 이다음에 지옥 불에서 타 죽을 못된 사나이 놈들이 제 계집을 무단히 때려 종같이 부리는 놈이 한둘이 아니라. 국주에 이런 경황이 있고야 그 나라가 어찌 복음과 천은을 입으리요. 백성의 집들이 화평하여야 그 나라가 화평하는 법이며 전국 인민의 행실이 음한 것이 없어야 그 나라 정사가 맑아지는 법이요 전국 남녀가 경계와 도리를 가지고 교제하여야 그 나라가 세계 각국에 경계와 예절이 있게 교제가 되는 법이요 국중에 누가 가벼운 사람이 많이 있어야 애국 애민할 생각도 하는 백성이 생기며 여편네 중에 남의 첩이 되며 사나이의 희롱하는 물건이 된 여인이 없어야 대한 부인네들을 세계만국 인민이 공경하여 대접할지라 만일 대한 여인네들이 행실이 높아 능히 내외 국민에게 경례를 받게 되거드면 사나이들에게도 영광이라 어머니와 누이와 아내와 딸이 세계에 대접을 받을 지경이면 아들과 오라비와 남편과 아비가 어찌 영광스럽지 아니하리오. 우리가 바라건대 대한 정부에서 혼인 일사를 깊이 생각하여 이 불행한 병통을 고쳐지도록 법률을 만드는 것이 한 가지 급선무일러라.

자료 03 | 《독립신문》, 1898. 6. 11, 잡보, 3면 3단

작년 섣달에 파주 읍내 사는[3]

작년 섣달에 파주 읍내 사는 예수교도들이 의논하기를 여제 단에 의패를 모셔 제사 지내는 일이 헛된 풍속이라 하여 그 위패를 부수었더니 그 죄를 파주군수가 그 두 사람을 잡아 가두어 다섯 달을 두었다가 경기재판소에 넘겨서 경기관찰사가 일곱 해를 칼 씌워 가두라 하였다니 그 두 사람의 한 일은 망령된 일이라 그 위패를 저희들은 믿지 않거니와 고을에서 위하는 물건을 망령되이 욕보인 것은 당당히 징치하려니와 그 일로 하여 그 두 사람을 다섯 달이나 가두어 두었다가 오히려 또 부족하여 칠 년 금수를 하는 일은 여단 귀신을 위하는 정성은 우리가 감탄하거니와 있는지 없는지 모르는 귀신 몇 개를 위하여 인구 십여 명을 탕패 가산하게 하니 이러한 정사는 과연 문명한 대한에나 있으리라고들 다 치하한다더라.

자료 04 | 《제국신문》, 1900. 5. 11, 논설, 1면 1단

무릇 혼인이란 것은 사람에게[4]

무릇 혼인이란 것은 사람에게 제일 크고 진중한 일이라. 만일 혼인법이 없어서 남녀배합이 되지 못하게 되면 집안 산업의 구애되는 것은 차지 물론하고 자손이 어대서 생기며 자손이 없으면 선세에 가성을 어찌 전하여가리오. 그런고로 혼인이란 것은 인류에 제일이오, 백복의 근원이라 하는지라.

---

3 [관습-풍속] 예수교도들이 섣달에 위패를 부순 행위에 대해 투옥하는 것을 비난하는 내용. 종래 잘못된 풍습을 시정할 것을 요구하고 있다.
4 [관습-혼인] 동방예의지국이라 하면서 사람을 매매하는 것이 허다하여 여식을 매매하는 풍습이 전국에 퍼져있으니 황상 폐하의 인구 매매 금칙을 그대로 지킬 것을 강조한 논설

이전 상고 때에 나무를 얽매여 깃을 만들고 나무 열매를 먹을 때에는 혼인의 예절이 어떠하든지 모르거니와 태호 복희씨 때부터 혼인하는 법을 경홀히 하지 않고 신중한 뜻을 표하라고 가족 주당을 보내게 마련하였으니 그는 부부가 되어 백년해로하는 맹세도 삼고 또 남의 점잖한 여자를 영접하여 오는 예물이오 또 폐백이라. 그 소중하고 자별함이 비할 데 없는지라. 그런고로 우리 동아 제국이 그 예법을 준행하여 몇천 백 년을 전하여 내려오나니 그는 천지에 바꾸지 못할 법이오. 또한 사람이란 것은 천지간에 제일 귀하고 신령한 자라. 모두 하늘게 인의예지의 성품을 타가지지 아니한 자가 없은 즉 그중에 기질의 청탁은 혹 달라서 총명하고 우준한 것은 다를지언정 어리석다든지 우래하다고 같은 사람에 비하여 소나 말이나 닭 개 짐승같이 지극히 천대하여 매매할 물건은 되지 못하거늘 **말로는 언필칭 동방예의지국이라 하면서도 오랑캐의 풍속을 모본하여 사람 매매하는 일이 허다한 중에 가량 노비 매매 같은 것은 어찌하여 유래하는 관습이 되어 졸연히 변개하기 어렵다 하려니와 지어 그 부모라던지 제형 숙질이라는 자들이 그 자식을 팔아서 재산을 부하려는 놈도 있고 호구지계를 삼는 놈도 있으니 그는 되야지나 마소를 길러서 잡아먹지 아니하면 방매하는 모양이라.** 만일 누가 그 자식을 사 가지 아니하게 되면 잡아먹기가 쉬울지라 들기에 통탄불이한 중 우황 혼인은 인류대사라. 두 집이 서로 의합하여 신랑이나 신부의 적합한 자품을 보아서 서로 합당한 후에 폐백을 받고 딸을 보낼 때는 경계하고 경계하기를 네가 시집에 가서 부부화락하여 명을 어기지 말고 효도로 시부모를 봉양하고 자식 낳아 계가 성하고 봉제사 접빈객하라 하여 보내거드면 내가 남의 딸을 데려 올 때에도 또한 그러할지라.

여식 팔아먹는 자인들 어찌 남의 딸을 데려오지 아니하고 매양 홀아비로 딸만 낳는 이치가 있으리오. 그런 즉 딸을 파는 자이나 사는 자가 다 일반이어늘 슬프다. 우리나라 여식 매매하는 풍속이 서관서부터서 12, 13세만 되게 드면 엽전으로 소불하 수백 냥이오 다지 천여 냥씩 받고야 딸을 남에게 보내고 또 그 딸이 과부가 되게 드면 또 다시 팔아먹고 형이나 시부모 되었던 자가 그 며느리나 형수가 제수되었던 것을 팔아먹는 일도 허다한데 **그 풍속이 점점 번져서 황해도 함경도 강원도로 그 자식 파는 풍속이 성행하더니 근일에는 왕화 지근 지처에서 자식을 종으로도 팔며 혼인을 지날 때 소위 봉치를 많이 싸라 봉치 속에 봉을 몇 백량식 박어라 하는 폐단이 종종 있어서 준수하고 총명한 남자라도 돈이 없으면 혼인을 지나지 못하나니 설혹 당장에 돈량을 받아 긴하게 쓰는 것은 좋거니와 재물만취하여 시랑에 자격을 보**

지 아니한즉 그 딸에 일평생 신세가 고단할 염려도 없지 아니할뿐더러 분명히 하늘이 미워하사 자식 팔아먹는 놈은 앙화를 주실지라. 어찌 두렵지 아니하며 하물며 우리 황상 폐하의 지인하신 성덕으로 인구매매하는 것을 금단하라신 칙명이 소연 자재한지라. 만일 지방관이나 경무관리들이 실심봉공하게 되면 자식매매하는 자들의 신명이 어찌 온전하기를 바라리오.

자료 05 | 《제국신문》, 1904. 11. 23, 논설, 1면 1단

관습에 어떠한 것[5]

　세상 사람의 관습이란 것이 무엇이오. 물론 무삼 일이든지 오래 보아 눈에 익으면 아무리 그른 일을 알아라도 좋아 보이고 아무리 좋은 일이라도 처음으로 보면 마음에 그르게 여기는 것은 이른바 관습이라.

　대저 양복 입고 머리 깎는 것을 말하게 되면 처음으로 볼 때에는 오랑캐니 짐승이니 하고 모두 이유를 알아서 상종하기를 슬퍼하며 인력거 타고 다니는 사람을 보면 또한 이상스러이도 여기고 또 타고 다니기도 점즉히 여기고 남이 타고 다니는 것을 보아도 비웃고 욕하는 사람도 많았고 기타 무삼 일이던지 경장 이후에 하는 일을 보면 다 마음에 마땅히 여기지 않고 흉보는 사람에 비웃고 욕하는 자가 많으며 대신 협판을 말하면 대신이란 것은 정승이 대신이지 무슨 대신이 마을마다 있으며 국장과 과장이 무엇이냐고 하며 그 벼슬을 주어도 다니지 않을 듯이 말하더니 **지금 몇 해에 풍기가 얼마쯤 변하여 그러한지 이목에 젖어 관습이 되었는지 지금은 대신 협판 국장 과장 이름글 넣어서 벼슬 못 다니겠다는 사람을 보지 못하였고 인력거 타지 않는 사람을 보지 못하였고 병정의 복색 보고 흉하다는 사람이 없고 장관들의 복장 보면 다 좋다고 그 벼슬하여 그 옷 입어보기가 소원이란 사람이 무수하고 머리 깎고 지**

5　[관습-풍습] 세상 사람의 관습은 오랫동안 눈에 익으면 그른 일을 보아도 좋아 보인다고 하면서, 몇 해 전 단발과 복색에 대해 비판하였지만 풍속에 젖어 관습이 되었음을 설명함으로써 단발의 당위성을 주장하고 있다.

팡이 잡고 다니는 것을 보고도 이전같이 시비하는 자가 없으니 그 어찌하여 그렇다 하리오. 그것이 눈에 익고 풍속에 젖어서 관습이 된 까닭이라.

　　이런 일로 보게 드면 세상만사가 처음 보는 일을 마음에 맞지 않는다고 시비할 것도 아니오. 욕할 것도 아니오. 그 이치를 깊이 생각하여 그 일에 형편을 추구하여 보아 이치와 경위에 적당하면 눈에 설더라도 나무랄 것은 아니오. 아무리 이왕 행습하여 좋던 일이라도 이치와 경위에 합당치 않거든 틀린 것으로 알아야 옳은지라.

　　근일에 일진회가 생겨난 후에 머리를 깎고 밀짚모자나 혹 담으로 만든 갓이나 심지어 헝겊모자를 쓰고 다니는 것을 보면 그 모양이 참 볼 수 없는지라. 서울 사람들은 오히려 관계치 않거니와 하방 친구들이 집색이나 메토리에 의복이 추루한데 머리에 단발하고 그 모자 쓴 것을 보면 누가 휘보고 비웃지 않으리오. 그러나 단발하는 사람이 점점 늘고 상투 있는 자가 점점 줄어간즉 나중에 하방 사람의 그 모양도 또한 보기에 과이 눈설어 보이지 않고 여상이 알지라.

　　이제 단발하는 사실을 의론하건대 세계만국에 머리 깎지 않는 나라가 없고 단발 아니한 사람이 없는데 서양 각국에는 아니 깎은 나라가 없으니 말할 것 없거니와 모양으로 말하여도 다른 나라는 다 깎고 우리 한국과 청국 두 나라에 여간 머리털이 남았으나 실상인즉 다 조금씩이라도 까지 않은 사람이 없는지라.

　　청인이 처음으로 명나라 제도를 고쳐 머리를 깎을 때에 사람마다 치발치 않으려고 민란이 종종 일어났는데 지금은 도로 명나라 제도를 행하라 하면 또 싫다고 민란이 생길 모양이라. 그것이 도시 이해는 생각지 않고 당장 눈에 설고 새것을 좋아하지 않는 까닭이며 우리나라로 말하더라도 머릿속은 다 깎고 가장자리로 남은 털이 반이 못되나니 그것마저 버히는 것이 무엇이 원통하리오만은 그 전에 않던 일이라 아주 버히기를 싫어하는 사람이 많거니와 그래도 이전보다 얼마쯤 변하여 무슨 벼슬을 준다면 아니 깎을 자가 별로 없으니 그 변한 것이 어떻다 하리오. 그는 다름아니라. 그 생에 많이 보아 눈에 익은 까닭이로다. 십년 전으로 말하면 죽어도 단발을 못할 것으로 알던 일에 대하면 어떻다 하오릿가 그런즉 관습에 어떤 것과 시운이 변천하는 것을 알지 못하면 사람이라 일으지 못하겠소.

자료 06 | 《황성신문》, 1906. 5. 22, 기사, 3면 2단

대한자강회연설, 여자교육의 필요[6]
大韓自強會演說, 女子教育之必要

윤효정(尹孝定)

모 전회에 본회 취지를 설명하여 말하길, 발기한 것이 반드시 대한의 스스로 약함에 통심(痛心)으로 구혈(嘔血)함이 있어 모임의 이름을 자강(自強)이라 하여 이미 여러 사람이 들고 강약이 또한 어느 정도 있어 혹은 서로 배종(倍徒)하며 혹은 서로 십백(十百)하나니 이제 열국부강비교표와 비교하여 우리나라가 미약한 실황을 한번 논하건대, 진실로 통심 구혈것이로다.

국의 국부(國富)는 1천 2백 억이고 우리는 5억이니 이는 자못 300배이오. 영국의 민부는 1인 2,400원이오 우리는 25원이니 이는 자못 100배오. 영국의 수출은 27억이고 우리는 5백 만이니 이는 500배 이상이오. 미국의 저축은 44억이고 우리는 일전도 없고, 영국의 군함은 450이고 우리는 하나도 없고, 프랑스와 러시아의 육군은 각 80만이고 우리는 1만 이내이니 이는 80배이로다.

또한 지식은 반드시 그 학문의 높고 낮은 자가 있다. 구라파와 미국 각국 및 일본은 대학교 출신의 학·박사가 모두 기만을 헤아리는데, 우리는 작년부터 시작하여 농학사(農學士) 1인으로 하니 지식을 말하는 것이 저들은 우리의 기만 배에 이르고 있으니 앞서 설명한 바 소위 세계 중 최하제일위의 국이 이것이라. 이러한 국가로 바로 열강의 가운데 서려고 함이 혹시 미숙한 생각이 아니겠는가.

제군이 또한 국가가 이같이 약함에 유감이 있어 가만히 본회의 자강이라는 이름에 기뻐하여 이제 그 광채를 고려하여 반드시 자강의 방략을 묻는다면 여기 여자교육이 필요하다는 주제로 연설할지니 반드시 악연(愕然)히 서로 원하여 낙진고흥(落盡高興)함이 명확하다. 그러나 국가의 지우빈부(知愚貧富)가 실제로 여자의 교육과 교육하지 않음에 크게 관계되는

---

6 [관습-여성교육] 계몽운동가 윤효정이 다른 나라와 비교하여 열악한 우리나라에 여성교육이 필요함을 역설하면서 여성교육이 교육의 큰 근본이며, 그렇지 않으면 교육의 큰 원수라는 논조를 편 연설.

것이니 이는 실로 자강의 본이 소재한 것이니 청컨대 제군은 끝까지 추론(麁論)을 청하시오.

모종 1제 중에 다시 네 가지 제로 나누니, 말하자면 여자를 교육함은 재산의 대자본이오. 여자를 교육하지 않음은 재산의 대모적(大耗賊)이며, 여자를 교육함은 교육의 대근본이오 여자를 교육하지 않음은 교육의 대수적(大讐敵)이라 하노니

여자교육의 보통 필요는 근일 신문 지상의 제씨의 논 중에 이미 설명되었으니 반드시 첨족(添足)할 필요가 없음이오. 모 즉 본회의 목적이 교육과 식산 두 가지에 관한 것이오. 이를 간략히 논하노라. 대저 나라에는 민이 있어야 함이오 민에는 반드시 가족이 있어야 함이오. 가에는 반드시 남녀가 있어 다 함께 생활 정리는 하는 것이고 남자의 의무는 국가 사회에 많으며 여자의 의무는 갖고 가족 사회에 많아서 서로 표리(表裏)가 되어 의무를 다할진대 필요에는 지식이 있어야 하고, 지식을 넓게 하려면 반드시 교육이 필요하다. 이것은 실제 남녀가 교육을 필요하다는 것이라는 원인이로다. (중략)

만약 여럿이 모여 한담을 듣는다면 다시 사람으로 하여금 놀라고 또 놀라게 될 것이다. 모 부인, 모 부인의 산호 불수옥장도(珊瑚佛手玉粧刀)는 북경에서 주문한 것이 기만 량이오, 모 별실(別室), 모 별실의 보석반지 금시표(寶石蟠指金時表)는 서양 시식(時式)이 기천 원이며 화류의장(樺榴衣藏) 4~5쌍은 이랑군(爾郞君)의 신정(新情) 기념이오. 금은반상 12사는 우리 영감의 해서산맹(海誓山盟) 등 치정리어(痴情俚語)와 문사회음(門奢誨淫)이 이미 관습으로 이루어져 부자(夫子)를 자가 공봉의 노로 보거든 부자가 된다는 것이 또한 보통의 것으로 인정하여 안으로 대신 협판으로 탐묵을 자행하고 밖으로 관찰군수는 염박하는 것[厭剝割者]을 싫어하지 않는 자가 십상팔구(十常八九)는 오로지 그 부녀를 봉공하고 행하는 자이라. 그런즉 여자의 무교육이 비단 일간의 모적(耗賊)이 아닐 뿐만 아니라 어찌 국가의 대모적(大耗賊)이라고 할 것인져. [미완]

자료 07 | 《황성신문》, 1906. 7. 24, 잡보, 3면 2단

대한자강회연설, 외국인의 오해[7]
大韓自強會演說, 外國人의 誤解

오가키 다케오(大垣丈夫)

(전략) 또 외국인이 또한 한국인은 게을러서 근로의 가치를 알지 못한다 하니, 이는 이유가 있는 설이다. 현재 사실이 바로 그러할 듯하되, 이 관습성의 유래는 소급하여 살펴보면, 이는 소란과 학정이 한국민을 악화한 결과라. 한국민에게는 재산이 위험의 매개물이오, 안녕 행복의 필요한 도구가 아닌 것이 일본인은 그 재산의 실제 수보다 많이 가졌다는 것을 보이되 신용을 견고케 하라 하되, 한국인은 재산의 과다함을 과소하다 칭하며 있는 것을 없다고 말하여 다른 사람이 빼앗는 것을 면하려 하니 즉 재산을 가지고 있으면 유사(有司)에게 죄를 얻어 납치되어 투옥되는 위험이 있으니 이 같은 나라에서는 근로하여 축재할 필요가 없고, 또한 타국에서는 자손에게 축재함을 장려하되 한국에서는 자손을 경계하여 축재치 말게 한다 하니 이는 학정의 결과에서 나옴이오 천성(天性)은 아니로다.

만약 정부에서 인민의 재산을 안전케 하고 국민 일신상에 근로의 이익을 받게 하면, 나태가 변하여 근면한 사람을 이루게 함이 결코 어려운 일이 아니라. 그러나 단 오래된 구습인 고로 일조에 개선하기 어렵다 하더라도 여러 해 거치면 필연 변화하겠고, 또한 하물며 작금 형태를 본 즉, 국사(國事)의 비운을 분하고 개탄하여 교육부면에 발기한 애국적 진취의 기상이 타일의 개진 문명을 배태할 것인즉, 나는 외국인의 오해함을 지적하여 저들의 반성을 청구하고 또한 한국인 여러 사람들에게는 더욱 분발하여 흥기하여 부국강병의 실을 거둘 것을 간절히 바라노라.

---

7 [관습-습관] 대한자강회에서 오가키 다케오(大垣丈夫)가 외국 사람들이 흔히 한국인들이 나태한 습관으로 보는 것은 잘못된 것이고 정치의 포학으로 인한 것이므로 정부에서 인민의 재산을 보호하고 인민의 이익을 보장하면 오래된 습관이 고쳐질 것이라고 설명하는 연설.

자료 08 | 《황성신문》, 1906. 10. 18, 잡보, 2면 3단

화폐 실시[8]
貨幣實施

　탁훈(度訓) 각 도 – 탁지부에서 13도에 훈령하되 화폐 체용(體用)이 스스로 원위법화(元位法貨) 보조지별(補助之別)하여 그 행용(行用)하는 바를 각기 제한 연후에 문란과 효잡의 폐를 가히 면할 것인바, 소위 엽(葉)은 화폐조례정식 중 청동화(青銅貨) 중에 준비한 것인즉 이는 준비보조화라. 그 유통의 사이에 조례에 의하여, 1환(圜)이하 보용자이어서 인민이 구관(舊慣)·성습(成習)에 법의(法意)를 헤아리지 못하여 일반 여수(與受)에 스스로 제한이 없어 불편함의 극에 이르니 차라리 이것이 이유가 있으리요. 별도로 발훈하니 도착하는 즉시 관하 각 군에 등칙(謄飭)하여 반드시 공사 거래 간에 하나같이 왼쪽 실시의 뜻으로 즉시 각처 통구(通衢)에 게재하여야 민으로 하여금 모두 알게 할 사.

　하나는 이미 정한 화폐법의 신보조 은화 10환까지며 백동 화폐 2환까지며 청동 화폐 1환까지 법화로야 그 주고받음을 거절하는 것을 부득하며 엽전 1환 이하도 역동(亦同)함. 단 여수자(與受者)가 양편 합의로 우 제한을 초과는 물론함, 제일은행권은 무제한으로 통용하는 법화라 하였더라.

8　[관습-화폐] 화폐조례정식을 시행하여 법화와 보조화를 구별하였는데, 인민이 구관 성습에 법의를 헤아리지 못하고 있음을 비판하고 이미 정한 화폐법의 보조화 수수 방법에 대해 훈령한 내용을 소개하고 있다.

자료 09 | 《대한매일신보》, 1907. 7. 9, 사설, 1면 1단

의뢰하는 습관은 교육을 받지 못한 까닭[9]

김민식[10]

  대저 사람이 세상에 남에 강보에 적자를 면치 못할 때에는 비록 사물의 이치를 분변하기 어렵거니와 하나님이 품부하여 주신 생활상의 자연한 자격과 법리상의 계관한 권리와 의무는 가히 없지 못할 지라.

  어렸을 때에는 각각 그 부모의 양육을 받아 나이 차차 장성하고 학식이 충만한즉 자기가 자기를 자주하는 방도는 사람마다 자기의 책임이라. 누구를 의탁하며 무엇을 의지하리오. 당당한 나의 일신을 특별히 스스로 주장하여 국민사회상에 한 부분 책임을 담부할지니.

  각각 상당한 직업에 종사하여 나라 백성의 정한 권리와 의무를 몸이 맡도록 지키는 것은 사람의 떳떳한 일이오. 나라에 통한 규례라. 슬프다. 우리 대한 동포는 자고이래로 자기 일신을 남에게 의지코자 하는 사람이 허다하니 남자는 비록 연기가 장성하여도 그 부모 형제와 일가 친척에게 의탁하기를 의례건일로 알고 혹 타인이라도 언필칭 그 사람은 친척이 부요하니 직업이 없어도 걱정이 없다 하는 습관이 있으며 여자는 출가하는 날부터 자기 일신을 그 남편에게 맡기고 공기도 통치 못하는 방 속에서 평생을 헛되이 보내니 어찌 종신 구슈보다 다르다 하리오. 슬프다. 자매 동포여 이러한 악습이 어디로 좇아 왔느냐 하면 결단코 교육을 확정치 못하여 학식이 발달치 못함에 남녀의 지식이 고르지 못하고 농공상에 직업이 개발치 못함이오.

  한 사람이 한 집을 성양하면 식구가 수십 인이로되 그중에 1, 2인의 직업으로 얻은 재산을 가산이라 하여 여러 사람의 물건이 된즉 그 수다한 식구는 비록 직분이 없으나 생애 할

---

9 [관습-여성교육] 의뢰하는 습관은 교육을 받지 못한 까닭이라는 논지로 가족관계에서 부모의 양육에 의존하고, 우리 대한 동포는 남에게 의지하는 사람이 허다하지만, 일본이 교육을 확장하고 여학교를 곳곳이 설립하여 발달하였으니 남자는 높고 여자는 천히 여기는 습관을 바꿀 것을 주장하는 사설.

10 《대한매일신보》에 〈의뢰하는 습관은 교육을 받지 못한 까닭〉이라는 편지글을 보낸 이는 김민식이라 하는데, 정확히 어떤 인물인지 알 수 없다.

방책을 힘쓰지 아니하고 혹 아비가 아들을 의탁하고 아들이 아비를 의지하고 형이 동생을 의탁하고 동생이 형을 의지하며 그 외에 친척이라도 부요하면 의뢰하기를 꾀하여 자기 일신을 자기가 살피지 못하는 사람이 허다하니 남자도 이러하거든 여자가 남편 의뢰하는 풍속을 어찌 그르다 하리오, 의뢰하는 습관이 이렇게 심한즉 한집에 놀고먹는 사람이 십상팔구가 되어 사사해도 불쇼하거니와 나라의 해 됨이 어떠하겠나뇨.

우리나라 부인 동포는 교육을 받은 것이 없고 다만 방 속에서 부엌에 가는 문견뿐이라. 다른 지식이 어대로 좇아 나오리오. 학식과 직업이 없은즉 자연 의뢰하는 마음이 생기거늘 어찌 공사 간 해됨을 깨달으리오. 우리 동양에 선진하였다는 일본이 유신한 이래로 교육을 확장하여 여학교를 곳곳이 설립하고 과정을 정리코저 하되 오히려 발달 진보가 채 되지 못하여 남자는 높고 여자는 낮은 풍속이 남아 있거늘 하물며 우리나라의 남자는 높고 여자는 천히 아는 습관이 심한 것은 온전히 교육이 확장치 못한 근인이니 어찌 한 번 돌려 생각할 일이 아니리요.

[미완]

| **자료 10** | 《대한매일신보》, 1907. 8. 17, 기사, 2면 1단

혼인조칙[11]

황제 폐하께옵서 조칙을 내려 가라사대 사람이 30에 장가들고 20에 시집하는 것은 예전 삼대에 정한 법이어늘 근래에 일찍 혼인하는 폐단이 백성에게 큰 병의 근원이 되는 고로 연전에 금령이 있었으나 실시함이 없으니 어찌 유사의 허물이 아니리오. 지금 풍속을 개량하기가 심히 급한 때라. 이제부터 남자는 17세 이상과 여자는 15세 이상으로 혼인하기를 허락하는 것이니 이 법을 준행하고 어기지 말라 하셨다더라.

---

11 [관습-혼인] 황제의 조칙으로 사람이 30세에 장가들고, 20세에 시집가는 것이 예전 삼대의 법이거늘, 지금은 풍속을 개량하기가 심히 급하므로 남자는 17세 이상, 여자는 15세 이상으로 혼인을 허락한다는 기사.

자료 11 | 《대한매일신보》, 1907. 9. 1, 사설, 1면 1단

자는 범의 코를 찔러[12]

(종현 성당에서 발간하는 경향신문 논설을 등재함)

태황제 폐하께옵서 전위하심으로부터 서울서 백성이 즉시 일어난 사정을 우리 신문에 낱낱이 기재하여 이후 일이 어떻게 될고 생각하여 말하기를 매사를 다 억지로만 하고 백성이 싸우게만 하면 두 나라가 오래도록 해를 받겠다 하였고 이런 큰 재앙을 면하기로 바랐으나 지금 사방 소문을 들은즉, 그 큰 재앙을 면치 못할뿐더러 도리어 오래될 모양이로다.

지금인즉 서울은 안온하나 시골서는 백성이 일어나 일인이나 일진회인과 원수를 맺어 일인 장사집과 우체소를 부수는 까닭으로 일본 병정이 내려가서 싸울 때에 양편에 죽고 상한 자가 많았도다. 법대로 하는 난리라도 항상 해로운 것이어늘 이런 법 없는 싸움은 가장 더욱 견디지 못할 일이라. 죄 있는 사람만 죽으면 의대로 된다 하려니와 이런 싸움에는 죄 있는 자가 매양 벗어나 해를 면하고 죄 없는 이가 큰 해를 받으며 죽는 일이 많도다.

병정이 병정하고 싸우는 것은 난리 법대로 되는 것인 고로 공변된 일이나 지금은 우리나라에 병정들이 없는 고로 일본 병정들이 군기 없는 백성을 죽이고 또 일본 병정 따라다니는 일본 하인들이 도적질밖에 아무것도 모르는 것이며 우리 편에도 의병이나 나라를 위하여 싸우는 사람에 좋은 이가 많으나 그중에 도적놈도 있고 아무 성애 없이 벌모양으로 놀며 먹기를 찾는 자도 많아 일본인에게보다 대한인에게 해롭게 하는 자가 많고.

또 이런 싸움에 해받는 자들이 어떤 인고 생각하여 보면 참 대한에게 해를 부리는 일인은 많지 않고 사사로이 장사하는 사람들이나 대한에 유익한 우체 사람들이오. 우리 편에도 의병이나 폭도들은 한 지방에 있는 일인들을 해하고 도망하면 나중에 일본 병정이 와서 아무 일도 없는 순박한 백성만 죽이니 이러므로 두 나라의 복됨을 원하는 모든 이들이 이런 싸움이 어서 그치고 평안히 되기를 간절히 바라는도다. 그 백성이 일어남의 연고를 생각하

---

12 [관습-혼인, 단발] 《경향신문》의 논설을 전재하여, 최근 지방에서 일진회인과 일인 장사집, 우체소 등을 부수는 의병 활동을 비판하면서도 정부가 민심을 생각하지 않고 혼인법, 단발 등 오랫동안의 관습을 바꾸려는 새 법을 시행하는 것이 도리어 문제라고 지적하고 있다.

면 그 화앙을 그치게 할 모양도 알겠으니 그 연고는 대한 백성의 마음을 깊이 상하게 한 것이라.

아무 나라이든지 정부와 백성이 결합하여야 할 것인데 지금 우리나라는 한편에 백성이 있고 한편에 정부가 있어 정부는 민심을 도무지 생각지 않고 백성은 마음이 한없이 상하여 그 사이에 멀기가 천만리 같은 중 그 상한 마음을 혹 치료할 법이 있을까 기다리는데 **정부가 새 법들을 좋은 마음으로 낸다기는 하나 그 법들이 백성의 상한 마음을 치료하는지 혹은 도리어 자는 범의 코를 찌르는 것이 될는지 생각지 아니하고 억지로만 하려는 것이 참 애석하도다.**

거번에 우리 병정 헤칠 때에 백성의 마음을 한없이 상하여 놓은지라. 지금 또 산포수 없이 하는 훈령을 내는 것은 그 포수들로 의병 되게 하는 훈령이 아닌가. **혼인법 고치는 것도 몇 백 년 오랜 풍속에 젖은 백성이 이상히 여기지 않고 잘 받을는지 알 수도 없고 더구나 단발 훈령 같은 것은 백성이 제일 싫어하는 것이니 그런 것이 어찌 다 백성을 격동하는 것이 아니리오.** 그런 법이 좋지 않다고 하는 말이 아니지마는 안정한 백성이라도 싫어하는 것을 억지로 시키면 격동이 되거든 하물며 이왕 격동된 백성에게 어찌하리오. 그러므로 이런 법이 지금은 시킬 것이 아니로다. 벌써 격동된 백성을 또 격동케 하는 것이 자는 범의 코를 찌르는 것이 아니리오. 이런 것은 상관될 것인지 상관되지 아닐 것인지 이후 논설에 또 생각하여 보겠노라.

자료 12 | 《대한매일신보(국한문)》, 1907. 9. 4, 기사, 1면 2단

숙호형비[13]
宿虎衡鼻

종현 성교당(聖敎堂)의 경향신문 논설을 역재(譯載)홈.

대황제 폐하께옵서 전위(傳位)하심으로부터 경성서 인민이 즉시 기료(起鬧)한 사정을 우리 신문에 저저(這這)히 기재하여 후일에 여하(如何)히 될고 사상하여 언(言)하기를 매사를 다 억제(抑制)로만 행하고 인민이 전투하게만 하면 양국이 장구하도록 해를 수(受)하겠다 하였고 여피(如彼)한 큰 화앙(禍殃)을 면하기로 희망하였으나 즉 금 사방소문을 거한즉 큰 화앙을 면치 못할뿐더러 반(反)히 장구히 될 모양이로다.

현금인즉 경성은 안온하나 향곡(鄕曲)서는 인민이 서동(胥動)하여 일인이나 일진회인(一進會人)과 원수를 결(結)하여 일인 상점과 우체소를 파쇄하는 까닭으로 일본 병정이 하왕(下往)하여 전투할 시에 양편(兩便)에 사상자가 다(多)하도다.

법대로 하는 전쟁이라도 항상 해로온 것이어늘 여피무법(如彼無法)한 전쟁은 최심감내(最甚堪耐)치 못할 사라. 죄가 있는 자만 사하면 법대로 된다 하려니와 여피전쟁(如彼戰爭)에는 죄가 있는 자는 매상득탈(每常得脫)하여 해를 면하고 죄가 무한 자가 큰 해를 수(受)하며 사(死)하는 자가 다(多)하도다. 병정이 병정과 전투하는 것은 법대로 되는 것인 고로 공의가 되거니와 현금은 아국에 병정이 무한 고로 일본 병정들이 군기가 없는 인민을 살(殺)하고 또 일본 병정을 반행(伴行)하는 일본 하인들이 도절(盜竊) 이외에 타를 부지하는 것이며 우리 편에도 의병이나 나라를 위하여 혈전(血戰)하는 이가 다(多)하나 그중에 적한(賊漢)도 있고 항산이 없이 수상한 모양으로 유식(遊食)을 구(求)하는 자도 다(多)하여 일본인에게보다 대한인에게 해롭게 하는 자가 다(多)하고.

---

13 [관습-혼인, 단발] 《경향신문》의 논설을 전재하여, 최근 지방에서 일진회인과 일인 장사집, 우체소 등을 부수는 의병 활동에 대해 비판하면서도 정부가 민심을 생각하지 않고 혼인법, 단발 등 오랫동안의 관습을 바꾸려는 새 법을 시행하는 것이 도리어 문제라고 지적하고 있다. 원문은 국한문체로, 두 자료를 모두 수록하여 보다 명확한 뜻을 전달하고자 하였다.

또 여피전쟁(如彼戰爭)에 해를 수(受)하는 자를 이 하여인(何如人)고. 실로 대한에게 해를 가하는 일인은 불다(不多)하고 사자행상(私自行商)하는 일인이나 대한에 유익한 우체인들이오. 우리 편에도 의병이나 폭도들은 일처에 있는 일인을 해하고 도망하면 그 후에 일본 병정이 내하여 사실이 전무한 순박량민(淳樸良民)만 살(殺)하니 시이(是以)로 양국이 회복되기를 원하는 인사들이 여피전쟁(如彼戰爭)이 속히 지식(止息)되고 다 평안히 되기를 간절히 희망하는도다. 대개 그 인민의 서동(胥動)한 연고를 사상하면 그 화앙(禍殃)을 지식(止息)하게 할 모양도 지득(知得)하겠으니 그 연고는 대한의 민심을 크게 상한 것이라.

하허방국(何許邦國)이든지 정부와 인민이 결합하여야 될 것인데 즉 이제 오국(吾國)은 일편에 정부가 유하여 정부는 민심을 전부고념(全不顧念)하고 인민의 심은 무한히 적상(積傷)하여 기간상거가 천만 리라 그중에 적상(積傷)한 민심을 혹 치료할 법이 유할까 기대하였는대, 정부가 신법(新法)을 주장하는 심으로 종생하였다 하나 그 법이 인민의 상한 심을 치료할는지 오히려 숙호(宿虎)의 비(鼻)를 충(衝)하는 것이 될는지 상량(商量)치 아니하고 억제로만 행하랴는 것이 가석(可惜)하도다.

거번(去番)에 우리 병정을 해산할 시에 민심을 무한히 상케 하고 지금에 또 산포금지(山砲禁止)하는 훈령을 반포하는 것은 반(反)히 포수들로 하여금 의병이 되게 하는 훈(訓)이 아닌가. **혼인법 개량도 기백년 풍속에 관습(慣習)한 인민이 불이위괴(不以爲怪)하고 선위복종(善爲服從)할른지 지할 수 무하고 또한 그 단발 훈령은 인민이 제일 염악(厭惡)하는 것이니 여피제건(如彼諸件)이 어찌 다 인민을 경동케 하는 사가 아니리오.** 여피(如彼)한 법이 불호타 위함이 아니지마는 안정(安靖)한 인민이라도 그 심에 염악하는 것을 억제로 복종케 하면 경동이 되거든 하물며 이미 경동된 인민에게 억제로 행하리오. 이왕 경동된 인민을 또 경동되게 하는 것이 어찌 숙호(宿虎)의 비(鼻)를 충(衝)하는 자가 아니리오.

자료 13 | 《제국신문》, 1907. 9. 19, 논설, 2면 1단

법규와 풍속의 관계[14]

(탄해생)[15]

근래 우리 정부에서 아름다운 법과 좋은 규칙을 마련함이 심히 많으되 하나도 실행되지 못함은 어찌함이뇨.[16] 혹자가 말하되 정부의 위신이 땅에 떨어져 마침내 고려 공사 사흘이란 속담을 면치 못한다 하나 그러나 이는 다만 정부 당국자의 책임뿐이 아니라 우리 일반 인민의 풍속이 퇴패한 연고이로다. 기중에 가까운 전례의 두세 가지를 들어 말할진대 토지가옥증명규칙을 마련한 본의는 우리나라 사람의 소위 집문서라 땅문서라 하는 것이 심히 모호하여 부랑패류의 자질이나 친척이 위조문권으로 투매하는 폐단이 자래로 많이 있고 우중지 근래는 외국 사람과 상관이 많아서 누워 자다가 집과 전답을 남에게 빼앗기는 폐단이 비일비재함으로 이 폐단을 막고자 하여 이에 이 규칙을 반포한 지가 반년이 넘어 일 년이 가까오되 우리나라 사람은 시행하는 이가 별로히 없으니 이것은 무슨 까닭인고 하면 우리의 풍속이 완고하고 부패하여 이전에 행하던 일만 행할 줄 알고 도무지 앞으로 나아가는 사상이 없이 의례히 백지반절에 오른쪽 명문의 사단을 기록할 따름이며 광업조례와 국유미간지개간규칙이 다 우리 백성

---

14 [관습-풍습] 법규와 풍속의 관계를 정의하면서 토지가옥증명규칙을 마련한 본의는 집문서, 땅문서 위조 등 폐단이 많고 외국 사람에게 빼앗기는 폐단을 막고자 시행한 것이고, 광업조례나 국유미간지개간규칙 등도 산업을 개발하고자 하는 것인데, 풍속 개량이 가장 긴요한 것이라고 주장하고 있다.

15 이 글을 쓴 사람은 필명 '탄히싱'을 쓰는 정운복(鄭雲復, 1870~1920)이다. 그는 언론인·친일반민족행위자이며, 일본에 유학하고 유럽 등지를 돌아다니다 1899년 귀국했다. 일본어 실력으로 러일전쟁에서 일본을 도왔고, 대한자강회와 대한협회 회원 등으로 활동했다. 그는 1908년《제국신문》주필이 되어 일본의 식민지 침탈 법제 등을 개발과 근대 법제의 시행으로 미화하면서 일본과의 병합을 주장하는 발언을 했다.

16 정운복이 집필한〈풍속개량론〉은 모두《제국신문》에 모두 열네 차례 실린 연재물인데, 열거하면 다음과 같다. (이하 필명 '탄히싱')〈정치 개량 보담 풍속 개량이 급함〉(탄히싱, 1907. 10. 9),〈풍속개량론(1)-녀즈의 기가를 허홀 일〉(탄히싱, 1907. 10. 10),〈풍속개량론(2)-닉외호는 폐습을 곳칠 일〉(탄히싱, 1907. 10. 11),〈풍속개량론(3)-압졔혼인의 폐풍을 곳칠 일〉(탄히싱, 1907. 10. 12),〈풍속개량론(4)-압졔혼인의 폐풍을 곳칠 일(전호속)〉(탄히싱, 1907. 10. 13),〈풍속개량론(5)-틱일호는 폐풍을 버릴 일〉(탄히싱, 1907. 10. 15),〈풍속개량론(6)-위싱에 쥬의홀 일〉(탄히싱, 1907. 10. 16),〈풍속개량론(7)-샹업계의 폐풍을 고칠 일〉(탄히싱, 1907. 10. 18),〈풍속개량론(8)-온돌을 폐지홀 일〉(탄히싱, 1907. 10. 19),〈풍속개량론(9)-음식 먹는 습관을 고칠 일〉(탄히싱, 1907. 10. 20),〈풍속개량론(10)-아히 길으는 방법〉(태극학회원 김락슌, 1907. 10. 27),〈풍속개량론(11)-아히 길으는 방법(련속)〉(태극학회원 김락슌, 1907. 10. 29),〈풍속개량론(13)-츄풍일진〉(윤정원, 1907. 10. 30),〈풍속개량론(11)-아히들의 운동을 힘쓸 일〉(필자 표시 없음, 1907. 11. 5).

으로 하여금 하늘이 주신 이익을 버리지 말고 온전히 거두어 산업을 풍부케 하고자 함이라. 외국 사람들은 이 규칙을 의지하여 금은동철의 광산과 황무지의 개간하는 인허를 얻는 자가 부지기수로되 우리 동포는 가장 영성하여 백에 한둘이 되지 못하니. 이도 또한 지금 세상의 생존 경쟁하는 도를 깨닫지 못하고 농사나 되나 안 되나 지어 밥 죽 간에 하루 두 때 먹으면 족하고 무엇을 어떻게 하면 리할는지 어떻게 하면 해할는지 생각지 아니하여 토굴 같은 방구석에서 먹고 자며 옛 풍속을 버리지 못함이오. 남녀 간에 일찍이 장가들이고 시집보내는 것이 국가와 인민에게 큰 해가 되는 고로 우리 대황제 폐하께옵서 조칙을 내리시어 남자는 만 17세 여자는 만 15세가 된 후에야 비로소 혼인하라 하였으나 그 후에 불목일로 행례하는 자도 있고 또 밤에 몰래 혼인 지내는 자가 허다하였으니 이는 나라와 백성에게 이롭게 해로운 것은 불계하고 아들 딸 낳아서 8, 9살만 되면 며느리 보기와 사위 얻는 것으로써 무한한 재미와 지극한 즐거움으로 알던 옛 풍속을 버리지 못함이오. 또 우리 대황제 폐하께옵서 세계의 대세를 밝히 살피시어 인민의 활발한 기상을 기르시며 위생과 경제에 유익케 하고자 하시어 먼저 머리를 깎으시고 조칙을 내리시어 일체 신민이 단발하라 하옵셨으나 머리터럭 깎는 것을 생명보담 소중히 여겨 도망하는 자도 있고 오늘날까지 아끼고 사랑하던 금관자 옥관자를 떼어버리는 자도 있어서 조령이 시행되지 못하니 이것도 역시 구구한 옛 풍속에 얽매여 좋든지 그리든지 그냥 지키려 함이라.

그런즉 정부에서 천 가지 법과 만 가지 규칙을 마련할 지라도 백성의 풍속이 먼저 새롭지 못하면 도저히 시행할 수 없고 다만 정부와 백성이 서로 번거함을 한탄할 뿐이로다. 비유하여 말하건대 법규는 집 같고 풍속은 그 집에 들어 사는 사람 같으니 여기 어린 장인이 고대광실을 지어 놓고 화계에 완갓 기화이초를 심고 방안에 문방제구와 가진 세간을 치례하여 작만하였을지라도 그 주인이 규모가 없어서 화초 등속도 잘 가꾸지 않을 뿐 아니라 도리어 꺾어 버리며 세간기명도 정성스럽게 간수하지 않고 여기저기 함부로 내던져서 깨치고 상하게 하면 어찌 되리오. 법규와 풍속의 관계가 이에서 조금도 다르지 않으니 정부의 당국자와 및 인민이 각기 이 이치를 생각하여 법규를 제정하는 것보담 사회의 풍속을 개량함이 제일 긴급한 일이라 하노라.

자료 14 | 《제국신문》, 1907. 10. 9, 논설, 2면 1단

정치 개량보다 풍속 개량이 급함[17]

대저 풍속이라 하는 것은 옛적부터 전하여 내려오는 습관인 고로 오늘날 세계만국의 풍속이 서로 같지 아니하여 이 나라 사람은 서 나라 풍속을 흉보고 저 나라 사람은 이 나라 풍속을 흉보아 어느 나라의 풍속이 좋은지 알 수 없으되 내 것과 남의 것을 비교하여 공평한 마음으로 판단하면 좋고 그른 것이 자연히 드러날지라. 남의 나라 풍속이라도 좋은 것이 있거든 취하여 내 것을 삼으면 곧 내 나라 풍속이 되리니 어찌 내 것만 옳다고 편벽되이 지키기를 힘쓰리오. 그러나 옛사람의 말에 평상한 사람은 옛 풍속을 편안히 여긴다 하였으니 이 말은 고금이 일반이로다. 무릇 사람이 보고 들은 것이 많아서 지식이 초등하면 범사의 좋고 그른 것을 비교할 수 있으되 평상한 사람은 문견이 심히 좁은 까닭으로 단지 내 것이 세상에 제일인 줄로 생각함은 떳떳한 일이라 무엇을 족히 괴히 여기리오. 이왕으로 말하면 우리의 듣고 보는 바가 청국에 지나지 못한 고로 예악법도와 기타 사회의 풍속까지라도 청국을 모방하였거니와 지금은 세계 각국이 조석으로 왕래하는데 어느 나라든지 우리의 선생이 될 만하면 배우는 것이 옳은 줄은 누구든지 다 아는 바인 즉 구태여 설명할 필요가 없으되 근일 우리나라의 뜻 있는 선비는 항상 정치 개량을 말하고 꾀하니 이는 근본을 버리고 끝을 취함이로다. 정부에서 백 가지 아름다운 법도와 천 가지 좋은 규칙을 마련하였을지라도 그 인민의 풍속이 괴악하여 실상으로 행하지 아니하면 필경은 지방공문이 될 뿐이라. 근일에 우리가 목도한 바로 말할지라도 우리 정부에서 대황제 폐하의 조칙을 받들어 조혼을 금하는 령을 반포하였으니 그 법이 가장 좋고 아름답건마는 일반 인민은 고사하고 대관 중에도 범법한 자가 있으니 이는 인민이나 대관의 죄가 아니오, 곧 풍속의 죄라 할지오. 부인이 문밖에 나갈 때에 교군을 타거나 장옷을 쓰는 것이 심히 괴로울 뿐 아니오. 돈이 많이 드는 고로 사람마다 한탄하며 외국 사람의 조소하는 바인 줄로 알건마는 **일조일석에 버리지 못함은 풍속**

---

17 [관습-풍속개량] 우리 정부가 대황제 폐하의 조칙을 받들어 조혼을 금하는 령을 반포하였으나 인민과 법관도 법을 어기고 있으니 이는 법을 시행할 때 그 나라의 풍속과 인정을 헤아려 시행하지 않기 때문으로 법보다는 풍속 개량이 먼저라고 주장하고 있다.

을 벗어나지 못함이니 먼저 풍속을 개량치 않으면 정치의 개량이 실시되기 어려움은 분명하도다. 풍속을 개량하는 도는 어떠하고 정부대관과 및 지시 있는 선비가 먼저 행함에 있는지라. 먼저 행하고자 할 진댄 남이 흉을 보든지 욕을 하든지 나의 믿는 바가 있거든 결단코 돌아보지 않는 것이 가하다 하노라. 머리 깎는 일사로 보더래도 처음에 뜻 있는 선비 한두 사람이 깎을 때에는 조롱하고 시비하는 사람이 많더니 지금은 차차로 풍속이 되어 깎지 않은 사람이 도리혀 시비를 당하고 조소를 받게 되었은즉 몇백 년 전하여 오던 풍속을 깨치고 새 풍속을 내고자 하는 사람이 어찌 평상한 사람의 물의를 돌아보리오. 정치가는 정령을 베풀 때에 그 나라의 풍속과 인정을 헤아려 아무쪼록 인심이 순종케 하기를 꾀하거니와 지사는 그렇지 아니하여 때에 합당치 않고 시속 사람에게 시비를 들을지라도 나의 잡은 바 의견을 굳게 지키어 후세 사람의 법이 되기를 기약할지로다. 우리나라 풍속 가운데 남의 나라 풍속과 비교하여 보면 개량할 이에 하도 많기로 두어 마디 어리석은 의견을 베풀고 명일부터는 우리 풍속 중의 개량할 만한 것을 축일논란코자 하노라.

자료 15 | 《제국신문》, 1907. 10. 12, 논설, 2면 1단

(풍속개량론3) 압제 혼인의 폐풍을 고칠 일[18]

(탄해생)

농사에는 무엇이 근본이냐 하면 그 종자를 실한 것으로 취택할 것이오. 사람은 무엇이 주장이냐 하면 혼인을 남녀 자유에 맡겨 늦게 할 일이라. 무릇 혼인 일찍 하는 폐단은 이왕에도 무수히 말한 바어니와 나라마다 남녀의 혼인하는 연한이 있어서 그 연한 안에는 혼인을 못하는 법률이 있나니 이제 각국의 혼인하는 연한을 상고하건대 일본 남자는 22살 열

---

18 [관습-혼인풍습] 조선의 경우에는 혼인을 일찍 하는 근인은 문벌을 중히 여겨 압제하는 결혼이기 때문이라고 보고, 부모가 정해준 부부는 서로 대화하지도 않고 원수처럼 지낼 수도 있어 가정의 흥왕이 이루어질 수 없으니 압제 혼인의 폐풍을 고쳐야 한다는 주장이다.

달, 여자는 19살 넉 달, 아라사[19] 남자는 25살 두 달, 여자는 21살 다섯 달, 영국 남자는 28세 일곱 달 여자는 25세 다섯 달, 법국[20] 남자는 30세 두 달, 여자는 24세 아홉 달, 미국 남자는 30세 아홉 달, 여자는 만 28세, 서사국[21] 남자는 30세 한 달, 여자는 28세 석 달이라.

　이상 연한을 상고하건대 세계 각국 중에 제일 혼인 일찍 하는 나라가 일본이다. 문명국에서들은 오히려 폐 되는 일을 논평하거든 하물며 **우리나라 같은 데서는 15세만 되면 혼인이 늦은 양으로 생각하고 8, 9세에 혼인하는 자 무수하니 22세 혼인도 조혼이라 하는데 10세 내외에 혼인이야 일러 무엇하리오.**

　여물지 않은 열매를 심으면 싹이 부실하지 않을 것은 사실상에 확실한 일이오. 혈기가 장성치 않은 남녀가 자식을 낳으면 선천이 부족할 것은 정한 이치로다.

　그런고로 우리나라 사람들은 14, 15세부터 생산하기를 시작하여 해산은 많이 하는 듯하나 죽는 자가 많아서 자식 없는 자 무수하고 저 사람들은 30에 장가들어 우리나라 사람 같으면 손자를 밑진다고 할 터이나 자식을 낳는 대로 죽지 않고 잘 기르는 까닭에 인종이 날로 늘어갈 뿐만 아니라 사람마다 원기가 충실하고 정신이 돌올하여 범백영위에 아니되는 일이 없나니 혼인을 일찍하고 늦게 하는 관계가 어떠하다 하리오.

　이제 그 혼인을 일찍 하고 늦게 하는 근인이 어디에 있나 궁구하건대 압제 혼인하는 데 있나니 소위 압제 혼인이란 것은 누가 억지로 혼인한다는 말이 아니라 그 부모 되는 사람들이 그 자녀를 사랑한다고 10세 내외부터 결혼하여 아해 둘의 연약한 골격으로 하여금 쇠삭케 할 뿐만 아니라 남녀 평생에 배필되고 집안에 흥망이 달린 부부를 그 부부 되는 자들의 의향은 하여하든지 그 인물의 선불선과 행실의 선악은 상관치 않고 다만 문벌만 취하여 아해가 세상에 나오지 않고 그 어미의 뱃속에 있을 때부터 면약하여 그 아해가 세상에 나오면 잘났든지 못났든지 한번 정한 후에는 의례히 결혼하는 것이 아름다운 풍속이라 하고 그 신랑 신부 되는 자의 마음에는 아무리 불합하고 원수로 생각하여도 부모가 정하여 준 부부라 어찌할 수 없다 하여 부부간 평생에 한집에서도 얼굴을 대하지 않고 언어수작이 없나니 사

---

[19]　러시아(Russia)를 말한다.
[20]　프랑스(France)를 말한다.
[21]　스위스(Switzerland)를 말한다.

람의 근본 되고 집안에 흥망이 달린 부부 사이에 그렇게 불화하고야 어찌 그 집안이 잘되기를 바라며 나라 사람의 집일이 그러한즉 그 나랏일이 잘 되기를 바라리오. 명일은 외국 사람들의 자유혼인하는 규모와 절차를 말할 터이니 자세히들 보시오.

자료 16 | 《제국신문》, 1907. 10. 13, 논설, 2면 1단

(풍속개량론4) 압제 혼인의 폐풍을 고칠 일(전호 속)[22]

사람마다 혼인은 인륜대사라 하나니 재물이 많이 들어 대사란 것도 아니오, 결혼할 곳이 없어 큰일이란 것도 아니오, 한번 혼인하는 데 집안 흥망성쇠가 달린 고로 인륜의 큰일이라 하거늘 그 어미 배 속에 있을 때부터 면약하거나 10세 내외에 결혼하는 자야 어찌 그 신랑 신부의 덕성을 짐작하리오. 사람의 덕성이란 것은 그 사람의 연기가 장성하여 범백사위의 행동을 자유로 하게 된 후에야 짐작할 것이오, 어려서 10세 내외에는 알지 못할 바오. 또한 사람의 성품이 다 다른 고로 설혹 그 부모의 마음에는 다 합한 듯한 사람이라도 그 신랑신부의 마음에는 불합하는 폐가 있거늘 저의 백년 배필될 자의 의향은 다 여하다던지 부모된 자가 억지로 짝을 지어 맡긴즉 그 부부 되는 자의 의합하기를 어찌 바라리오. 이제 남의 일을 보아 내일을 참고하기 위하여 저 서양 사람들의 혼인하는 것 등을 대강 상고하건대 그 부모 된 사람의 직책은 자녀를 낳아서 젖 먹을 때부터 가정 교육을 힘써 교육하고 나이 6, 7세 되면 학교 교육에 힘을 써서 20여 세까지 그 자식 교육을 시키는 것으로 남의 부모 된 의무를 삼고 그 자녀 된 자들은 20세 이상 교육을 받은 후에는 골격이 충실하고 지각이 장성한지라 이 세상의 사람의 행하는 일을 못 할 것이 없은즉 그 부모의 재산이 아무리 많아도 매양 그 은혜를 받아 놀고먹고 놀고 입고 부모의 힘 들여 주선하는 것만 바라는 것은 하늘이 사람을

---

22 [관습-혼인풍습] 문명국에서는 일찍 결혼하는 풍습을 고쳐 혼인을 남녀 자유에 맡기거늘 조선의 경우에는 혼인을 일찍 하는 근인은 문벌을 중히 여겨 압제하는 결혼이기 때문이라고 보고 압제 혼인의 폐풍을 고쳐야 한다는 주장이다.

낸 은혜를 저버림이라 하여 자기의 주선으로 무슨 사업을 하던지 가옥도 작만하고 세간도 마련한 후에야 비로소 결혼하되 각각 그 나라 법률의 정한 연한을 쫓아 그 날수가 찬 후에야 결혼하고 또 그 정혼하는 규모는 신랑신부 될 자들이 다 학식이 있는지라. 피차간에 학문으로 시험하던지 행동 처사로 시험하던지 피차간에 자기가 상합하고 행실이 아름다워 일호라도 미흡한 곳이 없은 후에야 결혼하는데 남자가 신부의 위인을 시험하기는 이무가론이어니와 여자가 더욱 주의하는 것은 한번 남의 집에 들어갔다가 그 가장의 성미가 불합하던지 행동처사가 광패하거나 나태하거나 기질이 미약하여 무슨 병이 있어 가사를 잘 다스리지 못하면 이혼(離婚)하여 갈리기 쉬운즉 여자의 평생신세는 남자와 다른지라. 어찌 조심하여 삼가지 않을 바리오. 그런고로 청혼하는 남자가 있으면 그 신랑의 용모도 보려니와 행동처사와 성품의 어떠한 것을 보기 위하여 혹 놀이장으로도 인도하고 혹 요리집으로도 인도하여 각항 일을 다 시험하여 본 후에야 결혼하기를 허락하나니 그렇게 하여 결혼한 남녀는 평생에 소박할 이유도 없을 것이오, 피차간 조금이라도 불화할 이유도 없고 평생에 집안에 화락할 것이오, 또 한 집안일을 다스려가는 데 군색함이 없을 것은 황연한 일이어니와 **그렇지 아니하고 그 부모의 주장으로 문벌만 취하여 얻어 맡긴 부부로 말하면 그 남녀의 평생 원수 되고 그 집안 가사의 쇠작함은 차치하고 미루어 국가사를 생각하면 인종이 늘지 못하는 폐단과 재산이 부족한 폐단과 문명이 발달치 못하는 폐단과 나라의 이해관계가 허다한지라. 그런즉 압제 혼인은 나라를 멸망하는 근본이라 하여도 망발이 아니라 할지로다.**

비록 그러하나 지금 우리나라 인민의 정도도 관찰하건대 지금 남자 17세 여자 15세 혼인하라신 조칙도 문구가 될 뿐이오, 정부의 당국자들부터 시행치 아니하고 자유혼인을 기필할 수 없거니와 만일 국가를 사랑하고 자기 집의 전진을 생각하는 대군자가 있으면 본 기자의 이 말을 참고하실 듯. [완]

자료 17 | 《황성신문》, 1907. 11. 5, 기사, 1면 4단

국유미간지이용법 시행세칙(속)[23]
國有未墾地利用法施行細則(續)

(전략) 제2, 종래 관습(慣習)에 의하여 이용하는 자에 관한 규정

종래 국유미간지의 이용에 취(就)하여 본 법과 다른 관습이 유할 시는 이 관습에 의하여 미간지를 개간하거나 기타 사업에 이용함을 득함. 단 종래 관습의 효력은 면적 3정보 이하의 땅을 이용할 경우에 한하여 이를 인정함이니, 가령 3정보 부하(付下)의 토지는 관습에 의하여 이를 이용하고 본법의 규정을 수치 아니함을 득하나 연이나 관습에 의하든지 본 법에 의한다 함은 이용코자 하는 자의 의지에 임함으로써 관습에 불의(不依)하고 본 법의 규정에 의하여 허가를 수(受)함은 물론이니 이것이 대개 안전한 방법이라 위(謂)함. (본 법 제14조) [미완]

자료 18 | 《대한매일신보》, 1907. 12. 10, 논설, 2면 1단

한국에 여자교육의 필요[24]

무릇 여자의 사람을 산출함이 전답의 곡식을 산출함과 같으니 흙이 걸면 곡식이 잘 됨과 같이 여자의 신체가 건강하고 기력이 왕성하면 자녀를 생산함에 또한 충실한지라. 그러나 전답은 비록 물 근원이 넉넉하고 흙이 걸지라도 반드시 인력을 더하여 보를 막고 거름을

---

23 [관습-미간지] 국유미간지 이용에 대해 미간지를 개간하거나 사업에 이용함에 있어서 관습의 효력을 면적 3정보 이하의 땅을 이용하는 경우에 한해 적용한다는 규정.
24 [관습-여성교육] 무릇 여자 사람이 비록 건강하더라도 교육을 더하여 덕행이 유여하고 규범이 현숙하여야 아해를 잉태함과 낳아 기르기에 자녀에게 착한 행실을 가르쳐야 하며, 여자의 약한 것을 업신 여겨 권리를 주지 않는 악한 풍속을 고치기를 강조하는 논설.

쌓으며 깊이 갈고 힘써 김을 매여야 그 곡식이 잘 되고 결실을 장하여 가을이 풍등함을 바랄 것이오.

여자가 비록 건강하고 왕성할지라도 반드시 교육을 더하여 덕행이 유여하고 규범이 현숙하여야 잉태함에 몸가지기를 법도로 하고 아해를 낳음에 기르기를 법도로 하며 가르치기를 법도로 하여야 행실이 있고 명철한 선비가 되게 하나니

대개 아해가 남에 제일 가깝고 제일 정다운 사람이 어미밖에 없은즉 일동일정 그 어미를 본받으며 일언 일행에 그 어미를 닮는지라. 그런즉 그 어미 된 자는 어찌 동정과 언행을 일호나 소홀히 하리오. 또 속담에 이르기를 세 살 적 행실이 여든까지 있다 하니 이는 아해들마다 매양 먼저 배운 것을 주장을 삼는 연고이라 어찌 삼가지 아니하리오.

슬프다. 우리 한국 여자의 행위를 볼진대 본래 배운 행실이 없는 고로 아해를 기름에 법도로 못할 뿐 아니라 아해가 말을 배울 때부터 가르치는 것이 형을 때려라 누이를 욕하여라 하니 이는 그 가르치는 대로 하는 영민한 것을 자미로이 여김이나 어찌 그 영민한 것으로 인하여 착한 행실을 가르치지 아니하고 그 악한 행실을 먼저 가르치느뇨. 또 어떤 여인들은 그 자녀들을 대하여 조금 불쾌한 일을 보면 문득 꾸짖는 말이 경을 칠 놈, 주릿대를 베일 놈, 망할 놈 깍정이 배랑뱅이 제반 악중의 말로 꾸짖으니 이런 어미의 자녀가 되어 듣는 것이 이런 말이니 어찌 그 아해의 구습이 온전하며 또 부모를 섬김에 속이고 남편을 대함에 원망하며 형제와 수숙 간에 불화하고 노복을 부림에 사랑하고 미워하는 것으로 편벽되게 하나니 그 자녀들을 먼저 배운 것으로 주장을 삼는 천연한 성지로 이런 인사와 이런 행실만 듣고 보니 어찌 명철하고 현숙한 사람이 되기를 바라리오.

슬프다. 우리 한국에도 유전하는 열녀전과 삼강행실 같은 여자의 배울만한 서적이 없는 것은 아니언마는 어찌하여 여자의 언행이 이 같으뇨. 그 이유를 알기 어렵지 아니하도다. 하나님이 사람을 내시매 그 주신 권리는 남녀가 다름이 없는 이치에 어두운 고로 여자의 약한 것을 업수이 여겨 권리를 조금도 주지 아니하여 가로되 여자는 옳지도 말고 그리지도 마라서 다만 밥 짓고 술 빚는 것이나 일하여 부모에게 걱정이나 시키지 말라 하는 동양에 제일 악한 풍속을 말미암아 난 것이로다. [미완]

자료 19 | 《대한매일신보》, 1907. 12. 11, 논설, 1면 1단

한국에 여자교육의 필요(속)[25]

우리 한국은 이 악한 풍속을 빙자하여 여자를 기름에 학문은 고사하고 부모에게 효도하고 어른을 공경하며 가족을 화목하고 자녀를 교훈하는 일용사물의 폐하지 못할 떳떳한 일까지 등한히 여겨 가르치지 아니하고 다만 가장 범절 있는 사람의 집에서 가장 잘 가르친다 하는 것이 바느질과 음식하는 두어 가지에 지나지 못하니 그런고로 혼인을 의론함에 아무집 딸은 바느질을 잘한다. 음식이 솜씨 있다 하는 말이 제일 앞서고 며느리를 구하는 집도 의례히 먼저 찾는 것이 이 두어 가지에 지나지 아니하고 그 규수의 현숙 여부는 당초에 묻지 아니하니 풍속이 이같이 효박한 즉 어찌 장취지망이 있으리오. 또 제일 악하고 괴패한 풍속은 혼인을 일찍이 하는 것이로다. 여간 재산이 초요하던지 세력이나 조금 있는 자들은 자녀간 10세 이상만 되면 곧 혼인을 하며 이르되 어린 아들 어린 딸로 어린 며느리 어린 사위가 재미있다 하나니 이같이 무식하고 야만 같은 말이 세계상에 어찌 있으리오. 자기의 재미 보기 위하여 두골이 미성한 어린 아들의 머리털을 끄으러 올려나가 정수리에 뒤틀어 동해 놓으니 머리가 무거워 견딜 수 없는 데다가 더욱 망건으로 단단히 묶어 결박을 하여 놓으니 이런 학정은 세계에 쌍이 없고 그 어린 아해는 이를 인하여 두뇌가 자라지 못하고 혜두가 막혀 평생에 어리석은 사람이 되고 또한 장성치 못한 어린 아해들이 남녀간 정욕을 먼저 쓰는 고로 혈기가 활발치 못하고 정신이 감손한즉, 학문은 자연 진취지 못하고 수한은 자연 요촉하는지라. 하물며 그 속에서 난 자녀들이야 어찌 충실하고 장수하기를 바라리오. 시험하여 보라. 더 부귀한 자들이 매양 자녀를 낳으매 잘 기르지 못하고 십에 팔구는 요사하는 것이 확실한 증거가 아니뇨. **바라건대 우리 동포들은 나라를 사랑하고 동포를 아끼는 마음이 일반분이라도 있거든 지금 이후로는 일찍 혼인하는 악습은 버리고 자녀를 생산하거든 남자는 의례히 가르치려니와 여자를 더욱 힘써 가르치대 우리나라에 근본 있는 열녀전과 삼강행실 같은 서적**

---

25 [관습-여성교육] 제일 악하고 괴패한 풍속은 혼인을 일찍 하는 것이니 지금 이후로 일찍 혼인하는 악습을 버리고 여자를 더욱 힘써 가르쳐야 한다는 논설.

과 신학문에 가정 교육에 유익한 서책을 참호하여 극진히 교육하고 년기가 차서 기혈이 왕성한 후에 혼인을 하여 아해를 낳으매 충실하고 기름에 교육함을 법도로 하여 아무쪼록 우리 이천만 동포가 멸종이 되지 아니하고 삼천리 강토가 타국 영토되지 아니하기를 바라노라. [완]

법률 제정 관련 기사

자료 20 | 《독립신문》, 1898. 8. 29, 논설, 1면 2단~2면

법관 실수[26]

　　일전에 김홍륙이를 조율 유배하라 하신 조칙을 뵈압고 우리 생각에는 법관들이 성칙을 받자와 법률을 밝힌 후에 증벌할 줄로 안 고로 본월 26일 신문에 말하기를 재판권리는 대소 죄인에게 다 허락하는 것이 국법에 마땅하고 인민 생명 재산 보호에 관계가 큰일이라. 김홍륙이라도 재판 없이 유배되지 아니하리라고 하였노라. 개국 503년 12월 12일에 서고 하신 홍범 14조 내에 민법과 형법을 엄정히 정하여 감금과 증벌을 남행치 못하여 인민의 생명과 재산을 보전하라 하옵시고 그해 12월 13일에 조칙하여 가라사대 너희 백성들이 생명이 있고 재산이 있으니 짐이 그 편안한 것을 보전하여 법이 아니면 너를 형벌에 들이지 아니하리라 하셨고 동년 7월 8일에 정한 의안에 말하되 범 대소 죄인을 사법관이 재판하여 밝히 정하지 아니하면 죄벌을 특가치 못한다 하였으니 누구든지 재판 없이 시벌하는 것은 경계에 틀릴 뿐외라. 국법에 어기고 또 황상 폐하의 홍범과 조칙의 본의를 읽는 줄노 아노라. 일언 홍범과 조칙과 국법이 있어서 인민의 생명과 재산의 권리를 보호하는 고로 황제 폐하께서 혹시 장정 규칙을 어기어 백성이 그 권리를 잃을까 염려하시어 김홍륙 같은 죄가 많은 사람도 그저 유배 아니 하라 하시고 법률을 밝혀서 유배하라 하셨으니 이는 즉 법관을 명하시어 홍범과 조칙과 법률을 드디어 재판하여 밝히 정한 후에 증벌하라 하신 성의라. 법관이 되야 어찌 이러한 거룩하신 성의를 봉승 아니하리요. 그런고로 재판 명결한 후에 김홍륙의 전후

26　[법률 제정] 김홍륙의 처벌이 홍범과 조칙과 국법으로 처리되지 못한 일을 인민의 생명과 재산의 권리를 보호하려는 취지로 비판하고 있다.

죄상을 드러내어 세상에 선고하고 정당한 벌을 쓸 줄 알았더니 들은즉 재판도 없이 선고도 없이 즉시 종신유배하였다 하니 어찌하여 법관들이 이다지 **위로는 황상 폐하께서 대소 죄인에게 재판 권리를 주신 성의를 봉승치 않고 아래로는 인민의 권리를 압제하는지 과연 알 수 없는 일이로다.** 황상 폐하께서 잠시 잊으시고 재판 없이 중벌하라 하시더라도 사법 관리들이 되어 마땅히 성상의 총명을 보양하여 홍범과 조칙과 법률에 어기는 일이 없게 할 일이어늘. 조칙에 분명히 법률을 밝히라 하셨거늘 봉승치 아니하니, 만일 이같이 홍범도 돌아보지 않고 조칙도 돌아보지 않고 대소 죄인을 재판 없이 중벌하기 시작하면 누가 그 정부 믿어서 침식을 편리**하리요.** 대한정부를 위하여 애석히 여기며 인민을 위하여 불쌍히 여기며 국가를 위하여 탄식하노라.

자료 21 | 《황성신문》, 1898. 9. 27, 별보(別報), 1면 1단

중추원 의관 중에 품질이 높은 사람과 독립협회 회원 중 연소한 사람의 대화[27]
中樞院議官中에 品秩이 高한 一人과 獨立協會會員中에 年少한 一人이 相逢하야

중추원 의관 중에 품질(品秩)이 고(高)한 1인과 독립협회 회원 중에 년소(年少)한 1인이 상봉하여 수작한 사의(辭意)를 대강 아래에 기하노라.

회원 왈: 기체(氣體) 어떠시오.

의관 왈: 응, 잘 지내나. 근일에 무엇하는고.

회원 왈: 독립협회에 다닙나이다.

---

27 [법률 제정] 김홍륙 처벌에 대해 갑오개혁 시 홍범 14조 중 13조 민법 제정 등을 요구하며 노륙과 연좌법 등 엄한 법률을 폐지하라는 취지로 중추원 의관과 독립협회 회원 간의 논쟁을 소개하고 있다.

의관 왈: 응, 참, 자네도 회원이어니 일작(日昨) 협회에 무삼 사건이 유한고.

회원 왈: 허다 사건이 유한대 중추원에서 상소하였다는 법률개혁이라하는 사에 대하여 회중의론이 대단하였지오.

의관 왈: 응, 회중의론이 하여오.

회원 왈: 자고로 형법이 폭학한 국은 국조(國祚)가 장원(長遠)치 못하고 형법이 관인(寬仁)한즉 국조도 장원하며 인민도 안악(安樂)하여 자연히 국부병강하여 문명개화지국이 되는데 아(我) 대한은 증왕(曾往)에 노륙지형(孥戮之刑)도 행하고 연좌지률도 유하더니 갑오경장 이후에 대황제 폐하께옵서 관대하신 성덕으로 인애하신 혜정(惠政)을 행하사 종전 잔학한 형법은 폐지하시고 세계 각국의 문명한 법률을 취용하사 신정한 형법이 자재(自在)하거늘 중추원 의관들은 초두에 실시하는 회의를 한다 하면서 대황제 폐하께 성덕을 보하든지 가모(嘉謨)를 헌하기는 고사하고 기왕 폐지한 잔학한 형법을 복구하라 하였으니 시(是)는 대황제 폐하의 성덕을 손케 하는 죄인이오. 전국 인민을 잔학코자하는 구수(仇讎)라고 회중의론이 대단 비울(沸鬱)하압데다.

의관 왈: 불연불연(不然不然)하다 형법을 엄하게 하는 것이 인민을 잔학하자는 본의가 아니오. 인민을 법에 범치 못하게 예방함인즉 시역(是亦) 인정(仁政)이니 여자천견(如子淺見)이 하이지지(何以知之)리오.

회원 왈: 형법은 엄하여야 하지오. 엄이라 하는것이 노륙하거나 연좌하는 것이 엄이 아니라 형법을 일정하면 요개(撓改)치 아니하고 적당히 용하는 것이 진개엄(眞個嚴)이지오. 신정한 법률도 그대로 실천하였으면 불기엄호(不其嚴乎)이까. 시고로 개국 503년 12월 12일에 대황제 폐하께옵서 종묘에 서고하신 홍범 14조 중 제13조에 가라사대 "민법 형법 엄명제정(嚴明制定) 불가람행(不可濫行) 감금징벌(監禁懲罰) 이보전(以保全) 인민생명 급(及) 재산"이라 하셨으니 시(是)는 신식법률을 엄명제정하시는 성의이신즉 신법률이라고 하가왈(何可曰) 부기엄호(不其嚴乎)이까. 영감(令監)께서 엄이라 하시는 말씀은 엄명한다는 엄자가 아니라 노륙과 연좌 같은 가학한 형률을 엄이라 하시는 말씀이니 형률이 가학함과 관인함을 비교하여 대략 설명하오리다. 고석삼대(古昔三代)의 흥망으로 관하여도 할경부간(割脛剖肝)하던 국은 하여(何如)하였으며 벌불급사(罰不及嗣)하던 국은 하여하였으며 영씨(嬴氏)는 형법이 가혹하고 류씨(劉氏)는 약법삼장이로대 진한의 흥망이 하여하오며 근일 세계 각국으로 논하

여도 라마(羅馬)²⁸ 계세(季世)와 토이기(土耳其)²⁹와 묵서가(墨西哥)³⁰와 서반아(西班牙)³¹와 청국은 학형(虐刑)을 기(嗜)하는 국이라. 혹 멸망도 하고 혹 미약도 하며 영·미·덕·법·의·일본 등 제국은 형법이 잔학하지 아니호대 일진부강(日進富强)하고 아국으로 말하여도 노륙연좌지률이 유할 시에도 괄운지배(适雲之輩)가 유하였으니 영감께서 경사지(更思之)하시오.

의관 왈: 금일 아국이 어찌 고석 삼대성시와 현금 문명각국에 비교하겠나. 황금번(況今番) 옥사(獄事)는 만고소무한 막대변고라 채납 여부는 성덕에 재(在)하시거니와 대한신자가 되어 어찌 일번차소도 무(無)하겠나.

회원 왈: 인신(人臣)의 직분이 아무쪼록 충모가유(忠謨嘉猷)로 주청하여 성상께서 탐납(探納)하시기를 기망할 것이어늘 영감 말씀으로 논하오면 금번 의관상소가 충곡(衷曲)에 출(出)한 게 아니오. 전일 대간(臺諫)의 문구로 예차(例箚)하던 여습(餘習)인 듯하오이다. **연(然)하나 금일 아국이 삼대성시와 문명각국에 비교치 못한다 하는 말씀은 불복(不服)하나이다. 삼대성시든지 문명각국이든지 군신상하가 동심합력하여 인술 덕정과 양법 미규를 성심행지(誠心行之)하면 금일 야만국이 명일 문명국이 되고 금일 빈약국(貧弱國)이 명일 부강국이 되는지라. 물론 하국이든지 행정선악에 재하지 본래 야만문명과 빈약부강이 별로히 분등을 정하여 변화치 못할 천리(天理)가 유하오리까.** 대저 역대 제왕의 선악 현부(賢否)가 인학이자(仁虐二字)에 분하였은즉 인신이 진주(陳奏)하는 데도 이 두 글자를 심중에 심각하여야 가위 충신이오 가위 양신(良臣)이지오.

의관 왈: 자언(子言)이 사연(似然)이로세. 오(吾)도 금번 진소(陳疏)에 연명하였네마는 그 소본이 당초에 출자수수(出自誰手)인지.

회원이 경왈(驚曰): 영감도 실시 의관이시오. 시생(侍生)은 막연 부지한 고로 아자(俄者) 언론이 공촉존노(恐觸尊怒)하오이다.

의관이 소왈(笑曰): 오기노야(吾豈怒也)리니오. 자언이 수선(雖善)하나 차시가 여타시유이(與他時有異)하니 부대 신구(愼口)하쇼.

---

28 로마(Roma)를 말한다.
29 터키(Turkey)를 말한다.
30 멕시코(Mexico)를 말한다.
31 스페인(Spein)을 말한다.

자료 22 | 《독립신문》, 1898. 9. 28, 논설, 1면 2단

독립회와 중추원 왕복[32]

　　협회 편지 – 경계자는 국가의 표준은 법률에 있는지라 법률이 공평하여야 인민이 의지하고 믿어 생명을 지보하나니 만일 각국과 통행 명백한 법규가 없는즉 공법에 나라로 칭하지 아니하며 모든 나라에 평등의 대접을 받지 못하는지라. 이런 고로 오직 우리 대황제 폐하께서 자주 독립의 권을 잡으시고 함홍관대하오신 덕을 펴시고 개국 503년 6월 18일에 연좌률을 일절 물시하라 재가 하옵시고 **그해 12월 12일에 종사에 서고(誓告)하옵신 홍범(洪範) 제13조에 가라사대 민(民)법과 형(刑)법을 엄하고 밝히 정하여 가히 넘치게 가두고 넘치게 벌을 쓰지 말아서 인민과 및 생명과 재산을 보전케 하라 하옵셨으니 굳음이 쇠와 같고 믿음이 춘하추동과 같아 거의 서양 각국과 법률 권리를 고르게 행하겠더니** 요사이 들은즉 귀 원에서 모든 의관이 회를 열고 직무 보는 처음에 목적이 법률 변개할 일로 옛것을 회복하고 새것을 버려 노륙(孥戮)의 법을 다시 행할 뜻으로 연명하여 상소하셨다 하오니. 이는 위로 성덕을 참루(慙累)케 하며 아래로 백성의 마음을 어지럽고 의혹케 하며 밖으로 각국의 업수이 여김을 받으며 안으로 독립의 권리를 약하게 함이니. 이러하온 의관은 법률에 어두우시고 나라 체면을 손해코자 함이니 어찌 의관의 직임에 있으리요. 이에 앙포하오니 상소 중에 연명한 의관은 일병 사면하고 귀 의장도 또한 사면하여 국법을 문란하는 폐단이 없게 하심을 바라옴.

　　광무 2년 9월 16일
　　독립협회 총대위원 김구현 최정덕 홍정후
　　중추원 의장 신기선 각하

32 　[법률 제정] 홍범 13조 민법과 형법 제정에 관한 조처를 그대로 행할 것을 요구하는 독립협회 총대위원 김구현 등의 상소를 소개하고 있다.

자료 23 | 《황성신문》, 1898. 9. 29, 별보, 1면 1단

독립협회에서 중추원에 보낸 편지[33]
獨立協會에서 中樞院에 送한 편지

독립협회에서 중추원에 송(送)한 편지를 좌에 기재하노라.

경계자(敬啓者), 국가의 표준은 법률에 재(在)한지라. 법률이 공평하여야 인민이 의시(依恃)하여 생명을 지보(支保)하나니 만일 각국과 통행(通行) 명백한 법기(法紀)가 무(無)한즉 공법에 국으로 칭하지 아니하며 열방에 평등의 대우를 받지 못하는지라. 시고(是故)로 유아(惟我) 대황제 폐하께옵서 자주독립의 권을 병(秉)하오시고 함홍광대(含弘廣大)하오신 덕을 부(敷)하오셔 개국 503년 6월 28일에 연좌률을 일절 물시하라 재가하옵시고 동년 12월 12일에 종사에 서고하옵신 홍범 제13조에 왈 "민법 형법 엄명제정 불가람행 감금징벌 이보전 인민생명 급 재산"하라 하옵시니 견(堅)함이 금석 같고 신(信)함이 사시(四時) 같하여 거의 구주 열국과 율권을 균행하겠삽더니 근문(近聞)하온즉 일전에 귀 원에서 제의관이 개회시무하는 초에 목적이 법률 변개할 일사로 복구거신(復舊袪新)하여 노륙지전을 복행(復行)할 의로 소를 연정하였다 하오니 차는 상(上)으로 성덕(聖德)을 참루(慙累)케 하고 하(下)로 민심을 현혹하며 외로 열방의 모(侮)를 수(受)하며 내로 독립의 권을 약하게 하심이니 여차하오신 의관은 법률에 소매(素昧)하오시고 국체를 손해코자 하오시니 어찌 자구(諮詢)의 책을 담임하오리까. 자에 앙포하오니 연소 중 착함(着啣)하오신 의관은 일절 주면(奏免)하오시고 귀 의장도 역위 사면(辭免)하오셔 국법을 문란하는 폐가 무케 하심을 복망(伏望)함.

광무 2년 9월 26일

총대위원(總代委員) 김구현(金龜鉉) 최정덕(崔廷德) 홍정후(洪正厚)

중추원 의장 신기선(申箕善) 각하

---

33 [법률 제정] 홍범 13조 민법과 형법 제정에 관한 조처를 그대로 행할 것을 요구하는 독립협회 총대위원 김구현 등의 상소를 소개하고 있다. 《독립신문》의 기사와 동일하나, 두 자료를 모두 수록하여 보다 명확한 뜻을 전달하고자 하였다.

자료 24 | 《독립신문》, 1899. 4. 12, 논설, 1면 2단~2면

학문과 법률[34]

대저 동서양 세계 각국을 물론하고 나라된 이유를 말할진대 토지가 있은 연후에 인민이 있고 토지 인민이 구비한 연후에는 정부를 설립하고 제반 사무를 각기 소장대로 조직하되 그중에 제일 긴급한 사무로 국민 간에 잠시도 없지 못할 것은 첫째 학문이오 둘째 법률이니 학문이란 것은 배운 것과 아는 것과 들은 것과 본 것이 많음이니. 비유하건대 일신상에 원기와 혈맥이오 법률이란 것은 바른 일로만 인민을 인도하여 언어를 삼가하고 행위을 곧게 하여 윤상과 풍속에 어김이 없게 함이니 비유하건대 일신상에 음식과 의복이라 사람이 사지백체가 구비할지라도 원기와 혈맥이 없으면 목석이나 다름이 없고 음식과 의복이 없으면 원기와 혈맥을 장양할 수 없음은 사람마다 다 아는 바이라. **그런 고로 나라마다 학문이 없으면 인민을 개명할 수 없고 법률이 없으면 학문을 밝히기 어려운지라. 정부에서 적당한 장정과 명령을 제출하여 인민 사이에 먼저 반포함은 학문상 사업이오. 인민 사이에 그 정부 명령을 부준하는 자가 있으면 형벌로 다스림은 법률상 사업이라. 그런즉 개명한 나라에는 법률이 공평하여 풍속을 침작하고 시세를 순종하여 정부와 백성 사이에는 형법과 민법을 시행하나니 형법이란 것은 일개인이 국가 권리에 관계된 의무요. 민법이란 것은 일개인끼리 서로 권리에 관계된 의무라 일로 말미암아 국중에 제반 사무를 일정한 규례와 합당한 조약으로 정부와 인민이 서로 믿고 지켜 천의를 순종하고 인도를 준행한즉 자연 국체가 존중하고 민업이 광대하여 천백 년 무궁한 기초를 세우려니와 만약 그러치 못하고 정부와 백성 사이에 규칙이 문란하여 신의가 없고 의아가 생긴즉 자연 국세가 미약하고 민정이 오오할 것이니.** 그때에는 나라의 대소도 말할 것이 아니라 가령 토지가 세계에 과반을 점령하고 병기가 수다할지라도 상하 간에 신의가 없고 정령이 불행한즉 자연 전국에 흔단이 층생첩출하여 토지가 분열하고 인민이 와해할지니 청국을 보아 가히 알지라. 어찌 극히 조심할 바이 아니리요. 대한 동토가 해중

---

34 [법률 제정] 개명한 나라에는 법률이 공평하여 풍속을 침작하고 시세를 순종하여 정부와 백성 사이에 형법과 민법을 시행한다고 하면서 민법과 형법을 공평히 할 것을 논하고 있다.

반도에 처하여 노지가 작다 하나 삼천리 강산과 이천만 인구가 당당한 독립 제국으로 동양 제국과 구미 각 방에 권리가 동등이오 조약이 일반이라. 500년 이래로 학문과 법률이 개명 공평치 아님이 아니로되 오늘날 만국이 통상한 후로 시세형편이 전과 달라서 사무가 번다 하고 시비가 불무한즉 정치 득실과 국가 안위가 시각에 있을지니 정부와 백성 사이에서 나라 되는 이유를 깊이 생각하여 학문을 제일 힘쓰고 법률을 공평히 하여 황권을 존숭하고 국체를 보중하여 국민 간 억만 년 무강하기를 바라노라.

자료 25 | 《독립신문》, 1899. 8. 12, 논설, 1면 2단~2면

민법론[35]

율법은 나라를 다스리는 정치상에 제일 요긴한 강령이라. 그중에 형사법과 민사법이 있는데 민법이 더욱 중대한 고로 그 대강을 의논하노라. 대저 법률이란 것은 권세를 주장하는 자의 명령이오 인민이 행하는 바의 규칙이라. 천만(千万) 생령이 한 지방에 모여 함께 살고자 한즉 약한 자의 고기를 강한 자가 먹으며 천한 자의 재산을 귀한 자가 침탈하여 날로 쟁투하고 분경하는 폐단이 생하는 고로 나라마다 일정한 규칙을 만들어 귀천 강약을 물론하고 각각 자유의 권으로 산업을 편이하고 함께 의지하여 서로 침탈하는 악습이 없도록 마련한 것이라. 종교와 도덕의 율법은 인류 안에 있고 나라 정치의 율법은 인류 밖에 있나니 안에 있는 것은 사람의 마음을 구속하여 교회 규칙을 지키면 사람이 자연 죄과를 짓지 못하게 함이요 밖에 있는 것은 사람의 행위가 일에 나타나 규칙에 얽매는 것을 징치하여 죄인이 없도록 한 것이라. 그러나 교회의 율법은 계명(誡命)과 잠언(箴言)으로 사람을 가르쳐 각각 자기의 마음대로 행하고 억지로 압제함이 없으며 정치의 법률은 주권자의 명령을 반포하여 완패한 백성과 횡활한 무리를 억지로 제어하는 직임이 있는지라.

---

35 [법률 제정] 서양 각국의 법률 제정의 역사를 되돌아보면서 공법과 민법의 특성과 제반 법제의 관계를 설명하고 있다.

민법도 또한 주권자의 명령으로 인류 밖에 있는 규칙이오. 그중에 두 가지 구별(區別)이 있나니 국가의 신하와 백성된 자격(資格)으로써 행하는 규칙을 이르되 공법이라 하고 백성끼리 서로 상관하여 한 사람의 사정으로 된 자격을 이르되 사법이라 하며 민법은 원래 정부 관계에 매이지 아니하고 사법 중에 통(通)법과 주(主)법의 성질(性質)이 있어 모든 송사에 권리자와 의무(義務)자를 직접하여 재판하는 일(一)조 사법이 된지라. 이 법은 각국 백성들이 생업을 경영하며 서로 교통하여 사는 곳에 쓰는 법률이니 사회(社會)상에 차차 진보가 되는 대로 민법이 점점 더 밝게 되었고 문법(文法)이 없는 시대로부터 문법이 있는 시대에 이르러 국가의 법률학이 크게 발달하였으니 민법도 또한 학문이 없을 때부터 자재한 일법이요 법률 사기에 보통 학을 인하여 민법이 크게 밝았으니 세계 각국의 고금 법률가 의논을 일일이 말할 수 없으나 그 대개를 상고하건대 어떤 나라는 국계민생에 방해됨을 인하여 구제할 방책으로 일통 법률을 고친 이도 있고 어떤 나라는 법이 오래매 폐단의 생함이 많은 고로 법령을 새로 경장한 이도 있으니 옛적 로마국의 십이동(十二銅)률과 잉글랜드의 헌(憲)법은 나라 다스리는 데 기초를 편안하게 함이오. 프랑스 나옹(那翁) 대 일(一)세에 마련한 법률과 독일국의 보통 민법이란 것은 통일하기를 위하여 제정한 법률이라. **근래에 구라파 제국에서 여러가지 민법 법전을 편집하여 제일 좋은 법으로 쓰나니 그 의논을 보건대 반은 이체(理體)를 의지하고 반은 이유인(理類人)을 의지하였는데 중에 두 가지 규식이 있으니 일(一)은 로마식이요, 일(一)은 독일식이라. 로마식은 민법 전편을 네 가지로 나누어 가로되 인사법(人事法)과 물건법(物件法)과 상속법(相續法)과 소송법(訴訟法)이니 그 편집은 고금력사로 근본을 삼아 옛적 제도의 성행하던 법률을 많이 의방하되 권리자와 의무자를 각각 자기의 직분대로 말미암아 교정하게 한지라.** 그런 고로 인사법은 제일 수부(首部)에 두고 물건법은 그다음에 둔 고로 각국 사람들이 그 법이 좋다 하여 다 취하여 쓰더니 사회(社會)가 점점 진보함에 현금에는 권리자와 의무자의 직분을 좇는 것보다 계약(契約)을 인하여 정함이 좋다 하고 민법의 편제를 일제히 변경함에 모든 나라들이 독일국 법식을 취용하기에 이르렀더라. [미완]

자료 26 | 《독립신문》, 1899. 8. 14, 논설, 1면 2단~2면 1단

민법론(전호 연속)[36]

　독일식의 편집은 오(五)편에 나누었으니 가로되 총칙법(總則法)과 물권법(物權法)과 채권법(債權法)과 친족법(親族法)과 상속법(相續法)이라. 그 편제는 사회(社會)상의 형세를 인연하고 이치학의 진보함을 의지한지라. 제일(一) 총칙법은 조목이 간략하고 경계가 밝으며 시세에 합당하고 판결에 심히 편리하여 민법 중 모든 권리에 통용하기 좋은 고로 첫머리에 기록하고, 제이(二) 물권법은 각종 물건의 권리를 작정한 규칙이니 백성의 재산과 의식의 쓰는 바를 물품 성질로 분석하여 자연한 권역으로 함께 보호함이라. 물권의 상관됨이 법률상에 가장 긴요한 고로 둘째 편에 기록하고, 제삼(三) 채권법은 인생 산업에 일용하는 물건이 심히 많고 사람이 남의 힘을 빌리지 아닐 수 없는 고로 재물을 항상 교역하나니 타인과 관계하여 이익을 다툴 때에 채권과 채무가 또한 요긴한 고로 셋째 편에 기록함이요, 제사(四) 친족법은 사람이 다만 타인의 채권만 관계될 뿐 아니라 반드시 영구한 관계가 있나니 영구한 근본은 혼인 조약에 있고 또한 친속과 의척과 처족과 외자 등 여러 가지에 관계가 많은 고로 넷째 편에 기록하였고, 제오(五) 상속법은 사람이 죽을 때에 가졌던 재산이 흩어질 염려도 있고 보호하는 방책도 없을 수 없는 고로 상속 법률 만들어 다섯째 편에 기록한지라. **이 독일국 민법이 가장 소명하고 편리한 고로 세계 각국이 모두 로마국 법을 버리고 이 법을 취하여 쓰나니 민생에 크게 유조한 법률이라 대한 정부에서 4, 5년 전부터 옛 법의 좋지 못한 것을 폐지하고 문명한 나라의 좋은 법을 취하여 쓴다 하되 법률을 자주 변경만 하며 장정 규칙이 실시됨을 듣지 못하고 소문을 들은즉 민법을 물론하고 재판 선고할 때에 흔히 대명률을 좇아 결처함이 많다 하니 우리는 한문에 무식한 고로 대명률 편집에 마련한 조목을 알지 못하거니와 그 책에 기록한 법은 개화 세계에 통상 한 나라 법률이 아니요 문을 닫고 혼자 살아 집안 식구에게 쓰던 옛 법이라.** 요사이 대한 대황제 폐하께서 특별히 국계민생에 크게 관계됨을 통촉하사 법

36　[법률 제정] 서양 각국의 법률 제정의 역사를 되돌아보면서 독일의 법제, 즉 총칙, 물권, 채권, 친족, 상속법 등을 소개하고 대한제국의 법률교정소를 설치하고 법률 실시를 기대한다는 논설.

률교정소를 설시시키시고 본국 관민 중에 학식이 고명한 이들과 외국 신사의 고문관들로 교정소 관원을 삼으사 전국 법률을 일신하게 교정시키신 후에 국중에 반포하여 실시하게 하신다 하오니. 우리는 대한 정부를 위하여 크게 축수하며 대한 백성을 대하여 간절히 치하하거니와 정부에서 이번에 교정시키시는 법률은 참으로 실시가 되게 하기를 바라노라. [완]

자료 27 | 《독립신문》, 1899. 7. 24, 사설, 1면 2단~2면 2단

영국의 전후 정형을 아래에 대강 게재하여 논란하노라[37]

국이 지금은 세계에 제일 유명한 문명국이로되 100년 전 정형을 볼 것 같으면 정치가 대단히 어둡고 형법이 지극히 혹독하여 죽이는 죄가 223가지 조건인데 이루 다 말할 수 없고 그중에 몇 가지는 누구든지 어로(御路)에 다리를 상하였거나 혹 홀연히 이상한 복색을 입었으면 이것은 다 참하는 죄요 또 만약 남의 조그마한 나무를 베거나 남의 조그마한 토끼를 죽이거나 남의 재물을 도적하였거나 남의 빨래하는 포목을 도적하였거나 글을 위조하여 남의 재물을 속이거나 유배 간 자가 기한이 차지 못하여 도망하는 자는 다 교에 처하는 죄라. 그때에 어떤 법관 하나가 말하되 범법한 자를 결단코 용서하지 못할지라. 만일 용서하면 두 가지 해가 있으니, 일(一)은 수량한 사람에게 누가 되고 다른 사람이 본받는 것이니 죽이는 것보다 더 묘한 계책이 없다 하고 일시에 죄인 58명을 죽이는데 그중에 한 어린아이가 있으니 나이 겨우 11세라 어찌 참혹하지 아니리오. 그뿐 아니라 영국에 옥관(獄官)은 근본 월급이 없건마는 사람들이 다투어 뇌물을 드리고 옥관을 도독하려는 것은 옥에 갇힌 죄인들이 예랍이 있어 옥관의 의식과 집안 식구의 사는 것이 다 옥수에게 생김에 오히려 다른 관원의 월봉 있는 것보다 나은 까닭이라. 옥수가 만일 돈을 많이 바치면 음식을 후히 대접하고 거처를

---

37 [법률 제정] 영국의 전후 법률 상황을 비교하여 조선도 경장한 이후로 법률 실시, 백성 교육, 인재 택용과 외교를 신의 있게 하면 몇 년 지나지 않아 발전하리라는 논설.

좋게 하여 주되 집이 가난하여 돈이 없는 자는 누습한 땅에 두고 방송할 기한이 되어도 내어 보내지 아니하며 죄인의 친척이 올지라도 돈이 아니면 드리지 아니하고 죄인 중에 재조 있는 이는 물건을 제조하여 값을 받아 옥관에게 바치되 재조 없는 이는 제집 사람이 음식을 갖다가 먹이기도 하고 혹 창틈으로 쇠 막대를 내밀어 행인에게 구걸도 하니 그 옥정의 까다로운 것을 또한 가히 알 것이요. 국내에 빈궁한 백성들이 거리로 다니며 개걸하는 이가 많이 있는데 나라에서 구제할 방책은 생각하지 아니하고 억지로 집에서 안빈(安貧)하라 하여 걸인들을 도무지 제 지방을 떠나지 못하게 하니 그러하게 엄금할수록 간난한 인간이 더욱 견디지 못하여 사방에 유리하는 자가 무수한지라 그 민심의 산란한 것을 극히 탄식할 바요. 또 해이한 풍속이 있으니 사람들이 예절을 모르고 언어 간에 다만 남을 꾸짖는 것이 버릇이 되어 꾸짖는 자와 듣는 자가 다 심상이 알며 윗사람이 아래 사람을 거느림이 또한 꾸짖기로만 위주하여 윗사람 된 이가 매양 말하되 만약 좋은 모양으로 이르면 저희들이 청종하지 않는다 하여 남자는 여인을 꾸짖고 관장은 이민을 욕하니 그 비루한 행습을 차마 볼 수가 없고 국중에 학교가 또한 회소하여 서력 1890년에 전국 아이들을 상고하여 본즉 글 읽는 자가 계오 반이 되는지라. 그 때에 누구든지 남녀가 혼인하려면 반드시 예배당에나 혹 관부에 가서 남녀 간에 제 손으로 자기의 이름을 써서 일후에 증거를 삼는 법인데 남자가 능히 제 이름을 쓰는 자는 겨우 삼(三)분에 일(一)이요 여자는 겨우 십 분에 오(五)라 그 교육상에 소홀함은 불언가지로다. 그런즉 이 몇 가지 일만 보아도 영국의 악한 정치와 어지러운 법률에 백성이 부지할 수가 없고 풍속이 점점 퇴패하여 국세가 날로 빈약하대니, 이에 정부 제공이 깊이 근심하고 크게 민망히 여겨 일조에 번연히 개오하여 법률과 장정을 경장할세 형법을 지극히 공평하게 하여 도무지 원억한 백성이 없으며 빈궁한 인민들을 다 생업이 있게 하여 집마다 요족하고 상하 간에 서로 신의를 지켜 조금도 간격이 없이 합심이 되고 곳곳마다 학교를 설시하여 인민을 힘써 교육하매 남녀 간에 도무지 무식한 이가 없을 뿐 아니라 그 문명한 정치와 부강한 형세는 동서양을 물론하고 누가 흠앙하지 아니하며 백여 년 전 정형을 의논할진대 오늘날 이렇게 굉장하게 된 것을 누가 탄복하지 않으리오. **그런즉 우리가 대한 인민을 위하여 잠깐 설명하거니와 대한이 법률의 문란함과 인민의 빈궁함과 관민 간에 도무지 예절과 학문이 없는 것은 백여 년 전 영국보다 나으니 대한에서도 만약 경장한 이후로 법률을 실시하고 백성을 교육하며 인재를 택용하고 외교에 신의 있게 되면 몇 해를 지나지 아니하여 어**

찌 동양의 영국이 되지 못하리오. 대한 사람들은 흔히 말하기를 국사가 날로 그릇되어 병근이 골수에 들었은즉 비록 편작이 같은 명의가 있을지라도 고칠 수 없다 하나니 이는 이른바 자포자기로다. 우리가 대한 관민 간에 항상 해태하여 그렁저렁 지나가려는 것을 탄식하는 고로 영국 정형을 대강 기재하여 대한 인심을 흥기코자 함이로라.

| **자료 28** | 《제국신문》, 1899. 12. 8, 논설, 1면 1단~2면 3단

대저 지난 일을 알아야 오는 일을 헤아리고[38]

대저 지난 일을 알아야 오는 일을 헤아리고 남의 일을 거울하여야 내일을 짐작할 것이니 만일 지나간 사적을 모르게 되면 나라에 흥망성쇠가 어찌하여 되는 것이며 사람의 현우귀천이 어찌하여 다른 것을 알 수 없고 남의 일을 모르게 되면 좋고 낮은 것을 비교할 데 없이 고루한 마음으로 평생에 내 것 좋은 줄만 알고 더욱 진보할 기망이 없을지니 그런즉 불가불 옛적 사기와 남의 나라 일을 자세히 알아야 그 그른 것은 버리고 좋은 것은 취하여 날로 문명한대 진보하기가 쉬울지라. 지금 일본서 날마다 부강함이 서양국 사람이 일본에 있는 자는 일본 백성과 같이 다스리기로 약조를 다시 하고 금년 가능부터 실시하니 서양에 범 같은 나라 사람들이 일본같이 적은 섬나라에 머리를 숙이고 절제를 받으니 어찌 기막히고 분하지 아니하리오만은 다만 일본 권력이 강대하고 법률이 공평한 까닭에 부득이하여 각국이 일본을 대하여 그 권리를 허락하는 것이라. 그 사건에 대하여 일본 선비가 설명한 글을 보매 매우 유리하고 격절하기로 대강 번등하노라.

나라에 법률과 정령이란 것은 내외국 사람을 물론하고 그 나라 안에 있는 자는 다 그 있는 나라 법령을 쫓는 것이 가한지라. 그런 고로 서양 각국 서들은 이 나라 사람이 저 나라에

---

38 [법률 제정] 통상조약의 문제점을 논하면서 치외법권 적용, 외국인 조계지 정책의 필요성을 제기하고 유학생들을 통하여 법률과 경제, 군비를 닦을 것을 주장하고 있다.

가게 되면 저 나라 법령을 쫓고 감히 어기지 못하거늘 동양 각국에 나와서 약조할 때에는 말하기를 너의 나라 법률이 우리 인민에게 맞지 않고 정령이 우리 인민에게 편치 못하니 우리는 너의 나라에 와서도 너의 나라 법률과 정령을 쫓지 않겠다 하고 동등 권리를 쓰지 않고 외국인 다스리는 치외법권할 것이며 거류지를 구별한즉 외국과 통상하는 항구는 완연히 외국을 준 것과 같아서 그 땅에는 외국 법률과 정령과 경찰을 행하고 토지 주인된 본주에서는 그 사이에 말 한마디를 할 수 없는 중에 더구나 조선과 청국의 여러 항구를 보게 되면 그 경상이 과연 어떠한고. 슬프다. 천하에 이런 이치가 어디 있으리오. 일본은 30여 년 전에 외국과 약조하는 때에 상하 관민이 외국 사정에 망매한즉 지금 조선과 청국에서 행하는 약조와 같이하여 외국인의 압제함을 받더니 그 후에 잘못된 것을 깨닫고 사신을 각국에 파송하여 약조를 다시 고쳐 정하기를 청구하되 여의치 못함으로 비로소 혁연하여 스스로 경계하여 가로되 확실한 형세가 서지 못하고 빈말이 무엇하리오. 무릇 나라의 치외법권을 얻고자 할진대 법률을 먼저 바르게 하지 않고는 되지 않고 정령을 주장코자 할진대 정사를 먼저 힘써야 할 것이오. 해륙 군비를 정돈하여 국가에 간성을 만들고 농공상업을 일으켜 국가에 부자 될 근원을 열어서 외국인으로 하여금 자연 복종케 한 후에야 약조를 다시 정하기를 시작하여 나라에 수치를 씻으리라 하고 상하가 일심하여 밤낮으로 부지런히 하여 떨쳐 일어날 도리를 경영할 새, **유학생을 외국으로 보내야 세계의 지식을 구하여 들이며 나라에 법률과 경제와 군비를 일시케 닦아서 형세가 날로 나아간즉 30년을 지나지 아니하여 문명한 학식과 부강한 효력이 서양 백인종 여러 나라와 세계상 큰 판국에 질 것이 없는지라.** 어시호 약조 개정하는 큰일이 결실하였은즉 외국 사람들의 거류지 정하였던 제도를 폐하고 내지에 섞여 사는 것까지 허락하여 주었으니 대개 일본서 그 약조 개정하기 전에는 타국 사람이 개항하지 않은 내지에 섞여 살지 못할뿐더러 유람하는 외국인까지라도 관부의 허가장이 없으면 다니지 못하고 내지로 다니며 장사하는 것은 일절 금단하였으니 그는 다름이 아니라 외국 사람이 일본 법률을 쫓지 아니한즉 설혹 외국인이 내지에 다니다가 죄를 범하여도 일본 법률로서 다스리지 못하는 중에 또한 내지 사람의 산업이 발달치 못할 때에 외국인의 선수단을 항허하지 못하는 까닭으로 내지 통상을 금함이오. **또 오늘날 내지에 섞여 삶을 허하더라도 일본국 토지 사는 권리는 외국인에게 허락지 아니하여 일본 땅은 일본 사람밖에는 사지 못하게 하나니 이는 나라 땅을 보전하여 지키는 깊은 뜻이라.** 혹이 가로되 땅이란 것은 부동산이니 외국인이 사더라도 이사하여 갈 때에 그 땅은 옮겨 가지 못할 터인즉 일본 땅은 땅대로 있을 이라하여 그러하되 이는 형세가 상덕한 나라에는 그럴지라도 오늘같이 동서양 현수할 경우에는 한결같이 의론할 수 없는 것이 동양에 재정이 서양에 비하면 간난함을 면치 못하는 고로 땅값도 또한 헐한지라. 서양 부자들이 그 재산과 자본을 외국 토지에 잠으고저[39] 할진대 동양같이 헐한 땅을 버리고 어디 가서 구하리오. 구라파 고금에 이웃 나라 땅 사는 수단을 가지고 은연중 남모르게 누에 먹듯하는 계책으로 타국을 삼키는 전례가 소연할지라. [미완]

자료 29 | 《제국신문》, 1899. 12. 9, 논설, 1면 1단~ 2면 3단

옛적에 애이란이란 나라 독립하던 때에[40]

(전략) 금일 세계는 황인종 백인종이 싸우는 시대라. 일본이 황인종의 선각이 되어 동포 형제의 의리로써 나중 깨닫는 조선과 청국을 깨닫게 하여 동양에 큰 판을 붙잡고 백인종의 침로함을 막고자 함으로 그 마음을 허비함이 괴롭거늘 조선과 청국 인사들은 지금 인종 싸움하는 대세를 모르고 도리어 백인종에게 의지하여 잠시 편하기만 구차이 도모코자 하여 그러하되 대개 백인종의 목적인즉 다른 종교의 다른 인종을 누르고 세계상 나 혼자 우뚝하고저 하는대 남북 미리견[41]에 들어가서 붉은 인종의 나라를 능멸하매 지금 그 넓은 수만 리 땅에 주인 노릇하던 인종이 남겨지지가 없도록 쇠잔하고 아비리가주[42]에 들어가서는 흑인 종을 노예로 부리고 짐승같이 죽여서 그 넓은 땅을 거의 차지하였으며, 아세아에 갈색 인종 (인도 근처 인종)은 다 부질러 그 휘하에 넣고 오직 조선과 일본과 청국의 황인종이 아직 그 아

---

39 정확한 뜻은 알 수 없으나, 문맥상 '잠매하고자'를 말하는 것으로 보인다.
40 [법률 제정] 세계 대세를 황인종과 백인종이 싸우는 시대라 정의하고, 서양의 침략에 대해 일본이 통상조약 개정에 이르렀다는 사실을 치하하고 조선·청국이 일본의 대책을 본받아야 한다고 주장함으로써 인종주의에 입각하여 한·중·일 삼국 황인종 간 연대를 강조한 논설. 제목의 '애이란(愛爾蘭)'은 아일랜드(Ireland)를 말한다.
41 육대주 중 남아메리카와 북아메리카를 말한다.
42 육대주 중 아프리카를 말한다.

귀에 들지 아니하더니 금일에 아라사가 남으로 뻗치는 형세와 영국 법국이 동으로 나오는 힘이 조수 밀듯하여 동방의 큰 천지를 달무리같이 두루는도다. 슬프다. 이때가 어느 때뇨. 급급하고 위태한 우리 황인종이여. 장차 백인종의 슬하에 굴복하기를 다르게 여기는 것이 가하랴 아니하랴. 결단코 그렇지 아니하리라. 어찌하여 그렇지 아닐 줄을 아느뇨. 일본 사람이 점을 쳐서 황인종에 오는 일을 미루어 아나니라. **더 백인종이 동양제국을 능모하고 다른 인종을 멸시하여 비견하기를 질겨하지 아니하는 고로 일본의 범백제도가 서양의 그중 문명한 여러 나라를 밟아서 서반아 이태리국 같은 나라 위에 뛰어난 것만을 오히려 약조 개정하기를 근지하다가 일본의 권력이 점점 나아가서 동방에 새로운 영채가 더 백인종 푸른 눈에 쏘인즉, 비로소 마지못하여 동등 권리를 허여하니 이는 일본이 황인종의 지식과 능한 힘을 천하만국에 표하여 냄이라 그런즉 일본을 위하여 치하할 뿐만 아니오 황인종을 위하여 하례할지로다.** 서양 백인종들이 그 나라는 다 다르니 우리 황인종에게 향하는 때에는 일심 화동하는 고로 동양인에 대하여 아·법·덕[43] 삼국이 동맹함과 영·이[44] 양국이 약조함으로 전후가 서로이었거늘 어찌하여 우리 황인종은 일심을 못 하고 백인종의 반간에 빠지며 술중에 떨어져서 그 침로함을 날로 입으되 깨닫지 못하는고. 대저 사람이란 것은 내가 나를 업수이 여긴 후에 남이 업수이 여기나니 어둡고 완고하여 백인종의 노예 노릇하기로 자처하는 자는 왕공같이 귀한 자라도 그 나라의 죄일 뿐 아니라 황인종 전체의 원수니. 돌아보건대 동포 황인종 각국은 일본 형제의 분별한 기계와 진귀한 정략을 본받아 독립국의 대등권을 회복할지어다. 지금 일본은 우리 황인종의 전진할 움이오 내정 닦는 거북과 거울이오 외국을 물리치는 방축이니, 약조 실시하는 일본 황제 조칙을 읽으매 기쁨을 이기지 못할 바이라. 일본 인사들은 내 나라 일을 마쳤다고 만족히 여기지 말고 나아가 황인종 형제의 각국을 권면하고 인도하되 적은 리에 탐하지 말며 적은 분을 격발치 말고 같은 종류끼리 서로 보전하고 큰 계책을 세워 동방 큰 판의 화평함을 붙잡는 것이 이 천여한 직분이오. 당연한 의무라 하노라 하였더라.

---

43 러시아(Russia)·프랑스(France)·독일(Germany)을 말한다.
44 영국(United Kingdom)·이탈리아(Italy)를 말한다.

자료 30 | 《제국신문》, 1901. 3. 13, 논설, 1면 1단~2면 1단

동서양을 물론하고[45]

　　동서양을 물론하고 이 세계의 문명한 나라들은 각각 일정한 법률이 있고 그 법률 중에 두 가지 부분이 있으니, 가로되 형법과 민법이라. 그 법률을 쓸 때에 재판관이 귀천상하를 물계하고 오직 적당한 률을 행하나니 어찌 청촉과 사정을 일호 반점인들 그중에 섞어쓰리오. 그러나 재판하는 마당에 있는 죄를 없다 하여 항복하지 않는 자 있으면 재판관이 모든 악형으로 죄인을 몹시 하여 억지로 항복받는 것이 아니라 여러 가지 말로 반복 질문하다가 증거를 얻은 후에 그 일을 공평히 처결하나니 재판관은 불가불 법률에 밝으며 총명 특달하고 언변과 재능이 있어서야 능히 그 소임을 감당할지라.

　　몇 해 전에 아프리카 애급[46]이란 나라에 큰 비단장사 하나가 있어 비단을 각처로 보내어 매매하더니 하루는 비단 몇 백 통을 약대모리군에게 실어 수백 리 되는 성으로 보내고 비단 임자는 다른 일을 보고자 하여 동행치 못하였더니 약대모리군이 중로에서 병이 들어 여러 날 지체하다가 병이 나으매 비단 임자가 벌써 지나갔을 줄 알고 또 몇 일을 주막에서 유하다가 그 성으로 들어가 제 마음대로 비단을 방매하여 먹은지라. 뜻밖에 길가에서 비단 임자를 만나니 임자가 가로되 약대에 실어 보낸 나의 비단을 어찌 하였나뇨. 약대모리군이 발연 변색하여 가로되, 너는 어떠한 사람이뇨. 내가 너를 알지도 못하고 평생에 초견이어늘 무슨 말을 내게 묻나뇨. 나는 약대모리군도 아니요. 비단을 싣고 오지도 아니하였노라. 그 장사가 약대모리군을 끌고 그 성에 있는 재판소로 가서 관원을 보고 원굴함을 호소하니 그 재판관이 양측의 말을 다 자세히 듣고 물으되 시비를 분석할 수 없는 것은 한 사람의 말은 비단을 약대에게 실었더니 저놈이 도적하여 팔아먹고 모른 체한다 하고 한 사람 말은 내가 당초에 장사가 누구인지 알지도 못하고 약대모리군도 아니어늘 뜻밖에 횡침한다 함이라.

45　[법률 제정] 재판관이 처결한 법률의 공정 집행의 사례로 이집트 비단장사의 사례를 들어 설명하고 법률의 공정성을 강조하고 있다.
46　이집트(Egypt)를 말한다.

재판관이 몸을 돌이켜 비단장사를 보며 물으되 네가 무슨 증거를 가졌으며 함께 온 증인이 있느뇨. 장사가 대답하되 동행한 사람이 없거니와 이 사람이 중로에서 오래 지체한 증거는 있나이다. 재판관이 몸을 돌이키며 탄식하여 가로되 참 불쌍하고 가련한 인생이로다. 재판 마당에서 두 사람을 다 물러가라 하고 방문을 닫고 묵묵히 말이 없으니 그 두 사람이 또 재판할 수 없는 줄 알고 함께 무심히 물러가거늘 재판관이 별안간에 방문을 왈칵 열고 크게 소리 질러 부르되 약대모리군아 하니 약대모리군도 아니오 장사를 알지도 못한다 하는 사람이 얼른 머리를 돌이키며 대답하거늘 재판관이 그제야 두 사람을 다시 불러놓고 약대모리군에게 비단 값을 찾아 본임자에게 줄새 그 돈을 다 갚도록 약대모리군을 옥에 가두었다 하였으니.

　　이런 일은 재판관 수단과 재능에 달린 것이오. 법률 책에 있지 아닌지라. **일로 좇아 보건대 나라에 법률이 실시가 되어야 백성이 그 법률을 믿어 살 것이오. 재판관이 그 법률을 밝히 행하여야 백성에 원망이 없으며 도적이 죄짓기를 두려워할 것이오. 법률이 공정하고 도적이 적고 보면 백성들이 주지 중에 태평안락하리니 어찌 아름답지 아니리오. 법률 자루를 잡은 관원들은 참 힘쓸진저.**

자료 31 | 《황성신문》, 1904. 3. 22, 논설, 2면 1단

재빨리 먼저 표준을 세우는 것이 마땅함[47]
亟宜先立表準

　　대저 큰 장인은 집을 지을 때 반드시 규구승묵(規矩繩墨)으로 하고, 먼저 그 활협제도를 정한 연후에 바야흐로 결구의 공을 가함이오. 어찐 공인은 그릇을 만들 때 반드시 의식범형

---

[47] [법률 제정] 헌법·민법·형법·국제법 등 각종 법률을 대개 조리를 갖춰 정방하게 하고 규모를 세밀하게 정해 만국통행의 법권을 하루빨리 제정하도록 촉구하고 있다.

(儀式範型)으로 먼저 그 방원 규모를 세운 연후에 또한 제조의 공을 이루게 하나니 비록 노반 공수지공(魯般公輸之巧)이라도 진실로 승묵의식(繩墨儀式)이 먼저 정해지지 않으면 결구제조(結構製造之功)의 공이 이루어질 수 없다는 것은 하물며 치국(治國)의 법률에도 그러하며, 하물며 열국이 교통하는 시대에도 그러할 것인가. 지난날 폐관자수(閉關自守)할 때에는 전제이든 입헌이든 논하지 않고 위에 있는 사람[其在上之人]⁴⁸이 뜻에 따라 법을 제정하여 일국에 행하고 일시에 적용하면 되었거니와 지금은 그렇지 않으니 **방국(邦國)의 권형(權衡)을 짐작하며 공중의 질서를 유지하여 확실히 헌법·민법·형법·국제법 등 각종 법률이 대개 조리를 갖춰 정방(井方)하게 하고 규모가 밀절(密切)하여 실제로 만국통행의 법권이 된즉, 차라리 습속·시조의 다름에 따라 손익과 경중으로 하는 것이 사세가 반드시 부득이함이어니와 만약 낡은 관습을 지키기만 하고 부패한 것을 수습하여 진실로 구차함으로 미봉책을 한다면 시행하는데 얻지 못할 뿐만 아니라 진척이 있어 일어날 날을 기대하기 어렵게 되니**

이런고로 유신의 정치를 도모하고자 하면, 반드시 개혁을 먼저하고 치국의 법률로 하여 그 규모제도로 하여금 확실히 성립하게 한 연후에 이를 표준으로 삼아 시행하나니 구법은 불가불 개혁하고 신법은 불가불 작정하는 것이 이것이로다. 기자가 매번 개선 경장에 힘쓸 것을 여러분에게 경고하는 것이 한두 번이 아니로대 일조반건(一條半件)으로 개혁을 실시하여 착수했다는 것을 아직 듣지 못하니 한갓되이 지엽과 피부의 말단으로 하여 약간 관제의 변통으로 막힌 책무를 호도하니 슬프다. 무릇 개선 경장에 힘쓴다는 것은 모두 당국 제공의 책무이다. 어찌 평범한 필부에게 허용된 것이겠냐마는 기자는 국민 대표의 의무를 담당하여 이제 국민의 정이 흔들리는 것이 연계되지 않은 배와 같고, 표표하게 근거가 없는 봉우리와 같으니 여러 사람의 마음이 혹하고 흩어져 여론이 정해지지 않으니 이때를 맞아서 만약 급급하게 갑자기 일정한 법률을 시행하지 말며 대공의 정도를 실행하여 밭두둑과 가장자리에도 적용되는 질서를 유지하여 민심이 한번 흩어지면 수습이 이루어질 수 없다고 하노니.

생각건대 여러분은 마땅히 아주 급하게 빨리 공장(匠工)의 승묵의식을 제정한 연후에 실시에 힘써 시행한즉, 자못 유신의 표준을 가히 기대할 수 있을 것이다.

---

48 임금을 말한다.

자료 32 | 《황성신문》, 1905. 1. 17, 논설, 2면 1단

법학교 성립을 논하다[49]
論法學校成立

대저 법률자(法律者)는 인민이 세상에 있어 하루라도 없다면 불가(不可)한 것이라 고로 서언(西諺)에 말하기를, 법률에서 생기며 법률에서 생활하며 법률에서 동작하며 법률에서 죽는다고 하니 법률의 쓰임은 대단히 크다고 할 것이라. 법률의 정의를 돌아보면, 그 분류가 대단히 많으니 사법(私法), 공법(公法), 국제법의 구별이 있으며, 사법자(私法者)는 민법(民法), 상법(商法), 민사소송법(民事訴訟法) 및 하나같이 신분상 사권의 부류가 이것이요. 공법자(公法者)는 헌법(憲法), 행정법(行政法), 형법(刑法), 형사소송법(刑事訴訟法) 및 하나같이 민국 간 공권의 부류가 그것이라. 국제법이라는 것은 국제공법(國際公法) 및 하나같이 국권상 평시 전시권의 부류가 이것이니.

무릇 국가 정치경제와 인민사회 일용규칙이 이 중에 포함하지 않은 것이 없으니 그렇지만 그것이 물(物)이 됨이 복잡다단하여 종류 조항이 세대를 따라 문명이 되니 증진이 있을지언정 감소는 없은즉 사람마다 쉽게 아는 자가 있지 않다. 고로 그 나라의 민을 위해서는 단지 그 나라의 제정한 현행의 법을 알면 이것으로 역시 족함이로대, 심지어 법학을 닦고 명확히 하는 사람으로 하여금 부득불 그 조항을 통하여 그 뜻을 상세히 알고 천상만태의 사실에 적용한 연후에 이내 조금도 과오가 없음을 기대할 수 있다. 고로 법학을 통효하려고 하면 법의 원리, 원칙, 창정, 개정 등의 일을 명확히 하는 것이니 이는 법학을 서게 하는 바이고, 그 학파가 있은 즉, 또한 소위 분석법, 연혁법(沿革法) 비교법(比較法), 철리법(哲理法) 등을 배우고 또한 소위 성문법(成文法), 불문법(不文法), 공법, 사법, 주법(主法), 조법(助法), 보통법, 특별법, 강요법(强要法), 청허법(聽許法) 등을 별도로 하니 이것은 대개 전문가가 마땅히 연구 분해하는 것이라. 이런고로 현금 동서양 문명제국은 법률전문학교만한 것이 없으니 법학의

---

49 [법률 제정] 지금까지 아직 법학교육을 전문으로 하는 학교가 없었으나, 비록 사립학교이지만 한국에 법률전문학교가 설립된 것을 축하하며 앞으로도 학교를 잘 유지하고 확장해 나갈 것을 기원하고 있다.

고명지사(高明之士)를 양성하여 그 수용 효력이 심히 크거늘 오직 우리 한국은 교육지법(教育之法)이 극히 거칠고 서툴러 겨우 유일한 법관 양성의 교명이 임시 속성의 자질일 뿐이오. 전문이라고 말한 것은 모두 없었다.

우리들은 매번 이것으로 유감으로 여긴 것이 오래이니 가까이 듣건대 유지 제 군자가 능히 스스로 자금을 대어 하나의 사립법학교를 창설하고 외국에 유학하여 법률을 졸업한 사(士)를 널리 고빙하여 교사로 삼는 것이 무릇 12인이오 전문과 예비로 나누어 양과(兩科)하여 장차 전국의 총준하고 배우려는 자제로 하여금 법률지학(法律之學)을 성취하여 다른 날에 국가에 적용할 자원으로 쓰고자 하게 하니 비록 이름은 사립이나 즉 우리 한국의 법률대학교를 창설한 것이라.

그 뜻이 올바르도다. 그 일이 장하도다. 우리들은 찬하고 축하하는 동정(同情)을 이기지 못하노니 국내 뜻있는 제 군자는 각자 정신을 새겨 힘쓰고 날로 멀리 나가 법률 전문의 학을 성취한즉 국민 문명의 걸음이 어찌 이를 따라 발인하지 않음이 아니겠는가. 그렇지만 기자(記者)가 가만히 유감으로 생각하노니 종전 우리나라 선비가 왕왕(往往)이 정신을 다해서 교육하여 자금을 모아 학교를 설립한 자가 역시 적지 않음이로대, 능히 영구히 성립한 것이 드물고 얼마 가지 않아 폐철한 것이 드물지 않고 흔하니 이는 우리들이 개연하고 한심한 것이라. 이제 법률학교는 당연히 그러한 한탄에 이르지 않을 것인가. 오직 배움을 원하는 여러분은 백배로 열심히 하여 학교사무로 하여금 더욱 좋게 하고 확장하고 영원히 유지하여, 문명 법률의 문(門)에서 국민을 잘 가르쳐 기른다면 민국의 행복이 어찌 이것보다 큰 것이 있겠는가. 오호(嗚呼)라. 제군(諸君)은 일심으로 힘써 할지인저.

자료 33 | 《황성신문》, 1905. 6. 3, 잡보, 2면 4단

민법협의[50]
民法協議

　법부대신 이근호(李根澔) 씨가 민법을 새로 정하여 반포할 차로 상주(上奏)하였다더니 금일 하오 3시에 외국에 유학하여 법률 졸업생들을 법상가(法相家)로 회동(會同)하고 민법을 기초할 사로 협의한다더라.

자료 34 | 《황성신문》, 1905. 6. 8, 잡보, 2면 4단

민법회의[51]
民法會議

　법부대신 이근호 씨가 민법 기초 차로 초회(初會) 일자를 다음 토요일로 정하고 법률 졸업생을 해가(該家)로 청요(請邀)하였더라.

50　[민법 제정] 법부대신 이근호가 민법 제정에 관한 본격적인 논의를 전개하여 법률학교 유학생들을 초치하여 회동하였다는 기사.
51　[민법 제정] 법부대신 이근호가 민법 제정에 관한 본격적인 논의를 전개하여 법률학교 유학생들을 초치하여 회동하였다는 기사.

자료 35 | 《황성신문》, 1905. 6. 19, 잡보, 3면 3단

형법 개정[52]
刑法改正

근일에 반포한 『형법대전(刑法大典)』 중에 혹 아직 타결하지 못한 곳이 있어 내외 인사의 물의가 분분한 고로 법부대신 이근호 씨가 이 법전을 다시 개정 수리하고 이 이외 민법 및 기타 제반 법률의 제정 개정을 단행하기 위하여 하나의 법전 편찬소(法典編纂所)를 법부 내에 설치하고 여러 명의 위원은 이왕 외국과 내국에서 법률 정치학 등을 졸업한 자로 선택하여 임명하여 하루빨리 실행할 터이라더라.

자료 36 | 《황성신문》, 1905. 6. 22, 잡보, 2면 4단

법률고각[53]
法律姑閣

지난날 반포한 『형법대전』이 무슨 아직 타결하지 못한 구절이 있은 지 개정하기로 협의하고, 또한 민법도 편찬 반포하기로 어제 조칙까지 특하(特下)하였더니 다시 들은즉, 모처에서 이를 반대하여 가로되 법부에서 장차 고문관을 고빙할 터인즉, 고문관(顧問官)이 온 이후에 법률을 제정함이 늦지 않으니 아직 차 방안을 그대로 두었다고 하였다더라.

52　[민법 제정] 형법 개정 및 민법 등 제반 법률 제정·개정을 위해 법전 편찬소를 법부에 설치하고 국내외에서 법률과 정치학 등을 공부한 자를 선택하여 논의할 것을 기록하였다는 기사.
53　[민법 제정 논의] 형법 개정 및 민법 등 제반 법률을 제정하기 위한 논의로 법부에서 장차 고문관을 고빙하여 개정하기로 하여 논의를 늦추었다는 기사.

자료 37 | 《황성신문》, 1905. 7. 7, 잡보, 2면 5단

형법질품[54]
刑法質稟

평양감리(平壤監理) 신대균(申大均) 씨가 법부에 질품하되 『형법대전』을 훈령에 의거하여 준수할 것이온바, 본소 소관 안건에 민형사(民刑事)을 무론하고 다수 외국인과의 교섭과 관련되는데, 이제 형법이라고 하는 것은 민형사를 통합하고 일절 통용하는 법률이온즉 어찌 오로지 형사상으로 말하오며. 민사는 별도로 조례로 하여 아직 반포하지 않은지 매번 외안(外案)을 의결할 때에는 스스로 많이 거리끼어 막혔고 또한 **제5절 제16조 내 청송(聽訟) 기한은 하나같이 사송(詞訟)이 20년 이내에 있는 자로 정함이라 한 바 만약 20년 이상으로 한 사송이 이 법률 반포의 전에 일어났다면 정적(情迹)이 잘 알 수 없고, 증거가 상세하지 않아 여러 날 심사하다가 판결에 이르지 못하고 그것이 반포한 후에 한 즉 또한 어찌 조판하올지 위의 두 가지 건에 대해 아울러 알려달라 한지라.** 법부에서 지령하되 『형법대전』을 조사한 것은 오로지 주형(主刑)이나 민법이 불비한 고로 혹 민사상으로 끌어다 쓸 조례가 있어 진실로 비록 정당한 조항이 있더라도 민사소송에 통용될 수 없으며, 이에 청리기한(聽理期限)하여는 20년 이상 사송을 증거에 입각하여 수리하든지 송사를 계속하여 하지 말든지 일절 청리(聽理)하지 말라 하였더라.

---

54 [민법 논의] 평양감리 신대균의 질품서에 대하여 법부가 형법을 주로 하되 민사소송으로 인용될 조례도 적용할 수 없고, 20년 이상 사송은 일절 받아들이지 말라는 내용의 지령을 소개하고 있다.

자료 38 | 《황성신문》, 1905. 7. 19, 잡보, 2면 4단

법률기초규정[55]
法律起草規程

　　법부대신 이근택(李根澤) 씨가 법률기초위원회 규정을 개정하여 정부의 청의함이 아래와 같으니

　　제1조　본년 5월 31일에 재하(裁下)하옵신 본부의 주본(奏本)을 흠준하여 본부에 법률기초위원회를 치(眞)함이라.

　　제2조　본 위원회는 민법(民法) 형법(刑法) 상법(商法) 치죄법(治罪法) 소송법(訴訟法) 등을 상세히 심사하여 제정하며 혹 개정하는 법안을 기초(起草)함이라.

　　제3조　위원회는 아래의 직원으로 이룸이라. 위원장 1인 본부 칙주임관 중으로 대신(大臣)이 명(命)함이라. 위원 8인 내 4인은 본부 소관 주임관 중으로 겸임하고 4인은 법률통효인(法律通曉人)으로 대신이 임명함이라. 서기 2인 본부 판임관 중으로 충(充)함이라.

　　제4조　제 법률 조사 기초하는 방법 및 순서와 회의 세규(細規)는 위원장이 정(定)함이라.

　　제5조　위원회에서 법률기초상에 필요한 사항이 유(有)한 시는 내외 각 관청에 조탐(照探)하고 파원 조사함도 득(得)함이라.

　　제6조　전임위원이 제 법률을 기초하여 기조(幾條)던지 위원장에게 제출하거든 겸임위원(兼任委員)을 회동 토론하여 가결(可決)된 후에 위원장이 대신에게 제출함이라.

　　제7조　개국 504년 6월 15일 본부령 제7호 법률기초위원회 규정은 폐지(廢止)함이라.

55　[민법-법률기초규정] 1905년 5월 31일부로 법률기초위원회 규정을 개정하여 제1~7조까지의 세부 조항을 설명하고 있다. 이에 따라 갑오개혁 때 법부 소속 법률기초위원회의 규정은 폐지하였다는 내용이다.

자료 39 | 《황성신문》, 1905. 8. 7, 논설, 2면 1단

상업회의소의 창립을 논하다[56]
論商業會議所의 創立

지난번에 종로 각 육의전(六矣廛)과 각 객주(客主)와 기타 은행 등 여러 상업계의 유력자들이 독립관(獨立舘)으로 일제히 모여 각기 상업에 관한 의견으로 일장 통론(痛論)하여 말하기를, 지금 우리나라 상업이 조잔하고 인민의 산업이 퇴폐하여 자못 전국 상황이 거개 파산의 비운을 당하였으니 이는 다른 것이 아니라 기왕 사업상 주무기관이 인멸하고 상업 통일의 보호가 있지 않고 각자 영리의 폐혜가 날로 생김이니 이때를 당하여 불가불 나라 가운데 일대 상업회의소를 설립하고 전국 상업계의 폐막을 쇄신하며 외인 상판(商販)의 독점 이익을 분배하여 내외무역의 균점 형세를 같이 누리게 하는 것이 금일 우리들의 마음으로 서약하여 같이 공제하는 시기이니 여러 논의가 함께 하여 드디어 해당 기관의 중요 임원을 선정하고 창립의 인허를 득하였다 하니.

우리들은 이 미거(美擧)에 대하여 십분 만족의 동정(同情)을 표하여 조속히 그 발달의 성과를 아름다운 결과를 옹축(顒祝)하는 바어니와. 이제 이 기관은 즉 우리 한국 유래의 미증유한 일대 상업단체로서 그 성질 영향을 논하면 원래 우리 인류가 공동생활의 목적을 달하기 위하여 각각 한 종류의 상업을 영작(營作)할새 소위 전시의 구호를 위하여 설립한 적십자사회(赤十字社會)나 한 지방의 생활 사업을 위하여 조직한 지방단체나 그 전국의 상업 발달을 위하여 성립한 상업단체나 일반 국민의 사업을 위하여 존재한 한 국가 즉 공공단체가 다 그 것이니 이러한 단체의 성질 종류가 각자 같지 않되 그 생활목적을 달하기 위하여 경영 존립함은 하나같다.

고로 이제 소위 상업회의소는 이내 우리들 생활의 막중한 산업기관으로 능히 일개 법인체의 성질을 함께 갖고 있는 자인즉, 그 내부 조직의 분자관계와 그 외부 사회의 권리 의무

---

56 [민법-상법 논의] 상업회의소의 창립에 맞춰 원래 우리나라 기천 백년간에 소위 인민과 인민 간의 권의(權義)를 확정한 민법의 전례가 없으며, 상업행위에 적용할 성문의 상법이 없어 일개 관습법으로 행할 수 없다고 하면서, 상업회의소의 역할을 재삼 강조하고 있다.

를 극히 명료케 아니하면 가히 그 법리상 정당한 상행위 본분을 달성하지 못한 터인 고로 금일 상업자(商業者)에 대하여 그 창립하는 데 곤란한 점이 심히 많다고 하니.

말하자면, 제1 법률상의 관계라. 이 상업단체의 성질이 일개 정당한 법인체로서 일동일정(一動一靜)과 굴신기복(屈伸起伏)을 대개 국가의 소정한 법률 범위 내에서 능히 우리 권리를 신장하며 우리 의무를 이행하여 그 생산의 목적을 달하는 것이어늘, **원래 우리나라 기천 백년간에 소위 인민과 인민간의 권의(權義)를 확정한 일개 민법(民法)의 전례(典例)가 없으며 겸하여 우리 상판상에 적용하는 일개 성문(成文)의 상법이 있지 않고, 단지 상업계에 다소 불완전한 관습이 유하여 이로써 시정의 분의(紛議)를 교정하며 피와 아의 권의를 재단하여 상업상의 기율(紀律) 규범을 유지하여 왔으나 금일 이 사회가 점점 진보하여 인사가 더욱 복잡함에 따라 전일의 관습으로는 가히 좌판행상의 소업이라도 실로 완전히 조종하기 불능하거든 하물며 국내 제반 상무를 통할 지휘하는 상업단체의 설립에 이르러 어찌 일개 관습법(慣習法)에만 의지하여 행하리요. 이것으로 금일 상회의 제일 곤란함이라 말함이오.** [미완]

자료 40 | 《황성신문》, 1905. 8. 9, 논설, 2면 1단

상업회의소의 창립을 논하다(속)[57]
論商業會議所의 創立(續)

말하기를, 제4 국내의 상권을 실탈(失奪)함이니 우리 한국이 통상 이래 30년간에 능히 그 외국과 통항하여 일개 무역의 이익이나 한 점의 문화(文化) 수입은 고사하고 오히려 우리 국가 인민의 일대 생맥(生脉)과 무궁한 재원이 되는 광산, 철도와 산림, 어업 등 기타 소사한 상리(商利)에 이르게 하여 대개 외인(外人)에게 양여하였으니 이제 우리 인민은 여하한 토지와

---

[57] [민법-상법 논의] 상업회의소의 창립에 맞춰 상업회의소가 외국인에게 양여한 물류 권한 등을 상세히 조사하여 대책을 마련하고, 민법과 상법을 속히 제정할 것, 은행과 상업학교를 설립할 것 등을 주장하고 있다.

여하한 물산(物産)을 바탕으로 하여 상업을 영작진흥(營作振興)하리오.

현금 일본 인민의 내주(來住)하는 자가 날로 더하며 다소 상권을 확취(攫取)하는 자가 날로 심하여 자못 우리 한국의 전국 상권이 대개 그 사람의 손아귀에 있으니 이때를 당하여 우리 상업단체는 먼저 그 외인에게 양여한 전후 관계를 일일 조사하여 내외상민(內外商民)의 각기 가진 권의(權義)를 십분 분명하게 아니할진대, 무릇 양국 상인 간 영업상에 대하여 종종 비상한 다툼이 차제에 더욱 나오니리 이제 상업회의소(商業會議所)는 마땅히 정부당국자에 향하여 우리나라로부터 일반 외국인에게 양여한 물류 권한과 구역 범위 및 기타 결약(結約) 연월일을 상세 탐지하여 가히 상무상 편리를 위하여 상합(相合)할 자는 호상 협화책(協和策)을 강구할 것이오 도저히 피차 각립(角立)하여 그 범위를 각자 침월(侵越)치 못할 것은 또한 분립하리니 차등 제반의 조사와 실시와 효력을 극히 완전하게 하여 내외 상민으로 하여금 영업상 분경(紛競)을 낳지 않도록 소상하게 정리하는 것이 이제 금일 상회(商會)의 제4 곤란이라 말함이라.

이상 4대 곤란은 실로 금일 상회 창립자의 극히 주의하여 그 성질을 명확하며 그 권한을 확충하여 점차 진행하는데 나의 어리석은 천견(淺見)으로 권하면 금차 상회에서 급히 먼저 조치할 방량이 또한 있으니, 말하자면, 상회(商會)의 성질 종류를 먼저 확정하여 자치(自治)의 주의와 독립(獨立)의 상태로 결코 정부의 무리한 간섭을 받아들이지 않으며, 고로 국가의 제반 법률이 일신하여 엄명하게 하기 전에는 해당 상회로서 마땅히 백반 상업에 관한 법규를 제정하여 반포하여야 일반 상민으로 하여금 대개 준봉케 할 것이오. 만약 민간의 유려한 산업을 일으키고자 할 시에 자본이 부족하거나 결핍할 시에는 정부가 불가불 이를 조사하여 해당 자본과 이익을 대여하거나 혹 보조케 할 것이오. 오직 정부의 재정 처리와 폐제(幣制) 변동에 관하여는 정부가 불가불 이 상회와 먼저 협상한 후에 시행케 할 것이오.

우리 일반 인민에 관한 민법 상법을 속히 제정 반포함을 정부에 청원할 것이오. 또한 신학과 신지(新智)가 있는 자로서 최근 일본 상업계에 파견하여 제반 상회의 규모를 조사하여 올 것이오. 지금 상업 중의 제일 긴급한 것은 이내 은행의 설비이니 이를 불가불 먼저 착수하여 각종 은행을 국내에 많이 설립케 할 것이오. 또한 국중에 일대 상업학교(商業學校)를 설립하여 총준한 자제로 하여금 속성과(速成科)에 연구케 할 것이니.

이상 7개 요무(要務)는 이내 금일 상회자의 극히 주의하여 시설할 것이라 말하나, 그러나 오호라 당차 국권(國權)이 남아 있지 않고 민산(民産)이 없어진 것 같은 이 지경에 있어 만약 여러 첨군자(僉君子)가 열심 분의로 백 가지 어려움을 배척하고 천 가지 고통을 넘겨 미진하고 퇴락한 상업사회를 일시 진흥하고자 하는 의지 목적을 생각하면 이것은 단지 1개의 우리 우물(愚物)의 감읍(感泣)으로 논할 바 아니라. 지금 우리 이천만 동포가 공히 동정(同情)을 감패(感佩)치 아니치 못할 것이 금일 이제 상회(商會)의 굴기(崛起)함은 즉 우리 이천만 동포의 욕멸미멸(欲滅未滅)한 일대 사활의 문제니 오직 원컨대 상회 제공(諸公)은 십분 분투하여 힘써 십분 척려(惕慮)하여 전국 상업에서 선도하는 광휘(光輝)를 증진하며 여러 사람들과 제휴하여 책성함을 극진히 하여 오직 우리 국가 인민의 부강안악(富强安樂)을 세세토록 같이 향유하기를 액수옹망(額手顒望)하노라. [완]

자료 41 | 《제국신문》, 1905. 10. 13, 잡보, 1면 3단

헌회연설[58]
憲會演說

[五 윤효정]

헌법을 굳게 잡아서 기어이 행하기로 작정하는 것도 또한 입헌 국민에게 있을 성질이라. 법에 가히 행할 것은 사회의 질서를 보존하고 유지하기 위하여 반드시 행하기로 기약하는 것이니 민법과 형법이 한번 반포되면 전국에 바람같이 행하여 도적은 법으로 인하여 형벌을 당하고 불량한 자는 법으로 인하여 조심하나니 이는 법관이 공평한 법을 가지고 범죄한 자를 용서치 못하는 연고요. 또 신문조례와 인민 모이는 집회조례를 임의 발행하면 천하의 주필하는 자와 연설하는 자로 하여금 그 법을 혹 위월할까 겁내고 조심하나니 이는 다 경찰의 구관되는 연고라 만일 그렇지 아니하면 민법이나 형법이나 공연히 반포한 것이오, 법

---

[58] [헌법-법률 논의] 헌법은 곧 정치의 근본이니 대개 민법과 형법의 다스림을 받는 자에게 쓰는 고로 다스림을 주장하는 자가 능히 유지할 것이요, 민법과 형법의 기초로서 헌법을 제정할 것을 주장하고 있다.

관이 유지할 힘이 없으면 그 법은 지상공문이 된 것이니 도적의 무리가 양민을 해할 것이요. 경찰이 신문과 집회 조례를 유지할 힘이 없으면 그 조례는 공연히 정한 것이라. 무뢰배들이 혹 붓끝으로 사람을 속이며 혹 혀끝으로 사회를 문란케 하리니 그런 즉 법관이 그 법을 유지하여 사람마다 감히 어기지 못하게 함은 어찌 다른데 있으리요. 다만 그 법률의 반드시 행할 자를 제정한 실상함이 있는 연고라. 법률의 필행할 실력상 힘이 있을진대 헌법이 또한 그 제정한 힘을 빌어서 능히 행할지라. **헌법은 곧 정치의 근본이니 대개 민법과 형법의 다스림을 받는 자에게 쓰는 고로 다스림을 주장하는 자가 능히 유지할 것이요. 헌법은 다스림을 주장한 자에게도 또한 행하는 것이라. 그런고로 입헌 국민은 이 실상 힘을 얻어야 능히 다스림을 주장하고 법에 범한 자를 막을 것이오. 그렇지 아니하면 입헌의 이름만 있고 입헌의 실상은 없을지니 입헌국민은 마땅히 알 것이시니라.**

자료 42 | 《황성신문》, 1905. 11. 7, 논설, 2면 1단

상업의 제군에게 경고하다[59]
警告商業諸君

오호(嗚乎)라. 목하(目下) 전국의 상업이 비극적인 상황이여. 실로 참혹하고 막심함이로다. 본년 6월 24일부터 탁지부령(度支部令) 제1호 구백화동교환명령(舊白貨銅交換命令)이 발표한 이래 국내의 통화가 일시에 위축하고 대소의 상로(商路)가 차제로 막혀 탕산패업(蕩産敗業)하는 자가 날로 증가함으로 지금 전국의 경제사회가 전몰하여 남아 있지 않음에 이르니 그 허물은 누구에게 어찌 있으리오. 원래 정부당국자는 본디 경국제민(經國濟民)의 기량(伎倆)이 있지 않고 오직 하민(下民)을 폭학하여 압제하기로 능사를 이루어 전후의 폐제(幣

---

59 [민법-상관습] 1905년 〈구백동화교환령〉에 대해 정부당국자를 십분 독려하여 현행 화폐의 교환 방법을 모두 개량하고, 우리나라 유래의 관습을 참호(參互)하여 신구화폐의 순환과 융통을 편의케 하고, 기왕 남발한 악화(惡貨)의 손해는 정부에서 마땅히 담당할 것을 주장하고 있다.

制)가 부정한 손해를 슬프게도 허물이 없는 생민(生民)에게 모두 돌아가니 이것은 가히 정부가 가히 참음이 있다고 할 것이리오. 당초 정부가 거리낌 없는 야심(野心)으로 일개 원위(元位)의 화폐는 그 영향을 보지 않고 단지 그 보조(補助)의 백동(白銅)을 남발하여 국가 인민의 경제사회를 점차 교란할 뿐 그치지 않을 뿐이라. 더욱이 묵주(默鑄)와 사주(私鑄)의 폐해를 태연하게 묵인하여 무릇 공사간에 수수할 때 아무 무리 없이 통용케 하다가 졸연히 금일에 이르러 소위 화폐교환의 명령으로 갑·을·병(甲乙丙) 3종으로 나누어 기만부공(欺瞞不公)의 혹해(酷害)를 전연히 그 인민에게 편파하여 입히고자 하니 이들 불법의 예는 각국 화폐사상에도 실로 듣지도 못하고 보지도 못한 바이오. 또 소위 교환의 방법이 더욱 무도하여 경향(京鄕) 각지에 유통화폐는 다 그 금고(金庫)로 각수(攉收)하고 유래 우리 상민의 관습상 유통법(流通法)을 무시하여 일전반리(一錢半厘)의 금융을 호상 교체(交遞)치 못하게 하였으니 금일 정부당국자의 불법(不法)한 압제와 재정고문의 무리한 수단은 가히 이 나라의 화폐재정을 정리하여 실마리에 이르름이 오히려 그렇게 됨이다. 오히려 이 지역에 달한 상업계로 하여금 일시 진멸(殄滅)케 하는 무단한 맹장(盲杖) 정책이라 말할지니 시험하여 보아라. 근일 이래로 한성(漢城) 내외의 굴지(屈指)하는 상업가의 파산자(破産者)가 대개 수삼십 인이오 또한 며칠에 지나지 않아 대상소가(大商小賈)가 엎어질 자가 기십백 명에 이르리라 하여 영성잔상(零星殘商)이 맥맥상고(脉脉相顧)에 그 형체를 볼 수 없으니. 희(噫)라. 금일 우리 한국의 형편으로 전쟁도 무섭지 않고 악질(惡疾)도 두렵지 않음이오. 오직 이 전난(錢難)의 혹화(酷火)가 슬픈 우리 무고한 생령(生靈)을 다 없어지게 하니 이러한 경우에 있는 대소상민(大小商民)은 오히려 유연히 애과(捱過)하여 능히 재산생명(財産生命)의 전도를 보지(保持)할 도리(道理)가 있다고 하나뇨. 이때를 당하여 무릇 우리 일반 국민은 하늘로부터 부여된 권리(權利)로써 급속히 정부당국자를 십분 독려하여 현행 화폐의 교환 방법을 모두 개량하며 우리나라 유래의 관습(慣習)을 참호(參互)하여 신구화폐의 순환 융통을 편의(便宜)케 하며, 기왕 남발한 악화(惡貨)의 손해는 정부(政府)에서 마땅히 담당함이오. 그 화분(貨分) 등의 제한법을 삭제하며 또한 민간의 재원을 대하(貸下)하여 지금 빈사(瀕死)한 상업가를 빠르게 구제할 사로 열심히 애소(哀訴)하고 호호읍간(呼號泣諫)하여 가히 그 목적을 달한즉, 비록 일일 생명이라도 오히려 보존하거니와 만약 그렇게 하지 않으면 여전히 악법(惡法)으로 무리하게 강제로 시행하는 경우에는 1, 2 개인이 차제로 모두 무성무취(無聲無臭)하게 사지(死地)에 이르는 것보다 차라리 경외(京外) 각지 상민(商民)이 일심으로 공서(共誓)하고 저 정부 문하(門下)에 대성질호(大聲疾呼)하여 이천만 생명의 안위존망(安危存亡)을 일제히 판결함이 가(可)할 줄로 미루어 생각하노라.

자료 43 | 《황성신문》, 1905. 11. 15, 별보, 2면 1단

상업회의소 청원서(속)[60]
商業會議所請願書(續)

근래 일본 메이지 정부의 치적에 징(徵)할지라도 은행의 설비가 고로 미완전하고 교통이 불편한 기간에 있는 국고금(國庫金) 수납 순서는 각 군 및 전국 요충지에 신용이 있는 인민에게 환전 방법을 명하여 환전 작용으로써 국고에 수납하는 방법을 취하여 경제계의 조화를 유지하기에 힘써 할지라. 그러나 우리나라 정부는 오직 문명의 제도를 습용(襲用)함에만 급급하고 각국의 사적을 불람(不鑑)하며 자국의 나라 상황 및 관습(慣習)을 돌아보지 않고 화(禍)의 미침이 위대함을 고려치 아니하고 해당 명령을 발포 실시하여 경제계를 문란케 하니 정부는 깊이 생각하여 다시 생각하여 해령(該令)을 수정하여 각 군 및 전국 요충지에 신용이 있는 인민에게 국고금 관리를 명하여 경제계의 조화 유지 방법을 강구함이 타당할지로다.

오직 우리나라 재정정리는 급무 중의 최급무라. 고로 악화(惡貨)를 정리하며 경제계의 보안을 유지하여 장래의 진운 발달을 도모할 필요가 있음은 오인(吾人)이 일찍이 인식하여 일시라도 신속하기를 간절히 바라는 바이라. 그러하나 금차 재정정리는 비재(悲哉)라. 이상에 논함과 같이 명실이 상반(相伴)치 못하여 민을 두독(蠹毒)함이 얼마나 됨을 알지 못하여 그 나라를 들어 초토(焦土)에 돌아감을 타수(唾手)하고 가히 볼 수 있음을 드디어 이르게 하니.

---

60 [민법-상관습] 한국 정부는 일본 메이지 정부의 국고금 수납제도를 본받아서 종래 재정을 정리하기 위해 시행한 악화 정리 등이 민간 상업에 큰 피해를 입히므로 상인에게 도움이 되는 방향으로 개정할 것을 요청하고 있다.

이와 같으면 소위 정리는 차라리 그 정리가 없음과 같지 않다고 하여 오히려 구제(舊制)가 민을 도움이 됨이 유함을 믿노나니 만약 정부가 각국의 사적을 감(鑑)하며 아국의 정황을 참조하여 과오를 뉘우치고 잘못됨을 고치지 아니하면 오인은 인민의 권리로 해 정리법의 중지 철폐를 요청할지니 이것이 그와 같은 폭학한 정령에 대하여 자위방호(自衛防護)상에 면치 못할 유일 방침이 됨은 천하의 공론이 스스로 있어 명확히 판결하는 바이라. 다행히 정부가 심각하게 깨닫고 인민을 상하게 하지 아니하고 나라의 이익을 덜지 아니하는 도를 강구하여 인민을 부양하고 국가 부강의 원천을 고려하여 국가의 당연한 부담할 자를 담보하여 민간의 해를 양성하지 아니함으로 위주로 함으로써 재정을 정리하고 명실이 서로 가게 하고 좋은 결과를 만들게 하고자 하면 오인은 약용(踴躍)히 찬성하며 화충협동(和衷協同)하여 그 책임을 바라는 고로 정부는 십분 반성하여 국가의 장래를 고려하고 좌개의 방법을 채납하여서 백세(百世)의 기초를 강구함을 절망(切望)하노이다. [미완]

자료 44 | 《황성신문》, 1905. 11. 16, 별보, 2면 1단

상업회의소 청원서(속)[61]
商業會議所請願書(續)

개선 방법 – 제1. 정부는 상당한 자금을 민간에 신용이 있는 상사(商士) 및 농민에게 연대 책임으로써 대하(貸下)할 사. 단 상환하는 기한은 5개년으로 거치(据置)하였다가 후 10개년 간에 연부(年賦)로써 상환하되 무이자(無利子)로 하며, 대하하는 단체(團体)는 경성 및 각 도의 지역경제 사정을 응하여 각 다섯 단체 이하로 제한할 사.

이유 1, 2에 논함과 같이 당연히 국가가 부담할 자를 인민 부담에 돌아가게 함이오. 또

---

[61] [민법-상관습] 상업회의소 청원서로 화폐정리 사업으로 인한 민간 상업 농민들의 폐해를 시정하기 위한 대책으로 국고금 취급 관리를 맡기는 방안을 제안하고 있다.

정부의 기만적 행동으로부터 대공황을 야기케 함으로써 국가는 당연히 이에 대하여 구제의 책이 불가불 있어야 하는 이유라.

제2. 정부는 탁지부령 제1호를 수정하며 제2조 전항에 합당치 아니한 부정 구백동화 운운 이하 조문을 삭제할 사. 이유 2에 논명(論明)을 의함이라.

제3. 정부는 내국채를 발행하되 그 액수는 1천 5백만 원에 제한하고 이자는 연 100분의 5 이상으로 정하고 상환기한은 5개년을 거치하여 이후 15개년간에 상환하는 법을 제정할 사. 이유 제1 및 제2의 재원에 대하여 필요한 소이(所以)라.

제4. 정부는 국립은행법을 제정하여 정부 감독하에 치(眞)하고 내국채 및 정화(正貨)를 준비로 하여 은행권 발행하는 법을 제정할 사. 단 은행이 대부하는 이자는 백 원에 대하여 일보(日步) 5전 이하로 제한할 사. 이유 제1 대하금을 민으로 하여금 그 덕택을 균일케 하고저 함이라.

제5. 정부는 탁지부령 제4호 및 5호를 수정하여 각 군 및 전국 추요지(樞要地)에 전항 국립은행이나 또 신용이 유(有)한 상사농민(商士農民)에게 국고금 장리(掌理)함을 명할 사. 단 방법은 아국 관습을 참조하여 개선 방법을 강구할 사. 이유 4에 논명함을 의함이라.

제6. 정부는 이상 각항에 대하여 시정 방법은 아국의 민의(民意)를 채납하며 자순(諮詢) 심의하여 관습을 불파(不破)하고 문명의 법으로 지선지미(至善至美)히 하여 일점의 유감이 무(無)케 할 사.

제7. 정부는 이상 각항 정리의 방법이 확립하는데 지(至)하는 기한간은 재정정리의 명목 중 화폐조례에 관한 일체 법령은 일시 중지할 사. 오인(吾人)은 자(玆)에 민의를 건언(建言)하여 정부의 반성을 구하나니 원컨대 아 건국(建國)한 조종의 유제를 감(鑑)하고 세계 각국 문명제도에 참조하여 시정 개선의 명실을 완전케 하여 이천만 동포로 하여금 영원 복지를 향수하는 덕정(德政)을 수(垂)케 하는 사를 절원(切願)함. [완]

자료 45 | 《황성신문》, 1906. 3. 13, 별보, 2면 1단

보호국연구론[62]
保護國研究論

일본 법학박사 아리가 나가오(有賀長雄) 씨가[63] 《외교시보(外交時報)》에 보호국의 연구라 제(題)하여 논술함을 대개 거한 즉,

보호국은 외교상 유행문자(流行文字)니 사람이 항상 회구(膾灸)하되 그 의의에 이르러서는 자못 부정(不定)하여 열국간에 보호국이라 칭하는 자가 적지 않으나 각기 보호자된 국에 대한 관계가 유이(有異)하여 2자의 관계가 모두 동일함이 무(無)하고 또 동일한 국이 종시동일(終始同一)한 상태를 유지하는 자가 소(少)하여 그 보호자된 국에 대한 관계가 시시 변천하니 가령 안남(安南)[64] 및 쭈니스[65]는[66] 더욱 법국(法國)의 간섭을 수(受)하라 하고 옛날 영국(英

---

62 [법률-일제침탈] 일본 법학박사 아리가 나가오의 보호국 연구를 재인용하여 보도하여, 제국주의 열강의 보호국 침탈 사례를 언급하면서 일본과 한국의 관계에 대해 서술하고, 치외법권의 설정 및 약소국 국가와 보호국과의 관계에 대해 비판적으로 논술하였다. 이 글은 《황성신문》이 1905년 11월 17일 을사늑약에 대해 항의하는 사설로 정간 처분을 받은 후 1906년 3월 일본 국제법학계의 대표적인 학자인 아리가 나가오의 〈보호국론〉을 2일(15, 16일)에 걸쳐 사설에 개재한 것이다. 이 사설은 1개월 전 아리가 나가오가 《외교시보》 99호에 발표했던 〈보호국 연구〉를 번역하여 짧게 논평을 덧붙인 것이다. 《황성신문》의 논평은 보호국과 피보호국의 관계가 고정된 것이 아니라 가변적이라고 강조했다. 이에 따라 "마음을 고쳐먹고 염려를 바꾸기를 바라노라"라고 권고했다(《황성신문》, 1906. 3. 15. 논설; 최덕수, 2009,「근대 계몽기 한국과 일본 지식인의 '보호국론' 비교 연구」, 『東北亞歷史論叢』 24호, 113-114쪽 참조).

63 아리가 나가오(有賀長雄, 1860~1921). 국학자. 문학·법학 박사. 오사카영어학교, 가이세이학교를 거쳐 도쿄대학 문과를 졸업 후, 유럽에 유학하여 베를린대학교에서 일본 사회의 역사를 교수하고 유럽 문명사와 심리학을 수학한 후 귀국했다. 이후 도쿄대학 조교, 조교수, 원로원 조교를 거쳤다. 원로원 서기관으로 임명된 후에도 추밀원 서기관과 국무총리 비서관 등을 비롯한 현관(顯官)을 역임했다. 또한 일본 적십자사 만국 회의에 몇 번 참석하였고, 헤이그의 만국 평화 회의에 참석하여 훈 3등에 서임되었다. 제국 헌법 발포 전월에 저술한 『국가학』으로 국법 학자로서의 지위를 확고히 했다. 그 후 와세다대학 교수와 평의원 등을 겸임했다. 이외에도 황실제도 조사국 주사를 맡아, 러일전쟁 시에는 국제법 고문으로 일본군의 뤼순 공격에 종군하기도 했다. 전후 세 차례에 걸쳐 유럽에 유학하고 『일러전쟁국제법론』을 저술했다. 1913년 원세개의 초빙을 받아 대총통 법률고문으로 재직하기도 했다. 나가오가 행했던 연구는 주로 근대 일본 국운의 진전에 부절(附節)하는 것이었다. 법률과 역사에 관한 저술을 많이 하였는데, 『근시외교사(近時外交史)』, 『전시국제공법(戰時國際公法)』, 『만국전시공법(万國戰時公法)』, 『대일본역사(大日本歷史)』 등이 있다(『국학자전기집성(國學者伝記集成)』 속편, 『일본인명대사전(日本人名大事典)』 제1권, 『국사대사전(國史大辞典)』 제1권의 아리가 나가오 인명 조항 참조).

64 베트남(Vietnam)을 말한다.

65 북아프리카 튀니지(Tunisie)를 말한다.

66 아리가 나가오의 책인 『보호국론』의 보호국 사실편 제4절, 튀니즈 군주국에서 프랑스가 튀니지를 보호국으로 만드는

國)의 보호국이 되었던 두국(杜國)[67] 및 이국(伊國)[68]의 보호국되었던 아비시니야[69]는[70] 이제 명실이 모두 완전한 독립국이 된지라. 연즉 일본은 우선 일·한 양국 간에 성립된 보호관계를 정밀히 분석하고 오히려 장래에 여하한 방향으로 변천하며 또 혹 변천케 할 것을 추구할 필요가 무하다 말함이 불가(不可)하고 **금후 한국의 입법·사법·행정이 일본에 대한 보호관계에 관련함이 많으니, 가령 일본제국의 민법·형법은 즉시 한국에서도 행함을 득할 자인지 일본 범죄인을 한국에서 포박하기 위하여 특히 범죄인 이송조약을 요할 자인지, 일본이 한국을 위하여 외채를 모집할 경우에 일본이 여하한 정도까지 담보의 책임할 자인지, 이와 같은 자는 즉시 해결할 문제오.** 또 한국에서 열국의 소유치외법권을 영구히 유지케할 자인지 속히 철거케 할 방침을 취할 자인지 이와 같은 것은 장래 한국 지위가 여하히 변천함에 의하여 결정할 문제니, 한국이 과연 문명의 업에 힘써 일본의 보호에 의지하지 않고 열국에 대한 책임을 능히 실행할 희망이 유하다 하면, 일본도 열국과 공히 치외법권을 유지하여 고로 또한 한국의 개발을 대할 것이오. 만약 한국이 문명 열국 간에 재하여 자립하는 능력을 득할 희망이 무하다하면 지금으로부터 외국 및 외국인에 관한 소송사건에 대하여는 한국을 일본의 재판관할권 내에 두어 열국으로 하여금 치외법권을 철거케 할 방침으로 나갈지니, 이것은 즉 법국이 안남 및 쭈니스에서 실행하는 바이오. 오히려 또한 일본이 모국(某國)과 개전할 경우에 한국이 일본에 대하여 동맹의 관계를 정할 것인지 또 혹 당연히 국외에 중립할 자인지 이와 같은 것도 보호관계의 여하에 의하여 결정할 문제오. 단 보호국된 일사로써 결정할 것이 아니라.

경과에 대해 자세히 언급하였다(有賀長雄, 1906, 『보호국론』, 와세다대학출판부, 106-120쪽 참조).

[67] "杜國은 千八百八十一年八月三日에 共和國이되야 英國에 對外主權의 全部를 讓與하얏다가 千八百八十四年二月二十七日에 至하야 英國과 此關係를 絶하고 但네렌지 國以外의 國家와 條約을 締結홀 時에만 英國의 許諾을 請求홈이 可하다홀지라"(《황성신문》, 1904. 10. 1. 별보)

[68] 이탈리아(Italia)의 한자 표기이다.

[69] 에티오피아(Ethiopia)를 말한다.

[70] 에티오피아 솔로몬 왕조의 메넬리크 2세는 1889년에 왕위에 올라 질서를 바로잡고 수도를 아디스 아바바로 정하고 근대화에 착수하였다. 19세기 말 식민지를 확장하던 이탈리아의 침략을 받았으나 1896년 아드와전투에서 크게 승리하면서 격퇴하였다. 그렇지만 당시《황성신문》에서는 다음과 같이 언급하였다. "(二)亞非時尼亞는 千八百八十九年五月二十五日우지아리 條約을 因하야 伊太利의 保護國이되얏더니 千八百九十六年에 伊太利에 對하야 動兵하고 千八百九十六年十月二十六日아지스아베바 媾和條約을 因하야 伊國의 羈絆을 脫하야 獨立國이되얏고"(《황성신문》, 1904. 10. 1. 별보)

학자가 연구한 바를 거한즉 나라와 나라 사이에 보호 관계를 생하는 원인이 4종이 유하니 금에 이를 분술함이 여좌(如左)하니라.

제1종 보호국자에 약소한 일국이 유하여 강국 간에 개재하여 완전한 독립권을 유하고 그 문화 정도도 별도로 열국에 불양(不讓)하되 국력이 미약하여 그 독립을 지지하는 능력이 무하다 가정할진대, 만약 모 강국이 이를 합병하면 강국이 커다란 권세를 가하여 권력의 평형을 실하여 루(累)을 타열국에 미치는 우(虞)가 유하니 여차한 경우에 모 일국이 특히 차 약국(弱國)으로 하여금 그 독립을 유지케 함이 자국의 이익으로 인하는 시는 외에 재하여 이를 담보하는 관계를 작하여 호발(毫髮)도 약국의 내정 외교에 간섭함이 무하고 필요에 응하여 이를 원조하는 지위에 입하나니 이는 즉 구주 학자가 '호위적 보호국'이라 칭하느니라. [미완]

자료 46 | 《대한매일신보(국한문)》, 1906. 6. 3, 기사, 2면 6단

강청내용[71]
强請內容

이민조례 실시하기를 통감부에 성화하여 독촉함은 세인(世人)이 아는 바이니와 그 내용을 살피건대, 일본과 아라사 평화 후에 전비 13억만 원을 민간에 배렴하여 하다가 그때 민권당(民權黨)이 반대하여 폭동하는 고로 인명이 다수 살상하였은 즉 일본이 스스로 내란을 만들어 이토 후(伊藤候)의 방침이 부락(否落)하여 민당에서 선언하기를 아국(俄國)에 배상은 과연 시행하기 어려움이오. 삼천리 강토를 노력하지 않고 얻었으니 어찌 원악(怨惡)이리오 한 즉 그 비용을 삼천리에 능히 진본(振本)이라하고 장담하고 한국으로 건너와 신약(新約)

---

71 [민법] 러일전쟁 후 일본이 러시아의 배상을 시행하기 어렵다고 하면서 삼천리 강토를 얻어 신약을 억지로 체결하고 이민조례를 고치고 산림 천택을 개척할 사를 제출한 일을 비판하고 있다.

을 늑성(勒成)한 사인대, 일본이 이민법으로 한지(韓地)에 식민치 아니하면 거피적 이익(去皮的利益)을 불가한 고로 이민조례를 이처럼 강청함이오. 또한 대문제는 산림 천택 개척을 제출한 터이라더라.

자료 47 | 《황성신문》, 1906. 5. 2, 사설, 2면 1단

농공은행 설립문제를 다시 논하다[72]
再論農工銀行設立問題

지난 정부에서 외채 1천만 원을 차입하여 전국 내 농상공 백반의 사업을 일신 경기(經紀)한다 하기로 이미 어리석은 견해를 감히 진술한 바도 있거니와 이제 또한 불가불 일차 당국자에 향하여 감정이 남음이 없지 않으니 이를 변론하고자 하노니

현금 정부에서 해 차관 1천 원 중으로 농공은행의 보조금을 지출하여서 은행을 설립하고 또한 금융의 조화와 농공업의 개선 발달을 기도코자 하는 주지(主旨)에 대하여는 오인(吾人)은 심히 찬동하는 바라 (중략)

대저 하국(何國)을 물론하고 각각 관습(慣習)과 역사가 유하며 또 사정의 현상이 수이(殊異)함에 오인은 결코 외국의 전장을 참조하는 것이 불가타 함이 아니라. 아(我)의 관습 역사와 실지 사황의 수이함을 불고하고 오직 번역적의 정책을 집행함은 가히 국가의 이익이라 말하지 못할지니 가령 그 주지는 비록 아름다우나 그 결과는 양호할는지 오인은 금일 정부 제공에 대하여 완전한 금융기관을 설비하여 실업과 경제방략을 일체 병진함을 절망(切望)하노라.

---

72 [상법] 지난 정부에서 외부에서 1천만 원을 차입하여 경기를 부양한다고 하지만, 어떤 나라든지 각기 관습과 역사가 있으니 관습과 실지 상황에 맞게 집행할 것과 함께 농공은행 설립을 주장하고 있다.

자료 48 | 《황성신문》, 1906. 5. 7, 논설, 2면 1단

한일은행 설립을 축하하다[73]
賀韓一銀行設立

　　대저 일국 상공업의 개선 발달하는 원천은 금융의 조화에 재하고 금융의 조화는 즉 은행에 재하나니 비록 여하히 경제계의 정정(整正)을 도모하며 상공업의 개선 발달을 기할지라도 그 원천되는 금융의 기관이 확고치 아니하면 그 아름다운 결과를 주(奏)키 불능하거든 하물며 우리 유치한 상공업으로 하여금 **현금 세계 열국의 상공업 경쟁하는 장리(場裏)에 개재하여 순정한 개선 발달을 도모코자 하면 먼저 우리 국정(國情) 및 상업상의 관습에 적응하며 문명의 제도를 참작한 상공업가의 기관은행이 무하면 불가한지라 그러나 우리나라에 1, 2개 은행이 비록 존재하되 이들의 소질을 구비치 못함은 오인(吾人)의 재삼 논술한 바로 일찍이 개관하는 바라.**

　　이제 들으니 경성 내 유력한 신상(紳商) 수십 인이 발기하여 평일 오인의 희망하던 바 상업기관으로 한일은행(韓一銀行)을 설립한다 하니 이는 오인이 크게 만심으로 환영하는 바이오.

　　(중략)

　　지난해 이래 정부 시설한 상황은 오인이 모두 다 고르게 알고 있는 바로대, 차라리 민간의 신사(紳士) 신상(紳商)이 협동 일치하여 스스로 자강(自强) 자보(自保)의 길을 강(講)하며 경제계의 정정(整正)을 기하여 상공업의 대발전을 도모함이 결코 어려운 일이 아니니.

　　즉 금일 한일은행이 시세의 필요에 박(迫)하여 민간 신상의 대용략(大勇略)으로 설립 발기의 기운을 배태하였으니 천하동우(天下同憂)의 신사 신상 제공은 해당 은행이 여하히 시세에 적절하고 긴요한 사람됨을 통실(洞悉)하여 협동일치(協同一致)로 응분의 자금을 출연하여 써 우리 상공업의 대발전을 노력하면 우리 국운(國運)에 만회 흥복을 가히 기할지라.

　　만약 감히 감언(甘言)에 자미(自迷)하여 불급한 사업을 창설함은 국가에도 하등 이익이

73　[상법] 일국 상공업 개선 발달의 원천이 금융의 조화에 있으니 지금 경성 내 유력한 신상 수십 인이 발기하여 상업기관으로 한일은행을 설립한 일을 축하하는 사설.

없고 또한 자강 자보의 도가 아니니 즉, 우리 상공업의 개선 발달을 모도함은 단지 자보의 이익뿐 아니라 이로 인하여 국가의 진운을 계도하는 유일한 책이라 하노니 오직 원컨대 천하동우(天下同憂)의 사(士)는 한일은행 창립하는 유지 제 군자의 동정(同情)을 표창하여 힘쓰고 또한 힘쓸지어다.

자료 49 | 《황성신문》, 1906. 6. 12, 논설, 2면 1단

정부당국 여러분께 바란다(7)[74]
上政府當局諸公(七)

법부대신

법부대신도 또한 국무대신의 하나이라. 그렇지만 법부라는 것은 행정·사법권을 겸하여 재판소 권한을 통독(統督)하니, 직무의 기중(綦重)함이 타부에 비하면 더욱 일층 가대함이라. 우리 한국은 종래 법률이 미비할 뿐더러 비록 금석지전(金石之典)이 있을지라도 관리가 무롱(舞弄)에 인연하여 능이(凌夷) 휴괴(隳壞)하여 법이 오랫동안 폐생은 자연 이치가 됨이라 함은 하물며 경장 이후로는 신구·혼잡에 준적(準的)할 바가 없어 소위 민·형사·재판구성의 법이 원래 비고(備故)를 설하지 않았고 경외를 물론하고 무릇 각항 심안에 단지 관리의 억단을 빙자하여 오직 저앙(低昂)에 뜻을 두며 사에 따라 조종(操縱)일새 공소정공(控訴証供)한 자가 다 원굴(冤屈)하여도 뜻을 펴지 못하니 오호 사법의 대신이 어찌 그 책임을 버릴 수 있겠는가. 아 종전 10여 년 내로 법부대신 지위에 올라 능히 법부대신의 책임을 행한 자가 혹 몇 사람인지 알지 못하는지 감히 상세하게 알 수 없으나 대개는 대대 실직(失職)의 과를 면하지 못하는 고로 금일에 이르기까지 사법지성이 이와 같이 퇴패한 것이니.

이제 법부대신도 또한 그 임을 받은 자는 이미 해가 되었다. 가만히 사법상 직권을 생각

---

74 [민법] 법부대신은 행정과 사법을 겸하는 관리로 관리 임용 등을 엄정하게 집행해야 한다며 직무와 역할을 강조하는 동시에 『형법대전』의 개정, 법률의 개정 제정과 법률의 실시 실행, 법률 졸업생의 수용 등 법부대신의 직권을 잘 수행할 것을 당부하는 논설이다.

해 보면 쇄신하고 분려할 수 없고 단지 의양(葫蘆)의 모양으로 구차하게 지내어 전인 일철(一轍)을 면하지 못하는 고로 법부의 요요무문(寥寥無聞)이 오히려 이와 같으니 이제 대신도 어찌 실직의 책을 면할 수 있으리요.

오호(嗚乎)라. 행정으로 사법의 권을 겸하는 자는 유일하게 법부대신일 뿐이다. 무릇 법률의 관계하는 바에 그 제정·개정권과 기관 설비와 또한 법률 생도 양성과 재판관리 선임과 기타 일체 사법 행정이 모두 법부대신 직권이어늘 근일 대신은 법률 소관에는 조금도 유의하지 않고 뇌의 뒤에다 직권을 두고 단지 소관 관리 임면에만 권리를 간주하여 국장·참서나 판·검사·주사·교관 등이 과서임(窠叙任)의 때에 따라 사인(私人)과 긴객(緊客)의 전충(塡充)이 다른 일이 없이 제일건을 능사로 하고 법률은 하등 불비이든지 심판은 하등 왕단(枉斷)이든지 인민은 하등 원통이든지 물론은 하등 타매(唾罵)든지 돈연(頓然)히 고휼을 부족하다 하고 매일같이 사진(仕進)하여 참회하고 6, 7천 원의 봉금(俸金)을 앉아 먹으면서 양양득득(揚揚得得)에 스스로 국무대신이라 하나니.

국가에 가장 중요한 사법행정도 이와 같으면 이외 관료는 또한 어찌 족히 논하리오마는 이제 공이 일찍이 외국에 주재하여 사법성 제도를 깊게 익히니 만약 사법성을 말하고, 대심원을 말하고 재판소 등의 법률 규모와 관리 복무가 어떠한가를 살펴보지 않았느뇨. 피국(彼國)은 어찌 일찍이 하늘로부터 나온 것인가 바로 사법대신에 적합한 인재를 얻지 못한 것에 불과한 것이라. 이제 우리나라도 진실로 대신이 실사구시하여 행하고자 하면 행함이 있을 것이니 어찌 무성(無成)함을 걱정하겠는가. 우리들이 공에게 바라는 것은 공이 이미 외국제도를 관도(慣睹)하고 몸이 그 직에 임하였으니 고식(姑息)으로 인하지 말아야 시소(尸素)의 기(譏)를 취하고 극히 마땅히 분려정신하여 힘써 쇄신개량 방안을 힘쓰면 비록 그 국권이 추패지일(墜敗之日)이라도 또 어찌 만회 회복 기약이 없겠는가.

대저 법부의 제일 기관은 즉 법률 완정이다. 현금 『형법대전(刑法大全)』이 비록 이미 반행(頒行)했으나 자못 다수 모순과 미루(昧陋)함이 있으니 빨리 마땅히 개정하여 완전하게 하며, 만일 민법·상법도 부득불 제정·반포하여 민인으로 하여금 모두 법률 일정을 안 연후에 범(犯)한 자가 드물어서 법이 이내 행할지니 오른쪽에 진술한 양 건(兩件)이 실제로 지금의 급무이오. 또한 양법미규(良法美規)라도 금일의 속각문구(束閣文具)와 같이하고 일체 변모(弁髦)하여 실행하지 않으면 또한 무익(無益)하니 어찌 법률을 사용한단 말인가. 대저 법률을 제정함은 그것을 실행하려고 한 것이어늘 지금 『형법대전』 중에 소위 "외인에게 의뢰하여 관작을 도모하는 자는 처교지률(處絞之律)"하니 그 법률을 감히 알지 못하고 과연 실행할 수 있겠는가. 만일 실행할진대 현금 아직 그 조율을 감히 알지 못하는데 과연 실행할 수 있겠는가. 만일 실행하고자 하면 지금 관리의 처교자는 몇 사람이겠는가. 이처럼 시행할 수 없는 법률을 제정하여 공포하였으니 민이 어찌 믿으며 법이 어찌 행해지겠는가. 지금 이후는 마땅히 실시할 수 있는 법률에 주의를 기울여 문구로 돌아가지 말게 하고 실천하여 행함이 필요한 연후에 민에게 신용을 얻고 법 또한 행해질 것이오.

또한 본디 법률이라는 것이 하등 물사(物事)라는 것을 사법관에게 맡기면 어찌 능히 그 직을 잃을 것인가. 법관 양성소가 있을 이유가 있으나 양성하여 졸업한 연후에는 편동전제(便同筌蹄)를 잊어버리지 않고 매번 관리 선택의 때가 되면 문득 어떤 곳에 둘지 모르는 애매한 법률로 다수 그 임을 채우고 전자(前者)에 졸업한 생도는 버리고 쓰지 않고 어찌 앵성의 학교를 설치해 놓았는가. 지금부터 이후로는 무릇 궐과(闕窠)가 있거든 반드시 졸업생 중에서 뽑아 보충하여 법률의 학생을 장려함이 역시 지금에 중요하게 힘쓸 일이니 이상 법률의 개정 제정과 법률의 실시 실행과 법률 졸업생의 수용이 즉 법부대신의 직권에 있으니 나에게 행할 것은 요언을 버리고 채택할 것을 받아들이는 것이니 어찌 공의 행복이요 민국(民國)의 경행(慶幸)이 아니겠는가.

자료 50 | 《제국신문》, 1906. 6. 16, 잡보, 1면 1단

농공은행규칙(사람마다 자세히 알아 둘 일)[75]

근일 농공은행이 설시되어 이달 12일부터 은행사무 보기를 시작하였는데, 탁지에서 기별한 사실을 거한즉 농공은행은 그 장정을 의지하여 방축하고 개간하는 사업 같은 것을 경

---

75 [상법] 농공은행의 설립을 축하하면서 농공업에 대해서 대부 사업을 장려해야 하는데, 부동산을 담보로 하는 대부에 영업이익으로 갚아나갈 수 있게 되기 때문이라는 주장이다.

영하는 자 있으면 돈을 꾸어주되 은행에서는 그 사업을 성질을 쫓아서 무슨 일이든지 상당한 기사가 조사한 후 자본을 대급한다 한지라.

대저 농공은행 규칙을 거하건대 전혀 농공업하는 자의 편리 취식하기 위하여 기한을 멀게 하고 경변으로 자본을 대급하되 그 영업할 목적은 자와 같으니 말은 배년하여 비보하든지 또 기한을 정하여 환교하는 방법을 의지하여 부동산을 전당 잡고 꾸어주는 바니 배년 비보란 것은 몇 해든지 작정한 한 내에 본전과 변리를 미리 도합 총계하여 몇 해든지 작정한 햇수대로 평균분배 1년에 얼마씩 갚게 하는 것이오. 기한을 정하여 갚는다는 것은 춘추 양초에나 또 배삭하던지 배년하여 몇 달 몇 해던지 기한을 정하여 갚게 함이니 아침에 자본 들여서 저녁에 이익 취하는 일반 상업과는 특별히 달라서 모름즉 자본이 많아야 하겠고, 또 그 효력이 여러 해 후에야 생길지니 농업이나 공업을 경영하는 자는 이 돈이 대단 편리한 것이오.

이 전당 물건으로 말하여도 부동산이란 것은 전답문권이나 또 무슨 가옥등류를 전집하는 것이 또한 농공업하는 자의 관리함을 위함이니 이 부동산 전집하고 대급하는 데 대하여 주의할 조건은 여좌하니 1은 본 은행에서 부동산 전당 잡을 때는 통히 제일가는 전당거리를 요구할 것이오, 또 구채가 있어 본 은행에서 새로이 빚을 얻어 구채를 갚고자 하는 때는 제일가는 것을 전당이 아니라도 잡을 것이오. 2는 전당 잡는 토지는 확실한 수세거리가 이는 잡을 것이오. 3은 부동산을 전당하고 돈을 주는 것은 본 은행에서 그 토지 값이 얼마 나간다고 감정하여 3분의 2 이내로 대급할 사라.

이 위에 배년 보급할 방법을 의지하여 돈을 주는 경우에는 1년 이상 다섯 해 이내의 연한을 계약하나니 그런 경우에는 돈 쓴 자가 그 연한 중에 변리만 갚아가다가 연한 되는 해부터 시작하여 본전을 갚아도 넉넉하나니 거기 대하여 빚 쓴 자는 그 돈 가지고 농공업 간 무슨 일을 하던지 영업의 이익을 걷어 서서히 그 빚을 갚아도 넉넉하나리라. [미완]

자료 51 | 《황성신문》, 1906. 7. 7, 잡보, 1면 3단

메가타 고문의 고유[76]
目賀田顧問의 告諭

경성 제일은행 지점장회의에서 메가타(目賀田)[77] 재정고문의 유고(諭告)한 요령이 여좌(如左)〔속〕

제2 신화의 유통 – 신화의 유통을 도모함은 화폐정리의 일 요건이니 이 일을 왕왕히 백동화의 환수와 엽전의 환수와는 자못 다른 사무로 관찰하는 모양이 유하되 차는 동일한 물건의 표리됨에 불과하고 또 엽전 가격의 고저가 무상(無常)하여 무역상에 일대 장애를 치하는 소이는 납세상 엽전에 한한다 하는 폐와 남발한 백동화 가격의 저락함이 민심을 동념(動念)케 함으로 유하여 엽전에 한한 바 차 2개 이유에 기인함이라.

(중략)

제5 한인과 거래를 개시할 사 – 우술(右述)한 목적을 수행함에는 한국인과 거래를 개시함이 필요하도다. **종래 한국인과 거래함이 심히 소격(疎隔)된 모양이 유하니 이는 법제가 유이(有異)하고 습관(習慣)이 유이함에 직유(職由)함이로대 이미 차지에 개점한 후는 관습을 이용하고 신용을 조사하여 아무쪼록 차와 거래함을 힘쓸지로다.** 지난 이래 각지에 주재한 재무관 및 창고회사로 하여금 자금을 대급케 하였더니 그 결과가 자못 양호하여 한국 상인은 결코 신용이 부족치 아니함을 확인한지라. 이는 종래 재판제도가 불완전한 방국(邦國)에서는 자연히 자위(自衛)로 유하여 신용은 중히 여기는 결과오. 차후에 교통 기관의 설비 중 특히 도

---

76 [상법] 일본 재정고문 메가타가 고유한 내용을 전하면서 신화의 유통과 상업유통에 대해, 특히 한인과의 거래에 관습과 신용을 이용할 것을 강조하고, 또한 제일은행이 한국의 중앙은행으로 국고은행이 됨을 강조한 것으로 일본 측의 입장에서 한국인과의 상거래 관습을 설명한 기사.

77 메가타 다네타로(目賀田種太郎, 1853~1926). 일본의 재정가. 미국 유학에서 돌아온 후 재무성 주세국장을 지냈다. 1904년 러일전쟁 때 공로를 인정받아, 남작이 되어 귀족원 의원이 되었다. 같은 해 제1차 한일협약에 따른 일본의 고문정치가 실시되자, 탁지부 고문으로 내한하여 재정 및 경제적 합방에 착수하였다. 1905년 토지조사를 시작하는 한편 화폐개혁을 단행하여 새 화폐를 발행하였고, 금융조합을 설치하였다. 일본 외무장관 고무라 주타로(小村壽太郎)의 '대한시정강령(對韓施政綱領)'에 따라 통감부의 침략정책 수행에 앞장섰다. 일본으로 돌아간 후 추밀원 고문을 지냈다(『두산백과』; 전기편찬위원회, 1938, 『男爵 目賀田種太郎』, 26-34쪽).

로 개통함으로 유하여 내지 및 연안의 교통이 빈번할 것인즉 제군은 내외무역을 위하여 한인과 거래 개시함을 힘씀이 필요함으로 사유하노라.

제6 미곡 기타 물산 보관창고와 연락하는 사 – 원래 물자의 운전이 심히 유치함은 전(專)히 창고보관제도의 미비에 기인함인 고로 차후 시도에는 아무쪼록 창고를 건설하고 신용이 유한 임치증권을 발행하여 거래의 편리를 도모하려 하니 제군은 차등 창고를 이용하고 또 차를 보조하여 내지 금융의 편리에 공(供)함을 희망하노라. 제일은행은 일개의 제일은행이 아니오, 한국 금융의 중추은행이라. 고로 전체 이익에 주목하여 한국 국고은행이 된 직무를 다하고 또 일반 금융을 위하여 진력함을 희망하노라. [완(完)]

자료 52 | 《황성신문》, 1906. 7. 16, 잡보, 3면 2단

대동학교연설[78]
大同學校演說

대한자강회고문(大韓自强會顧問) 오가키 다케오(大垣丈夫)[79] 씨가 어제 평양으로 하거한 일은 본 신문에 기재하였거니와 동씨(同氏)가 당지 대동학교(大同學校)에 청상(請狀)으로 인하여 해교에서 연설함에 생도외에 방청인이 운집하였는데, 연설이 여좌(如左)하니.

---

[78] [민법] 대한자강회 고문 오가키 다케오가 평양 대동학교에서 한 연설을 소개하면서, 청일전쟁과 러일전쟁을 통해 일본이 조선의 독립을 공고히 했다는 선언을 했으므로 한국병탄은 되지 않을 것이며 한국이 부강을 이룬다면 다시 독립을 회복할 거라며 유럽의 독일이 프랑스의 나파륜(拿破倫, 나폴레옹)에게 대패했지만, 독일 재상 패사막(稗斯莫, 비스마르크)를 통해 회복한 것처럼, 한국도 교육·식산과 정신 고취에 힘쓸 것을 역설한 연설.

[79] 오가키 다케오(大垣丈夫, 1861~1929). 호는 金陵. 일본 이시카와(石川) 현 가나자와(金澤) 시에서 태어나 1885년 도쿄 게이오의숙을 졸업하였다. 1904년 이후 한국에 대한 관심을 가지고 관련한 글을 잡지에 여러 차례 발표하였다. 1906년 이후 한국에 들어와 대한협회, 대한자강회 등 많은 계몽운동단체의 고문 등을 맡아 활동하였다. 한일강제병합에 대해서 반대의 입장을 취하지 않고 '현 상태에서 반대'라는 합방시기상조론의 입장을 취하였다. 결국 한국 계몽운동단체의 활동 방향을 지도하며 일본의 대한침략정책에 공헌하는 역할을 하였다(최미숙, 1995, 「大垣丈夫연구-대한자강회와 대한협회의 활동을 중심으로」, 숙명여자대학원 한국사전공 석사학위논문; 김도형, 2004, 「大垣丈夫의 존재와 의미-애국계몽운동과의 관련을 중심으로」, 성균관대학교 동아시아학협동과정 석사학위논문).

여(余)는 대한자강회 고문으로 당지에 내도(來到)하였다가 귀교에 청상으로 인하여 동좌(同座)하는 광영(光榮)을 득함은 실로 감사하온지라 대저 한국이 일본에 대하여 불복하는 소유(所由)를 설명하올 터이니 제군(諸君)은 다행히 들으심을 바라노이다. 일본이 한국 토지를 점유하며 한국 인민을 협박하여 한국을 실로 병탄하려고 주의하는 듯하나 참으로 불연(不然)한지라. 여(余)는 일본서도 한국 문제를 연구하던 자이라. 일본이 결단코 한국을 병유치 못할 이유를 신명(申明)컨대 지난 갑오 일청전쟁에 마관조약(馬關條約)의 일본이 한국을 담보하였으며 또 일로전쟁 시에도 천황 폐하께서 선전조칙에 가라사대 한국 독립을 공고케 하며 강토를 보전한다 하신 증거서(證據書)가 묵흔(墨痕)이 아직 마르지 않으며 또 작년에 이토 후(伊藤候)가 도한하여 5개 신조약을 성립할 시에 그 조약 성질은 한국이 부강한 시를 당하여 그 조약은 무효에 귀(歸)한다 하였으니 **법률상으로 비언(比言)하면 민법에 미성년자에 대하여 후견인이 유하여 범백가사(凡百家事)를 대리하다가 성년자된 후에는 그 후견인은 물시(勿施)하는 것과 같이, 장래 한국이 실력 양성하고 부강에 지(至)하여 완전한 독립국이 될 시에는 그 조약은 취소할 것이라. 일청전쟁과 일로전쟁에 선전서를 열국에 이미 광포(廣佈)하였은즉 설혹 일본이 한국을 병유코자 하여도 공상에 불과할 것이라.** 그런즉 제군의 의운(疑雲)을 파하고 교육상에 면강하여 문명의 역에 진보하면 그 조약은 파기할 것이니 어찌 만행(萬幸)이 아니리요만은 만일 부강치 못하면 인의 기반(羈絆)을 면코자 하나 어찌 득하리요. 하물며 또한 작년 신조(新條)는 기한이 무하니 파기에 조만(早晩)은 한국 동포 양견상(兩肩上)에 담부한 고로 여(余)는 한국이 부강할 방침을 사상한즉 자강회 취지와 같이 교육·식산 외에 타책이 별무하니 우선 교육에 대하여 설명하리니 한국은 자래로 도덕과 수신과 인정에는 세계 열국이 굴지하는 바라. (중략) 한국도 토지가 삼천리요 인민이 이천만이라. 교육·식산만 근근자자(勤勤孜孜)하여 주효하면 민이 성하고 국가 강하기는 명약관화요 역어반장(易於反掌)이니, 다시 언론치 아니하거니와 여(余)는 자강회 고문인 고(故)로 일언을 경탁(更託)하노니 제군은 한국의 조국을 사념(思念)하시오. 금일에 지(至)하여 인의 노예가 되면 어찌 조국에 수치가 아니리오. 고로 자강회에서 교육·식산 외에도 조국 정신을 배양하오셔 제군의 두뇌에 각각 한국정신을 충실하시기 희망하나이다.

자료 53 | 《대한매일신보(국한문)》, 1906. 7. 20, 기사, 2면 5단

기초갱설[80]
起草更設

법부에서 소관 일반 관리를 회동하여 현행 법률 『형법대전(刑法大全)』을 미비처에 따라 가감 개정할려고 의견서를 각기 제출하라 하였더니 제의견이 모두 말하길 대전(大全) 전편(全編)이 아울러 모호한 것을 일통(一統) 개량하여 형법·민법 및 소송법·일반 법률을 일체 개정하여 이로써 금석지전(金石之典)이 가하다 함으로 법률 기초를 또한 설행할 터이라더라.

자료 54 | 《대한매일신보(국한문)》, 1906. 8. 18, 논설, 1면 1단

군령 개정[81]
軍令改定

한국 내에서 지금까지 수년 시용(施用)하던 일본군 사령부의 군령은 폐지하고 하세가와(長谷川) 대장(大將)이 일부 신군령을 반포하였는데, 해당 벌관(罰款)은 중히 혹심하지 않고 구 령보다 배나 상세하고 명확함이라. 마산포·진남만과 영흥만에 일본인이 요새를 건축한다는데 해당 요새를 탑영(搨影)하거나 해당 건축 공역의 경형(景形)을 기록하면 최중벌(最重罰)을 시용할 터인가 보더라.

---

80 [민법] 법부에서 현행 법률 『형법대전』의 미비처를 개정하려는 의견을 제출하라고 했더니 대전 전편을 개량하여 형법, 민법, 소송법, 일반 법률 일체를 개정할 뜻을 전달하였다는 기사.
81 [민법] 일본군 사령부가 군정을 새로 반포하였는데, 해당 벌관이 중하지는 않고 이전의 군령보다 상세하고 명확하다고 하지만 한국인의 경우 일본군에 대한 불공평함이 있더라도 신소하지 못하여 탄석이 끊이지 않을지 모른다고 우려하고 있다.

이 신령은 한국 정부의 인가를 거쳐 실시한다고 설명하였는데, 해 목적은 한국 황실의 평화를 담임하고 한국 영토를 보호하며 국경 방어를 담부(擔負)한 군대를 협조하기 위함이라 하였고, 한국과 체약한 외국 신민과 일본 해군은 차 령에 복종치 아니할 것이오. **그 밖에 일본인은 일본 민법과 형법에 적용이 못 될 죄범을 범한 시에는 이 신령으로 정벌한다 하니 일언이폐지(一言而蔽之)하여 말하기를, 차 령은 한국과 일본인 중 일부분에만 적용하고 외국인은 무관이로다.**

사형은 폐지하고 기타 조관은 4등에 분하였으니 일(一) 감금(監禁), 이(二) 유형(流刑), 삼(三) 태벌(笞罰), 사(四) 벌금(罰金)이라.

죄범의 종목은 심히 많고 크나 군용지 표목을 이전 혹은 발거하거나 군사상 기밀을 누설하는 특별죄범 외에는 보통으로 일본군 사상에 방해를 끼치는 자에게 이상 신정한 대로 징벌할지라. 오배(吾輩)는 해 군령의 전부 역출(譯出)한 것을 짐짓 보지 못하였으나 연하나 오배는 한국인이 해령에 거하여 심판을 피할 시에 불공평함이 유하면 신소(申訴)할 조관을 두지 않음을 미루어 알겠고, 탄석(嘆惜)이 끝이지 않는다는 것은 한국에 주재한 일본군이 금에는 통감과 독립하였으니 해 양부 간에 시단(猜端)이 자생(滋生)하여 한인이 해심(該審)의 불공정함을 통감에게 신소하더라도 여하한 구조든지 자못 가히 얻을 수 없음이라 하노라.

자료 55 | 《황성신문》, 1906. 12. 12, 기서(寄書), 3면 1단

헌법유감을 읽는다[82]
讀憲法有感

권현섭(權賢燮)[83]

대개 헌법(憲法)은 공법(公法)의 머리에 있는 것이라. 국가를 구조하고 일정한 토지와 다수의 인민으로 기초를 확고하고 질서를 유지케 하며 기관이 활동하고 보무(步武)가 정제케 하여서 일반 신민이 신성한 원수의 명령에 위반의 지(旨)가 무하고 일치의 효(効)를 주케 하는 통치권의 주체라. 각국의 헌법이 그 규(揆)가 부일(不一)하여 성문법과 혹은 불성문법의 상이함은 불면(不免)할지나 대저 국이 존립하고 헌법이 무한 자가 기유(豈有)하리오. 그런즉 헌법이 국가의 밀접되는 언(言)을 불사(不竢)한진저 현 세계의 정치를 개거하건대 절대적으로 입법주권을 단일한 개인에게 일임함은 독재적 정치니 이는 몇 나라의 특별적에 불과하고 인민 전체 중 대표자에게 위임함은 공화적 정치오. 우 양 책(兩策)를 참작하여 제정의 권병(權柄)은 군주에 재하고 협찬의 의무를 국회에 임한 자는 군주 입헌정체니 공화(共和)와 입헌(立憲)은 금일 문명국의 보통적 정책이라 칭함이 의(宜)할지라. (중략) 왕고의 정부 연혁사를 열하면 정치상의 변화는 전혀 개인적 발달의 정도에 수반한 자라. 가사(假使) 상고시대 정부와 인민으로 뉴고비금(狃古非今)의 오습(汚習)을 미거(未祛)하여 최하급 상태에 재하였던들 우승열패의 시기를 당하여 어찌 금일의 여피(如彼)한 문명과 부강을 향유하리오. 저 신치국주의(神治國主義)는 정책 운용상에 신(神)를 원(援)하여 인를 우(愚)케 하는 고로 점차 폐멸의 역에 함(陷)하였고 독재전제의 정책은 인민으로 하여금 황제의 권력를 흡사히 신수(神授)에 기거(基據)한 것으로 신(信)케 하며 입법함과 행법함을 전혀 소수인의 천전(擅專)에 일임하

---

82 [법률-헌법] 헌법과 국가체제와 관련하여 공화와 입헌이 문명국의 보통 정책이라 하면서 최하급 상태에 있어 우승열패의 시기에 문명과 부강을 누릴 수 없다고 비판하고, 언어, 관습, 신앙 등을 갖추고 지식을 발달시켜 부패한 구습을 단절하고 경진의 사상으로 무장해 나갈 것을 강조하면서 헌법과 법률과 정치체제 개혁을 주장한 신문 투고 글.

83 이 기고문을 쓴 이는 경상북도 안동 출신의 교육자 권현섭(權賢燮, 1876~1962)으로 추정된다. 권현섭은 어릴 때부터 한문을 익혔으며, 탁지부 벼슬을 거쳐 전라남도 곡성, 해남 등지에서 군수를 역임하였다. 1925년에 고운사에서 운영하던 보광학교(普光學校, 현 안동교육청 자리)를 인수하여 화산학원(花山學院)을 설립함으로써 안동 지역의 교육운동에 일조했다(『한국향토문화전자대전』).

여 상의 은덕이 하에 급(及)지 못하고 하의 의사가 상에 달치 못하여 무궁한 폐해가 침침연(駸駸然) 극정(極頂)에 도달하여 복배(腹背)가 상망치 못하고 신수(身首)가 상수치 못함과 여하여 선량한 동포로 인의 노예를 작(作)하며 피에 희생을 대(代)하니 어찌 하여야 쇠퇴의 방운(邦運)을 만회하며 저상(沮喪)한 민기를 활동케 하리오. 정치상 참여권은 오인의 고유한 바 권리오. 또 의무어늘 어찌 이 권리와 의무를 소수인의 부패한 수리(手裡)에 포기하여 완전한 생활과 공통의 조선(祖先)과 언어·관습·신앙 등을 구유(具有)한 결합의 인류로 일조조유(一朝鳥有)의 비경(悲境)에 윤침(淪沉)케 하리오. 이를 회복하고 담부코자 할진대 오인의 지식을 발달하고 정신을 쉬려(淬勵)하여 부패한 구습(舊習)은 일도할단(一刀割斷)하고 경진의 사상을 백절부회(百折不回)하여 천적(天賊)의 인권을 보유하고 국민된 자격을 불추(不墜)할지어라.

| 자료 56 | 《제국신문》, 1906. 12. 14, 논설, 1면 1단

법률이란 것은 마련하는 것보다 실시함이 귀함[84]

우리나라에서 이전부터 시행하는 법률이 없지 아니하고 또 아름다운 법률이 없는 것이 아니로대 나라가 이 지경에 이른 것은 그 법률은 법대로 두고 법관의 사정이 법률이 되어 자기네 의사대로 죄인의 친소대로 죄가 중한 자를 경하게도 하고 경한 자를 중하게도 하여 인민이 그 법을 믿지 아니하는 까닭에 전국 상하가 사정 쓰기만 숭상하고 공본된 일은 힘쓰는 자 없어 심지어 나라를 팔아먹는 자가 있고 또 나라를 팔아먹는 자라도 죄주는 일이 없나니 그런 일이 어찌 법률이 없어 그렇다 하리오. 비록 좀 잘못된 법률이라도 시행하기를 잘만 하여 인민이 믿어서 법에 범하지 않을 줄을 알게만 하면 법률 없어도 나라 노릇을 할 것이늘 **소위 법률이라고 한 가지라도 시행하기는 힘쓰지 않고 새로이 법률을 만들기로만 힘을 써 갑**

---

84 [법률 제정] 대저 법률이란 것은 민법, 형법, 상법 세 가지인데, 민법이나 상법은 없고 형법만 반포되고, 형법도 아름답지 못하니 법부에서 법을 시행할 때도 법을 아는 사람이 시행해야 한다는 주장을 담은 글.

오경장 이후로 말하더라도 을미년 이후부터 법률기초위원이라고 내어서 국고금을 다수이 허비하여 가며 10여 년을 만든다 하다가 작년에야 비로소 『형법대전』이라고 반포가 되었으나 대저 법률이란 것은 민법·형법·상법 세 가지가 구비한 후에야 법률이 구비하다 할 터인데 다만 형법만 반포되고 민법이나 상법이란 것이 없을뿐더러 또 형법이 아름답지 못하다는 여론이 자자한 중 그것도 또한 시행이 되지 않는 것을 근심하더니 근일 또 그 형법을 개정하여 민법에 저촉되는 신송 같은 것은 없이 하고 또 이전 우리나라 악습되던 태벌은 폐지하고 제반 조례를 경하도록 『형법대전』 600여 조를 100여 조로 개초한지라. 장차 반포가 되면 법률은 매우 경하다고 할 터이나 이전 법률은 중하여서 시행되지 않았다 하여 이번에는 경하게 만들었는지 모르거니와 이번 반포된 후에는 실시가 잘 되어 능히 치외법권을 얻어 문명국이 될는지 또 전과같이 법률은 소용이 없고 법관의 사정이 법률이 될는지 기필할 수 없도다.

법은 어디서 시행되냐 하면 법을 맡은 법부가 주장인 줄 다 아는 바어니와 법부에서부터 법을 시행치 않는 죄는 어디서 다스리는지 우리는 한 가지 법부에 대하여 질문할 일이 있는도다. 각 항구 참서관을 재판소 검사로 예겸하는 터인즉 불가불 법률을 아는 사람을 택차하지 않을 수 없다 하여 내부에서 참서관을 내거든 법부에서 그 참서관 피임한 자들을 시험하여 법률을 알지 못하는 자는 보내지 않키로 장정을 내였는데, 근일에 법부에서 말하기를 그 참서관 피임한 사람들이 필경 법률 아는 자 없을지니 부절 없이 남의 참서관만 떼어먹고 남에게 적원할 까닭 없다 하고 시험을 물시하였다 하고 또 근일에 각 도에 재판관들을 내고 또 그 재판소 주사를 내어 보내는데 법률을 알지 못하는 자면 과연 서임하지 못하게 되었는지라. 그중에 부득불 긴한 식구를 시키기 위하여 그 긴객이 응시하여 낙방되지 않을 만하게 그 시험규칙을 개정한다 하니 세계 만국에 혹 그런 법률이 어디 있다 하겠는가. 우리나라에서 벼슬을 위하여 택인은 아니하고 사람을 위하여 벼슬자리를 늘이는 폐습으로 나라 형세가 이 지경에 미쳤는데 지금 또 식구 벼슬시키기 위하여 시험규칙을 개정하는 것이 어찌 나라를 위하여 법을 마련함이라 하겠는가. 이런 일로 보아도 지금 『형법대전』 개정하는 것도 또한 문구가 될 따름이오. 실시 못 될 것을 가히 짐작하겠도다.

자료 57 | 《황성신문》, 1907. 3. 5, 잡보, 2면 1단

각회연합연설, 생명재산의 여하 보호[85]
各會聯合演說, 生命財産의 如何保護

강윤희(姜允熙)

대재(大哉)라. 생명이여. 중함이라. 재산이여. 보호생명자도 법률이오, 보호재산자도 역 법률이라. 하자(何者)오. 생명이라고 말하는 자는 국가 동포의 자연인을 총칭하는 것이오. 재산이라고 말하는 자는 국내에 동산 및 부동산을 포괄하는 것이라. 사람이 법이 없으면, 사람이되 사람이라 할 수 없고, 나라에 법이 없으면 나라이되 나라라 할 수 없다. 사람이 나라보다 법이 없으면 생을 이어갈 수 없음이오. 생이 없으면 나라를 보존할 수 없다. 생을 이어갈 수 없는데, 어찌 생명을 보호할 수 있는 겨를이 있을 것이며, 나라를 보존할 수 없는데 재산을 보호할 수 있겠는가. 고로 서언(西諺)에 소위 법에서 낳고 법에서 성장하며 법에서 생활하고 법에서 죽는다는 것이 시(是)라. 그런즉 국가에 법이 있은 연후에 인민을 도로 다스릴 수 있고 제(制)로 억제하여 화외(化外)에 달려가지 않도록 하는 것인즉 소위 생명의 보호가 법률보다 지나친 것이며, 사람은 법이 있은 연후에 생산을 표준으로 경영하고 또 규칙으로 경영하게 하는 것이며, 병탄에 이르지 않게 하는 것인즉 소위 재산의 보호가 법률보다 먼저 하겠는가. 고로 법률은 생명에도 미쳐서 태아와 유아와 불구자(不具者)와 패칙자(悖則者)에도 모두 보호의 도가 있는 것이오. 혹 죽은 시체와 사자의 기념물과 사자(死者)에 대한 비방과 훼손(誹毁)까지라도 자유보호의 권리가 되는 것이오. 만약 짐승의 부류도 보호의 법이 있다. 고로 18세기 말엽에 영국에서 처음으로 표창하여 짐승을 학대한 자를 처벌하였은즉, 사자(死者)도 보호를 받거든 하물며 자유롭게 사는 생활자의 경쟁도 법률의 보호를 받는다는 것은 가히 상상해서 말하는 것이 아니다. 짐승 부류도 보호를 받거든 인격을 가진 정칙자(正則者)의 대우에도 법률의 보호를 받는 것은 가히 변론할 것이 아니다. 그러나 법이 있으되

---

85 [법률] 각 회의 연합연설에서 '생명재산의 여하 보호'라는 제목으로 강윤희가 연설한 내용. 보호생명자도, 보호재산자도 법률에 의하는 것이며, 사람이 나라보다 법이 없으면 생을 이어갈 수 없으며, 재산권 보호, 사자 권리 보호, 생명 보호 등을 철저히 준수해야 하며, 최근 분쟁 사건으로 염상 김두원 사건, 평리원 검사 이준 청원 사건 등을 들어 법을 명확히 시행할 것과 생명재산을 보호할 것을 강조하고 있다.

배우지 못하면 마침내 생명을 보전할 수 없으며 오히려 무법과 같지 아님이 아니오 법을 배우되 명확하지 않으면 마침내 재산을 보호하기 어렵게 된다. 오히려 배우지 않는 것과 같지 않다는 것은 무엇을 말하는 것인지.

오직 우리 대한이여, 재산이 비록 좋아하나 모두 식산 및 흥업에는 전혀 어둡고 보호의 방침을 알지 못하니 인명이 비록 많으니 모두 자유와 권리를 잃어버리니 보호의 범위도 나누지 못하니 이것은 왜 그런고. 법이 있지만 배우지 않고, 법을 배우되 명확함에 이르지 못함이다. 대개 동산과 부동산에 포함된 그 소유권, 점유권을 이미 권리로 얻고 또한 지상권, 지역권, 영소작권을 포함하니 권리는 하나는 법률의 범위로서 말하는 것이고 하나는 법률의 제한을 말하는 것이다. 법률의 범위를 알지 못한즉 소유, 점유 등 권을 가히 유지하기 어려운 것이오, 법률의 제한을 분명하게 알지 못하여 소유, 점유 등 권은 유지하기 어렵게 된 것이오. 고로 법을 명확히 하여 재산을 왕성하게 하면 나라는 스스로 흥하게 되는 것이고, 법이 불명확하면 재산이 파괴되어 나라가 스스로 폐하나니 오직 우리 대한이여 어찌 강토의 소중함을 알지 못하고 또한 재산의 귀중함을 깨닫지 못하느냐. 말한즉 무궁하게 끓는 것이고 생각하면 무익하고 기가 막힌 것이라. 어찌어찌할 것인가[奈何奈何]. 법의 불명이여 하나의 일로 미루어 말하면 염상(鹽商) 김두원(金斗源)은 국가의 한 개 분자이나 그 관계하는 바는 중차대한진저. 그때 염을 빼앗은 자는 일본 적한(賊漢)이다. 가히 보호자는 한국 외부이고, 외부가 자유 교섭의 권한을 잃어버려서 김두원의 재산을 보호할 수 없으면 이것이 법률의 불명이고 불학이다. 법률을 배우면 어찌 교섭의 능력이 없으며 법률을 명확히 하면 어찌 보호의 자유가 없겠는가. 이제 또한 구주의 법률 연혁 발달을 말하자면, 중고 이전에는 관습 복수의 법이 있고, 중고 이후에는 속제전율(贖罪戰慄)의 법이 있어 인명살상을 심상하게 보니 어찌 생명을 보호할 수 있는 겨를이 있었겠는가. 18~19세기를 맞아 박애주의가 있었다. 4기(四期) 오늘날에 이르기까지 과학적 시대라. 법률이 발달 진명하니 오로지 감화주의(感化主義)가 되었다. 사회적 보호수단과 또 예방수단이며, 독방옥(獨房獄)이며 감화원 자혜원 자선학교며 징치장(懲治場)이며 가출옥 가방면이며 출옥인 보호까지라도 극력하게 성행하여 생명 보호가 이처럼 확장한 고로 사람이 개명인이 되었으며 나라가 문명국이 되었거늘 오직 우리 대한의 법관은 법이 어찌 공부하지 않으며 법이 어찌 불명하여 사회의 선악을 나누지 못하고 유전(遺傳)된 성(性)의 선악을 조사하지도 못하고 경한 죄를 범한 자가 중한 벌을 받고 중한 벌을 가할 자를 경하게 하니 억울하다는 소리가 감옥에 가득 차니 가히 이치로서 소송을 얻었다고 하여도 이치로 직접 재판하여도 결과에서는 떨어지니 원성이 도로 위에 실려 있으니 어찌할 것인가. 이에 이르렀으니 이제 황태자 전하 가례(嘉禮) 후에 은사로 특하여 이는 실로 있어본 적이 없는 성전이라.

사전칙어(赦典勅語) 중에 6범 내외로 은사를 내린다고 하였는데, 그때 사전방감성책(赦典放感成冊)을 평리원으로부터 법부에 수보한 중에 형사국장이 방석주본(放釋奏本)에 고의로 조종하였고, 법부 문서과장이 이준(李儁)의 청원을 봉환 통첩하니 이건호(李建鎬)가 2차 통첩으로 이준을 나수(拿囚)하겠다고 하니[86] 무법의 세계는 이를 미루어 보면 알고 있고, 이와 같으면 생명을 보호할 수 있겠는가. 또 하물며 사람에게 자유가 있는데 사람의 자유를 박탈하는 것은 무엇이 법률을 배우지 않는 사람이라고 할 것이냐, 사람에게는 권리가 있어 사람의 권리를 침해한 사람은 또한 가히 법률을 아는 사람이라 할 것이뇨. 그런즉 법을 배우고 법을 명확하게 하는 것은 사람의 자유를 빼앗지 않아야 하고, 생명의 보호는 여기에서 가히 볼 수 있음이요. 법을 명확히 하고 법을 행하는 것은 다른 사람의 권리를 침해하지 말게 하고 재산의 보호가 이보다 지나친 것이 없으니 오직 우리 법관이여 힘쓰고 삼갈지어다.

---

86 1907년 2월 20일 법부 사전 석방을 둘러싸고 법부 및 평리권 간의 다툼이 일어나 이준 평리원 검사가 청원을 제기하기도 했다. "同 二十日 ○李氏謂願 平理院에 拘囚된 該院檢事李儁氏가 該院首班檢事李健鎬와 法部刑事局長金洛憲과 法部文書課長李鍾協三人을 幷拘拿懲辦ᄒ라고 法部大臣의게 請願ᄒ다"(時報), 《서우》제5호, 1907. 4. 1.)

자료 58 | 《황성신문》, 1907. 4. 3, 잡보, 2면 3단

추원 심사 건[87]
樞院審査件

재작일에 중추원에서 의장 이하 부찬의가 월요일례회를 개최하고 난상협의하였다는 안건을 문(聞)한즉 문관전고소규칙 개정 건과 민법 제정 건과 지방전고소규칙 개정 건과 성균관관제와 사범학교령 개정 건과 징병조례 제정 건과 광구범입(鑛區犯入)한 전답의 정부구획(正賦區劃) 건을 심사 가결하여 정부로 제정하였다더라.

자료 59 | 《황성신문》, 1907. 4. 12, 잡보, 2면 3단

정부례회[88]
政府例會

정부례회(政府例會) 재작일은 수요일인 고로 참정대신 이하 각부대신이 어전례회를 개최하고 대한식민합자회사의 이민법 실시 허가 건과 압록강 연안의 삼림 건을 상주하였다더라.

---

87 [법률 제정-민법] 중추원에서 월요일례회를 개최하여 〈문관전고소규칙〉 개정, 민법 제정 건 등을 심사 가결하여 제정하였다는 기사.
88 [법률 제정] 1907년 4월 10일은 수요일이므로 각부대신 어전례회를 개최하고 대한식민합자회사의 인민법 실시 건 등을 상주하기로 한 기사.

자료 60 | 《대한매일신보(국한문)》, 1907. 5. 3, 사설, 1면 2단

한국 내 개량(속)[89]
韓國內改良(續)

(전략) 제8조 사법제도와 법정구분(法庭區分)의 개량이라. 거금 한국 내에 법률상 처리가 극악(極惡)하여 1차도 독립처판(獨立處判)을 부득(不得)함으로 무고창생(無辜蒼生)이 피박피형(被縛被刑)을 상시부면(常時不免)하나니 여차 폐막을 개량하기가 어찌 용이하리요. 대개 그 법률도 행정하기에 불적(弗適)하고 무편(無偏)한 법관도 난득(難得)이며

제9조. 국내 재정의 정리라. 차 직무로는 소성(所成)이 기다(旣多)하니 세칙을 경정(更整)하는 것과 금화본위를 채용하는 것과 사주(私鑄)를 금지(禁止)하는 것과 각양 신화(新貨)를 발행하는 것과 은행사무의 규칙을 반포하는 것이 시야(是也)며

제10조. 신법률(新法律)을 기초하는 것이라. 한국이 지우금일(至于今日)토록 형법을 단유(但有)하였고 민법 혹 상법을 편집하여 실행하는 것은 미유(未有)하였으니 일본 정부가 최급무(最急務)로 인실(認悉)한 것은 부동산을 그 소유주가 처리하는 규칙이라. 작년에 차 규칙을 기초하여 실행에 치(置)하였으니 이 신규칙에 의하여 국내 토지를 외인(外人)으로 영유(領有)케 인허한지라. 비록 내지(內地)라도 외인이 영유할 것을 공식상으로 승인하여 여차(如此)히 한토 전폭(全幅)을 외인에게 개방하였고

제11조. 기타 제반 개량이니. 차는 채광 권한과 식목(植木)과 기타 제반 발달과 농상공을 관리하는 것이라. 필요한 회사를 다수(多數)히 설립하여 각항 공업의 정렬(整列)을 위탁(委托)하였으며 반도 전폭 내에 각종 산출(産出)을 증진할 방책을 취행(取行)하였도다. [완(完)]

---

[89] [법률 제정] 한국 내 개량정책에 대한 조항을 설명하면서 사법제도, 신법률 기초 등을 소개하고 있다.

자료 61 | 《제국신문》, 1907. 5. 8, 잡보, 2면 1단

추원개의의 후문[90]
樞院開議의 後聞

또 법률 중에 민법 시행이 없어 근일 관찰사와 검사들이 민소와 형사를 분간치 못하여 서로 권리를 다투다가 어리석은 인민이 횡액의 학정을 종종 당한즉 법률 중 민사법을 속히 실시케 하되 법부에서 기초하여 편집한 후에 시행하면 천연될 염려가 있으니 법부령으로 아직 민사법만 반포하여 시행케 하였다가 일후 법률을 다시 제정할 때에 『형법대전』에 편집케 하자 하여 가결된 후에 정부로 조회하였다더라.

자료 62 | 《황성신문》, 1907. 6. 25, 잡보, 2면 3단

검사 시취[91]
檢事試取

작일 상오 11시에 법부에서 검사 자격에 타합(妥合)한 인을 시취하는데 응시자 10인에 달하였고 시험과정은 민법, 민법소송법, 형법, 형사소송법, 상법, 행정법, 국제공법이라더라.

---

90 [법률 제정] 법률 중 민법 시행이 없어 민소와 형사를 분간하지 못하니 민사법을 속히 실시케 하되 법부령으로 먼저 민사법만 반포하여 시행케 하자는 중추원의 조회를 소개하는 기사.
91 [법률 제정] 법부에서 1907년 6월 24일 검사 자격에 타당한 시취하는 응시자 10인에 대해 민법, 민법소송법, 형법 등을 시험 보았다는 기사.

자료 63 | 《대한매일신보》, 1907. 7. 3, 기서, 3면 1단

남녀 동등[92]

금화산인

혼인하는 법은 남자의 연기가 20세 이상에 이른즉 그 부모가 성인하기를 비로소 허락하여 의복 음식과 일용 사물의 자주하는 권리를 담당하게 하며 여자는 연기의 정한이 없으니 성인하기 전에는 부모에게 의탁하여 그 몸을 맛도록[93] 있어 재능대로 세월을 보내는 이도 있으나 자기의 지식과 재산이 족히 한 집안 생계를 배포할 만한 연후에 가취하나니 중매하는 법은 우리나라의 예절과 현수하여 조롱할 만한 일도 있으나 나라마다 풍속대로 할 것인즉 그 나라의 남자의 지식과 권리가 피차 남자의 구별이 없고 백 년 고락을 같이하는 것을 이르되 혼인이라 하나니 남자가 그 마음에 사랑하는 여자가 있으면 그 여자의 부모에게 편지로 구혼하든지 말씀으로 의혼하든지 그 사세의 편함과 의사의 합당함을 그 여자에게 언론하여 가부를 결단한 연후에 회답하는지라. 남자가 그 마음에 특별히 사랑할 만한 여자가 없고 또 널리 취택하고자 할 때에는 신문지에 광고하여 [미완]

---

92 [법률 제정-민법] 혼인하는 법에 대해 남자의 연기가 20세 이상이 이르면 부모가 허락하고 여자는 연기의 정한이 없으니 부모에게 의탁하고, 중매하는 법은 나라마다 풍속대로 할 것으로 하되, 나라의 남자의 지식과 권리가 피차 남자의 구별이 없고 백 년 고락을 같이하는 것이라면서 혼인의 방법을 설명하고 있다.

93 정확한 뜻은 알 수 없으나, '맞을 망정'이라고 추측할 수 있다.

자료 64 | 《대한매일신보(국한문)》, 1907. 10. 26, 잡보, 3면

사법제도[94]
司法制度

　　이토(伊藤) 통감이 한일신협약을 실시하기 위하여 우선 한국의 사법제도를 개정한다는데 재판소의 조직을 구재판소·지방재판소·공소원 대심원 삼심제도(三審制度)로호대 구재판소는 단독제며 지방재판소는 삼인공소원(三人控訴院) 및 대심원은 각 5인의 합의제로 하고 재판소의 위치 및 수효는 구재판소는 343군에 314개소니 3군에 1개소이오. 지방재판소는 각 1도에 1개소니 즉 13개소오. 공소원 및 대심원은 경성에 각 1개소를 설치하고 직원은 구재판소에 판사 456인 검사 2인, 서기 696인, 통역관 1인, 통역관보 229인이고 지방재판소에 판사 75인, 검사 41인, 서기 78인, 통역관 14인, 통역관보 44인이고 공소원에 판사 16인, 검사 5인, 서기장 1인, 서기 25인, 통역관 2인, 통역관보 7인이고 대심원에 판사 13인, 검사 4인, 서기장 1인, 서기 13인, 통역관 2인, 통역관보 5인이니 합계 판사가 560인, 검사 52인, 서기장 2인, 서기 912인, 통역관 19인, 통역관보 285인, 총계 1,830인이라 그중에 일인(日人)을 임용하는 문제에 대하여는 일시에 충용(充用)키 불능한 고로 5년 혹 7년 후에 조직을 완성할 방침임에 기간에 일본에서도 판검사의 보충법을 개정하여 시보(試補)의 수효를 현재보다 2, 3배를 증가하며 한국에서는 법관양성소를 설하고 한국인의 재판관을 속성하여 점차로 한국 사법제도를 완성하게 한다더라.

---

94 [법률] 재판소 조직을 개편하여 구재판소·지방재판소·공소원 대심원 삼심제도로 바꾸고 각 재판소의 판사, 검사 등 사법관리의 정원을 규정하고, 한국에 법관양성소를 설치하여 한국인 재판관을 속성시켜 한국 사법제도를 완성케 한다는 구상을 기사로 전하고 있다.

이민법 반대 관련 기사

자료 65 | 《황성신문》, 1899. 2. 21, 외보, 4면 1단

포와의 항해법[95]
布哇의 航海法

미국 정부에서는 목하(目下)에 관하여 시정 법안을 의회에 제출하였는데 그 이민법안과 관세법은 다 하의원을 통과하였으며 그 연해무역에 관한 항해법도 하원을 통과하였다 하는데 상원의 의향은 아직 알 수 없으나 만약 이 삼법안이 통과하는 시에는 외국 이민업자와 항해업자에게는 비상한 통심(痛心)을 야기(惹起)하리라 하더라.

자료 66 | 《황성신문》, 1901. 12. 20, 잡보, 2면 2단

일본 이민법의 개정[96]
日本移民法의 改正

일본 각 신보에 기재한 바를 거한 즉, 일본 정부에서 이민보호법 중 개정 법률안을 그 하의원에 제출하였으되 종전 그 이민보호법 제1조 중에 외국이란 자구(字句)는 청·한 양국 이

---

95 [이민법 반대] 미국 하와이에서 이민법안과 관세법이 하원을 통과하여 관심을 기울이고 있다는 내용이다. 제목의 '포와(布哇)'는 하와이(Hawaii)를 말한다.
96 [이민법 반대] 일본에서 이민법을 개정할 때 외국인 중 청과 한을 제외하였는데 이는 도항노동자 등에 대한 특별한 보호 조치를 하지 않으려는 취지라고 지적하고 있다.

외의 외국으로 개정한다 하였는데 그 이유서에 왈 청·한 양국이 일본과 밀이(密邇)하여 제반상황이 도항노동자에게 특별한 보호를 여(與)함을 불요(不要)할 뿐더러 그 감독에 관하여는 방법이 별유하니 차에 번잡한 이민보호법을 적용함이 필요가 무하다 하였더라.

자료 67 | 《황성신문》, 1901. 12. 23, 논설, 2면 1단

일본 정부 이민법 개정을 논하다[97]
論日本政府移民法改正

향일(向日) 《조선신보(朝鮮新報)》의 일본인 자유도한이라는 문제에 관하여 본보에 수차 논변하였더니. 근우(近又) 일본 각 신문에 일본 이민법 개정 사건을 기재하였으니 개차 사건은 아한(我韓)에 대하여 관계가 기중차대함으로 불혐신복(不嫌申複)하고 경자제론(更玆提論)하노니 전자 일본 정부에서 그 지방청에 훈령하기를 한청 양국 및 아령 서백리아 지방 여행자에게는 그 여권규칙의 요건만 구비하고 제반 절차를 소각이라 하였으니 이는 그 절차의 번난(煩難)함만 산제(刪除)함이오. 오히려 또한 여권의 요건은 휴대케 함이나 이민운동의 근묘(根苗)를 함축함인 줄을 이시(伊時)에도 확인하였기로 노노쟁변(呶呶爭辨)을 불탄(不憚)함일너니 금회 그 정부에서 이민보호법 중 개정안을 하의원에 제출한 바에 거한즉 종전 그 이민보호법 제1조 중에 외국이란 것은 한청 양국 이외의 외국으로 개정한다 하였으니. 이는 한청 양국을 자기의 국내지방으로 동일 인주(認做)하여 이민정략에 신속 착수코자 함이 분명한지라. 그 이유서에 직왈(直曰) 한청 양국이 일본과 밀이(密邇)하여 제반 상황이 도항노동자 식력자류(食力者流)에게 특별한 보호를 여함을 불요한다 하였으니 이는 그 여권의 요건까지 일병철소(一倂撤銷)함인지는 부지로대 그 자유도항의 인허는 확연함이라.

---

97 [이민법 반대] 일본에서 이민법을 개정할 때 외국인 중 청과 한을 제외하여 도항노동자 등에 대한 특별한 보호 조치를 하지 않으려는 의도에 대해 비판하는 논설.

대저 일본이 어(於) 아한(我韓)에 식민함 욕망은 적년비산(積年費筭)한 바라. 무릇 각 정당 제사회 급 보장상(報章上)에 모두 열심 주력하여 누누(屢屢) 그 분등(奔騰)한 상태를 발현하더니 금일에 지하여는 자(自) 정부로 이민법 개정안을 현연(顯然) 제출하였으니 그 결행 여부는 고미가지(姑未可知)나 필경 의회에서 부결할 이유가 응무(應無)착 즉 차 일관이 어 아한에 관계가 기부중차대호(豈不重且大乎)리오.

　연이(然而) 일본인이 매향(每向) 한인하여 자유도한에 어도(語到)하면 첩칭종차(輒稱從此)로 일한 관계가 유유 친후(親厚)하여 피차 국익을 호진(互進)이라 하니. 이는 아한인을 모두 이롱고(以聾瞽)로 묘시(藐視)하고 감언(甘言)을 장찬(粧撰)하여 그 함축(涵蓄)한 방침을 차개(遮盖)코자 함이니 그 엄목포작지설(掩目捕雀之說)은 불치일소(不值一笑)라 무족다변(無足多卞)이 어니와 희희통의(嘻嘻痛矣)라.

　아한지인이여 여차가경(如此可驚) 가악가분가개(可愕可憤可慨)할 사단(事端)이 호흡에 박재(迫在)하였은즉 가위 통곡태식(痛哭太息)의 추(秋)라. 그 칠실(漆室)의 우탄(憂歎)하는 자가 어찌 홀로 본보 기자뿐이리오마는 오배의 대성질호(大聲疾呼)로 중언 복언하여 나루(懶縷)를 불염(不厭)함은 특별히 차 연연지시(涓涓之始)와 염염지초(燄燄之初)에 그 미점(微漸)을 방두(防杜)코자 함이라.

　만약 시월(時月)을 애과(捱過)하여 그 폐해(弊害)가 자만할 경우에는 오배가 수욕언지(雖欲言之)라도 무지가언(無地可言)이오. 수욕변지(雖欲辨之)라도 무일가변(無日可辨)이리니 당금지시(當今之時)하여 구욕제방(苟欲制防)인댄 법례지가거자(法例之可據者)가 비무(非無)오. 정책지가시자가 응유(應有)어늘 아정부는 하고시약등한(何故視若等閑)하며 청약심상(聽若尋常)하고 인민은 하개치치준준(何皆蚩蚩蠢蠢)에 부도불문(不睹不聞)하여 우우분개지상(憂虞憤慨之想)은 호발(毫髮)도 돈무(頓無)하고 연미박부지환(燃眉剝膚之患)을 몽매도 불려(不慮)하니 통막심언(痛莫甚焉)이오 한막심언(恨莫甚焉)이로다.

자료 68 | 《황성신문》, 1901. 12. 24, 잡보, 2면 2단

이민법 개정의 위원 가결[98]
移民法改正의 委員可決

일본 정부에서 이민보호법 중 개정 법률안을 의회에 제출하였음은 이미 보도하였거니와 후보(後報)를 다시 근거한즉 하의원위원회에서 개정안을 가결하였더라.

자료 69 | 《황성신문》, 1901. 12. 28, 논설, 2면 1단

한성·조선 두 신문의 주장을 반박한다[99]
卞漢城朝鮮兩報所論

지난번 일본 이민법 개정안 건에 대하여 우리 한국에 있어 실제로 중대한 관계인 고로 우분(憂憤)하고 개한(慨恨)한 생각을 이길 수 없어 대개 논술하려니, 금견(今見) 일본인 각 신보에서 기술한즉, 논박하고 저척(詆斥)하는 것이 여력이 없으니 대개 그 전차 누누이 두찬해 왔던 설이 이미 우리들의 논파되어 다시 감싸주는 것을 용납할 수 없는 고로 바로 모멸을 자행하는 것이니 그 몰래 꾸짖고 무례한 설명은 비교함이 부족함이로대, 그 허장하고 무리한 언설하여는 어떻게 치지도외하고 우롱함을 그대로 받을 수 있겠는가.

처음에 《한성신보》의 기자가 말하기를 이민자는 또한 강약지세라. 소국(小國)이 능히 이

---

[98] [이민법 반대] 외국인 중 청과 한을 제외하여 도항노동자 등에 대한 특별한 보호 조치를 하지 않으려는 이민법 개정안이 일본 정부 하의원에서 가결되었다는 기사.
[99] [이민법 반대] 《한성신보》와 《조선신보》에 실린 일본 자유도한과 이민 주장에 일일이 비판하는 논리를 펴면서, 이는 쇄국을 주장하거나 교린의 예에 해치는 것이 아니고 일본 이민이 한국의 흥륭길조로 하는 말도 잘못된 말이요 자유도한과 이민의 주장은 식민을 하는 것이므로 반대한다는 논설.

주자(移住者)를 이용하면 당연히 개명 개발의 효과를 얻을 것이라 하니 강한 자로서 자처(自處)하고 우리를 약소로 보니 감히 이민으로 하여금 응행지사(應行之事)로 하니 스스로 우리 대한을 돌아보니 진실로 한심이나 저들이 이미 강함과 약함의 국력으로서 말한즉 강한 민을 약한 토지에 이식한다는 것을 약국(弱國)이 장차 어찌하여 강민을 이용하게 하여 어찌 개발의 효과를 얻을 수 있을 것이며 또한 그 소위 이민은 바로 노동자 측에 불과하거늘 저들 노동자가 어떤 학문의 명투(明透)가 있으며 자본의 유여(裕餘)가 있어 우리 대한인으로 하여금 가히 개발과 자뢰(藉賴)의 실효를 입을 수 있을리요. 이는 만언이고 우롱으로 모순에 스스로 돌아감을 알지 못하는 것이오.

또한 말하기를 문명국인은 쇄국(鎖國)을 묵수한다는 뜻에도 맞지 않는다 하니 차는 쇄국의 뜻을 알지 못하는 것이로다. 가령 그렇다고 하더라도 명치유신의 초에 태서 열강이 일본 내지에 이민을 하려고 했다면 일인이 쇄국을 싫어하여 그 강함에 맡기어 제방하지 않으려 한 것이아. 그 설이 파탄 백출(百出)에 다수 변명하는 것이 족하지 않다 하리오.

《조선신보》 기자 즉 배사(盃蛇)를 인비(引譬)함에 이르러 도리어 옛 투를 다시 답습하여 말하기를 선린한 국민의 도항을 막으려고 하는 것은 교의(交誼)하고자 하는 존경스런 뜻을 결여하고 무례한 태도를 보여주는 것이라 하니 이웃한 강국이 오연하게 강함을 믿고 기멸(欺蔑)의 습관을 하여 그 국민을 따라 다른 나라에 이식하는 것이 예의의 태도가 있으며 교류의 경의를 돈독히 하는 것이라 말하고 그 나라에 다른 날에 무궁한 환난을 우려하여 격외의 예를 막으려고 하는 것은 오히려 무례하고 결의라고 말하는 것인즉, 과연 온건하고 타당하다고 할 것인가 아니면 아닌가.

또한 《한성신보》 기자의 재차 소위를 보니 웃기는 기록을 토하는 자는 즉 만지(滿紙)의 호란지설(胡亂之說)이 탈고하고 매인하는 수단이 아님이 아니라는 것이라 교언이설(巧言利舌)이 진실로 일소에 붙일 수 있음이오 반드시 구해할 필요가 없음이로대 부득불 공격하여 깨뜨리지 않을 수 없는 것은 그 말의 대개가 여러 단에 불과하니.

하나를 말하자면, 일본의 이민이 강약과 경중의 다름이 있으니 만일 바람이 불고 물이 흐르는 것에 비하면 이세(理勢)가 고연(固然)한즉 비록 분육(賁育)의 용기가 있더라도 방갈(防遏)이 불가(不可)이어늘, 어찌 《황성신문》 기자가 어찌 편안히 쌍수로 방범(防氾)할 수 있겠는가 하고.

다음으로 말하면, 대한은 땅이 넓고 사람이 희소하고 일본은 땅이 좁고 사람이 많으니 일본의 이민은 평균으로 남는 것이고 부족의 이치가 없는 것이므로 물론 여권의 유무하고 즉 천의(天意) 자연의 세라 하고.

또한 다음으로 말하자면 해(害)의 소존(所存)에 이익이 또한 반드시 있어 그들의 교묘 숙련의 수를 근거로 하면 가히 개발하고 매몰하는 부원(富源)으로 하여 광업이 가히 흥하고 농업이 가히 떨쳐지고 상업이 가히 성하여 대한 인민은 앉아서 그 이익을 보고 누워서도 그 복을 나누리니 이것은 일본 이민이 즉 한국 흥륭의 길조라 하니 그 풍동수류(風動水流)의 세를 진실로 쌍수를 들어 방알(防遏)한다는 것은 불가한즉 본 기자의 진초(唇焦)와 설폐(舌獘)를 하도록 고심 혈성(血誠)이 이내 전국을 놀래어 깨우치는 바이어서 수수방알하는 것을 원하는 것이니. 만약 땅이 넓고 사람이 희소하므로 모두 다 이식(移殖)의 토를 간주하니 만일 남호주, 서백리아와 같이 토지가 넓고 비옥한 자가 극히 많으니 일본이 어찌 저 지역에 이민시키는 것이 불가능하며 그 평균 자연의 세를 따르지 않겠는가.

또한 우리 대한 인민이 비록 번식하지 못함이나 산림과 택지를 제외하고에는 반드시 한광하여 지어먹지 않는 토지가 있지 않으니 하여 가히 조수같이 오는 외국인을 용인할 것이오 또한 이민의 유해와 무리는 비록 어리석인 지아비와 어리석은 부인이라도 명확히 알 수 있는 자이며 일본인의 이주자가 대개 반드시 교묘하고 숙련한 수단을 가지고 있어 전국의 부원을 개발한다면 우리들의 광업·농업·상업을 하는 자는 장차 자기의 업에 의뢰할 바가 없고 날이 갈수록 손해를 보는 것이니 어찌 이복(利福)이 있으리오.

그러나 이것은 저 기자들의 소도섭삭(笑刀閃爍)하는 처이오. 진실로 앉아서 보고 누워서 이복을 말하는 것이 아니니 그 극히 입으로 잘못하는 농하는 것이며 자의로 만모(慢侮)하는 자가 진실로 통한하고 분탄할 것이로다.

대저 이민의 불가가 비유컨대 가화(嘉禾)가 밭에 차도 잠시 잡곡양유(雜穀莨莠)로 벼 사이에 옮겨 심어져 하루라도 더하여 우거지면 그 원래 종자의 벼는 세가 반드시 발달할 수 없음은 이치의 명확한 것이나 비록 피차 세력으로 하여금 고르게 사이가 없게 하고 관치법권(管治法權)이 하나같이 우리 대한에 따라서 수족의 혼거자(混居者)가 매번 다수 격하게 화변에 이르게 하나니 만일 국초에 야인지종이 이미 교저(鰄著)한 것이야온 하물며 일인은 기릉지습(欺凌之習)을 품고 오연하게 우리에게 임하면 저 우민의 준동자(蠢動者)가 어찌 그 다독을 감수하고 승격의 폐가 없다고 하겠는가. 차가 우리들의 심각하게 한탄하고 부득이한 것이 오 또한 자유도한자를 제방하려는 것은 여권의 유무로서가 아니라 앞서 위의 관계이기 때문이라. 인허자유(認許自由)를 한다는 것은 이내 식민의 장본인 고로 미연의 전에 은우(隱憂)를 방지하고자 함이어늘 저들이 이내 시의오해(猜疑誤解)의 설과 병안병심(病眼病心)의 속임수로 헛되이 비방하니 가히 관규려작지량(管窺蠡勺之量)을 말함이 천해(天海)의 큼을 알지 못함이로다.

자료 70 | 《황성신문》, 1901. 12. 28, 잡보, 2면 3단

한·청 이민법 개정의 가결[100]
韓清移民法改正의 可決

일정(日廷)에서 제출한 한·청 양국 이민법 개정안을 하의원위원회에서 가결함은 이보(已報)하였거니와. 금(今)에 일본 각 신문을 경거(更據)한즉, 해(該) 이민법 개정안을 하의원 의회에서 가결하였는데, 해 안을 회의할 시에 대의사(代議士) 중에 하나이 다쿠조(花井卓藏)[101] 씨가 반대하는 의견을 술(述)하되 외국에 도항하는 이민에 대하여는 동일한 도항규칙을 거(據)케 할지라. 차(此) 법안에 청·한 양국을 제한 외로 개(改)함은 입법의 두찬(杜撰)을 시(示)한 것이라 하고 또한 질문하되 종래 비루국(比婁國)[102]에 이민함은 일인이 비상한 곤란을 당한 사정을 설명하고 정부가 차에 대하여 냉담함은 하인(何人)이든지 지(知)하는 바라 하니. 정부위원이 답하되 비루국 이민에 관하여는 정부가 상당한 구제책을 강(講)하였다 하고 이민법 개정안을 가결하였더라.

---

100 [이민법 반대] 일본 하의원에서 한·청 이민법 개정을 둘러싸고 논의하면서 하나이 다쿠조가 이민법 개정의 조항에 대해 반대 의견을 피력하였지만 이민법 개정안이 가결되었다는 소식을 전하고 있다.
101 하나이 다쿠조(花井卓藏, 1868~1931). 메이지, 다이쇼 시대 변호사이자 정치가이다.
102 남미 페루(Peru)를 말한다.

자료 71 | 《황성신문》, 1902. 1. 28, 논설, 2면 1단

조선신보가 망령된 오류라고 비판한 것을 다시 비판하다(1)[103]

辨朝鮮新報辨妄之謬(一)

일본 기자가 일본인 자유도한과 이민법 개정안 건에 대하여 그것을 포함한 정략이 실제로 우리 대한의 무궁한 은환(隱患)임을 이미 명백하게 통찰한 고로 심포칠우(深抱漆憂)하여 부염라루(不厭覶縷)하고 특별히 피력한 평자는 실제로 우리 대한 상하 국민이라 하여 우탄의 뜻을 표명하며 방범(防範)의 주책(籌策)을 강구함이오. 외인과 더불어 쟁론을 야기하여 쓴 비용이 허다한 지면(紙面)은 진실로 예상하지 못했으나 저 《조선신보》 기자가 이미 반대적인 논박한 논설로 여러 차례 배척하니 본 기자는 부득불 그들의 망제박론(妄提駁論)에 대항하여 통찰하여 부득이한 것이 또한 우리들의 책임이오 의무라.

차차 《조선신보》 기자의 소위 변망(辨妄)이란 제론에 관하여는 또한 마땅히 더하여 확실하게 논하여 그 무리한 의견을 소절변파(昭晣辨破)하며 또한 그 우롱필단(愚弄筆端)을 감축하여 연후 내이(乃已)기로 비록 신복하여 장황할 것이나 의(義)로서 감히 말하지 않으며 이제 《조선신보》의 관계된 것이 본 문제의 긴요조건을 대개 번역하여 게재하고 그 축조하에 특히 본 기자의 변론을 부기하여 천하의 사람들에게 밝혀 하여 저들과 우리 간에 시비득실로 요연히 비교하여 알게 하노니 그 실의는 각승(角勝)의 기습(氣習)에서 나온 것이 아니며 단지 류망(謬妄)의 견해를 가리어냄과 교식(狡飾)의 말이 있을 뿐이라 하노라.

조선 기자가 말하기를 《황성신문》 기자 일파의 오해는 반드시 한국인 전체의 오해라고 하지 않음이라. 고로 《황성신문》 기자 일파가 비록 큰 소리로 반대하는 것에 여하이라도 절대로 개의할 필요가 없다고 하고 또 말하기를 원래 이민보호법은 이민을 보호하기 위하여 법률을 만들 것이오 결코 노동자의 해외 왕진을 금지하기 위하여 법을 만든 것이 아니라 하

---

103 [일제침탈 반대] 《조선신보》 기자의 이민법 개정에 대한 논박으로, 일인의 이민이 숙망이고 여론이며 일본인의 대한 경영으로 나간다는 설명에 대해 이는 결국 식민을 통해 한국을 식민지로 만들려는 일본의 숨은 의도라고 비판하는 논설.

고. 또한 이민보호법의 개정을 말하기를 우리들의 숙망이오. 재한 일본 국민의 여론이라하고 또 말하기를 일본의 대한경영을 나아가려고 함에 당하여 그 대수자(對手者)가 항상 시의적(猜疑的) 안공(眼孔)으로 주목하려는 자는 실제로 국제상 이익이 아니라 하니.

본 기자가 변명하여 말하기를 대개 《조선신보》 기자의 주의는 오로지 기폐차식(欺蔽遮飾)의 설명에서 나온 것이라 하여 진실로 본태를 하려고 하지 않은 고로 비록 공가장찬(巧加粧撰)이나 그 설이 파탄모순하여 필경 진장(眞贓)의 엄(掩)이 부득할 것이라 하니 그 설에 나아가 변명하컨대 이미 이민보호법이라 말함이 결코 노동자의 해외 앙진을 위해 만든 것이 아니라 하니 진실로 보호법률은 노동자의 금알로 설하지 않는다면 무슨 까닭으로 보호법을 개정할 일로 이를 말하자면 우리들의 숙망이라 하고, 재일의 여론이라 할 것인가. 이미 숙망이라 하고 여론이라 한 것은 곧 반드시 보호법률을 말하는 것이 크게 계속해서 한국으로 도한하는 자를 방해하는 것이 있으므로 제금(除禁)이라는 것을 열망하지 않음인가. 그런즉 소위 보호법률이 비록 금알로 설치되지 않았으나 또한 은밀히 제제의 뜻이 있다고 한 바로 도항자가 그 절목의 번잡함에 고통을 받아 자연히 금하지 않아도 금하는 세가 될 것이어늘 이제 그 금제를 제거하면 어찌 개방 자유가 아니라고 하여 번식의 본지를 함축할 수 있겠는가.

또한 이민의 이(移)라는 글자는 이주 이거의 뜻을 명확하게 하여. 여행 유람의 비할 것이 없은즉 그것은 이민자가 이식 기민이라고 말하지 않음이 없겠는가. 가령 이민법 개정이 실제로 식민의 단서를 성명하지 않더라도 그것을 말하여 우리는 대한경영을 추진하는 것이라는 것은 하등 경영이라고 알지 못하겠는가. 그런즉 소위 본 기자의 오해 운운한 것은 어떤 오류를 지목한 것인지 알 수 없으며 그것을 크게 반대한다고 할지라도 개의할 필요가 없다는 것은 그 뜻이 우리 대한 전국 사람들로 하여금이 모두 어리석어 살피지 못한다는 것이어늘 이들 일파는 비록 그 진상을 사기친다고 하더라도 우리에게 무방(無妨)이라 함이라. 어찌 특히 본 기자의 일파뿐이라 하리오. 우리 대한 전 국민인이 명확하게 알고 확실하게 보지 않는다면 은환이 되어 깊이 아픈 것이 될 것이니라. [미완]

자료 72 | 《황성신문》, 1902. 1. 29, 논설, 2면 1단

조선신보가 망령된 오류라고 비판한 것을 다시 비판하다(속2)[104]

辨朝鮮新報辨妄之謬(續二)

《조선신보》가 또 말하기를, 일본인의 자유도한이 한국을 천식(蚕食)하려고 하고 이민을 장려했다 함은 《황성신문》 기자가 진실로 믿음의 오해라 하고 또 말하기를 일본이 만약 한국을 천식하려고 하여 이민 장려가 필요할진대 어찌하여 보호법의 개정이리오. 차라리 은밀한 수단으로 그 이민을 장려함이 이익이어늘 지금 이민보호법 개정 사로 의회에 제출한 것은 공명한 것을 표시한 것이오 결코 천식적 이민정책의 단서가 아니라라 하니.

변론하여 말하기를 본 기자는 이미 이민으로 바로 말하여 우리 대한을 천식이어늘 저들이 이내 천식이 아님으로 스스로 창하여 증명하니 만일 소위 투물자가 스스로 그 발이 병들어 비록 비휘(秘諱)하려고 했으나 그 자취가 스스로 나타난 것이로다. 그렇지만 천식 수단이 또한 어찌 일정한 규칙이 있을 것이냐. 대개 국제상 대외정책이 혹 은착(隱着)하며 혹 공포(公佈)하여 일례로 추측하기는 불가능함이니 만약 의회에 제출한 것으로 이를 가리켜 공명의 확증이면 어찌 잘못되고 속임의 심한 것이 아니겠는가.

또한 말하기를 열등인종이 우등인종과 더불어 접촉이면 경쟁상 열패에 어려움이나 열등인종이 우등인종과 더불어 할 수 없음으로 영구히 접촉하며 미개의 하등국민이 대문명의 고등국민하여 그 감화를 받지 못하면 하등국민과 열등인종이 영구히 진보의 길을 나서지 못한다라 하니 변명하여 말하기를 저들은 문명 고등국 우등인종으로 스스로 지위를 점하고 미개 하등국 열등인종으로 우리 대한을 꾸짖고 하니 어찌 오예만모(傲睨慢侮)가 심하다고 하지 않으리오.

일본이 고대로부터 문학과 기술을 우리 한국으로부터 수입하에 그 몽루를 개발한 즉

---

104 [일제침탈 반대] 일본인의 자유도한이 한국을 삼키려는 것이 아니고, 의회에 제출한 것이 공명하다는 주장과 열등인종과 우등인종 등을 운운하는 망령된 주장들에 반박하면서 고대로부터 한국의 선진문명이 일본에 전달되었으며, 일본인의 이주가 한국인의 이익이 되지 않음을 들어 논리적으로 설파한 논설.

우리 한국이 일본의 선진이 됨은 저들도 또한 스스로 아는 것이어늘 그 과장한 것은 바로 메이지 이래 30여 년의 간에 지나지 않음에 정치의 개량으로 말미암아 우리 한국과 비교이면 점점 선각(先覺)의 다름이라 하려니와 어찌 나라의 등급 인종의 고하 우열로 망령되이 꾸짖을 수 있겠는가 소위 야랑(夜郎)의 자대(自大)니 여러 견해가 다 헤아려 알 수 없도다.

또 말하기를 일본인의 내주(來住)를 환영함은 한국의 이익을 위함이라 제1 경제상 이익과 제2 사회상 이익과 제3 정치상 이익을 상론하노니 어떤 나라든지 묻지 말고 야만으로부터 문명으로 나아가며 빈약으로부터 부강에 달함이 모두 개국의 정책에 의한다고 말하지 않을 수 없으니 가령 일본이 근근이 30여 년에 오늘날 진보에 이른 것은 태서 문명을 대단히 크게 수입하여 내정을 개량한 결과에 다른 것이 아니함이라 하니.

변명하여 말하기를 저들 일본인 환영으로 한국의 이익된다는 것이라 하니 그런즉 저들 일본인 내한자가 자기의 이익으로 하지 않고 한국의 이익을 위해서 오겠는가 만약 한국의 이익을 위해서 온다면 환영이 마땅하거니와 이는 전적으로 자기 이익을 위해 오는 것이니 한국이 반드시 그 해를 받는 것이라 어떻게 환영할 이유가 있으리오. 그 소위 세 건의 이익이라는 설은 특별히 하단에 상세히 변론하니 이는 그대로 두고 그것을 말하여 야만이 문명으로 나아간다고 하며 빈약이 부강으로 나아간다는 정책을 일본 개량으로 위증자(爲證者)는 메이지 유신의 초를 알지 못함에 과연 내지를 개방하여 태서에서 이식된 민을 환영하여 혼잡거주(混雜居住)하여 이것으로 문명의 술을 수입하여 지금 내정 개정의 결과로 이른 것인가. 그 말이 아무 근거가 없으니 이것이 자심한 것이오.

또 말하기를 일본인의 도항 증가 시는 즉 일본인 자본이 다수 한국에 들어오는 것이라. 비록 한국 땅이 본래 다수 이익을 잃어버리는 땅이라 만일 유실물을 습득하여 적수공권이 아니라도 가이 그 이익을 획취(獲取)할 것으로 물론 이민과 출가로 타국으로 가서 노동이라 하고하고 그 왕진의 국에서 대개 상당한 이익을 얻는 것이라 하고.

또 말하기를 제1 일본인의 자본이 동시에 수입될 일이오. 제2는 노동을 목적으로 도한한 자라도 그 노동자는 한국인에 비하여 동숙한 기술을 수입할 일이오니 이 이점은 한국경제상에 장래 이익을 줄 요건이라 하니.

변론하여 말하기를 저들 자본 주입으로 말하는 것은 극히 근거가 없는 것이로다. 대저 어떤 나라든지 하고 외국 자본이 다수 주입이면 그 주입한 나라에서 자못 여리(餘利)를 받는 것은 근거 없다고 하지는 않음이로대 이제 일본의 이민법 개정은 자본가가 도한하기 어려워서 금함을 제외하는 것이 아님이오. 오로지 노동자의 이식하여 금하는 것을 제하는 것이니 저 노동자가 무슨 자본이 있어 가히 한국에 주입하는 것인가. 또한 지금의 현상으로 증지(證之)라도 병자년 한일 통상 이래로 일본인 상자나 공자가 한국에 내주한 자가 적지 않다고 하지 않다고 하더라도 우리 한국 인민이 일본인의 상공에 의뢰하였다는 것은 일찍이 있지 않았다 하여 그 발달 이익의 효과를 얻었다 하고 우리 한국의 식산 제업이 오히려 날로 곤란 모출의 폐단이 있다 하니 그 까닭은 무엇이오. 대개 일본인 상공자가 범위가 넓지 못하여 교제하여 자용(自用)에 적용하고 조금도 한국인에게 서로 도움을 주지 못하니 어찌 그렇게 됨이 명확하게 증명됨이 아니라고 하겠는가. 또한 이식한 노동자가 어떤 기술의 연숙(鍊熟)이 있으리오. 설사 간여한 기술이 있는 자라도 단지 자적(自適)하고 자자(自資)할 뿐이니 이익이 한국인에게 미치는 것이 있으리오. 저 노동자가 한국의 이익을 취하고 이로써 자기의 자본으로 함이라니. 이것은 적수공권과 다른 것이 아님으로 유물을 습취하는 것이라 저들이 말하는 한국 경제이익자는 허갈성세에서 나온 것이어서 우리 한국인을 달래어 권하는 것이로다. [미완]

자료 73 | 《황성신문》, 1902. 4. 7, 논설, 2면 1단

답혹문[105]
答或問

혹(或)이 나에게 지나친 것이 있어서 물어 가로되 내가 하루 귀 신문의 보도를 열람할새 가만히 흉중에 막히는 것이 있고 그 곡절을 시험하여 물어보나니 족하 당신은 아끼지 말고

---

[105] [이민법 반대] 일본인의 자유도한, 이민법 개정, 일영협상, 일본인조선협회 등을 보도한 일본 신문에 대해 그 심각성을 인식하여 앞으로도 그러한 기사를 계속해서 번역하여 싣겠다는 논설.

사리에 어두운 것을 깨우치게 하라. 작년 이래로 귀지 지상에 말하기를 〈일본인 자유도한을 논함〉이라 또 말하기를 〈논일본이민법개정안〉이라. 또 말하기를 〈논일영협상〉이라, 또 말하기를 〈논일본인조선협회〉라. 이렇게 말하는 설이 장황하게 변론함이 어려움에 타이르고 거듭하고, 고르게 날리고 끌어당기고 하여 전국의 이목이 있는 자로 하여금 일본인의 열심 경영하는 일을 통찰하지 않을 수 없게 하니 나도 또한 그것으로 인하여 그 상태를 알게 되니 (중략) 본 기자의 연일 신문지 말이 비록 이 일에 현재 논하는 것은 아니나 그 글자마다 정곡(情曲)은 그 기사의 단을 따라 우분 중에 나타난 것이 아닌 것이 없은즉 그 말의 뜻을 왜곡하여 특히 깨닫지 못할지언정 어찌 걱정하지 않을 리가 없다고 하겠으리오. 그러나 본 기자는 제 군자에게 크게 탄식하지 않을 수 없는 것은 우리들이 오른쪽에서 진술한 관계로 논술·쟁변(爭辨)이 하나둘에 이르지 않고 오히려 혹시 이해하지 못한 것을 걱정하여 장차 일본 이민보호법과 여권규칙 등 관련 의서 및 개정안 전후 전말하여 날마다 본지에 번역하여 실어 여러 군자의 통람을 제공함이로대 오히려 이제 나에게 한 사람이라도 묻지 않으니 저는 모두 국가 위망으로 폐사(獘屣)같이 보고 도무지 통석(痛惜)의 생각을 하는 사람이 없음이라. 오히려 열등 야만 인종의 속임을 면하지 않을까 하오. 심지어 귀머거리와 장님처럼 꾸물거리는 것보다 더 심함이여. 전국 사람으로 하여금 아들 같은 자가 10분의 1이라도 또한 방범으로서 자강(自强)함이니 어찌 이런 일을 근심스러워하겠는가.

자료 74 | 《황성신문》, 1902. 4. 28, 논설, 2면 1단

일본인의 청한협회 조직을 논하다[106]
論日本人淸韓協會組織

일본인 청한협회(淸韓協會) 조직사는 이미 본보에 게재하였거니와 지금 그 조직의 목적 조규를 시험하여 고찰하건대, 이를테면, 청·한 양국에서 우리 상업, 공업, 광업 및 운수, 교통 등에 관한 사항을 조사·강구하고 사업 경영의 자료를 제공함이라 하였는데, 일본 실업계에서 유력한 시부자와 에이이치(澁澤榮一), 곤도 렌페이(近藤廉平) 제씨들이 발기하여 조직함이라 하였으니 대저 일본의 정부 방침이 우리 한국으로 하여금 외부라고 인주(認做)할 뿐 아니라 비록 국내 인민으로 하더라도 보고로 한국을 보지 않음이 없으니 **대한경영에 열심주의자가 이와 같음으로 경부철로의 부설에 고금(股金)을 모집하여 공역(工役)을 동촉(董促)하며 도항자의 자유를 끌어들여 여권의 번잡을 제거하며 정부의 이민 방책을 협심하여 찬성하며 일·영(日英)이 연맹을 협성한 이후에 조선협회(朝鮮協會)를 설립하며 이제 또한 청한협회를 조직하니 대개 경부철도 부설권을 얻은 이래로 실제 오로지 이민확리 등의 방책을 주로 바람인 고로** 이와 같이 조선협회니 청한협회니 하는 목적도 대개 이러한 방책 중에서 나온 것이니 일단 관철한 주의를 차제에 발표함이니 일본 전국 상하 인민의 오매경영(寤寐經營)이 오직 우리 한국에 있으니 그 확장하여 무궁한 이수(利藪)를 요하니 더욱 저들에게 이익이 되고 반드시 우리에게 손해가 될 것이어늘 우리 한국은 위로 정부로부터 아래로 제민(齊民)에 이르기까지 대개 들어도 못 들은 척하며 보아도 보지 않은 듯하여 저 이민법 개정이 우리 관계에 주로 중요하고 또한 큰일이로되 우리의 귀머거리·소경[聾瞽]은 오히려 예전처럼 보는 듯하여 저들 여영연맹(與英聯盟)이 또한 우리 관계가 극히 중요하고 또한 큰일이로되 우리 귀머거리·소경은 오히려 예전처럼 보는 듯하며, 저들 조선협회·청한협회 등 성립이 또한 우리 관계의 중요하고 또한 큰일이로되 우리 농고는 오히려 예전처럼 보는 듯하니 쉬지 않고

---

106 [이민법 반대] 일본 실업계의 중진이 만든 조선협회, 청한협회 등이 일본인에게 도움을 주는 대신 우리에게는 손해가 될 것이고, 이민법 제정에 반대한다는 논설

가는 세월에 시사가 다르게 변하여 객인이 우리에게 경영하는 것이 확실하게 성취한즉 이 때는 비록 급급하에 조처를 취하더라도 또한 끝에는 어찌할 것인지. 그 결과를 연구하건대, 장차 전국 이익이 손을 묶어 외인에게 양여하는 것에 지나지 않아 방책을 구할 수 없다 하니 그런즉 한갓 수궁연하여 빈집에 있어 파리한 정상(情狀)이 또한 예전처럼 보는 듯함이야.

이에 생각이 미쳐서 한심 한억을 금할 수 없음으로써 소위 우리 한국민은 일개 심포의 우려를 하지 않을 뿐 아니라 또한 일종의 괴귀한 무리들[怪鬼之輩]은 이로 인하여 희기 요행을 바라 협회 두 글자를 이러쿵저러쿵하고 별도로 숨은 꾸러미라고 좋은 기회라 하고 허망하게 주장하여 뺵적지껄 소동을 일으키고 하며, 또한 일종의 뱀과 전갈의 성품은 이에 근거하여 사익을 다스리지 않고 요공(要功)을 도모하여 칭하여 내·외인에게 몰래 따라 하는 당이라 하여 조밀하게 얽혀 어지럽게 현혹하는 것이 경영을 꾀하는 것을 헤아릴 수 없게 하니 이제 저 청한협회의 조직에는 이 같은 무리들이 또한 반드시 크게 용약(踴躍)하여 기화(奇貨)를 간주하는 자가 많다고 하니 어찌 세도(世道)를 위하여 통탄하지 않을 수 있는가. 본 기자는 또한 부득이하게 한번 변론하노라.

자료 75 | 《황성신문》, 1903. 1. 12, 논설, 2면 1단

외국인의 이식 사건을 논하다[107]
論外國人移殖事件

가까운 때에 《조선신보(朝鮮新報)》에서 게재한 동아동문회(東亞同文會)가 금강 수역의 사정이라는 보고 사건을 대체로 살펴본즉, 충청·전라 양도 간 48군의 연강(沿江)한 구역 내에 군명과 면수와 호구와 결수(結數) 및 기타 지형 풍속의 제반사정을 일일이 조사하여 상세히

---

107 [이민법 반대] 《조선신보》에 실린 동아동문회의 〈금강 수역 사정〉이라는 보고를 통해 일본의 토지 침탈을 경계하라는 내용이다.

기록하여 말하기를, 금강(錦江) 수역은 우리 통상 및 이민에 장래 가장 유망지로 인지(認知)한 배인데 이제 〈강경통신(江景通信)〉에 의하여 동아동문회 보고 제37회에 게재하였기로 극히 유익한 보고로 여겨 좌에 전재하노라 하였고.

또한 각 항구 일본인 거류지에 소재한 일본인 호구 조사 수를 개거(槩據)한즉, 작년 이래로 일본인의 호구 증가한 수가 재작년에 비교하면 자못 십 분지 이삼이나 증가되었으니 대개 일본 이민법률안 개정 이후로 일본인의 자유도한자가 매월 크게 늘어 필경 타일에 무궁한 화(禍)는 본 기자가 누차 언급한 것이어니와.

이제 소보에 근거하여 말하건대, 금강 수역 사정이라 말하자면, 통상 이민이라 말하자면, 호구가 크게 증가한다는 제반 개재가 명확하게 이식의 권리를 이전한 것이고, 경부철로를 만약 준공하여 완성한다면 경기 이남으로 충·경·전 삼남지방 요충 정거하는 곳에는 일인의 이주자가 반드시 구름이 모여 비가 모이듯 이미 그 양을 헤아리지 못할 것이며 저들 이주자들은 거의 노동이 많을 것인즉, 생업은 농사를 짓는 우리의 토지뿐만 아니라 우리의 시장에서도 상업을 행하여 우리의 공업의 물건도 겸하여 우리나라 전국에 무궁한 이익을 점할 것이니, 이 일은 또한 본보가 계속해서 말하고 반복하여 말한 것이어니와.

지금 각 공사가 지권·가계 사건으로 담판을 청하는 것이 또 이것 때문이라. 구미 각국의 사람들은 반드시 아주 간절한 관계에 있지는 않도대, 그것은 우리 한국에 최대로 관계가 있는 것은 일본인이 긴요한 것이니 **이때에 지권 일관(一欵)이 실로 중요하고 절대적인 문제인즉, 마땅히 공행 담판에 별도로 계안(契案)을 세우고 전국에 널리 알리어 한 사람의 관과 인으로 하여금 알지 못해 탄식하는 일이 없도록 하여 극히 방범(防範)의 술을 강구하게 하여 외국 사람들로 하여금 만연한 걱정거리에 이르지 않게 함이 올바른 일이다.** 이것으로 인하여 엄호하는 것같이 하며 저들을 기릉(欺凌)하게 하여 장차 묵은하여 권리를 허여한즉 오히려 농락(籠絡)의 술을 걱정하게 하여 그 폐단이 더욱 심해질까 하노니, 이번 교섭 사건이 어찌 가하다고 할 것인가, 아주 드물어서 쉽게 말할 수 있겠는가. 실제로 가볍지 않는 관계이니 마땅히 대책을 세우고 확실하게 해야 함인저.

자료 76 | 《대한매일신보》, 1904. 9. 3, 사설, 1면 1단

한국에 일본 위력이라(전호 연속)[108]

　아무리 일본서 이러한 법률은 못하게 하였더라도 백성들은 새 장정 고시한 것을 보게 되면 모두 일본서 시킨 줄로 알았은즉, 만일 이렇게 뭉텅이로 많이 시행케 아니하였드면 그중에 되는 일도 있었을 듯한지라. 대황제 폐하께옵서 국권을 자행하는 왕망 동탁의 류를 피하사 더욱 해국하기 전에 아국 공관으로 파천하신 후로 약차한 법률이 차차로 폐지가 되었는데, 소위 내각 대신들의 개혁한 일은 비록 생사 관계한 것은 없고 다만 일본 사람으로 더불어 친결하여 오국지사를 행하였은 즉, 우리는 확실히 증거할 것은 없으되 일한 양국 간에 병되는 일을 점점 일으킨다고 분명히 말할 조건은 있는 것이 1895년 29일에(음력 병신) 일본 정상 백작이 한국에 대하여 연설한 바 신문에 게재하기를 한국에 주차한 관리들을 불가불 개차할 것이 소위 공사 이하 3인이 교만방자하여 망패한 행실에 동심협력하였은 즉 이러한 큰 혐절이 없다함으로 차제로 귀가 되고 그 후임으로 나오는 제원에게 이르기를 일본 사람들이 무례히 아니하는대 한국 사람들의 능욕하는 것은 주리지의로 대접함에 망매하여 그리함인즉 만일 경솔이 이론하는 일이 있거든 주먹으로다로 때리되 그리하여도 혐의하여 깨닫지 못하거든 강물에 다 잡어넣든지 칼로라도 베히라고 한지라. 이럼으로 상고들도 갈수록 무뢰지배가 되어 왕왕이 집탈하는 일이 있고 또 상고 외라도 용렬무식한 자들은 더욱 심한 일이 많은 중 흔히 언두에 올리기를 한국 독립도 일본서 시켰고 동학들도 일본서 진압하였은즉 감히 우리를 반대하며 우리를 불복하는 자들은 대단히 불공한 놈이라 하며 저희들이 어찌 우리 일본 사람들을 공겁하게 하리로 하는지라.
　그러나 한국 사람 생각에는 똥은 더러워 피하고 도망은 무서워 한다는 것을 생각하여 다른 외국 사람들보다 더욱 우애가 있는 것 같이 화목하게 지내다가 청인이 한국에 다시 나온 이후에도 일향 교만하고 용속한 일을 행하는 고로 연애지정은 없어지고 구수지심만 생겼는

108　[이민법 반대] 일본과의 통상 확대에 대해서 지난 갑오개혁 이후 몇 가지 전례를 들며 한국과 일본이 서로 공경하면서 상업을 흥왕시킬 것을 주장하고 있다.

지라. 정상 백작의 기왕한 말은 일본 정부에서 긴중하게 상관하려던 일은 아라사에서 점점 빼앗아 정건까지라도 권리를 부리는 것 같하여 그리함이 분명하며, 또 그 후 1896년 11월 6일(음력 정유년)에 대외 백작이 일한 양국 간 통상 사건에 대하여 연설한 것을 본즉 이왕에 우리나라 공사 미조씨로써 한국 정부에 대과하여 통상 약조를 최선으로 성립하였다 하였는데 일본 정상 백작이 1896년 12월 16일에 연설한 것을 일본《헤럴드 신문》에 게재한 전문이 여좌하니.

우리나라 백성들이 한국을 가련한 나라라고 의례히 말하는 것은 크게 잘못하는 듯한 것이 일본에 40년 전과 한국에 20년 전 개명된 것을 말할진대 조금도 서로 다를 것이 없고 만일 비교할 지경이면 한국에서 진보됨이 매우 속한 것이 일본 백성들이 40년 전에 견확한 주견으로 거시 일본 위태한 일을 행하여 외국 공사에게든지 외국인의 거생하는 자들에게 영악히 반대한 일이 있었은즉 기왕 일본서도 외국 사람 대접한 것을 볼진대 한국서 일본 반대하는 것이 실로 이상할 것이 없는지라. 이왕 일본서 싸움까지 하여 한국 상업에 매우 좋은 곳을 차지하였다가 청인에게 몰리어 나왔더니 지금은 다시 평화하여 회복하였은즉 이러한 일을 말할진대 외교상에 실격됨이라 할 듯하나 비록 자기의 마음대로 진정 그리하였더라도 무엇이라고 분명히 작정하여 말할 수는 없으며.

한국 각 지방에 일본 백성이 거의 만 명이 넘게 거생하는 중 모두 연해 등지에서 어렵으로 위업한즉 아무쪼록 한국 백성에게 대하여 가히 사랑할 만한 일이 있거든 진실로 도와줄 것이 만일 저 백성들이 외국 사람들로 하여금 의혹하여 아무것도 주지 아니하였다면 한국에 상업지라도 어찌 얻었으리요.

또 일본이 한국으로 더불어 상관한 지가 우금 삼천 년이 되었은 즉, 비단 오늘날 상업상 이익으로 말할 뿐이 아니라 정약상 관계로 말할지라도 일본 힘으로 독립하였든지 아니하였든지 매우 중요한 나라인즉 일본서 아무쪼록 인도하여 예법이 있게 지내야 할 것이 한국이 독립이 되어 점점 개명하여 가는 까닭에 일청 교전이 되었은 즉, 일황 폐하께서도 아무쪼록 동정상 의리를 베푸셔 한국으로 하여금 방조하여 개명 진보케 하시고 내각 대신들도 황칙을 봉승하여 처사하는 것이 일본에 큰 유익함이 될 터이되 만일 한국에 있는 일본 백성들이 우리나라에서 공경하는 마음을 조금이라도 상할 지역이면 당연히 손해됨이 있을 터인즉 아무쪼록 무슨 일에든지 친절히 하여 고약한 일을 행하지 아니하게 되면 상업상과 조물상에도 청인에게 빼앗기지 아니하고 점점 크게 진보가 될 터라고 하였는지라.

갑오년 난리를 일으킨 후에 이런 말하는 것은 한국 독립에 일본서 방해함과 한국을 침노함에 대하여 변론함이 아니라 한국 백성들로 하여금 일본 사람을 두려워하여 음모간계를 행하는 데 좇도록 한 것인 것이 일본서 한국에 대하여 부자 형제간과 같이 말한 것이 무엇이뇨.

일본서 이렇게 관곡하게 말하는 것은 한국 백성들의 슬픈 마음을 화하게 하여 자기의 상업상 진보가 되도록 하려함인즉 만일 한국 백성들이 일청 교전함을 인하여 수십 년 압제받던 청국 권리가 없어졌은즉 이 틈을 타서 운동하였다면 상업상에 유익함이 많았을 터이요. 한민의 소망과 같이 모든 일이 다 성취가 되었을 터이요. 또 도리어 300년 전에 한국 대구 땅으로 침노하여 들어오려 하던 일본 백성들의 후예들이 한국 사람들을 하등의 사람으로 생각하여 필경에는 압제하여 견디지 못하게 하량으로 생각하였다 하나 그러하나 지금에 이러한 못된 생각을 다 없이 하고 아무쪼록 일본에 진보케 하려면 양국 간 서로 공경하여야 상업에 대단히 흥왕할 터이요. 또 일본서 한국에 대하여 행하는 일을 세계에서 다 주목하여 보는 바인즉, 매우 조심하여 운동할 것이 지금에 군사들을 이르케 대적하여 항복받은 이보다 장래 큰 이익이 있을 터이요. 또 전자에 대구로 들어오려 하다가 못 된 바 그 일로 병 되도록 깊이 생각할 것이 아닌즉 다만 한국에 통상만 잘 할진대 크게 진보됨도 많이 있을 터이요. [미완]

자료 77 | 『해학유서(海鶴遺書)』, 문록(文錄) 3 서독(書牘)

김가진 의장에게 일인의 이민을 논한 서한[109]
與金議長嘉鎭論日人移民書

홍필주(洪弼周)·라인영(羅寅永)·이건(李健) 등 연명(聯名)

엎드려 생각하건대 모(某) 등은 산야(山野)에 사는 사람으로 감히 묘당(廟堂)의 걱정을 간섭하고 있으니 우리 자신을 돌아볼 때 우인(愚人)이 아니면 광인(狂人)으로 생각됩니다. 그러나 그 일이 국가의 흥패와 사직(社稷)의 존망에 관계되어 불가불 말을 하게 되었습니다. 그렇다면 어찌 일시적인 혐오를 피하여 평생 동안 간직했던 뜻을 저버릴 수 있겠습니까?

요즈음 《신보(新報)》를 보니 일본인들이 이민법을 개정하여 자유로 한국을 올 수 있도록 하였다고 합니다. 그 신보의 기사는 대개 와전(訛傳)이 많으므로 믿을 수는 없지만 그 기사가 교제(交際)를 언급하고 그 의의(義意)가 신중(愼重)해야 할 일이었다면 일체 불문에 부쳐서는 안될 것입니다.

아! 지금 천하에 국가로 호칭한 나라가 얼마나 되겠습니까? 대소(大小)·강약(强弱)은 비록 같지 않다 하더라도 이미 국가로 호칭하였다면 제각기 자기 땅을 국토로 인정하고 자기 국민을 국민으로 인정하지 않을 수 없으며 또 한곳에서 같이 살 수 없기 때문에 비록 통상을 하는 항구라도 출국할 때는 여권을 소지하고 입국할 때는 조계(租界)를 두었습니다. 그리고 이것을 법으로 정하고 조약으로 협정하여 문란(紊亂)하지 않도록 하였습니다. 그러나 불행히 한국과 일본은 가까운 거리에 있어 사람들의 왕래가 다른 나라에 비해 그 수효가 매우 많으므로 우신국(郵信局)도 개설하고 병참(兵站)도 설치하여 이미 우리 세대에 커다란 누(累)를 끼쳤습니다. 그리고 그들은 광산을 독점하고 어채권(漁採權)을 침탈하여 우리 생활의 이윤을 앗아갔습니다. 그리고 전국 국민들은 원망과 노기(怒氣)를 간직하고 있습니다. 처음에는 백번 참았지만 결국은 한번 씻어 엎으려 하고 있습니다. 그 화근(禍根)의 형상을 말한다면

---

[109] [일본 이민법] 일본인의 이민법 개정으로 인한 자유 도한에 대해 엄한 칙령을 내려 일본인의 이주를 적극 방지하는 조처를 취할 것을 요청하고 있다.

아이가 뱃속에서 그 형체가 이미 갖추어져 있으나 아직 출산하지 않는 것과 같습니다. 이런 시기에 그들은 다시 이민을 꾀하고 있으니 그것은 매우 심한 일입니다. 이웃집 닭도 담장을 넘어오면 반드시 싸움을 하고 마을 개도 마을 앞을 나가면 서로 물어뜯는 것인데 하물며 사람이 의혹을 간직한 채 하고 싶은 일을 서로 다투는 것이야 더 말할 것이 있겠습니까? 아마 2~3년이 지나지 않아서 반드시 간과(干戈)를 서로 겨루게 될 것이니 어찌하면 좋겠습니까? 후일에 실기(失機)하여 후회하는 것보다는 그 일이 확대되기 전에 미리 준비해 둔 것처럼 좋은 것은 없을 것입니다. 지금 정부에서 시행하는 정책은 그럭저럭 간편하게 처리하고 있으니 우리는 아무 일이 없을 것이라는 행복한 생각을 가지고 있어서는 안 될 것입니다. 사람이란 걱정이 있으면 예방책(豫防策)을 마련하지 않는 사람이 없습니다. 지금 우리는 국력이 약하고 백성은 가난하여 일본인들이 두려워하지 않고 있습니다. 그들이 두려워하는 것은 오직 천하의 공법(公法)과 한일 양국의 약장(約章)입니다. 그렇다면 항구에 파견된 관리들에게 엄한 칙령을 내리어 그 조례를 잘 지키도록 하고 **한국에 있는 일본인은 입국한 지 오래되었거나 새로 들어온 사람을 막론하고 그들이 여권을 소지하고 있는지 호구(戶口)마다 조사를 해야 할 것입니다. 그렇게 하지 않으면 그들은 일본에서 도주한 호구일 것이니 이들을 장차 우리 국적에 입적시키려 하고 있습니까? 또 그렇지 않으면 그들은 한족(韓族)이 아닌 다른 민족일 것입니다. 그리고 그들은 이미 일본과 한국에 예속되지도 않고 있을 것입니다.** 군주가 없는 민은 세상에서 용납될 수 없습니다. 그렇다면 정부에서 조치하는 방법이 바로 이런 일에 있습니다. 조용히 생각해 보니 정부의 대신들이 이미 정해둔 계획이 있으므로 모(某) 등의 말을 기다릴 필요는 없겠지만 구구한 저의 생각으로 그만둘 수 없어 대충 이런 말을 아뢰오니 각하(閣下)는 이 서한을 정부로 교부하여 그곳에서 선택하도록 맡겨 두면 매우 다행으로 생각하겠습니다.

부동산 침탈 관련 기사

자료 78 | 《황성신문》, 1900. 8. 21, 2면 3단

헌의추원[110]
獻議樞院

전 주서(注書) 김명준(金明濬) 씨 등 16인이 중추원에 헌의하여 본월 8일 《황성신문》에 등재한 일본보(日本報) 중 아사(俄使)가 일사(日使)다려 한국 분할하자는 사로 정부에 통첩하여 각 공사(公使)를 회동하여 성명 담판을 청하였더라.

자료 79 | 《황성신문》, 1900. 11. 3, 잡보, 2면 3단

전택관계[111]
田宅官契

중추원 의장 김가진(金嘉鎭) 씨 소본에 말하기를 "지금 양법자법(量法藉法)이 뉴고습류(狃故襲謬)하여 무번위자(務繁僞滋)하기로 졸무이핵기실(卒無以核其實)이오니 전토가사문권을 한 100일 내로 고관수계(告官受契)케 하되 위로는 의조종구전(依祖宗舊典)고 방채(旁採) 각국신

---

110 [부동산 침탈] 1900년 8월 8일 《황성신문》에 게재된 일본보 중 러시아공사가 일본공사에게 한국을 분할하자고 했다는 통첩 기사에 대해 각 공사를 회동하여 성명 담판하자는 김명준 등 16인의 헌의서를 소개하고 있다.
111 [부동산 침탈] 중추원 의장 김가진이 양전법을 개량하여 전토가사문법을 실시하는 것을 청의하였다는 사실 보도(정부 관할하에 토지문권 발급과 일본인의 토지 침탈을 방지하고자 하는 입법 취지)

제하여 외국 조지기(造紙機)를 먼저 구매하여 조루(雕鏤) 인쇄판이 탑출식양(搭出式樣)하여 이방안위(以防贗僞)하고 간기문법(簡其文法)하며 정기호수(定其号數)하여 반하(頒下) 부군하고 영도(令到) 3월 내에 납기전택문권(納其田宅文券)하고 신매자(新買者) 10일 내에 내환구권(來換舊券)하되 과한부수계자(過限不受契者)는 수현입관(隨現入官)케 하고 고발민(告發民)에게 해 전택을 반분허급(半分許給)케 하자고 하였더라.

자료 80 | 《대한매일신보》, 1904. 9. 2, 사설, 1면 1단

한국에 일본 위력이라[112]

일본 《고베 헤랄드(神戶Herald)》 신문에 우리의 일본 정권을 반대함과 일한 양국 간 되병는 일을 말함에 대하여 힘을 들어 발포하였은즉, 이것이 모두 잘못하는 일이기에 우리가 불가불 증거하여 설명할 만한 것이 일본서는 한성에 있는 일본 통신원들로 하여금 한국에 최요한 소문을 많이 탐보하여 간즉, 우리 《대한매일신보》에서 일본을 반대하여 발간하는 것도 듣고 자기의 마음대로 넉넉히 설명할 듯하되 번연히 그른 줄 알고 이렇게 말하는 것이 정녕 부끄럽지 아니할는지 **우리는 과연 열심이로 반대함은 다름이 아니라 정강이 문란하다는 삶을 면하기 어려운 바 정당치 못한 장삼씨의 황무지 개간 청구함에 대하여 분경소발에 열심으로 논박하던 보안회 회원들을 경계 없이 포착하는 일과 또 일변이로 전쟁이 미식한 이때를 당하여 소위 계약서 등 건에도 남의 나라 황제 폐하에게 새압하시기를 억지로 청하는 바 약차한 범람한 권리를 부리는 것이 대단히 불법한 행위인즉 우리 신문 구람하시는 첨군자는 아무쪼록 일본 사람이 자의로 행함에 대하여 우리의 반대함을 자세히 보고 기억하시오.**

일·한 양국 간에 다만 병만 드리고 도무지 사랑하지 아니하는 일본 사람을 헤아려 깊이

---

112 [일본인 침탈] 일본 《고베 헤럴드》 신문에서 《대한매일신보》가 일본 정권에 반대했다는 기사에 대해 반론을 제기하며 황무지 개간, 보안회의 활동 등을 설명하고, 특히 을미사변 시 일본 미우라 공사와 스기무라 서기관과 및 통역관 등 개입을 재비판하는 논설.

생각할 것이 정부 태도는 어떻게 할는지 당장 말할 수 없으되 백성들은 일본 사람이라면 대단히 좋게 아니 여기는 것은 감정상으로 자연히 솟아나는 마음인데 그중 민심으로 함원하게 만들기는 을미사변에 곤전 살해함으로 그때부터 더욱 심하여 슬퍼하며 추모하는 마음이 생긴 까닭에 일본 사람에게는 이것이 한 큰 흠절이 되었은 중 또 그날에 일본공사의 폐현한 이유와 을미 이후 전후 사적을 병신년 4월에 소상히 편집한 책자대로 그리됨이기에 그 불명지사 행함을 좌에 게재하노니 기시 폐현에 다만 일본 삼포공사와 삼촌 서기관 및 통역관만 참예하였을 뿐 아니라 이왕에 폐하의 용안을 감하였던 자와 궐내 길 아는 고약한 무리들로 더불어 저 회의 일하기만 위하여 무난히 떼를 지어 들어갈 때에 내원군을 일병들로 옹위하여 입궐하였는데 이때 세 가지 조목을 예비하여 가지고 들어가서 새압하시기를 청하기를 전국 사무는 내각에서 통활 감독케 할 일과 궁내대신 이경직 씨가 살해한 데에 이재면 씨로 임명할 일과 궁내협판 임명할 조건인데 폐하께옵서 이 세 조관에다 모도 새압하셨는지라 이날 전역 때 군부대신과 경무사를 다 갈고 조희연으로 하여금 군부대신 겸임 경무사를 제수하였다가 이달 10일에 권영진으로 경무사 경임을 시키었는데 이 두 사람이 동모하여 범궐할 괴계를 품어 동월 12일에 범람히 폐하를 위협하여 칙령을 반포함으로 필경 도주하여 종적을 숨기었는데 이러한 음모지사로 정부를 병력으로 위협하고 심지어 관리 출척과 각항 정령을 천단이 입궐하여 임의로 조종하는지라. 이럼으로 내각 총리대신 김홍집은 전 국민에게 큰 혐의가 되어 만구일담이 모두 일본 세력을 믿고 아무쪼록 일본만 돕는 죄라 지목하는데 차차로 하는 일은 폐하의 불윤하심은 불계하고 다만 일인으로 하여금 체결하여 방자히 피상한 법령을 인민에게 고시하는데 첫째 백성들의 담뱃대 긴 것과 갓 양 너른 것과 의복 소매 큰 것을 줄이게 함과 물색 고치는 것이며 또 압제로 인민을 늑삭시키는 데까지 이른지라. 필경에 위력으로 이러한 극악한 법률을 행하여 백성들로 하여금 괴롭게 만든 까닭에 분격한 마음들이 생겼으며 또 오랜 수구당들은 분노함을 더욱 이기지 못하여 불등을 하는 까닭에 일도 되지 못하고 공연한 노기만 충발이 되었는지라. [미완]

자료 81 | 《대한매일신보》, 1904. 9. 5, 사설, 1면 1단

한국에 일본 위력이라(전호 연속)[113]

　　병신년부터 금번 개전된 동안에 일본서와 및 일본 외교관들이 한국에 권력을 부려 정치상 운동도 선악 간 행하여 어째든지 일한 양국 간 교제 친밀할 기회도 있었고 또 한국에 거류하는 자기 나라 백성들에게도 대단히 유익하게 되었는 고로 전자에 정상 백작과 대외 백작의 권도한 대로 행하려 하는 듯한즉 우리는 어떻게 하리라고 말할 수 없는 것이 지금 한국 사람의 고질된 병 고쳐낼 일이 일본 사람 수단에 달렸은즉 이 사람들은 천품이 괴상하게 생겨 모두 하등의 부류인데 그중에 상등 인물이라는 것은 공연히 자긍하고 능멸하는 태도만 있어서 하등의 사람보담 더욱 고약한즉 일본서 사람들로 하여금 인도하려면 필경 미치게 될 듯한 것이 소위 상등인이라 하는 것은 불가불 더욱 주의하여야 할 것이요. 시정배와 상한들에게만 어려울 뿐이 아니라 소위 교육받았다는 사람이며 관리들도 일반일 터인즉 사람들로 하여금 일본에 주의하는 형편대로 하려면 한 좋은 도리가 있는 것이 외국에 보내었던 관비생 중 학력 있고 고등한 사람으로 택출하든지 혹 사비생이라도 공부를 도저히 하고 매사에 경력 많은 사람을 뽑아서 일을 하게 하였으면 매우 좋을 듯하나 그러나 만일 아무에게라도 점자하고 혈기 있게 교육받지 못한 사람으로 쓸 지경이면 역시 일반일 터인즉 일본 사람은 이 일하는데 어떻게 방침을 생각하는지 모르겠으되 한국 사람들로 하여금 급속히 행하여 분격하게 될지라도 아무쪼록 성취만 되었으면 좋겠는지라.

　　한국 정부에서 하는 일들은 단지 환욕에만 뜻이 있어 아무쪼록 다른 사람보담 낫게 할 생각인즉 이것은 일본이나 한국이나 하등 인물들은 조금도 다를 것이 없어 그리함으되 우리 생각에는 이런 것도 치지물문할 리가 없을 듯한 것이 일아 개전되어 아인의 세력 없어진 이후로 일본 사람에게로 외교 권리가 돌아왔으니 이런 기회에 아무쪼록 한국 백성들에게 믿부게 하여 불리한 일로 좌론함이 없이하고 8, 9년 전에 정상대외랑 백작의 말한 바를

113　[일본인 침탈] 한국의 관리 채용에 대해 일본 유학생을 썼으면 하는 바람과 함께 황무지 개간권은 한국에 독립과 자유를 억제하는 것이며 공연히 반발만 초래함으로 중지할 것을 주장하고 있다.

참작하여 명망이 나도록 하는 것이 좋을 듯하며 일본서 기왕에 한 일이 무엇이뇨 하면, 한국에 소위 탁월한 정치가라 하는 미성년된 자들이 국사범이 되어 일본으로 도주하였으되 즉시 이 사람들을 살피어 드러내지 아니하였은즉 이리하여도 한 명도 깨달아 후회한 자 없는지라. 그러나 이것은 황제의 세력을 믿고 그리함이니 아무리 온당치 아니하여도 말할 것 없고 황무지 기간 일사로 말할진대 한국에 있는 황폐지디를 일본에게 허여케 할 뜻이 다만 있어 그리함은 다 자세히 아는 바이로되 이것은 공연히 말만 만들고 되지도 못할 일을 제출함인데 당초에는 장삼씨의 자유로 청구하는 것 같이 하더니 필경에는 공사가 한국 정부에 대하여 청구한즉 설혹 되더라도 한국 전토의 반밖에 쓸 것이 없을 터이니 이것은 일본에서 한국에 독립과 자유하는 권리를 억제하려는 것 같아서 말할수록 반대만 생기고 전국에 병만 되게 하는 일인즉 되지도 못할 터인 뿐더러 한국 대관들은 지금 같하여서는 멸심으로 보존하려는 마음이 있으되 필경에 자연히 없어질 터이요. 또 이 사람들의 말은 우리나라가 만일 발달이 되지 못할 지경이며 일본서 차지할 터라고 한즉, 명예만 손상이 될 터이니 우리 뜻한 바로 보더라도 필경에 이 일로 하여 후회할 터인즉 종금 이후로는 한국에 대하여 하려는 것을 믿지 아니하고 의혹하는 마음을 깨치어 오래된 병만 고쳐서 쾌복하게 할 것이오. [미완]

자료 82 | 《대한매일신보》, 1904. 9. 6, 사설, 1면 1단

한국에 일본 위력이라(전호 연속)[114]

한국 백성들은 고초당함도 참아 지각 없는 것 같이 있더니 장삼씨의 황무지 개간 사건에 대하여 정신을 깨달아 일제히 일어나 반대하여 변론함이자 상으로 통촉이 되옵셔 인허하지 아니하실 목적으로 보안회를 창설하였는데 회중 규칙도 매우 정제하고 연설 언사도 심히

---

114 [일본인 침탈] 이 논설에서는 일본의 황무지 개간에 반대하는 보안회를 강력하게 처벌하는 일본의 행태를 비판하고, 또 일본 사졸이 강압적으로 역부를 모집하는 것도 비판하고 있다. 그렇지만 일본의 재정 및 외교 고문 파견에 대해서는 긍정적으로 인식하는 한계를 보이고 있다.

온순하나 또 동일한 목적이라 칭하고 다른 회가 신설되어 보안회를 헛쳐 없이 하였는지라.

이때에 전국에 통문하여 일본에 반대하려던 것도 시행하리하기로 작환이 되었으나 보안회 창설자와 및 회원들의 처사함이 법도가 있고 실심들로 주의하여 아무쪼록 나라를 보존할 뜻으로 변론만 할 뿐이요 공연한 의기를 뽐내지 아니하여 모든 방관하는 사람들로 하여금 심히 안정하여 옹용한 태도가 있더니 7월 회간에 일본으로서 이 회에 대하여 군률로 시행하다고 고시하고 인하여 헌병들로 하여금 회장과 및 연설하던 사람들을 잡아갔는데 이후로는 포착된 사람의 어찌된 이유를 모르더니 차차로 들은즉 그중 몇 사람은 피하고 몇 사람만 과연 잡혀 가서 일본 사람의 질문하는 대로 저저히 명언하여 대답하였다고 하며 나중 소문에는 이 사람들이 서편 어느 시골에 모여 있어 다시는 회에 참여 못 한다 하더니 필경 보안회라는 것은 일병이 방총까지 하여 파산이 되었는데 우리는 이렇게 심한 일도 처음으로 보았고 당초에 통중하게 여겨 반론하던 사람들이 감히 갱기치 못하는 것이 심히 어리석은 일이로다. 분명 우준함은 고사하고 최초로 열심히 통론하던 자가 이렇게 어리석게 결국 되기를 어찌 뜻이나 하였든 바리요.

현금 일본 사졸들은 각도에 분파하여 전사에 사용할 바 만한연로로 보낼 역부를 모집하여 달라고 한즉 응당 역부 중 한 명이라도 반대하여 설명할 뜻하되 감히 한 말로 못하고 유유히 고용하여 가려고 하는 모양인즉 일본 사람들은 이렇게 될 줄까지도 미래 예산하여 그리함이요. 우리 생각에도 일아 개전 후에 일한조약한 대로 순종하려 하여 한국 책임한 사람의 생각에 의례히 시행할 일로 생각하여 그리함인 듯하되 혹 어떤 백성들은 고집하고 그 여히 아니가려 하는 것을 일본서 고가를 후히 주며 모집만 하려는 하는 것은 경계상에도 대단히 옳지 아니한 일이요. **또 일한 동맹한 까닭에 일본서 한국에 대하여 권리와 위력대로 행하는 듯한 것이 일본공사가 외국인으로 고문관 임명할 일을 대황제 폐하께 아뢰어 윤허하옵시기를 청하였는데 일본 사람 목하씨는 탁지 고문관으로 고빙하여 세입 재정을 관할하게 하며 미국인으로 외부 고문관 임명할 일인데 만일 이 두 사람 고용하는 것이 사무에 연숙하고 학식이 유여하면 가히 나라에 유조할 듯하도다.**

일본서 한국에 권리 부리는 것을 말하였으나 오히려 긴치 아니한 소문은 치지하여 우리 신문 보시는 첨군자에게 보시게 하노니 우리 신문에 일본을 반대하여 설명하는 것이 당연히 책망 들을만한 일이 있거든 행적을 가르쳐 주시기를 바라옵나이다.

자료 83 | 《대한매일신보》, 1904. 9. 7, 사설, 1면 1단

한국에 일본 위력이라(전호 연속)[115]

근일 일본서 한국에 대하여 모든 하는 일이 보존하게 하렴은 없고 다만 자기의 권력대로 무론 무슨 일에든지 자기 나라에만 긴요하고 유익함은 하려는 까닭에 우리도 이렇게 반대함이로다.

한국서도 부패한 풍속이 아무쪼록 좋은 방침은 생각지 아니하고 제일 심하게 하는 일이 있는 것이 매관육작하는 악정을 행하여 소위 관찰사와 군수의 자리는 상등 요임으로 알아 임명하는 까닭에 치민한다 칭하고 탐학이 무쌍하여 민재를 박할하여 이왕 소비를 충본하려고 할 뿐외라.

정부에도 큰 폐단이 있으니 관보라 하는 것은 전폭이 거의 관리의 임면뿐인 고로 외국서 처음 나온 공사 한 분이 한국 정부 관리들을 윤회로 임면하는 데 정신을 차릴 수 없다는 말도 있고, 또 개전될 때에 한성에 있던 전사 통신원들이 모모 대신의 무슨 일로 체임되고 임명되는 것을 한 기이한 소문만 다니어 자기 나라로 전보들을 하다가 필경에 조임모체가 되고 일이 차사직소는 의례히 하는 까닭에 어찌할 수 없어 도무지 취재하여 기록치 아니한 일도 있으며 더욱 갈수록 권리를 취함에 별일이 많으니 현씨의 부인은 일본 갔을 때 연설까지 하였다고 하나 이는 한 여인인즉 말할 것이 없으되 이왕에 무슨 일로 인하여 일본공관에 한 번 갔더니 그 후로 종종 왕래를 한다한즉, 한국국 관리 중에는 이러한 일을 알고도 탄식하여 없이 하려고 하는 사람도 없는지 중경 대관 중 어느 양반 한 분이 논박하여 대칙하였다 한즉 다른 양반들이 아무쪼록 이와 같이 하기를 바라는지라 이러한 행실을 우금껏 행하는 것은 정부에서들도 그 연인의 세력이 공고한 까닭에 다만 공경할 줄만 알아 그리함인 듯하고 일본공사도 이러한 일을 용서하여 한국 태도를 기름이로다.

밖으로 위력을 행하여 일본을 반대하는 나라는 오직 아라사인데 이 나라 사람들의 행위

---

115 [일본인 침탈] 일본의 황무지 개간은 한국 토지를 장악하려는 것이라고 비판하고, 일본의 고관 중 교섭에 능란하며 재예가 통민한 사람이 한 명도 없음을 아쉬워하며, 매관육작하는 완고한 구습을 청산하고 간사한 무리를 다 없애서 정부 부패를 방지하는 실효성 있는 대책이 필요함을 강조하고 있다.

는 한국 백성에게 더욱 심하여 저희의 뜻하는 바 무슨 이익만 있으면 한국의 안위는 불고하는 중 무삼 계약이던지 아인의 소원대로 하여 한국 관리들은 자기 나라에는 아무리 해롭고 그른 일도 방향 없이 처사하는지라 이러함으로 아인의 권력이 대단하여 더욱 우심하게 한 자가 많은지라.

근일에는 청인의 행악은 조금도 없으며 설혹 청국서 요구하는 게 있더라도 한국에서 허여하지 아니할 것 같은즉 이는 황제위로 나가심으로 그리하심이요. 청국서 아무것도 제출 아니함은 갑오년에 일본 사람들 이후의로 방석하여 쫓기어 나간 고로 심히 국축하여 압귀가 된 까닭에 매사에 극심히 조심할 일뿐더러 오늘날 이 나라에 청국 이름 있는 것은 일본서 다만 동남방 해안으로만 충돌 공격한 이유인지라.

지금에 한국 권리가 점점 쇠하여 가는 것은 일본서 한국 강토와 독립 자주를 보증한다고 약조를 성립한 후 자기의 보호하는 권리를 이 나라에 행하여 마음대로 하여 한 일에든지 방자히 지휘하며 한국을 관할하여 무슨 일이든지 의향대로 행하는 데 첫째 장삼씨의 황무지 개간 사건 제출함은 한국 토지를 장중에 넣으려 함이 분명한지라.

우리는 일본 사람들을 실로 반대함이 아니라 일본도 한 나라인즉 아무쪼록 호의를 두며 극진히 공경할 터이로되 만일 우리로 하여금 비하여 말할진대 여국 사람이 하나 있어 충애지심이 있을 지경이면 자기 나라에서 불법한 정령 행하는 것이라도 진실로 평론함은 공심으로 보존하려 함인 고로 우리도 이런 사람과 같이 일본서 한국에 대하여 불법으로 행하는 일이 있기에 열심히 논박하여 반대함이니 우리 생각에는 아무리 하여도 일본 외교관들의 처사함이 대단히 그르게 하는 것이 일본서 응당 가히 할만한 조건이 있을 듯하거늘 지금 같아여서는 한국에서 불호하는 일뿐이요, 조금도 낙종하는 바는 없은 즉.

일본의 고관 중 교섭에 능란하며 재예가 통민한 사람이 하나만 있더라도 가히 취지를 세워 한국에 완고한 구습으로 간사한 무리들을 다 없이 하고 정부에 부패함을 생각하여 실효가 있게 할 말하거늘 우금껏 아무것도 성취되게 한 것이 없은즉 일후 일본 사적에 일한 양국 왕사를 기록하게 되더라도 다만 무단히 강압만 하였을 뿐이요. 하나로 진익된 것은 없다고 분명히 말할 터인지라.

이러함으로 우리는 처음부터 좋은 방편을 좇아 변론함이요 강포함의 서두는 것을 깊이 탄식하여 그러함인 것이 만일 일본서 한국 백성들로 하여금 아무쪼록 변통하여 진보가 되게 총찰할 지경이면 두 나라가 서로 친목하게 지낼 터이요.

또 납뢰하는 폐단과 제반 악습을 모두 고치도록 방조할 만한 것이 개화라는 것이 무엇인 줄 알지 못한즉 일본서 아무쪼록 방조하랴 할진대 한국에 당하여서는 이만한 선생이 없을 터인지라.

우리는 실로 일본을 반대하여 소요하게 함이 아니요. 우리 신문에 진술한 바와 같이 일본 외교관의 수단이 한국에 대하여 소망하니 보다 대단히 어그러진 고로 아무쪼록 깨달아 합당히 여기도록 하려 하여 이러함이로다. [완]

> **자료 84** |《대한매일신보》, 1904. 9. 10, 사설, 1면 2단

한국에 일인 행적[116]

《북청 헤럴드》 신문 빈등이라

일본서 개전한 이후에 청국 지방으로 군사를 이끌고 들어가 임의로 진터를 베풀며 마음대로 각종 병기를 늘어놓아 아라사로 하여금 어느 때까지든지 싸우려 한즉, 일본서는 일하기에 대단히 좋을 듯하되 청국에야 손해가 불소할 듯하나 그러나 도무지 사색하지 않고 좋게 대접하는 것이 한국으로 더불어 다름이 없는지라. 이왕에 일본 신공황후 및 평수길이 한 일과 한국 국모 살해함으로 인하여 일본에 큰 실수가 되었은즉, 우리는 반드시 말할 것이 없을뿐더러 한국에서 일본에게 대하여 관곡히 대접함이 심히 감격하다 할 만하되.

근일 한성이 있는 우리 통신원에게서 한 것을 본즉 일본이 한국에 대하여 자유로 행하는 일을 말하기가 심히 어려운 고로 자기 집에 있는 바 천문과 술수에 도저한 사람에게 이 두 나라 형곡을 물어본즉 그 술객의 말이 일본은 원기가 화형으로 되고 한국은 수형으로 되

---

116 [일본인 침탈] 한국에 있는 청국사람이 두 차례 편지를 보내, 일본이 한국의 세입과 부요함을 다 빼앗으며, 또한 일본이 한국을 온전히 삼킬 마음이 있어서 황무지 개간 등은 심히 우려할 만한 정책이라고 비판하는 내용을 그대로 인용하여 일본의 정책을 비판하고 있는 사설.

었다 하는지라. 수화하는 것은 원래 상극이라 어찌 서로 화합하리요 하는지라. 또다시 묻되 어찌하면 수화가 합하랴 한즉 그 술객의 종말 대답이 수화 서로 상극인 까닭에 죽기 전에는 거스른다는 말을 듣고 그 술객의 말이 과연 옳은 줄로 생각하였으며 일한 양국이 의취가 서로 같기 전에는 피차 화합지 못할 주로 비로소 깨달았다고 하였고.

한국에 있는 외국 학교 공부한 청국 사람 한 분이 우리 신문에 게재한 바 일한 양국이 발달함에 청국은 제삼국이 되었다 함을 두 번 기서하였는데 6월 16일에 처음 기서한 전문이 아래와 같으니.

대황제 폐하의 전제정치하시는 권리가 점점 없어지며 아래로는 정부가 갈수록 유약하고 부패하여 가는 모양인데 아라사 사람이 있을 때에는 아인에게 결단이 나더니 지금 일본에게 또 해를 받은즉 이는 필경 한국의 세입과 부요함을 다 빼앗아서 수중에 집어넣고 정부로 결단이 나게 만든 후에야 말듯하며 또 한국이 일본보다 압두함은 조금도 바라지 않고 다만 어떻게 하든지 해만 입히려 한즉 한국을 위하여 실로 가히 없는 것이 기왕에 우리는 생각건대 정령 일본이 활달한 도량으로 아무쪼록 한국은 방조하여 전제정치로 압제하며 비기하는 못된 풍속을 개량하여 진보가 되게 할 줄로 알았더니 천만의외 합동이니 조약이니 만들어 다만 자기에게만 유익하게 할 줄을 어찌 뜻하였을리요 하였고.

또 수삭된 후 두 번째 기서에서는 한국 형편이 이와보다 점점 못 되어가는 것은 일본이 한국을 온전히 삼킬 마음이 있어서 황무지 개간과 발달되지 못한 일 수삼 조건을 전권하여 하겠다고 청구하여 운동하는 것을 심히 원려를 업은 정책인 것 같은 것이 만일 한국을 해롭게 하면 일본에도 또한 해가 되어 순망치한 지 여가 불구함이 필경에는 어느 나라에서 이 기회를 얻어 한국을 방조하여 이롭게 할 생각을 넬는지 모르겠다고 하였은즉 일본서 아라사의 강포하게 부리던 행실을 쓰게 되면 필경 한국 백성들로 하여금 반대의 마음이 나게 하는 것이 분명한 것이 한국은 원래 동방예의지국으로 의관문물이 번화하여 고관대작으로 영요하게 지내고 세세부가로 위풍있던 양반들은 옛일을 생각하며 소위 개화로 말미암아 이렇게 좋은 법 없어짐을 한하고 일본을 원수로 알 터인즉 일본 정부 대관들은 아무쪼록 한국에 대하여 매사에 법제가 있게 믿도록 주의하기를 다른 나라 대접하니 보다 더욱 삼가 정책을 변통할진대 무론 무슨 일에든지 이롭게 하려는대 분경도 생기지 않고 화목하여 우애지심이 응당 발하고 우리의 말하니 보다 성취가 속히 될 터이되. 위에 말한 바와 같이 공사의 수단

부리는 대로 허시할 지경이면 이는 일본이 해를 자취하는 것이 일본 정부로서 자기 나라 하등 백성들로 하여금 한국에 대하여 행한 일이 모두 언과기실이 된 까닭에 아무리 진정으로 화하게 한다 하더라도 한국 백성들은 일본 사람이라면 곧 미워하여 분격하게 여기는지라. 설혹 재정이 군졸한 경우를 당하여 일본서 다수의 금액을 보조하여 주더라도 한민의 속마음은 일반일 터인 것이 비록 당장에는 좋은 체하되 견해한 생각은 잠깐 동안에 도로 있을 듯하도다.

자료 85 | 《제국신문》, 1906. 2. 1, 논설, 2면 1단

당국자들은 지계를 급히 실시할 일[117]

이전에 관문을 닫고 우리 한 집안 식구끼리 살 때에는 무슨 일을 하던지 말던지 무슨 일이 정하든지 부정하던지 상관이 별로 없을뿐더러 설혹 무슨 관계가 있더라도 집안 식구끼리 하는 일인즉 누가 시비하고 트집하고 생경 날 일이 없었거니와 지금은 관문을 크게 열고 만국이 회동하여 용렬한 자 패하고 꾀 있는자 이기는 때라.

무릇 사회상 무슨 일이던지 정미치 않고 부잡하다던지 확실치 못하고 희미한 일이면 기어히 그 일에 효력만 없을 뿐 아니라 필경 애매한 재앙을 취한 바는 의심할 바 없는지라. 우리나라 이전에 집문서와 전답 문서란 것은 흰 종이 한 조각에 횡설수설 그려서 매매하는 증거를 삼고 후일 가 고건을 삼은즉 그런 허황하고 소홀한 일이 어디에 있으리오. 지금 시속이 이전과 달라서 각부 부원청 인장도 위조하고 막중 어보도 위조하는 폐단이 종종 있을뿐더러 심지어 화학으로 인쇄한 지폐 같은 것을 다 위조하는 일이 무수하거늘 소위 문권이라고 백지에 글씨 쓰는 것이야 누가 위조하기를 주저하리오. 그 물건 값의 경중과 관계로 말하여

---

117 [일본인 침탈-지계시행] 최근 토지가옥 거래에서 위조의 폐단이 많으나 그나마 '판간문권'을 실시한 것이 효과가 있으니 지계사업을 조속히 실시하여 위조매매의 폐단을 근절할 것을 주장하고 있다.

도 각부인장이라 지폐조각 같은 것은 불과 몇 량어치 관계가 되지 못하는 것도 위조가 종종 생기거든 하물며 전답 가옥의 가치로 말하면 한정이 없는 것이라. 누가 위조하기 용이하고 값 많은 일을 아니하겠는가. 그러고로 도성 내외의 가옥문권의 위조 폐단이 많더니 몇 해 전부터 정부에서 판각집문서를 만들어 협잡하는 자의 간계도 막고 또 그 집주인의 신용될 만한 증거를 삼아 비록 부동산이라도 동산의 대용하는 편지를 주었는지라. 그런고로 가계의 효잡하는 폐단이 적다 하여도 오히려 판간문권 위조하는 자가 간간이 있어 폐단이 생기거든 우황 그 판각법을 내지 않았던들 어찌 잔약한 자의 가옥을 보전하였으리오.

근일 각 신문에도 종종 게재되고 또 시골 소문을 들은즉 하방에 고이한 폐단이 있어 아무런 줄 모르는 자의 부동산을 백실하는 원억이 종종 있어 인민이 철천지통을 당한다 하니 그 이유를 자세히 말할진대 소위 부랑패류들이 형제 숙질의 전답산림이어나 인아과갈의 부동산을 위조문권으로 어느 세력가에 전집도 하고 혹 방매도하여 영영 백실하는 자도 있고 혹 도러찼더래도 부비전이 그 전답 값의 절반 이상이 없어지나니 인정소재에 차마 못 할 바 오. **또 그는 내 나라 사람끼리 하는 일인 즉 오히려 용서한다 하려니와 근일에는 그 전답 주인과 상관 없는 자라도 소위 문서라고 만들어서 외국인을 부동하여 빼앗아 분식하기도 하고 혹 어떤 놈은 돈 한 푼 구경도 못하고 남의 토지만 없이 하여 외국인의 물건만 만들어 주기도 하는지라.** 그런 폐단이 있은즉 외인들도 혹 불량한 자는 어떤 놈인지 이름만 빌어 문권을 만들어 가지고 남의 토지에 표목을 세워 전집하였다 매득하였다 하고 건몰하는 일이 허다하니 만일 이리하기를 마지아니하면 전토 산림이 오래지 않아서 외국인의 차지가 될지로다.

슬프다. 연전에 양지아문을 설시하고 국고금의 거액을 허비하여 전국 토지를 측량한다고 오래 세월을 허비하고 또 관보에까지 반포하기를 강원도, 충청도 등지 전답 임자는 문서를 바꾸어 가라 하더니 그 후에 다시 문권 교환한다는 말도 듣지 못하고 또 지계아문이라고 설시하여 관문서 인쇄한 것이 적지 않을 터인데, 근일에는 그 마음도 다 없어지고 그 인쇄물은 어찌 되었는지 모르거니와 이 위에 말한 바와 같이 몇 해가 지나지 아니하여 아무리 세력 있는 자의 토지라도 건몰당하지 않을 형편이 없지 못한 줄 분명히 하는 바니 어서 바삐 관각 지계를 실시하여 위조매매하는 폐단도 막고 또 각 관청에 위조문서로 소송하는 폐단도 감생하도록 하기를 우리는 당국에게 권고하노라.

자료 86 | 《황성신문》, 1906. 4. 16, 기사, 3면 2단

토지 약탈 사건[118]
土地掠奪事件

 지난 13일에 삼청동에 거하는 조두환(趙斗煥)과 정동에 거하는 김봉진(金鳳鎭) 양 씨가 용산(龍山) 당현계(堂峴契)에 소재한 사유 토지 및 가옥 등을 탁지 고문부 니시오(西尾) 기사에게 불법 약탈한 사건에 대해 해당 두 사람이 억울하고 원통함을 이기지 못하여 별도 항과 같이 정원서(情願書)를 이토(伊藤) 통감에게 제정하였는데, 통감부 오카(岡) 경무총장이 이 사유를 자세히 물어본 후에 그 이허(裏許)를 사핵하여 만약 과연인댄 이것은 막대하여 비할 바 없는 불법행위이니 먼저 조판하여 원억의 폐가 없도록 처리하마고 하였다는데, 해당 정원서의 전문이 여좌(如左)하니 모 등이 경성 서서(西署) 용산방 당현계 소재별지 토지가옥을 소유하여 우리나라 관습으로 문권을 소지하였더니 지금 공연히 일본인 니시오 모리유키(西尾守行)[119]이란 자가 일본 헌병과 동행하여 폭학하여 강제함으로써 재래한 목책(木柵)을 파기하고 별지 도면의 주점(朱点)과 같이 설책(設柵)하며 또 사패기지궁내대신봉칙(賜牌基地宮內大臣奉勅)이라는 표목을 수립하니, 대저 민유지에 대하여 이같이 불법한 폭려 행동을 감행함에 대하여 궁내대신에게 그 사정을 소원하였더니, 궁내대신이 그 조사를 한성부에 지령함에 한성부윤(漢城府尹)이 별지와 같이 해 지역은 민유지라 보고하였으니 그 사유지로 모등의 소유됨이 명료함을 불구하고 해 니시오가 이미 공사에 착수하여 모등의 소유지를 강제로 약탈하고자 하니 삼가 공명정대(公明正大)한 명감(明鑑)을 드리우사 사실을 조사하고 니시오의 불법폭려(不法暴戾)를 규탄하고 모등의 소유권 침해를 억지하시기를 절망하노라. 별지 참고의 서류를 첨부하여 삼가 황공하게 재배(再拜)라 하였더라.

---

118 [토지매매관습] 조두환과 김봉진이 소유한 용산 당현계에 소재한 사유 토지 및 가옥을 일본인 기사 니시오 모리유키가 불법으로 약탈한 사건의 전말을 기록한 사항이다. 전통적인 관습으로 문권을 소지하였으나 일본인의 침탈로 야기된 사실을 전하고 있다.

119 니시오 모리유키(西尾守行)에 관한 기사로는 "정부 재정고문(政府財政顧問) 니시오 모리유키의 봉급과 집세 1,288환, 정부 재정고문 보속원(政府財政顧問補屬員)이 거처할 사택 수선비 6,566환"(『고종실록』 1905년 10월 5일), "조폐국 기사(造幣局技師) 니시오 모리유키를 특별히 훈 4등에 서훈하라"(『순종실록』 1907년 12월 30일) 등을 찾아볼 수 있다.

자료 87 |《제국신문》, 1907. 3. 22, 잡보, 3면 1단

경조증원[120]
京兆增員

한성부에서 토지증명규칙 증명하기 위하여 사무가 증가한 고로 주사 2인과 서기관 2인을 늘려달라고 내부로 보고하였는데 토지증명사무 가르치기 위하여 통감부서 2인이 매일 한성부에 와서 견습시키고 가는데 그 부동산 증명에 대하여 매 건에 신화 50전씩 수수로 받는 것이 있는데 그것은 동장의 수회를 제급하기로 하였더라.

자료 88 |《황성신문》, 1907. 8. 10, 잡보, 2면 4단

부동산법 반포[121]
不動産法頒布

부동산법에 관한 지권 및 가권을 발행하는 지구(地區)와 시기는 칙령으로 반포한다더라.

---

120 [부동산 침탈] 한성부에서 토지증명규칙을 증명하기 위해 주사와 서기관 2인의 증원을 요청하고 통감부서 견습시켰다는 기사.
121 [부동산법] 부동산법에 관한 지권 및 가권을 발행하는 지구와 시기를 칙령으로 반포한다는 기사.

자료 89 | 《대한매일신보(국한문)》, 1907. 8. 22, 만평, 2면 6단

추등금화[122]
秋燈琴話

(전략) 각 항 장시 조계지세(租界地稅)와 토지 매매에 관한 수입액을 증전(曾前) 감리서에서 구관(句管)하다가 일본 이사청에서 관리하는데, 통계표를 녹송(錄送)하라고 탁지부에서 내각에 조회하였다니 근일 일인이 관직을 점탈하고 토지를 점령하는 데 조계 내 지세구관은 부시례사(不啻例事)로고.

(중략)

회령군수가 한인이 일본인에게 매매하는 토지에 대하여 증명을 거절하는 고로 손해가 다대하다고 작일 법부에서 해도 관찰사 윤성보(尹性普) 씨에게 금지할 사로 발훈하였다니 한국 토지를 일인에게 몰수히 매도하면 인민은 하처에 거생(居生)할런지 이민조례가 자연히 실시되겠고.

한인 무뢰배가 일인의 탐정비(探偵費)로 위기생활(爲其生活)하여 무고한 동포를 음해중상하기로 위일능사(爲一能事)하니 여피지배(如彼之輩)는 실로 세계 만국에 미유(未有)한 악종(惡種)이로고.

---

122 [부동산법] 감리서에서 각 항 장시 조계지세와 토지 매매 수입을 이제 일본 이사청에서 관리한다는 것과 회령군수가 한인이 일본인에게 매매하는 증명을 거절하기에 금지할 사를 발훈한다는 것과 한일 무뢰배가 일인의 탐정비로 생활하여 무고한 동포를 음해중상하고 있다는 기사.

부동산법조사회 관련 기사

자료 90 | 《황성신문》, 1906. 7. 13, 기사, 3면 2단

우메 씨 연빙[123]
梅氏延聘

일본 법학박사 우메 겐지로(梅謙次郎)[124] 씨를 우리 정부에서 고빙할 차로 통감부와 교섭하는데 법전조사의 촉탁을 위임한다더라.

---

123 [부동산법조사회-인사] 일본 법학박사 우메 겐지로에게 정부의 법전조사 촉탁을 맡긴다는 기사.
124 원문에는 '梅兼次郎'으로 이름이 잘못 쓰여있다. 우메 겐지로(梅謙次郎, 1860~1910). 1860년 6월 7일 마쓰에(松江)에서 이즈모 번주(出雲藩主) 시의(侍醫)의 차남으로 태어났다. 1875년에는 도쿄외국어학교에 입학하여 프랑스어를 배우고 1880년에 졸업하였다. 이후 우메는 사법성 법학교에 수석으로 입학하였고 1844년에 수석으로 졸업하였다. 이후 문부성 국비유학생으로 프랑스로 유학하여 리옹대학에서 1889년에 화해론으로 법학박사 학위를 받았다. 다음 해 귀국하여 제국대학 법과대학 민법 교수로 부임하였다. 1906년에 한국의 법률고문으로 초빙된 이래로 부동산법조사회의 회장으로 한국의 부동산 관습의 조사와 입법에 관여하였다. 1908년 법전조사국에서도 전국적 규모로 관습조사를 실시하였는데 이때 우메가 중심적 역할을 하였다. 1908~1910년 사이의 대한제국 주요 입법에도 관여하였다. 1910년 8월 한국에서 사망하였다. 한국인의 소유권, 관습 등 민사법 분야에서 조선 통감부의 식민지 정책의 기초를 마련하는데 기여한 인물이다(〈歸朝 梅博士 淸韓談(上)〉, 《法律新聞》, 1906. 10. 30; 이영미, 2011, 『韓國司法制度と梅謙次郎』(일조각 번역본), 법정대학출판국, 136쪽 재인용).

자료 91 |《황성신문》, 1906. 7. 16, 기사, 2면 4단

제도위원회[125]
制度委員會

    제도위원회 정부에서 토지제도와 법률제도와 조세법제도를 개정 실시할 차로 법학박사 우메 겐지로 씨를 연빙하였는데, 본월 13일 정부회의에 해 3건을 조사하기 위하여 정부 토지소관법 기초위원을 서임(叙任)하였는데, 토지제도에 정3품 이원긍(李源兢), 전참서 김택(金澤) 양 씨오. 법률제도에 법부 법무국장 김락헌(金洛憲), 정3품 홍재기(洪在祺) 양 씨오.

    조세법제도에 탁지 사세국장 이건영(李健榮), 정3품 정인흥(鄭寅興) 양 씨라. 기초위원회 처소는 영어학교 내로 정하고 우메 박사(博士)와 각 위원이 제1차 회동하여 3건 법의 제도를 실시할 의견을 난상(爛商)할 터인데, 내·법 양부에서 고원·사령 각 1인씩 파송하여 해소 사무에 준공하기까지 방조(幇助) 거행하게 한다더라.

자료 92 |《황성신문》, 1906. 7. 24, 잡보, 2면 4단

정설토지조사[126]
政設土地調査

    작일(23일) 하오 2시에 정부 토지소관법조사위원회를 정부에 설하였는데, 법학박사 우메 겐지로 씨가 왕참(往叅)하였다더라.

---

125 [조사회-인사] 정부에서 토지소관법기초위원회 위원을 임명하여 일본 법학박사 우메 겐지로를 비롯하여 여러 분야의 관료들을 임명했다는 기사.
126 [조사회-인사] 토지소관법조사위원회가 설치되어 법학박사 우메 겐지로가 참여하였다는 기사.

자료 93 | 《황성신문》, 1906. 7. 25, 잡보, 2면 4단

부동산조사[127]
不動産調査

재작일(24일) 정부에서 부동산법조사소를 창설하였는데, 일은 토지·조세·산림·광산·가택·지소·등 부동산의 관한 연혁·습관을 조사할 사. 일 우메 박사가 13도 관찰부에 주행(周行)하여 연혁·습관의 조사를 실시할 사. 일 13도에 발훈하여 노유(老儒)·석사(碩士) 중 연혁·습관의 해사인(觧事人) 1원씩 선택 상송하여 조사 사무의 참의할 사. 이상 사건에 대하여 조사위원은 여좌(如左)히 서임하였는데, 탁지부 사세국장 이건영(李健榮), 종2품 김량한(金亮漢), 정3품 정인흥(鄭寅興), 이원긍(李源兢), 전참서관 김택(金澤), 법부 형사국장 김락헌(金洛憲), 정부 참서관 원응상(元應常), 내부 참서관 석진형(石鎭衡) 씨이더라.

자료 94 | 《황성신문》, 1906. 7. 27, 잡보, 2면 5단

실지조사[128]
實地調査

정부에서 부동산소관법기초위원회를 설하고 법학박사 우메 겐지로 씨와 내부 참서관 석진형 씨를 금일 지방에 파송하여 토지소관에 실지(實地)를 조사한다더라.

---

127   [조사회-부동산법] 부동산법조사소를 창설하여 토지·조세·산림·광산·가택 지소 등 부동산에 관한 연혁 습관을 조사할 일을 담당하여 조사위원으로 새로 선임하여 탁지부 사세국장 이건영을 비롯하여 내부 참서관 석진형 등이 서임되었다는 기사.
128   [조사회-인사] 부동산법기초위원회 우메 겐지로와 석진형 등을 지방에 파송하여 토지 소관의 실지조사를 시행한다는 기사.

자료 95 | 《대한매일신보》, 1906. 7. 27, 잡보, 2면 2단

우메 씨 시찰[129]
梅氏視察

우메 겐지로 씨가 13도를 시찰차로 작일(26일) 발정한다더라.

자료 96 | 《황성신문》, 1906. 8. 9, 잡보, 2면 4단

조사비 청구[130]
調查費請求

정부에서 부동산법조사소를 이제 개설한 바, 외국인 처소 각비(各費)에 금년도 하반기 예산 합 2만 1천 4백 5십 1환 70전을 탁지부에 청구하였더라.

---

129 [조사회-인사] 부동산법기초위원회 우메 겐지로가 13도 시찰차 나섰다는 기사.
130 [조사회-부동산법] 부동산법기초위원회 우메 겐지로 등 외국인의 처소 경비를 청구하였다는 기사.

자료 97 | 《황성신문》, 1906. 8. 21, 잡보, 2면 2단

4차 개회[131]
四次開會

작일(20일) 정부 부동산 및 토지법 조사위원회에서 제3차 개회하였는데, 우메 겐지로 씨가 제원을 회동하고 유래 아한(我韓)의 토지습관법을 변문(辨問) 설명하였다더라.

자료 98 | 《황성신문》, 1906. 8. 30, 잡보, 2면 4단

부동산조사[132]
不動產調查

함경남북도의 부동산법 조사하기 위하여 정부에서 내부 참서관 석진형 씨를 택차하여 일간 발송(發送)한다더라.

---

131 [조사회-인사] 부동산법조사위원회 3차 회의에서 우메 겐지로가 한국의 토지습관법에 대해 변문 설명하였다는 기사.
132 [조사회-부동산법] 부동산조사를 위해 내부 참서관 석진형을 함경남북도에 파견 발송한다는 기사.

자료 99 | 《대한매일신보》, 1906. 9. 9, 잡보, 2면 2단

조사원 발정[133]
調査員發程

정부에서 평안남북도의 부동산조사차로 위원 최병상(崔秉相) 씨와 일인 야마구치 게이치(山口慶一) 씨를 파견하여 작일(8일) 발정(發程)하였는데, 해 조사지는 평양·진남포·정주·선천·신의주·용암포·의주·삭주·창성·벽동·초산·위원·강계·희천·영변·운산·안주 등지라더라.

자료 100 | 《황성신문》, 1906. 9. 28, 잡보, 2면 3단

토지증명세칙[134]
土地証明細則

작일(27) 상오 12시 정부에서 토지부동산조사위원회를 열고 부동산법의 증명세칙을 협의하였다더라.

---

133 [조사회-인사] 평안남북도 부동산조사차로 최병상과 야마구치 게이치가 파견되어 평양을 비롯한 여러 지역을 조사하게 되었다는 기사.
134 [조사회-부동산법] 토지부동산법조사위원회에서 부동산법 증명세칙을 협의하였다는 기사.

자료 101 | 《제국신문》, 1906. 9. 28, 잡보, 2면 1단

부동산회[135]
不動産會

작일(27일) 상오 12시에 정부 안에 설시한 부동산조사소에서 또 회의하였는데 그 의안은 부동산 매매에 증명서를 발행하여 외도에서 부동산물을 매매하는 경우에는 동장 면장이 그 이유를 군수에게 보고하면 군수는 관찰사에게 보고하여 인가가 있은 후에 매매하기로 작정하였다더라.

자료 102 | 《황성신문》, 1906. 10. 5, 잡보, 2면 6단

의주 부동산조사[136]
義州不動産調査

의주군에 부동산법조사위원 일본인 야마구치 게이치와 아국인 최병상이가 해 군 구역 내에 가호 인구와 외국인의 거류 수효와 위생상의 여하와 죄수의 다소를 일일조사 이거(以去)하였다더라.

---

135 [조사회] 부동산회에서 부동산 매매 증명서를 발행하여 동장 면장이 이유를 보고하면 군수는 관찰사에게 보고하여 인가가 있은 연후에 매매하기로 논의하였다는 기사.
136 [조사회-부동산법] 의주군 지역에 부동산법조사위원 야마구치 게이치와 최병상이 가호 인구, 외국인 거류 수효, 위행, 죄수의 다수 등을 조사하였다는 기사.

자료 103 | 《황성신문》, 1906. 10. 6, 잡보, 2면 3단

법작신구[137]
法酌新舊

법부에서 일본 법학박사 우메 겐지로 씨를 참여관으로 연빙(延聘)하기를 계약하였는데 법률은 신구 참작하여 반포 시행하기로 한다더라.

자료 104 | 《황성신문》, 1906. 10. 26, 외보, 1면 5단

우메 박사와 청국대관[138]
梅博士와 淸國大官

일본 법학박사 우메 겐지로 씨가 양일(曩日) 아국에서 만주를 거쳐 청국을 순유하였는데, 우메 박사가 북경에 도착한 시 청국의 입헌하유(立憲下諭)가 내린지라. 숙친왕(肅親王)[139]은 말하기를 "금번 환발(煥發)된 상유(上諭) 헌법 준비의 상유인 것이 일본에서 국회 개설의 조칙에 기한이 작정(作定)되었으나 우리 황상 폐하의 상유에 실행의 기한이 무하다" 하다고, 원(袁) 총독(総督)[140]은 청국의 조약 개정(즉 영사재판의 철거) 등사로 우메 박사의 의견을 문한

---

137 [조사회-인사] 법부에서 일본 법학박사 우메 겐지로를 참여관으로 연빙하여 법률을 신구 참작하여 반포 시행하기로 했다는 기사.
138 [조사회-梅謙次郞] 우메 겐지로 박사가 청국을 순유할 때 청국의 관리들과 문답하는데, 헌법 준비의 상유한 것과 영사재판의 철거 등의 일로 의견을 물은즉, 우메는 청국의 조약 개정이 법전 편찬이 필요하나 법전 편찬에 10년 이상의 세월이 필요하며 일본의 조약 개정은 일청전쟁의 결과일 뿐이라고 대답한 사실을 전하는 기사.
139 숙친왕(肅親王, 1866~1922). 만주 양백기(鑲白旗) 사람이며, 애신각라씨(愛新覺羅氏)로 청나라 말기의 중신(重臣)이다. 중국 현대 경찰제도를 확립시키는 데 큰 기여를 했다. 입헌운동에 찬성하였고, 신해혁명 뒤에 종사당(宗社黨)의 핵심으로 청 황제의 퇴임을 반대하였다.
140 원세개(袁世凱, 1859~1916). 중국의 군인·정치가이며 총리교섭통상대신으로 조선에 부임하여 국정을 간섭하고 일

즉 답하여 말하기를 "청국의 조약 개정에 법전을 편찬이 필요하나. 법전 편찬에 10년 이상 세월을 요한다" 하고 장(張) 총독은 문하여 말하되, "병력이 충실치 못하면 조약도 개정키 불능하리라" 하는 고로 우메 박사가 답하여 말하기를, "그렇지 않다는 것이 일본에서 조약 개정함이 일청전쟁의 결과뿐 아니라" 하였더라.

자료 105 | 《황성신문》, 1906. 11. 10, 잡보, 2면 5단

법훈 각 도[141]
法訓各道

법부에서 평·한(平漢) 양 재판소 및 각 관찰부와 각항 부윤에게 훈령하되 아국에 민법이 불비하여 **종래 인민이 소유한 토지와 가옥 등 일체 부동산에 계권(契券)이 초무고관(初無告官) 완전 증명하고 소유권을 혹은 견침탈(見侵奪)하는 폐가 다한지라**. 소이로 정부에서 부동산조사회를 특설하고 토지와 가옥의 증명규칙과 시행세칙을 위선 제정하여 반포 시행하노니 장차 증명규칙, 시행세칙, 증명부, 인증부, 수수료, 세부서, 각 식양하여 관하 각 부군에 반포하며 아울러 전훈(傳訓)하여 본년 12월 1일로부터 내·외국 인민이 무릇 토지와 가옥의 매매와 증여와 교환과 전당에 아울러 증명을 받되 모두 장정에 의하여 늠준하여 어기지 말라 하였는데 그 세

본, 러시아를 견제했다. 청일전쟁에 패한 뒤 서양식 군대를 훈련시켜 북양군벌의 기초를 마련하고 담사동 등 개혁파를 배반하고 변법운동을 좌절시켰다. 이후 의화단의 난을 진압했으며 1901년 이홍장이 죽은 뒤 그의 뒤를 이어 직례총독(直隷總督)·북양대신이 되어 자기 세력을 확대시켜 나갔고, 직속의 신식 군대, 즉 신건(新建) 육군을 증강시켜 일종의 독립된 정권을 형성하였다. 청나라 귀족들의 시기를 받아 외무부 상서(尙書), 군기(軍機) 대신으로 전보되었고, 1908년 선통제(宣統帝)가 즉위한 뒤 섭정이던 순친왕(醇親王)의 명령으로 정계에서 물러나 있었다. 1911년 신해혁명 발발로 다시 군사의 전권을 장악하게 되었고, 11월 내각총리대신이 되어 임시총통이 되었고, 이어 스스로 황제라 칭하였다.

141 [조사회] 법부에서 평양과 한성 양 재판소와 각 관찰부, 각항 부윤에게 토지가옥 등 일체 부동산에 계권에 대해 시정하기 위해 부동산조사회를 특설하고 토지가옥의 증명규칙과 시행세칙을 우선 제정하여 반포 시행한다고 하면서 주요한 세칙 여섯 가지를 상세하게 설명한 기사.

칙이 여좌(如左)하니

　일. 본칙은 토지 및 가옥에 대하여 정당한 권리가 유한 자를 확실히 보호하며 차에 의하여 부동산권리의 취득 및 이전에 관하여 사위(詐僞) 및 부정 수단의 행함을 방지하는 목적인 고로 그 증명을 정중히 행하되 칙령의 주의를 관철케 함을 면력(勉力)할 사.

　이. 조사의 정중함을 인하여 공연히 천연하게 드면 당사자에 대하여 그 권리 행사상에 적지 않은 방해를 줄것이니 차에 주의하여 민활하게 조사함을 힘쓸 사.

　삼. 동장·통수로 하여금 인증케 함을 힘씀이 확실하니 동장·통수가 해 동 내 토지가옥을 인증할 시에 십분 주밀(周密)히 조사하여 인증 및 인증부에 착오가 무(無)케 할 사.

　사. 토지가옥증명부 및 시행세칙 제3조의 장부는 (인증부) 증명한 권리의 중요한 장부라고로 그 보존을 십분 주의하고 그 기입에 관하여는 규정에 의하여 정제케 하되 만약 착오가 있어 정정할 시는 주임자(主任者)가 정정한 처에 성명장(姓名章)을 날인할 것이오. 또한 기입으로 착오하여 손해를 가하는 사가 유(有)하면 책임자된 부윤·군수 및 동장·통수는 본 규칙 제6조에 의하여 배상의 책임을 부담할 사.

　오. 증명 및 인증에 식양(式樣)은 시행세칙에 정한 바를 의하되 위(違)하거나 탈루(脫漏)가 무케함을 주의할 사.

　육. 시행세칙 제6조에 의하여 군수나 부윤이 보존할 계약서 원본과 그 증빙 서류는 당사자 권리의 중요한 증거 서류라. 만약 계약서 원본 당사자 청구에 대하여 정당한 이유로 인할 시는 계약서 1본(本)을 정서하여 대개 인하부할 자인즉 항상 그 보존상에 엄중히 주의할 사.

[미완]

자료 106 | 《황성신문》, 1906. 11. 13, 잡보, 1면 2단

훈령[142]
訓令

    아국에 민법이 불비하여 종래 인민의 소유한 토지와 가옥 등 일체 부동산에 계권(契券)이 처음에는 고관완전증명(告官完全証明)하지 않고 소유권을 혹은 견·침탈하는 폐가 다한지라. 소이로 정부에서 부동산법조사회를 특설하고 토지가옥증명규칙 및 시행세칙을 위선 제정하여 반포 실시하노니 장차 증명규칙 및 시행세칙 증명부·인증부·수수료납부서 각 식양(式樣)하여 관하 각 부군에 조수 반급하며 아울러 전훈(轉訓)하여 본년 12월 1일로부터 내·외국 인민이 무릇 토지와 가옥의 매매와 증여와 교환과 전당에 아울러 증명(証明)하되 모두 정장(定章)에 의하여 일일 준시(遵施)이고 그 시행 등절을 왼쪽과 같이 열거하니 별도로 주의하여 준수하여 어기지 않음이 가(可)하기로 자에 훈령하니 차를 의하여 시행할 사.

  광무 10년 11월 9일

  한성부윤(漢城府尹)

  각도관찰사(各道觀察使)

  각부윤(各府尹)

  각군수(各郡守)

  좌개(左開)

  (중략)

  칠. 이의(異議)의 신고는 당사자가 권리 주장의 구정(救正)할 유일 방법이니 신고를 조속 제출할 시는 정밀히 조사하여 그 사실의 진상을 발휘하여 당사자의 권리를 구정할 사.

  팔. 본칙은 일반 내지에 시행할 사. 단 각 항구의 각국 공동조계지 및 전관조계지 내에는 본칙을 시행치 아니할 사.

---

142 [조사회] 법부에서 평양과 한성 양 재판소와 각 관찰부, 각 항 부윤에게 토지가옥 등 일체 부동산의 계권에 대해 시정하기 위해 부동산조사회를 특설하고 토지가옥의 증명규칙과 시행세칙을 우선 제정하여 반포 시행한다고 하면서 주요한 세칙 11가지 전부를 상세하게 설명한 기사.

구. 본칙 시행의 결과로 토지와 가옥의 소유권을 취득한 자는 토지와 가옥에 관한 납조(納租)의 부담은 내외국인이 동일할 사.

십. 본칙 시행 이후는 종전 지계 및 가계에 관한 규칙은 폐지할 사. 단 종전 발행한 지계 및 가계는 그 효력을 잉존(仍存)케할 사.

십일. 본칙 시행의 결과로 감독 관청에 제출할 제반 보고는 기일을 지체가 필무(必無)토록 주의할 사.

자료 107 | 《대한매일신보》, 1906. 11. 15, 잡보, 2면 1단

부동산조사[143]
不動産調査

정부에서 야마구치 게이치(山口慶一) 씨와 위원 최병상(崔秉相) 씨를 파견하여 경기·충청 양도 각 군아 부동산에 일체 사항을 조사한다더라.

---

[143] [조사회] 정부에서 경기와 충청 양도 각 군아의 부동산을 조사하기 위해 야마구치 게이치와 최병상을 파견한다는 기사.

자료 108 | 《제국신문》, 1906. 11. 21, 잡보, 2면 2단

부동산 증명[144]
不動産證明

법부에서 토지가옥증명서규칙에 대하여 그 실행할 세칙을 장차 법부령으로 반포할 터인데 토지가옥을 매매 혹은 전당과 양여할 때에는 규칙에 의하여 증명서를 받되, 이 법칙은 내외국인이 일절 준행하고 이전에 한성부 각 항 시장에서 발급한 토지와 가옥 등 문권은 본년 12월 1일부터 물시하기로 하여 내부에서 조회하고 각 도 각 부군에 발훈식칙하라 하였다더라.

자료 109 | 《황성신문》, 1906. 11. 24, 잡보, 2면 4단

법반증명규칙[145]
法頒證明規則

국내 인민이 소유한 토지와 가옥 등 일체 부동산의 계권(契券)이 처음부터 고관완전증명(告官完全證明)하지 못하고 소유권을 건탈한 폐가 다유(多有)함으로 정부에서 부동산법조사회를 특설하고 증명세칙을 규정한다 함은 이미 게보(揭報)하였거니와 법부에서 해 책자를 간출(刊出)하여 한성부와 각 도 관찰사·각 군수에게 일일 반급하였다더라.

---

144 [조사회-부동산법] 법부에서 부동산법조사회를 특설하고 장차 증명세칙을 반포할 터인데, 이전 한성부 각 항 시장에서 발급한 토지가옥 문건은 1906년 12월 1일부터 물시하기로 발훈했다는 기사.
145 [조사회-부동산법] 법부에서 부동산법조사회를 특설하고 증명세칙을 규정한 책자를 발간하여 각 도 관찰사와 각 군수에게 반급하였다는 기사.

자료 110 | 《대한매일신보(국한문)》, 1906. 12. 1, 잡보, 2면 1단

하사불위[146]
何事不爲

의정부에서 부동산조사소(不動産調査所)를 설치한 후로 조사위원장 우메 겐지로 씨와 기타 보좌원 야마구치·나카무라 등 제씨가 해 처소(處所)를 확장 수리하고 제반 경용(經用)을 먼저 지출 후 청구하여 천자위지(擅自爲之)한다더라.

자료 111 | 《황성신문》, 1906. 12. 29, 잡보, 3면 3단

광무 11년도 세입세출 총예산[147]
光武十一年度歲入歲出總預筭

의정부소관[속(續)]

제1관 부동산법조사회비 금 2만 7천 9백 5십 3원, 제일항 봉급 금 1만 3천 3백 2십 원, 제2항 청비 금 2천 6백 9십 6원, 제3항 수리비 금 3백 원, 제4항 잡급 및 잡비 금 4천 5백 2십 8원, 제5항 여비 금 7천 1백 9원, 제2관 청사신축비 금 5만 원, 제1항 청사신축비 금 오만 원, 의정부소관 합계 금 7만 7천 9백 5십 3원. [미완]

---

146 [조사회-인사] 부동산조사소를 설치한 후 우메 겐지로와 일본인 보좌원 제반 경비를 선지급하여 지출토록 하였다는 내용의 글.
147 [조사회-예산] 1907년(광무 11년) 세입세출 총예산 중 부동산법조사회에 관한 각종 비용 내용을 설명한 글.

자료 112 | 《대한매일신보(국한문)》, 1907. 1. 6, 기사, 3면 1단

상정부서[148]
上政府書

    경(經)에 말하기를 국가의 보배가 되는 것은 토지와 인민에 대한 정사이라고 하였다. 대개 나라에 토지가 없다면 백성이 없고 백성이 없다면 정치가 없는 것일 뿐이다. 옛날 삼대의 다스림이 융성할 때는 정전법제가 천하에 행해져 팔가(八家)가 각기 백무를 받아서 구이세, 십일세를 내었고 매매하는 것도 공사에 관계없이 한도와 관계가 없으니 복을 향유하는 것이 몇 해에 걸쳐 승평함이 오래되었다. 진과 한나라 이래로 천백을 열어 부자가 겸병하고 빈자는 입추의 여지도 없어 대가를 수수하였으므로 드디어 관습법(慣習法)을 행하였다. 그러나 판도 내 토착 인민이 경작할 때에 그 국가가 부세를 부과하여 가감을 하니 민은 소유권의 취득하고 양도 양수하는 것에는 비록 천 번 만 번 옮기었지만 반드시 외국인이 매수한다는 염려하는 것은 없었다. 금일에 바다와 육지가 서로 교섭하게 되고 주거가 서로 연락되고 화폐가 통행하여 교역이 빈번하게 되어 비록 조계의 정한에도 불구하고 인민이 잡거하게 되어 내지 전토·가옥·산림·천택·부동산 등이 자의로 매입하여 날로 달로 본국인의 소유권이 하루 아침저녁으로 외국인에 손에 넘어갔으니, 속으로 생각건대 몇 년이 못가서 본국 인민이 조그마한 토지의 소유도 지키지 못하게 된다고 생각하니, 대한의 민과 국은 필경 누구의 가의 물건인가. 오호라 표표히 몇 엽전, 은행권을 말아 4천 년 상전(相傳)한 삼천리 강토가 다 되었다. 슬프다. 우리 동포여 그 희생의 공양을 면하지 못하는구나. **대저 6주 열강의 나라가 지상권·영소작·임대차 등 권리 일반을 허락받고 만약 소유권을 일절 금지하는 것은, 재원이 풍부하고 융화하는 나라가 다른 가난한 나라의 토지를 사니 민은 그 토지가 없고, 나라에는 그 민이 없는 폐해를 심각히 고려하여 법으로 결정되어야 한다.** [미완]

---

148 [조사회-부동산법] 부동산 거래와 관련하여 예로부터 관습법을 행하였는데, 이제 다른 나라와 교섭하게 되고 전토, 가옥, 산림, 천택, 부동산 등의 매매로 본국인의 소유권이 외국인 손에 넘어갔으니 몇 년 못 가서 조그마한 토지의 소유도 지키지 못하게 된다고 생각하니, 이제 지상권, 영소작, 임대차 등 권리 일반을 허락받고 대신에 소유권을 일절 금지하는 법을 시행해야 한다는 글.

자료 113 | 《대한매일신보》, 1907. 1. 8, 잡보, 2면 5단

우메 겐지로에게 전보하다[149]
電報梅謙

　　정부에서 부동산조사위원회 통감부 법학사 우메 겐지로가 위원장으로 시무하다가 인사 귀국(因事歸國)한 후에 해 부서기관 나카야마(中山)[150]가 대리하여 해 안건이 낙착된 바, 나카야마 이하 한국 위원까지 연말 상여금을 급여하는 사령서를 참정대신 박제순(朴齊純) 씨가 수여하였는데, 메가타(目賀田) 씨가 액수가 과다하다 칭하고 불여(不與)하니 나카무라 서기가 교섭하되 메가타 씨가 종시(終是) 불허하는 고로 우메 법학사에게 전보하고 작년 연말에 귀국하였다더라.

자료 114 | 《황성신문》, 1907. 1. 12, 잡보, 2면 3단

부동산에 관한 세칙[151]
不動産에 關훈 細則

　　작일 하오 2시에 정부에서 부동산법조사회를 개(開)하고 일반 위원과 일본인 법학박사 우메 겐지로 씨가 회동하여 토지가옥 매매와 전당 및 집행에 관한 세칙을 규정하였다더라.

---

149 [조사회-梅謙次郞] 부동산조사위원회 서기관 나카야마 이하 한국 위원의 연말 상여금 지급과 관련하여 재정고문 메가타와의 갈등으로 일본으로 돌아간 우메 겐지로가 귀국하여 협상하고 있다는 기사.
150 나카야마 세타로(中山成太郞)를 가리킨다.
151 [조사회-부동산법] 1907년 1월 11일 부동산법조사회를 열어 토지가옥 매매와 전당 및 집행에 관한 세칙을 규정했다는 기사.

자료 115 | 《제국신문》, 1907. 1. 12, 잡보, 2면 1단

부동산회의[152]
不動産會議

작일 정부에서 부동산회의를 개하고 토지, 가옥, 전답 집행하는 세칙을 협정하였는데 일본 법학박사 우메 겐지로 씨도 그 회의에 참석하였다더라.

자료 116 | 《제국신문》, 1907. 8. 24, 잡보, 2면 1단

지방 인민은 부동산 증명에 주의할 일[153]

토지가옥부동산 증명규칙은 여러 가지 규칙 중에 제일 긴요한 것이라. 이전에도 누누이 말하였거니와 이전 우리나라 사람끼리 살 때에는 어두운 세상이라. 소위 토지가옥 매매문권이란 것을 보건대 불과시 백지에 매매한다는 사연을 기록하고 도장도 없이 수결이라고 되는대로 그리되 당자도 별로 상관없고 다만 집필하는 자가 당자의 성명 밑에 이리저리 그릴 따름인즉 아무래도 뉘집 전당이든지 자호복수만 알면 그 문권을 만들기 어렵지 아니 하고 또 오란 문권이라는 것은 적성권죽하여 짐으로 지게 되었으나 불과 시 그 조희 빛이 검을 따름이니 간교한 자들은 또한 검게 하는 수단이 있는지라 어찌 진위를 분변하리오.

그런 고로 위조문권의 협장이 종종 생겨 전토와 가옥을 잃어버리는 자가 종종 있는 것은 다 아는 바어니와 각 사회와 당국자 간에 그 일을 근심하여 작년 겨울부터 그 규칙을 반포하

---

152 [조사회-부동산법] 1907년 1월 11일 부동산법조사회에 우메 겐지로 씨도 참여하여 토지가옥 매매와 전당 및 집행에 관한 세칙을 규정했다는 기사.
153 [조사회-부동산법] 토지가옥부동산 증명규칙 시행에 대한 배경은 토지가옥 매매문권 위조 등의 폐단을 시정하기 위해서임을 알리는 기사.

되 그 증명하는 절차를 정미케 하여 호적지같이 인찰하여 각 도 각 군으로 다수히 하송하여 각 면장에게 분파하여 인민으로 하여금 일일이 토지가옥 있는 대로 증명하되 그 전답의 두락 수와 동서사표와 배미 수와 장광 척수를 일일이 기록하고 매매주의 성명 인장과 통수 동장의 증명을 받고 나중에 관장의 증명을 받게 함이라.

지금 본국에 있는 외국 사람들은 그 령이 반포된 후에 시각을 머물지 않고 이전에 샀던 것도 증명하거니와 지금 매매하는 증명하는 것이 날마다 답지하는 고로 법부에서 내려보낸 증명 인찰지가 핍절되었다고 통감부에서 정부로 조회까지 온 적은 일전 잡보 중 말한 바어니와.

슬프다. 우리나라 인민들의 토지증명이 무엇인지 모를 뿐만 아니라 소위 지방관들이 또한 그러하여 중앙정부에서 재산을 허비하여 각종 서적을 인간하여 보낸 것을 관청에 쌓아두고 실시할 의사도 없고 혹 어떤 군수는 각 면장에게 분급하여 실시하라 하나 원래 군수란 사람들도 그 규칙과 그 인찰지를 보고도 어떻게 하는 것인지 알지 못하여 실시치 못하는 자가 무수한지라. 그런즉 그 규칙 반포된 후에 외국인에게만 효력이 생기고 우리 본국인에게는 효력이 없나니 그 효력 없는 일에 대하여 래두리해[154]를 생각하건대 본국인의 위조 증권으로 폐단나는 것은 유속헐후하고 지금 외국인이 전국에 편만하였는데 본국인 중 부랑패류들이 일가친척의 토지라든지 근처 친지간의 전토를 위조문권으로 외국인에게 도매하는 폐단이 없으리라고 질언할 수 없고 또 그런 경우를 당한 이상에 어리석은 인민이 능히 변명할 수 있겠는가. 연전에 어떤 넓은 들을 위조문권으로 외국인에게 잃어버린 전감이 소연하고 설혹 그런 일이 없더라도 증명 없고 구실 없는 초평 같은 것은 아무 사람이 기간하더라도 내 것이라고 탄할 증거가 없는지라.

필경 빼앗기는 날에는 후회하여도 쓸데없을 것을 분명히 짐작하는 바라. 어찌 가석지 않으리오. 그런즉 불가불 실행한 후에야 민국에 큰 이익을 보전할 터이오. 그 실시하는 일은 지방관의 열심히 아니면 공을 이룰 수 없나니 정부에서는 군수들의 칙적 그 일로 보아 아무쪼록 정부 명령이 땅에 떨어지지 않게 함이 가한 듯하도다.

---

154 정확한 뜻은 알 수 없으나, 문맥상 '다가올 이해'를 말하는 것으로 보인다.

자료 117 | 《대한매일신보(국한문)》, 1907. 1. 18, 잡보, 2면 1단

일유일귀[155]
一留一歸

탁지고문 메가타 씨가 귀국하였다고 모 신문에 게재인 바 상문(詳聞)한 즉 해 씨가 재정상관이 유(有)함인지 동궁가례(東宮嘉禮) 후 귀국하기로 예정하였고 법학박사 우메 겐지로 씨가 3작일(昨日)에 귀국하였다더라.

자료 118 | 《황성신문》, 1907. 1. 22, 잡보, 2면 3단

방문 참정[156]
訪問參政

재작일 하오 3시에 통감부 비서관 고쿠분(國分)[157] 씨와 정부 부동산법 보좌관보 가와사키 만조(川崎萬藏)[158] 씨가 참정대신 사저에 방문하였더라.

---

155 [조사회-인사] 탁지고문 메가타 다네타로와 법학박사 우메 겐지로의 귀국 관련 기사.
156 [조사회-인사] 통감부 비서관 고쿠분 쇼타로와 부동산법 보좌관보 가와사키 만조가 참정대신 사저를 방문하여 논의하였다는 기사.
157 고쿠분 쇼타로(國分象太郎, 1862~1921). 1904년 이토 히로부미(伊藤博文)가 특파대사로 한국에 왔을 때 이토 히로부미의 통역이 되어 강제병합 시에 통역자로 임석하여 당시 상황에 대해 기록을 남겼다. 젊은 시절부터 조선과 연고가 깊었으며, 경성 영사관 서기생, 공사관 서기생, 통역관, 서기관으로 다년간 조선에 근무했으며, 중간에 미국에서도 근무했고, 다시 이토를 수행하여 경성에 들어와 총감부 서기관이 되어 비서관(秘書官)을 겸임했다. 이후 여러 번 승진하여 외사과장(外事課長), 인사과장(人事課長)의 사무도 처리했으며, 중추원 서기관장의 직책을 맡았고 나아가 각종 조사위원이나 편찬위원에도 발탁되었다. 1915년에는 이왕직사무관(李王職事務官)에 임명되었으며, 또 이왕직차관(李王職次官)으로 승진했다(조선공론사, 1917, 『(在朝鮮內地人)紳士名鑑』).
158 한국 부동산법조사회에서 부동산 관습조사에 참여하였고 1908년 법전조사국 설치 후에는 법전조사국에서 민사관습조사에 참여했다. 이 책 제3부 제3장에 수록한 자료인 『한국 부동산에 관한 관례 제1철(韓國不動産ニ關スル慣例 第一綴)』(1907. 4)은 충청남도 중 12개 군과 황해도 중 3개 군, 평안남도 중 1부 7군 1방 등 24개 지역을 대상으로 조사

자료 119 | 《황성신문》, 1907. 1. 29, 잡보, 2면 3단

통원 방문[159]
統員訪問

재작일 상오 11시에 통감부 서기관 나카야마 세타로(中山成太郎)[160] 씨가 법부대신 사저에 방문하였고 동일 하오 6시에는 통감부 서기관 고쿠분 쇼타로(國分象太郎) 씨가 학부대신 사저에 방문하였다더라.

자료 120 | 《대한매일신보(국한문)》, 1907. 2. 12, 잡보, 1면 6단

조사부동[161]
調査不動

의정부에서 위원 최병상 씨와 보좌관보 야마구치 게이치 씨를 파견하여 전라도 내 각 군에 부동산법을 조사한다더라.

한 것인데, 가와사키 만조 보좌관보가 주도한 것이었다.
159 [조사회-인사] 통감부 서기관 나카야마 세타로가 법부대신 사저를 방문하여 논의하였다는 기사.
160 한국 부동산법조사회에서 부동산 관습조사에 참여하였다. 1910년 강제병합 후에는 총독관방 비서과 참사관, 10월 1일 자로 취조국 서기관 종5위 훈 6등관으로 되었으며, 이후 참사관실 참사관 등을 역임하였다(『조선총독부관보』 임명기사 참조).
161 [조사회-인사] 의정부 위원 최병상과 보좌관보 야마구치 게이치를 파견하여 전라도 각 군의 부동산법을 조사한다는 기사.

자료 121 | 《황성신문》, 1907. 7. 24, 잡보, 2면 4단

헌법제정설[162]
憲法制定說

일본 법학박사 우메 겐지로 씨가 일작(日昨)에 입성하였는데 아국의 법전 편찬의 촉탁을 수(受)하여 헌법을 제정하리라는 설이 유하더라.

자료 122 | 《대한매일신보(국한문)》, 1907. 7. 21, 잡보, 3면 2단

삼처분장[163]
三處分張

금번 내각 부동산법조사소에서 통감부의 명령을 받고 함경남북도에 출장하는데 통감부 서기관 나카야마 세타로와 이사청 경시(警視) 미우라 야고로(三浦彌五郎) 씨와 보좌관 야마구치 게이치(山口敬一)[164], 가와사키 만조 양 씨와 위원 최병상 씨가 각 군 행정상과 부동산법을 일일 조사하기로 결정하여 불일간에 삼처로 분로(分路)하여 출발한다더라.

---

162 [조사회-인사] 일본 법학박사 우메 겐지로가 아국의 법전 편찬의 촉탁을 받아 헌법을 제정하리라는 설이 있다는 기사
163 [조사회-인사] 내각 부동산법조사소에서 함경남북도에 나카야마 세타로와 이사청 경시 미우라 야고로 씨와 보좌관 야마구치 게이치, 가와사키 만조 두 사람과 위원 최병상이 세 지역으로 출발한다는 기사.
164 당시 법전조사국의 사무관보는 '야마구치 게이치(山口慶一)'이므로 이름의 오류인 것으로 보인다(「부동산법조사회안(不動産法調査會案)」참조).

자료 123 | 《대한매일신보(국한문)》, 1907. 9. 20, 잡보, 1면 6단

한국의 산은 민둥산이 아닌 게 없고, 그 인민은 나태하지 않음이 없다[165]
韓國之山은 不可不禿이오 其人民은 不可不懶惰

차는 작년에 유력한국(遊歷韓國)하던 일본 법학박사 우메 겐지로 씨의 소술(所述)이라. 이전에 상응한 문명에 달하였던 한국이 하고(何故)로 금일에 여사(如斯)히 퇴보한 자인가. 여(余)의 소견으로도 정치의 부패가 즉 그 주요한 원인이라 하노라. 여는 일찍이 한국의 독산(禿山)에 취하여 안고(按考)하건대 한국의 산이 결코 황폐한 것이 아니라 이전에는 상당히 번무한 삼림으로 엄폐한 사실이 무의(無疑)오. 그 조림 사업 등도 초(稍)히 발달되었으며 삼림 보호법도 상당히 개명되었은즉, 그 산림이 금일까지 적독(赤禿)함에 지(至)함은 전혀 근경(近頃)의 사러라.

근래 한국 정부는 산림 보호 등을 도외에 시(視)할 뿐 아니라 그 이존(已存)한 수목도 난벌하고 또한 난벌한 후에는 후일을 고계(顧計)함이 경무(更無)하여 그 삼림에 성장 여부를 자연에 방임할 뿐이며 또한 약간 산림을 유(有)한 자가 있더라도 그 하나 사인(私人)의 소유와 공유를 물론하고 정부가 즉시 징발 명령을 발하여 차를 채벌하고 그 외에 채벌하는 비용까지 산림 소유자에게 부담시키는 사가 왕왕 유지(有之)하니, 그런즉 기년간 적고진로(積苦盡勞)하고서 및 그 초초 성장하여 용림(用林)에 적당한 시에 당하여 정부에게 견탈하는 것보다 영히 자연에 방임함만 불여(不如)하다는 사상이 각인 뇌리에 심입(深入)할 것은 자연한 이세(理勢)라. 고로 종래에 삼림이 익익 황폐(荒廢)함에 지함이오. [미완]

---

[165] [조사회-梅謙次郎] 일본 법학박사 우메 겐지로가 한국의 산림에 대하여 왜 민둥산[禿山]이 되었는지를 설명하면서 그 이유를 한국 정부가 산림 보호를 도외시하고 사인도 소유와 공유를 막론하고 채벌 비용 등을 염려하여 자연에 방치하였기 때문으로 진단하였다는 소개글.

자료 124 |《대한매일신보(국한문)》, 1907. 9. 21, 잡보, 2면 1단

일임양차[166]
日任兩次

농부차관(農部次官)은 오카요시 시치로(岡喜七郞) 씨가 피임되고 법부차관(法部次官)은 구라토미 유자부로(倉富勇三郞)[167] 씨가 피임되였더라.

자료 125 |《대한매일신보(국한문)》, 1907. 9. 21, 잡보, 2면 1단

우메 겐지로 피임설[168]
梅謙被任說

법제국장 유성준(兪星濬) 씨는 체임(遞任)되고 일본 법학사 우메 겐지로 씨가 피임한다더라.

---

166 [조사회-인사] 법부차관에 구라토미 유자부로가 피임되었다는 기사.
167 구라토미 유자부로(倉富勇三郞, 1853~1948). 1853년 7월 16일 후쿠오카(福岡)현에서 태어나 1877년 9월 사법성 법학교 속성과에 입학하였다. 1907년에는 법률 취조위원(取調委員)이 되고 1907년 6월 13일 자로 법박회(法博會)의 추천으로 법학박사의 학위를 받기도 하였다. 1907년 9월 이토 히로부미의 초청으로 한국에 와서 법부차관을 비롯하여 법전조사국 위원장 등을 맡았으며, 1909년 12월 법전조사국 위원장이 되었다. 그는 초대 조선총독부 사법부 장관을 지냈으며, 1913년 귀국해서는 추밀원 의장까지 지냈으며, 사법제도의 골격과 형사법 분야에서 조선 식민지화를 담당하였던 인물이다(吉川弘文館 편, 2001, 『일본근현대인명사전』, 382쪽; 김효전, 2010, 「倉富勇三郞」, 『개념과 소통』 6, 220-224쪽).
168 [조사회-인사] 법제국장 유성준이 교체되고 일본 법학사 우메 겐지로가 피임한다는 기사.

자료 126 | 《대한매일신보(국한문)》, 1907. 10. 3, 잡보, 2면 1단

법차반내[169]
法次伴來

법부차관 구라토미 유자부로 씨가 이토 통감과 반래(伴來)하여 금일 입성(入城)한다더라.

자료 127 | 《황성신문》, 1907. 10. 5, 잡보, 2면 2단

법차 일간 시무[170]
法次日間視務

법부차관 구라토미 유자부로 씨가 재작일(再昨日)에 이토 통감과 동반 입성하였는데, 일간(日間)부터 사진(仕進) 시무한다더라.

---

169 [조사회-인사] 법부차관 구라토미 유자부로가 이토 통감과 같이 입성한다는 기사.
170 [조사회-인사] 법부차관 구라토미 유자부로가 10월 3일에 이토 통감과 동반 입성하였는데, 일간 사진 시무한다는 기사.

자료 128 | 《대한매일신보(국한문)》, 1907. 10. 5, 잡보, 2면 1단

양차반내[171]
兩次伴來

　이토 통감의 입성함은 별항과 여(如)하거니와 궁내부차관 고미야 미호마쓰(小宮三保松) 씨와 법부차관 구라토미 유자부로 씨가 동반 입래(入來)하였다더라.

자료 129 | 《대한매일신보(국한문)》, 1907. 10. 10, 잡보, 2면 1단

법차상견[172]
法次相見

　작일 상오 11시에 법부차관 구라토미 유자부로 씨가 해 부에 사진(仕進)하여 해 부 일반 관인을 대신실로 초회(招會)하여 상견례를 행한 후에 해 대신과 같이 각 국과(局課)를 순람(巡覽)하였다더라.

171　[조사회-인사] 궁내부차관 고미야 미호마쓰와 법부차관 구라토미 유자부로가 동반 입래하였다는 기사.
172　[조사회-인사] 법부차관 구라토미 유자부로가 10월 9일 법부에 사진하여 일반 관원과 상견례하고 각국을 순람하였다는 기사.

2.
잡지기사 자료

해제

한말 시기에 간행된 잡지는 크게 단체 학회를 중심으로 발간된 잡지들과 유학생들에 의해 발간된 잡지, 교회 계통에서 발간된 선교사 발행 잡지 등으로 나누어질 수 있다. 일반적으로 독립협회에서 간행한《대조선독립협회회보》를 비롯하여 1905년 이후 잡지 창간이 계속되어《대한자강회월보(大韓自强會月報)》나《서우(西友)》등이 간행되었다. 또한 유학생 잡지로서《태극학보(太極學報)》,《대한유학생회학보(大韓留學生會學報)》등이 있는데, 이 시기 잡지는 문명개화의 입장에서 국민 계몽과 교육 활동을 고취하는 활동을 위주로 수행하였다.

1900년대 전반기에는 한국 사회의 근대 법제화와 관련하여『형법대전』의 정비에 이어 민법 제정을 주창하는 논의가 확산되었다. 1905년 7월 대한제국 정부는 법률기초위원회를 새로 구성하여 민법, 형법, 상법, 치죄법, 소송법 등을 자세히 조사하여 제정 혹은 개정하려는 법률기초위원을 크게 개편하였다. 이렇게 대한제국의 근대 법제 제정은 그해 말인 11월 일본에 의한 을사늑약의 강제 체결로 말미암아 일시 중단되었다. 이에 반대한 이상설(李相卨) 등이 일본 침략에 반대하는 상소운동을 벌이는 등 조약파기운동을 전 국민적으로 전개하였으나 실패하고 말았다.[1]

이후 일본은 1906년 2월 한국통감부를 설치하였다. 일본과 통감부는 대한제국에 일본식 근대 법률제도와 법전 정비를 강요하고 있었다. 1906년 4월 19일 제5회 시정개선협의회에서 이토 히로부미(伊藤博文) 통감은 이하영(李夏榮) 법부대신으로부터 "한국의 법전을 완비하기 위해 법률가의 고빙할 뜻"을 전달받았지만, 대한제국 자체로 하는 독자적인 법률 제정에는 반대하였다. 그는 "한국 정부에서도 자신의 지휘 감독하에 '임시법전조사국'과 같은

---

[1] 방광석, 2009,「메이지정부의 한국지배정책과 이토 히로부미」,『한국과 이토 히로부미』, 선인, 49쪽; 이승일, 2010,「일제의 동아시아 구관조사와 식민지 법 제정 구상」,『한국사연구』151, 292-296쪽; 왕현종, 2015,「한말 개혁기 민법 제정론의 갈등과 '한국 관습'의 이해」,『식민지 조선의 근대학문과 조선학연구』, 선인, 154-152쪽 참조.

것을 두고 1년에 2만 엔 내외의 경비를 들여 2~3명의 전문가를 촉탁하면 2년 사이에 완성할 수 있다"고 하였다. 이어 6월 25일 제6회 시정개선협의회에서는 이토가 토지소유자에게 지권을 교부하여 재산권을 견고히 해줄 법률 제정을 거듭 요구하였다. 이에 따라 시정개선협의회에서는 일본 민법 제정에 참여했던 도쿄제국대학 법과대학 우메 겐지로(梅謙次郎) 교수를 초빙하여 법률 제정을 맡기기로 최종 결정하였다.[2]

1906년 7월 13일 한국 정부는 한국의 토지 소유에 관한 종래 제도와 관습을 조사하기 위해 '토지소관법기초위원회'를 별도로 설치하였다.[3] 일본은 이를 의도대로 '부동산법조사회'로 개편하면서 1907년 6월부터 부동산 관례조사를 전국적으로 시행하였다. 한편 1906년 5월 19일에는 대한자강회에서는 윤효정(尹孝定)의 발의로 '부동산증명안건' 건의 방침을 결정하였다. 이어 5월 25일 참정대신 박제순에게 건의서를 제출하였다. 또한 장지연(張志淵) 등 한국의 지식인들은 전국 지계제도를 일정하게 하고 토지법을 제정해야 하며, 임시변통책으로는 증명제도를 도입하자고 주장하였다.

1906년 8월 15일에는 제10회 시정개선협의회에서 부동산권소관법 초안을 이토에게 제출하였다. 이 법은 답·전·산림·천택·기타의 토지·가옥·토지의 정착물 등 모든 부동산권에 대한 규정을 담고 있었다. 그렇지만 일본의 통감부 관련자들은 이에 찬동하지 않았다. 결국 우메 겐지로 부동산법조사회 회장은 초안을 수정한 수정안을 강요하였고 마침내 10월 16일 법률 제6호 〈토지건물의 매매, 교환, 양여, 전당에 관한 법률〉로 공포하였다.[4] 그렇지만 '법률 제6호' 자체도 부동산 거래 시 관의 인허와 부정 발생 시 강력한 처벌을 포함하고 있었다. 일본 측은 이 또한 일본인의 자유로운 토지가옥 거래 보장과 토지 소유의 확대를 의도하고 있었던 그들의 원래 의향과 배치되는 부분이 많다고 생각하였다. 그리하여 일본은 불과 10일 후인 10월 26일, 별도로 칙령 제65호 〈토지가옥증명규칙〉을 재수정하여 공포하였다.[5] 이로써 일본인의 토지가옥 거래가 합법적으로 뒷받침되면서, 외국인의 토지 소유를

---

2 김정명 편, 1993, 『일한외교자료집성[일한합방편]』 6의 상, 국학자료원, 220쪽.
3 〈제도위원회〉, 《황성신문》 2233호, 1906. 7. 16. 2면 4단.
4 한국문화간행회 편, 1980, 『황성신문』 13권, 494쪽, 506쪽, 510쪽(《황성신문》 2292호, 1906. 9. 25, 잡보; 2295호, 1906. 9. 28, 잡보; 2296호, 1906. 9. 29, 잡보).
5 후속조치로 통감부는 11월 16일 〈통감부령 제42호 토지건물증명규칙〉을 공포하였다[〈칙령 제65호 토지가옥증명규칙〉, 《구한국관보》(이하 《관보》) 제3598호, 1906. 10. 31(韓國政府官報局, 『舊韓國官報』 16卷, 963쪽) 참조].

규제하였던 대한제국의 토지정책은 더 이상 지속될 수 없었다.

이러한 근대 법률 제정 논의가 부동산 관련 법규의 시행을 중심으로 논란이 증폭되는 가운데 구한말 한국 사회에는 근대 법률, 민법, 형법에 이어 헌법에 이르기까지 다양한 법률 제정이 촉구되었다. 예컨대 1907년 2월 25일 법조계 인사들과 계몽운동가들이 법률연설회를 개최하여 주요 현안을 검토하였다. 〈인권은 불가불존중(人權은 不可不尊重)〉[윤효정(尹孝定)], 〈민불신법의 원인(民不信法의 原因)〉[염중모(廉仲模)], 〈검사의 직권(檢事의 職權)〉[이면우(李冕宇)], 〈민부지법의 폐해(民不知法의 弊害)〉[홍임기(洪任祺)], 〈법률과 여론(法律과 輿論)〉[유승겸(兪承兼)], 〈법관의 특심(法官의 持心)〉[정운복(鄭雲復)], 〈법률은 치안의 기관(法律은 治安의 機關)〉[전덕기(全德基)], 〈은택은 가균불가편(恩澤은 可均不可偏)〉[김명준(金明濬)], 〈규명재산의 여하보호(圭命財産의 如何保護)〉[강윤희(姜玧熙)], 〈부패한 사법은 문명의 수적(腐敗훈 司法은 文明의 讐敵)〉[오세창(吳世昌)] 등만 보아도 법률 개정 논의의 방향을 알 수 있을 것이다.[6]

주로 1906년 이후 한국 사회에서의 근대 법률 제정 논의는 일제의 침략에 대응하는 측면과 아울러 주체적으로 우리 법률을 제정하자는 논의가 강했다. 당시 각종 학술 잡지에는 민법, 형법, 헌법, 그리고 관습법, 혼인, 여성교육 문제 등 다양한 분야에 대한 현실 비판과 법 제정 방향이 제기되고 있었다. 한말 학술 잡지 논설 및 소식, 문예 등의 지면에 법률 제정 논의가 수록되어 있다.

한말 학술 잡지에 수록된 법률 제정론 및 관습법 관련 주요 논설

	주제	제목	필자	형태	잡지명	발행일
1	헌법	北米合衆國의 獨立史를 閱ᄒ다가 我大朝鮮國獨立을 論홈이라	安明善	논설	《대조선독립협회회보》제4호	1897. 1. 15
2	헌법	日政府에 權衡		잡저	《대조선독립협회회보》제8호	1897. 3. 15
3	헌법	濠洲殖民地聯邦 大議會		잡저	《대조선독립협회회보》제11호	1897. 4. 30

---

6 〈時報〉,《서우》제5호, (1907. 4. 1).

	주제	제목	필자	형태	잡지명	발행일
4	관습, 부동산	本會會報	尹孝定 編纂	소식	《대한자강회월보》 제1호	1906. 7. 31
5	혼인	녀즈교육	會員 金洛泳	논설	《태극학보》제1호	1906. 8. 24
6	헌법	東京一日의 生活	會員 李潤柱	문예 기타	《태극학보》제1호	1906. 8. 24
7	헌법	宗敎維持方針이 在經學家速 先開化 附祝歌(寄書)	麟皐生 柳承欽	논설	《태극학보》제1호	1906. 8. 24
8	형법	太極學會 總說 上	留學生監督 韓致愈	논설	《태극학보》제1호	1906. 8. 24
9	헌법	東西問答	李鍾一	잡저	《대한자강회월보》 제2호	1906. 8. 25
10	헌법, 혼인	本會會報	尹孝定 編纂	소식	《대한자강회월보》 제2호	1906. 8. 25
11	헌법	偉大한 國民에난 三個特性 이 有함을 見함	大垣丈夫	논설	《대한자강회월보》 제2호	1906. 8. 25
12	관습	我國의 實業觀(寄書)	張弘植	논설	《태극학보》제2호	1906. 9. 24
13	혼인	宗敎維持方針이 在經學家速 先開化(寄書) 前號續	麟皐生 柳承欽	논설	《태극학보》제2호	1906. 9. 24
14	헌법	太極學會總說 中	留學生監督 韓致愈	논설	《태극학보》제2호	1906. 9. 24
15	헌법	國家及皇室의 分別	海外 遊客	논설	《대한자강회월보》 제3호	1906. 9. 25
16	부동산	本會會報	尹孝定 編纂	소식	《대한자강회월보》 제3호	1906. 9. 25
17 자료 130	관습	嵩齋漫筆(續)	南嵩山人 張志淵	문예 기타	《대한자강회월보》 제3호	1906. 9. 25
18	혼인	隨感錄	會員 孫榮國	세태 비평	《태극학보》제3호	1906. 10. 24
19 자료 131	관습, 부동산	雜錄		소식	《대한자강회월보》 제4호	1906. 10. 25
20	헌법, 민법	海外記事		잡저	《대한자강회월보》 제4호	1906. 10. 25

	주제	제목	필자	형태	잡지명	발행일
21	헌법	警察之目的	張啓澤	학술	《태극학보》제4호	1906.11.24
22	관습	無何鄕漫筆	崔錫夏	문예기타	《태극학보》제4호	1906.11.24
23	부동산	財政整理의 紊亂은 簿記法이 無홈을 證明홈이라	張弘植	학술	《태극학보》제4호	1906.11.24
24	부동산	官報摘要		소식	《대한자강회월보》제5호	1906.11.25
25	헌법	論我敎育界의 時急方針	評議員 沈宜性	논설	《대한자강회월보》제5호	1906.11.25
26	부동산	時報		소식	《서우》제1호	1906.12.01
27	헌법	警察之沿革	張啓澤	학술	《태극학보》제5호	1906.12.24
28	부동산	租稅論	崔錫夏	학술	《태극학보》제5호	1906.12.24
29	형법	本會會報	金相範 編纂	소식	《대한자강회월보》제6호	1906.12.25
30	민법	抛棄自由者爲世界之罪人	福城樵夫 梧村 薛泰熙	논설	《대한자강회월보》제6호	1906.12.25
31	형법	時報		소식	《서우》제2호	1907.1.1
32	혼인	愛國論一 支那哀時客稿	會員 朴殷植 譯述	학술	《서우》제2호	1907.1.1
33	민법, 형법	人民自由의 限界	會員 玉東奎	학술	《서우》제2호	1907.1.1
34	관습	家庭敎育	吳錫裕	논설	《태극학보》제6호	1907.1.4
35	헌법	警察之分類 第四號續	張啓澤	학술	《태극학보》제6호	1907.1.24
36	헌법	憲法	郭漢倬 譯	학술	《태극학보》제6호	1907.1.24
37	형법	空華起滅	洪弼周	잡저	《대한자강회월보》제7호	1907.1.25

	주제	제목	필자	형태	잡지명	발행일
38	형법	本會會報	編纂 李種濬	소식	《대한자강회월보》 제7호	1907. 1.25
39	관습	衛生部(前號續)	會員 金鳳觀	논설	《서우》제3호	1907. 2.1
40	헌법	歷史譚 第五回	朴容喜	학술	《태극학보》제7호	1907. 2.24
41	형법	論度量衡(寄書)	梁在昶	학술	《태극학보》제7호	1907. 2.24
42 자료 132	관습	第二章 憲法(續)	郭漢倬	학술	《태극학보》제7호	1907. 2.24
43	민법	官報摘要		소식	《대한자강회월보》 제8호	1907. 2.25
44	헌법	法律上人의 權義	梧村 薛泰熙	논설	《대한자강회월보》 제8호	1907. 2.25
45 자료 133	부동산	本會續報		소식	《대한자강회월보》 제8호	1907. 2.25
46	헌법	本會會報	李鍾濬 纂	소식	《대한자강회월보》 제8호	1907. 2.25
47	관습	子女敎養에 就ᄒ야	岡田朝太郎氏 談話 會員 柳東作 譯述	논설	《서우》제4호	1907. 3.1
48	헌법	立法 司法 及 行政의 區別과 其 意義	全永爵	논설	《태극학보》제8호	1907. 3.24
49	헌법	人의 强弱과 國의 盛衰가 爲 與不爲에 在ᄒ	李奎濚	논설	《태극학보》제8호	1907. 3.24
50	관습	我韓의 鑛産槪要 前號續	會員 朴聖欽	잡저	《서우》제5호	1907. 4.1
51	헌법	統治의 目的物	會員 韓光鎬	논설	《서우》제5호	1907. 4.1
52	민법	國際 公法論	李承瑾	학술	《대한유학생회 학보》제2호	1907. 4.7
53	관습	搏虎者의 說	海外觀物客 李奎濚	잡저	《대한유학생회 학보》제2호	1907. 4.7
54 자료 134	관습	商業敎育 (Commercial Education)	尹定夏	학술	《대한유학생회 학보》제2호	1907. 4.7

	주제	제목	필자	형태	잡지명	발행일
55	관습	擁爐問答	學凡朴勝彬傍錄	잡저	《대한유학생회학보》제2호	1907.4.7
56	헌법	勃興時代에 積極的	梁大卿	논설	《태극학보》제9호	1907.4.24
57	헌법	憲法 續	郭漢倬	학술	《태극학보》제9호	1907.4.24
58	부동산	海外記事	呂炳鉉	소식	《대한자강회월보》제10호	1907.4.25
59	관습	東西 兩洋人의 數學思想	金洛泳(譯述)	학술	《태극학보》제10호	1907.5.24
60	헌법	立法 司法 及 行政의 區別과 意義 八號續	金永爵	논설	《태극학보》제10호	1907.5.24
61 자료135	관습, 혼인	習慣改良論		논설	《태극학보》제10호	1907.5.24
62	혼인	印度에 基督敎 勢力	印度國 紳士 쏘쓰氏 本國 紳士 尹致昊氏(繙譯) 白岳子(筆記)	논설	《태극학보》제10호	1907.5.24
63	헌법	警察要義	鄭錫迺	잡저	《대한유학생회학보》제3호	1907.5.25
64 자료136	관습	法律의 必要를 槪論홈	吳政善	논설	《대한유학생회학보》제3호	1907.5.25
65	혼인	쓰러저 가는 딥	夢夢	소설	《대한유학생회학보》제3호	1907.5.25
66	혼인	靖國神社大祭雜觀	蓮史 李亨雨	문예 기타	《대한유학생회학보》제3호	1907.5.25
67	헌법	敎育의 宗旨와 政治의 關係	松堂 金成喜	논설	《대한자강회월보》제11호	1907.5.25
68	헌법	外國事情	呂炳鉉	소식	《대한자강회월보》제11호	1907.5.25
69 자료137	관습, 민법, 형법	刑法과 民法의 區別	雲庭 尹孝定	학술	《대한자강회월보》제11호	1907.5.25
70 자료138	관습, 민법	領事의 裁判權	會員 韓光鎬	논설	《서우》제7호	1907.6.1

	주제	제목	필자	형태	잡지명	발행일
71 자료 139	헌법, 형법	民法講義의 概要	會員 朴聖欽 譯抄	학술	《서우》제7호	1907. 6. 1
72 자료 143	관습	經濟學總論	梧村 薛泰熙	논설	《대한자강회월보》 제12호	1907. 6. 25
73	민법, 형법	法律上 人의 權義(承前)	梧村 薛泰熙	논설	《대한자강회월보》 제12호	1907. 6. 25
74	헌법	外國事情	呂炳鉉	소식	《대한자강회월보》 제12호	1907. 6. 25
75	부동산	日本의 自治制	大垣丈夫 講述	논설	《대한자강회월보》 제12호	1907. 6. 25
76	관습	平時國際公法論	石鎭衡 講述	논설	《대한자강회월보》 제12호	1907. 6. 25
77 자료 140	헌법, 민법	民法講義의 概要(續)	會員 朴聖欽	학술	《서우》제8호	1907. 7. 1
78	혼인, 부동산	早婚의 弊	會員 金圭鎭	논설	《서우》제8호	1907. 7. 1
79	관습	良心論	白岳 張膺震	논설	《태극학보》 제12호	1907. 7. 24
80	헌법	歷史譚 第十回	朴容喜	학술	《태극학보》 제12호	1907. 7. 24
81	헌법	立法 司法 行政의 區別과 其 意義(十號續)	全永爵	논설	《태극학보》 제12호	1907. 7. 24
82	헌법	學窓餘談(二)	吳鎬裕	학술	《태극학보》 제12호	1907. 7. 24
83	관습	休業之夏에 別同契諸君子ᄒ 야 歸國序	金炳億	잡저	《태극학보》 제12호	1907. 7. 24
84	헌법, 민법	國家意義 前號續	松堂 金成喜	논설	《대한자강회월보》 제13호	1907. 7. 25
85	헌법	平時國際公法論(第二四) 國際法이 法律歟아(承前)	石鎭衡 講述	논설	《대한자강회월보》 제13호	1907. 7. 25
86	헌법, 형법	警察視察談	丹農生 崔應斗	논설	《서우》제9호	1907. 8. 1
87	관습	國法上 國務大臣의 地位	會員 蔡洙玹	학술	《서우》제9호	1907. 8. 1

	주제	제목	필자	형태	잡지명	발행일
88 자료 141	민법	民法講義의 槪要(續)	會員 朴聖欽	학술	《서우》제9호	1907. 8. 1
89	혼인	論幼學(續)	譯述者 會員 朴殷植	논설	《서우》제10호	1907. 9. 1
90 자료 144	관습, 부동산, 헌법	外國人의 公權及公法上義務	東初 韓光鎬	논설	《서우》제10호	1907. 9. 1
91	헌법	國民의 特性	會員 朴聖欽	논설	《서우》제11호	1907. 10. 1
92	관습	新時代의 思潮	一歲生	논설	《태극학보》 제14호	1907. 10. 24
93	혼인	王公敎育		소식	《서우》제12호	1907. 11. 1
94	관습	敎授와 敎科에 對ᄒᆞ야 (前號續)	張膺震	학술	《태극학보》 제15호	1907. 11. 24
95 자료 142	민법	民法講義의 槪要 (第九號續)	會員 朴聖欽	논설	《서우》제13호	1907. 12. 1
96	형법	歷史譚 第十四回 Der Historiker	朴容喜	학술	《태극학보》 제16호	1907. 12. 24

 이 장에서는 위의 표에 소개된, 1897년부터 10년간 계몽학술지에 게재된 민법 및 관습 관련 주요 논설 96개 중에서 관습조사와 직접 관련된 핵심 논설 15개를 선정하였다.
 한말 관습조사 관련 잡지기사 자료는 다음의 원칙대로 수록하였다.
1) 자료를 제시한 뒤에 '해설'을 붙였다. 단, 일부 자료에서는 생략하였다.
2) 자료의 대부분은 국한문 혼용체를 사용하고 있으나 현대 한국어 맞춤법 규정을 기준으로 교열하였다.
3) 관습 및 민법 제정에 관한 주요한 내용은 강조하여 주목할 수 있도록 하였다.
4) 자료 139~142으로 수록한 박성흠의 논설문 사례와 같이 필자가 동일한 자료는 한데 모아 순서를 재배치하였다.

자료 130 | 《대한자강회월보》제3호, 1906. 9. 25, 9~12쪽

숭재만필(속)
嵩齋漫筆(續)

남숭산인(南嵩山人), 장지연(張志淵)[7]

저들 이주민(移住民)이 오로지 생활하기 바라는 것은 대개 한국의 산업(産業)이라. 전지(田地)의 농작과 산과 들의 식림(殖林)과 강과 바다의 어채와 광산의 채굴을 보고(寶庫)로 이룰 줄 알고 생활을 경영하여 아침부터 밤까지 분주하고, 근로하여 피폐한 골육이르고 남자와 부인이 합작하여 힘을 달해 정성을 다해 식산(殖産)을 일으키는 방법을 경영하거늘 오직 우

---

[7] 장지연(張志淵, 1864~1921). 대한제국기 황성신문사 사장,《경남일보》주필 등을 역임한 언론인. 1864년 11월 30일 경상북도 상주 출생으로, 본관은 인동(仁同), 초명은 장지윤(張志尹)이며, 자는 화명(和明)·순소(舜韶), 호는 위암(韋庵)·숭양산인(崇陽山人)이다. 1885년 6월 향시 응제과(應製科)에 입격하였으나 회시(會試)에서 낙방하였다. 1894년 2월 식년시 진사(進士) 3등으로 합격했으나 갑오농민전쟁으로 임명되지 못하였다. 1895년 명성황후시해사건(을미사변)이 일어나자 의병궐기 호소 격문을 각처에 발송하였고, 1896년 아관파천 때에는 고종 환궁을 요청하는 만인소를 기초하기도 하였다. 1897년 사례소(史禮所) 직원으로『대한예전(大韓禮典)』편찬에 참여하였고, 같은 해 7월 독립협회에 가입해 활동하였다. 1898년 9월《황성신문(皇城新聞)》이 창간되자 기자로 활동하였다. 같은 해 11월 만민공동회의 총무위원으로 활동하였으며, 곧 독립협회와 만민공동회가 해산되면서 체포되기도 하였다. 1899년 1월부터 8월까지 격일간 신문인《시사총보(時事叢報)》주필이 되었으며, 같은 해 9월《황성신문》주필로 초빙되었으나 수개월 후 사임하였다. 1900년 시사총보가 출판사인 광문사(廣文社)로 개편, 설립될 때 편집원으로 참여해 정약용의『목민심서(牧民心書)』와『흠흠신서(欽欽新書)』등을 간행하였다. 1901년 다시《황성신문》의 주필이 되었고, 1902년 8월 사장으로 취임하였다. 1905년 11월 17일 을사조약이 강제로 체결되자《황성신문》1905년 11월 20일 자에〈시일야방성대곡(是日也放聲大哭)〉을 게재해 전국에 배포하였다. 이 논설은 일본의 국권침탈과 을사 5적을 규탄해 국민총궐기를 호소하는 내용이었다. 이후 일본 헌병대에 체포되어 65일간 투옥되었으며,《황성신문》은 11월 20일 자로 압수되고, 1906년 2월 12일까지 정간되었다. 1906년 3월 대한자강회(大韓自强會) 발기인으로 참여하였고, 4월부터 평의원으로 선출되었다. 1906년 6월부터 1907년 6월까지 대한제국 내부(內部) 발행 허가를 받은 잡지《조양보(朝陽報)》의 편집위원 및 주필로 활동하였다. 1907년 11월 대한협회(大韓協會) 발기인으로 참여해 평의원에 선출되었고, 11월 흥사단(興士團) 평의원, 12월《대한협회회보》편찬원을 맡았다. 이때 국채보상운동 동참을 호소하는 여러 편의 글을 발표하였다. 1908년 2월 블라디보스토크의《해조신문(海朝新聞)》주필로 초빙되었으며, 같은 해 5월《해조신문》폐간 후 상하이·난징을 거쳐 9월 귀국하였다. 1909년 1월 교남학회(嶠南學會) 취지문을 짓고《교남교육회잡지》편집원을 맡았으며, 같은 해 10월 경상남도 진주에서 창간된 지방신문《경남일보》의 주필로 초빙되어 1911년 10월 진주로 이사하였다.《매일신보》1914년 12월 23일 자부터 숭양산인(崇陽山人) 장지연의 실명으로〈고재만필(古齋漫筆)-여시관(如是觀)〉이라는 글로 연재를 시작해 1918년 12월까지 약 700여 편의 글을 기고하였다. 장지연이《매일신보》에 게재한 산문과 한시(漢詩)들 중에는 1915년 1월 1일 자〈조선풍속의 변천〉, 1916년 6월 8일 자〈시사소언(8)〉, 1916년 9월 16일 자〈만록(漫錄)-지리관계(5)〉등 조선총독부의 시정(施政)과 동북아시아 지역에서의 일본의 역할을 긍정적으로 서술하는 글들이 포함되었다. 1921년 10월 2일 병사하였다(『한국민족문화대백과사전』).

리 한인은 농작에 유치하고 뽕을 키우는 것도 나태하기를 관습(慣習)으로 하여 저들이 1보로 나아갈 때 우리는 1보 퇴보하고 저들이 한 구역을 점할 때 우리는 한 구역을 양보하여 필경은 하루 물러서고 양보하여서 가히 퇴보할 여지가 없어지리라.

저들 한가로이 쉬고 안일하게 쉬려는 우부우부(愚夫愚婦)는 포식(飽食)과 간단한 옷으로 영위하는 바가 없고, 입에는 기다란 대나무[長竹]를 물고 허리에는 청동으로 갖추고 낮 밤으로 주색 잡기의 장에 소요하다가 분이 다하고 재산이 고갈된즉 부모 형제 족척(族戚)의 전토 문권(田土文券)을 몰래 훔치어 일본인에게 판매하기를 짐짓 능사로 여기고 있으니 이것으로부터 전토 산업이 점차 일본인의 손에 몰래 판매되어 취하게 되니 한국의 토지권도 역시 일본인이 장악하는 것으로 돌아가리라.

임업, 어업, 광업, 공업, 상업, 농산물 제조업 등의 류(類)는 원래 우리가 갖는 단점과 관련이 되는 것인즉 고로 마땅히 외인(外人)에게 손을 빌리는 것은 마땅하다 하려니와 사람마다 가히 경영할 수 있는 농업에 이르러서야 또한 가히 지을 땅이 없기를 한탄하는 것에 면치 못할까 두려우니 저들 내왕자(來住者)가 비록 황무지의 개간이라고 칭하나 황무지 개척은 반드시 거대 자본이 투자한 연후에나 가히 효과를 거둘 수 있거늘 오늘날 저들 노동자의 부류가 다만 몸과 처자를 겸하여 한국으로 건너오는 자가 어찌 자본금을 투여할 수 있을 것인가.

하물며 이러한 황무지 개척 문제는 이래하는 사람들을 위한 것인데, 나머지 토지로 가히 지을 만한 것이 없는 고로 개간으로서 입에 풀칠할 사람이거늘 우매한 우리나라 사람은 도매의 이익에 용이하게 되어 또한 그 토지 가격의 우월함을 얻어 몰래 일본인에게 잠매(潛賣)하다가 빈번하게 억지로 빼앗긴다거나[白奪] 하면 오히려 후회를 알지 못하게 하고 토지를 판 사람이 일본인의 문에 달려가니 이때에 일본인은 허다한 자금을 낭비하지 않고도 편안히 앉아서 현재 경작하기 비옥한 전토를 얻게 되는 것이거늘 어찌 어렵게 노력하여 사용한 금으로 하여 황무지의 개척에 종사하게 하는가. 그러한 즉 한인(韓人)은 그 현재 경작하는 전토를 모두 일본인에게 양여(讓與)하고 마침내 가히 지을 땅이 없게 되면 반드시 황무지에 겨우 종사하는 것도 얻지 못하게 되거나 혹은 척박한 불모지에 경작하거나 자생하여 살려고 하리니 비극적인 지경에 빠진 이후에나 비로서 늦게 후회하고 하면 꼭지만을 씹으면서 어찌하리오.

어느 날에 밀양 부근 한 사람이 집안 대대로 부요한 전토이로되 재물을 아끼다가 만일

사소한 이익이라도 나면 좌우를 살피지 않고 감히 행하더니 하루는 가까이 사는 일어(日語)를 통역할 수 있는 한 사람이 몰래 물어보기를 오늘 일본인이 아주 큰 금액으로 전토를 매수하려고 하는데 가격은 한인에 비하여 3배나 우대라 하여 지급하리니 하니 대개 이해를 비교하여 생각지 않고 다만 토지의 매입을 위주로 한 자이라. 공의 가(家)에 전장(田庄)이 자못 넓으니 만약 이것을 팔아서 다른 토지를 옮겨 매입하면 반드시 여러 배의 이익을 얻겠다고 하는데, 그 사람은 그 이익에 기뻐하여 수십 석락(石落)의 계권(契券)을 팔기를 허락하니 그 통역한 자가 그 계권을 가지고 간 후에 형영(形影)이 영원히 알 수 없게 되었다. 그 사람은 이를 의심하여 토지의 가격을 가서 추심하니 통변(通辯)이 말하기는 일본인이 주지 않았으니 일본인에게 가서 추심하라. 이내 일본인의 처소에 가서 그 신용이 없음을 힐난하였는데, 일본인이 웃으며 그 전토는 이미 나의 소유이니 너는 많은 말을 하지 말라 하고 내어 보낸다고 하는데, 그 사람은 어쩔 수 없이 퇴거하여 이내 자기가 사기를 당했음을 알게 되었다. 그 분을 이기지 못하고 관사(官司)에 정소하려고 하니 외국인에게 토지를 잠매하는 것은 나라에서 금지하는 것(潛賣田土於外人이 係是邦禁)이므로[8] 감히 정소하지도 못하고 통면에게 힐난하여 변제를 받으려고 지만 또한 일본인의 위세를 두려워하여 어찌하나 아무렇게나 잃어버린 것에 그쳤다. 오호라 전국 안에 이들 우인(愚人)들의 웃길 일들이 비단 그 사람에게 그친 것일 뿐이겠는가. 한탄에 머무를 수밖에 없더다. (후략)

해설 | 이 글은 장지연이 1906년 당시 일본의 토지 침탈을 비판하면서 한국의 상황을 개술한 것이다. 한국 농민에 대해서는 나태하다고 인식되며 지혜가 없는 것으로 묘사되고 있으며, 특히 형제 친척의 토지를 몰래 파는 것을 능사로 하고 있다고 비판하고 있다. 일본인의 황무지 개척 문제도 황무지 개척을 감당한 거대 자본이 아

---

[8] 대한제국 정부는 한국민이 외국인에게 전답 소유권을 넘기는 것을 인정하지 않았고, 이에 대해 차명을 하거나 혹은 사적으로 매매, 전질, 양여하는 폐단이 있으면 모두 일률로 처리하도록 하였다. 이 원칙은 1898년 11월 22일 〈외국에 의뢰하여 국체를 치손시킨 자를 처단하는 법률〉에서 단서를 보였다. 이 법률에서는 외국인에게 아부 의뢰하여 국체를 손상시키고 국권을 잃게 한 경우에는 적발 시 기수, 미수를 막론하고 모반죄로 처단하도록 하였다(〈법률 제2호 의뢰외국치손국체자처단례(依賴外國致損國體者處斷例)〉 참조). 1900년 4월 28일 〈법률 제4호 외국에 의뢰하여 나라의 체통을 손상시킨 자의 처단례 개정에 관한 안건〉으로 대폭 개정되었다. "제6조, 각국(各國) 약장(約章) 내에 허가한 지역을 제외하고 전토(田土)와 삼림(森林), 천택(川澤)을 외국인에게 잠매하거나 외국인에게 빌붙어 이름을 빌려 거짓 인정하게 하거나 또는 이름을 빌려 거짓 인정하게 하는 자의 사정을 알면서도 고의로 판 자"로 규정하여 처벌이 강화된 규정을 제정하였다.

니라서 개간이 이루어질 수 없지만, 대신에 한국인들의 토지 매매로 인하여 많은 토지가 일인의 손에 들어가는 현상을 설명하고 있다. 그렇지만 일본의 토지 침탈에 대해 토지매입 과정에서 조선 농민들이 사기를 당하는 현실을 적극적으로 비판하지 않고 도리어 한국 농민의 잘못으로 치부하는 사례도 취급하고 있다.[9]

자료 131 | 《대한자강회월보》 제4호, 잡록, 1906. 10. 25, 62~64쪽

부동산조사문목[10]
不動産調査問目

정부 부동산조사위원회에서 의결하고 각 관찰부에 발훈(發訓)함이 여하(如下)하니

1. 토지에 관한 권리의 종류, 명칭 및 그 내용(細目)

1) 인민의 토지소유권을 인정하는지 부인하는 지. 만약 인정한다면 그 시기는 언제부터인지 2) 토지소유권의 제한 및 부담 3) 국가는 어떤 조건 아래 인민의 토지소유권을 징수함을 득하는지, 4) 소유권은 토지의 상하(上下)에 미치는지 아닌지, 5) 토지의 경계[疆界]와 양측 소유자 권리의 한계, 6) 공유지(共有地)의 처분 및 관리에 관한 관습, 7) 차지권(借地權)의 종류, 명칭 및 그 내용. 그중에서도 건물소유자의 권리, 8) 지역권(地役權)이 있는지, 만약 있다면 그 종류 및 효력, 입회권이 있는지 만약 있다면 그 종류 및 효력, 10) 질권(質權), 저당권의 설정조건 및 효력

---

9 이 글은 《대한자강회월보》 제2호, 〈숭재만필(嵩齋漫筆)〉(1906. 8. 25)에 이어 연재된 글이다. 이어 《대한자강회월보》 제4호, 〈숭재만필(嵩齋漫筆)(속)〉(1906. 10. 25)으로 이어지고 있다.

10 부동산법조사회에서 전국 토지에 대한 조사항목을 10개 조항으로 만들어 조사한 항목을 말한다. 부동산법조사회에서 배포한 본 책자에서는 한국 토지에 관한 각종 조사 사항에 대해 각 항목의 제목과 구체적인 설명을 부가하였다. 1조에서는 토지에 관한 권리의 종류, 명칭 및 그 내용에 대하여 질문 항목을 작성하였다. 또한 그 이하 토지소유권에 대한 10가지 세부 항목의 질문 사항을 구체적으로 설명하였다. 그리고 나머지 9개 조항의 토지소유권 제도에 관한 제반 사항에 대한 질문 항목을 담았다. 1906년 7월에 설립된 부동산법조사회에서 우메 겐지로(梅謙次郎) 박사가 1906년 9월 한국의 부동산에 관한 조사사항에 대해 조사할 항목과 유의 사항을 작성하여 배포하였다.

2. 관민유(官民有) 구분의 증거

3. 국유(國有)와 제실유(帝室有)의 구분 여하

4. 토지장부(土地帳簿) 또는 이와 유사한 것이 있는지 만약 있다면 그 장부에는 어떠한 사항을 기재하였는지

5. 토지대장에 관한 권리(權利)의 양도는 완전히 자유인지 또 그 조건과 절차 여하

6. 지권(地券)과 가권(家券)이 있다고 하니 이는 모든 토지와 건물에 존재하는지 또 그 연혁 및 기재 사항 여하

7. 토지의 경계는 항상 명확한지 아닌지, 만일 명확하지 못함이 있다면 동일한 토지에 대하여 두 명 이상이 동일한 권리를 주장하는 경우가 적지 아니하리니. 이러한 경우에는 여하한 기준에 의하여 정당한 권리자를 정하는지

8. 토지의 종목은 여하히 분별하는지, 일본의 사례는 전(田), 답(畓), 택지, 산림, 원야(原野) 등

9. 토지 장량(丈量) 방법 여하

10. 외국인(外人)에게는 토지소유권을 인정하는지 만일 이를 인정하지 않는다면 어떠한 권리를 인정하는지

11. 이상의 각 항목에 대해 시가지와 기타의 상이한 점이 있다면 그 차이. 기타 지방에 따라 관습이 다른 점이 있다면 그 구분을 명시(示明)하라 하였더라.

해설 | 부동산법조사회에서 1906년 9월 배포한 본 책자에서는 한국 토지에 관한 각종 조사 사항에 대해 각 항목의 제목과 설명을 구체적으로 부가하였다. 1조에서는 토지에 관한 권리의 종류, 명칭 및 그 내용에 대하여 질문 항목을 작성하였다. 또한 그 이하 토지소유권에 대한 10가지 세부 항목의 질문 사항을 구체적으로 설명하였다. 그리고 나머지 9개 조항의 토지소유권 제도에 관한 제반 사항에 대한 질문 항목을 담았다. 이 자료를 그대로 수록한 것이다.

자료 132 | 《태극학보》제7호, 1907. 2. 24, 24~27쪽

제2장 헌법(속)
第二章 憲法(續)

곽한탁(郭漢倬)[11]

제1장. 헌법의 의의

금일 통상 헌법이라 칭하는 것은 입헌국(立憲國)의 근본을 가리키는 것이니 즉, 통치권 작용의 분류와 및 입헌국에 필요한 기관조직[가여(假如) 의회, 재판소, 국무대신과 같은 자]의 권한을 정하는 것을 말함이라.

헌법을 대별하여 성문헌법(成文憲法)과 불문헌법(不文憲法)에 구별하나 연이나 금일 허다한 입헌국에서는 성문헌법을 유(有)하였나니 성문헌법을 제정한 절차에 의하여 분류할 시에는 흠정헌법(欽定憲法)과 및 민정헌법(民政憲法)에 가분(可分)할지니 흠정헌법은 군주가 제정한 헌법을 가리킴이오. 민정헌법은 직접이나 간접으로 국민이 제정한 헌법을 가리키는 자이니라. 성문헌법 운자(云者)는 명문(明文)으로써 규정한 헌법을 말함이니 일본이 그것이라. 불문헌법 운자는 명문의 규정이 무(無)한 자를 말함이니[가여 관습(慣習), 조리(條理), 판결례(判決例), 약속(約束) 등] 영국이 그것이라.

우(又) 헌법을 개정하는 절차에 의하여 구별할 시는 고정헌법(固定憲法)과 부정헌법(不定憲法)에 가분(可分)할지니 고정헌법은 헌법 개정의 절차가 보통법률의 개정 절차, 또 복잡함을 생하는 자이오. 부정헌법은 보통법률의 개정 절차와 동일한 절차로써 개정하는 헌법을 말함이니라.

---

[11] 곽한탁(郭漢倬, 1887~?). 1887년 충청북도 단양군 단양면 하방리(下坊里)에서 출생하여, 1904년 9월 학교 졸업 후 1910년 한국 정부의 관비유학생으로서 일본 도쿄에서 유학하였다. 1910년 4월 니혼대학 법과 졸업 후 1910년 8월 귀국하여, 1910년 12월 조선총독부 속(屬)에 임명되어 학무국에서 근무하였으며, 이후 충청북도 충주, 보은, 영동 및 충청북도 지방과 등에서 근무하고, 1918년 2월 사직하고 회사를 다녔다. 1919년 2월 다시 관직에 복귀하여 충청북도 영동과 충주의 군서기가 되었고, 1920년 충청북도 단양군수에 발탁되어 1922년 4월 군수들로 조직된 '내지시찰단'의 일원으로 일본 내 주요 시설을 시찰했다. 1924년 6월 충청북도 괴산군소로 옮겨 1925년 1월까지 재직했다. 이후 1927년부터 1933년까지 중추원 조사관 촉탁으로 근무했다(『충북산업지』, 1923, 200쪽 ; 민족문제연구소, 2009, 『친일인명사전』 1, 183쪽 참조).

제2절. 헌법의 개정

헌법의 다수는 고정헌법이라. 그 개정절차는 보통법률의 개정절차와 상이하니 이에 차이한 점의 중대한 자를 열거하면,

제1. 발안(發案)의 제한

일. 군주국(君主國), 군주국에서는 보통법률의 발안권은 군주뿐 불시(不啻)라. 의회나 혹은 양 의원에 속하는 것이 통례나 연이나 헌법 개정안의 발안함에 지(至)하여는 군주에 전속(專屬)하고 또 군주에 전속치 않는 국에서는 의원에서 헌법 개정을 발안코자 할 시엔 해사항에 대하여 제한하는 것이 통례이라. 가령 배이에른서는 신민(臣民)의 권리 의무와 의회의 권한 및 사법권의 행사 3건사는 의회로써 이에 관한 헌법 개정안을 제출하는 사를 득함과 여(如)하니라.[12]

이. 민주국(民主國), 민주국 되는 불란서(佛蘭西) 및 북미합중국(北米合衆國)에서는 헌법 개정의 발안권을 여하히 하느뇨 할진대. 북미합중국에서는 특별히 헌법개정회를 소집하여 그 회에서 발안하기로 정하고, 불란서에서는 상하 양원에서 헌법 개정의 필요를 의결한 후, 국민의회에 대하여 발안하기로 정하였으며, 또 서서(瑞西)에서는 헌법 개정을 발안하는데 상하 양원의 의론이 불일(不一)할 시에는 5만 인 이상 국민의 동의가 무하면 개정의 발안을 하지 못하게 되었나니라. (후략)

해설 | 이 자료는 헌법의 의의, 개정, 의결 정족수, 개정 시기 등을 번역하여 개괄적으로 서술한 자료이다. 대체로 헌법의 구별이나 내용에 대해 개관하고 있으며 의회에서의 제정과정을 설명하고 있다. 1907년 당시 입헌군주제에 관심을 가지고 헌법 제정의 논리를 편 것으로 보인다. 특히 『형법대전』 개정과 관습 등 민법 제정의 기본이 되는 헌법론을 알 수 있는 자료이다.[13]

12　독일의 바이에른 헌법에서는 헌법 개정 절차를 발안을 제한하는 군주국의 예로서 소개되고 있다. 김효전, 2004, 「독일 헌법이론의 초기 수용(2)」, 『인권과 정의: 대한변호사협회』 339 참조.

13　곽한탁은 몇 차례 법률에 대한 논설을 제기하였다. 〈헌법(憲法)〉, 《태극학보》 제6호, (1907. 1. 24), 〈시세와 한국(時勢와 韓國)〉, 《대한흥학보》 제10호, (1910. 2. 20), 〈조약개의(條約槪意)〉, 《대한흥학보》 제12호, (1910. 4. 20), 〈조약개의(條約槪意)(속)〉, 《대한흥학보》 제12호, (1910. 5. 20) 참조.

자료 133 | 《대한자강회월보》 제8호, 1907. 2. 25, 69~71쪽

본회속보
本會續報

1월 30일에 본회에서 토지증명규칙에 대하여 정부에 질문서를 제출하니 그 전문은 여좌(如左)하다.

정부질문서(政府質問書)

삼가 본회에서 토지가옥 부동산의 매매 혹은 전집에 대하여 증명규칙을 법률에 제정하기로 건의한 본지는 대개 근대 우준(愚蠢)한 인민 및 부랑한 자제가 부동산물을 외국인에게 금지하는 제도를 위반하여 밀매(密賣)하며 혹은 계권(契券)을 위조하여 도매(盜賣) 및 투전(偸典)하는 폐로 유하여 소송의 분나(紛挐)와 청리(聽理)의 형혹(熒惑)이 거의 그치지 않을뿐더러 여차 밀매, 도매 및 투전하는 토지 산업은 일체 외국인 수중에 모두 돌아가 막대한 폐해를 양성하겠기로 차를 방제하기 위함이어늘. 내자(迺者) 광무 10년 10월 26일 칙령 제60호 토지가옥증명규칙 제8조에 유운당사자(有云當事者)의 일방이 외국인으로 본칙에 의하여 증명을 받을 경우에는 일본 이사관의 사증(査證)을 수한다 하고, 동 11월 2일 법부령 제4호 토지가옥증명규칙 시행세칙 제7조에 군수 및 부윤은 전조의 증명을 행할 시 및 토지가옥증명규칙 제8조 말미에 의하여 일본 이사관으로부터 지조(知照)를 수할 시는 즉시 토지가옥증명부에 좌개 사항을 기재함이라 하였고, 동 11월 9일 법부 훈령 내개(內槪)에 본년 12월 1일로부터 내외국 인민이 범어 토지가옥 매매와 증여와 교환와 전당에 아울러 증명 운운이고, 그 좌개 제8항에 일본 측은 일반 내지에 시행할 사라 하고, 그 하에 우왈 단 각 항구의 각국 공동조계지 및 전관거계지 내에는 본칙을 시행치 아니할 사라 하고, 그 제9항에 또 일본 측 시행의 결과로 토지가옥의 소유권을 취득하는 자는 토지가옥에 관한 납조(納租)의 부담은 내외국인이 동일할 사라 하였으니, 차 규칙, 세칙, 훈령 등을 거하온즉 이는 당초 본회의 건의한 본지와는 크게 서로 착병(鑿柄)하여 전국 부동산의 개방을 각국 약관 이외에 포시(佈示)함과 여(如)한 지라. 가만히 놀라고 의아함에 이르기를 이기지 못하와 자에 앙질하오니 정부의 진의와 해 규(規)의 이유를 명시하여 답하시어 국민의 당혹스런 의혹을 풀게 하심을 바람.

광무 11년 1월 30일

대한자강회 회장 윤치호(尹致昊) 의정부 참정대신 박제순(朴齊純) 각하

해설 | 대한자강회가 일본의 주도로 만들어진 토지소유권증명규칙에 대응하여 외국인 허가 조항을 폐지할 것을 주장하는 내용이다. 대한자강회는 새로운 증명제도를 건의하여 외국인에게 잠매하는 것과 이로 말미암아 도매·투매 등이 발생하여 소송이 격증하는 폐해를 막으려고 했다. 그래서 1907년 1월 30일 정부에 질문서를 보내 정부가 전국 부동산을 외국인에게 완전 개방하고 조세 부담도 내외국인이 동일하게 하라는 훈령에 대해 그 진의와 이유를 밝혀줄 것을 요구하였다.

자료 134 | 《대한유학생회학보》 제2호, 1907. 4. 7, 57~60쪽

상업교육
商業教育(Commercial Education)

윤정하(尹定夏)[14]

상업교육의 필요가 일반 확인되어 세계 각국이 예의(銳意)로 이것들을 완비하는 기도에 이름이 최근 20~30년 내의 일이라. 우리나라에 이르러서는 고래로 학문이라고 칭하고 결코 상인의 소업이 아니라고 하고, 이내 선비의 맡은 일이라 하고 상인은 단지 변산필(辨算筆)의 도(道)면 족하다고 하여 금일까지도 상업교육에 용의하여 주력하는 자가 심히 드무니 이

---

14 윤정하(尹定夏, 1887~?). 계리사, 경제학자. 1897년부터 3년간 한성관립영어학교에서 수학하였고 일본으로 건너가 도쿄고등상업학교(東京高等商業學校)를 졸업하였다. 귀국 후 1909년부터 한성상업회의소(漢城商業會議所)에서 창간한 《상공월보(商工月報)》의 편집을 담당하였고, 조선 말기의 민족지에 자주 투고하면서 한국 상업계의 혁신을 위한 계몽운동을 전개하기도 하였다. 현기봉(玄基奉)이 창립한 해동물산주식회사(海東物産株式會社)에서 취체역 및 감사역을 역임하였으며, 특히 현준호(玄俊鎬)가 호남은행을 설립할 때 서류 작성을 전담하기도 하였다. 은행 설립 후 회계 고문으로서 은행의 발전에 공이 컸다. 또한, 1909년부터 5년간 주식회사 한일은행의 지배인 대리, 1910년부터 3년간 보성전문학교 강사 및 교수, 같은 해 중앙기독교청년회 상과 강사로 일했다. 1913년부터 5년간 주식회사 대구은행 지배인, 1921년부터 7년간 연희전문학교 상과 강사 및 교수 등을 역임하였다. 1938년부터는 최초로 계리사(計理士)로 개업하여 회계사무에 종사하였다. 역서로 『경제학요의』가 있다(『한국민족문화대백과』).

러한 사상은 용의주도한 자가 심선(甚鮮)하니 이러한 사상은 단지 아시아 지역에도 있지 않음이라.

금일 세계 상업 장리(場裏)에 패라고 칭[覇稱]하는 영국(英國)서도 옛날에는 상인의 필요한 지식은 독(讀), 서(書), 산(算) 세 글자 외에 불출(不出)이라하고, 금일에도 상업교육의 필요를 불선(不鮮)하는 자가 또한 있어 상업이라는 것은 성질의 복잡함이 여타과 달리 구별되며 진실로 실천 실험한 이후가 아니면 통하여 선명하기 어렵다는 것인즉 하물며 수년간 학교의 소학(所學)으로 능히 그 전체를 알 수 있느냐 하니. 이 말은 이치에 가까우나 실제 당국한 후에 처음으로 가히 아는 사항은 비록 상업에 그치는 것이 아니라 의학, 공학 등도 어찌 업이라 논하지 않으리오 하고 실천이 없이 단지 교실에서 강의로 하면 식을 얻어 온전한 표범이 될 자[識得全豹者]가 어찌 희소하다 할지나 이러한 일단으로 의·공 등의 존재 및 교육 필요를 부인할 자가 어찌 있으리오. 시험하여 생각하라. 가까운 때에 생산 기술의 진보는 각국 상품의 생산이 크게 증가되고 교통의 편의가 차제 발달함에 수반하여 차등 상품이 세계 시장에 난입하여 판로(販路)를 경쟁함에 이르고 따라서 상업경영이 하루에도 혼잡함에 이른즉, 이 중에 처하여 복잡하고 극이 없는 경제상태를 칙지(則知)하고 변동하여 무상한 물가 추세를 감찰(鑑察)하며 현재 수요의 상황을 통찰하고 장래 차등의 변천을 예상하여새 적당한 시기 및 적당한 장소에서 상품 분포하는 능력있는 상업가는 과연 여하한 인물이 가호(可乎)아.

자에 이상적 상업가를 시험하여 거론컨대 일면으로는 상업경영의 방법을 질서적(秩序的)으로 연구하고 상품에 관한 과학적 지식을 비존(備存)하고 정확한 계산과 정밀한 회계정리의 수단을 심구(深究)하고 세계 판매시장의 사정과 그 국어(國語)를 정통하고 아울러 경제원리 및 응용이며 내·외국 중요한 법률제도에 관한 지식을 완전 비유(備有)할지오. 타면으로는 공사도덕을 중히 하고 조직적 능력과 계산적 정신을 확충하며 대담하고 세심(細心)과 냉정하고 이성적을 십분 양성할지라. 이런 고로 저와 같은 인물은 상업에 종사하기 전에 좌기(左記)한 제학과에 취하여 완전한 소양을 불가불 받아야 하니 이같은 소양을 흥(興)하는 자가 이내 상업교육이라 칭함이라. 과목을 개렬(槪列)할진대.

일(一) 상업적 기업의 조직, 지휘, 관리의 원칙 및 실무 즉, 상업경영학(상업학)

(갑) 상업 본론 – 상업의 본질, 아울러 상업조직 및 제도론 상업경영의 방법, 매매의 관습, 실무 및 비교연구

(을) 상업기관론 – 은행, 보험, 해운, 철도, 해관, 창고, 교환소(交換所) 등 각종 기관의 조직, 관리, 실무 이론 및 그 발달의 대세[15]

(중략)

이때에 일국의 상업교육기관은 대략 좌의 4종(四種)으로 성립되니라.

1. 고등 상업교육기관 – 상과대학 고등상업학교
2. 중등 상업교육기관 – 중학정도의 상업학교
3. 초등 상업교육기관 – 소학(小學) 정도의 상업학교
4. 특종 상업교육기관 – 상업교원양성소, 부기학사(簿記學校), 은행원양성소, 철도학교

그러나 이상 각종 기관은 홀로 주간 수업뿐으로 부족의 탄(歎)을 면하기 어려워 주간실지 상업에 종사한 자로써 여가에 고등학예를 수습케 하기 위하여 각종 각급의 상업야학교를 설하고 그 보습 및 연구를 장려함은 상인으로 하여금 항상 개량진보케 하는 소이(所以)라. 이것으로 말미암아 기관이 십분 정돈되어야 비로소 상업교육기관이 완비하다 말할지니라.

해설 | 상업교육의 중요성을 강조하는 글로 서양 각국의 상업 상황을 소개하고 있으며, 상업교육의 내용으로 사업적 기업의 조직, 상업의 본질 임무, 상업경영의 방법, 상업기관론으로 은행, 보험, 해운, 창고 등을 소개하고 있다. 또한 각종 상업학교의 종류를 일별하여 향후 상업교육의 강화를 제안하고 있다. 특히 관습과 관련해서 매매의 관습과 상업의 관습에 대해서도 언급한 점이 주목된다.

---

15 이하 상업학 공부를 위한 과목으로는 다음이 제시된다. "이. 내 외국의 경제사정 및 차에 영향의 급할 바 사회적, 정치적 사정[상업지리(商業地理)], 삼. 상품에 관한 지식[상품학(商品學)], 사. 계산 및 회계 정리의 방법(상업산술 및 부기), 오. 상업문(商業文), 육. 외국어, 칠. 상업발달의 역사, 팔. 경제학 급 통계학, 구. 법률학, 십. 상업도덕"

자료 135 | 《태극학보》 제10호, 1907. 5. 24, 10~14쪽

습관개량론
習慣改良論

오호라. 습관의 난변(難變)이여. 여하한 습관을 물론하고 인이 일차 습관에 빠지면 용이히 이를 탈출키 어렵도다. 오인(吾人)이 형체를 이세에 기류(寄留)한 이상에는 이세의 규칙[법률과 도덕을 총함(總含)]에 복종하여 선량한 습관을 작할 것은 인류가 사회적 공동생활을 운영하는 상에 필요한 조건이라. 연이나 이 규칙이라 하는 것은 제한이 유(有)한 사물(死物)이오. 오인의 생활하는 상태는 시대의 변천과 지식 발달의 정도를 종(從)하여 변천 부지(不止)하는 자이니. 고로 습관도 또한 사회규칙의 변천에 응하여 변개(變改)치 아니치 못할 것이라. 연이나 오인은 항상 과거 습관 즉 과거 상태에 고안(姑安)키 이(易)하고 신사위(新事爲)를 실행키 난(難)한 자이라. 고로 과거 습관 중에 다소한 결점을 간파하면서도 차를 용단하여 쾌혁(快革)하는 기상이 소(少)하고 신사위의 장처(長處)를 자인하면서도 차를 용이하게 인(人)에 선(先)하여 실행하는 용력(勇力)이 소(少)한 것은 아마 일반 인생의 약점인 듯하도다. 고상한 이상을 실현하는 사명을 대래(帶來)한 우리 배 청년 용단 전진하는 기상에 부(富)한 우리 배 청년은 항상 여차한 점에 대하여 경안(烱眼)으로 차를 통찰치 아니치 못하려니와 개중 한심한 자는 구일(舊日) 폐문자활(閉門自活)하던 시대의 자존적 사상으로 완악한 구습관을 고수하여 불변하는 자이니 그 해독이 어찌 적다 위하리오. 우리나라는 본시 4천 년 역사를 유(有)한 문화의 구방(舊邦)이라. 일반 국민의 선량한 습관으로 논할지라도 물론 소(少)치 아니하거니와 또 타방면으로 관찰하면 금일 시대에 적합치 못한 악습관이 또한 소타 위(謂)치 못할지라. 아국이 불행 수백 년 래 태평무사한 결과로 일체 국민의 사상이 부화문약(浮華文弱)에 류(流)하여 태타(怠惰)로 습(習)을 성하고 종종한 악습관이 천지만엽(千枝萬葉)으로 사회상에 해독(害毒)을 유급(流及)함이 실로 저지할 바를 부지(不知)하되 1인도 차에 대하여 대성으로 규호(叫呼)로 통쾌한 혁신을 주장하는 자이 무(無)하니 삼천리 강토 중에 아즉 서광이 미도(未到)하여 미몽(迷夢)이 미파(未破)하였는가. 이천만 인구 중에 일쾌남아가 무하냐?

제1. 계급의 제도를 타파할지라

아국의 사회제도는 실로 종종한 계급이 유하니 상으로는 무수한 층절(層節)에 재한 양반(兩班) 열하(列下)으로는 또한 무수한 계급에 재한 상(常)놈 열(列)이 차 간에 연미상접(連尾相接)하여 등차급수(等差級數)를 작성하니 그 허다한 명색에 지하여는 도저히 여배(余輩)의 매거(枚擧)키 미능(未能)할 자이로다.

가사(可使) 국민이 그 국가와 사회상에 위대한 공적을 표창하는 자에 대하여 국가가 여차한 인에게 특전을 시여하며 사회가 존경을 다하여 일은 그 인의 공로를 위로하고 일은 국민에 장려하는 실을 거(擧)케 함은 고금 만국의 통칙이오 인사의 당연한 이세(理勢)라. 연이나 이로써 그 대대자손이 이 은전에 참예(參預)케 하여 이일(異日)에 무수한 폐단이 이로 유하여 양출(釀出)하고 그 자손으로 하여금 도리어 무위무능의 인물을 작케 함은 불가(不可)한지라. 아국의 정형을 회고하면 일반 국민의 두뇌에 소위 문벌 관념이 심인(深印)하여 용인(用人)에 문벌을 선견(先見)하며 교제에 문벌을 상쟁하고 심지어 혼인 등 사에 문벌을 택하며 소위 상급 양반은 중급 양반을 억압하고 중급 양반은 하급 양반을 억압하며 하급 양반은 상놈을 억압하여 이처럼 호상(互相) 모해침탈(謀害侵奪)함으로써 사업을 작하니 이와 같고야 어찌 국민의 진정한 단합을 기망(期望)하며 일국의 부강을 운운하리오.

견(見)할지어다. 저 평등 자유로 생명을 삼는 미국 인민은 4백만 흑노(黑奴)의 평등자유권을 위하여 남북의 대전쟁을 불사치 아니하였는가. 1천에 2일은 무하고 인외(人外)에 인은 또 무하도. 천성(天性)의 영매우로(英邁愚魯)와 학식의 다소로 인하여 인격의 우열(優劣)은 생(生)할지언정 어찌 인되는 자격에야 차별이 유하리오. 완전한 독립을 작성할 아국민은 부국강병의 실을 거코져 하면 먼저 이와 같은 계급의 제도를 타파하고 인신매매의 악습을 금지하며 가련(可憐)한 노비를 하나같이 모두 해방하고 사민평등(四民平等)의 제를 기도할 것이라.

제2. 축첩(蓄妾)의 괴습(怪習)을 박멸할지라

심재(甚哉)라. 축첩의 해독이여. 일신을 이로 유(由)하여 망하고 일가를 이로 유하여 멸하며 일국이 이로 유하여 쇠(衰)하도다. 이 축첩하는 괴습은 우리 동양제국의 공통한 관습이나 그중 우심(尤甚)한 자는 아국이니 아국의 소위 중류 이상 사회에 속한 인물은 이 축첩으로써 신사의 의례건(依例件) 행사로 생각하고 이에 따라 일반 인민이 이로써 남자의 특권으로 알아 축첩하는 자가 치(恥)됨을 부지하고 또 사회가 여차한 자에 대하여 반점의 비난을 불가하니 어찌 인사에 여차히 모순하고 불공평한 사가 유하리요. 연약한 부녀자에게 대하여는 부덕(婦德)이니 정절(貞節)이니 지조(志操)이니 하고 열녀는 이부(二夫)를 불경(不更)한다 하여 청춘과부로 하여금 재가를 불허하면서 어찌 남자에게는 여차 특권을 허여할 리가 하(何)에 재하뇨.

자못 남자가 완력이 강함으로써만 언하면 차는 도리어 금수에도 불급하는 행위라. 어찌 만물의 영장이라 자칭하는 인류의 행할 바이리오. 저 금수의 배우(配偶)를 견(見)할지어다. **인류의 일부일부의 제는 천리(天理)의 정한 바이라. 동시 이세의 일반 인류로 부녀를 남자의 일완 롱물(弄物)로 지(知)하는 것은 상고 흑암시대 남자의 완력적 자욕적 사상에 불과함이라. 또 축첩의 해로 말하면 일일이 매거키 미황(未遑)하나 이로 인하여 자기 일인의 신세만 오(誤)할 뿐아니라 일가의 평화를 교란하며 대(大)하면 그 영향이 일국의 화단(禍端)을 초치하는 예가 금고에 불희(不稀)하니 평등 자유를 애호하는 유아국민(維我國民)은 금일로 위시하여 일반 사회상에서 축첩하는 악습을 구출(驅出)할지어다.**

제3. 태타의 풍습을 일소할 것이라

인의 생명은 활동에 재하니 인이 만일 차세(此世)에서 노력을 비천염악(卑賤厭惡)하는 자는 차세에서 생존함을 불허하니 여차한 인은 사(死)함이 가(可)할지라. 농자는 절기를 불실(不失)하고 농업에 근면 종사하며 상자는 상업에 충실하고 의자(醫者)는 활인(活人)에 불태(不怠)하며 사자(仕者)는 사자의 책임을 진(盡)하고 학생은 학생의 직분을 진하여 여차히 인인이 각자의 천직을 진하여서 생명의 자본을 공급함은 인생 인활(人活)의 원칙이라. 아국은 수백 년래로 일반 국민이 태타로 습을 성하여 자는 부에게 의뢰하여 노력치 아니하고 제는 형에게 의뢰하며 친척은 친척을 의뢰하고 소허(少許)의 여유가 유한 가문 자제는 신성한 이 노동으로써 수치(羞恥)를 번작[反作]하여 전국에 유의도식(遊衣徒食)하는 기생충이 기허(幾許)를 난산(難算)하니 여차하고 그 국이 빈약치 아니하면 차는 상리(常理)의 위반하는 것이라. 인사다단(人事多端)한 금일을 당하여 저 열국 국민은 시간과 노력을 경제적으로 이용하여 부강의 보무(步武)를 익진(益進)하거늘 일국의 기초를 완정할 책임을 쌍견(雙肩)에 부담한 유아국민(維我國民)은 자금(自今)으로 위시하여 삼천리 판도 중에서 태타신(怠惰神)을 축출할지어다.

이상(以上) 열거한 자는 그중 최현저(最顯著)한 자의 2, 3 실례를 약지(略指)함이나 이외에 조혼(早婚)하는 악습이며 혼례·상례의 허식이며 기타 매거코자 하면 한이 무하도다. 여차한 악습관(惡習慣)이 국민의 교육 발달함을 종(從)하여 점차 소멸할 것은 당연한 이세(理勢)나 타변(他邊)으로 생각하면 여차한 악습관이 국민교육에 지대한 영향을 급할 것은 또한 당연한 추세라. 연즉 금일 국민을 지도하는 지위에 재한 인사 어찌 차 점에 주의치 아니하고 가(可)하며 일반 국민이 금일 대혁신을 요하는 기운을 당하여 여차한 악습관을 인(人)에 선(先)하여 용진개혁함에 일보를 주저할 여지가 유하리오.

해설 | 조선의 전통적인 습관을 비판하는 글로 제1. 계급 제도를 타파할 것, 제2. 축첩의 괴습을 박멸할 것, 제3. 태타(怠惰)의 풍습을 일소할 것을 주장하였다. 이러한 악습관은 국민교육 발달에 따라 점차 소멸할 것이지만, 국민을 지도할 위치에 있는 인사들이 주의를 기울여 악관습을 먼저 없앨 것을 주장하고 있다.

자료 136 | 《대한유학생회학보》 제3호, 1907. 5. 25, 12~14쪽

법률의 필요를 개론함
法律의 必要를 槪論함

오정선(吳政善)[16]

희(噫)라. 법이 가히 아무것도 아니냐. 고금동서(古今東西)를 물론하고 대범인이 무법(無法)이면 사람이되 사람이 아니오, 국에 무법이면 나라이되 나라가 아니라. 이런 고로 인생어세(人生於世)에 법이 없으면 생을 이으지 못하고 생이 없으면 나라를 보하지 못하니 서인(西人)이 운호대 인(人)이 생어법(生於法)하여 장어법(長於法)하고 활어법(活於法)하여 사어법(死於法)이 시야라. 고로 국유법(國有法) 연후에 인민을 다스리는 데 도로 하고 이를 제어하여 취

---

[16] 오정선(吳政善)은 1908년 일본 도쿄에서 조직된 유학생 단체인 대한학회(大韓學會)에서 활동하였다. 당시 회장을 역임한 최린, 이은우와 더불어 5부의 부장을 역임한 채기두, 김기환, 최석하, 어윤비, 고의환, 이창환 등과 더불어 활동하였다. 그는 《대한학회월보》 제1호에 〈團合은 富强을 産ᄒᆞ는 母〉(1908. 2. 5)를 비롯하여, 제9호에 〈立法司法 及 行政의 區別 及 意義〉(1908. 11. 25)를, 《대한유학생회학보》 제3호에 〈法律의 必要를 槪論홈〉을 실었다.

향이 있되 외화(外化)에 달리지 않게 하고 사람에 법이 있은 연후에 생산을 경지이준(經之以準)하고 이를 경영하여 의거에 준하여 하되 병탄에 이르지 않게 하나니 이는 태고에 혼혼몽몽지세(混混濛濛之世)에도 그러하거든 하물며 지금 동서호개(東西互開)에 인문이 복잡한 때이라. 명호(嗚呼)라.

사람이 법을 알지 못하면 가히 있는 권리를 향유할 수 없으며, 당연히 행해야 할 의무도 알지 못하니 그러나 이 세상에 법학의 관계한 바가 이처럼 중요하고 크다하고 그 효용이 이와 같이 심각하고 간절하니 그 국민이 된 자가 알지 못하고 배우지 못하는 것이 가하겠는가. 저 역사상 병연(炳然)한 사적(事蹟)을 소급하여 고찰하건대 국가의 융성과 교체는 실제 법률의 미악(美惡)에 있다고 한지라. 이것으로 명철(明哲)의 군주와 현량한 정치가는 항상 그 힘을 법률에 시주(是注)하나니 이는 우리나라 기자(箕子)의 8조(八條)와 중국 한 고조[支那漢高]의 3장(三章)이며 로마제[羅馬帝]의 12동률(十二銅律)이 어찌 소연(昭然)한 증빙(證憑)이 아니리요. 그러한 직접 간접을 불문하고 치국(治國)의 임(任)에 종사하는 자는 오히려 하거니와 경국(經國)의 뜻이 유한 자는 극히 지극히 중하고 지극히 귀중하게 알 뿐 아니라 현금 외국은 인민보통교육에도 법의 대의을 교수함은 국방(國邦)의 독립과 인민의 권리를 영원 공고(鞏固)케 함이라.

그러나 아국(我國)은 고래로 인민이 순후(淳厚)한 성질은 비록 있으되 권리의 사상은 전매(全昧)함으로 단 몇 가지 조항의 형률(刑律)을 가리켜 법이라 말할 따름이요. 기타에 중중경유(重重更有)함은 알지 못하나 국가가 누백년을 지보(支保)함은 고래로 고유한 교화력(敎化力)에 유(由)할 뿐더러 또 당시의 형세가 사연(使然)함이라 어찌한 것이오. 대개 그 시는 외(外)로 강린(强隣)의 규사(窺伺)가 없고 내(內)로 선왕의 여택(餘澤)에 흡(洽)하여 도원락지(桃源樂地)에서 연처일거(宴處逸居)하여 타인이 아는 자가 없더니 현금에는 세계 형세가 일변하야 만국이 교통함에 사회의 상태가 돈연히 그 면목을 개환(改換)하여 생존경쟁의 시대를 성하였으니 차시에 처하여 구습(舊習)을 버리지 않고 이와 같이 변천무궁(變遷無窮)하는 시의(時宜)을 불응할던대 어찌 그것이 가하다고 하리요. 여일본(余日本)에 내유(來遊)함이 이미 여러 해[已閱數載矣]라. 해국 제도의 구비함과 형세의 흥성함을 견(見)하고 본국의 현상과 상교(相較)하면 그 우열의 차이함은 실로 동일(同日)에 가어(可語)할 배 바 아니라. 어시(於是)에 일변으로는 괴작(愧怍)한 마음을 이기지 못하고 일변으로는 분개한 뜻을 억지하기 어려워 그 원인을 심각하게 살핌에 법률의 힘이 거다(居多)한지라. 이내 생각하건대 상천(上天)이 인에 부비(賦畀)하신 영혜지식(靈慧智識)은 솔토(率土)가 동일하여 저들이 승하고 우리는 열함[彼勝我劣]의 차(差)가 본래 없다 할지라. 어시(於是)에 지(志)를 결하고 교(校)에 부(赴)하여 강석(講釋)을 청할새 그 연원의 심원함과 공효(功效)의 거대함이 과연 인을 경탄케 하는지라. 연이나 우리 한국의 현세(現勢)를 회수(回首)하면 흥감(興感)을 금할 수 없으니 무릇 우리 청년동포의 신학문에 유지(有志)하는 무엇을 배워 불선(不宣)한 자가 있으리요마는 누백년 넉넉하고 부드럽게 겸손하여 물러나서[優柔謙退] 법도의 학문을 항상 숭상하여 관습(慣習)을 탈각하고 활발하게 용감하게 나아가는 권리사상을 계발코자 할진대 또한 실로 차에 과(過)할 자(者)가 선(鮮)할지다. 이것으로 여(余)가 엷고 어지러워 헤아리지 못하지만 그 필요한 개략을 위에 논술한 바니 원컨대 우리 동포는 참망(僭妄)을 책망하지 않고 연구하여 게으르지 아니하여 국가 전도에 공헌함이 있다면 다행히 심히 크다고 하리요.

해설 | 법률의 필요성을 논하면서 종래의 기자 8조, 중국 한고의 3장, 로마제의 12동률 등을 거론하면서 지금 외국 인민의 보통교육에서도 법의 대의를 교수하는 것과 같이 신학문에 뜻을 둔 사람들이 관습을 탈각하고 권리사상을 계발하려면 법률을 공부해야 한다는 점을 강조하고 있다.

자료 137 | 《대한자강회월보》 제11호, 1907. 5. 25, 49~52쪽

형법과 민법의 구별
刑法과 民法의 區別

운정(雲庭) 윤효정(尹孝定)[17]

국(國)이 있은즉, 반드시 법률이 있으니 법률은 인민을 치리(治理)하는 요구요. 그 목적은 국가의 안녕을 유지하기에 재(在)한지라. 고로 그 규정하는 바이니 혹 공익상의 관계로 위주하는 자도 유(有)하며 혹 사익상(私益上)의 관계로 위주로 하는 자도 유하여 전자는 공법(公法)이라 칭하고 후자는 사법(私法)이라 칭하나니 공법은 국가와 인민의 관계를 규정하고 사법은 인민 호상 간의 관계를 규정함이라. 형법은 범죄와 형벌을 정한 공법이오. 민법은 인민 호상 간의 권리 의무를 정한 사법이나 그러나 형법에 규정한 사항으로서 사익에 관한 자가 유하고 민법에 규정한 사항으로서 공익에 관한 자가 유하되 요이(要二)컨대 위주한 목적이 여하(如何)한 데 의하여 그 규정을 이(異)케 하기에 불과하도다.

가사(假使) 사람을 살상하거나 혹 사람의 소유물을 절취하는 소위는 그 직접 관계는 비록 인민 간에 재하나 그 결과는 공익을 해함이 심대한 고로 형법으로써 처벌할 필요를 생(生)하고 또 타인과 계약하고 차를 이행치 아니하는 소위는 그 직접의 결과가 사익을 해하기에 지(止)하고 공익을 해함이 선소(尠少)함으로써 민법에 규정에 의하여 갑을 간의 권리 의무를 정하는 자니라.

---

[17] 윤효정(尹孝定, 1858~1939). 호는 운정(雲庭). 1894년(고종 31) 갑오개혁 이후 탁지부 주사로 근무하였고, 1898년 독립협회 간부로 활동할 때 고종 양위 음모 사건에 관련되어 일본 거류지에 숨어 있다가 일본으로 망명하였다. 그 후 고베(神戶)에 머물며 박영효(朴泳孝)·우범선(禹範善) 등과 조일의숙(朝日義塾)을 세워 우리나라 유학생을 수용하였다. 우범선과 사귀는 동안 우범선이 민비 시해 사건 관련자라는 것을 알고, 민비의 원수를 갚으려고 고영근(高永根) 등을 시켜 우범선을 죽였다. 귀국하여 1905년 이준(李儁)·양한묵(梁漢默) 등과 헌정연구회(憲政研究會)를 조직, 의회를 중심으로 한 입헌정치체제를 목적하였다. 1906년 장지연(張志淵) 등과 헌정연구회를 토대로 대한자강회(大韓自強會)를 조직하였다. 민중을 기반으로 애국 인사를 포섭, 교육 확장과 산업 개발을 통한 한국의 자강독립을 목적으로 한 단체로서, 전국에 25개 지부를 설치하였다. 1907년 일제에 의해 고종이 퇴위당하자 반대운동을 전개하다가 해산당하였다. 이에 장지연·오세창(吳世昌)·권동진(權東鎭)·유근(柳瑾) 등과 대한협회(大韓協會)를 조직하여 대한자강회 사업을 계승하였다. 대한협회의 총무로서 이 회의 기관지인 《대한협회회보》·《대한민보》를 간행하여 일제의 통감 정치와 친일매국단체인 일진회(一進會)를 규탄, 공격하였다. 1910년 한국이 일제에 강점되자 창신동에 숨어 살았다. 1931년부터 《동아일보》에 〈풍운한말비사〉를 연재하였으며, 1930년대에는 홍만자회(紅卍字會) 한국 지부의 일을 맡아 보았다(『한국민족문화대백과』).

우(又) 형법에 규정함이 가한 소위와 민법에 규정함이 가한 소위(所爲)는 혹 그 국과 혹 그 시(時)를 수(隨)하여 각상 부동(不同)하니 반란과 살인과 강도와 사기 등 행위는 하시하국(何時何國)을 불문하고 균(均)히 처벌하거니와 가사나체(假使裸體)로써 시중에 감행하는 자는 각국에서 다 풍속을 해하는 죄로 시벌(施罰)하나 열대 지방에 재한 국에서는 시벌치 아니하며, 또 금전을 차용하고 상환치 아니하는 자를 고시(古時)에는 형법으로써 시벌하였으나 금시에는 시벌치 아니하니, 요지(要之)컨대 입법자는 자국의 역사와 인정과 풍속을 기본으로 하고 각국의 법률을 참작하여 적당한 법률을 제안(制安)치 아니할이 불가하도다.

형법은 금지법이라 칭하여 그 목적은 범죄될 만한 소위를 금지하기에 재한지라. 인민이 여하한 경우든지 형법에 위배함을 불허하며 또 범죄한 자는 비록 피해자의 고소가 무(無)할지라도 재판소는 필야(必也) 당형(當刑)을 시하며 민법은 청허법(聽許法)이라 칭하여 인민의 호상 간 관계에서 그 준수함이 가한 사항을 정하였으나 인민은 일일 준수함을 불요(不要)하고 인민 간의 계약으로써 민법에 반대되는 행위를 가득(可得)하며 또 인민이 민법에 위배하는 사가 유할지라도 피해자의 소송이 무한즉 재판소가 그 처분을 자행(自行)함이 무하니라.

형법은 인민의 생명재산에 최중대한 관계가 유한 고로 문명제국에서는 비록 여하한 악(惡事)라도 법률에 명문이 무한 자는 결코 시벌키 부득(不得)하는지라. 일본에서도 메이지 40년(거금 20년 전) 현금 형법 발포하기 이전에는 불응위(不應爲)라는 율이 유하여 비록 법률에 명문이 무한 자라도 공익을 해하는 소위는 재판관이 그 소위에 유사한 사항을 규정하는 법조를 적용하여 형벌을 과(科)하더니 현금의 형법은 제2조에(법률에 명문이 무한 자는 비록 하등의 소위라도 벌하기 부득한다), 규정함으로 일본의 재판관은 필야 법률의 명문에 의거치 아니하면 처벌함을 부득하더라. 아국의 형법도 현금에 개정할 시기에 도하였은즉, 일본 형법의 제2조와 동일한 규정을 가견(可見)하리로다.

민법은 비록 법률의 명문이 무한 소위라도 조리(條理)와 관습(慣習)을 참작하여 적용함을 가득하노니 인민 간의 소송이 유할 시에 재판관은 민법에 명문이 유한 자는 적용하고 약(若) 혹 명문이 무한즉 관습에 의하며 또 관습이 무한 자는 조리에 의하여 재판함을 가득하나니 일본에서 메이지 29년(거금 11년 전) 4월에 현행 민법을 발포함에 그 규정한 바가 실로 1,146다조(多條)에 급(及)하였으나 상차(尙且) 관습을 적용할 경우가 불선(不尠)하더라.

아국에서는 종래 『대전회통(大典會通)』과 『명률(明律)』을 적용하되 상세한 규정이 무함으로써 관습에 다의(多依)하여 인민의 소송을 재판하였으나 종금 수년 후 민법의 발포되는 동시에는 관습을 적용함이 자연 감소하기에 지(至)하리로라.

고래 동양의 정치는 민으로 하여금 유(由)케 함이 가(可)하고 알게 함이 불가하다는 주의를 취하여 법률을 제정하여도 인민에게 알게 아니하는 고로 무지한 인민으로 하여금 법망에 구촉(驅觸)케 하기에 지하여 그 해가 실로 가측(可測)키 어렵더니 근세의 문명제국은 인민으로 하여금 유케 함이 가하고 또 알게 함이 가한 주의를 취하여 법률을 제정 발포한 후에 상당한 기간을 정하여 인민으로 하여금 일일이 주지케 한 후에 비로소 실시하는지라. 일본에서는 법률을 공포한 후 20일을 경과하여 시행함을 상례로 하더라. 이외에도 형법과 민법에 관계된 요의(要義)를 가론할 사가 심다(甚多)하니 그 상세한 설명은 후일에 겸(謙)하노라.

해설 | 윤효정이 근대 국가의 법률체계를 개설적으로 설명하면서 공법과 사법의 구분을 소개하면서 범죄와 형법을 정한 공법인 형법과 인민 호상 간 권리와 의무를 정한 사법인 민법에 대해 구체적으로 설명한 것이다. 민법에 대해 설명하면서 조리와 관습을 참작하여 적용한다고 하면서, 만약 법률상의 명문이 없으면 관습에 의하여 그리고 관습이 없으며 조리에 의해서 재판이 이루어진다고 하였다. 일본 민법에서는 모두 1,146조항이 있다고 소개하고 있다. 그는 앞으로 민법이 발포되는 동시에 관습을 적용한다면 인민의 소송이 자연 감소하게 될 것으로 전망하고 있다.

자료 138 | 《서우》[18] 제7호, 1907. 6. 1, 17~19쪽

영사의 재판권
領事의 裁判權

회원(會員) 한광호(韓光鎬)[19]

크게 무릇 개인이 사회에 생활하고자 함에 당하여 타인의 권리를 침해치 아니하는 범위 내에서 자유로 행동함을 가득함과 같이 국가도 또한 세계 생활하고자 함에 당하여 타국이 가진 권리를 침해치 아니하는 범위 내에서 내정 및 외교에 관하여 자유의 의사로 실행하며 타국이 이에 대하여 용훼(容喙)함을 부득케 하는 권리가 있으니 이것으로 국제공법상에 위반치 아니하는 이상은 하등의 정도 및 종류의 교제를 체결할지라도 결코 장애가 될 사가 무하니라.

고로 입법·행정 및 사법의 삼권을 자유로 행사하여 정체의 변경과 정부기관의 조직 등까지라도 그 국에서 자유로 행사하는 권리가 유하니라. 판도 내에 있는 주권의 행동은 자국 신민에만 한할 자가 아니오, 타국의 인민 및 재산이라도 그 국 판도 내에 있는 이상은 그 국의 통치를 가히 받을 자요. 또 그 복종의 관계에 지(至)하여는 내국의 인민은 국가에 대하여 절대적으로 복종할 의무가 유한 고로 비록 판도 이외에 있어도 본국 주권에 대하여 복종함을 요하나니 그러나 외국 인민에 지하여는 법령 조약으로 인하여 권리를 향유함에 제한을

---

18 《서우(西友)》는 1906년 12월 1일 자로 창간된 서우학회 기관지로서 1908년 5월 통권 17호까지 발간되었다. 판권장을 보면, 주필 박은식(朴殷植), 편집 겸 발행인 김명준(金明濬), 인쇄소 보성사(普成社), 발행소 서우학회관(館)[한성 남서(南署) 하교(河橋) 48통 10호]으로 기재되어 있다. 1908년 1월 서우학회는 한북흥학회와 통합하여 서북(西北)학회로 발족하고, 기관지《서북학회월보(西北學會月報)》를 발간하였다(최덕교, 2004, 『한국잡지백년』 1, 현암사).

19 한광호(韓光鎬, 1886~?). 황해도 출신으로 1907년 보성전문학교 법과 제1회(야학)으로 졸업하였다[〈五大學府 出의 人材 언.파렛드〉,《삼천리》제4권 2호, (1932. 2. 1)]. 서우학회에 참여하여 활동하였다. 같은 이름의 다른 이들도 있어 명확하지 않으나 1910년 이후 총독부 관리로 군서기, 1919년 이후 한성은행에서 지배인으로 활약하였던 것으로 보인다(조선총독부, 1935, 『조선공로자명감』, 556쪽 참조). 계몽운동 시기에 잡지에 발표한 글로는 〈統治의 目的物〉,《서우》제5호, (1907. 4. 1), 〈領事의 裁判權〉,《서우》제7호, (1907. 6. 1), 〈外國人의 公權及公法上義務〉,《서우》제10호, (1907. 9. 1), 〈答羅錫琪勸勉書〉,《서북학회월보》제10호, (1909. 3. 1), 〈自主獨行은 偉人의 本色〉,《서북학회월보》제11호, (1909. 4. 1), 〈向上의 精神으로 知者에게 一言〉,《대한흥학보》제2호, (1909. 4. 20), 〈春日遊園有思〉,《대한흥학보》제4호, (1909. 6. 20) 등이 있다.

특설하여 자국 인민과 동일한 대우를 불여(不與)할 뿐아니라 특히 공권에 지하여는 외국인은 원래 향유치 못함이 통칙이 되니라.

자(玆)에 주의를 요할 자가 유하니 주권 내부에 대한 행사의 제한이 유한 경우가 시라. 국가의 법률규칙 및 기타 권리가 타국 판도 내에 행함은 국제공법상 원칙으로 차를 불허하는 자이로대 그러나 국제공법은 원래 문명국 사회에 존재한 관례라. 고로 그 법칙의 필요조건으로 열국은 문명사상에 기인한 국법이 존재하여 자타 인민 간에 공평히 민사 및 형사 재판제도를 실행함을 요하나니, 이것으로 일본이 자국의 주권을 완전히 자국 판도 내에 실행코자 하여 신조약을 체결할 시에도 신민법(新民法)의 발포를 조건으로 정한 사가 유하니라.

그러나 대개 국가의 법률이 완비치 못하거나 또 혹 법률이 존재하여도 문명국의 법률과 대차(大差)가 있는 시는 열국(列國)이 자국의 인민과 재산을 완전히 보호할 필요로 조약을 체결하여 영사재판의 제도를 설치하여 자국의 인민을 보호하나니라. 구미제국이 반개국(半開國)에 대하여는 조약으로 자국 영사에게 치외법권 이외에 특권을 유할 사로 규정하여 재류국의 법률을 불의(不依)하고 영사로 하여금 본국의 법률 및 사법을 행하여 자국의 인민을 보호하며 재판하는 권리가 유케 하나니. 이와 같이 예외를 설정한 이유는 전설(前說)과 같이 반개국의 관습 및 법률은 문명제국의 관습 및 법률과 상수(相殊)하여 그 법률과 재판을 신빙키 어려움으로 여차(如此)한 규정을 설정함에 불외(不外)하니라.

이 제도를 피(被)한 국가는 자국 판도 내에 재하여 당연히 행사할 주권의 일부분을 외국과 계약한 결과로 타국에 대하여 양여한 자이라 말하지 아니치 못할지라. 가령 **서력 1856년에 토이기국(土耳其國)[20]은 파리조약에 의하여 국제공법사회에 일원됨을 구주열강으로부터 인득(認得)하였으나** 그 국의 관습 및 법률이 일반 문명국의 법률 및 관습과 대차(大差)가 유함으로 영사재판의 제도를 설치함을 피(被)하였고 해 국에 재한 외국의 인민 및 재산에 대하여는 주권의 행사를 제한한 사실이 유하며 **루마이아(羅馬尼亞)[21] 및 쇠르비아[22] 양국도 백림조약(伯林條約)을 의하여 독립국가를 성하고 법률도 또한 나파륜 법전(拿破崙法典)[23]에 기인하여**

---

20   터키(Turkey)의 한자 표기이다.
21   루마니아(Romania)의 한자 표기이다.
22   세르비아(Serbia)의 한자 표기이다.
23   나파륜은 나폴레옹(Napoléon, 1769~1821)의 한자 표기이다. 나폴레옹 법전을 말한다.

신법전을 발포한 사가 유하나 악관습이 오히려 또한 없어지지 아니하여 해국의 사법제도를 확신하기 불능함으로 문명제국이 이 나라에 대하여 재판상 특권을 실행한 사가 유하며, 또 일청 양국의 영사재판의 제도를 관찰할진대 일청전쟁 이전에 재하여는 호상적 영사재판권을 행하고 일본도 청국에 대하여 영사재판권을 유하더니 전쟁 후에 지하여는 일본만 청국에 대하여 이 권을 유하고 청국은 일본에 대하여 이 권을 불유(不有)하니라.

아한(我韓)에 당하여도 문명의 정도를 오히려 또한 미달함으로 구미열방(歐米列邦) 및 일본국이 이 권을 유하여 국제공법상에 확실히 일원됨을 부득(不得)하니 아국 신민된 자는 실로 개탄함을 견디어내지 못할 바이로다.

해설 | 한광호는 개항 이후 불평등 조약의 영향으로 개항장 등을 중심으로 하여 외국인의 불법행위에 대한 재판권 문제를 제기하고 있다. 특히 영사재판권은 대표적인 침탈의 사례인데, 한광호는 각국의 관습 및 법률이 문명국의 법률 및 관습에 큰 차이가 있어 영사재판제도가 설치되었으나 독립국가를 이루고 법률도 제정하여야 국제공법상의 하나의 일원이 될 수 있다고 강조하였다. 당시 영사재판권의 문제점을 지적한 보기 드문 글로서 특히 법률과 관습의 중요성을 강조하고 있다.

자료 139 | 《서우》 제7호, 1907. 6. 1, 28~30쪽

민법강의의 개요
民法講義의 概要

회원 박성흠(朴聖欽) 역초(譯抄)

법률은 근세 국가통치의 대본(大本)이니 금일 문명사회에 생활하는 자가 귀무천(貴無賤) 무빈무부(無貧無富)히 법률을 알지 못하면 안온히 도세(渡世)함을 부득할지니 고로 법률의 연구는 일일이라도 가벼이 할 수 없음이다. 단 법률학이 학리(學理)가 심수(深邃)하여 자세히 연구한즉 도저히 일조일석(一朝一夕)에 가히 얻을 수 없음이오. 불가불 수년을 긍(亘)하여 그 연구에 숙심종사(熟心從事)하여야 할지라.

본 강의의 목적은 여차(如此)한 심원지식(深遠智識)을 수(授)하며 여차한 고상사상(高尙思想)을 양성코저 함에 부재(不在)하고, 다만 민법의 일반 법리와 및 그 해석을 지(知)케 하여 인으로 사회상에 활동하는 제에 대체방침을 불오(不誤)케코저 함에 재하니 만약 독자가 제종 학설을 궁구하여 심원한 법리를 수탐(蒐探)코저 하면, 차 강의로 계제(階梯)하여 혹 각 법률학교에 들어가야 하며 혹 정세하고 치밀한 여러 서책을 섭렵하여서 그 지식을 계발함이 의(宜)하니라.

유조입세(由粗入細)는 학문의 순서라. 금 민법을 설명함에 당하여 유조입세하는 방법에 불의(不依)하면 독자가 망연하여 오리무중에 재(在)함을 불면(不免)할지라. 고로 금에 민법의 대체를 술(述)하고 차 법률이라 권리이라 하는 대략을 설하여 독자에게 극히 편리케 하노라.

제1장 법률의 의의

(중략)

법률(法律)이란 어(語)를 또 혹시로 성문법(成文法) 의미에 단용(單用)하는 자가 유하니 성문법이란 것은 형법, 형사소송법, 민법, 민사소송법, 및 상법과 같이 법률규칙의 문자에 재재(載在)한 자를 운함이니 **관습법(慣習法)과 같은 것은 문자에 기재치 아니하고 오직 습관상으로 규칙이 됨에 불과함으로 차를 불문법(不文法)이라 운하여 성문법에 대립하니 즉 법률에 성문법, 불문법 2종이 유하니라.** [미완]

해설 ｜ 일본 유학생 출신 박성흠이 번역한 법률 관계 논설이다. 법률의 정의, 법률의 의의 등의 기초적인 개념을 설명하고, 이후 법률의 종류, 공법과 사법, 권리 의무의 의의 등을 설명한 연작 강의안이다. 원본은 일본 대학에서 교재로 쓰인 일본의『법률학개론』을 번역하여 소개한 것으로 보인다. 1907년 당시 법률 제정, 특히 민법의 의미를 강조한 이 글을 통하여 당시 한국의 민법 제정 배경과 개정 방향을 추측해 볼 수 있다.

자료 140 | 《서우》 제8호, 1907. 7. 1, 23~27쪽

민법강의의 개요(속)
民法講義의 槪要(續)

제2장. 법률의 종류

(중략)

율법(律法)

공법 … 국가와 사인의 관계를 정한 자 … 헌법 행정법 형법 소송법

사법 … 사인과 사인의 관계를 정한 자 … 민법 상법

강행법 … 인민의 의사 여하에 불구하고 필사준봉(必使遵奉)하는 자 … 헌법 행정법 형법 소송법 급 민법 상법 중 공공질서에 관한 규정

임의법 … 준봉 여부를 인민의 의(意)로 임하는 자 … 민법 상법 중 공공질서에 불관(不關)한 규정

제3장. 권리 의무의 의의

법률이란 것은 사람과 사람과의 관계를 정한 자됨은 이술(已述)함과 같거니와 사람과 사람과의 관계를 정함에 당하여 법률은 인에게 권리를 여(與)하며 혹 의무를 부(負)케 하는 방법으로 의하여 그 관계를 명(明)히 한 것이라. 법률에 규정한 바 그 결국이 모두 피권리를 유(有)한다 피는 의무를 부한다 하는 사에 귀착한지라. 고로 법률의 상세한 것을 지(知)하기 전에 먼저 권리 의무의 의의를 십분 요해(了解)함이 간요(肝要)하니라.

권리라 의무라 하는 말은 종래 인의 보통으로 용(用)하는 바이라. 그러나 만약 권리라는 것은 일체 여하한 의미이며 의무라는 것은 일체 여하한 의미인가 문(問)하면 박학달식(博學達識)한 학자도 적당한 해설을 득한 자가 고래 미유(未有)하니 연칙(然則) 금에 선설(鮮說)하는 것이 십분 만족하다 하기 부득할지나 오직 오늘날 학자 간 통상 행용하는 설을 종(從)하여 설명하노라.

규칙에 법률상 규칙, 도덕상 규칙 등 다름이 있음과 같이 권리 의무에도 또한 법률상 권리 의무, 도덕상 권리 의무 등 다름이 있으니

예컨대 물권이라 채권이라 말한 것은 법률상 권리가 될지나 여자 권리라 붕우(朋友) 권리라 말함과 같은 것은 법률상 권리에 부재할지라. 권리라는 어(語)가 불구 하용(何用)하고 의사의 주장 이익 및 타의 보호라 운(云)하는 3원소를 합유(合有)하니 즉, 혹 힘의 보호에 의하여 의사(意思)로써 그 이익을 주장한다는 의미라. 예컨대 채권이라 말한 것은 채권을 가진 자가 법률 보호하에서 의사로써 혹 이익을 득할 사를 주장하는 의미됨과 같음인데, 오직 법률상 권리와 도덕상 권리의 다른 바는 법률상

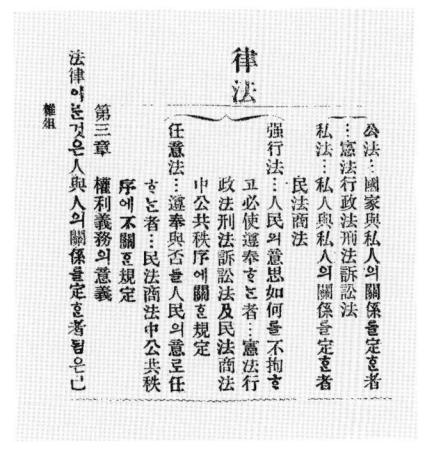

《서우》 제8호 본문 부분

권리는 법률 보호하에서 이익을 주장한다 말함이오. 도덕상 및 기타 권리는 도덕 및 기타의 보호에 의하여 이익을 주장한다 말하는 점에 있으니, 법률은 국가의 강행하는 규칙이라.

고로 법률의 보호를 받는다 함은 국가의 힘으로써 보호함이오. 도덕규칙과 같은 것은 자연히 사회의 인에 준봉(遵奉)함이 된 규칙이라. 고로 도덕의 보호에 의한다 함은 국가의 힘이라 함과 같이 확실한 힘의 보호에는 부재하고 사회 제인의 도덕심으로 생(生)한 자연력으로 의하여 보호됨이라. 법률상 권리는 법률의 역에 의하여 보호되고 도덕상 권리는 사회의 도덕심에 의하여 보호되고 권리자의 이익은 주장하는 점은 법률상 권리와 기타 권리가 다름이 호무(毫無)하니라. (중략) [미완]

자료 141 | 《서우》 제9호, 1907. 8. 1, 13~15쪽

민법강의의 개요(속)
民法講義의 槪要(續)

회원 박성흠

제4장. 권리·의무의 대별(大別)(공권·사권)

권리·의무가 도덕상과 법률상의 다름이 있음은 전장(前章)에 이술(已述)하였거니와 도덕상의 권리·의무는 법률의 설명에 하등 관계도 무(無)한 고로 이상 소술(所述)은 오로지 법률상의 권리·의무오. 또 권리라 하면 의무는 반드시 반(伴)하는 고로 권리의 분류(分類)를 시(示)하면 의무의 분류는 자연히 명(明)할지라. 고로 권리의 분류뿐 자(玆)에 설명하노라.

권리가 관하는 양(樣)으로 분(分)하면 다수 구별이 유(有)할지나 자에 최대한 공권·사권의 구별뿐 설명할지라. 제2장에 이술(已述)함과 같이 법률에 공법·사법의 다름이 유하니 국가와 사인(私人)의 관계를 정한 것은 공법이오. 사인과 사인의 관계를 정한 것은 사법인데 그 관계는 권리를 여(與)하며 의무를 부(負)케 하는 방법으로 정함이라. 대저 공법에 정한 권리와 사법에 정한 권리가 그 성질이 대이(大異)한지라. 공법에 정한 권리를 공권이라 하고 사법에 정한 권리를 사권이라 하나니, 예컨대 재판을 받을 권리는 헌법 24조에 정하고, 도로, 철도, 전신 등을 사용하는 권리는 행정법 규정에 정하였으니 하자(何者)든지 인민과 국가의 권리·의무에 관계되는 것은 공법 중에 정하여 공권에 속하고 차에 반(反)하여 물(物)을 소유하는 권리, 대금을 청구하는 권리, 상속을 하는 권리 등은 사인과 사인의 간 권리 의무의 관계니 사권이라. 고로 사법인 민법 중에 정하니라.

권리란 것은 법률의 보호로 주장하여 득할 이익인데, 공권은 국가와 사인의 간에서 법률의 보호로 주장하여 득할 이익을 운함이오. 사권은 사인과 사인의 간에서 법률의 보호로 주장하여 득할 이익을 운함이라. 공권의 상세한 설명은 공법의 설명에 양(讓)하고 이하에 사법의 기본된 권리에 취하여 약설(略說)하겠노라.

일. 사권은 이익이라. 예컨댄 여(余)가 마(馬)를 소유하였으면 여는 마를 사용하며 매도하며 대여하는 종종 이익을 수(受)하기 가득(可得)할지오. 또 대금청구권이 유한 인은 금전의 이익을 수하기 가득할 것과 같음이라. 이. 사권은 사인이 사인을 대하여 유하는 이익이

라. 만약 불연(不然)하여 사인이 국가에 대하여 유하는 이익에 재하면 차는 사권에 부재하고 공권이라. 삼. 사권은 법률의 보호하는 이익이라. 만약 법률의 보호함에 부재하면 차는 도덕 기타의 권리에 불과하니라. 사. 사권은 주장하여 득한 이익이라. 종령법률(縱令法律)의 보호하는 이익이라도 주장하여 청구하기 불능할 것은 권리에 부재하니 예컨대 운동하며 수면(睡眠)함도 법률의 보호하는 이익이나 차를 권리라 하기 불능함과 같음이라. 오. 사권은 권리자에 방기(放棄)함을 득할지라.

권리

공권 …… 국가와 사인의 간에 법률의 보호로 주장하여 득할 이익이라.

사권 …… 여사인(與私人)의 간에 법률의 보호로 주장하여 득할 이익이라.

제5장. 민법의 의의

민법의 사법되는 것은 이술하였으니 하칙(何則)고. 민법은 재산상 및 친족상의 관계를 정한 자인데 사인과 사인의 관계를 명히 규정한 고(故)라. 연이나 재산상의 사에도 상사(商事)에 관한 사는 상법에 양(讓)하고 또 재산상 및 친족상의 원칙을 규정함에 지(止)하고 세미(細微)한 사까지 일체 망라함이 아니니 예컨대 공탁의 세미한 것은 공탁법에 양(樣)하고 경매의 수속 등은 경매법에 양하고 광업에 관한 사는 광업조례에 양함과 같음이니, 요컨대 민법이란 것은 사법의 중한 자인데 상업에 불관(不關)한 자를 운함이니라.

제6장. 민법(民法)의 대의(大意)

민법을 5편에 분(分)하니 제1편 총칙, 제2편 물권, 제3편 채권, 제4편 친족, 제5편 상속이 시야(是也)라 이술함과 같이 민법은 사법으로 사권을 정한 것이라. 사권은 통상 재산권과 친족권으로 대별(大別)하니 재산권이란 것은 금전으로 계산하기 능(能)할 권리를 운함이니 물권 채권은 금전을 견(見)한 것인 고로 재산권이라. 친족권이란 것은 호주, 가족, 부부, 친자 등 친족된 관계가 원인이 되야 생(生)하는 사권을 운함이라. 민법 제2편, 제3편은 먼저 재산권(즉 물권채권)을 규정하고 제4편은 친족권을 규정하고 제5편에는 재산권 및 친족권이 차자(此者)의 수(手)로부터 피자(彼者)의 수로 이(移)하는 방법인 상속권을 규정하고 차등 각 편에 통하여 적용할 규칙을 총칙이라 명하여 제1편에 정하였으니 이하에 각 편의 대의를 차제 설명하노라.

조(粗)로 유(由)하여 세(細)에 입(入)함은 학문하는 순서라. 최초부터 민법의 세(細)부분에 설입(說入)하면 공(恐)컨댄 독자를 미(迷)케 할 뿐이라. 고로 어차에 민법 전체의 개략을 독

자에게 소개하여 독자로 하여금 민법을 용이히 지득케 하노니 독자는 차 설명에 주의할지어다. [미완]

자료 142 | 《서우》 제13호, 1907. 12. 1, 26~31쪽

민법강의의 개요(제9호 속)
民法講義의 槪要(第九號 續)

제1편의 대의(총칙)

제1장. 자연인

　권리를 유(有)하며 의무를 부(負)함을 득하는 자는 유인(惟人)에 한하고 마(馬)와 견(犬)은 권리를 유하며 의무를 부함을 부득할지라. 여차히 권리를 득유(得有)하는 자를 명하여 법률상 권리의 주체라 하나니 권리의 주체는 인에 한하되, 단 법률상 인이라 하는 것은 인생(人生)을 지(指)함에 부지(不止)하고 인의 단결도 인이라 함이 있으니, 예컨대 주주의 단결한 주식회사를 인이라 함과 같음이오. 또 재산의 집각(集各)도 인이라 함이 있으니, 예컨대 기부금을 집(集)하여 학교를 설립하였으면 차 학교(즉 재산의 집합)를 인이라 함을 득함과 같음이오. 또 인이라도 인이라 운하기 불능(不能)한 자가 있으니. 금에는 여차한 사가 무(無)하나 석시(昔時) 구라파(歐羅巴)에서 노예라 명하는 자가 유하니 차 노예는 그 시 법률에 인으로 인(認)치 아니하고 일물품으로 간주하여 매매도 하며 증여도 하여 전혀 상품과 동(同)한지라. 요컨대 법률상 인이라 운하는 것은 권리를 능유(能有)하는 자를 운함이니. 법률이 권리를 불유(不有)케 하면 인이라도 인이라 하지 못하고 법률이 권리를 유케 하면 여하(如何)한 물이라도 인이라 할지나 오직 민법은 인이라 하는 것이 사람과 사람 간의 단결재산의 집합에 한함이라. 인 중에도 인생은 자연인 또 유인(唯人)이라 명하고 인 이외의 인은 법인(法人)이라 명하여 자연인의 사는 제1장에 정하고 법인의 사는 제2장에 정하니라.

　자연인(自然人)[즉 인(人)]에 2종이 유하니 본국인과 외국인이 그것이라. 본국인은 당연히

사권을 득유(得有)하되 외국인은 법령 또 조약에 금지함이 유하면 사권을 유하기 부득(不得)하나니라.

사권을 가진 자라도 사권을 실제로 행하기 불능할 자가 있으니, 예컨대 가옥의 소유권을 지(持)한 인이 통례 그 가옥을 매(賣)하거나 저당하거나 인에게 대여함을 자유로 행할지나 만약 그 사람이 미성년될 시나 광인(狂人)될 시는 자의로 전천(專擅)하기 불능할지니 차와 여(如)한 것은 비록 권리를 향유하나 권리를 행사하기 불능할지니. 차를 법률상 어(語)에 무능력자(無能力者)라 함이라. 민법상 무능력자가 사(四)가 있으니 미성년자, 금치산자, 준금치산자, 처(妻)가 그것이라. 법률이 차등자에게 권리의 행함을 금함은 행년(行年)이 미성(未成)한 자와 광인 등에게 권리 행하는 사를 허하면 오히려 사기자(使其者)로 손실을 받게 함에 지(至)할지니 심히 미안(未安)한 고(故)니라.

미성년자라 하는 것은 성년(成年)[각국이 그 인민의 지식 발달하는 정도를 종(從)하여 성년를 정하나니 덕(德), 서(西), 정(丁), 낙(諾), 포(葡) 등 국은 만 25세로, 보(普), 오(奧), 흉(匈) 등 국은 만 24세로, 하란(荷蘭)은 만 23세로, 법(法), 영(英), 비(比), 미(美), 아(俄) 등 국은 만 23세로 일본, 서서(瑞西) 등 국은 만 20세로 하나니라]**에 미만한 자를 운함이니. 미성년자가 권리를 행함에 법정대리인(친·후견인)의 동의를 득함이 원칙이오. 금치산자(禁治産者)라 하는 것은 풍전(瘋癲)·백치(白痴) 등 정신상실자(精神喪失者)에 대하여 재판소에서 치산(治産)하는 사를 금한 자를 운함이니.** 금치산자는 후견(後見)에 부(付)하는 자오. 준금치산자란 것은 심신모약자(心神耗弱者)(정신의 작용이 미완전한 자), 롱자(聾者), 아자(啞者), 맹자(盲者), 낭비자(浪費者), 금전(金錢)을 남용(濫用)하는 자에 대하여 재판소에서 재산을 치(治)하는 기부분(幾部分)을 금한 자가 중대한 행위를 함에는 불가불 보좌인(保佐人)의 동의를 득할지오. 처(妻)도 또한 중대한 행위를 함에는 불가불 부(夫)의 허가를 득할지니라.

미성년자가 법정대리인의 동의를 불경(不經)하고 자위(自爲)한 행위와 준금치산자가 후견인에 불의(不依)하고 자위한 행위와 준금치산자가 보좌인의 동의를 가득(可得)할 사에 동의를 부득하고 자위한 행위와 처가 부의 허가가 무하면 위하기 불능할 사에 부의 허가가 무하고 자위한 행위는 그 무능력자 또는 후견인, 보좌인, 부 등이 취소함을 가득할지라. 그 행위를 취소하면 그 행위는 자초부위(自初不爲)함과 동하여 무효에 귀(歸)할지니. 예컨대 미성년자가 후견인의 동의를 부득하고 가옥을 매(賣)하였으면 그 후견인 및 미성년자가 그 매

(賣)한 행위를 취소하여 불매(不賣)함과 동양으로 착작(着作)함을 득함과 여(如)함이라.

이상은 인이 여하한 정도의 사권을 득유하며(사권의 향유) 사권을 유한 자는 여하한 시(時)던지 그 권리를 득하려 하는 능력 문제를 약술하였고 자차(自此)로는 인의 주소와 인이 주소, 또 거소로서 출분(出奔)한 시의 사를 약설하겠노라.

주소라 하는 것은 생활의 중심점을 운함이니 그 인에게 하처토지(何處土地)가 최(最)히 이해관계의 대(大)함인지 상고하여 그 이해관계가 최대한 장소를 그 인의 주소라 할지니. 고로 본적(本籍)이 유한 지(地)라도 기필코 주소라 하지 못할지니라.

가소(佳所) 또는 거소(居所)로서 출분(出奔)한 자가 그 재산을 관리할 자를 불치(不置)한 시에는 차를 기치(棄置)함이 불가한 고로 재판소에서 청구함을 후(侯)하여 그 재산에 대하여 필요한 처분을 득위(得爲)하고 만약 출분자(出奔者)의 생사가 7년간에 분명치 못할 시에는 재판소에서 관계자의 청구를 사(俟)하여 실종한 선고를 득위하나니 실종의 선고를 이위(已爲)한 시에는 그 출분한 자를 사망한 자로 간주하고 상속인이 그 후를 상속하여 재산 및 친족의 관계를 명료하게 가득케 할지니라. (중략) [미완]

자료 143 | 《대한자강회월보》 제12호, 1907. 6. 25, 21~23쪽

경제학총론
經濟學總論

오촌(梧村) 설태희(薛泰熙)[24]

제1장. 욕망[승전(承前)]

사치적 욕망과 지위적(地位的) 욕망이라 함은 경우를 의하여 왕왕 차를 명백히 구별케 난(難)하여 여하(如何)한 점같이 지위적 욕망의 범위며 여하한 점 이상 사치적 욕망의 범위가 될가. 차가 파(頗)히 애매하여 오인이 왕왕 그 분계(分界)에 고(苦)게 함이라.

갑인(甲人)에 대하여 사회상에 지위 품격을 보유함이 필요한 욕망이라도 을인(乙人)에 대하여는 사치적 욕망이 됨은 하인(何人)을 물론하고 인지키 불난(不難)함이오.

칠. 상(尙) 일보를 진(進)하여 차를 논하면

칠. 사치적 욕망과 지위적 욕망이라 함은 구별키 용이타 할지나 차 2자는 실제 명백에 차를 구별키 부득할 자라. 즉 하점(何點)같이 지위적 욕망이며 하점으로 사치적 욕망이라 할고. 왕왕 차를 구별키 불고(不苦)티 하기 불능할지라. 예를 거(擧)하건대, 당당한 일국의 국무대신이 그 출입에 마차를 승용함과 또 굉장한 관택(官宅)에 주거함과 같음은 그 관직에 반(伴)한 바에 위엄을 보존함에 필요할지나 만약 빈한한 일 서생(書生)이 경차(輕車)를 구(驅)하고 비마(肥馬)를 편(鞭)하여 가로에 질치(疾馳)함과 같음이 있으며, 또 장엄한 가옥에 주거함이 유하면 차는 비상한 췌택(贅澤)이라 양자(兩者)의 구별은 그 행위는 동일하되 그 인(人)에 의하여 혹은 사치적 욕망이요 혹은 지위적 욕망이라 함으로써 양자의 구별이 절대적에는 심(甚)히 난(難)함을 지(知)할지라.

자연적 욕망과 지위적 욕망의 간에도 역시 판연(判然)한 구별을 절대적에 입(立)하기 난

---

[24] 설태희(薛泰熙, 1875~1940). 함경남도 단천군에서 태어나 1902년 광제원 임시위원이 되었으나 바로 해임되고 일본으로 건너가 메이지대학 법학부 교외생으로 있었다. 1906년 대한자강회 간사원, 한북흥학회 평의원 등을 거쳤다. 1907년 대한자강회 통상회 평의원으로 되었고, 1910년 일제의 강제병합 이후 영흥군수로 임명되었으나 이후 유교개신론 등을 주장하였으며, 1919년 이후 물산장려운동에 참여하여 점진적 사회 개조를 지향했다고 한다(조형렬, 2004, 「개신유학자 설태희(1875~1940)을 통해 본 '문화운동'의 이념적 편차」, 고려대 사학과 석사학위논문). 이 글은 〈경제총론〉, 《대한자강회월보》 제11호, (1907. 5. 25)에 이은 글이다.

(難)한 경우가 다(多)하니 하자(何者)오. 혹 인의 필요한 지위적 욕망도 기타 지위가 고(高)한 인에 취하여는 아즉써 그 지위 품격을 유지함에 족(足)하다 하기 불가하니 그 위(位)는 후자에 취하면 실로 필요불가결할 자연적 욕망될 사가 왕왕히 유할지오. 자연적 욕망이 인에 의하여 대이(大異)한 사가 유함도 역시 의아(疑訝)를 부용(不容)할지라. 갑인에게 적당한 의식주가 을인에게 취하여는 아직 차로써 만족타 함이 불능하리로다.

팔. 상(尙) 일층을 진(進)하여 논할 시는 지위적 욕망과 자연적 욕망에 간에도 역시 판연 구별키 난(難)한 자가 유하니 즉 자연적 욕망도 인에 의하여 이(異)함이라. 갑(甲)에 적당한 자도 을(乙)에는 부적당하니, 예컨대 야만인의 자연적 욕망은 반드시 문명인에게 만족키 불능하리니 이로 보면 재산의 다소와 관습(慣習)의 차이 등은 자연적 욕망에 중대한 영향을 여(與)한 사가 명백한지라. 고로 자연적 욕망은 본래 여사(如斯)한 자라 예정키 불능하고 차등 종류에 점에만 연(然)할 뿐 아니라 분량에 점에도 역연(亦然)하니라.

롯시엘 씨(氏)[25]의 구별에 거하는 제1종에 욕망과 제2종에 욕망의 구별은 실로 제2종과 제3종의 구별과 동양(同樣)에 일견 명백함과 여(如)하나 연하나 일보를 진하여 숙고하면 그 실은 구별의 분립하기 파난(頗難)할지라 경제학은 실로 차종의 곤란 문제를 그 발단에 불가불 해(解)할지니라.

해설 | 설태희의 글로, 경제학총론을 소개하면서 경제학을 욕망의 실현을 통해 설명하고 있다. 특히 사치적 욕망과 지위적 욕망의 개념을 소개하며 경제학의 기초 개념을 강조하고 있다. 특히 문명사회에서 재산의 다소와 관습의 차이 등은 자연적 욕망에 중대한 영향을 끼친다고 강조하고 있다.

---

25 빌헬름 로시엘(Wilhelm Rossier)로 추정된다. 이 글은 일본 도쿄대 법학박사 가나이 노부루(金井延)의 『경제학총론(經濟學總論)』(1908, 메이지대학출판부) 10-27쪽에 해당하는 제1장의 욕망(慾望)을 번역한 것으로 보인다.

자료 144 | 《서우》 제10호, 1907. 9. 1, 14~24쪽

외국인의 공권 및 공법상 의무
外國人의 公權及公法上義務

동초(東初) 한광호

대개 공권(公權) 관념에 대하여는 이설(異說)이 분기(紛起)하나 여배(余輩)는 이로써 말하되 일 사인(私人)이 국가에 대하여 유한 바 권리를 공권이라 명함. 차 권리를 대별하면 그 1은 참정권, 그 2는 인권 즉 자유권, 그 3은 국가의 행위를 청구하는 권리니 차제 설명하고자 하노라.

제1. 참정권

국가의 기관이 되어 활동하고 또는 국가기관의 조직에 참여하는 권리는 보통을 참정권이라 말함이라. 차 권리는 각 문명독립국에서는 여하한 국법이라도 외국인에 대하여는 결단코 참정권을 불허하나니 그 이유가 하(何)에 재(在)한뇨. 차를 해론(解論)할지대 대개 일국 정치에 직접, 간접으로 참여케 함이 가한 자는 그 국운의 발달 확장을 성심으로 기망(冀望)하는 자가 아니면 불가하니 만약 그 국가 성쇠(盛衰)에 하등 이해가 없는 외국인과 그 국가에 적의(敵意)를 가진 외국인으로 그 정권에 간여케 하면 그 국의 생존을 희망함을 부득할 뿐 아니라 반(反)히 그 국의 멸망을 초(招)할 자가 유함에 지(至)하는 고로 참정권은 외국인에 불허함이 가함. 참정권은 외국인이 인류사회에 일원이 되어 필요한 권리가 아니라 또한 참정의 권리는 동일한 내국인이라도 하인(何人)을 불문하고 허여하는 자가 아니니, 부인, 미성년자, 풍전백치자(瘋癲白痴者) 등은 차등 권리에 참여함을 부득함이 보통이오. 황(況) 국가에 대하여 요의(要意)를 가진 외국인에 대하여 허여함을 득하리오. 고로 참정은 국민의 권리라 외국인은 국민이 아니니 이상의 원칙은 문명 각국이 보통 일양(一樣)이라. 고로 국민은 법률, 명령의 정한 바 자격에 의하여 고르게 문무관(文武官)의 임(任)과 기타 공무에 취할 사를 득하나니 이에 국민의 특권이라 고로 조약으로 외국인에 허여할 각종 권리를 열거 규정하되 참정권에 지(至)하여는 외국인은 차등 권리의 허여를 국가에 대하여 요구함을 부득하나니, 즉 제1, 중의원 선거권, 피선거권, 면촌회(面村會)의 의원 선거권, 피선거권, 부군회(府郡會)의 의원 선거권, 피선거권 제2, 문무관리·교관·기술관 되는 권 제3, 귀족의원 되는 권 제4, 공

증인 집달리되는 권은 문명국 일반 제도를 견(見)하여도 외국인에 대하여는 차등 권리를 불허함이 명백하니라. (중략)

제2. 인권 즉 자유권

자(玆)에 소위 인권이라 함은 불국학자(佛國學者)는 차를 고유 의의(意義)에 공권이라 명하고 협의의 공권이라 함은, 즉 인류사회의 일원된 인이 국가에 대하여 갖는 권리를 가리킴이라. 그러나 사권에 관하여는 내외인 평등의 원칙을 인허함에 지(至)하여 인권도 외국인으로 그 대부분을 허여(許與)함에 지하니라. 대개 사권과 인권이 공히 인권생존에 필요한 권리오. 사권은 일 사인에 대한 권, 인권은 국가에 대한 권의 구별에 불과함이라. 연(然)이나 차등 공권은 일본 법으로 논하면 일본신민은 일본 헌법으로 보장될 자이오 외국에 대하여는 청(淸), 아한(我韓) 2개국과 같이 부대등조약(不待等條約)의 국민을 제한 외에 대등조약의 국민 례 일영조약과 구미조약에 의하여 체맹국민(締盟國民)에 그 대부분을 허여한 자라. (중략)

일. 신체자유권, 여행 및 거주의 자유권 (중략)

이. 소유권 및 주소의 불가침권 일영조약(日英條約)

제1조는 전술과 같이 신체, 재산에 관하여는 완전한 보호를 향수(享受)함으로 정하고 제4조에는 양 체맹국(締盟國) 일방의 신민이 타 판도 내에서 주거 및 상업을 영위(營爲)할 가택(家宅), 제조소, 창고, 점포 및 이에 속한 총부속적(總附屬的) 구조물의 불가침과 우(右) 가택 등에는 감히 침입, 수색치 못하고 또는 장부, 서류 혹은 부기장(簿記帳)을 검사 점열치 못함. 단 내국신민에 대하여 법률, 칙령 및 규칙으로써 제정한 조건 및 정식(定式)에 의거할 시는 차한(此限)에 부재함이라.

삼. 양심의 자유, 종교의 자유, 언론, 저작, 집회, 결사의 자유 (중략)

사. 교육 및 취학의 자유 (중략)

오. 영업(營業) 또는 직업의 자유

각 인은 혹 직업을 영위하여 자기 및 친족의 생활에 필요한 자력을 획득할 사도 또한 인류사회의 일원될 인의 권리오. 국가가 인허함이 가한 자이라. 고로 일방의 국민은 타일 방판도내 하처소(何處所)든지 공업, 또는 수공업에 종사하고 각종에 생산물 및 화물을 매매함을 득하고, 또는 우(右) 영업(營業)에 종사함에 당하여 자신이 차를 하고, 또는 대리인으로 사위(使爲)하고 또는 일인이든지 혹은 외국인과 및 내국인과 조합을 결(結)하여 차를 영위함도 그 수의(隨意)오. 또 필요한 가옥 점포를 소유하고 혹은 차를 차수(借受)하여 사용 주거하며 및 영업을 함에 일시나 장기한의 계약으로써 토지를 차수(借受)할 사를 득하고, 단 내국민과 최혜국민과 동양(同樣)으로 그 국의 법률 및 규칙을 준수함을 요하나니라.

대개 차등 직업에 관하여는 차를 허하고 부(否)함은 역시 그 국의 자유라 그러나 법률의 명문, 또는 정신에 저촉이 없는 한은 인류사회의 일원이 되어 영위할 직업과 같음은 외국인에 허할 자로 해석함이 가하니. 그러나 외국인에 불허할 직업을 거하면 아래와 같음.

갑. 거래소의 회원 또는 중매인의 직업

을. 광업권자 되는 사

병. 변호사 되는 사

제3. 국가의 행위를 청구하는 권리

외국인은 조약상으로 신체나 재산에 대하여 완전한 보호를 향유한 고로 국가에 대하여 보호를 청구할 사를 득(得)함은 그 당연의 결과라. 고로 외국인은 그 향유한 바 공사의 권리를 보호하기 위하여 국가의 행위를 청구할 권리를 유(有)함이 통칙이라.

일. 사법상 행위를 청구하는 권리 (중략)

이. 행정상의 행위를 청구하는 권리 (중략)

삼. 입법상의 행위를 청구하는 권리 (중략)

제4. 공법상의 의무

대개 국제법상 독립국가는 완전한 영토주권이 있음으로 그 국에 거주하는 외국인은 그 국 법령에 복종함은 물론이오 그 국 행정권, 사법권에 복종할 의무가 있음이 이것이 곧 당연한 결과라. **일본은 신조약 체결 이전에는 종래 외국의 영사재판권이 유(有)하더니 신조약에 의하여 영사재판권을 철거한 결과로 영토주권을 전체로 회복함으로 일본에 주거한 외국 인민은 일본 영토주권에 복종함은 물론이라** 이상 소술(所述)한 결과로 외국인은 내국 인민과 동(同)히 납세의 의무가 있음이 그것이라. 즉 관세는 물론하고 타세, 소득세, 영업세, 등록세, 인지세 기타 각종의 국세 및 지방세를 납부할 의무가 있음이 그것이라. 또 병역의무에 대하여는 외국인은 예외로 복종의 의무를 면하나니라.

제5. 대등조약국 이외의 국민의 공권 및 공법상 의무

이상은 외국인의 공권 및 공법상 의무의 일반을 술(述)한 바이라. 그러나 대등조약국 국민에 대하여 논술할 자이니 그런즉 부대등조약 또는 무조약국 국민에 대하여는 여하(如何)할고. 일반으로 말하면 차등 외국인이라도 (제이)인권과 같음은 인류사회의 일원이 되어 여(與)할 자라 하면 통례로 차를 향유케 함이 상당(相當)하고, 또 (제삼)국가의 행위를 청구할 권리와 같음은 공사의 권리를 허할 정도에 부수하여 차를 허함이 가한 자니 각국의 정례도 교연(交然)한 바이라.

해설 | 외국인의 공권, 공법상의 의무를 설명하면서 참정권, 인권, 국가의 행위를 청구하는 권리 등을 나누어 구체적으로 설명하고 있다. 세 가지 공권을 설명하면서 우선 상업회의소의 회원의 활동과 소득세 등 국세에 대해 설명하였으며, 신체의 자유권과 여행 및 거주의 자유권을 설명하고, 양심, 종교, 언론, 저작, 집회, 결사의 자유 등을 강조하였고, 교육과 취학의 자유도 설명하였다. 특히 영업의 자유를 강조하여 내국민과 최혜국민이 그 나라의 법률 및 규칙을 준수해야 한다고 하였다. 국가의 행위를 청구하는 권리는 사법상, 행정상, 입법상, 공법상, 대등조약국 등에 대한 것들을 포함하였으며 또한 외국인의 권리와 의무 일반을 논하고 있다.

Ⅱ

관습조사의 실행 준비 계획

1.
한국 입법 사업 담임 당시 기안 서류

해제

소개

우메 겐지로(梅謙次郎, 1860~1910)는 프랑스와 독일에서 유학하고, 일본 민법 상법의 입법관련 연구와 기초 작업에 약 15년간 참여하였다. 일본 도쿄대학과 호세이대학의 법과대학 교수로 재직하면서, 동시에 농상공성 참사관, 민법상법시행 취조위원(民法商法施行取調委員), 법제조사회 민법기초위원, 내각 법제국장관(法制局長官) 겸 내각 은급국장(恩給局長), 문부성(文部省) 총무장관(總務長官)까지 역임하였다. 그리고 1906년 8월부터 1910년 8월 한국에서 병사할 때까지 한국의 입법에 참가하게 되었다. '우메 문서'는 그가 법률학자, 교육행정가, 교육자, 관료로서 직무를 담당할 때 생산된 초안문서들이다.

주요 내용

한국 입법 기초 관계 문서는 대부분 대한제국의 의정부 부동산법조사회(1906~1907)와 대한제국 내각의 법전조사국(1908~1910)의 입법과 관련된 초안문서이다. 주요 기록은 『한국 입법 사업 담임 당시 기안 서류(韓國立法事業担任當時ニ於ケル起案書類)』(분류번호 A5a/25), 『민사소송법 상(民事訴訟法上)』(A5a/33), 『민사소송법안(民事訴訟法案)』(A5a/34), 『민사소송법 하의 상(民事訴訟法下ノ上)』(A5a/35), 『민사소송법안: 함 제4편 파산(民事訴訟法案: 含第四編破産)』(A5a/36), 『민사소송법권리집행(民事訴訟法 權利執行)』(A5a/37), 『민사소송법 하의 상: 제5장 파산(民事訴訟法下ノ上: 第五章破産)』(A5a/37) 등이다. 일본 호세이대학에 소장되어 있다. 기증본으로, 1929년 4월 25일에 『【梅氏蔵書印】韓國立法事業担任當時ニ於ケル起案書類』로 기증되었다. 이 가운데 토지조사증명규칙이나 법률 제정 시에 필요한 조사 사항, 자문안, 법률 초안, 초안의 수정본 등이 함께 편철되어 있다. 대체로 다음과 같은 내용이 수록되어 있다. 토지건물 관습조사 사항, 토지건물증명규칙, 부동산법 요지, 지권가권법(地券家券法),

재판소 개량 의견 요지, 사법권 위임 협약의 실시에 관한 비견, 한국의 전당(典當), 법전조사국 관제, 관습조사 문제, 재판소구성법안, 통감부감옥 관제, 통감부사법청 직원급여령, 통감부재판소, 통감부감옥의 한국인 직원에 관한 건 등이 수록되어 있다.

자료의 의의

우메는 한국에서 부동산에 관한 권리의 공시에 관한 〈토지가옥증명규칙〉(1906. 10. 26, 칙령 제6호), 〈토지가옥소유권증명규칙〉(1908. 7. 20, 칙령 제47호), 〈토지조사법〉(1910. 8. 23, 법률 제7호) 등 법제 제정에 참여하였다. 이외에도 우메가 지권가권법, 재판소구성법, 법전조사국 관제 등을 만드는 데도 관여하였다는 것을 알 수 있는 문서가 포함되어 있다.

그가 구상한 한국 입법에 관한 사항을 원자료 그대로 편제하되 수정 또는 가필된 사항들을 확인하여 수록하였다. 당시 한국의 현실에 적용하려는 식민지 재판제도 및 법률제도에 대한 우메 겐지로의 입법 구상을 잘 파악할 수 있는 자료이다.

자료 145 | 우메 겐지로(梅謙次郎)

한국 입법 사업 담임 당시 기안 서류
韓國立法事業担任当時ニ於ケル起案書類

목차[1]

1. 토지건물 관습조사 사항
   동 자순안
2. 토지건물증명규칙 등의 1호
3. 앞으로 제정이 필요한 법률
   남녀 혼인 연령에 관한 1개조
   부동산법 요지
4. 지권가권법(地券家券法)
   지권, 가권 발행의 순서
5. 재판소 개량 의견 요지
   재판소 구성 의견 요지
   사법권 위임 협약의 실시에 관한 비견
   한국에서 재판제도 개정에 관한 비견
   한국의 전당
6. 법전조사국 관제[2]
   법전조사국의 직원
   법전조사국의 예산
   법률조사국관제
   토지정리국관제

---

[1] 원자료에서 목차와 본문의 제목은 일치하지 않는다.
[2] 본문에서 이하의 내용은 이번 자료집에서 다루는 시기에 해당하는 자료가 아니기 때문에 생략하였다.

7. 관습조사 문제
8. 재판소구성법안
    통감부재판법안
    통감부 판사검사 임용령안
    통감부 판사 검사관 등급령안
    한국에서 사법사무 및 감옥사무 취급에 관한 건
    한국인에 대한 사법사무 취급규칙
    한국에서 감옥사무 취급규칙
    통감부사법청 관제
    통감부감옥 관제
    통감부재판소 서기장 및 통감부재판소 서기 임용령
    통감부 전옥 통감부 간수장 및 통감부감옥 통역생 임용령
    통감부재판소 통역관 및 통감부재판소 통역생 임용령
    통감부사법청 직원급여령
    통감부재판소 서기장 통감부재판소 통역관 통감부재판소 서기 및 통감부재판소 통역생 관등급여령
    통감부감옥 직원 관등급여령
    통감부재판소 및 통감부감옥의 직원인 한국인에 관한 건
    통감부사법사무취급규칙
9. 민사소송법 편찬의 내력
    사법초안의 수정원안

1. 조사 사항[3]

1. 토지에 관한 권리의 종류, 명칭 및 그 내용

    세목(細目)

    1) 인민의 토지소유권을 인정하는가? 만약 인정한다면 그 시기는 언제부터인가?

    2) 토지소유권의 제한 및 부담

    3) 국가는 어떤 조건 아래 인민의 토지소유권을 징수할 수 있는가?

    4) 소유권은 토지의 상하(上下)[4]와 관련되는가?

    5) 토지의 경계와 양측 소유자 권리의 한계

    6) 공유지의 처분 및 관리에 관한 관습

    7) 차지권(借地權)의 종류, 명칭 및 그 내용. 그중에서도

    8) 건물소유자의 권리

    지역권(地役權)[5]이 있는가? 만약 있다면 그 종류 및 효력

    9) 입회권이 있는가? 만약 있다면 그 종류 및 효력

    10) 질권(質權), 저당권의 설정조건 및 효력

2. 관민유(官民有) 구분의 증거

---

[3] 목차에서는 이 부분의 제목이 '토지건물 관습조사 사항'으로 되어있으며 우메 겐지로는 이 자료에 대해 '부동산법요지'에 구체적으로 설명하고 있다(이영호, 2018, 「토지소유권제도의 단계적 전환: 증명→지권→등기」, 『근대전환기 토지정책과 토지조사』, 서울대학교출판문화원, 제2부 제5장, 242쪽, 270-271쪽; 이영미, 2005, 『韓國司法制度と梅謙次郎』, 법정대학출판국, 59쪽).

[4] 우메 겐지로는 『조사사항설명서(調査事項說明書)』(부동산법조사회 편, 1906, 국립중앙도서관 소장본, 3-4쪽)에서 '토지의 상하' 개념을 다음과 같이 설명하였다. "토지소유권은 단지 지구의 일부를 이루는 토지의 표면을 지배하는 것에 머무르지 않고, 또한 그 권리의 일면은 지하에 이르며 땅 위의 공간에도 이른다. … 소위 소유권이 지하에 이른다는 것은 토지 표면의 소유자가 당연히 지하를 자신의 지배권 아래에 둔다는 것을 말한다. 가령 지하 공사는 표면의 소유자만이 행할 수 있으며 다른 사람은 할 수 없다(다만 광물에 관해서는 광업법이 광물을 국유로 규정하기에 이 항목을 적용하지 않는다). 그리고 땅 위에도 이른다는 것은 토지의 표면을 소유하는 사람이 그 지면 위의 공간을 당연히 지배하고 타인이 이를 이용(가령 전선 설치 등)할 때 제한을 받음을 의미한다."

[5] 우메 겐지로에 따르면 '지역권'이란 다음과 같다(부동산법조사회 편, 1906, 『調査事項說明書』, 9쪽). "지역권은 한 토지의 편익을 위해 다른 토지를 사용하는 권리를 말하며, 그 성질은 물권(物權)에 속한다. 이 권리는 당사자가 임의의 계약을 통해 설정하는 것이며 통행·용수·공사·관망(觀望) 등에 관해 필요에 따라 다른 토지를 사용하는 것을 말한다."

3. 국유와 제실유(帝室有)의 구분 여하[6]
4. 토지대장 또는 이와 유사한 것이 있는가? 만약 있다면 그 장부에는 어떠한 사항이 기재되어 있는가?
5. 토지대장에 관한 권리의 양도는 완전히 자유로운가? 또 그 조건과 절차는 어떠한가?
6. 지권(地券)[7]과 가권(家券)이 있다고 들었다. 이는 모든 토지와 건물에 존재하는가? 또 그 연혁 및 기재 사항은 어떠한가?
7. 토지의 경계는 항상 명확한가? 만일 명확하지 않은 곳이 있다면 동일한 토지에 대해 2명 이상이 동일한 권리를 주장하는 경우가 적지 않을 것이다. 이러한 경우에는 무엇을 표준으로 정당한 권리자를 정하는가?
8. 토지의 종목은 어떻게 이를 나누는가?
   일본의 사례: 논, 밭, 택지, 산림, 원야(原野) 등[8]
9. 토지 장량(丈量)의 방법은 어떠한가?
10. 외국인에게는 토지소유권을 인정하는가? 만일 이를 인정하지 않는다면 어떠한 권리를 인정하는가?
11. 이상의 각 항목에 대해 시가지와 기타의 상이한 점이 있다면 그 차이. 기타 지방에 따라 관습이 다른 점이 있다면 그 구분

---

[6] 일제는 1907년 7월 임시 제실유 및 국유재산 조사국을 설치, 제실유와 국유재산을 구분해 조사할 임무를 부여하고, 본격적으로 국유지 조사에 착수하였다. 제실유는 제실재산정리국을 설치하여 조사하면서 이 토지도 국유지로 취급하기로 결정하였다. 일제의 토지 분류의 특징은 공토와 사토 대신에 관유와 민유로 나누고 관유를 다시 제실유와 국유지로 분류한 점이다. 대한제국에서 공식적으로 사용한 바 없는 용어를 도입하여 관습조사를 시도한 것이다(최원규, 2019, 『한말 일제초기 국유지 조사와 토지조사사업』, 혜안, 127쪽).

[7] 토지의 소유권을 나타내기 위해 발행한 증권. 1872년 2월 일본의 지조 개정에서는 도쿄에서 시가지에 대한 지권이 발행되었는데, 이를 통해 이전까지 세금을 내지 않았던 지역도 지가의 100분의 1을 납부하게 되었다. 이후 점차 도쿄 이외의 지역에도 전파되었다. 한국의 경우에는 1876년 개항통상조약에 따른 조계지에서 외국인에게 발행하는 지계를 처음으로 사용하였고, 가계의 경우 1893년 한성부 가계제도가 시행되었다. 지권과 가권에 대한 구체적인 시행안은 뒤에 나오는 〈지권가권법〉에 자세히 규정되어 있다(『한국토지용어사전』).

[8] 원문에는 "일본의 사례는 논[田], 밭[畑], 택지, 산림, 원야 등으로"라고 쓰여있다. 이처럼 한국과 일본의 논과 밭의 표기가 달랐다.

자순안(諮詢案)

1. 조사 사항 '1. 세목 2)'의 답안에 "자기 소유권 내에도 가택(家宅), 분묘(墳墓)의 주맥(主脈)에는 착단(鑿斷)할 수 없다"고 되어 있다.

    (제1) '주맥'이란 어떠한 의미인가? 만일 가택과 분묘 바로 아래 지층을 말하는 것이라면,

    (제2) 그 가택과 분묘를 토지소유자가 소유한 경우라도 착단할 수 없는가? 혹은 다른 사람이 소유한 경우에만 그러한 것인가?

2. '세목 4)'의 답안에서 토지소유자의 지하에 대해서는 설명하지만, 지상에 관해서는 단지 하나의 단언(斷言)이 있을 뿐이다. 이를 증명할 사례는 없는가?

3. '세목 7)'의 답안 중에

    (제1) 석(石), 두(斗)라는 글자가 있다. 석은 몇 두에 해당하는가?

    (제2) 맥답(麥畓)에 관해 '차답종맥(借畓種麥)'이라는 말이 있다. 이는 답의 소유자가 보리를 파종하기 위해서만 답을 빌리는 경우인가? 아니면 답의 차주가 벼를 수확한 뒤에 다시 보리를 파종하기 위해 이를 빌리는 경우인가?

4. '세목 9)'의 답안에서는 공유지의 입회권만을 말하고 있다.

    (제1) 다른 마을의 공유지에 입회하여 채신(採薪), 예초(刈草), 교목(交牧) 등을 하는 관습은 없는가?

    (제2) 관유지에 입회하는 일은 없는가?

    (제3) 개인 소유지에 입회하는 일은 없는가?

5. '세목 10)'의 답안 가운데

    (제1) "전권(田券) 및 추수곡(秋收穀)을 합쳐 전집(典執)이라고도 한다"는 구절이 있다. 이 경우에는 전(田)을 채주(債主)에게 교부하는가?

    (제2) "우리 인민의 구례(舊例)에 전집은 없지만 수표(手標)로 용채(用債)하는 일이 많았다"라는 것은 어떠한 의미인가?

    (제3) "만일 한 푼의 이자도 없다면 배리(倍利) 외에는 더 이자를 계산할 수 없다. 만약 관에 소송하면 관법(官法)은 단지 필요 없는 이자[不要ノ利]로 이를 시행한다. 즉 10분의 2의 이자뿐이다"라는 것은 어떠한 의미인가?

6. 조사 사항 '2'의 답안 가운데

(제1) '기지(基址)'라 함은 공해(公廨)의 부지를 말하는가?

(제2) '세내(稅內)의 실수(實數)'라 함은 어떠한 의미인가?

7. 조사 사항 '4'의 답안은 이해하기 어렵다. 설명할 필요가 있다.

8. 조사 사항 '5'의 답안은 '토지 양도의 조건 절차'를 설명하고 있지만 차지권, 전당권의 양도에 관한 설명이 빠져있다. 이 점은 추가 답안이 필요하다.

9. 조사 사항 '6'의 답안 가운데 '그것은 불명문(不明文)'이라는 구절이 있다. 무슨 뜻인가?

10. 조사 사항 '8'의 답안 가운데 '원답(原畓), 반답(反畓), 정전(正田), 속전(續田)'은 무엇을 뜻하는가?

11. 조사 사항 '9'의 답안 가운데 '1만 척'이라 함은 '1만 방척(方尺)'의 의미인가? 또 '장척(帳尺) 4척 9촌 9푼 9리'라는 것은 본문에서 말하는 1척이 이에 해당한다는 의미인가? 이 때의 척은 일본의 몇 척, 혹은 몇 촌에 해당하는가?

12. 조사 사항 '10'의 답안 가운데 "호법(戶法) 외에 별도로 지세(地稅)가 있다"는 구절이 있다. 설명이 필요하다.

13. 전국의 토지는 리(里)와 면(面), 또는 통(統)[경성(京城)]으로 나뉘는가? 상급 구획으로서 군(郡)이나 부(府)가 있는가? 감리(監理)의 관할지역에는 별도의 명칭이 있는가?

14. 복(卜), 간(間), 보(步)의 명칭은 어떻게 구별되는가?

15. 호주 및 가족의 재산에 관한 권리는 어떠한가?

16. 부동산에 관한 종래 여러 법령의 명문은 어떠한가?

2. 토지건물증명규칙 등의 1호[9]

법률 제 호
토지건물의 매매, 교환, 양도, 전당에 관한 법률

제1조 토지 또는 건물의 소유자가 그 토지 또는 건물을 매각, 양도하거나 이를 교환할 목적, 혹은 전당으로 삼으려고 할 때는 계권(契券) 및 그 사유를 밝힌 서면을 토지 또는 건물의

---

9 원문에는 이 제목이 생략되어 있다. 이해를 돕기 위해 목차의 제목을 임의로 표기하였다.

소유지 이장이나 면장에게 제출하고 그 증인(証印)을 받은 뒤 이를 군수, 부윤 또는 감리에게 제출하여 인허를 받을 필요가 있다. 단 경성에서는 통수(統首)의 증인을 받은 뒤 한성부윤의 인증을 받을 필요가 있다.

제2조 앞 조의 서면에는 다음 사항을 기입하고 각 당사자 및 보증인은 이에 날인한다.

  1. 토지 또는 건물의 소재지

  2. 토지나 건물 부지의 사표(四標)[10], 자호(字號)[11], 복수(卜數)[12], 칸수(間數), 보수(步數) 등

  3. 매매, 교환물 또는 채권의 표시

  4. 토지 또는 건물이 이미 전당 또는 채조(債租)[13]의 목적이 되었을 때는 그 사유

  5. 연월일

  6. 당사자 및 보증인의 주소와 씨명

제3조 토지 또는 건물의 소유자가 계권을 소지하지 않았을 때는 그 이유를 제1조의 서면에 기재한다.

제4조 군수, 부윤 및 감리는 등기부를 만들고, 제1조의 인허를 했을 때는 바로 제2조의 사항을 그 등기부에 기입한다.

제5조 등기부를 열람하려는 자가 있을 때는 군수, 부윤 또는 감리는 이를 허가한다.

제6조 매매, 교환, 양여(讓與) 또는 전당이 무효가 되거나 그 효력이 소멸했을 때는 당사자는 곧장 그 등기의 말소를 청구한다. 이때 군수, 부윤 또는 감리는 그 사실이 인정되는 경우

---

[10] 한국의 전통 양전방식으로 토지의 주위 동서남북의 지형지물을 기록하거나 소유자의 인명을 기록한 표시. 토지의 경계를 표시하거나 제언, 능묘, 도성 등에도 주위 표시를 사표라는 용어로 표현한다. 대한제국기 광무양안에서는 종래 양전에서 사표의 위치가 동서남북의 명칭뿐만 아니라 지적 표시로서 지적도로 표시하여 기록하여 두었다. 일제하에서는 사표 대신 별도 측량을 통한 지적도를 통해 토지의 위치를 표시하였다.

[11] 개별 군을 단위로 하여 전체 토지의 필지 순서 표시를 하는 방식으로 천자문 중 한 글자를 이용하여 토지의 지번(地番) 순서를 표시하는 것. 천자문 1자호는 5결 단위로 표시되며, 군 단위에서 천자문의 숫자가 넘겼다면 2천(二天)으로 표시하였으므로 5천 결 이상이 되는 군의 경우 종종 천자문을 중복하여 표시하게 되었다.

[12] 한국의 전통 면적 표시 단위는 결부제에 기초하였으므로 1결, 100부, 1천 속, 1만 파 등으로 이루어져 있다. 이때 약칭하여 결부(結負)로 표시하거나 결복(結卜)이라고 불렸다.

[13] 조선 후기 지방의 조세 문란으로 인하여 지세, 부가세 등이 부가되어 이를 갚기 위한 것으로, 조세의 채무를 가리키는 말. "서원(書員)의 고급조(考給租)와 저졸(邸卒)의 근수조(勤受租)와 민고(民庫)의 추등조(秋等租)와 저리(邸吏)의 역가조(役價租)와 약포(藥鋪)의 약채조(藥債租)와 족징(族徵)의 미수조(未收租)와 이가(吏家)의 사채조(私債租) 따위가 시끄럽게 일어나고 명목도 혼동되어 거두는데, 공인지 사인지, 거짓인지 사실인지도 구별하지 못한다"(「지관수제」, 『경세유표』 제12권)고 규정하듯이 조세의 부과과정에서 나타난 족징의 미수조, 이서배의 사채조 등을 가리킨다.

에만 등기를 말소한다.

제7조 제4조 및 앞 조의 규정에 따라 등기해야 할 사항을 등기하지 않았을 때는 제삼자에게 대항할 수 없다.

제8조 토지나 건물의 공유자가 이를 매각, 양여하거나 또는 교환 및 전당으로 내놓을 때는 제1조의 서면에 연인(連印)한다.

공유자가 그중 1명이나 여러 명에게 날인을 위임할 때는 위임장을 첨부한다.

제9조 토지나 건물의 매매, 교환, 양여 또는 전당에 관해 공유자의 협의가 이루어지지 못하면 공유자는 분할을 청구할 수 있다. 이때 다른 공유자는 시가를 지불하고 그 사람의 지분을 매입할 수 있다.

제10조 토지나 건물의 매매, 교환, 양여 또는 전당에 관해 소유자가 상대방에게 사실이 아닌 사항을 믿도록 만들었을 때는 보증인과 연대하여 손해배상의 책임을 진다.

제11조 이장, 면장, 군수, 부윤 또는 감리가 고의나 중대한 과실로 소유자가 아닌 사람의 청구를 바탕으로 증인이나 인허를 하고, 이유 없이 이를 거부하여 등기를 게을리하거나 부실한 등기, 또는 등기부의 열람을 거부하였을 때는 이로 인해 손해를 받은 자에게 배상의 책임을 진다.

제12조 당사자, 보증인, 이장, 면장, 군수, 부윤 또는 감리가 악의로 앞 두 조항의 행위를 했을 때는 태(笞) 30에서 100대에 처한다. 단 형법 각 조항에 비추어 처단해서는 안 된다.

제13조 악의로 등기부를 분실, 훼손 또는 은닉한 자는 징역 2년에서 5년에 처한다. 앞에 기술한 행위를 했을 때는 1등(等)을 추가한다. 등기부의 보관자가 전항의 행위를 했을 때는 1등을 추가한다.[14]

부칙

제14조 본 법은　년　월　일부터 시행한다.

제2조   전조(前條)의 경우 신청자는 수수료로 토지나 건물 가액의 1,000분의 2에 해당하는 금액을 납부해야 한다. 단 최저액은 1원이다.

제4조 제1조의 신청이 있었을 경우에 군수 또는 부윤은 2개월 이상 토지나 건물에 대해 다

---

14 원문에는 우메 겐지로의 추가 메모로 13조 및 부가 사항이 삽입되어 있다.

음 사항을 게시하고, 또한 군아(郡衙)나 부아(府衙)의 문 앞에 이를 게시해야 한다.

1. 토지 또는 건물의 표시
2. 신청자의 씨명
3. 신청 연월일
4. 토지나 건물의 소유자라는 신청자의 주장에 이의가 있는 자는 신속히 이를 군수 또는 부윤에게 제기해야 한다.

제5조 군수 또는 부윤이 조사한 뒤 신청자의 소유권이 확실함이 인정될 때는 신청자의 서류를 증명해 주며, 1통은 신청자에게 교부하고 1통은 문기(文記) 및 기타 증빙 서류와 함께 이를 보존해야 한다.

(제2항 이하 원문, 다음 조문 이하 순서를 내림)

토지건물증명규칙 제3조 제2항으로서 다음의 1항을 추가한다.[15]

토지건물증명대장의 전부 또는 일부가 소실되었을 경우 소유자나 전당권자가 법부대신이 인정한 기간 내에 군수 또는 부윤의 증명을 받지 않으면 그 효력을 상실한다.

단, 기간이 지난 뒤에도 그 권리와 저촉하는 증명의 신청이 없는 동안에는 재증명을 받아 권리를 보존할 수 있다.

토지건물증명규칙 시행세칙을 다음과 같이 개정한다.

제3조 다음에 다음 1조를 추가한다.

제3조의 2 토지건물증명대장의 전부 또는 일부가 소실되었을 때는 군수나 부윤이 곧바로 이를 법부대신에게 보고해야 한다.

법부대신이 위 항의 보고를 받았을 때는 3개월의 기간을 정하고 그 안에 소유자 또는 전당권자가 군수나 부윤의 증명을 받지 않는다면 증명의 효력을 상실한다는 내용을 고지해야 한다.

---

[15] 1906년 10월 31일에 공포된 〈토지가옥증명규칙〉은 민간에서 관행되던 토지 거래에 관청의 증명을 덧붙여 도매(盜賣)·투매(偸賣) 등을 방지하여 토지 거래의 안정성을 높이는 것이었는데 외국인에게도 한국인과 마찬가지로 토지, 가옥 등의 부동산을 소유할 수 있게 인정하였다. 이렇게 일본인의 토지 소유를 합법화한 일본은 곧이어 이 규칙 공포 이전에 거래가 이루어졌던 다량의 일본인 소유 잠매(潛賣) 토지에 대해서도 소유권을 합법화하는 조치를 한국 정부에 강요하였다(〈칙령 제65호 토지가옥증명규칙〉, 《관보》 제3598호, 1906. 10. 31).

토지건물증명규칙 제3조 제2항에 의해 증명을 받으려는 자는 이전에 증명을 받은 계약서 및 그 등본을 제출해야 한다. 이 경우 수수료는 납부하지 않아도 된다.

군수 또는 부윤은 계약서 및 그 등본에 재증명의 뜻을 기재한다. 계약서는 소유자나 전당권자에게 환부하지만 그 등본은 보존해야 한다.

제10조 중 '전조(前條)'를 '전 2조(前二條)'로 고치고, 또한 같은 조 제2항으로서 다음 1항을 추가한다.

재증명의 경우에는 전 증명의 연월일 및 번호를 기재하고 난외에 재증명의 연월일을 기재해야 한다.

【비(秘)】　　　　　　　　　　　　　【부동산법조사회】

부령

토지건물소유권보존증명규칙

제1조 토지 또는 건물의 소유자면서 한국신민이 아닌 자는 그 소유권의 증명을 이사청(理事廳)[16]에 신청할 수 있다.

제2조 전조의 증명에 관해서는 한국칙령 토지건물소유권증명규칙 및 법부령 토지건물소유권증명규칙 시행세칙의 규정에 따른다. 단 수수료납부서에 관한 것은 여기 포함되지 않는다.

제3조 이사관(理事官)이 소유권을 증명할 때는 토지건물증명대장에 기재할 사항을 군수 또는 부윤에게 통지해야 한다.

부칙

제4조 본 규칙은 1907년(隆熙 元年) 12월 1일부터 시행한다.

제5조 본령의 시행에 관한 규칙은 법부대신이 정한다.

---

[16] 1905년 11월 제2차 한일협약이 체결되고 이듬해인 1906년 2월 서울에 통감부, 지방에 이사청이 설치되었다. 일본이 각 지방에 설치한 통감부의 지방기관이다. 부산, 마산, 군산, 목포, 경성, 인천, 평양, 진남포, 원산, 성진 등에 설치되었고, 수원, 해주, 공주, 전주, 광주, 진주, 함흥, 경성에 이사지청(理事支廳)을 두었다(『日本外交文書』 제38권 제1책 281~282호, 1905. 11. 22).

칙령
토지건물소유권보존증명규칙[17]

제1조 토지 또는 건물의 소유자로서 다음 각호에 해당하는 자는 그 소유권의 증명을 군수 또는 부윤에게 신청할 수 있다.
1. 토지건물증명규칙 시행 전에 토지 또는 건물의 소유권을 취득한 자
2. 토지건물증명규칙 시행 후에 매매나 증여 교환에 의하지 않고 토지 또는 건물의 소유권을 얻은 자

제2조 전조의 내용은 토지건물증명규칙의 규정을 준용한다.

제3조 외국인으로서 제1조의 증명을 받으려는 자는 이를 일본 이사관에게 신청해야 한다.

부칙
제4조 본령은 1907년 12월 1일부터 시행한다.

제5조 본령의 시행에 관한 세칙은 법부대신이 정한다.

법부령
토지건물소유권증명규칙 시행세칙

제1조 토지건물소유권증명규칙 제1조 규정의 증명을 받으려는 자는 신청서 2통을 작성하고 문기 및 기타 증빙 서류를 첨부해서 증명을 받아야 하며, 토지나 건물의 소유지를 관할하는 군수 또는 부윤에게 이를 제출해야 한다.

제2조 전조의 경우 신청자는 수수료로 토지나 건물 가액의 10분의 2에 해당하는 금액을 납부해야 한다. 단 그 최저액을 50전으로 한다.

제3조 토지나 건물의 가액은 군수 또는 부윤이 이를 평정(評定)한다.

신청자가 군수 또는 부윤의 평정에 불복할 때는 관찰사에게 재정(裁定)을 요청할 수 있다. 이때 군수나 부윤은 임시 증명을 받아야 한다.

17　1908년에 제정한 〈토지가옥소유권증명규칙〉은 〈토지가옥증명규칙〉 시행 이전에 잠매되었던 외국인 소유 부동산에 대해서도 정부가 공부(公簿)로 소유권 보존증명을 발급하도록 규정하였다(〈칙령 제47호 토지가옥소유권증명규칙〉, 《관보》 제4130호, 1908. 7. 20).

제4조 제1조의 신청을 받으면 군수 또는 부윤이 조사한 뒤 신청자의 소유권이 확실한 것이 인정될 때는 신청서를 증명해 주고, 1통은 신청자에게 교부하며 1통은 문기 및 기타 증빙 서류와 함께 보존해야 한다.

군수 또는 부윤이 조사한 뒤 증명이 인정되지 못했을 때는 그 이유를 첨부하여 증명을 거절해야 한다.

제5조 군수 또는 부윤이 전조의 증명을 했을 때, 혹은 토지건물소유권증명규칙 제3조에 따라 일본 이사관의 통지가 있었을 때는 군수 또는 부윤은 토지건물증명대장에 다음 사항을 기입해야 한다.

1. 토지에 관한 각종 소재지명, 지번명[자호(字號) 등], 면적 및 4표

    건물에 관한 종목, 소재지명, 호번호[통호 등(統戶)] 및 면적

2. 소유자의 족적(族籍), 주소 및 씨명

3. 증명 연월일 및 번호

제6조 토지건물증명규칙 시행세칙 제8조에서 제12조, 그리고 제14조의 규정은 토지건물소유권의 증명에 따라 이를 준용한다.

제7조 신청서 증명의 양식 및 토지건물증명대장의 기재 양식은 별도로 정하는 바에 따른다.

부칙

제8조 이 규칙은 1907년 12월 1일부터 이를 시행한다.

제1호 신청서 양식[18]

> 신청서
>
> 1. 소재지
> 2. 번호
> 3. 사표(건물의 경우는 제외)
> 4. 종목
> 5. 면적
> 6. 소유자의 족적, 주소 및 씨명
>
> 위 토지(또는 건물)은 자신의 소유라는 것을 증명하기 위하여 별지 증빙 서류를 첨부하여 이를 신청합니다.
>
> 신청인
> 연월일   족적   주소
>   씨명   인(印)
> 군수
> 부윤 앞

---

[18] 〈토지건물소유권증명규칙 시행세칙〉은 실제 1908년에 공포되었으며, 제4조 신청서의 기록 양식을 보여주기 위해 별표로 각호 신청서 양식을 예시로 게시한 바 있다(《관보》 제4138호, 1908. 7. 29. 2면).

제2호 증명 양식

```
보(保)제     호

증명함

장부기재필

수수료 금액

연월일
            군수
                씨명 인
            부윤
```

[비고]
1. 번호에는 증명번호를 기입하고 보(保)의 부호를 앞에 적는다.
2. 장부기재필은 토지건물증명대장의 기재를 마친 뒤에 기입한다.
3. 수수료 금액은 납부한 뒤에 기입한다.
4. 연월일에는 증명한 연월일을 기입한다.
5. 임시 증명의 경우에는 '증명함' 위에 '가(假)'자를 붙인다.
6. 씨명 밑에는 관인을 날인한다.
7. 이 증명은 신청서의 끝부분에 기재하거나 부전(附箋)으로 제출한다. 부전으로 증명하는 경우에는 부전과 신청서를 계인(契印)한다.

제3호 토지건물증명대장 기재 양식

1. 토지 또는 건물의 표시에 관한 기입은 토지건물증명대장의 토지 또는 건물의 표시 부분에 한다. 그 밖의 내용은 다음 항목 이하의 기재 양식에 따라 매매, 증여, 교환 부분에 기입한다.
2. 증명번호 및 연월일은 첫 번째 칸(증명번호 및 연월일)에 기입한다.
3. 소유자의 족적, 주소 및 씨명은 세 번째 칸[매수인, 수증자(受贈者), 교환을 받은 자의 주소, 족적, 씨명]에 기입한다.
4. 그 밖의 내용은 여섯 번째 칸(기타 사항)에 기입한다.
5. 임시 증명의 경우 두 번째 칸에 '가(假)'자를 기입한다.

3. 금후 제정이 필요한 법률

1. 형법
2. 민법
    당사자의 한쪽 또는 쌍방이 일본인이나 기타 외국인일 경우에는 일본 민법을 적용함을 원칙으로 한다. 토지에 관해서는 한국 법에 따르고 신분에 관해서는 각자 본국법에 따르는 것을 본칙(本則)으로 한다.
    당사자 쌍방이 한국인일 경우에는 구관(舊慣)에 따른다.
    아울러 한국의 관습을 조사하여 간단한 민법을 제정할 것
3. 호적법
4. 변호사법
5. 토지이용법

남녀 혼인 연령에 관한 1개조
앞으로 혼인은 남자 만 17세, 여자 만 15세가 되지 않으면 할 수 없다.

부동산법 요지[19]

1. 인민의 토지소유권을 공인할 것
2. 외국인의 토지소유권을 인정할 것
3. 인민이 이미 지조를 납부한 토지는 은결(隱結)에 관련된 것이라도 원칙적으로 그 소유권을 인정할 것(이는 법문으로 정하지 않고 단지 법률 실시 때 본항에 따라 지권을 교부할 것)
4. 지권대장(地券臺帳)을 작성하여 모든 쪽을 대지(臺紙)와 지권으로 구분하고 지권은 순차적으로 신청자에게 교부한다. 한 마을[一町村]의 토지에 대해 모두 지권을 교부했다면 각 필(筆)에 번호를 붙여 토지대장을 작성할 것
5. 지권은 실비에 해당하는 수수료를 납부하고 신청하는 자에게 교부할 것
6. 지권을 교부하기 전에 토지를 장량(丈量)할 것. 단 실비에 해당하는 수수료를 납부하게 할 것
7. 한 마을의 토지소유자가 이미 지권의 수속을 청했다면 정부는 직권으로 토지를 장량하고 지권을 교부할 것. 단, 이 경우에도 앞의 두 항의 수수료를 납부하게 할 것

    8은 별지에 있다.

8. 지권의 교부를 청구하는 자가 있을 때는 신청자의 비용으로 그 내용 및 이해관계인은 지방청에 대해 원고(願告)를 문제 삼을 수 있다는 점을 공고할 것
9. 지권의 교부에 관해 문제를 제기한 자가 있을 때는 확정판결을 기다려 교부할 것
10. 종래의 지권과 신권(新券)을 모두 반납하게 할 것
11. 토지소유권을 양도할 때 지방관을 통해 그 내용을 지권 및 지권대장(또는 토지대장)에 기입하지 않으면 국가나 다른 제삼자에 대해 양도를 주장할 수 없도록 할 것
12. 차지권의 내용을 건물에 대한 것과 그렇지 않은 것으로 나누어 건물에 대한 것에는 가권을 발행할 것

---

[19] 우메 겐지로는 외국인의 토지소유권을 인정하도록 했다. 한편 통감 이토 히로부미는 외국인에게 토지소유권을 부여하지 않지만, 한국에서는 이미 외국인의 소유를 문의하여 그것을 회수할 수도 없고 회수하려 해도 거액이 들게 되므로 오히려 외국인에게 토지소유권을 허용하되, 토지에 관해서는 치외법권을 철회하고 한국 법률에 따라 소유하고 한국인과 똑같은 부담을 져야 한다는 견해였다. 우메는 앞으로 제정할 한국의 부동산법에 따르지 않으면 외국인은 토지를 소유할 수 없다는 입장을 밝혔다. 그는 일본에서도 외국인의 토지 소유가 체제를 위협하는 것은 아니므로 허용해야 한다는 입장이었다(이영호, 2018, 『근대전환기 토지정책과 토지조사』, 서울대학교출판문화원, 243-244쪽). 이러한 입장은 종전 대한제국의 '천명한 대한국인이 아니면 외국인은 토지 소유 금지'라는 원칙에 반하는 것이며, 조선 국내의 일본인 토지 소유를 마음대로 확대하여 식민지적 기반을 마련하는 데 있었다.

13. 가권은 모두 지권에 관한 규정을 준용할 것
14. 토지 또는 건물을 저당으로 삼을 때는 지방관을 통해 지권이나 가권, 특히 비치된 저당등기부에 그 내용을 기재하지 않으면 제삼자에 대해 저당권을 주장할 수 없다. 단 이때 수수료를 징수할 것
15. 저당권이 소멸한 뒤 지권 또는 가권의 수정을 청구하는 자가 있으면 수수료를 징수하고 서류로 만들 것. 지권 또는 가권에 양도나 저당을 기입할 여백이 없을 때, 혹은 오손(汚損) 등으로 인해 서류를 청구할 때도 마찬가지다.
16. 지권 또는 가권을 분실했다고 주장하는 자가 있을 때는 그에 상응하는 담보를 제공하게 하고 새로 지권 또는 가권을 교부할 것
18. 담보로 보증인을 세운 경우 그 보증인에게 신청자와 연대 책임을 지운다.
17. 지권 또는 가권의 재교부가 이루어진 뒤 선의로 구권(舊券)의 권리를 취득한 자가 있을 때는 전항의 담보로 배상을 받게 할 것
19. 지권 또는 가권을 재교부한 뒤에는 지체 없이 신청자의 비용으로 구권이 무효임을 공고(公告)할 것
20. 관찰부에 속하는 재판소 직원이나 경무관은 종종 지방청에 대해 지권대장(또는 토지대장), 가권대장 및 저당등기부를 검사하고 위법한 점이 있다면 정정을 명한다. 만약 부정행위가 있다고 인정될 때는 공소제기의 절차를 밟을 것
21. 토지의 권리에 관해 간단한 규정을 설정할 것. 특히,
    갑. 타인의 토지(관유지 포함) 위에 건물 또는 분묘를 설치하려면 미리 소유자의 동의를 얻어야 한다고 할 것
    을. 관유지 개간을 희망하는 자는 미리 관청에 특허를 받아야 한다고 할 것
    병. 저당권자는 특약이 있는 경우를 제외하고 채무불이행이 발생하면 저당물을 공매(公賣)한 대가를 통해 변제를 받는다. 잉여가 생긴 경우에는 이를 채무자에게 반환하고 부족한 경우에는 다시 채무자에게 청구할 수 있는 것으로 할 것
    (본항은 별도의 법률로 삼고, 그 전에 앞의 20개 항의 규정을 설정하는 것도 가능하다)[20]

---

20 이영호, 2018, 「부록 1. 〈부동산법 요지〉」, 『근대전환기 토지정책과 토지조사』, 서울대학교출판문화원, 270-271쪽.

4. 지권가권법(地券家券法)[21]

제1조 지권 및 가권은 민유부동산(民有不動産)이므로 부윤 또는 면장이 이를 발행한다.

지권 및 가권을 발행하는 지역과 시기는 칙령으로 정한다.

제2조 지권에는 다음 사항을 기재할 것을 요한다.

1. 지목(地目), 토지의 소재지명, 번호와 면적

2. 소유자 씨명, 주소 또는 소유자가 법인일 때는 그 명칭 및 사무소

3. 지권 발행의 연월일

제3조 가권에는 다음 사항을 기재할 것을 요한다.

1. 건물의 종류, 구조, 소재지명, 토지, 건물번호, 건평

2. 부속건물이 있을 때는 그 종류와 구조, 건평

3. 소유자의 씨명과 주소. 만약 소유자가 법인일 때는 그 명칭과 사무소

4. 가권 발행의 연월일

제4조 앞 2개 조에 기재한 사항에 변경이 생겼을 때는 부윤 또는 면장이 소유자의 청구를 바탕으로 지권이나 가권의 기재 내용을 변경할 것을 요한다.

제5조 부윤 또는 면장은 토지대장 및 건물대장을 조사하고 필요한 부분을 지권과 가권에 기재할 것을 요한다.

제6조 부윤 또는 면장은 지권 및 가권을 발행할 때 소유자에게 수수료를 납부하게 한다. 지권 또는 가권의 기재를 변경할 때 역시 마찬가지다.

제7조 지권이나 가권을 발행한 토지나 건물의 소유권 이전에 관해 부윤 또는 면장이 이를 지권이나 가권에 기입하지 않으면 제삼자에게 대항할 수 없다.

제8조 부윤 또는 면장이 지권이나 가권에 소유권 이전을 기입하거나, 혹은 지권이나 가권의

---

[21] 여기서 국유 및 제실유를 제외하고 민유 부동산에 대해 지권 및 가권을 발급하는 것으로 규정했다. 우메 겐지로는 토지의 소유를 관유지와 민유지로 나누고 다시 관유지를 국유와 제실유로 구분하려고 하였으며, 국유 또는 민유 사이의 토지소유권 분쟁은 5년 내에 소송을 제기하여 법률적 판단에 따르도록 했는데(〈지권가권법〉 16조, 18~19조), 이는 실제 토지조사 사업에서 신고와 사정의 행정적인 절차에 의해 원시적 취득을 확정한 것과는 크게 대비되는 것이다(이영호, 2018, 『근대전환기 토지정책과 토지조사』, 244-245쪽).

기재 내용을 변경했을 때는 곧장 토지대장이나 건물대장에 이를 기입해야 한다.

제9조 지권 또는 가권을 발행한 토지나 건물이 소실되었을 때는 부윤이나 면장이 소유자에게 지권 또는 가권을 반납하게 하고, 토지대장 혹은 건물대장에서 그 토지나 건물에 관한 기재를 말소시킨다.

제10조 지권 또는 가권에 소유권 이전을 기입할 여백이 다 찼거나, 지권이나 가권이 오손되어 소유자가 그 수정을 청구했을 때는 부윤 또는 면장이 수수료를 받고 구권(舊券)과 교환하여 신권(新券)을 교부할 것을 요한다.

제11조 소유자가 지권 또는 가권의 소실을 이유로 신권의 교부를 청구하면 부윤이나 면장은 그에 상당하는 담보를 제공하게 하고 수수료를 납부하게 한 뒤 교부할 것을 요한다.

제12조 앞 조의 경우 부윤이나 면장은 곧바로 토지대장 또는 건물대장에 신권을 교부한 사실을 기입하고 이를 소유자의 비용으로 공고한다. 공고의 방법은 법부대신이 정한다.

제13조 전조의 규정에 따라 공고를 한 뒤에는 구권은 그 효력을 상실한다.

제14조 공고 전에 신권에 의해, 또는 공고한 뒤에 구권에 의해 선의로 권리를 취득한 자는 제11조의 규정에 따라 제공한 담보를 통해 손해의 배상을 받을 수 있다.

제15조 소유자가 담보로 보증인을 세웠을 때 그 보증인은 소유자와 연대 책임을 진다.

제16조 종래의 칙령으로 발행한 지권 또는 가권을 소유한 자는 이를 반납하고 본법에 따라 지권 또는 가권의 교부를 청구할 수 있다.

제17조 토지감리국은 지권 및 가권을 발행하기 전에 발행지역의 국유 또는 제실유의 부동산을 공고한다. 그 방법은 칙령으로 정한다.

제18조 토지감리국이 국유 또는 제실유로 공고한 부동산을 민유라고 주장하는 자는 공고 후 5개월 이내로 제1심을 공소원에, 제2심과 종심을 대심원에 제기할 수 있다.

제19조 민유부동산이 지권 또는 가권의 명의자 소유에 속하지 않는다고 주장하는 자는 그 명의자에 대해 사법재판소에 소송을 제기할 수 있다.

제20조 부윤 또는 면장은 전당등기부를 갖추고 당사자의 청구가 있으면 지권 또는 가권을 발행한 토지나 건물의 전당을 등기할 것을 요한다.

제21조 전당등기부에는 다음 사항을 기재한다.

　　1. 제2조 제1호, 제2호 및 제3조 제1호, 제3호

2. 전당권자의 씨명과 주소. 만일 전당권자가 기입할 때는 그 명칭과 사무소

3. 채무자가 소유자가 아니면 그 씨명과 주소. 만일 채무자가 기입할 때는 그 씨명과 사무소

4. 전당을 통해 담보하는 채권의 금액

5. 채권의 변제 시기, 이자, 그 발생 기간 및 지불 기간과 조건. 단 당사자가 이들 사항을 약정했을 때로 한정한다.

제22조 지권 또는 가권을 발행한 토지나 건물의 전당은 이를 전당등기부에 등기하지 않으면 제삼자에게 대항할 수 없다. 등기한 사항에 변경이 생겼을 때나 전당이 소멸했을 때 역시 마찬가지다.

제23조 제6조의 규정은 전당등기의 경우에 이를 준용한다.

제24조 토지대장, 건물대장, 전당등기부는 수수료를 납부한 자라면 누구에게나 열람을 허락하고 등본을 교부한다.

제25조 아직 지권이나 가권을 발행하지 않은 지역에서는 부윤 또는 면장은 소유자의 청구에 따라 토지건물증명대장을 바탕으로 수수료를 납부하게 하고 임시 지권[假地券], 혹은 임시 가권[假家券]을 교부할 수 있다.

제26조 전조의 규정은 합당한 증거에 따라 소유자임을 입증하는 자가 있으면 이를 준용한다. 이때 토지건물증명대장에 등기할 필요가 있다.

제27조 본 법의 규정에 따라 납부하는 수수료는 칙령으로 정한다.

제28조 부윤이나 면장이 고의 또는 과실로 본 법의 규정에 따른 직무 집행과 관련하여 당사자나 제삼자에게 손실을 끼쳤을 때는 이를 배상한다.

제29조 본 법의 규정에 의한 사무는 구(區)재판소가 감독한다.

제30조 본 법의 시행에 관한 세칙은 법부대신이 정한다.[22]

지권, 가권 발행의 순서

1. 먼저 경성과 그 외 한두 개 도회지부터 새로 수수료를 징수하고 토지를 장량하여 지권 또는 가권을 교부할 것

---

22 이영호, 2018, 『근대전환기 토지정책과 토지조사』, 270-271쪽.

2. 지권, 가권대장을 작성하여 토지, 가옥의 표시, 소유자를 기재하고 변경이 있을 때마다 이를 기입할 것
3. 별도로 전당등기부를 작성하여 전당에 관해 등기할 것
4. 아직 토지를 대거 장량하지 않은 지방에서는 토지가옥증명부를 바탕으로 수수료를 청구·징수하고 임시 지권이나 임시 가권을 교부한다. 또한 합당한 증거에 의해 소유자임을 증명한 자에게는 임시 지권, 임시 가권을 교부하고 증명부에 기입할 것
5. 토지, 가옥대장, 전당등기부 및 토지가옥등기부의 기재, 그리고 지권, 가권, 임시 지권, 임시 가권의 발행은 구재판소가 감독할 것
6. 토지감리국을 설치해 이상의 사무를 관장하게 하고 아울러 국유와 제실유 토지의 감리를 관장하게 할 것
7. 토지감리국은 부동산법조사회, 내부, 탁지부, 법부, 궁내부의 대표자로 조직할 것
8. 부동산법조사회, 제실유 및 국유재 조사국의 사무를 토지감리국에 인계할 것

5. 재판소 개량 의견 요지

1. 평리원에 수 명, 각 관찰부에 1명의 일본인을 고용하여 민사, 형사 재판에 관여하게 할 것
2. 군수는 체포, 감금의 직무를 가지지 않을 것
3. 민사 재판에서는 당사자를 체포, 감금할 수 없도록 할 것
4. 형사 재판에서 체포와 감금의 권리는 평리원, 감찰부, 재판소 또는 경무관에 속하게 할 것
5. 증인이 정당한 이유 없이 출두하지 않을 때는 구인(拘引)할 수 있도록 할 것
6. 부동산법의 적용에 관한 소송은 1심은 군수, 2심은 관찰부 재판소, 상고는 평리원에 제기하도록 할 것

재판소 구성 의견 요지

재판소의 구성

일한 양국인을 재판관 및 검사관으로 하는 다음 재판소를 신설할 것

1. 대심원   1개소

    위치는 경성 또는 수원으로 한다.

    원장 및 검사총장은 일본인으로 한다.

    판사 가운데 2명, 서기 가운데 5명을 일본인으로 한다.

2. 공소원   3개소

    위치는 중앙부에 1개소, 당외부(當外部)에 각각 1개소를 둔다.

    원장 및 검사장은 일본인으로 한다.

    판사 가운데 2명, 검사 가운데 1명, 서기 가운데 5명을 일본인으로 한다.

3. 지방재판소   8개소

    위치는 구 팔도 관찰부 소재지로 한다.

    소장 및 검사정(檢事正)은 일본인으로 한다.

    회의를 통해 판사 가운데 33명, 서기 가운데 80명을 일본인으로 하고 번한(繁閑)에 따라 분배한다.

    검사 가운데 1명을 일본인으로 한다.

4. 구(區)재판소   113개소

    위치는 중요한 관아의 소재지로 한다.

    판사 가운데 1명, 서기 가운데 1명을 일본인으로 한다.

    판사, 검사, 서기를 맡을 일본인 숫자는 한국사법국의 능력을 본 뒤에 변경해야 할 것이다.

참조

   일본인 판사 총수(원장, 소장을 포함)   165인

   　　　　　내역

   대심원   3인

공소원 9인

지방재판소 40인

구재판소 113인

일본인 검사 총수(검사총장, 검사장, 검사정을 포함) 23인

   내역

대심원 1인

공소원 6인

지방재판소 13인

일본인 서기 총수 213인

   내역

대심원 5인

공소원 15인

지방재판소 80인

구재판소 113인

고등관 총계 188인

1인당 평균 연봉 2,000원의 경우 금 37만 6,000엔

판임관 총계 213인

1인당 평균 연봉 1,000원의 경우 금 21만 3,000엔

합계 금 58만 9,000엔

감옥제도의 개정

1. 감옥 9개소

    위치는 각 지방재판소 소재지에 1개소, 도서(島嶼) 가운데 1개소

    전옥(典獄)은 일본인으로 한다.

    간수장 이하 관리의 다수를 일본인으로 한다.

사법권 위임 협약의 실시에 관한 비견

우메 겐지로

1. 이번에 한국이 일본에 사법권을 위임하는 협약을 실시하게 되면 모든 재판사무를 우리 관아가 관장해야 하며 한국 관헌의 관여를 조금이라도 허용해서는 안 된다. 따라서 종래 구(區)재판소를 아직 개청하지 않은 곳에서 군관(郡官)이 행사했던 재판권은 협약의 실시와 동시에 소멸되어야 한다. 이때 각 지역에 구재판소가 모두 설치되지 않으면 인민의 불편이 매우 적지 않을 것이다. 왜냐하면 구재판소의 관할지역은 서너 개 군을 합친 것이 많다 보니 거리가 멀어서 군수의 재판보다 불편한데, 아직 구재판소를 개청하지 않은 곳이 있음에도 불구하고 군수의 재판권을 소멸시키면 인민은 도저히 그 불편을 견딜 수 없기 때문이다. 따라서 만일 곧바로 전국에 구재판소를 개청할 수 없다면 당분간 다소의 경과적 제도를 채용할 필요가 있을 것이다. 우선 시험적으로 이미 개청한 구재판소의 판사에게 아직 설치되지 않은 구재판소의 판사를 겸하게 하여 때때로 그곳으로 출장을 나가 재판하게 하면 판사의 수가 부족하더라도 당분간 큰 지장은 없을 것이다. 또 청사가 없더라도 일단 군이나 경찰관서에서 재판을 할 수도 있을 것이다. 다만 이를 위해서는 각 구재판소 소재지에 경찰관서가 설치되어야 한다. 경찰관서의 설치는 일반적인 필요성에서 보아도 여러 직무에 유용하므로 이번에 이를 단행한다면 오히려 일거양득의 방책이 되지 않을까?

2. 전항의 설비가 이루어지기에 앞서 협약을 시행할 필요가 있다면 이미 설비가 완료된 지방부터 이를 실시하고, 설비의 진행 상황에 따라 전국으로 넓혀가는 것 이외에는 방법이 없을 것이다.

3. 재판소의 절차에 관해서는 원칙적으로 일본인이 피고일 경우에는 일본 법을 적용하고 한국인이 피고일 경우에는 한국 법을 적용하는 것이 당연하다. 그리고 한국 법은 당분간 임시 민형소법규칙(民刑訴法規則)에 따라야 하겠지만, 일본 법은 곧바로 한국에 실행하기에는 어려운 점이 적지 않다. 예를 들면 현행 한국의 재판사무취급규칙(1906년 칙령 제166호)과 유사한 규정들이 필요하다는 점에는 대체로 누구도 이론이 없을 것이다. 생각건대 별지 구라토미(倉富)[23] 법부차관의 상신서 가운데 임시 부(府)재판소 사무취급규칙이 이에 해당한다. 그런데 현행법

---

[23] 구라토미 유자부로(倉富勇三郞)를 말한다.

에서 1906년 법률 제56호 제10조를 통해 "본 법에 규정이 있는 것 외에 재판사무에 관해 한국에서 적용하는 법률에 대해서는 칙령을 통해 별도 규정을 만들 수 있다"는 규정이 있고, 위의 칙령은 이 조항에 따라 발포된 것으로 볼 수 있다. 그러므로 이번에도 먼저 법률 가운데 동 조항의 규정을 설정함이 타당하다. 이 별지의 통감부재판소구성법을 고쳐 통감부재판법 같은 명칭을 채용하고 거기에 각각의 규정을 설정할 수도 있다. 일본의 제국헌법은 한국에서 시행되지 않기 때문에 칙령을 통해 소송의 절차를 정하는 일도 가능하다. 지금 헌법에 관한 근본 문제의 해결을 피하고 단지 종래 우리 정부가 취해온 방침에 따르더라도, 이미 1906년 법률 제56호에서 제10조의 규정을 필요로 했으므로 이에 대신하는 법률을 발포할 때도 역시 마찬가지의 규정을 두는 것이 온당하다. 통감부재판소구성법 역시 칙령을 통해 정할 수 있는 것이다. 그렇지만 이를 법률을 통해 발포할 필요가 있는 이유는 정부가 자신들과의 협조를 기피하는 것이 아니냐는 제국의회의 의심을 불식시키고, 헌법의 해석에 관해 정부와 의회가 서로 다른 견해로 다투는 일을 방지하기 위해서다.

4. 재판소 직원의 자격에 관해서는 원칙적으로 우리 재판소 구성의 규정에 따라야 할 것은 물론이지만, 종래의 경험에 비추어보면 얼마간 판사임용제도를 택하지 않는다면 필요 인원을 구하기 곤란할 것이다. 그러므로 현재의 직원은 모두 기존의 방식으로 채용하는 것이 타당할 뿐만 아니라 대우, 봉급 등에 있어서 종래와 큰 차이가 없도록 노력하지 않으면 처음 부임 조건과 크게 달라지기 때문에 결국 불평을 하는 자가 나올 것이다. 사직하여 내지(內地)로 돌아가거나 어쩌면 이전과 같이 열심히 일하지 않을 우려가 있다. 봉급에 관해서는 큰 곤란이 없겠지만 현재 한국 정부에서 받는 것과 동일한 대우를 해주기란 매우 곤란할 것이다. 평균 1등급을 낮추는 것은(예를 들어 친임관은 칙임 1등이 되고, 칙임 1등은 칙임 2등이 되는 일) 어쩌면 어쩔 수 없는 일인지도 모르겠다. 이에 소관(小官)은 다음 안에 대한 통감 각하의 검토를 받고자 한다. 이는 단지 사법관에만 제한되는 것이 아니라, 재한국 일본 관리에 대해 논의하기 위해 고안한 것이기도 하다.

1) **일본은 종주국(宗主國)이고 한국은 보호국(保護國)이다. 따라서 국제법에서도 그 등급이 같지 않다. 그러므로 일본의 관리는 관등이 같더라도 한국 관리보다 더 좋은 대우를 받는 것이 지당하다고 생각한다. 그러므로 궁중 석차 등에서 일본 관리는 한국 관리보다 대우에서 1등을 더하고(예를 들면 한국 친임관과 일본의 1등관, 한국 칙임 1등관과 일본의 2등관을 동등하**

게 할 것) 임명 순서에 따라 그 차석을 정할 것

2) 일본 관리면서 한국 관리를 겸하는 자는 제1항의 차석에 따라 그 위치를 정할 것

5. 변호사는 당연히 일본 변호사법에서 정한 자격이 있는 사람에게만 한정해야 할 것이다(한국 변호사에 대한 특례는 별개다). 다만 종래 보안규칙 제2조에 따라 이사관의 허가를 받고 소송대리인의 업무에 종사하는 자들이 있는데, 지금 바로 그 영업권을 빼앗는 것은 다소 가혹하다. 물론 이들 중에는 실제 소송대리인으로 적합하지 않은 자도 있겠지만, 그러한 사람들은 징계할 수 있을 때 곧바로 영업 허가를 취소할 수 있도록 하면 될 것이다.

6. 사법경찰관은 반드시 일본 관리를 임용하고 직접 검사의 명령에 복종하도록 한다. 현실적으로는 한국경찰국의 일본인을 이에 임명하는 것이 편할 것이다. 아마 별지에서 "사법경찰관의 자격에 관한" 칙령이 필요하다고 한 것은 이러한 취지 때문일 것이다.

한국에서 재판제도 개정에 관한 비견

우메 겐지로

구라토미 법부차관이 제의한 개정 의견은 만일 그대로 시행만 된다면 가장 사정에 적합한 의견일 것이다. 다만 다음 세 가지 점에서 다소 의문이 든다.

1. 경비는 어떻게 할 것인가?

구라토미 차관의 의견에 따르면 별도의 경비가 필요 없다고 하지만 소관으로서는 믿기 어렵다. 한국에 재류하는 일본인의 수는 이미 10만 명을 헤아리고 있으며 그 증가의 비율도 현저하다. 백만 명을 헤아리게 되는 것도 먼 장래의 일이 아닐 것이다. 그러므로 이번에 법무원 및 이사청의 재판사무를 한국재판소 관할로 옮기면 한국재판소의 사무가 두드러지게 늘어날 것은 더 말할 필요도 없다. 한국재판소가 개청한 지 얼마 되지 않았기 때문에 참고할 만한 통계가 없지만 마침 평양공소원, 평양의 지방재판소와 구재판소에서 지난 1908년 8월부터 12월까지의 통계를 얻었다. 아래에 이를 법무원 및 이사청의 통계와 비교하고 과거 3년간 재류 일본인에 관한 통계를 제시한다.

1908년 8월에서 12월

평양공소원 사건 수	47
동 지방재판소 사건 수	304
동 구재판소 사건 수	468
지방 총계	772

3개 이사청의 관할구역 중 황해도 일부를 제외한 숫자다.

1908년 1월부터 12월

법무원 사건 수	182
평양이사청 사건 수	628
진남포이사청 사건 수	259
신의주이사청 사건 수	309
이사청 계	296

법무원의 사건 수를 임시로 공소원에 평균적으로 분배한 뒤 그 12분의 5를 계산하고, 이사청의 사건 수도 그 12분의 5를 계산하면

    법무원　25　　　　이사청　498

이를 평양공소원 및 평양의 지방재판소, 구재판소의 사건 수와 비교하면

    0.53　　　　　　0.65

위의 내용은 한국재판소가 개청한 지 아직 얼마 되지 않아 사건 수 자체가 적기 때문에 (과거의 사건 수 포함) 표준으로 삼기는 어렵지만 그 일단을 살펴볼 수는 있다. 특히 법무원은 경성에 한 군데만 있으므로 이를 이사청의 하나로 계산하고, 세 곳의 공소원 관할로 나누면 그 숫자가 어느 정도 늘어날 것이라는 점에는 의심의 여지가 없다.

	한국 인구수(1906년 10월 조사)　9,781,671	재류 일본인 수(1908년 12월 조사)　126,432
평양 관내	912,866	10,747
진남포 관내	402,598	3,122
신의주 관내	600,119	4,423
소계	1,915,583	18,292

위의 백분비를 표시하면

한국 전체   0.013   세 곳의 관내   0.010

재류 일본인 수의 연간 변화는

1906년   83,315   1907년   98,001

다음 해 증가 백분비

0.18   0.29

　재류 일본인 수의 통계에 잡힌 것은 어쩌면 전체의 절반에 지나지 않을 수도 있다. 한편으로 사건 수는 더욱 증가할 것으로 예상되며(특히 재판소가 현저히 늘어나서 거리가 가까워질 것이기 때문에 사건 수의 증가는 어쩌면 인구증가의 비율을 초과할 것이다), 앞서 제시한 사건 수는 위의 인구수에 비례하기 어렵겠지만 요컨대 일본인에 관한 사건이 한인에 관한 사건보다 많아질 것이라는 점은 의심의 여지가 없다. 이것은 일본인이 소송을 좋아하는 풍습이 있기 때문이 아니고, 비송(非訟) 사건처럼 일본의 국법 중 재판소의 사무에 속하는 종류가 많은 점이 그 중요한 원인이다.

　이상에서 논한 바와 같이 지금 법무원과 이사청의 재판사무를 한국재판소로 옮기려 하는데, 이는 틀림없이 한국재판소의 사무를 현저히 증가시킬 것이다. 더욱이 우리 나라 법의 절차는 한국 법의 규정과 관련이 없다. 한국 법의 절차는 우리 나라 법의 절차보다 느슨하고 간단하기에 재판소의 사무 증가는 사건 수의 증가 비율을 초과할 것이며, 상당한 사무의 착종을 가져올 것은 말할 필요도 없다. 그러므로 경비는 반드시 증가할 것이다. 그리고 이것은 우리 나라의 재판사무와 관련되므로 일본의 국고에서 지불하는 것이 당연한 이치다.

2. 절차는 어떻게 할 것인가?

　재판절차가 같지 않다는 점은 이미 앞에서 서술했다. 그리고 앞으로도 이를 완전히 똑같게 만들 수는 없을 것이다. 그렇지만 같은 재판소에서 동일한 종류의 사건을 취급하는데 서로 다른 절차가 있다면 대단히 번잡할 것이며, 자칫하면 착오가 생길지도 모른다는 점을 숙고할 필요가 있다. 소관은 일에 지장이 없는 한 한국 법의 절차에 따르는 편이 간편하리라 생각한다. 다만 이를 위해서는 특별한 규정이 많이 필요할 것이다. 아마 입안자는 법률안 제5조에 의거하여 규정을 설정하려는 것 같은데, 그 실제 안을 보지 않고 지금 당장 찬반을 결정하기는 어렵다.

3. 법령안에 대한 비견

갑(甲). 법률안에 대한 것

제2조의 경우, 그 정신은 이해하지만 법문(法文)의 체제로서는 다소 논의할 점이 있다. 예를 들면 다음과 같이 고칠 수도 있다.

통감부재판소는 다음 네 종류로 하고 그 위치, 명칭 및 관할구역은 통감이 정한다.

1. 구재판소(區裁判所)
2. 지방재판소(地方裁判所)
3. 공소원(控訴院)
4. 대심원(大審院)

제8조에 따르면 "통감부 법무원이 …… 이미 행한 재판에는 통감부 경성공소원도 속하는 것으로 간주한다"고 되어 있다. 만약 이것이 법무원의 재판에 대해 다시 대심원에 상소할 수 있다는 의미라면 기득권을 해칠 우려가 있으므로 다소 부당하다.

본안에는 소송대리인에 관한 규정이 없다. 하지만 법무원이나 이사청에서 소송대리인을 담당했던 사람은 신법이 시행되고 사건이 신재판소로 이속(移屬)된 뒤에도 여전히 대리권을 가진다고 간주해야 한다. 그 밖의 절차에 관해서도 유사한 규정이 필요하겠지만 이는 절차에 관한 특별규정 속에 담아야 할 것이다.

을(乙). 통감부재판소 직원에 관한 칙령안에 대한 것

제1조는 한국 관리 임명이 곧바로 일본 관리 임명의 효력을 가진다고 보는 것인데 다소 합당하지 않다. 절차가 다소 번잡해지는 불편함이 있더라도 임명과 보임(任補)은 일본 관헌이 행함이 옳다.

병(丙). 통감부재판소 번역관 번역관보 관제에 대한 것

제4조는 전항과 동일한 취지로 고쳐야 할 것이다.

정(丁). 통감부재판소 직원 관등급여령에 대한 것

제2조 서기장 및 번역관의 관제를 고등관 4등 이하로 규정하는 것은 내지의 서기장을 고등관 5등 이하로 규정하는 것과 균형을 이루지 못하고 있다(1894년 칙령 제18호).

논설 3 미노베(美濃部) 박사[24] 앞
한국의 전당

법학박사 우메 겐지로

한국에서는 일본처럼 질(質)과 저당(抵当)을 구별하지 않고 합쳐서 전당(典當)이라고 칭하는데, 실제로는 동산은 대체로 질과 비슷하게 소유를 뜻하고 부동산은 저당과 비슷하게 소유를 뜻하지 않는 경우가 많다. 이처럼 동산의 전당은 일본의 동산질(動産質)과 큰 차이가 없기 때문에 여기서는 부동산의 전당에 대해서만 논한다.

부동산이 질처럼 소유를 뜻하는 경우는 드물지만 항상 그런 것은 아니다. 그 특징은 일본의 부동산질과 유사한데 전당권자가 사용 이익을 가지는 대신 관리 비용을 부담하는 것은 물론 이자도 청구하지 않는 것이 일반적이다. 그러나 이러한 사례는 그다지 많지 않기 때문에 주로 점유를 옮기지 않는 경우만 살펴보겠다.

이때—즉 일본의 저당과 유사한 경우에—전당권 설정자는 문기[명문(明文) 또는 수표라고도 한다]를 만들어 이에 전당권을 설정한다는 점을 명기하고, 구문기(舊文記)와 함께 이를 전당권자에게 교부하는 것이 일반적이다. 구문기는 전당권 설정자가 부동산의 소유권을 취득했을 때 양도인에게 받는 서면으로서 소유권의 양도를 증명한다. 만약 양도인이 다른 양도인에게 받은 문기가 있으면 이것도 함께 교부하기 때문에, 전당권 설정 시 교부해야 할 구문기는 대부분 여러 통 존재한다(이 문기를 전당포에 가지고 가서 돈을 빌리는 자도 적지 않다고 한다). 이 조건은 질에 상응하는 전당의 경우도 마찬가지인데, 다만 이때는 부동산을 인도(引渡)할 필요가 한다.

이렇게 설정한 전당권은 일반적으로 기한이 다 되고 채무가 변제되지 않았다면 채권자를 소유자로 만드는 효력을 가진다. 그런데 실제 전당에 대해 대여하는 금액은 부동산 가액의 반액 정도에 불과한 사례가 가장 많아서 채무자의 불이익이 심하다. 게다가 기한은 대체로

---

[24] 미노베 다쓰키치(美濃部達吉, 1873~1948)로 추정된다. 미노베는 일본의 법학자로서 도쿄제국대학 정치학과를 졸업하고 독일 등에서 유학했다. 도쿄제국대학에서 비교법제사 강좌를 담당하면서 통치권은 법인인 국가에 있으며 천황은 그 최고기관으로서 통치권을 행사한다는 내용의 천황기관설(天皇機關說)을 주장한 것으로 유명하다(이수열, 2019, 「다이쇼 데모크라시기 의회중심주의의 역사적 전개」, 『역사와경제』 110, 491-492쪽; 정치학대사전편찬위원회, 2002, 『21세기 정치학대사전』).

1~2개월이고 길어도 3~4개월을 넘지 않는 것이 일반적이라서 불이익은 더욱 커진다(질에 상응하는 경우에는 1~2년, 또는 이보다 긴 기한을 두는 것이 일반적이라고 하는데 이는 특별한 경우다). 하물며 이자는 매달 3푼 이상이 일반적이라 가난한 사람은 더욱 빈곤에 빠지게 된다. 또한 잔인하고 욕심이 많은 고리대 중에는 기한 내에 채무자가 변제하면 부동산의 소유권을 취득할 수 없으니까 기한이 다 되기 전에 몸을 숨겨서 채무자가 변제를 하려고 해도 그럴 수 없게 만들고, 기한이 지난 뒤에 홀연히 나타나 이미 기한이 경과한 것을 구실로 삼아 소유권을 빼앗는 불한당이 있다고 한다. 실로 너무나도 가증스럽지 아니한가?

물론 전당이 반드시 이와 같은 유질적(流質的) 성질을 갖추고 있는 것은 아니다. 지방에 따라서는 전당물을 매각하고 대가의 잔액을 전당권 설정자에게 반환하는 사례도 존재하지만, 그 수는 결코 많지 않다(이때 부족한 금액에 대한 청구권을 인정하지 않는 관습이 많은 지방에서 보임은 다소 기이하게 생각된다). 이렇게 잔인하고 혹독한 관습은 가난한 나라에서 채무자가 발호함에 따라 생긴 것이다. 이와 같은 악습은 빨리 고치지 않으면 안 된다. 그러므로 유질계약을 금지하지 않았으며 특별한 문제가 없는 한 전당물을 경매에 부칠 수 있지만 대금의 잔액은 청구할 수 없도록 규정한 1906년 11월 28일[25]의 칙령 제80호 토지가옥전당집행규칙은—관습을 따른 것이긴 하지만—부당하다고 할 수 있다. 그래서 "당사자 쌍방이 외국인일 경우에는 해당되지 않는다"는 기묘한 단서를 추가해 일본인 간의 전당 등에는 적용되지 않도록 한 것이다(이 규칙은 1907년 통감부령 제3호를 통해 일본인에게도 적용하게 되었다). 단 이 규칙은 토지건물증명규칙에 따라 증명 또는 사증을 받은 전당에만 적용한다(다음 항 참조).

전당권의 설정조건과 효력은 위와 같은데 전당을 둘러싸고 모인(冒認)[26] 등 여러 사기가 행해지므로 1906년 10월 31일 칙령 제65호 토지가옥증명규칙을 반포하여 "토지건물의 전당은 매매, 증여, 교환과 마찬가지로 통수 또는 동장[일본의 정촌장(町村長)]의 인증을 거친 뒤

---

25 원문의 오류로, 관보와 실록에 의하면 원래 법령 반포일은 1906년 12월 28일이다.
26 남의 물건을 자기 것처럼 속이는 행동. 1905년 개정 형법에 따르면, 제594조에 "人의 財物을 冒認 或 搶奪한 者는 懲役 三年에 處하고 失火 或 漂船이나 其他 危險 或 忙迫한 時를 乘하여 財物을 冒認 或 搶奪한 者는 本律에 二等을 加호대 計贓하여 本犯에 重한 者는 第595條 竊盜律에 의하여 론함이라"고 규정하였고(〈법률 제3호 형법〉, 1905. 4. 29), 이어 1908년 7월 개정된 『형법대전』 612조 개정에 따르면, "전택, 산림, 기타 부동산을 모인(冒認)하여 환역(換易)이나 증여(贈與)나 전매(典賣)한 자는 제595조 절도률(竊盜律)에 의하여 과단(科斷)함이라"고 규정하여 중범죄로 처벌하였다(〈법률 제19호 형법대전 개정〉, 1908. 7. 23).

군수나 부윤(군장 혹은 시장과 같은 직위로 비교적 큰 권한을 가지고 있다)의 증명을 받을 수" 있도록 하였다. 그리고 당사자의 한 사람이 일본인 등 외국인이면 이에 더해 일본 이사관의 사증을 받아야 하고, 당사자 쌍방이 모두 일본인 등 외국인인 경우에는 일본 이사관의 증명을 받도록 했다(같은 해 통감부령 제42호를 통해 동일한 내용을 규정했다). 이 규칙을 일본인 이외의 외국인에게 적용하는 일도 외교적 교섭을 거쳐 마침내 성사되었다. 다만 이 증명이나 사증은 결코 전당권의 설정조건을 의미하지는 않고, 단지 그 계약서의 완전한 증거력과 집행력을 보여주는데 지나지 않는다(토지건물증명규칙 제2조).

전당 외에 권매[權賣[27], 혹은 환퇴(還退)라고도 한다]라는 것이 있어서 마찬가지로 채권담보의 효용을 가진다. 그러나 형식적으로는 일본의 매려특약(買戾特約)[28]을 붙인 매매에 상응한다. 담보의 목적을 가진 것은 오히려 로마의 피두샤(fiducia: 신탁으로 번역할 수 있을까)에 가깝다고 볼 수 있다. (후략)

---

27 임시로 판매한다는 뜻으로, 일정 기간 내에 원래의 가격으로 재구매할 수 있다고 약정한 후 토지가옥 등을 매매하는 거래 관행. 고위(故爲)라고도 한다. 권매의 경우 매매가 성사되어 토지의 소유권과 점유가 매수인에게 이전된 이후에 매도인이 원래의 가격으로 환퇴(샀던 땅이나 집을 되물리는 것)할 것을 약정한다. 매수인은 환퇴될 때까지 토지를 소유하면서 사용 수익을 취할 수 있다(『한국토지용어사전』, 2016, 혜안, 223쪽).
28 판매자가 대금이나 계약 비용을 구매자에게 반환하고 매매계약을 해제함으로써 목적물을 재취득할 수 있는 특약. 1939년 10월《동아일보》기사에서 "20년 거치 기간 후의 매려특약은 무효"라고 하여 고등법원 신판례 중 토지등기 수속 청구에 관한 소송 사건을 다루고 있다(《동아일보》, 1939. 10. 28).

2.
부동산법조사회안

해제

소개

부동산법조사회는 1906년 7월 한국의 부동산에 관한 각종 조사를 수행하고 입법을 마련하기 위해서 설치된 기관이다. 일본은 우메 겐지로(梅謙次郞)를 위촉하여 일제 토지 법제의 수립을 위한 제반 조사를 맡겼다. 직원들은 원래 토지소관법 기초위원회를 중심으로 이건영, 김락헌, 석진형 등 한국 측 위원으로 임명되었으나 이내 일본의 의도대로 일본 측 인사, 즉 통감부 소속 직원들을 중심으로 개편되었다. 우메 겐지로를 비롯하여 보좌관 나카야마 세타로(中山成太郞), 보좌관보 가와사키 만조(川崎萬藏) 등 통감부 소속 직원들이 회원으로 참여했다. 이들은 1906년 7월 23일부터 1차로 이사청이 있는 8개 지역을 대상으로 토지관습을 조사하였으며, 2차로 8월 27일부터 전국 주요 지역에 대한 토지관습 등을 조사하였다. 1906년 의정부 안에 설치되어 1907년 10월 말에 활동을 중지하게 되었기 때문에 이 자료는 의정부 외사국(外事局)에서 관련 공문을 정리한 것이다. 현재 서울대학교 규장각한국학연구원에 소장되어 있다(소장번호 奎18029, 의정부편, 필사본, 1책 35장).

주요 내용

부동산법조사회안은 1906년 8월부터 1907년 11월까지 부동산법 조사회와 각 지방과의 조사 용무에 관한 훈령(의정부 훈령, 회발 훈령 등)을 모은 자료이다. 또한 부동산법조사회발(發) 제45호 훈령에는 1906년 10월 현재 부동산법조사회 직원의 명단을 수록하고 있다. 회장 법학박사 우메 겐지로, 보좌관 통감부 서기관 겸 대장 서기관 나카야마 세타로, 보좌관보 가와사키 만조, 동 통감부 속 야마구치 게이치(山口慶一), 촉탁 나가노 슌고(永野俊吾), 고(雇) 히라키 간타로(平木勘太郞), 임시촉탁 석진형(石鎭衡), 동 최병상(崔秉相), 임시고(雇) 고정상(高鼎相) 등이었다. 대부분의 자료는 전국 각 지역에 파견하여 부동산의 관습, 실태를 조사하기 위한 훈령을 발하는 서류로 이루어져 있다. 이러한 훈령의 발포 및 지시 등을 통하여 전국 부동산 조사의 일정, 지역, 성과 등을 파악할 수 있다. 1907년 5월 29일 자 경상남북도 출장을 명한 출장 행정표에 의하면 경성에서 출발하여 도착하는 일정과 각 지역의 조사 일정이 상세하게 기록되어 있다.

자료의 의의

부동산법조사회 구성원들이 수행한 전국 부동산 조사에 관한 각종 인사, 훈령 등을 통해 부동산법조사회의 전체 상황을 알 수 있다. 각 훈령의 발령, 수신 기관을 통하여 전국 각지 지방과 연관되어 있음을 알 수 있고, 전반적인 부동산 조사의 전개 상황을 파악할 수 있다. 다만 짧은 시간에 많은 지역으로 조사를 확대했기 때문에 조사 인원의 규모와 일정을 감안하면 구체적인 조사는 제대로 이루어지지 않았을 것으로 추정된다. 부동산법조사회의 조사 활동 결과, 『한국 부동산에 관한 관례』 제1철, 제2철 등이 작성된 경과를 알 수 있어 부동산조사회에서 생산한 다른 자료와의 비교 검토가 필요하다.

자료 146 | 부동산법조사회, 1906. 8~1907. 11

부동산법조사회안
不動産法調査會案

외사국 1906년(明治 39) 1907년(明治 40)

1906년(光武 10) 8월 기(起)

1907년(隆熙 元年) 11월 지(止)

부동산법조사회안 1

[국문][1]

조회(照會) 제15호

본회 조사 용무를 위해 보좌관 대장서기관 나카야마 세타로(中山成太郎)와 위원 내부 참서관 석진형(石鎭衡)[2]은 함경남북 양도로, 보좌관보 야마구치 게이치(山口慶一)와 위원 최병상(崔秉相)[3]은 평안남북 양도 및 황해도에 출장함을 명하여 9월 초순에 출발할 예정이오

---

[1] 이하 원자료에서 사용된 언어에 따라 [일문] 혹은 [국문]으로 표기하였다.

[2] 석진형(石鎭衡, 1877~1946). 본관은 충주, 호는 반아(槃阿). 경기도 광주 출신이다. 22세 때 일본으로 유학, 도쿄의 화불법률학교(和佛法律學校, 호세이대학 전신)에 입학하여 3년간 수업하고 1902년 졸업하였다. 1904년 11월 말경에 군부 군법국 주사로 근무하였으며, 1905년에는 법률기초위원으로 임명되었는데, 당시 이토 히로부미의 법률고문 겸 입법조사 사업을 진두지휘하던 우메 겐지로의 통역을 맡았다. 그 해 말경에 법관양성소(法官養成所) 교관으로 임명되어 채권법(債權法)과 국제공법(國際公法)을 강의하였다. 1906년 6월 내부 참서관으로 임명되었고, 이어 7월에는 의정부의 부동산조사위원회의 위원으로 피선되었다. 1910년 강제병합 이후에는 경성법학전수학교(京城法學專修學校)에서 강의도 하였다. 1911년 충청남도 예산에 호서은행(湖西銀行)을 설립하는 일에 관여하여 취체역이 되었다. 그 후 조선직조회사, 조선방직회사, 조선제지회사 등의 전무 또는 지배인을 지냈다. 1921년 전라남도청 참여관으로 부임한 뒤, 1924년 충청남도 도지사로 임명되었다. 1926년 전라남도 도지사로 전임되고, 그해 있었던 쇼와천황의 대관식에도 참석하였다. 1929년 8년간의 관료생활을 청산하고 사표를 제출하였다(『대한제국관원이력서』 17책, 444쪽, 20책, 537쪽; 민족문제연구소, 2009, 『친일인명사전』 2, 281~284쪽).

[3] 최병상(崔秉相, ?~1916). 1906년 3월 의주감리서 주사를 거쳐 의정부 주사에 임명되었다. 같은 해 7월 부동산법 조사위원에, 1907년 6월 내각 부동산법조사회 위원에 위촉되었다. 1908년 1월부터 1909년 5월까지 내각 법전조사국 서무과·조사과 번역관보를 지냈으며, 1909년 12월부터 1910년 6월까지 내부 주사를 지냈다. 강제병합 이후 1910년 10월 경무총감부 경무과 민적계 속에 임명되었고 1912년 8월 한국병합기념장을 받았다. 같은 해 12월 고등

니 해당 지방관찰사 감리 및 군수에 대하여 조사상 충분히 편의를 제공하도록 훈령하심을 요함.

1906년 8월 27일

회장 법학박사 우메 겐지로(梅謙次郞)

참정대신 박제순(朴齊純) 각하

[일문]
회발(會發) 제15호

1906년 8월 27일 접수 제304호

배계(拜啓) 본회 조사 용무를 위해 보좌관 대장서기관 나카야마 세타로, 위원 내부참서관 석진형은 함경남북 양도로, 보좌관보 야마구치 게이치와 위원 최병상은 평안남북 양도 및 황해도에 출장을 명하여 9월 초순에 출발할 예정이므로 해당 지방관찰사 감리 및 군수에 대하여 조사상 충분히 편의를 제공하도록 훈시가 있기 바라며 의뢰를 합니다.

1906년 8월 27일

회장 법학박사 우메 겐지로

참정대신 박제순 귀하

[국문]
의정부 훈령 제   호

1906년 10월 25일 재정(裁定)

현재 국내 부동산법을 조사하기 위하여 본부(本府)에 조사회 사무소를 이미 설치한 바 보좌관보 가와사키 만조(川崎萬藏)와 촉탁 이방협(李邦協)이 행장전왕(行將前往)이기에 이에 훈령하니 살펴본 뒤 조량(照亮)한 뒤 해당 관원들이 도착 즉시 타호(妥護)하고 조사상 편의를 제공하여 극준해무(克竣該務)케 함이 좋을 것이다.

관 8등의 군수로 승진해 전라남도 곡성군수로 재직하다 1916년 1월 사망했다(민족문제연구소, 2009, 『친일인명사전』 3, 714-715쪽).

1906년 10월 25일
　　　　　의정부 참정대신 박제순
황해도, 평안남도　각 군수 좌하(座下)

[일문]
회발 제36호
본회 조사사무를 위해 보좌관보 야마구치 게이치와 위원 최병상을 다음에 적은 군아(郡衙)에 출장을 명하므로 해당 군수에 대해 조사상 충분히 편의를 제공하도록 훈시해 주시기 바라며 이러한 내용을 조회합니다.

1906년 11월 13일
　　　　　부동산법조사회장 법학박사 우메 겐지로
의정부 참정대신 박제순 귀하
군아명(郡衙名)
경기도 고양, 장단, 풍덕, 시흥, 안산, 남양, 진위
충청도 평택, 직산

[국문]
의정부 훈령 제　　호
1906년 11월 13일

현재 국내 부동산법을 조사하기 위하여 본부에 조사회 사무소를 이미 설치한 바 그곳의 보좌관 야마구치 게이치와 위원 최병상이 행장전왕이기에 이에 훈령하니 조량한 뒤 해당 관원 등을 도착 즉시 타호하고 조사상 편의를 제공하여 극준해무케 함이 좋을 것이다.

1906년 11월 13일
　　　　　의정부 참정대신 박제순
경기도 고양, 장단, 풍덕, 시흥, 안산, 남양, 진위
충청도 평택, 직산　　　　　　　　　　각 군수 좌하

[일문]

회발 제45호

본 조사회 재직자 이름은 다음과 같습니다.

회장	법학박사	우메 겐지로
보좌관	통감부서기관겸대장서기관	나카야마 세타로
보좌관보		가와사키 만조
동	통감부 속	야마구치 게이치
촉탁		나가노 슌고(永野俊吾)
고(雇)		히라키 간타로(平木勘太郎)
임시촉탁		석진형
동		최병상
임시고(雇)		고정상(高鼎相)[4]

1906년 12월 22일

     부동산법조사회

외사국 귀중

[국문]

본회 조사사무를 위하여 보좌관보 가와사키 만조 및 통역 유진혁(柳鎭爀)[5]을 경기, 충청남

---

4 고정상(高鼎相, ?~?). 1896년 3월 공립 경성서대문외고등소학교에 입학하여 1898년에 졸업하였고, 이어 그해 9월 명동경성학당에 입학하여, 1901년 4월 일어과 및 보통과를 졸업하였다. 1905년 7월 26일에 부동산조사회 임시고 배령으로 통역 일을 하였고, 1907년 12월 부동산법조사회로부터 직무면려로 위로금 65원을 수여받았다(『대한제국관원이력서』 31책, 736쪽).

5 유진혁(柳鎭爀, 1882~?). 1892년 3월 경성 일본공립심상고등소학교 일어과에 입학하여 1895년 3월에 졸업하였고, 1898년 3월 경성흥화학교 영어야학과에 입학하였다가 퇴교하고, 이어 1899년 9월 일본 오사카고등부기학교에 입학하였고, 12월에 상용 및 철도의 양과를 수업하였다. 1906년 2월 부동산법조사회 임시통역을 촉탁으로 받았고, 이어 1907년 10월 15일까지 근무하였다고 한다(『대한제국관원이력서』 31책, 736쪽). 1908년 1월 법전조사국 조사관 번역관보에 임명되었다. 1911년 2월 평안남도 군서기에 임명되었다가 다음 달 3월 진남포부 서기로 발령받

북도 및 전라북도 각 지방에 파송하고 보좌관보 야마구치 게이치 및 위원 최병상을 전라남북 양도 가운데 별기(別記) 각 지방에 파송하기로 정하다. 본원 중순에 행장(行將) 출발이오니 해당 지방 관찰사, 부윤 및 군수에 대하여 조사상 충분히 편의를 제공하도록 훈시하심이 필요함.

  1907년 2월 9일
      부동산법조사회장 법학박사 우메 겐지로
 참정대신 박제순 각하

[일문]

회발 제10호

본회 조사용무를 위해 보좌관보 가와사키 만조 및 통역 유진혁을 경기, 충청남북도 및 전라북도 4도 가운데 별기 각 지방에, 보좌관보 야마구치 게이치 및 위원 최병상을 전라남북 양도 가운데 별기 각 지방에 출장을 명하고 이번 달 중순 출발하므로 해당 지방 관찰사, 부윤 및 군수 등에 대하여 조사상 충분한 편의를 제공하도록 훈시해 주기를 바라며 이를 조회합니다.

  1907년 2월 9일
      부동산법조사회장 법학박사 우메 겐지로
 참정대신 박제순 각하

경기, 충청남북, 전라북 4도 출장예정지

                      보좌관보 가와사키 만조
                           통역 유진혁

2월 18일 경성 출발
    동일 안성 도착
    20일 직산 도착

았다. 1915년 11월에는 다이쇼 천황 즉위기념 대례기념장을 받았다. 1917년 11월 평안남도 강동군수로 부임했다가 1922년 2월 영원군수로 퇴직하였다. 이후 1923년부터 1926년까지 중추원 조사관 촉탁을 지냈다. 1929년부터 무주 산업조합 조합장을 맡아 해방될 때까지 활동하였다(민족문제연구소, 2009, 『친일인명사전』 2, 629쪽).

	22일 온양 도착
	24일 신창 도착
	26일 예산 도착
3월	1일 홍천 도착
	4일 대흥 도착
	6일 청양 도착
	9일 정산 도착
	12일 공주 도착
	15일 노성 도착
	18일 강경 도착
	21일 용안 도착
	24일 함열 도착
	27일 임피 도착
	30일 군산 도착
4월	2일 군산 출발
	동일 경성 도착

전라남북 양도 출장예정지

야마구치 보좌관보

최(崔) 위원

군산	담양
만경	광주
김제	남평
전주	나주
임실	함평
남원	무안
순창	목포

[국문]

1907년 2월 9일 기안(起案)

다음 개안(開案)을 처리하시기를 바람.

　　　제　　　호

토지가옥증명규칙 실시상에 조사하기 위하여 본부 소관 부동산법조사회 보좌관보(주임관 대우) 가와사키 만조 및 통역 유진혁이 행장전왕이기에 이에 훈령하오니 조량한 뒤 해당 관원 등을 도착 즉시 타호하고 조사상 편의를 제공하여 극준해무케 함이 가할 것이다.

　1907년 2월 9일

　　　　　의정부 참정대신 박제순

군수　좌하

재(再) 조사 사항 설명서를 이미 발부한 것과 예위강구(預爲講究)하여 지시관례(指示慣例)할 것

[국문]

1907년 2월 9일 기안

다음 개안을 처리하시기를 바람.

　　　제　　　호

토지가옥증명규칙 실시상에 조사하기 위하여 본부 소관 부동산법조사회 보좌관보(주임관 대우) 야마구치 게이치와 위원 최병상이 행장전왕이기에 이에 훈령하오니 조량한 뒤 해당 관원 등을 도착 즉시 타호하고 조사상 편의를 제공하여 극준해무케 함이 가할 것이다.

　1907년 2월 9일

　　　　　의정부 참정대신 박제순

군수　좌하

재 조사 사항 설명서를 이미 발부한 것과 예위강구하여 지시관례할 것

[국문]

1907년 2월   일 기안

다음 개안을 처리하시기를 바람.

　　　　제　　　호

토지가옥증명규칙 실시상에 조사하기 위하여 본부 소관 부동산법조사회 보좌관보(주임관 대우) 가와사키 만조 및 통역 유진혁이 행장전왕이기에 이에 훈령하오니 조량한 뒤 해당 관원 등을 도착 즉시 타호하고 조사상 편의를 제공하여 극준해무케 함이 가할 것이다.

　　1907년 2월   일

　　　　　　의정부 참정대신 박제순

경기도

충청남북도

전라북도　각 군수 좌하

[국문]

1907년 2월 18일 기안

다음 개안을 처리하시기를 바람.

　　　　제　　　호

토지가옥증명규칙 실시상에 조사하기 위하여 본부 소관 부동산법조사회 보좌관보(주임관 대우) 야마구치 게이치와 위원 최병상이 행장전왕이기에 이에 훈령하오니 조량한 뒤 해당 관원 등을 도착 즉시 타호하고 조사상 편의를 제공하여 극준해무케 함이 가할 것이다.

　　1907년 2월 18일

　　　　　　의정부 참정대신 박제순

전라북도

전라남도　각 군수 좌하

[국문]

본회 조사 용무로 보좌관 통감부서기관 겸 대장서기관 나카야마 세타로와 위원 의정부 참서관 원응상(元應常)[6]을 인천, 군산, 목포, 마산, 부산 및 대구에 출장하게 하고 이번 달 하순 출발할 터이오니 위 지방의 관찰사, 부윤 및 군수 등에 대해 조사상 충분한 편의를 제공하도록 훈시하시기를 바라며 이에 조회하오니 조량하심을 요함.

1907년 2월 18일

　　　　부동산법조사회장 우메 겐지로

참정대신 박제순 귀하

[일문]

회발 제13호

본회 조사 용무를 위해 보좌관 통감부서기관 겸 대장서기관 나카야마 세타로와 위원 원응상 의정부 참서관에게 인천, 군산, 목포, 마산, 부산 및 대구에 출장을 명하여 이번 달 하순 출발하므로 위 지방의 관찰사, 부윤 및 군수 등에 대해 조사상 충분한 편의를 제공하도록 훈시가 있기를 바라며 이를 조회합니다.

1907년 2월 18일

　　　　부동산법조사회장 우메 겐지로

참정대신 박제순 귀하

---

[6] 원응상(元應常, 1869~1958). 1869년 8월 충청도 아산에서 태어났다. 1895년 9월 관비유학생으로 일본 게이오의숙(慶應義塾) 이재과에서 세무관리국과 일본은행의 사무, 각종 부기학을 공부했다. 졸업 후 대장성 견습생활을 거쳐 1899년 7월 귀국했다. 1906년 7월 24일 의정부 부동산법조사위원으로 임명되었다. 1907년 6월 탁지부 사세국장을 거쳐 1908년 1월 탁지부 사계국장을 지냈다. 1910년 10월 전라남도 참여관에 임명되었고, 1912년 8월 한국병합기념장을 받았다. 1918년 9월 강원도 장관으로 승진했으며, 1919년 8월 강원도 지사로 근무했다(『대한제국관원이력서』 35책, 793쪽; 민족문제연구소, 2009, 『친일인명사전』 2, 566~567쪽).

[국문]
1907년 3월 2일 기안

인천, 옥구, 무안, 창원, 동래, 대구

다음 개안을 처리하시기를 바람.

훈령 제   호

토지가옥증명규칙 실시상에 조사하기 위하여 본부 소관 부동산법조사회 보좌관 통감부 서기관 겸 대장서기관 나카야마 세타로, 동회 조사위원 본부 참서관 원응상이 행장전왕이기에 이에 훈령하오니 조량한 뒤 해당 관원 등을 도착 즉시 타호하고 조사상 편의를 제공하여 극준해무케 함이 가할 것이다.

1907년 3월 2일

　　　　의정부 참정대신 박제순

인천부윤 김윤정(金潤晶) 좌하

인천부 제72호　　창원부 제75호

옥구부 제73호　　동래부 제76호

무안부 제74호　　대구군수 제77호

[일문]
회발 제21호

1907년 4월 1일 접수 제170호

본회 조사 용무를 위해 촉탁 히라키 간타로 및 통역 고정상을 다음에 적은 지방에 이번 달 하순 출장하게 하므로 해당 지방의 관찰사, 부윤 및 군수 등에 대해 조사상 충분한 편의를 제공하도록 훈시가 있기를 바라며 이를 조회합니다.

1907년 4월 1일

　　　　부동산법조사회장 법학박사 우메 겐지로

참정대신 박제순 각하

　　　기(記)

개성, 평양, 삼화, 겸포, 황주, 사리원, 재령, 해주, 장연, 송화, 풍천, 은율, 장련[7], 안악, 문화, 신천, 연안, 백천

[국문]

1907년 4월 1일 기안

다음 개안을 처리하시기를 바람.

　　　　제　　호

토지가옥증명규칙 실시상 조사하기 위하여 본부 소관 부동산법조사회 촉탁 히라키 간타로 및 통역 고정상이 행장전왕이기에 이에 훈령하오니 조량한 뒤 해당 관원 등을 도착 즉시 타호하고 조사상 편의를 제공하여 극준해무케 함이 가할 것이다.

1907년 4월 1일

　　　　의정부 참정대신 박제순

경기도, 평안남도, 황해도　각 군수 좌하

[일문]

회발 제23호

본회 조사 용무를 위해 보좌관보 야마구치 게이치 및 위원 최병상을 다음에 기재한 각 지방에 이번 달 중순 출장하게 하므로 해당 지방의 관찰사, 부윤 및 군수 등에 대해 조사상 충분한 편의를 제공하도록 훈시가 있기를 바라며 이를 조회합니다.

1907년 4월 15일

　　　　부동산법조사회장 법학박사 우메 겐지로

참정대신 박제순 전(殿)

　　　　기

마산, 진해, 고성, 사천, 진주, 곤양, 하동, 광양, 순천, 낙안, 보성, 장흥 강진, 해남, 영암

---

[7]　장련(長連)군은 1895년 군으로 승격되었다가 1914년 지방제도개혁 때 은율군에 편입되어 장련면이 되었다.

[국문]

1907년 4월 15일 기안

경남관찰, 동 부윤, 군수, 전남 각 군수

다음 개안을 처리하시기를 바람.

훈령 제   호

토지가옥증명규칙 실시상에 조사하기 위하여 본부 소관 부동산법조사회 보좌관(주임관 대우) 야마구치 게이치 및 위원 최병상이 행장전왕이기에 이에 훈령하오니 조량한 뒤 해당 관원 등을 도착 즉시 타호하고 조사상 편의를 제공하여 속준해무(速竣該務)케 함이 가할 것이다.

1907년 4월 15일

의정부 참정대신 박제순

경상남도 관찰사
창원부윤
경상남도 각 군수
전라남도 각 군수

[일문]

본회 조사 용무를 위해 가와사키 만조 및 통역 유진혁을 경상남북 양도에 출장을 명하여 별지 행정표(行程表)대로 순회하게 하므로 해당 지방의 관찰사, 부윤 및 군수에 대해 조사상 충분한 편의를 제공하도록 훈시가 있기를 바라며 이를 조회합니다.

1907년 5월 29일

부동산법조사회장 법학박사 우메 겐지로

의정부 참정대신 이완용(李完用) 각하

행정표

월일	출발지	도착지	체재지	월일	출발지	도착지	체재지
6월 1일	경성	왜관		13일	거창	안의	
2일	왜관	성주		14일			안의
3일			성주	15일	안의	함양	
4일	성주	고령		16일			함양
5일			고령	17일			함양
6일			고령	18일	함양	산청	
7일	고령	합천		19일			산청
8일			합천	20일	산청	단성	
9일			합천	21일			단성
10일	합천	거창		22일	단성	진주	
11일			거창	23일			진주
12일			거창	24일	진주	의령	
				25일			의령
				26일	의령	함안	
				27일			함안
				28일			함안
				29일	함안	마산	
				30일			마산
				31일	마산		경성

[국문]

1907년 5월 29일 기안

다음 개안을 처리하시기를 바람.

　　　　훈령 제186~195호

토지가옥증명규칙 실시상에 조사하기 위하여 본부 소관 부동산법조사회 보좌관보(주임관 대우) 가와사키 만조 및 통역 유진혁이 행장전왕이기에 이에 훈령하오니 조량한 뒤 해당 관원 등을 도착 즉시 타호하고 조사상 편의를 제공함에 물치혜홀(勿致稽忽)하여 속준사무케 함이 가할 것이다.

1907년 5월 29일
　　　　　의정부 참정대신 이완용

성주　산청
고령　단성
합천　의령
거창　함안　각 군수 좌하
안의
함양

[국문]

이번에 내각 사무실은 경운궁으로 이전하였으므로 전 내각 회의실로써 현재 본회의 회의실 등으로 사용하겠기에 이에 조회하나니 조량 인허(認許)하심을 요함.

1907년 8월 5일
　　　　　내각부동산법조사회장 법학박사 우메 겐지로
내각총리대신 이완용 각하

[일문]

이번에 내각 사무실은 새 왕궁으로 이전하였으므로 구 내각 회의실이 비어 당분간 본회의 회의실 등으로 사용하도록 승인해 주기 바라며 이를 조회합니다.

1907년 8월 5일
　　　　　내각부동산법조사회장 법학박사 우메 겐지로
내각총리대신 이완용 귀하

[국문]

1907년 8월 6일 기안

다음 개안을 처리하시기를 바람.

경복자(敬覆者) 전 내각 회의실을 부동산조사회 회의실로 사용하는 일건은 승인하옵고 이에 함복하오니 조량하심을 요함.

　　　1907년 8월 6일
　　　　　　　　내각총리대신 이완용 전
　　내각부동산법조사회장 우메 겐지로 각하

[국문]

회발 제20호

　　본회 조사 용무를 위해 보좌관보 가와사키 만조 및 통역 유진혁을 함경북도로 보좌관보 야마구치 게이치 및 위원 최병상을 함경남도로 출장을 명하여 이번 달 하순에 출장을 하오니 해당 지방의 관찰사, 부윤 및 군수에게 조사상 충분한 편의를 제공하도록 훈시가 있기를 바라며 이를 조회하오니 조량하심을 요함.

　　　1907년 8월 20일
　　　　　　　　부동산법조사회 회장 우메 겐지로
　　내각총리대신 이완용 각하

[일문]

회발 제20호

　　본회 조사 용무를 위해 보좌관보 가와사키 만조 및 통역 유진혁을 함경북도에 보좌관보 야마구치 게이치 및 위원 최병상을 함경남도로 출장을 명하여 이번 달 하순에 출장을 하오니 해당 지방의 관찰사, 부윤 및 군수에게 조사상 충분한 편의를 제공하도록 훈시가 있기를 바라며 이를 조회합니다.

　　　　　　　　부동산법조사회 회장 우메 겐지로
　　1907년 8월 20일
　　내각총리대신 이완용 각하

가와사키 만조, 야마구치 게이치 및 최병상 – 주임관

유진혁 – 판임관 대우

위와 같습니다.

[국문]
1907년 8월 21일 기안

함경남도 관찰사 및 부윤, 각 군수

다음 개안을 처리하시기를 바람.

　　　　훈령 제　　호

이번에 부동산법조사회에서 각 지방 부동산법을 조사하기 위하여 해당 조사회 보좌관보 야마구치 게이치(주임 대우) 및 최병상이 행장전왕이기에 이에 훈령하니 조량한 뒤 해당 관원 등을 도착 즉시 타호하고 조사상 편의를 제공하여 극준해무케 함이 가할 것이다.

　　1907년 8월 20일
　　　　　　내각총리대신 이완용

함경남도 관찰사　　　　각하
　　　부윤
　　　군수　좌하

재 해당 관원 등이 지나는 연로(沿路)에 각별히 보호하여 편히 돌아오게 할 것

[국문]
1907년 8월 21일 기안

함경북도 관찰사 및 부윤, 각 군수

다음 개안을 처리하시기를 바람.

　　　　훈령 제　　호

이번에 부동산법조사회에서 각 지방 부동산법을 조사하기 위하여 해당 조사회 보좌관보 가와사키 만조(주임 대우) 및 통역 유진혁이 행장전왕이기에 이에 훈령하니 조량한 뒤 해당 관원 등을 도착 즉시 타호하고 조사상 편의를 제공하여 극준해무케 함이 가할 것이다.

　　1907년 8월 20일
　　　　　　내각총리대신 이완용

함경남도 관찰사   각하
　　부윤
　　군수   좌하
재 해당 관원 등이 지나는 연로에 각별히 보호하여 편의 환행할 것

[국문]

회발 제52호

본회 조사 용무를 위해 보좌관보 가와사키 만조와 통역 고정상을 다음에 기재한 각 지방에 출장을 명하오니 해당 지방의 관찰사, 군수에게 조사상 충분한 편의를 제공할 뜻으로 훈령하심이 필요함.

1907년 11월 1일

　　　　　부동산법조사회장 법학박사 우메 겐지로
내각총리대신 이완용 각하
　　　별기
대구, 현풍, 경산, 자인, 하양, 신녕, 칠곡

[일문]

회발 제52호

본회 조사 용무를 위해 보좌관보 가와사키 만조와 통역 고정상을 다음에 기재한 각 지방에 출장을 명하였으므로 해당 지방의 관찰사, 군수에게 조사상 충분한 편의를 제공하도록 훈시하기 바라며 이를 조회합니다.

1907년 11월 1일

　　　　　부동산법조사회장 법학박사 우메 겐지로
내각총리대신 이완용 귀하
　　　별기
대구, 현풍, 경산, 자인, 하양, 신녕, 칠곡

[국문]
1907년 11월 1일 기안

경북 관찰사, 각 군수

다음 개안을 처리하시기를 바람.

　　　훈령 제36호

이번에 부동산법조사회에서 각 지방 부동산법을 조사하기 위하여 해당 조사회 보좌관보 가와사키 만조(주임 대우) 및 통역 고정상이 행장전왕이기에 이에 훈령하니 조량하신 뒤 전칙좌개각군(轉飭左開各郡)하시와 조사상 편의를 제공하여 극준해무케 함이 가할 것이다.

　1907년 11월 1일
　　　　　내각총리대신 이완용

경상북도 관찰사　　　　각하
각 군수 대구, 현풍, 경산, 자인, 하양, 신령, 칠곡
재 해당 관원 등이 지나는 연로에 각별히 보호하여 편히 돌아오게 할 것

[국문]
회발 제53호

본회 보좌관에 통감부서기관 나카야마 세타로를 촉탁하기 위하여 별지와 같이 조회하실 것으로 이에 조회하오니 조량하심을 요함.

　1907년 11월 18일
　　　　　내각 부동산법조사회장 법학박사 우메 겐지로
내각총리대신 이완용 귀하

[국문]

귀부 서기관 나카야마 세타로를 당 내각부동산조사회 보좌관으로 촉탁하고자 하여 이에 조회하오니 조량 시복(示覆)하심을 요함.

　1907년 11월 18일
　　　　　내각총리대신 이완용

통감 공작 이토 히로부미(伊藤博文) 귀하

[일문]
회발 제53호
본회 보좌관에 통감부서기관 나카야마 세타로를 촉탁하려고 하므로 별지와 같이 조회가 있기를 바라며 이를 조회합니다.

1907년 11월 18일

　　　　　　내각부동산법조사회장 법학박사 우메 겐지로

내각총리대신 이완용 귀하

[일문]

귀부 서기관 나카야마 세타로를 당 내각부동산조사회 보좌관으로 촉탁하고자 하는데 지장이 없겠습니까? 무언가 회답을 주시기 바라며 이를 조회합니다.

1907년 11월 18일

　　　　　　내각총리대신 이완용

통감 공작 이토 히로부미 귀하

III

관습조사의 추진 및 조사 활동

1.
토지 및 건물의 매매, 증여, 교환 및 전당의 증명에 관한 규칙 및 지령 등 요록

해제

소개

이 자료는 1906년 11월부터 1907년 2월까지 한국 정부에서 발표한 토지가옥증명규칙 등 부동산에 관한 제반 칙령, 법령의 발포와 시행세칙 등을 한국통감부가 정리하여 발간한 자료 책자이다. 부동산법조사회에서 통감부의 제반 훈령 등을 수록하여 정리하고 일본인들에게 입법의 취지와 제반 수속 절차 등을 상세하게 소개하기 위해서 만든 문건이다. 표지를 포함하여 전체 116쪽으로 되어 있으며, 일본어 활자로 인쇄되었다. 소장처는 국립중앙도서관이다.

주요 내용

① 1906년 11월 16일 통감부령 제42호로 공포된 〈토지건물증명규칙〉의 내용을 소개하고 있다. 전체 4조로, 토지와 건물을 매매, 증여, 교환 또는 전당할 경우에는 당사자의 일반이 한국신민이 아닌 경우에는 한국칙령 〈토지가옥증명규칙〉에 의하여 군수 또는 부윤의 증명을 받아 이사관의 사증을 받는다는 내용 등으로 구성되어 있다. 본 규칙은 1906년 12월 1일부로 공포되었으며 발령자는 이토 히로부미(伊藤博文)다. 이 자료는 국내 다른 문헌에는 보이지 않는 규정이다.

② 통감부고시 제126호의 내용으로 한국 정부는 1906년 10월 31일 칙령 제65호 〈토지가옥증명규칙〉 및 11월 7일 법부령 제4호 〈토지가옥증명규칙 시행세칙〉을 발표하여 그 번역문을 실었다. 1906년 11월 16일 통감 이토 히로부미의 이름으로 공포된 고시문이다. 내용은 〈토지가옥증명규칙〉의 전 10조와, 〈토지가옥증명규칙 시행세칙〉 전 16조와 제1호 양식(인증용), 제2호 양식(증명용), 제3호 양식(토지가옥증명부), 제4호 양식(시행세칙 제3조의 장부용으로 사용된 토지인증부, 가옥인증부), 제5호 양식(수수료납부서) 등을 수록하고 있다.

③ 통감부고시 제129호의 내용으로 1906년 11월 8일 한국 법부대신이 발포한 〈토지가옥증명규칙의 시행에 관한 훈령〉을 일본어로 번역하여 고시하는 내용이다. 날짜는 1906년 11월 28일이고, 발령자는 임시통감대리 한국주차군사령관 하세가와 요시미치(長谷川好道)[1]다. 토지가옥증명규칙의 시행에 대해 각 관찰사와 부윤, 군수 등 지방 관리에게 칙령 제65호 〈토지가옥증명규칙〉의 취지와 주요 내용 등을 11개의 조항을 통해 제시하고 소개하는 내용으로 이루어져 있다. 이 훈령은 1906년 11월 8일 법부대신 이하영(李夏榮)의 이름으로 공포되었다.

④ 통감부령 제4호로 1906년 9월 통감부령 제38호 중 제6호를 개정하는 내용으로 이루어져 있다. "토지건물의 증명 혹은 사증, 토지건물증명대장의 검열, 증명할 계약서의 정본의 하부 및 전당의 집행에 관한 이의의 재정에 대해 징수하는 수수료"라는 규정 개정을 소개하고 있다. 또한 통감부령 제3호로 한국칙령 〈토지가옥전당집행규칙〉 및 법부령 〈토지가옥전당집행규칙 시행세칙〉을 제정하여 이를 발포일에 시행한다는 1905년 2월 1일의 통감부령이 첨부되어 있다.

⑤ 통감부고시 제129호(1906년 11월 28일)로 한국 정부가 칙령 제80호 〈토지가옥전당집행규칙〉 및 법부령 제2호 〈토지가옥전당집행규칙 시행세칙〉을 발표한 내용을 일본어로 번역하여 소개한 것이다. 1907년 2월 1일 자로 발령자는 역시 임시통감대리 한국주차군사령관 하세가와 요시미치. 이하 전체 13조의 전당집행규칙과 전체 16조의 시행세칙의 자세한 조항이 소개되어 있다. 통발 제2421호로 1906년 11월 26일 각 이사청 이사관과 통첩의 요지를 수록하고 있으며, 통발 제2550호로 1906년 12월 8일 평양이사관과의 회답 초록, 통발 제2774호 1906년 12월 27일 각 이사청 이사관 부이사관 통첩 초록 등 모두 11건을 수록하고, 토지가옥증명규칙의 시행에 따른 각종 질의와 회답 사항을 수록했다.

---

1   하세가와 요시미치(長谷川好道, 1850~1924). 야마구치현 출신으로 일본의 군인이자 제2대 조선총독을 지낸 인물이다. 보신전쟁에 참가하였으며, 1870년(明治 3) 오사카 병학료(兵學寮)에 입학했고, 이듬해 육군대위로 임관하였다. 청일전쟁에 보병 12사단장으로 참여했고, 그 후 제3사단장을 거쳐 근위사단장으로서 러일전쟁에 종군했다. 조선주차군사령관을 지냈다. 1912년 참모총장에 임명되었고 이후 1915년에 원수로 진급했으며, 다음 해에 백작이 되었다. 1916년 10월 초대 조선총독인 데라우치 마사타케(寺內正毅, 1852~1919)가 총리대신에 오르자 그 후임을 맡았다. 1919년 3·1운동에 대하여 무단정치로 임하여 비판을 받았다("長谷川好道", 近代日本人の肖像, 2021년 11월 12일 접속, https://www.ndl.go.jp/portrait/datas/164.html).

⑥ 1907년 2월 법부대신 이하영의 이름으로 발포한 〈훈령〉(국한문체와 일어 토가 달려있다) 문건을 수록했다. 토지가옥증명규칙과 시행세칙의 절차와 처리 순서 등을 통수, 동장, 군수 부윤에게 자세하게 소개하는 내용으로 이루어져 있다. 이에 덧붙여 〈법부훈령 제3호〉도 수록했다.

⑦ 1907년 3월 내각 부동산법조사회의 이름으로 토지가옥증명규칙 요지를 수록하고 있는데, 〈토지가옥증명규칙〉의 발표 이유, 시행 지역, 증명사항, 증명신청수속, 증명의 효력, 시행 상황, 규칙 이용에 관한 주의 등 7개 항목의 설명서를 수록하고 토지가옥매매전당의 처리순서도, 그리고 한국 정부에서 발표한 토지가옥증명규칙, 법부령 기타 훈령 등 발포일월의 견출표를 붙였다.

자료의 의의

1906년 10월에 공포된 〈토지가옥증명규칙〉의 실시 이후 발표된 제반 법령과 훈령 등을 수록하고 있어서 당시 토지가옥증명규칙과 세칙 등 상세한 법령의 공포와 시행에 대해 체계적으로 알 수 있다. 권말에 수록되어 있듯이 토지가옥증명규칙에 관한 일련의 법제 목록을 일별할 수 있으며, 한국 정부가 실시한 제반 법령을 통감부에서 일본어로 번역하여 일본인들에게 제공하고 있다는 점에서 당시 한국 정부에서 발포한 부동산 관련 제반 법률에 대한 한국통감부의 대응 방식을 구체적으로 파악할 수 있다. 또한 일본이 한국 정부와 한국 경제 상황을 설명하면서 한국 개발의 이익과 토지소유권의 보장을 내세우며 일본 자본의 조선 경제로의 진출을 부추기고 있다는 점을 잘 알 수 있는 자료이다.

자료 147 | 한국통감부, 1906. 11~1907. 2

토지 및 건물의 매매, 증여, 교환 및 전당의 증명에 관한 규칙 및 지령 등 요록
土地及建物ノ賣買, 贈與, 交換及典當ノ證明ニ關スル規則及指令等要錄

통감부령 제42호

토지건물증명규칙을 좌와 같이 통정(通定)함.

1906년(明治 39) 11월 16일

통감 후작(侯爵) 이토 히로부미(伊藤博文)

토지건물증명규칙

제1조 토지 또는 건물의 매매, 증여, 교환, 전당에 있어서 당사자 중 한 명이 한국신민(韓國臣民)이 아니라서 한국칙령 토지가옥증명규칙에 의하여 군수 또는 부윤의 증명을 받은 경우에는 다시 이사관(理事官)의 사증(査證)을 받아야 함.

당사자 모두가 한국신민이 아닐 때는 이사관의 증명을 받아야 함.

제2조 전조의 사증 및 증명에 관해서 별도로 정한 것 이외에는 한국칙령 토지가옥증명규칙 및 법부령 토지가옥증명규칙 시행세칙의 규정에 따른다. 단 인증(認證) 및 수수료납부서는 여기에 해당하지 않는다.

제3조 사증수수료는 50전(錢)으로 한다.

제4조 이사관이 사증을 발급할 때는 그 뜻을 군수 또는 부윤에게 통지한다.

이사관이 증명을 발급할 때는 토지건물증명대장에 기재하는 요항(要項)을 우선 군수 또는 부윤에게 통지한다.

부칙

본 규칙은 1906년 12월 1일부터 이를 시행한다.

통감부고시 제126호

한국 정부는 금년 10월 31일 칙령 제65호 토지가옥증명규칙 및 11월 7일 법부령 제4호 토지가옥증명규칙 시행세칙을 발포한다. 그 번역문은 아래와 같다.

1906년 11월 16일

통감 후작 이토 히로부미

칙령 제65호 토지가옥증명규칙[2]

제1조 토지 또는 가옥을 매매·증여·교환 혹은 전당할 때는 그 계약서에 통수 혹은 동장의 인증을 받은 후 군수 혹은 부윤의 증명을 받아야 한다.

제2조 제1조의 증명을 받은 계약서는 완전한 증거가 되며, 오직 그 정본(正本)에 따라 해당

---

[2] 본문은 칙령 제65호 토지가옥증명규칙 일문 자료를 번역한 것이다. 국한문 자료의 내용은 다음과 같다(〈칙령 제65호 토지가옥증명규칙〉, 《관보》 제3598호, 1906. 10. 31; 『한말근대법령자료집』 V, 1971, 291-292쪽).
〈勅令 第六十五號〉 土地家屋證明規則
第一條 土地 家屋을 賣買 贈與 交換 或 典當홀 時는 其 契約書에 統首 或 洞長의 認證을 經혼 後에 郡守 或 府尹의 證明을 受홈을 得홈이라.
第二條 前條의 證明을 受혼 契約書는 完全혼 證據가 되며 但 其 正本을 依ㅎ야 當該 官廳에서 卽 施行力이 有홈이라.
第三條 郡守 及 府尹은 土地家屋證明簿를 備置ㅎ고 第一條의 證明을 施홀 時는 卽 其 要項을 記載홈이라.
第四條 何人이던지 郡守 或 府尹에 申請ㅎ야 土地家屋證明簿의 閱覽을 求홈을 得홈이라.
第五條 第一條의 認證 證明 及 前條의 土地家屋證明簿 閱覽을 申請ㅎ는 者는 別定혼 바 手數料를 納홈이라.
第六條 統首 洞長 郡守 及 府尹이 故意 過失로 權利가 無혼 者의 請求를 依ㅎ야 認證 或 證明을 施ㅎ거나 無故히 認證 或 證明을 拒絶 或 怠緩ㅎ거나 土地證明簿에 不實혼 記載를 行ㅎ거나 又 土地家屋證明簿의 閱覽을 拒홀 時는 此로 由ㅎ야 損害를 受혼 者에게 賠償ㅎ는 責을 任홈이라.
第七條 統首 洞長 郡守 及 府尹의 處分을 對ㅎ야 異議가 有혼 者는 其 監督官廳에 卽 申出홈이 可홈이라.
第八條 當事者의 一方이 外國人으로 本則을 依ㅎ야 證明을 受홀 境遇에는 日本理事官의 査證을 受호디 若 理事官의 査證을 受치 못ㅎ면 第二條의 效力을 生치 못홈이라.
當事者의 兩方이 外國人으로 證明을 受코ㅈ 홀 時는 日本理事官에게 具申ㅎ야 日本理事官이 先히 當該 郡守 或 府尹에게 知照ㅎ야 土地家屋證明簿에 記載혼 後 證明홈이라.
附則
第九條 本令은 光武十年 十二月 一日로부터 施行홈이라.
第十條 本令 施行에 關혼 細則은 法部大臣이 定홈이라.
　　　　光武十年 十月 二十六日
　　　　御押 御璽 奉勅
　　　　議政府參政大臣 勳一等 朴齊純
　　　　法部大臣 勳一等 李夏榮
　　　　內部大臣 勳一等 李址鎔
　　　　度支部大臣 勳一等 閔泳綺

관청에서 효력이 발생한다.

제3조 군수 및 부윤은 토지가옥증명부를 비치하고 제1조의 증명을 시행한 때에는 즉시 그 내역을 기재한다.

제4조 누구든지 군수 혹은 부윤에 신청하여 토지가옥증명부의 열람을 요구할 수 있다.

제5조 제1조의 인증, 증명 및 전조 토지건물증명대장의 열람을 신청하는 사람은 별도로 정하는 바의 수수료를 납부한다.

제6조 통수·동장·군수 및 부윤이 고의나 과실로 권리가 없는 자의 청구에 따라 인증 혹은 증명을 시행하거나, 이유 없이 인증 혹은 증명을 거절 혹은 지연하거나, 토지증명부에 부실하게 기재하거나, 또 토지가옥증명부 열람을 거절했을 때는 이로 인해 손해를 받은 자에게 배상의 책임을 진다.

제7조 통수·동장·군수 및 부윤의 처분에 대해 이의가 있는 자는 그 감독관청에 즉시 신청할 수 있다.

제8조 당사자 중 한 편이 외국인으로서 이 규칙에 따라 증명을 받은 경우에는 일본 이사관의 사증을 받되, 만약 이를 받지 못하면 제2조의 효력이 발생하지 않는다.

당사자 쌍방이 외국인으로서 증명을 받고자 할 때는 일본 이사관에게 신청하고 일본 이사관이 먼저 해당 군수 및 부윤에게 통지하여 토지가옥증명부에 기재한 후 증명한다.

부칙

제9조 본령은 1906년(光武 10) 12월 1일부터 이를 시행한다.

제10조 본령 시행에 관한 세칙은 법부대신이 이를 정한다.

법부령 제4호 토지건물증명규칙 시행세칙[3]

제1조 토지건물증명규칙 제1조의 증명을 받고자 하는 자는 매매, 증여 및 교환의 경우에는 2통, 전당의 경우에는 3통의 계약서를 작성하고 문기나 기타 증빙서류를 첨부하며 먼저 증명을 받을 토지 또는 건물 소재지의 통수나 동장에게 정시(呈示)한다.

전항의 경우에는 수수료 금 50전을 납부한다.

제2조 통수 및 동장이 전조의 정시를 받으면 계약서 사항의 사실 적합 여부를 조사하고, 이를 적합하다고 인정할 경우에는 계약서 각 통에 인증하여 당사자에게 교부한다.

전항의 경우에 사실에 적합하지 않다고 인정할 때는 그 이유를 붙여 인증을 거절한다.

제3조 통수 및 동장은 전조를 인증할 때 장부를 만들어 아래 사항을 기재한다.

(1) 토지에 관해서는 종목(種目), 소재지명, 지번수[자호(字號) 등], 면적[복수(卜數), 두락(斗落), 보수(步數) 등] 및 사표(四標)

가옥에 관해서는 종목, 소재지명, 호번호(戶番號)[통호(統戶) 등] 및 면적

(2) 당사자의 족보, 주소 및 씨명

(3) 인증의 연월일 및 번호

제4조 당사자는 제2조에 따라 인증을 받는 경우 곧바로 그 계약서의 증명의 대상이 되는 토지나 건물의 소재지를 관할 군수 또는 부윤에게 제출한다.

전항의 경우 아래 기재한 수수료를 납부하되, 최저액을 금 50전으로 정한다.

(1) 토지 또는 건물의 매매, 증여, 교환에 대해서는 그 가액의 1,000분의 2

---

[3] 이 시행세칙의 추진의도에 대해 고유문 앞머리에서 다음과 같이 설명하고 있다. 정부는 토지 및 가옥에 대해 정당한 권리를 가진 자를 보호하고 권리를 확보하게 하여서 부동산의 권리 취득 및 이전에 대해 부정행위를 방지케 하기 위함이라는 것이다. "〈告諭 第一號〉我國에 民法이 未備ᄒᆞ야 從來人民의 所有ᄒᆞᆫ 土地家室等一切不動産의 契券이 官에 依ᄒᆞ야 完全히 証明된者ㅣ 無ᄒᆞᆷ으로 所有權을 或見奪ᄒᆞᄂᆞᆫ 弊가 不尠ᄒᆞᆫ 狀態에 在ᄒᆞᆫ지라 是以로 政府ᄂᆞᆫ 光武十年十月 勅令 第六十五號 土地家屋證明規則, 同年十一月 法部令 第四號 同施行細則 及 勅令 第八十號 土地家屋典當執行規則 十一年一月 法部令 第二號同施行細則을 發布ᄒᆞ고 隆熙二年 七月에 更히 勅令 第四十七號 土地家屋所有權証追規則 及 法部令 第十四號 同施行細則을 發布ᄒᆞ신지라 卽政府ᄂᆞᆫ 此에 依ᄒᆞ야 土地及家屋에 對ᄒᆞ야 正當ᄒᆞᆫ 權利를 有ᄒᆞᆫ 者를 保護ᄒᆞ고 能히 其權利를 確保ᄒᆞ야써 不動産上權利의 取得 及 移轉에 關ᄒᆞᆫ 詐僞及不正手段을 防止ᄒᆞᆷ을 至케ᄒᆞᆷ을 期圖ᄒᆞ신 趣旨에 在ᄒᆞᆫ지라 爾來로 本官은 此를 承遵ᄒᆞ야 敢히 懈怠치 아니ᄒᆞ고 法規의 運用을 善良히 ᄒᆞ며 倂ᄒᆞ야 府民의 幸福을 增進ᄒᆞ기 爲ᄒᆞ야 凡一切의 手段을 盡ᄒᆞ야 遺算이 無ᄒᆞᆷ을 努力ᄒᆞᆫ지라 惟其吏員은 定數가 有ᄒᆞ고 人力은 無限ᄒᆞ기 不能ᄒᆞ며 尙且各種調査에 時日을 要ᄒᆞᆷ으로써 或時에 證明이 遲滯됨은 實로 不得已ᄒᆞᆫ바ㅣ라 然而仄聞ᄒᆞᆫ즉 本府의 証明事務에 關ᄒᆞ야 往往誹雖之聲이 有ᄒᆞ고 就中多額의 費用을 要ᄒᆞᆷ을 怨嗟ᄒᆞᆫ다ᄒᆞ니 是固事理를 未解ᄒᆞᄂᆞᆫ 者의 言說로 信ᄒᆞᆯ지나 苟或府民의 二三者라도 果然如斯ᄒᆞᆫ 事實을 遭遇ᄒᆞ얏다ᄒᆞ면 此流弊의及ᄒᆞᄂᆞᆫ 바ᄂᆞᆫ 斷然코 泛然瞰過치 못ᄒᆞᆯ지라 … 隆熙三年 八月十六日 漢城府尹 張憲植"《官報》0168권, 奎17289-v.1-180, 034a-034a면)

(2) 토지 또는 건물의 전당에 대해서는 그 채권액의 1,000분의 2

제5조 군수 및 부윤은 전조의 계약서를 수리하면 지체 없이 아래 사항을 조사한다.

(1) 당사자가 정당한 권리자가 될 수 있는가의 여부

(2) 토지 또는 건물에 관한 표시가 사실에 적합한가의 여부

(3) 계약 성립에 관한 착오, 사위(詐僞), 협박 또는 폭행 등의 유무

(4) 계약이 허시(虛示)되었는가의 여부

(5) 당사자 능력의 결여 여부

(6) 기타 법률행위 요건의 결여 혹은 사실에 적합하지 않은 사항의 유무

제6조 전조의 조사를 완료한 계약서의 확실함이 인정되면 그 각 통에 증명을 하고, 매매, 증여 및 교환의 경우에는 1통을 매주(買主), 수증자(受贈者), 또는 교환받은 사람에게 교부하고 전당의 경우에는 2통을 당사자에게 교부하고 다른 1통은 문기 및 기타 증빙서류와 함께 이를 보존한다.

조사 결과 증명을 할 수 없다고 인정된 경우에는 그 이유를 붙여서 증명을 거절한다.

제7조 군수 및 부윤은 전조의 증명을 하는 경우, 그리고 토지건물증명규칙 제8조 마지막 항에 따라 일본 이사관으로부터 통지를 받은 경우에는 곧바로 토지건물증명대장[4]에 아래 사항을 기재한다.

(1) 토지에 관한 것에는 종목, 소재지명, 지번수(자호 등), 면적(복수, 두락, 보수 등) 및 사표
가옥에 관한 것에는 종목, 소재지명, 호번호(통호 등) 및 면적

(2) 매매대금, 교환물, 증여의 조건 및 채권의 금액과 그 상환 기일

(3) 당사자 및 보증인의 족적(族籍), 주소 및 씨명

(4) 기타 계약서 중에 특히 기재가 필요하다고 인정한 사항

(5) 증명의 연월일 및 번호

제8조 군수 및 부윤은 제5조의 조사를 하면서 필요하다고 판단되면 당사자, 이해관계인, 참고인을 소환, 신문할 수 있고, 또는 이원(吏員)에게 현지조사를 하게 할 수 있다.

제9조 토지건물증명규칙 제7조에 의하여 이의신청이 있으면 감독관청은 이를 심사하고 정

---

4   국한문본에는 '토지가옥증명부(土地家屋證明簿)'라고 쓰여있다.

당한 이유가 인정되면 통수, 동장, 군수, 부윤에게 그 처분의 취소나 변경을 명한다.

제10조 토지건물증명대장[5]의 열람을 원하는 사람은 수수료 금 10전을 납부한다.

제11조 제6조의 증명을 받은 당사자는 아래의 경우 지체 없이 증명을 한 군수나 부윤에게 그 뜻을 신고한다.

(1) 증명을 받은 권리가 소멸 또는 이전한 때

(2) 증명을 받은 토지 또는 건물에 관하여 제7조 각호에 게시한 사항에 변경이 있을 때

전항 각호의 경우 그 원인을 기재하고 증빙서류를 첨부한다.

제1항의 신고 의무를 게을리하여 타인에게 손해를 끼친 사람은 배상의 책임을 진다.

제12조 군수 및 부윤은 전조 각호의 신고에 따라 그 원인을 조사하고 사실이 인정되면 바로 토지건물증명대장에 기재하고 제6조의 증명을 한 계약서에 그 뜻을 부기한다.

제13조 군수 및 부윤은 당사자의 신청에 따라 정당한 이유가 있다고 인정될 때는 제6조의 증명을 한 계약서의 정본을 하부(下付)한다.

전항의 경우에 신청자는 수수료 금 50전을 납부한다.

제14조 이 규칙에 정한 수수료는 수입인지를 수수료납부서에 첨부(貼附)하여 납입한다.

전항의 수수료납부서에는 아래 사항을 기재한다.

(1) 수수료의 금액

(2) 제1조, 제10조, 제13조의 경우에는 그 건수, 제4조의 경우에는 토지나 건물의 가액 또는 채권액

(3) 납부인의 씨명 및 납부 연월일

제15조 인증, 증명, 토지건물증명대장, 제3조의 장부 및 수수료납부서의 양식은 별도로 정한 바에 따른다.

부칙

제16조 이 규칙은 1906년 12월 1일부터 시행한다.[6]

---

5 국한문본에는 '토지가옥증명부(土地家屋證明簿)'라고 쓰여있다.

6 원래 법부령에는 제정일 음력 날짜 '1906년 11월 2일(光武 十年 十一月 二日)'과 반포자 '법부대신 훈 1등 이하영(法部大臣 勳一等 李夏榮)'이 부기되어 있다.

제1호 양식(인증에 사용하는 건)[7]

```
번호
인증함
장부기재제(帳簿記載濟)
수수료 금액
       년    월    일
도   군   면   동장/통수   씨명          인
```

[비고]
1. 번호에는 인증번호를 기록함.
2. 장부기재제는 시행세칙 제3조에 의하여 장부의 기재가 끝난 후에 기록함.
3. 수수료 금액은 수수료 납부를 인정한 후에 기재함.
4. 연월일에는 인증의 연월일을 기재함.
5. 씨명 아래에 날인함.
6. 이 인증은 계약서에 오서(奧書)[8]하거나 부전(附箋)한다. 부전의 경우에는 부전과 신청서를 계인(契印)한다.

제2호 양식(증명에 사용하는 건)

```
전(轉)/전(典)   번호
증명함
장부기재, 계약서 조합제(照合濟)
수수료 금액
       년    월    일
도   군   부윤/군수   씨명          인장(印章)
```

[비고]
1. 번호에는 증명번호를 기재하고 매매, 증여, 교환의 경우에는 전(轉)의 부호(符號), 전당의 경우에는 전(典)의 부호를 붙인다.
2. 장부기재, 계약서 조합제는 토지가옥증명부에 기재하고 그 기재 사실과 계약서의 조합(照合)을 인가한 후에 이를 기재한다.
3. 수수료 금액은 수수료의 납부를 인가한 후에 기재한다.
4. 연월일에는 증명의 연월일을 기재한다.
5. 씨명 아래에는 관인(官印)을 날인한다.
6. 이 증명은 계약서에 오서하거나 부전한다. 부전의 경우에는 부전과 계약서를 계인한다.

---

7   각 양식은 1906년 11월 10일 자 《관보》 제3607호 부록, 〈部令〉란에 수록되어 있다.
8   서류에 기재된 내용이 정확하다는 사실을 증명하기 위해 끝부분에 쓰는 글을 말한다.

제3호 양식(토지가옥증명부)

갑(배). 토지증명부

토지의 표시	지번호		소재지명		
	종목		면적	칭호	
				장량	
			사표		

	매매 증여 급 교환							
증명번호	매도인 증여자 교환자	주소 족적 씨명	매수인 수증자 수환자	주소 족적 씨명	보증인, 주소, 족적, 씨명	매매대가, 증여조건, 교환물	기타 사항
증명 연월일							
제 호							
년 월 일							

	전당					
증명번호	소유자주소, 족적, 씨명	채무자주소, 족적, 씨명	채권자주소, 족적, 씨명	보증인주소, 족적, 씨명	채권 금액	기타 사항
증명 연월일					환상 기일	
제 호						
년 월 일						

신고사항			통지사항		
신고의 연월일	신고인의 주소, 족적, 씨명	신고사항	통지의 연월일	통지를 위한 관청	통지를 접수한 사항

을(乙). 가옥증명부

가옥의 표시	호번호		소재지명	
	종목		면적	

매매 증여 급 교환							
증명번호	매도인 증여자 교환자	주소 족적 씨명	매수인 수증자 수환자	주소 족적 씨명	보증인주소, 족적, 씨명	매매대가, 증여조건, 교환물	기타 사항
증명 연월일							
제 호							
년 월 일							

전당						
증명번호	소유자주소, 족적, 씨명	채무자주소, 족적, 씨명	채권자주소, 족적, 씨명	보증인주소, 족적, 씨명	채권 금액	기타사항
증명 연월일					환상 기일	
제 호						
년 월 일						

신고사항			통지사항		
신고의 연월일	신고인주소, 족적, 씨명	신고사항	통지의 연월일	통지를 하는 기관	통지를 받는 사항

제4호 양식(시행세칙 제3조의 장부를 사용하는 건)

갑(甲). 토지인증부

토지의 표시	지번호		소재지명		
	종목		면적	칭호	
				장량	
			사표		

	인증번호	매도인 증여자 교환자	주소 족적 씨명	매수자 수증자 교환을 받는 자	주소 족적 씨명		인증번호	소유자 주소, 족적, 씨명	채무자 주소, 족적, 씨명	채권자 주소, 족적, 씨명
매매증여급교환	인증 연월일					전당	인증 연월일			
	제 호						제 호			
	년 월 일						년 월 일			

을(乙). 가옥인증부

가옥의 표시	호번호		소재지명	
	종목		면적	

	인증번호	매도인 증여자 교환자	주소 족적 씨명	매수자 수증자 교환을 받는 자	주소 족적 씨명		인증번호	소유자 주소, 족적, 씨명	채무자 주소, 족적, 씨명	채권자 주소, 족적, 씨명
매매증여급교환	인증 연월일					전당	인증 연월일			
	제 호						제 호			
	년 월 일						년 월 일			

제5호 양식(수수료납부서)

갑(甲)

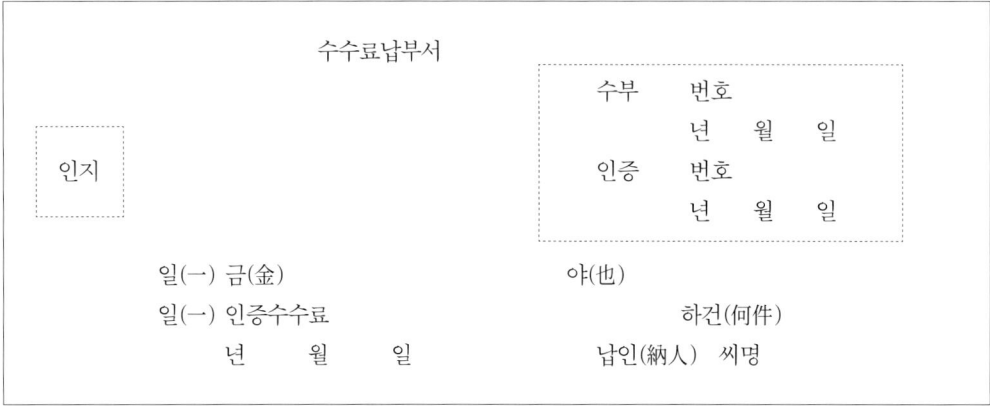

[비고]
1. 본서는 통수 또는 동장에게 수수료를 납부하는 경우에 사용함.
2. 수수료의 금액에 착오가 없음이 확인되면 인지에 소인(消印)함.
3. 수부의 번호 및 연월일을 해당 칸 안에 기재함.
4. 인증할 때는 그 번호 및 연월일을 해당 칸 안에 기재함.

을(乙)

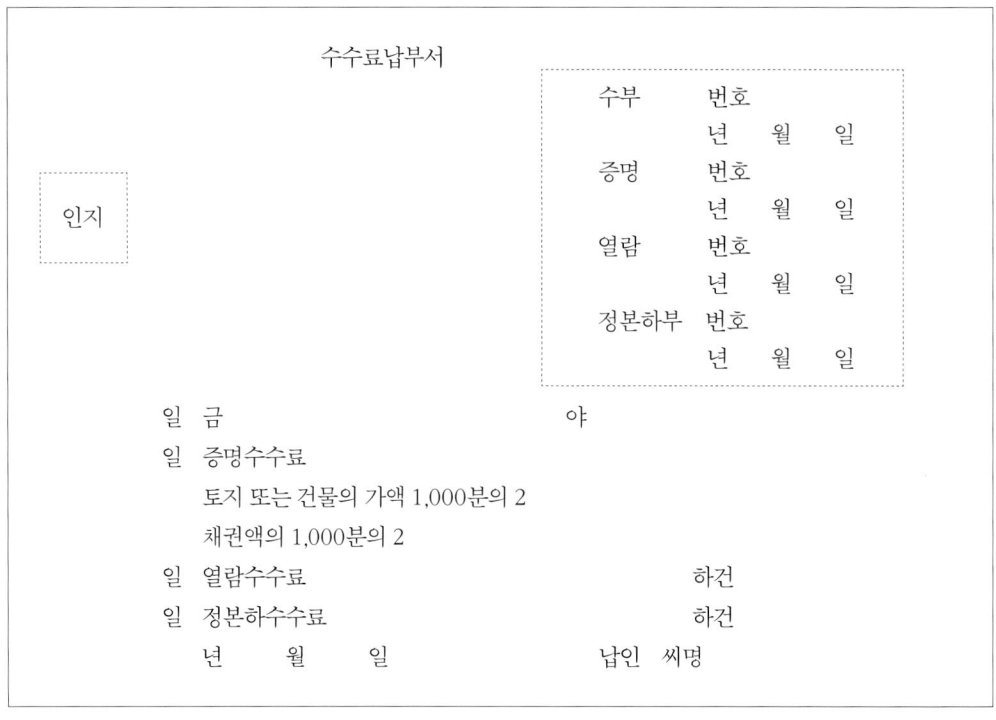

[비고]
1. 본서는 군수와 부윤에게 수수료를 납부하는 경우에 사용함.
2. 증명수수료는 그 토지나 건물 가액 또는 채권액의 1,000분의 2로 하되 50전보다 적을 때는 수수료를 금 50전으로 정함.
3. 수수료의 금액에 착오가 없음이 확인되면 인지에 소인함.
4. 수부의 번호 및 연월일을 해당 칸 안에 기재함.
5. 증명한 경우, 증명부 열람을 허가한 경우, 그리고 계약서 정본을 하부한 경우에는 그 번호 및 연월일을 해당 칸 안에 기재함.[9]

통감부고시 제129호

금년 11월 8일 한국 법부대신[10]은 토지가옥증명규칙의 실시에 관한 훈령을 발포했는데 그 번역문은 아래와 같다.

1906년 11월 28일

임시통감대리 한국주차군사령관 남작 하세가와 요시미치(長谷川好道)

훈령

관찰사

부윤

군수

아국(我國)의 민법(民法)이 미비하여 종래 인민이 소유한 토지가옥 등 일체 부동산의 계권(契券)을 관에 의해 완전하게 증명하는 것이 없고 소유권을 침탈하는 폐해가 많은지라 정부는 특별히 부동산법조사회(不動産法調査會)를 설치하고 토지가옥증명규칙 및 시행세칙을 우선 제정하여 발포·실시한다. 장차 토지가옥증명규칙 및 시행세칙의 정문(正文), 토지가옥증명부, 인증부, 수수료납부서를 모두 관하 부군에 반급하고 아울러 전훈(轉訓)을 명하니 금년 12월 1일부터 토지가옥의 매매, 증여, 교환 및 전당에 관한 증명은 본 규정을 준수하여

---

9 《관보》제3604호, 1906. 11. 7;《관보》제3607호 부록, 1906. 11. 10;『한말근대법령자료집』V, 1971, 300-310쪽.
10 당시 한국 정부의 법부대신은 이하영(李夏榮, 1858~1929)이었다. 이하영은 1904년 4월 19일 의정부찬정 외부대신으로 칙임 등을 제수받고, 이어 1905년 9월 9일 법부대신으로 옮겼다. 1906년 12월 17일 형법 교정총재를 역임했으며, 1907년 5월 25일 법부대신에서 물러나 중추원 고문으로 자리를 바꿨다. 1905년 9월부터 1907년 5월까지 대한제국의 법부대신으로 있으면서 일제의 관습조사와 침탈요구를 그대로 수용한 친일관료였다(『대한제국관원이력서』 33책, 766쪽; 민족문제연구소, 2009,『친일인명사전』3, 205-207쪽).

시행한다.[11] 이하에 열시(列示)하는 것은 그 시행에 관한 강목이 되는 것이니 특히 주의를 가하여 시행한다.

    1. 본칙(本則)은 토지 및 가옥에 대한 정당한 권리를 확실히 보호하는 것이며, 그 권리의 확보를 통해 부동산 권리의 취득이나 이전에 관한 사위(詐偽) 및 부정 수단의 방지를 목적으로 삼는바, 그 증명에서 이를 가장 중요하게 집행하고 칙령의 주의를 관철하는 일에 힘쓸 것

    2. 조사에 신중을 다해야 함은 물론이지만 공연히 시일이 길어지면 당사자의 권리 행사에 적지 않은 방해를 줄 수 있으므로 이 점을 주의하여 조사의 민활(敏活)을 꾀할 것

    3. 통수나 동장의 인증은 정확해야 하며, 통수나 동장이 그 동네의 토지 또는 가옥을 인증할 때는 사실을 주도면밀하게 조사하고 인증부에 기재한 사실에 착오가 없도록 힘쓸 것

    4. 토지가옥증명부 및 시행세칙 제3조의 장부(帳簿)[12]는 증명한 권리의 상황을 명확하게 파악하는데 중요한 장부다. 따라서 보존에 충분히 주의를 기울이는 것은 물론 기입에 관해서도 규정에 따라 정제(整齊)하는 일에 힘써야 한다. 만약 착오가 있어서 문자를 정정할 때는 주임자(主任者)가 정정한 부분 옆에 날인한다. 기입상의 과오나 실착으로 제삼자에게 손해를 끼쳤다면 책임자인 군수, 동장, 통수가 칙령의 규정에 따라 배상 책임을 부담하도록 할 것

    5. 증명 및 인증의 양식은 시행세칙에서 정한 바에 따르되 결코 위식(違式)이나 탈루가 없도록 주의할 것

    6. 시행세칙 제6조에 따라 군수 또는 부윤이 보존할 계약서 원본이나 그 증빙서류는 당사자의 권리를 나타내는 증거서류 중 가장 중요한 것에 속한다. 또한 계약서의 원본과 같이 당사자의 청구에 대해 정본을 교부하는 서류는 항상 보존에 엄중한 주의를 다할 것[13]

    7. 이의의 신고는 당사자의 권리 주장에 있어서 유일한 구정(求正) 방법이 되니 지체 없는 신고가 이루어지면 정밀하게 조사를 수행하고 그 사실의 진상을 발휘하는 일에 힘쓸 것

---

11 본래 훈령의 내용은 "本年 十二月一日로붓터 內外國人民이 凡於土地家屋賣買也와 贈予也와 交換也와 典當也에 竝受證明ᄒᆞ되 悉依定章ᄒᆞ야 一一遵施이고 其施行等節을 臚列于左ᄒᆞ니"라는 국한문본의 고시문 문장과 다르다.
12 시행세칙 제3조의 장부는 '인증부(認證簿)'를 가리킨다.
13 한국 정부의 훈령 원문은 "至若契約書原本 則 當事者 請求에 對ᄒᆞ야 正當ᄒᆞᆫ 理由로 認ᄒᆞᆯ 時ᄂᆞᆫ 契約書 一本을 正書ᄒᆞ야 蓋印下付ᄒᆞᆯ 者인즉 恒常 其 保存上에 嚴重히 注意ᄒᆞᆯ 事"로 표현이 약간 다르다.

8. 본칙은 한국의 내지 일반에 시행한다. 단 각 항구의 각국거류지 및 전관거류지는 여기에 포함되지 않는다.

9. 본칙 시행의 결과로 토지나 가옥에 관한 소유권을 취득한 자에게는 그 토지나 가옥에 관한 납조(納租)에 있어서 내외인(內外人)을 가리지 않고 동일한 부담을 지울 것

10. 본칙 시행 후에는 종래의 지계(地契)[14] 및 가계(家契)[15]에 관한 규칙은 폐지한다. 다만 종전에 발행한 지계 및 가계의 효력은 그대로 유지한다.

11. 본칙 시행의 결과로 감독관청에 제출해야 할 보고서는 반드시 기일을 지체하지 않도록 주의할 것

1906년 11월 8일

법부대신 훈 1등 이하영[16]

통감부령 제4호

1906년 9월 통감부령 제38호 중 제6호를 다음과 같이 개정한다.

1907년 2월 1일

임시통감대리 한국주차군사령관 남작 하세가와 요시미치

---

[14] 토지의 소유권을 법적으로 인정하는 문서나 문권. 대한제국 시기, 지계아문(地契衙門)에서 지계를 발행했다. 대한제국은 1901년 11월 기존의 양전을 중단하고 지계아문을 설립했는데, 지계아문은 양지아문을 흡수 통합하고 그 업무를 인수한 후 1902년 3월부터 강원도를 비롯한 전국 각 지역의 토지를 측량하고 지계를 발급하기 시작했다. 지계아문은 지계 발급 대상을 농지에 한정하지 않고 전국의 모든 산림과 토지, 전답, 가사까지 포괄한다는 원칙을 세우고 이들 대상지의 소유자가 가지고 있던 종래의 매매문서 등을 모두 환수하는 대신 국가가 발급하는 지계를 통해 소유권을 보장한다고 했다. 또한, 외국인은 산림·전토·전답·가사의 소유주가 될 수 없다고 규정했다. 그러나 러일전쟁 발발로 인하여 사업은 중단되었다. 이 〈토지가옥증명규칙〉의 실시로 기존의 지계 관련 법규와 정책은 모두 폐지되었고, 외국인 토지 소유를 합법화하고 자유롭게 허용한 것으로 바뀐 것이다(국사편찬위원회, 2014, 『한국근대사기초자료집 6-개화기 사법』, 576-578쪽).

[15] 조선시대 한성부에서 발급한 가옥소유권을 증명하는 공문서를 말한다. 1893년 처음 발급하기 시작했다. 이번에 폐지된 법령은 〈내부령 제2호 가계발급규칙〉(1906. 5. 22)를 말한다. 이 조항은 "제1조 가사소유주가 가계를 청구하고져 할 시는 좌개 식양의 청구서에 구문권을 첨부하여 한성부나 각해소관 지방관에게 제출함이 가함이라. 단 구문권을 조사한 후에 신계를 발급함이 가함이라" 등의 조항이 있다(《관보》 제3461호, 1906. 5. 24; 『한말근대법령자료집』 IV, 1971, 580쪽).

[16] 〈법부훈령 토지가옥증명규칙 시행세칙 실시에 관한 건〉(1906. 11. 9); 《관보》 제3608호, 1906. 11. 12; 『한말근대법령자료집』 V, 1971, 318-320쪽.

6. 토지건물의 증명 또는 사증, 토지건물증명대장의 열람, 증명한 계약서 정본의 교부 및 전당의 집행에 관한 이의의 재정에 대해 징수하는 수수료

통감부령 제3호

토지건물증명규칙에 의해 증명 또는 사증을 받은 전당의 집행에 대해서는 한국칙령 토지가옥전당집행규칙 및 법부령 토지가옥전당집행규칙 시행세칙의 규정에 따른다.

부칙

본령은 발포일부터 이를 시행한다.

1907년 2월 1일

임시통감대리 한국주차군사령관 남작 하세가와 요시미치

통감부고시 제129호

한국정부는 1906년 11월 28일 칙령 제80호 토지가옥전당집행규칙 및 1907년 1월 31일 법부령 제2호 토지가옥전당집행규칙 시행세칙을 발포했다.[17]

그 번역문은 다음과 같다.

1907년 2월 1일

임시통감대리 한국주차군사령관 남작 하세가와 요시미치

칙령 제80호 토지건물전당집행규칙[18]

제1조 이 규칙은 토지건물증명규칙에 의해 증명을 받은 전당에 적용한다.

제2조 토지나 건물을 목적으로 하는 전당의 집행에 대해서는 유질계약을 체결할 수 있다.

---

17 원문의 오류로, 칙령 제80호의 발포 날짜는 1906년 12월 28일이고, 법부령 제2호의 발포 날짜는 1907년 1월 30일이다.

18 한말 시기 조선에서는 토지에 관한 권리 증명 같은 것도 당사자가 작성한 문기에 의하든가 아니면 거의 정비되지 못한 서류 장부에 기초한 군수의 증명에 의할 수밖에 없었기 때문에 토지가옥 거래에서 다수의 사기 또는 불법 이득의 매매 저당 등이 행해졌다. 일본 측에서는 이를 교정하기 위해 1906년, 〈토지건물증명규칙〉 및 〈토지건물전당집행규칙〉 등을 제정·공포하였다. 그 결과 토지건물의 증명, 전당 등을 통해 공부 등록의 길이 열렸다고 하지만 이는 일본인의 토지 소유 합법화와 침탈을 장려하기 위한 식민지 법 제정이라고 평가된다(국사편찬위원회, 2002, 『신편 한국사 47: 일제의 무단통치와 3·1운동』, 56-57쪽).

제3조 토지나 건물을 목적으로 하는 전당의 경우 채무자가 채무이행 기일을 경과해도 그 채무를 상환하지 않는다면 별도의 계약이 없는 한 채권자는 그 전당 목적물인 토지나 건물을 경매할 수 있다.

제4조 경매를 집행하는 경우에는 다음 조건을 준수해야 한다.

1. 최소한 3주 전에 경매를 집행한다는 뜻을 채무자에게 통지하고 입회를 요구할 것
2. 경매 목적물인 토지나 건물의 소재지에서 최소한 2주 이상 경매의 목적물과 그 일시를 게시·공고할 것
3. 경매 목적물인 토지나 건물의 소재지에서 경매를 시행한다. 다만 채무자의 동의를 통해 다른 장소에서 경매를 집행할 수 있다.
4. 경매에는 통수·동장·면장 또는 면리원(面吏員)이 입회한다. 만일 이들이 입회할 수 없는 경우에는 20세 이상의 남자 2명이 입회해야 한다.
5. 채권자는 경매에 대한 시말서를 작성할 것

제5조 채무자가 전조 제1항의 청구가 있음에도 불구하고 입회하지 않았다면 경매에 관한 어떠한 이의도 신청할 수 없다.

제6조 채권자는 제4조 제1호의 통지를 발송함과 동시에 그 전당 증명을 교부받은 관청에 경매를 집행한다는 뜻을 신고할 것

전항의 신고를 접수한 관청은 토지나 건물의 증명대장, 그리고 보존하고 있는 계약서를 조사하여 경매를 허가할 수 없다고 판단되면 즉시 그 경매를 중지시킬 것

제7조 경매가 끝나면 채권자는 경매 대금에서 채권액과 경매 실비를 공제한 후 그 잔금을 계산서와 함께 채무자에게 환부한다.

당사자 중 한 명이 한국인이면 경매 대금이 채권액이나 경매 실비보다 부족해도 채권자는 그 잔액을 채무자에게 청구할 수 없다.

단 당사자 쌍방이 외국인일 경우에는 이에 해당하지 않는다.

제8조 경매를 신청하는 자가 없거나 경매 신청이 있어도 그 금액이 채권액과 경매 실비에 미치지 못할 때는, 채권자는 채권의 변제 대신 경매의 목적물인 토지나 건물을 취득할 수 있다. 이 경우에 경매 비용은 채권자가 부담한다.

제9조 다음과 같은 경우에 채권자 또는 경락인(競落人)은 전당 증명을 교부받은 관청에 인

증을 요구할 수 있다.

1. 채권자가 유질계약에 따라 전당의 목적물인 토지나 건물의 소유권을 취득했을 때
2. 경매를 통해 그 목적물인 토지나 건물이 경락되었을 때
3. 채권자가 제8조를 통해 경매 목적물인 토지나 건물을 취득했을 때

제10조　전조의 인증은 토지건물증명규칙에 따라 교부한 증명과 동일한 효력을 가진다.

제11조　이 규칙에 따른 전당 집행과 관련하여 분쟁이 생기면 그 목적물인 토지나 건물의 소재지를 관할하는 군수 또는 부윤이 판단하여 결정한다.

채무자가 한국인이고 채권자가 외국인일 경우에는 해당 일본 이사관의 동의를 얻어 판단하고 결정한다.

채무자가 외국인이고 채권자가 한국인일 경우에는 해당 군수나 부윤의 동의를 얻어 일본 이사관이 판단하고 결정한다.

채무자와 채권자가 모두 외국인일 경우에는 일본 이사관이 판단하고 결정하여 해당 군수나 부윤에게 통지해야 한다.

부칙

제12조　이 규칙 시행에 관한 세칙은 법부대신이 결정한다.

제13조　이 규칙은 1907년 1월 1일부터 시행한다.

법부령 제2호 토지건물전당집행규칙 세칙[19]

제1조　토지건물전당집행규칙 제4조 제1호에 따라 통지할 사항, 그리고 동 규칙 제6조 제1항에 따라 신고를 해야 할 사항은 다음과 같다.

1. 경매의 목적과 목적물
2. 경매 장소
3. 경매를 통해 변제 받으려는 채권액
4. 당사자의 씨명, 주소, 족적

19　국한문 법령 제목은 〈土地家屋典當執行規則 施行에 關ᄒ 細則〉이다(《관보》 제3676호, 1907. 1. 30;『한말근대법령자료집』 V, 1971, 406-410쪽).

제2조 채권자는 토지건물전당집행규칙 제4조 제2호에 의한 경매를 시행하기 2주 전에 전조에서 기재한 사항을 경매의 목적물인 토지나 건물에 대해 게시하고, 동시에 그 소재지의 관행에 따라 이를 공고한다. 만약 아무런 관례가 없는 경우에는 전당을 증명한 관청 및 그 소재지의 동장이나 통수의 문 앞에 게시·공고한다.

제3조 채권자는 경매를 시행하기에 앞서 아래 이원(吏員) 중 1인의 입회를 요청한다.

1. 통수 또는 동장
2. 면장 또는 기타 공리(公吏)

전항의 경우 채권자는 입회하는 이원에게 일당 금 1원(圓) 외에 소재지에서 경매 집행지까지의 왕복 여비를 지불한다.

제4조 채권자가 전조에 따라 이원의 입회를 요구해도 사정상 입회할 수 없는 경우에는 경매의 목적물인 토지나 건물의 소재지에서 20세 이상 남자 2명의 입회를 청구한다.

전항의 입회인에게 전조의 입회인과 동일한 일당 및 여비를 지불한다.

제5조 경매를 개시했지만 신청이 없거나, 신청이 있어도 그 금액이 채권액 및 경매 실비보다 모자란 경우에는 채권자는 경매를 중지할 수 있다. 이 경우 중지의 뜻을 채무자에게 통지하고 전당을 증명한 관청에 알려야 한다.

제6조 채권자가 중지한 경매를 다시 개시할 때는 그 뜻을 2주 전에 채무자에게 통지하고 전당을 증명한 관청에 알려야 한다.

제7조 채권자는 경매가 끝나면 시말서를 작성한다.

시말서에는 경매의 전말을 기록하고 다음 사항을 명확히 밝힌다.

1. 경매를 행한 채권자의 씨명, 주소, 족적
2. 경매에 부친 토지 또는 건물의 표시
3. 경매 장소와 일시
4. 입회인의 관직, 씨명, 주소, 족적
5. 채무자의 입회 여부
6. 토지건물전당집행규칙 제4조 제1호의 통지, 동 규칙 제6조 제1항의 신고, 본 세칙 제2조의 게시·공고의 날짜
7. 경매 신청인의 씨명, 주소, 신청 금액

8. 경락인의 씨명, 주소, 족적, 경락 금액

9. 토지건물전당집행규칙 제8조에 따라 채권자가 경매의 목적물인 토지나 건물을 취득했다면 그 사실

10. 경매 개시와 완결 날짜

전항의 시말서에는 경매를 집행한 채권자와 입회인이 서명·날인하고, 토지건물전당집행규칙 제4조 제1호의 통지, 동 규칙 제6조 제1항의 신고, 본 세칙 제2조의 게시·공고를 행했음을 증명하는 서면 및 기타 경매 집행에 관한 모든 증빙서류를 첨부한다.

제8조 전조의 시말서는 4통(경락인이 없으면 3통)을 만들어 1통은 채권자가 보존하고 1통은 채무자에게 1통은 경락인에게 교부하고 1통은 전당을 증명한 관청에 제출한다.

채권자가 보존하는 시말서에는 증빙서류에 본서를 첨부하고 기타 시말서에는 입회인이 인증한 증빙서류의 등본을 첨부한다.

제9조 채권자가 작성하는 계산서에는 다음 사항을 명확하게 한다.

1. 경매를 통해 얻은 금액

2. 경매를 통해 변제받으려는 채권 원본의 금액

3. 경매를 통해 변제받으려는 이자의 금액과 이율

4. 위 2개 항목 이외에 경매를 통해 받으려는 채권액이 있다면 그 금액

5. 경매에 관한 실비

6. 경매를 통해 얻은 금액에서 채권액과 경매 실비를 공제한 잔액

제10조 다음 비용은 경매의 실비로 간주한다.

1. 토지건물전당집행규칙 제4조 제1호의 통지, 동 규칙 제6조 제1항의 신고, 본 세칙 제2조의 게시·공고에 관한 비용

2. 입회인에게 지불하는 일당과 여비

3. 채권자가 채무 이행지에서 경매 집행지를 왕복하기 위한 여비와 경매가 시작되고 끝날 때까지 머무르기 위한 일당

4. 계산서와 시말서를 작성하는 비용

5. 그 밖의 경매 집행에 반드시 필요한 비용

전항 제3호의 체재 비용은 1일 금 1원으로 한다.

제11조 토지건물전당집행규칙 제9조에 따라 인증을 요구하려는 사람은 신청서 2통을 작성하여 해당 관청에 제출한다.

동 규칙 제9조 제1호의 경우에는 신청서에 유질계약, 그리고 채무자가 채무이행 기일이 지난 뒤에도 상환하지 않았음을 증명하는 서면을 첨부해야 한다.

동 규칙 제9조 제2호와 제3호의 경우에는 신청서에 경매 시말서를 첨부한다.

제12조 전조에 따라 인증이 신청되면 해당 관청은 이를 조사하여 사실이 확인되면 토지건물증명대장의 매매, 증여 및 교환 칸에 그 내용을 기재함과 동시에 신청서의 각 통을 인증하여 그중 1통은 신청자에게 교부하고 다른 1통은 해당 관청에 보존한다.

제13조 경매 집행에 관해 이의가 있으면 토지건물전당집행규칙 제11조에 따라 해당 관청에 재정(裁定)을 신청한다.

이때 다음 사항을 구비한 신청서를 제출한다.

1. 재정을 요구하는 사항 및 그 이유

2. 당사자의 씨명, 주소, 족적

전항의 경우에는 재정을 구하는 사항 1건당 금 2원의 수수료를 수입인지를 통해 납부한다.

제14조 전조의 신청을 받으면 해당 관청은 그 상대방을 심문한 후 재정한다. 이때 만약 필요하다면 해당 관청이 경매의 중지를 명할 수 있다.

토지건물전당집행규칙 제11조 제2항의 경우에는 전항의 재정과 처분을 미리 해당 이사관과 협의하여 그 동의를 얻은 다음 진행해야 한다.

제15조 경매 집행은 제13조의 신청이 있는 경우에도 속행한다. 단 해당 관청에서 정지명령이 내려진 경우는 제외한다.

부칙

제16조 이 규칙은 1907년 1월 1일부터 시행한다.

통발(通發) 제2421호

1906년 11월 6일 각 이사청 이사관 앞 통첩 요지

1. 전관거류지(중국 전관거류지도 포함)와 각국거류지 내부

   위의 구내에 있는 토지나 건물에 대해서는 토지건물증명규칙을 적용하지 않고 종전대로 부동산등기법(不動産登記法)을 적용한다.

2. 전관거류지와 각국거류지 밖 10리 이내 및 잡거지(雜居地) 내부

   위의 지역에 있는 토지나 건물에 대해서는 토지건물증명규칙에 따르는 것을 원칙으로 하나 신청자가 희망할 경우, 또는 토지건물증명규칙 제1조의 내용 이외의 경우에 대해서는 당분간 일본인 간에는 부동산등기법을 적용하여 등기를 할 수 있다(통발 제2723호, 1906년 12월 23일 통첩 개정).

3. 위에 열거한 지역 이외

   위의 지역 이외의 토지나 건물에 대해서는 온전히 토지건물증명규칙을 적용해야 한다.

4. 금년 12월 1일 전에 전관거류지 밖이나 각국거류지 이외의 지역에서 토지나 건물의 매매, 증여, 교환, 전당 계약을 한 자로서 본칙 시행 후 실제로 그 토지나 건물에 대한 권리를 보유할 경우에는 토지건물증명규칙에 의해 사증 또는 증명을 받을 수 있다.

5. 이전에 한국 정부가 발포한 지계 및 가계에 관한 규칙은 이번 법부대신의 훈령에 의해 12월 1일부터 폐지된다. 단 이전에 발행된 지계 및 가계는 효력을 그대로 유지한다.

통발 제2550호

1906년 12월 8일 평양이사관에게 보낸 회답 초록

질의

토지건물증명규칙의 적용에 관한 의문 중 군산 부이사관의 문의에 대해 회답서(통발 제2421호)는 제2항과 제3항의 지역 내에 있는 토지나 건물에 금년 12월 1일 이후부터 토지

건물증명규칙을 적용한다고 했다. 제3항의 지역은 영·한(英韓)조약 제4관 제4항[20]의 제한 지역 밖임에도 불구하고 공연히 증명을 부여하는 것은 다소 이상한 면이 없지 않다. 다만 위의 제한 밖 지역에서도 실제로 외국인이 많은 토지나 가옥을 소유하고 있는 것은 사실이다. 조약의 명문은 존재하지만 사실상 해당 조문이 지켜지지 않으므로 공연히 이를 인정해도 지장은 없을 것이다. 그렇다면 회답서 제3항의 지역에서도 외국인의 권리를 인정하고 증명을 해주더라도 괜찮은가?

회답

그렇다.

통발 제2774호

1906년 12월 27일 각 이사청 이사관 부이사관 앞 통첩 초록

1. 질의

이사청이 징수하는 수수료는 수입인지로 납부하게 하는가?

회답

수입인지로 납부해야 한다.

2. 질의

성문(成文)에 따르면 인증을 발부하는 것은 통수 또는 동장이다. 하지만 어떤 곳은 촌(村)이나 리(里)로 불린다. 이 경우에는 촌장 또는 이장을 인증을 발부하는 이원(吏員)으로 간주해도 되는가? (촌이나 리의 명칭이 붙는 지역에는 통수 또는 동장이 없다)

회답

촌이나 리 단위의 지방에서는 동에 준하여 해당 촌장이나 이장이 인증을 발부한다.

---

[20] 1883년 11월 26일 체결된 조영수호통상조약을 가리킨다. 제4관 제4항의 내용은 다음과 같다(國會圖書館立法調査局 編, 1965, 『舊韓末條約彙纂』中, 311쪽). "영국 사람이 조계 밖에서 토지를 영구히 또는 잠시 조차하거나 가옥을 세내거나 집을 지으려고 하면 허가한다. 조계지에서 10리를 넘지 못하며, 이 지역에서 조차하여 거주하는 사람은 거주와 납세의 각 사안에 조선국이 자체 제정한 지방세금 부과장정을 일률적으로 준수해야 한다."

3. 질의

한국 지방의 토지나 가옥에는 번호가 붙은 곳이 드물다. 대장에 번호를 기입하지 않으면 대장에 기입된 토지나 건물을 현장에서 명확히 구분하기가 곤란하므로 사증 증명의 실효성이 감소한다. 다만 이러한 경우는 당분간 대장에 토지나 건물 번호를 불가피하게 생략해야 하는가?

회답

번호가 없는 토지나 건물은 부득이하게 번호를 생략하지만, 가급적 그 소재를 명확히 가리키는 방법을 취해야 한다.

4. 질의

법부령 제4호 토지건물증명규칙 시행세칙 제1조에 의하면 계약서를 2통 이상 제출하라고 하는데, 본 규칙 시행 전에 이루어진 매매 등에서 2통 이상의 계약서를 작성한 사례는 극히 드물다. 이 경우 증명 사증을 받으려고 해도 상대방의 부재나 그 밖의 사고로 인해 새로운 계약서를 추가 작성하지 못할 수도 있다. 2통 이상의 계약서를 제출할 수 없지만, 신청인이 작성한 등본에 동장 등이 인증을 해준 경우에는 정본과 동일시해도 되는가?

회답

매매, 증여, 교환에 대해서는 2통, 전당에 대해서는 3통의 계약서를 작성해야 하나 증명규칙 시행 전에 이루어진 계약이고 상대방의 부재 또는 사고로 인해 추가 작성이 불가능한 경우에는 어쩔 수 없는 것으로 인정한다. 신청인이 작성한 등본에 동장의 인증이 있다면 이를 정본으로 간주하고 증명 또는 사증을 할 수 있다.

5. 질의

이사관이 사증을 한 경우 신청사항의 실제 내용까지 꼼꼼히 조사할 필요가 있는가? 아니면 군수나 부윤의 증명에 기초하여 단지 형식만을 조사하면 되는가?

회답

가급적 신청사항의 실제 내용까지 꼼꼼히 심사한다.

6. 질의

법부령 제4호 제8조에 따라 당사자, 이해관계인, 참고인을 소환하여 신문하는 경우, 그리고 이원이 실제 현장에 가서 조사하는 경우에 비용은 관청과 신청자 중 누가 부담해야 하는가?

회답

비용은 신청자가 부담하도록 한다.

7. 질의

토지건물증명규칙 제8조 제2항에 의해 이사관의 증명을 신청할 경우에는 제1조에서 말하는 통수나 동장의 인증을 거칠 필요가 있는가?

회답

통수나 동장의 인증을 거치지 않고 바로 이사관에게 신청하도록 한다. 이사관은 증명에 있어서 군수나 부윤에게 통지하여 토지건물증명대장의 기입을 요구하는데 곧바로 기입 절차를 마치기 어려운 경우에는 이를 기다리지 않고 증명을 해주더라도 지장이 없다. 다만 이 경우에는 장차 분쟁이 일어나지 않도록 충분히 주의를 기울여야 한다.

통발 제176호

1907년 1월 17일 각 이사청, 이사관, 부이사관 앞 통첩

지난해 통감부령 제42호 제1조 중 전당이란 저당권, 질권을 포함하며 사증 증명대장 기입 시에는 전고란(傳考欄)에 양자를 구별하여 정리해야 한다는 내용을 통첩함.

통발 제408호

1907년 2월 4일 원산 이사관에 대한 회답 초록

1. 질의

종래 이 지방에서는 가계(家契)를 청원하는 자가 있으면 감리서(監理署)에서 발급했지만, 지계(地契)에 관해서는 규정의 근거가 전혀 없어서 발행하지 못했다. 그래서 토지소유자는 별지 사본과 같이 매도인이 자체적으로 작성한 일종의 매도증인 명문(明文)이라는 문권(文券)을 지계와 동일시하여 보존했다. 이를 다시 매매할 때는 판매자가 앞서 설명한 명문을 재차 작성한 다음 기존의 명문을 첨부하여 구매자에게 주고 대금과 교환하는 관습이 있다. 외국인이 이를 취득할 경우에는 해당 명문에 감리가 공인하는 것이 상례였으나, 작년 1906년

3월 26일 통발 제1064호에 의거하여 같은 해 4월 이후부터는 감리와 협상한 후 지권을 발급하도록 하고, 이미 그전에 공인이 완료된 명문은 지권과 동일하게 간주하여 그대로 효력을 가짐을 인정했다. 그런데 작년 12월 한국칙령 토지가옥증명규칙이 실시되었고 군산 부이사관의 문의에 대한 회답의 마지막 부분 단서(但書)를 보면 종전에 발행된 지계 및 가계는 그대로 효력을 가진다고 적혀있다. 그렇다면 앞서 본 것처럼 4월 이후에 발급된 지계는 아무런 문제가 없지만, 그 이전에 공인을 마친 명문도 여전히 구관습에 따라 지계와 동일한 것으로 간주해도 문제가 없는가?

회답

명문의 효력은 기존의 관습에 따라 정해야 하지만 명문을 따로 지계로 간주할 필요는 없다.

2. 질의

작년 12월 27일 통발 제2774호로 통지한 질의 제5항에 계약서 관련 내용이 있는데, 이 지방에서는 토지가옥증명규칙 발포 전에는 특별한 사정이 있는 경우가 아니면 매매하면서 계약서를 작성한 적이 거의 없으며 앞의 항목에 기술한 것처럼 명문이라는 것을 주고받았다. 이는 보통 계약서의 양식을 갖추고 있지 않은데, 상대방의 부재나 기타 사고 등으로 계약서를 새로 작성할 수 없을 때 당사자 중 한 사람이 위 명문을 가지고 인증이나 증명을 받고자 하면 이를 계약서로 간주하고 앞 회답의 취지에 기초하여 취급해도 문제가 없는가?

회답

명문을 주고받고 별도로 계약서를 작성하지는 않았는데 상대방의 소재 불명이나 기타 정당한 사고로 계약서를 새로 작성하지 못할 때는 명문을 계약서로 간주할 수 있다.

통발 제776호

1907년 2월 22일 각 이사청 이사관, 부이사관 앞 통첩 요지

1. 질의

세칙 제8조 아래 단락에 현지조사를 위한 이원의 출장비를 신청자에게 부담시킨다는 내용이 있다. 이때 실제 매매나 전당 가격이 여비보다 약간 적은 경우가 종종 있어서 당사자가

곤란을 느끼기도 한다. 그러므로 신청자가 특별히 현지조사의 필요를 느껴서 해당 이원의 출장을 청구한 경우에만 그 비용을 부담시키고, 군수나 부윤이 스스로 조사의 필요성을 인정해서 이원을 파견한 경우에는 그 여비를 해당 관청에 부담시킬 수 없는가?

회답

그렇게 해도 무방하다.

2. 질의

세칙 제1조 제1호 및 제7조 제1호를 보면 인증대장, 증명대장 또는 사증대장에 의거하여 사표(四標)를 기재하라는 내용이 있다. 그런데 논이나 밭 등을 사표로 표시하는 사례는 거의 없다. 앞으로 해당 규칙을 통해 인증이나 증명을 받으려는 사람은 계약서에 토지나 가옥의 소재를 명확히 하기 위해 간단한 견취도(見取圖)[21]를 첨부하도록 하면 후일의 분쟁을 예방할 수 있어 편리할 것으로 생각되는데 어떠한가?

회답

법이 사표의 기재를 요건으로 삼는 이유는 필경 토지의 소재를 분명히 하기 위한 점에 있다. 그러므로 사표가 목적을 이루지 못할 때는 견취도를 첨부하여 그 소재를 명확하게 하는 것이 오히려 법의 정신에 합치한다고 할 수 있다.

3. 질의

한 사람이 토지의 문기 여러 필(筆)을 가지고 있거나 혹은 여러 사람이 여러 필을 가지고 있는데 그 지적(地積)이 인접한 일단(一團)을 이루고 있다면, 신청자가 권리이전 계약서를 작성할 때 이를 1필로 간주하고 그 계약서는 1건으로 취급해도 지장이 없는가?

회답

필 수에 맞게 수수료를 정한다. 단 구래의 문기에 따라 여러 필의 토지로 간주해야 하지

---

[21] 토지와 건물, 산림지 등에서 객관적 측량을 하기 전에 토지의 모양이나 배치를 알기 쉽게 그린 그림. 일제는 토지조사사업 시행 이전에 지세제도의 개혁을 위해 1907년부터 '결수연명부(結數連名簿)'를 작성하였지만, 이것만으로는 토지의 위치나 면적, 상태 등을 자세히 알 수 없었다. 이를 보완하기 위해 1911년부터 '과세지견취도'를 만들어 토지도면을 작성하면서 토지의 자호 지번, 면적, 결수, 소유자 등을 함께 기록하였다. 면적은 당시 민간에서 사용하던 면적 단위인 두락(斗落)이나 식경(息耕)을 사용하였으며, 매 필지마다 지세를 부과하는 단위인 결부(結負)를 표시했다. 또한 새로 토지의 지번을 부여하거나 수정 사항이 있으면 붉은색으로 덧칠하여 구분하였다(왕현종, 2016, 『한국 근대 토지제도의 형성과 양안』, 혜안, 407-419쪽).

만 토지가 동일한 동[洞, 촌리(村里)]에 속해 있으며 인접지인 경우, 혹은 판매자가 소유한 토지와 인접하여 판매자가 1필로 취급하기를 원할 때는 이를 1필로 취급하고 새로운 지번(地番)을 부여해도 무방하다.

통발 제1147호
1907년 3월 1일 각 이사청 이사관, 부이사관 앞 통첩 요지

1. 질의
정부가 스스로 행하는 증명에 수수료가 필요한가?
회답
일한(日韓)양국의 관청이나 공공단체에서 취득한 부동산의 권리에 관한 사증 또는 증명을 받을 경우는 수수료를 징수하지 않아도 된다.

통발 제2202호
1907년 5월 3일 각 이사청 이사관, 부이사관 앞 통첩 초록

동일한 군내에 있는 여러 필의 토지를 동일한 계약서에 의해 매매, 교환 또는 증여하는 경우 증명 및 사증에 관해 다음과 같이 취급하라는 내용을 통첩한다.

증명 및 사증에 관한 이해
1. 이사관이 증명하는 경우 이를 1건으로 취급하고 증명수수료는 그 토지 총가격의 1,000분의 2(단 50전 이상으로 한다)를 납부한다.
2. 사증은 마찬가지로 1건으로 취급하고 사증수수료 50전을 납부한다.
   대장(台帳)의 기재는 전항의 예를 따른다.
3. 군수 및 부윤의 증명은 제1호에 따른다.
4. 인증은 관련 각 통수(동장)가 계약서에 연서(連署) 인증할 필요가 있다.
   인증수수료는 각 통수(동장)에게 50전씩 납부한다.

통발 제298호

1907년 6월 4일 각 이사청 이사관, 부이사관 앞 통첩 요지

1. 질의

동일한 군내(郡內)에 있는 토지라면 여러 명으로부터 토지를 매수할 때도 동일한 계약서로 취합하여 증명이나 사증을 신청할 수 있는가?

회답

판매자가 여러 명이라도 구매자(교환이나 증여도 마찬가지)가 동일인이며 계약서가 동일하면 통발 제2202호에 따라 취급한다.

통발 제3655호

1907년 6월 26일 각 이사청 이사관, 부이사관 앞 통첩

토지가옥증명규칙의 실시에 관해 관찰사 이하에게 한국 정부가 별지 번역문을 통해 취급 방법의 훈령을 내렸으므로 확인을 위해 이 내용을 통첩한다.

훈령

토지가옥증명규칙 및 시행세칙은 이미 반급(頒給)했거니와 시행상(施行上) 이를 소상(昭晰)하게 밝혀서 통수, 동장과 군수, 부윤의 사무처리 순서를 별책과 같이 지정·하송(下送)한다. 해당 사무처리 순서를 각별히 준수·실시하여 착오가 없도록 훈령하니 이에 의하여 시행할 것

1907년 2월

법부대신 훈 1등 이하영

(제1) **통수 또는 동장의 인증에 관한 사무의 처리 순서**[22]

1. 반급한 양식에 따라 인증부를 마련함.

   재(再)   인증부 용지를 송부하는데 인쇄가 완료될 때까지 일단 임시로 이미 발송한 양식에 따라 장부를 장철(粧綴)하되, 그 수는 50장가량으로 토지와 가옥 두 가지 건을 구별하고 각기 견고한 표지를 첨부·장철하며 장수(張數)를 표기한 다음 철목(綴目)[합봉처(合縫處)]에 날인함.

2. 인증에 관한 접수부(接受簿)를 마련함.

   접수부의 양식은 별기(別記) 제1호 양식에 의한다.

   접수부의 장수는 20장가량으로 견고하게 장철하고 그 장수 표기, 철목, 날인 등은 인증부와 동일하게 한다.

3. 토지 또는 가옥에 관한 인증신청이 있을 시에는 아래에 기재한 절차에 따라 처리한다.

   갑(甲)   인증신청이 있으면 우선 아래에 기재한 여러 건을 조사하고, 토지에 관한 신청에는 계약서에 도면을 첨부하게 한다.

   (1) 매매, 증여, 교환의 경우 신청자가 토지가옥증명규칙 시행세칙 제1조에 따라 계약서 2통, 전당의 경우에는 3통을 제출했는가의 여부

   (2) 위의 계약서 1통에 문기 및 기타 증빙서류를 첨부했는가의 여부

   (3) 신청자가 토지가옥증명규칙 시행세칙 제1조 제2항에 따라 건당 수수료 50전을 납부했는가의 여부. 또한 동 시행세칙 제14조에 따라 이전에 반급한 수수료납부서에 그 금액에 상응하는 수입인지를 첨부했는가의 여부

   을(乙)   전호의 조사가 끝나면 접수부에 아래 사항을 기입한다.

   (1) 접수번호(접수 순서에 따라 번호를 정함)

   (2) 접수 연월일(접수한 연월일을 기록함)

   (3) 신청 당사자의 씨명

   (4) 건명(토지의 매매·증여·교환·전당, 혹은 가옥의 매매·증여·교환·전당이라 적음)

   위의 기입을 마치면 수수료납부서에 그 접수의 번호 및 연월일을 기입하고 인지에 소인

---

22 〈법부훈령 토지가옥증명 사무처리 순서〉(1907. 2). 원문은 국한문 혼용체로 작성되었는데, 이를 현대어로 풀어 썼다.

(消印)한다.

병(丙) 전호의 접수가 있으면 토지가옥증명규칙 시행세칙 제2조에 따라 계약서를 조사한다.

조사에 임하면서 특히 아래에 기재한 내용들에 주의한다.

(1) 계약서에 기재한 토지 또는 가옥이 진실로 존재하는가의 여부

(2) 계약서에 기재한 토지 또는 가옥의 표시가 사실에 적합한가의 여부

(3) 계약서에 기재한 토지 또는 가옥을 처분하는 자, 즉 토지가옥을 매각하는 자, 교환하는 자, 전당하는 자의 정당한 권리 유무

정(丁) 전호의 조사를 통해 진실함이 인정되면 토지가옥증명규칙 시행세칙 제2조에 따라 계약서 각 통에 인증한다.

인증 양식은 동 시행세칙 제1호의 양식에 의한다.

무(戊) 인증을 하면서 먼저 아래에 기재한 절차에 따른다.

(1) 접수부에 인증번호 및 연월일을 기입하되, 기입 방법은 접수를 기입한 칸 아래쪽에 있는 인증번호란에 인증번호를 기입하고 인증 연월일란에 인증의 연월일을 기입한다. 인증번호는 접수부에 인증을 기입한 순서에 따라 기호를 붙이는데, 첫 번째 인증에는 제1호로 기입하고 두 번째는 제2호로 기입한다.

(2) 인증부에 토지가옥증명규칙 시행세칙 제3조에 게재한 사항을 아래와 같이 기입한다.

　가. 인증부 토지표시란에는 토지의 종목(전, 답, 가옥, 산림 등), 소재지명(어느 군, 어느 면, 어느 동 등), 지번호(번지 또는 자호 등), 면적(면적을 장량했으면 장량의 면적. 장량을 하지 않았다면 그 지방의 일반적 칭호를 따라 복수, 두락, 보수 등으로 표시), 사표(동서남북의 경계)를 기입

　나. 인증부 가옥표시란에는 가옥의 종목[초가, 와가(瓦家), 창고 등], 소재지명(어느 군, 어느 면, 어느 동 등), 호번호(번호 또는 통호 등), 면적(칸수 혹은 평수 등)을 기입

　다. 매매, 증여, 교환의 경우에는 매매, 증여, 교환란에 토지가옥증명규칙 시행세칙 제3조 제2호 및 제3호의 사항을 기입

　　[1] 인증번호 및 인증 연월일란에는 접수부에 따라 인증번호 및 연월일을 옮겨 적는다.

[2] 매각인, 증여자, 교환자의 주소, 족적(族籍)을 적고 씨명란에는 매매에 매각인, 증여에 증여자, 교환에는 소유권을 양도한 자의 주소, 족적, 씨명을 기입한다.

[3] 매수인, 수증자, 교환자의 주소, 족적을 적고 씨명란에는 매매에 매수인, 증여에 수증자, 교환에는 소유권을 취득한 자의 주소, 족적, 씨명을 기입한다.

라. 전당의 경우는 전당란에 토지가옥증명규칙 시행세칙 제3조 제2호 및 제3호의 사항을 기입한다.

[1] 인증번호 및 인증 연월일란에는 접수부에 따라 인증번호 및 연월일을 옮겨적는다.

[2] 소유자의 주소, 족적, 씨명란에는 전당을 목적으로 하는 토지 및 가옥 소유자의 주소, 족적, 씨명을 기입한다.

[3] 채무자의 주소, 족적, 씨명란에는 전당 채무자의 주소, 족적, 씨명을 기입한다.

[4] 채권자의 주소, 족적, 씨명란에는 전당 채권자의 주소, 족적, 씨명을 기입한다.

위의 기입을 마치면 기입한 인증부의 장수(張數)를 접수부의 인증장수란에 기재한다.

기(己) 인증을 시행할 때는 토지가옥증명규칙 시행세칙 제1호 양식에 따라 계약서 뒷부분에 여백이 있으면 이곳에 쓰고, 여백이 부족하거나 없으면 부전하고 부전과 계약서의 접목(接目)에 반드시 날인한다.

인증 양식 중 '번호'에는 접수부에 있는 인증번호를 옮겨적고 '연월일'에는 접수부에 있는 인증 연월일을 옮겨적는다. '수수료 금액'에는 납부한 수수료의 금액을 기입한다. '장부기재제(帳簿記載濟)'의 글자는 인증부에 기입을 마친 후에 기록하며 통수나 동장의 씨명 아래에는 반드시 날인한다.

경(庚) 이상의 처리를 마치면 통수나 동장은 인증을 시행한 계약서 전부를 신청자에게 교부한다.

수수료납부서는 돌려주지 않고 견고하게 장철하여 보존한다.

신(辛) 토지가옥증명규칙 시행세칙 제2조 제2항에 의해 인증을 거절할 때는 그 이유를 첨부하여 계약서와 부속서류를 당사자에게 돌려주고, 접수부 기입 부분에 붉은 선을 긋는다.

제1호 인증에 관한 접수부 양식

인증접수부

접수번호	접수 연월일	신청자 씨명	건명	인증번호	인증 연월일	인증부 장수

(제2) 군수 또는 부윤의 증명에 관한 사무의 처리 순서[23]

1. 반급한 토지증명부 및 가옥증명부의 표지에 관인을 찍고 쪽수를 기입함.
2. 증명에 관한 접수부를 마련함.

    접수부의 양식은 별기 제2호 양식에 따라 편철하되, 토지와 가옥의 두 가지 건으로 구별함. 접수부의 장수는 토지증명건과 가옥증명건을 각각 50장가량 견고하게 장철하며 표지 및 철목(합봉처)에 날인하고 그 장수를 표지에 기입한다.

3. 토지나 가옥에 대한 증명을 신청받으면 아래에 기재한 절차에 따라 처리함.

    갑(甲) 증명을 신청받으면 먼저 아래 사항을 조사한다.

    (1) 신청 당사자가 통수 및 동장의 인증을 이미 받았는가 여부

    (2) 매매, 증여, 교환의 경우 2통, 전당의 경우 3통의 계약서를 신청자가 제출했는가 여부

    (3) 위의 계약서 1통에 문기 및 기타 증빙 서류를 첨부했는가 여부

    (4) 신청자가 토지가옥증명규칙 시행세칙 제4조에 따라 수수료를 납부했는가 여부. 또한 동 세칙 제14조에 따라 앞서 반급한 수수료납부서에 금액에 맞는 수입인지를 첨부했는가 여부

    을(乙) 전호의 조사를 마치면 접수부에 아래 기재한 사항을 기입한다.

    (1) 접수번호(접수 순서에 따라 번호를 정함)

    (2) 접수 연월일(접수한 연월일을 기입함)

    (3) 신청 당사자의 씨명

---

[23] 《관보》 제3709호, 1907. 3. 9: 『한말근대법령자료집』 V, 1971, 431-439쪽. 원문은 국한문 혼용체로 작성되었는데, 이를 현대어로 풀어 썼다.

(4) 건명(매매, 증여, 교환 및 전당의 구별을 나타냄)

위의 기입을 완료하면 수수료납부서에 수부(受付) 번호 및 연월일을 기입하고 인지에 소인함.

병(丙) 전호의 접수가 완료하면 계약서 각통에 접수번호 및 연월일을 옮겨적은 후 토지가옥증명규칙 시행세칙 제5조의 각 조사 사항에 따라 계약서를 조사한다. 확실함이 인정되면 계약서 각통에 증명을 시행함.

정(丁) 증명 양식은 토지가옥증명규칙 시행세칙 제2호의 양식에 의함.

증명을 시행하기 전에 아래 절차를 준수함.

(1) 접수부에 증명번호 및 증명 연월일을 기입한다. 접수를 기입한 칸 아래쪽에 있는 연월일란에 증명 연월일을 기입하고 증명번호란에 증명번호를 기입한다. 번호는 접수부에 증명을 기입한 순서에 따라 정한다. 매매, 증여, 교환의 경우에는 번호 위에 '전(轉)'이라고 적고, 전당의 경우에는 '전(典)'이라고 적는다.

(2) 토지증명부 또는 가옥증명부에 토지가옥증명규칙 시행세칙 제7조 각호의 사항을 아래와 같이 기입한다.

　가. 토지증명부의 토지표시란에 토지의 종목[전, 답, 가기(家基), 산림, 임야 등], 소재지명(어느 군, 어느 면, 어느 동 등), 지번호(번지 또는 자호 등), 면적(면적을 장량했다면 그 장량면적, 장량하지 않았다면 그 지방의 일반적 칭호에 따라 복수, 두락, 보수 등으로 표시), 사표(동서남북의 경계)를 기입함.

　나. 인증부 가옥표시란에는 가옥의 종목(초가, 와가, 창고 등), 소재지명(어느 군, 어느 면, 어느 동 등), 호번호(번호 또는 통호 등), 면적(평수 혹은 칸수를 표시)을 기입함.

　다. 매매, 증여, 교환의 경우에는 매매, 증여, 교환란에 토지가옥증명규칙 시행세칙 제7조 제2호 혹은 제5호의 사항을 기입함.

　　[1] 증명번호 및 증명연월일란에는 증명번호 및 연월일을 접수부에서 옮겨 적음.

　　[2] 매각인, 증여자, 교환자의 주소, 족적(族籍)을 적고 씨명란에는 매매에 매각인, 증여에 증여자, 교환에 소유권을 양도한 자의 주소, 족적, 씨명을 기입함.

　　[3] 매수인, 수증자, 교환자의 주소, 족적을 적고 씨명란에는 매매에 매수인, 증여에 수증자, 교환에 소유권을 취득한 자의 주소, 족적, 씨명을 기입함.

[4] 보증인이 있는 경우에는 그 주소, 족적, 씨명을 보증인의 주소, 족적, 씨명란에 기입함.

[5] 매매대가(賣買代價), 증여조건, 교환물란에는 매매에 매매대금, 증여에 증여조건, 교환에 교환물을 기입함.

[6] 그밖에 계약서 가운데 특히 기재할 필요가 있다고 인정되는 사항[가령 매매의 환퇴약관(還退約款) 등]은 기타 사항란에 기입함.

라. 전당의 경우에는 전당란에 토지가옥증명규칙 시행세칙 제7조 제2호 혹은 제5호의 사항을 기입함.

[1] 증명번호 및 연월일란에는 접수부에서 증명번호 및 연월일을 옮겨 적음.

[2] 소유자의 주소, 족적, 씨명란에는 전당의 대상이 되는 토지나 가옥 소유자의 주소, 족적, 씨명을 기입함.

[3] 채무자의 주소, 족적, 씨명란에는 전당 채무자의 주소, 족적, 씨명을 기입함.

[4] 채권자의 주소, 족적, 씨명란에는 전당 채권자의 주소, 족적, 씨명을 기입함.

[5] 보증인이 있는 경우에는 그 주소, 족적, 씨명을 보증인의 주소, 족적, 씨명란에 기입함.

[6] 채권의 금액, 이율, 상환 기일은 채권 금액 및 상환 기일란에 기입함.

[7] 그밖에 전당 계약서 가운데 특히 기재할 필요가 있다고 인정되는 사항은 기타 사항란에 기입함.

이상의 기입을 마치면 이를 기입한 증명부의 쪽수를 접수부의 접수를 기입한 칸 아래쪽에 있는 증명부 쪽수란에 기입함.

무(戊) 전호의 기입을 마치면 계약서 각통에 토지가옥증명규칙 시행세칙의 제2호 양식에 따라 증명을 시행하되, 계약서 뒷부분에 여백이 있으면 이곳에 쓰고, 여백이 부족하거나 없으면 부전하고 부전과 계약서의 접목에 반드시 날인한다.

기(己) 증명을 시행할 때는 토지가옥증명규칙 시행세칙 제2호의 양식에 하나도 위반하지 않도록 아래와 같이 주의한다.

(1) 번호는 접수부에서 증명번호를 옮겨 적음.

(2) '연월일'은 접수부에서 증명 연월일을 옮겨 적음.

(3) '수수료금액'은 증명 수수료의 금액을 적음.

(4) 장부기재, 계약서 조합제(照合濟)라는 글자는 계약서의 사항과 증명부의 기재사항을 정확하게 대조하여 부합함이 인정되면 기재함.

(5) '군수 부윤의 씨명 하(下)'에는 반드시 관인을 날인함.

경(庚) 이상의 처리를 마치면 군수나 부윤은 토지가옥증명규칙 시행세칙 제6조에 따라 증명을 시행한 계약서 1통과 문기 및 기타 증명서류를 관청에 보존하고 매매, 증여, 교환의 경우에는 계약서 1통을 구매자, 수증자 혹은 교환을 통해 소유권을 취득한 자에게 교부한다. 전당의 경우에는 계약서를 1통씩 당사자 쌍방에게 교부한다. 수수료납부서는 당사자에게 반환하지 않고 견고하게 합철하여 관청에 보존한다.

신(辛) 증명을 받은 당사자 중 한 명이 외국인이면 토지가옥증명규칙 시행세칙 제8조 제1항에 따라 다시 일본 이사관의 사증을 받게 하고, 사증을 받지 않으면 증명의 효력이 발생하지 않는다는 사실을 당사자에게 알려준다.

임(壬) 토지가옥증명규칙 시행세칙 제8조 제2항에 의해 일본 이사관의 통지를 받으면 동 시행세칙 제7조에 따라 속히 증명부에 기입한다.

계(癸) 토지가옥증명규칙 시행세칙 제11조 각호에 해당하는 경우는 반드시 이를 신고하게 하고, 신고가 들어오면 조사하여 그 진실함이 인정되면 동 시행세칙 제12조에 따라 증명부에 기입하고 계약서에도 부기한다.

자(子) 토지가옥증명규칙 시행세칙 제13조에 따라 계약서 정본을 하부하는 경우에는 장부를 별도로 마련하여 정본을 하부받는 자의 씨명 및 주소, 이유와 하부 날짜를 기입한다.

축(丑) 토지가옥증명규칙 시행세칙 제6조 제2항에 의해 증명을 거절할 때는 그 이유를 첨부하여 계약서와 부속서류를 당사자에게 돌려주고, 접수부 기입 부분에 붉은 선을 긋는다.

제2호   증명에 관한 접수부 양식

증명접수부

접수번호	접수 연월일	신청자 씨명	건명	증명번호	증명 연월일	증명부 쪽수

법부령 제3호

토지가옥증명규칙에 따라 통수나 동장이 인증할 때 징수하는 수수료는 인증을 시행한 통수나 동장의 소득에 속한다. 전항의 수수료는 현금으로 납부한다.

1907년 3월 6일

법부대신 이하영

법부훈령 제3호

토지가옥증명규칙 시행세칙 제3조 통수나 동장의 인증장부는 해당 통수나 동장이 문자를 능히 해득하여 그 임무를 감당할 수 있으면 해당 인증부에 전례를 따라 기재하지만, 만일 문자를 잘 모르면 착오의 폐단이 발생할 수 있으므로 단지 인증의 가능 여부만을 심사·조사하고 장부 기재는 생략해도 무방하다. 해당 통수나 동장의 원래 급료로는 복무하기 어려운 점이 있으므로 징수한 인증수수료는 통수나 동장의 소득으로 삼고, 해당 금액의 수입을 인증한 계약서에 기입하여 증빙에 대비하게 한다. 장차 관하 각 부군에 전하여 모두 따르도록 훈령하니 이를 시행한다.

1907년 3월 6일

법부대신 이하영

토지가옥증명규칙 요지

1. 토지가옥증명규칙 발포의 이유

(1) 한국은 조약상 거류지 및 그 주변 1리 안 이외에는 종래 외국인의 토지 소유를 허락하지 않았는데 통감 각하는 이것이 한국 개발, 그리고 한국신민의 복리 증진에도 심히 좋지

않다고 여겨 먼저 이를 배제하는 것이 중요하다고 생각했다. 이에 지극정성을 다해 한국 정부를 교도(教導) 훈시한 결과 드디어 한국 정부가 내지 개방의 이익을 깨달았고, 한국 내 모든 곳에서 토지를 소유할 수 있도록 용인하기에 이르렀다. 한국 정부가 '토지가옥증명규칙'을 발포하도록 하여 이제 한국 내 모든 곳에서 토지를 소유하고 나아가 공증(公證)을 정부에 요구할 수 있는 길을 열었다. 이것이 동 규칙을 제정한 주요한 이유다.

(2) 한국에서 부동산의 정리는 통감부 및 한국 정부가 충분히 심의하고 연구하여 조만간 완전히 정리된 제도를 설치해야 한다. 그 방법은 일본, 대만, 오키나와현(沖繩縣) 등에서 한 것과 같이 토지장량, 지적조사 2건을 단행하여 지조(地租)의 기초를 확정하고, 이와 동시에 각각의 부동산에 관한 권리의 소재를 명확히 하여 토지대장을 확정한 후 등기 제도를 시행해야 한다. 이러한 문제는 현재 조사 중이며 이를 정리한 제도가 어떤 형태가 될 것인지는 아직 짐작하기 어렵지만, 중요한 것은 이와 같은 근본적 제도의 실행은 반드시 많은 경비와 그에 상응하는 긴 시간을 투입해야만 비로소 완료된다는 점이며, 또한 그 결과가 나올 때까지는 더욱 많은 시간을 기다려야 한다는 점이다. 다만 현재 토지권리의 상태가 대단히 불안하다. 토지 매매 같은 것은 단순히 문기에 의존하고 있는데 이 문기는 간단히 조작할 수 있다. 이런 상황에서는 탐욕스러운 모험자(冒險者)가 요행심을 가지기 쉽고, 사업을 일으킨다 해도 믿을만한 사업가들은 투자를 꺼릴 것이다. 이는 한국의 개발에 대단히 불리한 점이며 하루라도 빨리 확실한 자본가의 투자를 받을 수 있도록 궁리해야 할 것이다. 우선 토지소유자에게 그 권리에 관한 어떤 편의를 제공하고 이를 통해 일정한 안심을 주어야 한다. 이는 한국 정부가 내지 개방을 용인하도록 하는 것과 동시에 추진되어야 하며, 또한 믿을만한 자본가의 투자를 촉진하는 조건이 될 것이다. 이것이 토지가옥증명규칙을 제정하여 먼저 토지소유자의 권리보증에 관한 수단을 만들려는 까닭이다.

2. 토지가옥증명규칙의 시행 지역

토지가옥증명규칙은 한국의 내지 일반에 시행하고 오직 아래와 같이 제한한다.

(1) 전관거류지 내

이 지역에는 종래 정한 조약이 있어서 다른 증명규칙을 시행할 필요가 없으므로 이를 적용하지 않는다.

(2) 거류지 밖 1리 이내

이 지역에는 종래 일본인 간에 등기법(登記法)을 시행하는 습관이 있는데, 이것이 편리하므로 등기법을 허용한다. 즉 이 지역에서는 증명규칙과 등기법을 병행한다. 단 등기법을 시행할 때는 반드시 완전한 토지대장을 만들 필요가 있으므로 민단(民團)이 실질적인 토지대장 관리청의 책임을 지고 토지대장을 만들며, 그럴 실력이 없는 지역에서는 시행하지 않는다. 등기법은 법령의 결과가 아니라 일본인 간의 습관이므로 그 효력도 일본인 간에만 적용하며, 증명처럼 한국인에 대항하는 효력은 가지지 않는다.

3. 토지가옥증명규칙의 증명사항

증명사항에 관해서는 광의와 협의의 주의[廣狹主義]가 있다. 넓은 주의의 경우 그 증명사항은

(1) 각자가 현재 보유한 권리

(2) 그 권리의 이전 및 중요한 금융상 이용 방법(전당)에 미치는 것으로 간주한다.

좁은 주의의 경우에는 위의 주의 중 (1)은 생략하고 (2)에 관해서만 증명한다. 이 두 가지 주의를 살펴보면 넓은 주의가 좁은 주의보다 편리한 것은 물론이거니와, 넓은 주의를 채택하면 한국인에게 현재 보유한 권리의 증명을 요구할 수 있다. 다만 특별한 전담 관청을 설치하지 않으면 이를 시행하기 어렵다. 지금은 군수나 이사관의 부차적인 사무로 이를 시행하고 있으며, 당분간은 좁은 주의를 취할 수밖에 없다. 해당 규칙이 좁은 주의를 채택하고 있는 까닭이다.

4. 토지가옥증명규칙의 증명신청 수속

(1) 당사자 쌍방이 외국인일 경우

이 경우에는 계약서를 바로 이사관에게 제출하여 그 증명을 받는다. 단 수수료를 통한 매매는 그 금액, 전당의 경우에는 채권의 1,000분의 2를 납부한다.

(2) 당사자 중 한 명이 한국인일 경우

이 경우에는 아래의 수속이 필요하다.

(갑) 먼저 동장에게 계약서를 제출하고 인증을 받는다. 단 동장에게 수수료로 현금 50전

을 지불한다.

(을) 동장의 인증을 받으면 군수나 부윤에게 증명을 요청한다. 단 수수료를 통한 매매는 그 금액, 전당의 경우에는 채권의 1,000분의 2를 납부한다.

군수나 부윤은 증명대장에 그 뜻을 기재하고 계약서 각 통에 증명을 한다. 1통은 관에 보존하고 다른 것은 당사자에게 교부한다.

(병) 이상의 수속을 마치면 이사관에게 사증을 요청한다.

이때 수수료로 금 50전을 납부한다.

(3) 당사자 쌍방이 한국인일 경우

이 경우는 (2)와 동일하다. 다만 이사관의 사증을 받을 필요가 없다는 차이가 있다.

5. 토지가옥증명규칙에 의한 증명의 효력

동 규칙에 의해 증명을 받은 것은 확정판결(確定判決)을 받은 것과 동일한 효력을 지닌다. 따라서 강제집행의 대상이 된다. 다만 증명에 대해 이의가 있는 사람이라면 누구라도 감독관청에 신청하여 증명의 취소를 요청할 수 있다. 그렇지만 만약 지체하여 그 시기가 경과하면 이의를 신청할 수 없고, 증명사항은 법률과 마찬가지로 움직일 수 없는 것이 된다. 이것이 증명의 주된 효력이다. 기타 증명을 받은 전당에는 아래와 같은 특별한 이익이 있다.

(1) 전당의 집행에 관해 토지가옥전당집행규칙을 따른다. 즉 전당채권자는 채무자가 기한이 되어도 변제하지 않았다면 그 전당물건(일정한 조건을 충족해야 한다)을 직접 경매하여 채권의 변제를 꾀할 수 있다.

(2) 전당의 집행을 통해 소유권을 취득한 경우는 수수료 없이 인증을 받을 수 있으며, 또한 증명대장에 등록할 수 있는 이익을 가진다. 즉 유질의 결과로 증명을 받은 전당의 목적물에 대해 소유권을 취득한 자, 경매에 의해 낙찰을 받은 자 및 경매 신청이 없어서 스스로 그 물건을 인수한 자는 수수료 없이 소유권 취득에 관한 증명관청의 인증을 받는다. 또한 증명대장에 등록할 수 있다.

6. 토지가옥증명규칙 시행상황

시행 초기에는 군수나 부윤 등이 규칙의 주지를 오해하거나 이해하지 못한 점이 있어서 우물쭈물하기도 했으나, 그 후 위로는 정부의 수차례에 걸친 훈령, 밑으로는 증명을 받으려는 자의 의지 등이 합쳐져서 각지에서 점차 규칙의 요령을 터득하게 되었고 시행기관의 활동이 눈에 띄기 시작했다. 이번에 출장원이 순회한 지방은 이미 대략 20건에서 50~60건의 증명을 마친 상황이었다. 이에 따라 토지소유자는 이번 기회에 규칙을 이용하여 그 은택을 충분히 향유하기를 바라고 있다. 만약 해당 군수나 부윤이 증명 수속의 집행을 거절하는 등 적절치 않은 행동을 한다면 속히 이사관이나 관찰사, 혹은 법부에 신고하여 이를 바로 잡도록 요구할 수 있다.

7. 규칙 이용에 관한 주의

본 규칙을 이용할 때 아래 사항에 주의하기를 바란다.

(1) 한국의 토지는 대부분 지번호(地番號)가 없다. 증명을 신청할 때는 그 사표를 최대한 명확히 해두고, 이와 동시에 가급적 근방의 견취도를 첨부한다. 토지의 면적에 관해서도 종래의 두락, 일경(日耕) 등의 칭호는 극히 불명확한 점이 많으므로 가급적 장량하여 그 면적을 명확히 해둘 필요가 있다.

(2) 증명사항이 좁은 주의에 따르고 있으므로 시행규칙 전에 토지의 소유권을 취득한 자는 증명의 은택을 누리지 못할 것이다. 이러한 자들은 조금 우회하는 방법이긴 하지만 아래의 수단을 통해 간접적으로 그 권리를 보증받을 수 있도록 하라. 즉

(갑) 그 소유지를 타인의 전당으로 하고 채권은 가급적 적은 금액으로 정한다. 이때 전당의 당사자 쌍방이 일본인이면 이사관에게 신청하여 전당의 증명을 받게 하고, 이를 통해 간접적으로 소유권을 보증받는 이익이 생기도록 한다.

(을) 그 소유지를 타인에게 이전하고 다시 그 사람으로부터 본인에게 이전하도록 하여 마지막 이전에 대한 증명을 신청하게 한다. 당사자 쌍방이 일본인이면 이사관에게 신청할 수 있게 한다. 이것 역시 권리의 보증을 얻을 수 있는 하나의 수단이 될 것이다.

1907년 3월
내각 부동산법조사회

토지가옥매매전당의 증명처리 순서

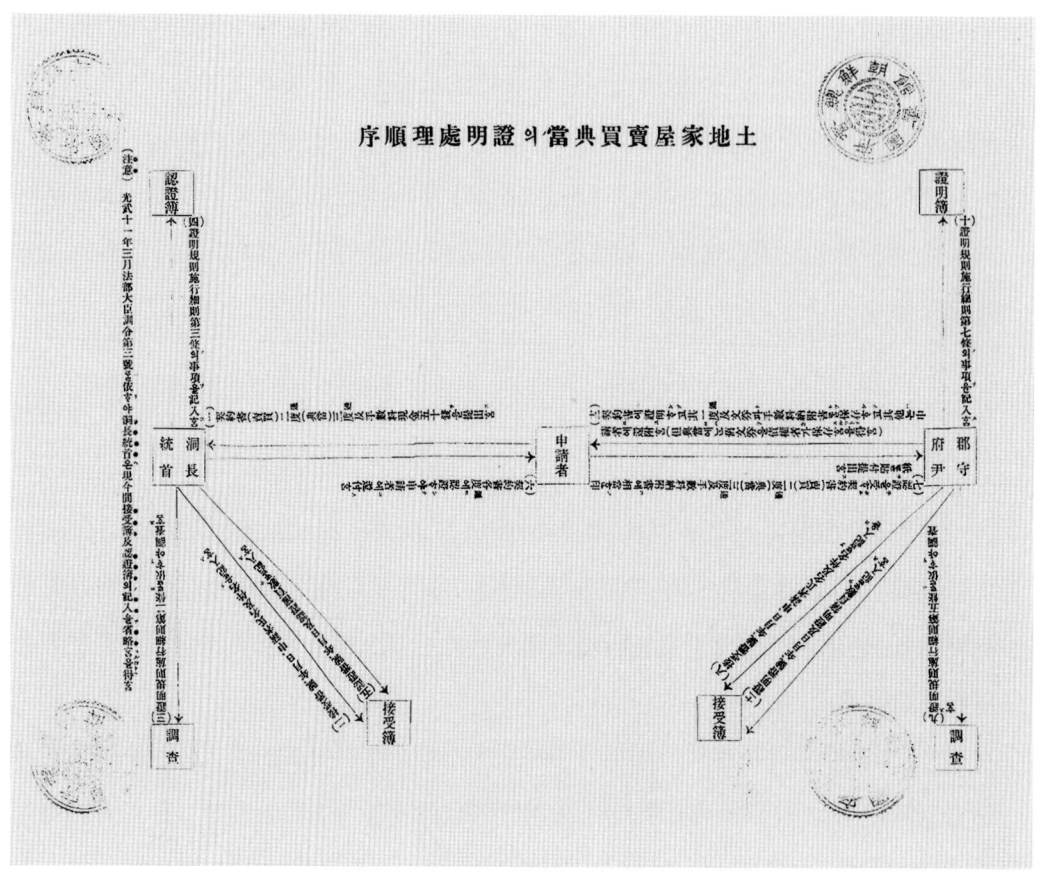

한국 정부가 발포한 토지가옥증명규칙, 법부령, 기타 훈령 등 견출표

종류 및 번호	명칭	한국관보 호수	발간 연월일
칙령 제65호	토지가옥증명규칙	제3598호	1906년(光武 10) 10월 30일
법부령 제4호	토지가옥증명규칙 시행세칙	제3604호	1906년(光武 10) 11월 7일
법부대신 훈령	토지가옥증명규칙 시행에 관한 건	제3606호	1906년(光武 10) 11월 10일
법부대신 훈령	토지가옥증명규칙 시행에 관한 사무처리 순서	제3709호	1907년(光武 11) 3월 9일
법부령 제3호	토지가옥 인증수수료에 관한 건	제3718호	1907년(光武 11) 3월 20일
법부대신 훈령	토지가옥증명규칙 시행세칙 중 통수 동장에 관한 건	제3729호	1907년(光武 11) 4월 2일
법부대신 훈령	토지가옥매매전당 증명처리 순서 도식	제3735호	1907년(光武 11) 4월 9일
법부대신 훈령	토지가옥증명 수수료 징수에 관한 건	제3758호	1907년(光武 11) 5월 6일
칙령 제80호	토지가옥전당집행규칙	제3648호	1906년(光武 10) 12월 28일
법부령 제2호	토지가옥전당집행규칙 시행세칙	제3676호	1907년(光武 11) 1월 30일

2.
한국 부동산에 관한 조사 기록

해제

소개

이 책은 부동산법조사회가 1906년 7월부터 부동산 관례에 관한 현지조사를 착수하여 한국의 대표적인 도시 8곳의 9개 기관에 대해 조사를 벌인 기록이다. 조사자는 일본인과 한국인을 한 조로 구성하여 각 지역 이사청과 관찰부의 지방관과 면담을 통해 부동산에 관한 관행을 조사하여 기록한 것이다. 1906년 8월 부동산법조사회 보좌관으로 대장서기관 나카야마 세타로(中山成太郎)와 보좌관보 가와사키 만조(川崎萬藏)에 의해 집필되었고, 위원 석진형(石鎭衡)의 통역에 의해 작성·발간한 것이다. 표지를 포함하여 93면으로 되어 있다. 이 자료는 현재 국립중앙도서관에 소장되어 있다.

주요 내용

이 책은 한국의 주요 도시에 대한 부동산의 관례조사를 수록한 것으로 책의 표지 다음에 조사 활동을 소개하는 개언(槪言)과 조사 사항 10조항 및 세목 10항목이 제시되어 있으며, 이하 각 지역별 조사 내용이 항목별로 정리되어 있다. 대상 지역은 경성, 인천, 평양, 부산, 마산 등 5개 지역의 이사청과 평양, 수원, 대구 등 3개 관찰부 및 개성부 등 9개 기관이었다. 각 지방을 순회한 날짜는 1906년 7월 26일 경성을 출발하여 인천에 도착한 것을 시작으로 하여 28일 개성, 29일 평양, 31일 경성으로 돌아왔고, 다시 8월 1일에 수원, 2일 대구, 3일 부산, 5일 마산에 도착하고 6일 경성으로 돌아오는 모두 12일간의 짧은 일정이었다. 주요 질의와 응답 사항은 다음과 같다.

① 경성이사청의 경우에는 토지의 종류에 대하여 토지는 거주에 따라서 5종[(1) 각국거류지, (2) 전관거류지, (3) 잡거지, (4) 거류지 또는 잡거지 밖 1리 이내의 토지, (5) 일반지]으로 구별되며, 인민의 토지소유권은 일반으로 인정되며 납세의 사실에 의해 확보된다고 하였다. 토지소유

권을 인정한 연대는 분명치 않으며, 토지를 저당하는 것으로 전당이라는 말을 쓰고 문기 또는 지계를 작성하는 것이 통상적이며, 토지의 질입(質入)은 인정하지 않는다고 하였다.

② 개성부의 경우에는 토지소유권은 고래의 관습에 따라서 인정되는 것 같고, 부윤으로부터 지계, 가계를 발행한 일이 있고, 인삼밭에 대해서도 지계를 발행하였다고 하였다.

③ 평양관찰부의 경우에는 인민의 토지소유권은 개벽 이래 인정하고 있으며, 경계선에 접하여 건물을 지을 때는 서로 지척으로 3척의 공지(空地)를 두며, 차지권 가운데 소작은, 수확량을 지주와 소작인이 절반으로 하는 경우 지주가 납세 의무가 있으며, 지주 3분, 소작인 7분의 경우 소작인이 지세를 부담한다고 하였다.

④ 평양이사청의 경우에는 지상권은 과거 절대적으로 행해져 토지의 위에 건물을 세울 수 없었지만, 이제는 점차 제한이 없어졌다고 한다. 소작권은 극히 박약하다고 하였다. 인천, 부산 등지에서는 지권을 발행하고, 양도의 경우 지권을 써서 교환할 수 있다고 하였으며, 그 후 문권을 발행하여 토지와 가옥을 구분했다고 하였다.

⑤ 수원관찰부의 경우에는 옛날에는 인민의 토지소유권을 인정하지 않아서 토지는 전부 국가의 소유였으나, 점차 각자가 소유하여 매매 또는 대차가 이루어졌으며, 정부가 인민의 토지를 징수할 때에는 시가를 보상하는 관행이 있다고 하였다.

⑥ 대구관찰부의 경우에는 토지소유권은 개벽 이래 존재하는 것으로 생각하고, 토지 부담은 결세이고, 연도의 토지소유자에게 도로를 수선하는 의무를 부과하지 않고 주로 소작인에게 부담한다고 하였다. 만일 쌍방의 강계선(疆界線)에 담을 세우는 경우에는 일방의 승낙을 받아 당연한 권리로 주장하고, 농지에 진흙구덩이를 준설하면 지주가 준설비를 부담하는 것으로 하였다. 질권은 없고, 저당권은 있으며, 민유지의 지권이나 가권은 작년 7월 초에 군아가 발행했음을 밝혔다. 소유자가 다른 토지가 서로 겹치는 경우에는 양안이나 문기 중의 동서남북 사표에 따라 권리자를 정하며, 측량을 통해서도 분간할 수 있다고 하였다.

⑦ 부산이사청의 경우에는 토지소유권은 일찍부터 인정하고, 문기도 이미 이전의 것을 사용한다고 하였다. 조세 부담에서 일본인과 한인과의 경중의 차가 있어 일본인 중에는 불복하는 자가 많아서 속히 개정을 요한다고 하였으며, 궁내부 소유인 절영도에서 공지를 개간한 때로부터 5년 동안 소유권을 취득하고 조세를 납부했다고 하였다. 제주도 부근에는 어업 입회(立會)의 사례가 있다고 하였다.

⑧ 마산이사청의 경우에는 토지소유권이 처음으로 명백히 인정된 때는 조선시대이며 각 지방의 결수와 인구의 정도를 계산하여 인민의 소유를 인정하여 점차 전매하는 방법이 시행되었다고 하였다.

⑨ 인천이사청의 경우에는 조사 일정과 조사 항목의 질의응답 내용 일체가 누락되어 있다.

자료의 의의

1906년 당시 토지 소유 관련 제도와 매매, 양도 등에 대한 개괄적인 조사를 통해 부동산 거래의 연원과 현실을 파악한 것이다. 그런데 전국 각지에서 수행된 한국 부동산에 대한 면담은 비록 질문 사항이 사전에 배포되기는 했지만 불과 2~3시간에 걸쳐 짧게 진행되었다. 대담의 응답자는 관찰사, 군수 등 각 지역 이사청 관련 지방 관리에게 국한되었으며 더구나 질문 사항에 따라 간단한 대답이 이루어졌을 뿐이었다. 현지 향촌에서의 실태조사를 통해 전반적인 토지제도의 관행과 실제를 파악한 것은 아니었음을 알 수 있다.

자료 148 | 부동산법조사회, 1906. 8

한국 부동산에 관한 조사 기록
韓國不動産ニ關スル調査記錄

개언

1. 이 책은 한국의 부동산 관례를 조사함에 있어서 회장 우메 박사의 질문에 대한 각지 이사관, 관찰사, 부윤의 응답을 기록한 것이다. 조사에 종사했던 보좌관 나카야마 세타로가 보좌, 보좌관보 가와사키 만조가 집필, 위원 석진형이 통역을 담당했다.
2. 조사 장소는 경성이사청, 인천이사청, 개성부, 평양관찰부, 평양이사청, 수원관찰부, 대구관찰부, 부산이사청, 마산이사청의 5개 이사청과 3개 관찰부, 그리고 1개 부로서 위의 순서대로 기록하고 편철했다. 다만 인천이사청은 후일 다시 조사한 뒤 기록할 예정으로 이 책에는 싣지 않았다.
3. 위의 각 지방 순회는 7월 26일 경성을 출발하여 인천에 도착하면서 시작되었다. 27일 경성에 돌아온 뒤 28일 개성에 도착했고, 29일에 평양에 갔다가 31일 경성에 돌아왔다. 8월 1일 수원에 도착했고 2일에는 대구, 3일에는 부산에 도착했다. 5일에 마산을 거쳐 6일 경성으로 돌아오면서 총 12일 간의 일정을 마쳤다. 짧은 기간과 타는 듯한 더위 때문에 조사를 매우 서두를 수밖에 없었고, 그로 인해 정확을 기하기 어려웠다.
4. 조사 사항은 전부 10개의 항으로 나누었으며 제1항을 다시 10개의 목(目)으로 세분했다. 항목의 내용을 책 서두에 적어둔다.
5. 〈 〉안의 문장은 응답자가 추가한 주해(註解), 〔 〕안의 문장은 집필자가 추가한 주를 나타낸다.[1]

1906년(光武 10) 8월

부동산법조사회

---

1 본문에서 이에 해당하는 부분은 글씨를 연하게 하여 구분하였다.

조사 사항

1906년(明治 39) 7월 24일 배부

1. 토지에 관한 권리의 종류, 명칭 및 그 내용

   세목

   (1) 인민의 토지소유권을 인정하는가? 만약 인정한다면 그 시기는 언제부터인가?

   (2) 토지소유권의 제한 및 부담

   (3) 국가는 어떤 조건 아래 인민의 토지소유권을 징수할 수 있는가?

   (4) 소유권은 토지의 상하와 관련되는가?

   (5) 토지의 경계와 쌍방 소유자 권리의 한계

   (6) 공유지의 처분 및 관리에 관한 관습

   (7) 차지권의 종류, 명칭 및 그 내용. 특히 건물 소유자의 권리

   (8) 지역권이 있는가? 만약 있다면 그 종류 및 효력

   (9) 입회권이 있는가? 만약 있다면 그 종류 및 효력

   (10) 질권, 저당권의 설정조건 및 효력

2. 관민유 구분의 증거
3. 국유와 제실유의 구별 여하
4. 토지대장 또는 이와 유사한 것이 있는가? 만약 있다면 그 장부에는 어떤 사항이 기재되어 있는가?
5. 토지에 관한 권리의 양도는 완전히 자유로운가? 또 그 조건과 절차는 어떠한가?
6. 지권과 가권이 있다고 들었다. 이는 모든 토지와 건물에 존재하는가? 또 그 연혁 및 기재사항은 어떠한가?
7. 토지의 경계는 항상 명확한가? 만일 명확하지 않은 곳이 있다면 동일한 토지에 대해 두 명 이상이 동일한 권리를 주장하는 경우가 적지 않을 것이다. 이러한 경우에는 무엇을 표준으로 정당한 권리자를 정하는가?
8. 토지의 종목은 어떻게 이를 나누는가? 일본은 논, 밭, 택지, 산림, 원야 등
9. 토지 장량(丈量)의 방법은 어떠한가?

10. 이상의 각 항목에 대해 시가지와 기타의 상이한 점이 있다면 그 차이. 기타 지방에 따라 관습이 다른 점이 있다면 그 구분

1. 경성이사청

1906년 7월 23일 오전 11시 개시, 오후 1시 30분 종료
응답자 이사관 미우라 야고로(三浦彌五郞)[2]
회장 질문의 말투는 대체로 문안(問案)의 문장체와 동일하므로 기록하지 않는다.

제1항

답 토지는 거주에 따라 다섯 종류로 구분된다. (1) 각국거류지, (2) 전관거류지, (3) 잡거지, (4) 거류지 혹은 잡거지 밖 1리(조약상 1리, 한국 거리로 10리) 이내의 토지, (5) 일반지(一般地)가 그것이다.

세목 1

답 인민의 토지소유권은 일반적으로 인정되며, 납세 사실에 의해 확보된다.

황무지를 개간한 자, 또는 황무지에 건물을 영조(營造)한 자는 자연스레 소유권을 획득하지만, 나중에 진짜 소유자가 나타나는 경우 소유권은 진짜 소유자에게 복귀하며, 개간자는 영소작권(永小作權)[3], 영조자는 지상권(地上權)을 획득한다.

인민의 토지소유권을 인정하기 시작한 연대는 분명하지 않다.

---

2 미우라 야고로(三浦彌五郞, 1872~?). 1906년 제국대학 법과대학을 졸업하고 법학사 칭호를 얻었으며, 관직으로 나아가 경성이사청 이사관, 경성공사관 1등서기관으로 임명받은 후 미국 대사관 참서관을 역임했고, 1916년 스위스 공사로 일했다(『나고야대학 로스쿨 인명사전』). 1908년 경성 이사관으로 훈 3등의 서훈을 받았고, 1909년 이사청 이사관으로 재직하면서 태극장을 하사받았다(『순종실록』, 1907. 11. 26 기사; 『순종실록』, 1909. 5. 10 기사).

3 구민법(舊民法)에서 영소작료(永小作料)를 지불하고 다른 사람의 토지를 경작 또는 목축하던 권리를 말한다. 특별한 약속이 없는 한 양도·전대(轉貸)할 수 있었다. 존속 기간은 대부분 20~50년이었다. 일본 민법의 용어로서 물권의 하나다. 1912년 〈조선민사령〉에 따라 일본 민법을 한국에 적용하면서 영소작권 또한 그대로 도입했지만, 법 적용 방식에는 차이가 있었다. 일제는 일본의 영소작과 유사한 관습인 도지의 개념을 조선 관습조사에서 인지하였다. 소위 도지권은 전국 각지에 분포되어 있었다. 그렇지만 일제는 도지권을 영소작권으로 인정하지 않고 물권적인 성격을 부정하였다(『한국토지용어사전』, 2016, 혜안, 675쪽).

세목 2, 3

답 예전에는 민유지를 정부가 사용하고 아무런 보상을 주지 않아도 인민 모두가 이에 따랐으나 지금은 모든 공용 징수가 유상으로 이루어진다. 경인선을 부설할 때도 빠짐없이 땅값을 지불했다.

예전에도 관아 등을 짓기 위해 징수할 때는 얼마간 배상금을 주었다.

부담은 주로 조세로 이루어지며 지금까지는 일반적으로 상납해 왔다.

세목 4

답 남의 집 지붕이 자기 집 마당에 걸치는 경우 등이 있어도 이의를 제기하지 않는다. 지하의 경우에는 분명하지 않으나 1척이나 2척 정도가 침범해도 다툼으로 이어지는 문제가 되지 않는다.

세목 5

답 높은 곳에서 자연스럽게 흘러내린 물을 낮은 곳에 거주하는 사람이 막거나 하지 않는다.

대지(袋地)의 통행권을 인정하며, 전답 등으로 통하는 도로를 막기 위한 시설을 설치하지 못하는 것이 일반적이다.

다만 경성에는 대지가 없고, 사람이 사는 곳에는 반드시 길을 만든다.

예전부터 도로에 대한 관념은 비교적 발달했던 편 같다. 산 위에 외국인 등이 집을 짓고 한인(韓人)의 소유지에 제멋대로 길을 만들어도 아무런 이의도 제기하지 않는다.

2층 등에서 누가 바라보는 것을 극단적으로 싫어하기에 학교 건물조차 짓지 못하게 하는 경우가 있었다. 만약 어떤 한인이 타인의 집안을 들여다볼 수 있는 창문 등을 만든다면 곧장 파괴될 것이다. 다만 가리개를 설치하면 큰 지장이 없을 것이다.

세목 6

답 토지의 공유는 일반적으로 인정된다. 공유자 가운데 한 명이 독단적으로 토지를 처분하려고 하면 큰 분쟁이 벌어질 것이다.

세목 7

답 소유권에서는 건물이 주가 되고 토지는 그 다음이 된다. 그러므로 집을 세우려는 경우 토지는 얼마든지 빌릴 수 있다.

경작의 경우에는 지주와 소작인이 있어서 종료(種料)의 몫, 수확의 분배, 납세의 부담을 절반으로 나누는 관습이 있다. 사음(舍音)[4]이 이러한 계산을 해주기도 한다.

관에 직접 납세할 의무가 있는 것은 지주이며, 납세 시기는 대개 3기로 나누어진다.

세목 8

답 우물은 대체로 길가에 있다. 급수를 위한 지역권을 설정할 필요가 거의 없다.

편의를 위해 타인의 토지에 길을 내는 것은 자유이며, 한번 설정한 지역은 나중에 사는 사람에게도 계승된다.

세목 9

답 갈대밭이나 벌판은 대부분 공유지로서 입회와 유사한 권리가 발생한다.

남산의 잡목 같은 것은 아무나 입회하여 긁어 모아갈 수 있다.

세목 10

답 토지를 저당으로 내놓기도 한다. 전당이라는 표현을 사용하여 기록하거나, 지계를 작성하는 것이 일반적이다.

토지를 전당잡히는 것은 인정되지 않는다.

---

4 마름이라고도 한다. 조선 후기 이래 소작인과 지주 사이에서 지주 대신 소작인을 감독하고 소작료를 징수하는 등 소작지 관리를 위임받은 사람을 말한다. 소작지 관리인의 명칭은 경상·전라·충청에서는 마름으로 불렸으며, 함경도에서는 농막·농막주인이라는 말이 사용되었고, 평안도 지역에서는 수작인(首作人)·대택인(大宅人)이라는 용어로 쓰이기도 하였다. 일본의 차배인(差配人)과 같다. 일제 시기 소작인을 관리하는 사람의 명칭은 농무원, 구장(區長)·지부장·총대 등이 나타났다. 마름의 계약 기간은 보통 3~5년, 길게는 10년 이상으로 지주를 대신해 소작농민들을 통제하는 등 광범위한 관리권을 행사했다(『한국토지용어사전』, 2016, 혜안, 398-399쪽).

제2항

답 양안(量案)(토지대장)이라는 것이 있어서 여기에 유조지(有租地)를 등록한다.

사유지에 묘지를 만드는 경우 그 장소와 주변 토지는 관유(官有)로 변하는 관습이 있는데, 묘지를 제거하면 민유(民有)로 복귀한다. 이는 조세의 유무 때문인 것 같다.

지금 일본인들은 관유로 변한 묘지를 매입해서 그 소유자가 될 수 있다.

제3항

답 『한국사정(韓國事情)』(외무성 발간)[5]에 상세한 내용이 실려 있으므로 일람하면 될 것이다.

제4항

답 제2항에서 답한 것처럼 양안이라는 것이 있다. 그 기재사항에 관해서는 실물〈탁지부에 비치〉을 일람하면 될 것이다.

〔양안은 문기, 계권 등의 양식을 일괄하여 기재하는 방식으로 만들어졌던 것 같다〕

제5항

답 토지건물의 양도는 자유지만 소작권을 양도하는 경우에는 사음의 승낙이 필요하다.

종래 일본인은 토지를 살 때도 문기, 혹은 문권을 이용하지만 경성에서는 가옥에만 한정된다.

제6항

답 각국거류지에서는 지계 및 가계를 발행하고, 잡거지에서는 가계만 발행하고 지계는 발행하지 않는다. 거류지 밖 1리 이내에서는 한국 정부가 지계를 발행하는데, 이는 특히 동구역 내 외국인의 토지소유권이 조약을 통해 인정받는 것과 관련이 있다. 일반지의 경우 한성, 인천, 평양, 대구, 개성, 전주 등에서는 가계만을 발행한다(〈내부령 제2호 가계규칙〉). 개성에서는 과거 재류 일본인에게 지계를 발행한 적도 있다.

---

5 『韓國事情』(外務省 通商局 編, 1904)으로 추정된다.

제7항

답 경계를 둘러싼 분쟁은 의외로 많지 않다. 계쟁이 벌어진 땅의 권리자를 정하는 가장 중요한 기준은 납세를 계속하고 있는가, 그리고 현재 경작하고 있는가이다.

제8항

답 가대(家垈)〈대(垈)는 부(敷)와 같은 의미〉, 공대(空垈), 택지, 논〈일본의 전(田)〉, 밭〈일본의 전(畑)〉, 화전〈원야〉, 과전, 염전, 곽전(藿田), 갈대밭[蘆田], 벌판[草坪], 목장, 창탄지(漲灘地) 등의 종류가 있으며, 그 외에 산림, 원야, 황무지 등의 명칭이 있다.

제9항

답 지금의 장량은 새끼줄로 측량하는 일본식 척도를 사용한다. 예전에는 장량이 따로 없었다고 한다.

제10항

〔조사 생략〕

2. 개성부

1906년 7월 28일 오후 6시 개시, 8시 5분 종료

응답자 부윤 한영원(韓永源)[6]

각 항목별 회장의 설명 및 질문은 일일이 기록하지 않는다. 다만 전후 관계를 고려하여 기록하는 경우도 있다.

---

[6] 한영원(韓永源, 1871~1934). 관립 일어학교에 1891년 7월 입학하여 1894년 3월 졸업했다. 1894년 3월 일본공사관으로 발령받고 1897년 2월 특명전권대사 이하영을 수행해 서기관으로 파견되었다. 1898년 9월 중추원 3등 의관에 임명되었으며, 1904년 4월 무안감리, 5월 부산항 재판소 판사를 겸임했다. 1905년 11월 총영사를 거쳐 12월 개성부윤에 올랐으며, 1906년 10월 개성군수가 되었다. 1921년 1월 국민협회의 평의원으로 4월 중추원 주임관 대우 참의로 임명되었고 1934년 2월 사망할 때까지 4차례 연임하였다(민족문제연구소, 2009, 『친일인명사전』 3, 863쪽).

제1항

설명 토지에 관해서는 소유권을 비롯하여 그 외에 지상권, 영소작권 등의 권리가 있으며, 이는 다른 나라들에서도 대략 비슷하다. 한국에서도 이러한 권리가 인정되는가? 만약 인정된다면 그 내용 등은 어떠한가? 이것이 본 항에서 묻는 점인데 그 범위가 광범하므로 항목을 10개로 세분하여 조사한다.

세목 1

문 소유권은 사권(私權) 중에서 가장 중요한 것이다. 한국에서도 토지에 대해 사유권을 인정하는가? 만약 인정한다면 그것은 언제부터였나?

답 고래의 관습에 따라 자연스럽게 인정되는 것 같다. 어떤 토지를 자신이 소유한다는 관념이 인민 사이에 널리 존재한다.

옛날에 살우인(殺牛人)〔일본의 에타(穢多)[7]〕이 있었는데, 토지의 소유주가 되지 못하고 가옥의 소유만 허가받았다고 한다.

세목 2

설명 토지소유권의 제한이란 가령 자신의 소유지에서 사금이 나오더라도 그러한 소유지 내 산출물을 자유로이 채굴하지 못하는 것을 말한다. 부담이란 주로 납세를 뜻하며, 그 외에 자신의 소유지와 연결된 도로를 보수할 의무 등을 가리킨다.

답 사금은 평안도에서 산출되는데, 예전에도 지금도 그 토지의 소유자라도 자유롭게 채굴하지 못한다.

논밭에는 반드시 납세의 의무가 발생한다. 예전에는 대부분 쌀이나 벼로 납세했지만, 요즘은 금전으로 환산한다.

수확을 행하면 우선 납세의 의무를 다하고, 남은 것을 지주와 소작인이 절반으로 나누는

---

[7] 일본에서 중세 이전부터 보이는 차별받던 신분 중의 하나. 사회로부터 천시받던 일들을 주로 했으며, 죽은 소나 말을 처리하거나 동물 가죽을 가공하는 일을 하기도 했다. 과거 조선에서는 백정(白丁)이라고 했는데, 이들을 일본인들이 '에타'라고 부르고 차별하기도 하였다. 이에 따라 일제하에서 백정의 신분 해방과 평등사회 건설을 목표로 1923년 형평사를 창립하고 형평운동을 전개하였다.

관습이 있다.

납세는 지방에 따라 다소 그 비율을 달리한다. 경상도, 전라남도에서는 1결(結)에 8관(貫)[관은 부(負), 복(卜), 구(口)와 같다. 이 세목 말미를 참조]의 수확을 납부하는바, 1결의 수확은 대략 15석이다.

1두(斗)는 3승(升) 5합(合)이고, 3승 5합을 스무 번 합치면 벼 1표(俵)가 된다.

한국의 7홉(合)은 일본의 1승(升)에, 일곱 말(斗)은 1표(俵)에 해당한다.

토지에 따라 이중으로 납세하는 경우가 있다. 원래 한국에서는 황무지를 개간하여 경작한 자는 5년간 세금을 면제받고, 6년째에 개간지에 대한 소유권을 확정한 뒤 납세의 의무가 발생한다. 이 때 한 개인의 명목으로서 저절로 취득하는 소유권의 효력이 약하기 때문에 궁가(宮家)의 명의를 빌려 소유권의 안정을 확보하며, 이에 대한 감사의 뜻으로 수확의 상당량을 헌납한다. 동시에 정식 납세도 바쳐야 하기 때문에 결국 이중의 의무를 부담하게 되는 것이다.

개성에 목청전(穆淸殿)[8]이 있어서 항상 폐하의 존영을 걸어둔다. 목청전 주위 빈 땅에서 인민들이 경작을 행하며 전각 수리 등의 비용을 상납하는 관습이 있는데, 그 수확에 대해서는 정식의 납세 의무가 없다.

인삼은 포민(圃民)이 경작하는데, 다 자라면 일단 내장원(內藏院) 삼정과(蔘政課)에 바치고 이를 쪄서 홍삼으로 정제한다. 품질이 불량해서 홍삼이 되지 못한 것은 백삼(白蔘)으로서 인민의 소득이 된다. 인삼밭의 경우에는 보통의 결세를 납부하면서 인삼을 만들기 때문에 따로 세금을 내지는 않는다.

1결은 100부, 1부는 10속(束)이다.

개성에는 가옥에 대한 납세의 의무가 없다.

세목 3

답 정부가 관아 등을 건조하는 경우 인민이 소유한 토지를 멋대로 빼앗을 수 없으며, 이에

---

8 조선의 국조인 이성계 옛집에 세워진 진전(眞殿)으로 이성계의 어진을 봉안하고 제향했다. 임진왜란 때 불에 타서 소실됐지만 숙종 때 각(閣)을 중건했다. 1899년 황실 기념 사업의 일환으로 복구되었다가 1907년 제향 장소를 일제히 정리하는 칙령으로 폐지되었다(한희숙, 2013, 「조선시대 개성의 목청전과 그 인식」, 『역사와담론』 65, 189-196쪽).

대한 보상이 이루어져야 한다. 만약 보상액을 둘러싸고 정부와 인민 사이에 협의가 잘 진행되지 못할 때는 정부가 독단적으로 결정한다.

세목 4

답 이웃집 지붕이 자기 집 마당으로 튀어나온 경우는 이의를 제기하여 얼마간의 대가를 청구하기도 하는데, 수목의 가지가 넘어온다고 분쟁을 일으키는 일은 없다.

세목 5

답 한국인 중에서도 특히 부인은 남들이 자신이 기거하는 곳을 엿보는 행위를 극단적으로 싫어한다. 이웃집 창문 등이 자기 집을 보기 좋은 위치에 만들어졌을 때는 반드시 이의를 제기하며, 가리개를 설치하는 정도로는 물러나지 않는다. 한국에도 예전에는 2층으로 지어진 가옥이 있었지만, 남의 집을 보기 좋은 2층은 이와 같은 부인들의 성정에 맞지 않기에 점차 없어진 것 같다.

경계선에 접하여 건물을 짓는 것은 용납되지 않는다.

높은 곳에서 저절로 흘러내린 흙탕물 등을 낮은 곳에 사는 사람이 굳이 따지지 않는 관습이 있으나 상당히 불만스러워 한다.

이웃에 사는 사람이 용수를 긷는 것은 아무런 문제도 되지 않는다.

대지(袋地)의 경우는 잘 모르겠다.

세목 6

답 공유지 중 관유인지 민유인지 판단하기 어려운 것이 있다. 공유지가 확실한 것은 대부분 묘지다. 묘지는 처음에는 개인의 소유였지만 대대로 자손이 번영함에 따라 점차 친족 간 공유로 변했고, 이로 인해 종종 분쟁이 벌어지게 되었다.

공유지 처분은 항상 다수의 의견에 따라 결정된다.

세목 7

답 타인의 토지에 멋대로 건물을 지어서는 안 된다. 차지인이 건물을 양도하면 차지권도 건물과 함께 이전된다.

예전에 개성 부근은 인구가 조밀했다. 그래서 인구번영책으로서 토지를 빌려주지 않는 자에게 벌을 내렸다고 한다.

가옥을 둘러싸고 분쟁이 발생했을 경우는 집주인에게 토지를 사게 하던가, 땅 주인에게 가옥을 사게 하는 방법이 강구되기도 했다.

건물이 파괴되면 토지는 저절로 소유자에게 반려된다.

세목 8

문 편의를 위해 타인의 토지를 통행할 권리를 지닌 자는 그 토지의 소유자가 변한 뒤에도 마찬가지로 통행권을 유지하는가?

답 잘 모르겠다.

세목 9

답 관이 소유하는 원야 등에 인민이 입회하여 풀을 벨 수 있다. 이것은 매우 자유롭게 이루어지며 각자 알아서 행한다.

세목 10

답 전당은 토지를 수당으로 삼을 수 있으며 문기를 차입하고 돈을 빌릴 수 있다〔제6항 말미 참조〕. 만약 기한이 되었는데도 돈을 갚지 못하면 대주(貸主)는 수당으로 삼았던 토지를 취득할 수 있다.

제2항

답 인민이 유상으로 토지를 매입한 사실을 민유의 증거로 삼는다.

제3항

답 국유(國有)와 제실유(帝室有)를 구별하지 않는다. 한인은 원래 이 구별을 알지 못한다.

역도(驛道)[9], 둔전(屯田)은 예전에는 탁지부(度支部)가 관리했는데 지금은 내장원(內藏院)이 관리한다.

[전후의 응답에 서로 맞지 않는 부분이 있다]

제4항

답   양안〈측량하고 조사한 안(案)이라는 의미〉이라는 것이 있다. 그 유래는 인민이 자신의 소유지를 증명할 수 있는 사항이 기재된 오래된 기록을 관청에 제출하면, 관리가 이에 근거하여 장부를 만들었던 것에서 시작한다. 우선 천자문으로 번호를 붙이고 다음으로 장소, 구역, 면적 등을 기재하여 날인한다. 인민이 이에 안심하여 양안이 성립하면 이전의 것은 폐기된다. 한편 양안의 하지(下地)는 대부분 징세 대장에 근거한 소임(所任)이 되기 때문에 실제 조사에 활용된다.

황해도에 집도(執睹)라는 직책이 있다. 논의 주인이 지배인을 파견하여 벼의 수확량을 추정하면 집도가 이를 감정하는 관습이 있다. 이렇게 수확고를 미리 결정함으로써 논을 매매할 때 친족이나 가까운 사람을 통해 문기를 위조하고 구역 등을 속이는 간책을 막을 수 있다.

올봄 수원관찰부에서 지방관 회의가 열렸을 때 양안을 조사했는데, 오래된 것은 변란에서 상실되었거나 혹은 관원이 태운 것이 많아서 현재 남아있는 것이 매우 적다. 특히 교활한 관원들이 자신의 부정한 흔적을 가리기 위해 양안을 태웠기 때문이다.

양안에 기재된 토지의 면적은 일본에서 몇 반(反), 몇 묘(畝)라고 부르는 것을 몇 두락(斗落)〈몇 말의 종자를 파종할 수 있는가의 의미〉으로 칭하며, 경상도에서는 1두락이 50평, 60평, 70평 등으로 다른 경우도 있다.

토지의 등급에는 여섯 종류가 있다. 초등, 1, 2, 3, 4, 5등이 그것이다. 수확의 다소와 품질의 상태에 따라 구별된다.

1일경(日耕)이라고 소 한 필이 하루에 경작할 수 있는 양을 가리키는 말이 있다. 대략 1,000평 정도 된다.

---

9   '역토(驛土)'의 오기로 보인다.

개성에는 면이 10개 있다. 면 아래에 리(里)나 촌(村)이 분산되어 있고, 리와 촌에는 역인(役人)이 있어서 자치가 이루어진다.

〔위 항문에 대답하면서 가지고 있던 양안을 특별히 내어 보여주었다〕

제5항

답 토지를 매도할 때 촌의 관리가 보증을 서는 경우가 있다.

토지, 가옥을 같이 매도할 때는 문기를 써서 교환하는 것이 상례다.

권매(權賣)¹⁰⟨임시로 판매하는 것을 뜻함⟩라고 해서 토지를 팔 때 일정한 기간이 지난 뒤에 처음 팔았을 때와 동일한 가격으로 매려(買戾)하는 약관을 붙인다.

제6항

답 진려관(震勵官)⟨민의 관청(民役所)⟩의 보고를 통해 부윤이 지계나 가계를 발행하는 경우가 있다.

인삼밭에서도 지계를 발행하는데 표빙(標憑)이라 칭한다. 이를 통해 저당을 차입할 수 있다.

제7항

답 촌의 공론에 따라 정당한 권리자를 결정하는 것이 상례다.

지난번에 개성에서 일본인과 한인이 서로 경계에 인접한 토지 전체에 대한 소유권을 주장하다가 결국 헌병 둔소(屯所)에 소송을 제출한 일이 있었다. 이에 나도 부족하나마 여기에 관여하여 종래 한인이 소유하던 토지를 평당 30원에 일본인에게 팔게 하여 일을

---

10 임시로 판다는 뜻으로, 일정 기간 내에 원래의 가격으로 되살 수 있다고 약정한 후 토지나 가옥 등을 매매하는 거래 관행을 가리키며, 고위(姑爲)라고도 한다. 17세기 중엽부터 매도인이 원래의 가격으로 환퇴(還退)할 조건으로 매도하는 '환매조건부 매매'가 성행하였는데, 권매와 퇴도지 매매가 활용되었다. 환퇴 시기에 대해서는 ① 시기의 약정 없이 매도인이 희망할 때 언제든지 본가격으로 환퇴하는 경우, ② 특정 기간을 약정하여 그 기간 동안에 언제든지 환퇴할 수 있는 경우, ③ 기간을 정하여 그 기간이 만료한 후에 환퇴하는 경우, 이 같은 세 가지 형태가 있었으며, 그 기간은 대략 3~10년이었다고 한다. 권매가 성사될 경우 대부분의 매수인은 유질특약을 요구하여 영구히 소유권을 차지하는 사례가 많았다. 이러한 권매가 성행하였다는 것은 도시의 고리대금업자가 농촌에 침투하게 된 상황을 보여주는 것이다(『한국토지용어사전』, 2016, 혜안, 223쪽).

진정시켰다.

제8항

답 택지〈첫 번째에 위치한다〉, 논〈일본의 전(田)〉, 밭〈일본의 전(畑)〉 등의 종류가 있다.

제9항

답 토지를 장량할 때는 나무로 만든 척도를 사용한다.

제10항

답 지금 답하기는 어렵다.

3. 평양관찰부

1906년 7월 30일 오전 10시 개시, 오후 0시 30분 종료

응답자 관찰사 이용선(李容善)[11], 군수 이중옥(李重玉)[12]

각 항목별 회장의 질문은 일일이 기록하지 않는다. 다만 전후 관계를 고려하여 기록한 경우가 있다.

질의와 응답은 모두 통감부 통역관 다다 칸(多田桓)[13]이 통역했다.

---

11 이용선(李容善, 1863~?). 1882년 증광문과 병과에 급제하여 세자시강원 설서, 홍문관 박사, 규장각 대교, 세자시강원 사서, 이조좌랑, 성균관 대사성, 승정원 동부승지, 궁내부 특진관, 장례원 소경, 궁내부 봉상사제조, 충청북도 관찰사, 궁내부 협판, 농상공부 협판, 평안남도 관찰사 등을 역임하였다. 그가 평안남도 관찰사를 역임한 것은 1905년 10월 6일부터였다. 1887년에는 영국·독일·러시아·벨기에·프랑스 5국 참찬관(參贊官)으로 임명되었으나 신병으로 부임하지 않아 처벌을 받기도 하였다(『한국민족문화대백과』).

12 이중옥(李重玉)은 1900년 1월 법부 참서관으로 임용되었다. 개명하기 전 이름은 이중공(李重恭)이다. 1901년 5월 함흥과 영흥 본궁을 수리할 때 기여한 공로로 6품의 자격으로 시상받았으며, 1903년 2월에는 탁지부 서무국장이 되었다(『승정원일기』, 『고종실록』 해당 일자 기사 참조).

13 다다 칸(多田桓)은 1908년 대한제국 궁내부 대신관방 이사관 비서관으로 겸무하고 있었다. 1907년 12월 궁내부 서기관 훈 6등에서 크게 공훈이 있다고 하여 훈 4등으로 높여 서훈하고 팔패장을 하사하였다(『순종실록』 1907년 12월 30일 기사 참조).

제1항

세목 1

문 각국의 연혁을 살펴보면 먼 과거에는 인민의 토지소유권을 인정하지 않았고 모든 토지가 국가의 소유에 속했지만, 문화가 점차 발달하면서 인민의 토지소유권이 생겨났다. 한국에서는 언제부터 인민의 토지소유권을 인정했는가?

답 인민의 토지소유권은 개벽 이래 인정되었다.

세목 2

답 금속 같은 것은 자신의 소유지에서 나오는 것이더라도 함부로 채굴할 수 없다.

부담은 주로 납세의 의무를 말한다. 논은 1일경에 8부(負), 밭은 1일경에 6부의 수확을 납부한다〔제8항, 제9항 참조〕.

자기 집 앞을 지나는 도로를 보수해야 하는 의무는 없다.

세목 3

답 정부는 시가로 보상하여 인민의 토지를 징수할 수 있다.

여기에 풍경궁(豐慶宮)[14]을 신축할 때도—제실 관계 건물이긴 하지만—시가로 인민의 가옥을 징수했다.

시가로 보상할 때 인민 가운데 토지의 징수를 거부하는 자는 없다.

정부는 반드시 시가 이상의 보상을 하는 것이 일반적이며, 시가의 반액이나 3분의 1의 저렴한 가격으로 보상을 행하는 경우는 없다.

세목 4

답 갑의 가옥 처마가 이웃하는 을의 경내로 삐져나오는 경우 갑은 을의 토지 일부를 구입할

---

[14] 1903년 12월 10일 서경 평양의 풍경궁에 어진과 예진을 봉안할 때 배종한 대신 이하와 풍경궁을 영건할 때 감동 당사 이하에게 차등 있게 상을 내린 바 있다. 1908년 11월 18일에도 역시 풍경궁의 태극전과 중화전의 어진을 정관헌에 이봉할 것을 명한 바 있다(『고종실록』 해당 일자 기사 참조).

필요가 있다. 그리고 갑이 을의 지하를 침범하는 공작 등을 시행할 때는 을에게 상당한 대가를 치러야 한다. 이에 대해서는 옛날 책에도 기록이 있다.

세목 5

답 경계선에 접하여 건물을 짓는 것에 관해서는 별도로 정해진 바가 없으나, 대부분 양쪽에 넓은 빈 땅이 있는 경우에 가능하다.

한국의 가옥은 대부분 처마가 넓어서 때때로 옆집에 빗물을 떨어트리기도 한다. 이를 피하기 위해 서로 지척(地尺)〈토지를 측량하는 척도〉 3척 정도의 빈 땅을 두고 가옥을 짓는다.

가옥을 지을 때 대부분 담장을 쌓으므로 보이는 것을 막기 위해 굳이 가리개를 설치할 필요는 없다. 만약 2층을 짓는데 옆집 부인이 기거하는 장소가 보이는 위치라면 창문을 내지 않는다.

대지(袋地)의 주인이 위요지(圍繞地)에 길을 내는 것은 무상으로 이루어지는 것이 일반적이다.

높은 곳에서 저절로 흘러내리는 물을 낮은 곳에 거주하는 자가 막지 못한다.

경계선에 담장을 쌓을 때는 서로 인접한 자들이 비용을 분담한다.

갑이 을의 경작지와 맞붙어있는 곳에 관개를 위해 도랑을 만드는 경우, 갑은 을의 지주가 변할 때마다 격년으로 도랑을 준설하고 모든 비용을 부담해야 한다.

세목 6

답 촌민의 공유지가 있어서 여름에 수목이 우거진 장소에 모여서 서늘한 바람을 맞으며 일을 하는 관습이 있다.

공유지를 매각할 때는 마을 장로 등의 의견을 참작하여 숙의를 거치는 것이 일반적이다.

세목 7

답 차지권 중에는 소작을 하거나 건물을 짓기 위해 남의 토지를 사용하는 것이 가장 많은데, 어떤 경우라도 지주와 협의 하에 결정한다.

진전(陳田)〔경작하지 않아 거친 밭〕이라는 것이 있다. 차지인이 이를 개간하면 3년간 차지료를 지불하지 않아도 된다.

각별히 친한 사이일 경우 가옥을 짓는 자에게 지주가 흔쾌히 토지를 대여하기도 하는데, 지주의 사정에 따라 대여를 거절당하더라도 어쩔 수 없다.

평안도에는 전답의 수확을 지주와 소작인이 나누는 관습이 있다. 절반으로 나누거나, 지주 3할, 소작인 7할 등으로 나눈다. 절반으로 나눌 때는 지주가 납세의 의무를 부담하고, 3할과 7할로 나눌 때는 소작인이 부담한다.

세목 8

답 용수를 길을 때 편의상 타인의 토지를 지나갈 수 있으나 정해진 길로만 다녀야 한다.

요역지(要役地)[15]의 주인이 바뀌더라도 통행권은 여전히 남는 것이 일반적이지만, 가끔 길을 폐쇄하는 경우도 있다.

세목 9

답 서로 다른 마을 사람들이 입회하여 각각의 마을이 소유하는 산림의 나무나 풀을 베는 관습이 있다.

세목 10

답 질권과 저당권 모두 인정된다.

토지를 전당 잡히거나 저당으로 내놓은 자가 기한이 되어도 돈을 변제하지 못했을 때는 대주(貸主)가 그 토지를 취득한다. 이러한 경우에는 권리 이전에 관한 서류를 만든다.

---

15 지역권이 설정된 경우 편익을 받는 토지. 1909년 『한국관습조사보고서(평북편)』에서도 지역권에 관한 관습을 조사한 바가 있다. 이 지방의 지역은 용수권역만 있으며 용수로를 확보하는 권리도 지상권과 동일하게 지주가 해약하는 것은 허용되지 않는 반면, 차지권자는 언제라도 해약할 수 있다고 하며, 물이 부족한 경우 승역지(承役地)에 여유가 없다면 요역지로 물을 끌어가지 않을 것을 애초부터 약속하는 것이 일반적이라고 한다. 요컨대 요역지의 소유권에 수반하여 인수권은 이전된다고 한다.

제2항

답 민유지에는 대체로 매도증과 같은 서류가 있지만 관유지에는 없다. 이것이 가장 명확한 구분의 증거가 된다.

제3항

답 내장원이 관할하는 각 궁가의 토지가옥, 특히 명례궁(明禮宮) 같은 것은 제실의 소유에 속하며, 규장각(奎章閣), 기로소(耆老所) 및 각 군아(郡衙)의 향교 위전[位田] 등은 모두 국유에 속한다.

제4항

답 양안은 행심(行審)이라고도 부르는데 각 촌에 1책씩 비치하고 있으며, 각각의 군아와 관찰부 등에도 비치되어있다. 토지의 위치, 세액, 지주 및 소작인의 씨명 등이 기재되어 있다.

제5항

답 소유권은 매우 자유롭게 양도할 수 있지만, 그 밖의 권리는 양도할 수 없는 것이 일반적이다. 특히 저당권 등을 함부로 양도하면 벌을 받을 수 있다.
　소유권을 양도할 때는 대개 문기를 교부한다.

제6항

답 지권, 가권은 지금까지 없었지만 최근에는 종종 발행한다.
　지권에는 국세 납부액, 소작인의 성명, 유실했을 경우 제출이 필요한 사항 등이 기재되어 있다.

제7항

답 대개 양안 혹은 문기에 기재하는 사표(四標)〈동쪽은 산, 서쪽은 천(川), 남쪽은 길, 북쪽은 하모(何某)의 밭 등〉에 따르는 것이 일반적이다. 불분명한 경우에는 조세의 납부액을 기준으로 삼는다.

제8항

답 논〈일본의 전(田)〉, 밭〈일본의 전(畑)〉, 가대〈일본의 택지〉, 산림, 원야, 평(坪)〈넓은 원야〉, 초장(草場)〈풀을 베거나 갈대를 만드는 곳〉 등의 종류가 있다.

제9항

답 지적을 통해 토지를 측량한다. 지적의 7파반(把半)을 10보(步), 60보를 1일경(日耕)으로 삼는다.

제10항

답 지금 대답하기 어렵다.

4. 평양이사청

1906년 7월 30일 오후 5시 30분 개시, 6시 종료

응답자 이사관 기쿠치 다케카즈(菊池武一)[16], 통역관 다다 칸

이사관과 통역관 모두 같은 날 관찰부의 조사 자리에 나왔고 개요를 잘 이해하고 있었으므로 굳이 동일한 질문과 응답을 할 필요가 없었다. 다만 두 관리의 응답에 관찰부의 의견을 추가할 필요가 있는 경우에만 상황을 설명하고 이를 기록하여 관계 항목을 문장 뒤에 부기했다.

'이(理)'는 이사관, '통(通)'은 통역관의 약칭

이(理) 얼마 전 이곳에 병영을 건축하면서 부지를 매수하려고 했는데 지주 등이 쉬이 승낙하지 않아서 비교적 다액의 보상을 지불했다〔제1항 세목2, 3〕.

---

[16] 기쿠치 다케카즈(菊池武一)는 1906년 8월 당시 이사관으로서 동인병원(同仁病院) 설립 당시 창립위원장을 맡았고, 1908년 평양이사청이 설치될 때 초대 이사관으로 부임했다. 1908년 4월 22일 통감부 농상공부 상공국장으로 전임하였다(평양민단역소, 1914, 『평양발전사』, 56, 191쪽).

통(通)　지상권(地上權)은 예전에는 반드시 행사되었고 어떤 토지에도 마음대로 건물을 지을 수 있었다고 한다. 지금은 얼마간 제한이 있기는 하지만 논밭 근처 비어있는 황무지 같은 곳에 건물을 짓는 것은 여전히 자유롭다. 그 외 일반적인 용도의 건물을 위해 타인의 토지를 사용하는 것은 무상으로 이루어짐을 원칙으로 한다〔제1항 세목 7〕.

통　타인의 빈 땅을 빌린 자가 긴 시간 동안 사용을 계속하면 거의 소유주와 동일해진다〔상동〕.

통　타인에게 빌린 토지의 일부가 엉망이라서 스스로 길을 만든 경우에는 토지를 반납한 이후에도 지주가 이에 대해 불만을 제기하지 못하며, 길은 거의 그대로 공도(公道)로 여겨지게 된다〔상동〕.

통　소작권은 매우 박약하다. 소작인의 행동이 지주의 마음에 들지 않는 경우에는 소작권은 곧장 다른 소작인에게 넘어가게 된다〔상동〕.

통　세금이 발생하는 토지에는 반드시 토지대장〈양안〉이 있어서 민유의 사실을 증명해준다〔제1항 세목2, 제2항, 제4항〕.

통　명례궁 소재 토지처럼 제실에 속하면서 토지대장에 기재된 것도 있다. 또 향교위전처럼 국유로 여겨지지만 납세의 의무를 부담하는 것도 있다〔제2항, 제3항, 제4항〕.

통　논밭이 진전으로 변하면 지주는 곧바로 군수에게 신고하고, 군수는 탁지부에 이첩하여 납세의 의무를 면제한다〔제1항 세목2, 제2항〕.

이　진전은 현재 전국에 1만 정(町) 정도 있다고 한다. 일반적으로 황무지로 여겨진다〔상동〕.

통　논밭에는 결과 일경의 칭호가 있다. '결(結)'은 징세를 말하는 칭호이며 '일경(日耕)'은 지면(地面)을 말하는 칭호다. 따라서 양전(良田)의 결은 면적이 좁고, 악전(惡田)의 일경은 세액이 적다. 이 부근의 1결은 대략 10일경이 되고, 1일경은 대략 10보가 된다〔제1항 세목2, 제4항〕.

이　양안은 3년 단위로 수정하도록 정해져 있지만 정확히 이루어지기는 어렵다〔제4항〕.

이　토지건물에 관한 문기에 '소유(所有)', 혹은 '가진다(有)'라는 글자는 기입하지 않는다〔제1항 세목1, 제6항〕.

통　인천, 부산 등지에서는 실제로 지권을 발행하고 있지만, 양도할 때 이를 서환(書換)하지 않는다〔제5항, 제6항〕.

○ 앞으로 이곳에서 문권을 발행할 때는 토지와 가옥을 분별할 것이다〔상동〕.
○ 이미 관유지로서 조사한 곳의 명칭을 기록해둔 적이 있다. 일람하길 바란다〔제2항, 제3항, 제8항〕.

〔당해 기록을 베껴두었다. 아래에 기재한다〕

관유지로서 조사한 곳의 명칭

마위전(馬位田): 본전(本田)의 수입을 가지고 역마의 사육에 드는 경비를 대는 곳

섬학고둔전(贍學庫屯田): 본전에서 나온 것을 유생 교육에 제공하는 곳

고마고둔전(雇馬庫屯田): 관찰부에 배치된 마필을 사육하기 위해 관찰부의 비용으로 매입한 곳

호고둔(戶庫屯): 관찰부 하급 관리의 급여를 지불하기 위해 관찰부의 비용으로 매입한 곳

진연단위전(津淵壇位田): 하늘이나 산천에 제사 지내는 장소에 제사 비용을 공급하기 위해 설치한 곳

향교위전(鄕校位田): 향교의 수입에 충당하는 곳

육상궁전(毓祥宮田): 경성 육상궁의 비용을 충당하기 위해 육상궁에 부설된 곳

진전(陳田): 황폐해진 논밭

초장(草場): 황무지를 말한다.

서영둔전(西營屯田): 평안도에서 양병(養兵) 비용을 충당하는 곳

군전(軍田): 병역을 대신하기 위해 각 방리(坊里)의 비용을 가지고 매입한 밭

이상은 율리방(栗里坊), 추을미방(秋乙美坊), 청룡방(靑龍坊)에서 관유지로 인정되는 것들의 명칭이다. 서영둔전, 군전은 관유로 칭하는지 민유로 칭하는지 설명이 갈리지만 한국의 오래된 습속에 따르자면 관유로 보아도 지장이 없다고 생각된다.

초장 및 진전 중에는 관유도 있고 민유도 있다고 하는데 단시일에 이를 조사하기는 곤란할 뿐만 아니라, 황실의 쓰임에 따라서는 마찬가지로 오래된 습관에 의해 민유를 징용해도 지장이 없는 것으로 생각된다.

5. 수원관찰부 (조사 장소는 재무고문 수원지부 청사)

1906년 8월 1일 오전 10시 45분 개시, 오후 0시 40분 휴식, 오후 3시 재개, 오후 4시 50분 종료

응답자 군수 이완용(李完鎔)[17]

개성부, 평양관찰부의 기록과 달리 각 항목에 관한 회장의 질문을 하나하나 적어둔다. 다만 문안(問安)의 문장과 같은 질문은 생략했다.

제1항

세목 1

답 역사적으로 보면 예전에는 인민의 토지소유권을 인정하지 않았고 토지는 오직 국가가 소유했으나, 점차 개인이 소유하여 매매 또는 대차 등을 행하게 되었다.

세목 2

문 인민의 소유지에서 사금이 산출되는 경우가 있다고 하는데, 소유자가 이를 마음대로 채굴해도 괜찮은가? 그리고 자신의 집 부지에 변소 등을 설치하는 경우 그 위치에 관해 경찰이 간섭하기도 하는가?

답 자신의 소유지라도 정부의 허가가 없다면 마음대로 채굴할 수 없다. 그리고 변소 설치에 관해서는 경찰이 간섭할 뿐만 아니라 그 위치에 대해 이웃이 이의를 제기하기도 한다.

문 도로를 수선할 때 도로에 접한 토지의 소유자가 비용을 부담하는 경우가 있는가?

답 연도(沿道)를 수선할 때는 토지소유자가 그 비용을 부담하는 것이 일반적이다.

---

[17] 이완용(李完鎔, 1872~1937). 서울에서 태어나 1893년 10월부터 홍릉참봉 등을 거쳐 1896년 11월 삭녕군수에 임명되었다. 1899년 시강원 시종관을 거쳐, 1900년 12월 중추원 의관, 1901년 2월 내부 회계국장 겸 시종원 시종을 지내고, 1905년 10월 수원군수, 1907년 7월 봉상사제조 등을 역임하였다. 그는 대한제국기 관료로 강제병합 이후 〈조선귀족령〉에 의해 조선 귀족 자작의 작위와 3만 원의 은사 공채를 받았다. 친일반민족행위자이다(『한국민족문화대백과사전』; 민족문제연구소, 2009, 『친일인명사전』, 38-39쪽).

물론 납세의 의무가 있다.

문 그 외에는 어떤 부담도 없는가?

답 다른 부담은 없는 것으로 안다.

문 지조(地租)의 기준이 있는가?

답 토지를 상중하, 혹은 1·2·3·4·5·6 등급으로 구별하며 수확량, 품질의 상태에 따라 납세액에 차이가 있다. 따라서 징세의 방법은 복수(卜數)에 의한다.

문 복(卜)이란 무엇인가?

답 결(結)과 동일한 것으로 1복〈혹은 1결〉은 100부(負), 1부는 10속(束)이다.

문 조세는 각각의 인민에게 모두 다르게 징수하는가?

답 어떤 때는 한 마을의 결을 통합해서 거두기도 하고, 어떤 때는 개인별로 징수하는 등 일정하지 않다.

군 아래에 면이 있고 각각의 면에는 직책을 맡은 이원(吏員)이 있어서 주로 징세를 담당한다.

이 부근의 지주는 대부분 경성에 거주하는바 논밭을 관리하기 위해 지배인을 상주시킨다. 이 지배인이 소작인으로부터 쌀과 보리를 거두어서 납세를 처리한다.

세목 3

답 정부가 필요할 때면 언제든 인민의 토지를 징수할 수 있으며, 이를 시가로 보상한다.

문 시가는 어떤 사람이 결정하는가?

답 거간(居間)[18]이 이를 결정한다. 인민 사이의 토지 매매에 관해서도 거간이 시가를 결정하는 것이 대부분이다.

세목 4

문 옆집 경내로 가옥의 처마를 내거나 타인의 토지 아래에 구멍을 파도 괜찮은가?

답 그러면 안 될 것 같다.

---

[18] 타인 간 상행위의 중개 및 토지와 가옥의 매매·임차·전당의 중개를 직업으로 삼는 중간상인을 말한다.

세목 5

문 갑의 소유지 사용 방식이 을의 소유지에 해를 끼치게 될 경우, 이웃 사람끼리 서로 주의를 줄 수 있는가?

답 이웃 사람에게 해를 입히는 사용법을 취할 때는 보통 이에 대해 충고하고 그만두게 한다. 만약 충고를 받아들이지 않는다면 관에 신고하여 제재할 수 있다.

문 옆집 낙숫물이 자기 집 부지에 떨어지는 경우는 어떤가?

답 제지할 수 있다.

문 집을 세울 때 경계선과 거리를 둘 필요가 있는가?

답 잘 모르겠다. 아마 일정한 거리를 두어야 하지 않을까 생각된다.

문 한쪽이 경계선에 담장을 세울 때는 다른 한쪽에게 비용의 분담을 청구할 수 있는가?

답 호의로 세울 때는 쌍방이 부담하는 것이 상례지만, 한쪽이 자기만의 이익을 위해서 멋대로 세울 때는 비용을 청구할 수 없다.

문 타인의 집 내부가 보이는 위치에 창문이나 툇마루를 설치해도 되는가?

답 타인의 집 내부가 보이는 위치에는 설치할 수 없다.

문 거리에 따라 달라지기도 하는가?

답 멀리서 보는 것에 대해서는 이의를 제기하지 못한다. 이러한 경우에는 보이는 쪽에서 직접 장벽을 만드는 것이 일반적이다.

문 가까운 경우 가리개를 설치하는 것은 어떤가?

답 어쩔 수 없는 경우에는 상호 협의하여 장벽을 설치한다.

문 대지(袋地)에 거주하는 자가 타인의 토지를 통행할 수 있는가?

답 위요지의 소유자가 이의를 제기하는 경우도 있지만 대개 자유롭게 통행할 수 있다. 그렇지만 가급적 길을 작게 만들어야 한다.

문 그 경우에는 보상이 필요한가?

답 통로를 넓게 만들 때는 보상금을 지불하는 것이 일반적이다.

세목 6

문 공유자 중 한 명의 생각으로 공유지를 처분할 수 있는가?

답 한 명의 생각으로 처분하는 것은 안 되지만 협의를 거쳐 한 명에게 맡길 수는 있다.

세목 7

문 차지권에 지상권, 영소작권, 대차권, 사용차권 등의 종류가 있는가? 그 내용은 어떠한가?

답 경작을 위해 토지를 빌리는 것에는 세 가지 종류가 있다. 첫 번째는 지주와 소작인이 수확을 반으로 나누고 지주가 조세를 부담하는 것이다. 두 번째는 소작인이 수확의 전부를 가지고 지주에게 도세(賭稅)〈미리 액수를 정하고 수확량에 따라 변경하지 않는 것〉를 납부하는 것이다. 세 번째는 경작 연한을 정하고 그 기간 내에는 풍작·흉작에 관계없이 반드시 소작료를 지불하는 것이다.

문 두 번째와 세 번째는 무엇이 다른가?

답 두 번째 방법은 지주의 사정에 따라 소작인을 바꿀 수 있지만, 세 번째 방법은 약속한 기간 중에는 소작인을 바꿀 수 없다.

문 세 번째의 경우에는 매년 소작료를 납부하는가?

답 매년 납부하는 관습이 있다.

문 타인의 토지 위에 가옥을 짓는 경우는 어떤가?

답 타인의 토지에 집을 짓는 것은 시가지에서는 어렵지만 벽지에서는 어렵지 않다. 벽지에서도 논 위에는 짓기 어렵지만 화전 위에는 어렵지 않다.

집을 세우는 사람은 지주에게 도세〈일정한 차대(借貸)〉를 납부해야만 한다. 그 집을 넘겨받는 사람은 앞선 사람과 마찬가지로 차대를 지불해야 한다.

문 묘지를 세우려는 자에 대해 지주가 이의를 제기할 수 있는가?

답 옛날 양반 제도가 성행했을 때는 신분이 높은 사람이 낮은 신분의 사람을 압박하여 토지에 묘지를 세울 수 있었다. 원래 한인은 묘지에 대한 관념이 매우 깊어서 일단 묘지가 세워지면 쉽게 파손할 수 없기 때문에 지주는 그 전에 이의를 제기하는 경우가 많다. 따라서 묘지에 관한 소송이 매우 자주 이루어진다.

세목 8

문 가까운 곳의 물을 길을 수 있는 권리를 가진 자가 자신이 거주하는 땅을 타인에게 양도하는 경우, 양수인(讓受人)은 종전과 같이 가까운 곳의 물을 길어도 되는가?

답 이웃의 승낙을 기다릴 필요 없이 길을 수 있다.

문 대지(袋地)처럼 불편한 곳에 사는 사람은 타인의 토지를 자유롭게 통행할 수 있는가? 그리고 이미 통행하고 있는 사람의 뒤를 이어 거주하는 사람은 통행권 역시 계승하는가?

답 편의를 위해 타인의 토지를 통행할 수 있다. 그 거주지를 양수한 사람도 마찬가지다.

세목 9

문 관유, 혹은 다른 마을의 산림에 입회하여 나무나 풀을 베는 관습이 있는가?

답 관유지에서는 어떤 토지의 인민이라도 일반적으로 풀을 채집할 수 있다. 어떤 마을에서 다른 마을로 새로 이주한 사람은 새 마을의 산림에 가서 수목의 가지나 잎 정도를 채집할 수 있다. 그리고 다른 마을 사람이 자기 마을의 산림에 입회하는 것을 서로 묵인하기도 한다.

세목 10

문 질권이나 저당권이 있는가?

답 문권을 넘기고 돈을 빌리는 전당이라는 관습만이 있다.

문 문권을 넘기는 것 이외에 다른 조건은 없는가?

답 경우에 따라 보증을 세우기도 한다.

문 약정 기한이 지났지만 돈을 갚지 못할 때는 전당을 취한 자가 그 소유자가 되는 것이 당연한가?

답 기한이 지났다고 곧바로 소유자가 되지는 못한다. 채무자에게 통고하고 이자를 지불하게 하여 일단 기한을 연장한다. 이자의 지불이 거절되어도 토지의 가격이 빌려준 금액보다 훨씬 비싼 경우에는 마찬가지로 곧바로 소유자가 되지 못한다. 우선 토지를 판매하게 한 뒤 빌려준 금액을 뺀다.

제2항

문 관유와 민유의 구별이 불분명하여 분쟁이 벌어졌을 경우 어떤 증거에 의해 소유를 판단하는가?

답 민유지에는 문기가 있지만 관유지에는 문기가 없다.

문 민유지에는 반드시 문기가 있는가?

답 그렇다.

문 그 밖에 다른 구별의 사례는 없는가?

답 구분의 증거가 불분명한 토지를 오랜 시간 경작했다면 그 토지는 자연스럽게 경작자가 소유하는 것이 일반적이다.

제3항

문 관유에는 제실유와 국유의 두 종류가 있는데 이는 무엇에 의해 구별되는가?

답 구별이 명확하지 않다. 국유 재산을 제실용으로 사용하기도 하며 제실이 소유하는 재산을 국비로 쓰기도 한다. 지금도 여전히 혼동되는 상황이다.

제4항

문 양안이라는 것이 있다고 들었는데 그 유래 및 기재사항은 무엇인가?

답 개국 초기에 만들어진 것으로 생각된다. 토지에 따라 중간에 바뀐 곳도 있다. 기재사항은 개간 이래의 연수(年數), 면적, 등급, 소유주의 성명 등이다.

제5항

문 소유권 또는 차지권은 오랜 세월 동안 양도할 수 있는가?

답 토지의 처분은 자유로운데 대부분 대금을 받고 양도한다. 가끔 토지에 이중의 납세 의무가 부과되어 거의 소득이 없는 경우에는 그 토지를 방기하기도 한다.

문 방기된 토지는 관이 소유하는가?

답 빈곤한 자가 비과세로 새로 경작하는 것이 일반적이다. 관이 소유하지 않는다.

문 거기에 새로 경작을 행하는 자가 실제 소유자가 되는 것인가?

답 소유자가 되는 경우도 있지만 반드시 그런 것은 아니다.
문 양도의 조건과 절차는 어떠한가?
답 매매의 경우에는 종래의 문기, 문권과 함께 새로운 문기, 문권을 교부한다. 모든 일은 직접 면전에서 이루어져야 한다.
문 문기에는 지방관의 증인(證印)이 들어가는가?
답 관리가 증명할 필요는 없다. 문기를 분실했을 경우에는 분실한 사실을 증명하기 위해 관으로부터 관입지(官立指)[19]라는 것을 교부받는다.

제6항

답 이 부근에는 지권, 가권이 있는 곳이 매우 적고, 새로 개간한 곳에는 일반적인 문기도 없다. 5, 6년 전 경성에서 지계아문(地契衙門)이라는 것을 설치하고 각지의 토지를 측량하려고 했으나 실제로 이루어지지는 못했다.
문 가계(家契)는 어떤가?
답 지금까지 본 적이 없다. 최근 재무관이 탁지부에 신청하여 가까운 시일 내에 발행하기로 했다.

제7항

문 갑을의 토지가 겹치는데 둘 다 문기 등을 가지고 있지 않은 경우에는 어떤 기준에 따라 소유자를 정하는가?
답 오랫동안 소송을 겪어도 결국 분명해지지 않을 것이다.
문 납세액의 다소에 따라 소유자를 정하는 경우는 없는가?
답 새끼줄로 측량하거나 양안을 확인하기도 한다.

제8항

답 논, 밭, 산, 원야 또는 진무지(陳蕪地)〈논, 밭, 산이 아닌 장소〉, 삼림 등의 종류가 있다.
문 염전이 있는가?

---

[19] 원문의 오류로, 관(官)의 입지(立旨)를 말한다.

답 논이라고 해야 할 것이다.

문 초장이 있는가?

답 대부분 바닷가 근처에 위치하며 조수간만이 있는 곳에 갈대가 자라고 있다.

문 초장(草場)과 노전(蘆田) 중 어떤 이름이 옳은가?

답 정확히 보자면 초장과 노전은 서로 다른 것이다. 초장은 풀〈주로 연료로 사용한다〉이 무성한 장소, 노전은 갈대〈주로 발을 만든다〉가 자라난 장소를 말한다.

제9항

답 척(尺)에는 두 종류가 있다. 하나는 밭이나 논을 측량하는 지척(地尺)이고, 다른 하나는 산을 측량하는 산척(山尺)이다.

문 척은 무엇으로 만드는가?

답 종이끈으로 만든다.

문 지척과 산척은 어떻게 다른가?

답 산척이 지척보다 길다.

제10항

〔조사를 생략한다〕

6. 대구관찰부〔조사 장소는 경무고문(警務顧問) 대구지부 청사〕

1906년 8월 3일 오전 9시 40분 개시, 오전 11시 40분 종료

응답자 군수 박중양(朴重陽)[20]

---

[20] 박중양(朴重陽, 1874~1959). 1897년 관비유학생으로 일본으로 건너가 1900년 도쿄아오야마학원 중학부를 졸업하고 도쿄 경시청에서 경찰제도 연구생으로 경찰제도와 감옥제도를 연구 실습하였고, 1903년 도쿄부기학교에서 은행 업무를 익힌 후 졸업했다. 러일전쟁 시 일본군 고등통역관 대우가 되어 종군했으며, 1905년 농상공부 주사가 되었고, 1906년 대구군수 겸 경상북도 관찰사 서리가 되었다가, 1907년에 잠시 평안남도 관찰사가 되었다가 1908년 다시 경상북도 관찰사로 재임하였다. 일제하 충청남도 장관, 중추원 참의, 황해도 지사 등을 역임하였고, 1941년부터 중추원 고문, 부의장 등을 역임하였으며, 2009년 친일반민족행위자로 규정되었다(『한국민족문화대백과』).

동석한 경시(警視) 이다 아키라(飯田章)[21]가 보충 대답을 한 부분이 있다.

각 항목의 회장 질문을 모두 기록했다. 다만 대답 앞에 질문이 없는 경우가 있는데, 이는 회장이 질문을 생략했기 때문이다.

제1항

세목 1
답 토지소유권은 개벽 이래 존재해 왔다고 생각한다.

세목 2
문 자기 소유지에 있는 금속을 자유롭게 채굴할 수 있는가?
답 정부의 허가를 받을 필요가 있다.
문 어떤 부담을 지는가?
답 주된 부담은 결세다.
문 결의 수량은 정해져 있는가?
답 면적 1만 척을 1결로 삼으며, 100부의 수확이 있는 곳을 1등지로 삼는다. 2등은 85부, 3등은 70부, 이렇게 15부씩 6등까지 체감한다.
문 연도(沿道)의 토지소유자는 도로를 수선할 의무가 있는가?
답 밭이 도로와 접해있는 곳에서는 주로 소작인이 수선의 의무를 부담한다.

세목 3
답 토지 징수에는 반드시 보상이 뒤따른다. 그 금액은 보통 시가에 따르지만 지방관이 촌장 등을 모아서 정하는 경우도 적지 않다.

---

21 이다 아키라(飯田章)는 1907년 7월 7일 경기 관찰도 경무서 경시로 임명되었으며, 1908년 부산경찰서 서장으로 근무했다(『조선총독부 직원록』).

세목 4

문 옆집 경내로 처마가 나와도 괜찮은가?

답 너무 많이 나오면 이의를 제기할 수 있다.

문 타인의 토지에 구멍을 파도 괜찮은가?

답 그것이 밭이라면 이의를 제기하는 사람이 없지만, 가옥의 토대가 되는 곳이라면 많은 사람이 이의를 제기한다.

세목 5

문 담이나 벽에 창을 내서 타인의 집을 보아도 괜찮은가?

답 괜찮지 않다.

문 멀리 떨어진 곳에서 보는 것도 싫어하는가?

답 마찬가지로 싫어한다. 원래 한국에는 2층집이 없고 갑의 집을 을의 집보다 높게 짓는 경우도 없다.

문 가리개를 설치하는 것은 괜찮은가?

답 그렇다.

문 경계선에 접하여 건물을 지을 때는 얼마간 거리를 두어야 하는가?

답 거리를 두지 않아도 된다.

문 서로의 사정을 위해서 한쪽에 사는 사람이 경계선에 담장을 설치하는 경우, 다른 쪽에 사는 사람에게 그 비용의 분담을 청구할 수 있는가?

답 미리 다른 쪽 사람에게 승낙을 받아야 하며, 당연한 권리로서 주장할 수는 없다. 도랑이 좁아서 밭이 이어져 있는 경우에는 진흙이 더 깊은 쪽의 지주가 준설 비용을 부담하기도 한다.

문 대지(袋地)에 사는 사람은 그를 둘러싼 타인의 토지를 통행할 수 있는 권리를 가지는가?

답 통행할 수 있다.

세목 6

문 공유지가 있는가?

답 마을에서 재산을 모아 값을 치르고 매입한 토지가 있다.

문 그 토지를 팔려고 할 때 한 명이라도 이론을 제기하면 팔 수 없는가?

답 100명 중 한 명이라도 반대하면 팔지 못한다.

문 다른 관례는 없는가?

답 공유하던 양전(良田)이 황폐해져서 다시 개간할 때, 종전의 소유자 100명 중 50명에게 보상을 줌으로써 절반을 떼어내고 남은 50명이 공유하는 경우가 있다. 수지를 계속 맞추어나가기 위해서다.

세목 7

문 관유와 민유를 불문하고 빈 땅에 마음대로 집을 짓는 사람이 있어도 토지소유자는 이의를 제기할 수 없는가?

답 이의를 제기하지 않고 상응하는 대가를 받는 것이 일반적이다.

문 그 가옥 주변의 토지에 관해서는 어떠한가?

답 주위의 토지를 사용하는 경우에는 별개로 차입계약을 맺을 필요가 있다.

문 집이 무너지면 토지는 곧바로 소유자에게 돌아가고 차지권은 소멸하는가?

답 〔질문을 이해 못했다〕

문 타인의 토지에 묘지를 지을 수 있는가?

답 지주가 간단히 승낙하지 않는다. 억지로라도 묘지를 만들기 위해 한밤중에 몰래 땅을 파기도 한다.

문 가옥과 토지의 소유자가 동일할 경우, 가옥을 양도하면 토지도 당연히 가옥에 딸려가는가?

답 그렇다.

문 소작료는 얼마인가?

답 수확의 반을 지주에게 납부하는 관습이 있다.

문 조세는 얼마인가?

답 이 부근에서는 소작인만 부담한다.

세목 8

문 우물이 있는 토지가 매도되었을 경우, 종전에 그 우물에서 물을 긷던 사람은 계속해서 물을 길을 수 있는가?

답 가옥 및 부지 안에 있는 음용수 등을 긷는 것은 매우 자유롭다. 밭에 쓰려고 저장해둔 물은 사용하지 못하는 경우가 있지만 이를 두고 분쟁이 벌어지지는 않는다.

문 자기 집을 왕래하기 위해 타인의 토지를 통행하는 사람은 그 토지의 소유자가 바뀌어도 통행권을 계속 가질 수 있는가?

답 보상의 형식으로 존속된다. 호의로 이루어지는 것은 아니다.

세목 9

답 입회가 절대적으로 이루어지는 관습은 없다.

세목 10

문 질권, 저당권이 있는가?

답 저당권만 있다.

문 저당은 문기, 가권, 증문(證文) 등을 반드시 필요로 하는가?

답 그렇다. 경우에 따라 관에 증명을 청원하면 관은 기꺼이 증명을 내주어야 한다.

문 계약 기간이 경과하면 저당물은 어떻게 되는가?

답 소유권이 자연스레 채권자로 옮겨간다.

문 천원의 가치가 있는 토지를 300, 400원 정도에 저당 잡혔을 경우, 기한이 다 돼서 토지를 판매하여 돈을 갚으면 남은 600, 700원은 채무자가 가질 수 있는가?

답 세금 태납 처분을 받는 경우에는 그렇게 할 수 있지만, 저당의 경우에는 토지를 완전히 넘기는 것이 상례다. 채권자는 빌려주었던 돈의 초과액을 돌려줄 필요가 없지만, 그 대신 빌려주었던 돈보다 금액이 부족하다고 추궁할 수 없다.

제2항

답 관유에는 역전(驛田), 둔전 등이 있다. 관유대장에 기재하여 민유와 구별하지만, 이 대장을 보유한 관아가 매우 적다.

문 납세의 사실은 민유의 증거가 되는가?

답 그렇다.

문 민유지 중에 양안에 기입되지 않는 것도 있는가?

답 은결(隱結)[22]은 양안에 기입되지 않는다.

제3항

답 역토, 둔토는 제실유에 속한다.

제4항

답 양안이 있다. 내용은 매해 바뀐다.

제5항

문 토지의 영대(永代) 매매를 금지하지 않는가?

답 금지하지 않는다.

문 집을 팔면서 차지권을 딸려보내도 토지소유자는 이의를 제기하지 않는가?

답 이의를 제기하지 않는다.

문 소작인은 소작권을 다른 사람에게 양도할 수 있는가?

답 양도할 수 없다.

문 전당 채권자는 다른 사람에게 전당물을 양도할 수 있는가?

---

22 양전을 시행할 때 원장부에 전지를 등재하지 않음으로써 전세의 부과 대상에서 부정, 불법으로 누락시킨 토지. 은결은 사취한 주체에 따라 관은(官隱), 이은(吏隱), 반리반민은(半吏半民隱), 민은(民隱)으로 나눌 수 있다. 은결은 조선 전기부터 있었지만, 조선 후기로 내려올수록 지방 관리의 불법 부정행위로 인하여 발생하는 경우가 많았다. 영조 때 은결 수를 예시해 보면, 전국적으로 논이 6,897결, 밭이 1만 5,556결로 모두 2만 2,453결이나 되었다고 한다(『한국토지용어사전』, 2016, 혜안, 720쪽).

답 양도할 수 없다.

문 문기는 권리를 이전할 때마다 만들어야 하는가?

답 그렇다.

제6항

답 민유지에는 지권이 있다. 가권은 지난해 7월 처음으로 관아에서 발행했다.

제7항

문 소유자가 다른 토지가 서로 겹치는 경우는 어떻게 하는가?

답 양안 혹은 문기 중에 적혀있는 동서남북 사표에 따라 권리자를 정한다. 장량을 통해서도 분간할 수 있다.

제8항

답 논, 밭, 화전〈산꼭대기에 있다〉, 가대, 평〈원야〉, 혹은 들, 초장〈풀이 저절로 자란 곳〉, 노전〈갈대를 옮겨 심은 곳. 우산의 뼈대, 돗자리의 재료로 사용하며 소금을 태우는 장작으로도 쓴다〉, 염전 등이 있다.

제9항

답 양척(量尺)〈일본 곡척(曲尺)의 3척 3촌에 해당〉〔나무로 만든 매우 조잡한 양척을 말한다〕을 사용한다.

제10항

답 별다른 차이가 없다고 생각한다.

7. 부산이사청

1906년 8월 4일 오전 9시 40분 개시, 오전 11시 35분 종료

이사관 아리요시 아키라(有吉明)[23]

각 항목에 관한 회장의 질문을 모두 기록했다. 다만 문안의 문장과 동일한 질문은 생략했다.

제1항

세목 1
답 토지소유권은 예전부터 인정되었다. 문기 등에도 굉장히 오래된 것이 있다.

세목 2
답 소유권은 거의 제한되지 않는다.

조세 부담에서 일본인과 한인 사이에 경중의 차이가 있고, 일본인 가운데 여기 동의하지 않는 사람이 많다. 빠른 개정이 필요하다.

문 지방세가 있는가?

답 호포전(戶布錢)이라고 일본의 고스와리(戶數割)[24]와 비슷한 것이 있다. 가옥의 좋고 나쁨에 따라 금액에 차이가 있다.

이에 대해서는 외무성이 발간한 『한국사정(韓國事情)』〈157쪽〉에 상세한 내용이 있으니 일람하기 바란다.

거류지로부터 1리 이상 떨어져 있고 군(郡)보다 작은 지역의 상황은 약간 달라진다.

---

23 아리요시 아키라(有吉明)는 1905년 6월 14일 부산항 일본영사관으로 주재하면서 집행한 일이 많아 특별히 훈 5등으로 서훈하고 태극훈장을 받았다. 1932년 9월 브라질 대사에서 중국 상하이에 주중공사로 부임하면서 중화민국의 불법 배일행위에 대해 단호히 응징할 것이라는 입장을 표명하였다. 그해 11월 상하이에서 난징 정부요인과 국제연맹 조사단 및 아리요시 일본공사를 암살하려는 대규모 단체가 드러났다. 상하이 한인 무정부주의 단체로서 류자명 등이 조직한 남화한일청년연맹에 참여한 원심창, 백정기, 이강훈 등이 아리요시 주중 일본공사를 암살하려는 계획을 세웠으나 일본총영사관 경찰과 밀정의 역공작으로 잡혀 재판을 받은 사건이 있었다(박찬승, 2017, 「1933년 상해 '有吉明 공사 암살미수 사건'의 전말」, 『한국독립운동사연구』 60, 201-248쪽).

24 지세의 부가세로 세금을 부과하는 방식. 해당 지역의 호마다 소득 또는 자산의 등급에 따라 세율을 나누어 지방세를 부과하던 방식이다. 1937년 잡지 기사에 의하면, "日本 農家의 地稅附加稅는 全地方費의 2割 朝鮮農家의 地稅附加稅는 全地方費의 4割 日本 農家는 戶數割을 廢止할려는 이에 朝鮮農家戶數割은 4割로 增加하엿다"라고 하여 차별적인 부과에 항의하고 있다(『앞길』 제5호, 1937. 3. 29).

절영도에서는 5년을 주기로 군수가 와서 조세를 징수해간다.

문 　연도(沿道)의 토지소유자가 길의 수선을 부담하는 경우가 있는가?

답 　농사일에 여유가 생겼을 때 집단으로 길을 수선하는 관습이 있다. 일의 양에 따라 마을 사람 몇 명이 모일지를 정한다.

세목 3

문 　관이 인민의 토지를 징수할 때는 유상으로 이루어지는가?

답 　그렇다. 경성철도 부설이 좋은 예로서 대략 1평당 1전 5리에서 2전을 지급했다. 지금은 10전 정도다.

세목 4

문 　집을 지을 때 옆집으로 처마를 내도 괜찮은가?

답 　문제가 발생한다.

문 　옆집 땅 밑으로 구멍을 파도 되는가?

답 　지금까지 분쟁이 발생했다는 말을 듣지 못했다.

세목 5

문 　경계선에 접해서 집을 지어도 괜찮은가?

답 　괜찮다. 나중에 집을 짓는 사람은 자신이 불리해질 것을 알지만 그래도 이의를 제기하지 않는다.

문 　낙숫물이 옆집 땅에 떨어져도 괜찮은가?

답 　평소 친밀하지 않은 사이라면 분쟁이 발생한다.

문 　경계에 접하여 변소를 만들어도 괜찮은가?

답 　통행을 방해하지 않는다면 괜찮다.

문 　한쪽 사람이 담장을 설치할 때 다른 쪽 사람에게 비용 분담을 청구할 수 있는가?

답 　돌담〈돌덩이에 흙을 섞은 것〉 이외에 한쪽에만 설치하는 경우는 없고, 담장과 담장 사이에 반드시 공간을 비워둔다.

문 타인의 집안을 볼 수 있는 창을 설치해도 괜찮은가?

답 남녀풍속에 따라 밖에서 안을 보는 것을 싫어한다. 직접 관련이 없는 주변 사람이 이의를 제기할 정도다.

문 대지(袋地)에 거주하는 사람은 다른 사람의 토지를 통행할 수 있는가?

답 위요지 소유자는 통행을 승낙하는 것이 일반적이다.

세목 6

답 마을이 소유하는 토지가 있는데 풀을 베거나 갈대를 모아가는 장소가 대부분이다. 이를 처분할 경우에는 위원회를 여는 것이 일반적이다.

세목 7

답 사유지에 건물을 짓는 것은 매우 어렵다. 우선 승낙을 받아야 하며, 건물을 지은 후에도 퇴거 독촉을 받는 경우가 적지 않다. 이와 달리 관유지에 집을 짓거나 묘지를 만들 때는 건설자가 그대로 토지의 소유주가 될 수 있다. 절영도〈궁내부 소유〉의 빈 땅을 개간할 때는 5년째에 소유권을 얻었고 조세를 납부했다.

문 자기 소유지에 세운 집을 팔면 그 토지도 집과 함께 이전하는가?

답 그렇다.

문 소작인은 어떠한가?

답 수확을 절반으로 나누고 지주가 조세를 납부한다.

문 소작 기한은 어느 정도인가?

답 정해진 기한이 없다.

세목 8

문 타인의 땅 안에 있는 우물에서 용수를 긷는 사람은 그 지주가 변한 뒤에도 계속 물을 길을 수 있는가?

답 계속 길을 수 있다. 모든 물은 공용이다.

문 가뭄 등이 들어도 물을 둘러싸고 분쟁이 벌어지지 않는가?

답 아직까지 분쟁이 있었다는 말을 들어본 적 없다.

문 편의를 위해 타인의 토지를 통행하는 사람이 자신의 주거를 다른 사람에게 팔았을 때, 이를 구입한 사람도 통행권을 계승하는가?

답 통행은 매우 자유롭다.

세목 9

답 서로 날을 정해서 관유 산림, 촌유(村有)의 원야에 입회하여 나무를 베거나 풀을 벤다〈이 사항은 매우 빈번하게 벌어진다〉. 개인이 소유하는 산야(山野)에 입회하는 일은 없다.

문 갑촌(甲村)의 산야에 을촌(乙村)의 사람이 입회하기도 하는가?

답 자주 입회한다. 서로 봐주는 관습이 있다.

문 우마를 서로 풀어두는 입회도 있는가?

답 이 부근에서는 목축이 거의 이루어지지 않는다.

〔제주도(영친왕 소관) 부근의 어업 입회에 대해 말해준 내용이 있지만 여기서 말하는 입회와는 다르므로 생략했다〕

세목 10

문 전답의 수확을 대주(貸主)의 소득으로 삼고 돈을 대차하는 경우가 있는가?

답 없는 것 같다.

문 토지를 저당 잡혔는데 기한이 되어도 돈을 갚지 못하면 토지는 대주가 취득하는가?

답 그렇다.

문 저당을 설정할 때는 구문기를 넘기는가?

답 그렇다.

제2항

답 토지대장에 기재된 토지나 납세의 의무가 있는 토지는 모두 민유다. 새로 개간된 토지는 문기도 없고 토지대장에도 기재된 바 없으므로 구분이 불분명하다.

형제간에 싸움이 벌어진 경우 등에는 개인의 토지를 관이 몰수하기도 한다.

제3항

답 이 부근에는 국유지가 전혀 없다.

문 어떤 토지의 소득을 국비에 충당하거나, 어떤 토지의 수확을 제실 비용에 사용하는 일은 없는가?

답 없는 것 같다.

문 역토, 둔토의 수확을 국가의 비용에 충당하는 일은 없는가?

답 없는 것 같다.
그 소득을 학교의 비용에 충당하는 학전(學田)이 있다. 공유(公有)로 간주할 수 있다.
사령(寺領)은 사원이 소유한다.

제4항

답 토지대장이 있어서 장소, 면적 등을 기재한다.

제5항

문 영대 매매를 금지하지 않는가?

답 금지하지 않는다.

문 차지권을 양도할 수 있는가?

답 양도할 수 있다.

문 소작권은 어떤가?

답 지주의 승낙을 받고 양도할 수 있다.

문 저당권을 양도할 수 있는가?

답 양도할 수 있다.

제6항

답 동래부에서는 전부 지권, 가권을 발행한다. 거류지 부근에는 그런 것이 없다〔신식 지권(地券)을 가리킨다〕.

제7항

답 기준은 거의 없다. 서로 타협하거나 옳고 그름을 따져보는 것 이외에 다른 방법은 없다.

제8항

답 가대(택지), 논, 화전(火田)〈새로 개간하여 보리 등을 심은 곳〉, 노전, 염전, 초장〈풀은 여름에는 우마에게 먹이고 겨울에는 온돌의 연료로 삼는다〉, 산, 원야 등의 종류가 있다.

제9항

답 대개 눈대중으로 측량한다.

제10항

〔조사를 생략한다〕

8. 마산이사청

1906년 8월 5일 오후 5시 45분 개시, 오후 7시 25분 종료

응답자 이사관 미마스 구메키치(三增久米吉)[25]

경부(警部) 사카이 요시아키(境喜明)[26]가 옆에 앉아 응답을 보충했다.

각 항목에 관한 회장의 질문을 모두 기록했다. 다만 문안의 문장과 동일한 질문은 기록을 생략했다.

---

[25] 미마스 구메키치(三增久米吉, 1861~?). 도쿄부 사족 미마스 카즈미치(三增和道)의 장남으로 1898년 법률학을 이수하고 관에 봉직하여 통감부 마산이사청 이사관을 거쳐 1910년 조선총독부 설치와 함께 마산부윤으로 근무하였다(『人事興信錄』 4판, 1922; 『조선총독부 직원록』 1910~1919년).

[26] 사카이 요시아키(境喜明)는 1909년 10월 안중근의 이토 히로부미 살해 사건 때 통감부 경시로 뤼순감옥으로 가서 안중근 의사를 15차례나 신문하기도 하였다. 1910년 11월 강제병합 초기 일제가 구상한 경찰 개념과 조선에 대한 인식을 보여주는 책으로 『(조선경찰) 실무요서』를 간행하기도 하였다(윤병석, 2010, 「안중근의 하얼빈의거와 순국 100주년의 성찰」, 『군사연구』 129, 71-114쪽).

이미 조사를 끝내고 문서로 만든 답안이 있다. 응답이 중복되지 않는 것을 발췌하여 각 항목 다음에 부기했다.

제1항

세목 1

답 소유권은 명백하게 인정된다. 처음에는 각 지방의 결수와 인구를 파악하여 각호에 분여(分與)되었던 것 같다.

〔답안〕 소유권은 일본 민법에서 정의된 것과 똑같이 사용, 수익, 처분의 3요소로 이루어진다. 다만 처분권에는 약간 모자란 점이 있다.

기자(箕子) 초기, 즉 이씨의 원대(原代)〈송도궁성 시대〉에 정전법(井田法)이 있었다. 정형(井形)의 중앙, 곧 □ 부분의 수확을 상납했는데 이를 왕세(王稅)라고 불렀다.

이씨(李氏)에 이르러 이를 개정하여 인구 비율에 따라 전답을 나누어 주었고 처음으로 인민의 소유가 인정되었다. 그러나 점차 전매가 이루어졌고 지금은 500년 전의 오랜 관습에서 멀어졌다.

세목 2

문 자기 소유지에서 산출되는 금속을 자유롭게 채굴할 수 있는가?

답 정부의 허가를 받을 필요가 있다.

문 어떤 부담이 있는가?

답 23년 전까지는 방어사(方御使)라는 것이 있어서 조세를 징수했고, 12년 전까지는 운전사(運轉使)가 있어서 조세를 거둔 다음 한강을 거슬러 올라가 경성에 상납했다. 당시에는 돈과 벼를 절반씩 징수했는데, 실제 경성에 도착한 것은 그 10분의 2 정도에 불과했다. 배가 난파했다는 핑계를 대고 관리들이 착복했다고 한다.

지금은 면장〈면장은 마을 전체의 위에 서지만 자치제는 아니다〉이나 도수(島守)가 거두어서 군수에게 납부하는 관습이 있다. 1결 당 논은 1관문(貫文), 밭은 4관문이다.

문 지방세 같은 것이 있는가?

답 호세(戶稅)가 있다.

〔답안〕 지상에 상사(上舍)〈납량대(納涼臺) 같은 것〉를 짓는 것을 금지한다.

부담은 전답 모두 1결〈그 면적은 불분명〉 당 8관이다〔응답과 달라서 조금 의문이 든다. 개성부의 동 항목 참조〕.

산림에는 결세가 전혀 없고, 원야에는 유무가 일정치 않다.

세목 3

답 나라에서 토지를 징수할 때는 반드시 유상으로 이루어지지만, 제실이 거두어갈 때는 가끔 무상으로 이루어지기도 한다. 과거 명안궁(明安宮)에서 인민의 토지를 무상으로 징수한 적이 있다. 그리고 가덕궁(加德宮)의 대들보를 들어내어 의친왕, 영친왕의 개인자금에 충당하기도 했다.

〔답안〕 나라가 인민의 토지를 징수하는 것은 공공 도로 개설을 위해 필요한 경우로 한정된다. 그 대가는 보통 가격보다 저렴하며 군아에서 지불하는 것이 일반적이다. 보상금은 죄인의 벌금이나 속죄금 등을 모아둔 것에서 지출되기도 한다.

화천(化川)이라는 말이 있는데 전답이 강으로 변하는 것을 뜻한다. 공공 도로로 사용되는 전답을 이렇게 부르면서 결세를 줄인다.

세목 4

문 옆집 토지 위로 처마가 나와도 괜찮은가?

답 괜찮다.

〔답안〕 광업조례(鑛業條例) 제정 이전에는 금속을 채굴하다가 남의 땅에 이르게 되면 지주와 협의할 필요가 있었다.

세목 5

문 타인의 집 안을 볼 수 있는 창을 만들어도 되는가?

답 가리개를 설치하면 된다.

문 옆집으로 나뭇가지가 드리워지거나 뿌리가 드러나도 괜찮은가?

답 문제가 있다.

문 경계선에 담장을 만드는 사람은 이웃에게 그 비용의 분담을 청구할 수 있는가?

답 집 뒤쪽의 울타리는 자신의 것이 아니고 앞쪽 울타리만이 자기 것이라는 관념이 있다.

문 높낮이에 차이가 있는 토지에 연접하여 사는 경우, 위쪽에 사는 사람은 울타리를 만들 수 있는가?

답 만들지 못한다.

문 대지(袋地)에 사는 사람이 타인의 토지를 지나다닐 수 있는가?

답 대단히 자유롭게 다닐 수 있다. 이는 같은 왕토의 민이라면 타인의 땅이라도 지나다닐 수 있다는 관념에 근거한다.

문 그밖에 특이한 점은 없는가?

답 신분의 차이에 따라 묘지와 묘지 사이를 100보나 300보 떨어트릴 필요가 있다.

〔답안〕 창문 등으로 남의 집을 보는 것을 규제하는 일본 민법 제235조와 동일한 정신의 관습이 있다. 우물을 파는 것 등에 관한 제237조의 경우에는 아무런 제한이 없는 것과 마찬가지다.

높은 곳에서 낮은 곳으로 오수가 흘러도 낮은 곳에 거주하는 사람은 이를 막지 못한다.

대지(袋地)의 경작자에게 통로를 제공하지 않는 경우, 그 사람은 대지의 조세를 부담해야 하며 손해배상의 책임을 지닌다.

세목 6

답 마을이 소유하는 산이 있다. 그리고 돈을 모아서 전답을 사는 관습이 있다. 이 전답의 수확은 군수 교대에 따르는 비용에 충당하며, 살인사건 등이 벌어져서 발생하는 비용에 지출한다.

동계(同契)[27]라는 것이 있다. 같은 나이나 같은 학년의 아동을 위해 합의하에 토지를 공유하고 아동에게 드는 비용에 사용한다.

---

27 '동계(洞契)'의 오기로 보인다.

문 공유지의 관리는 어떻게 하는가?

답 보통 소임을 맡은 자가 관리를 담당하고 일정한 보수를 받는다.

〔답안〕 동네의 전답[28]과 계의 전답 두 종류를 공유지로 간주한다. 개인 소유 전답과 마찬가지로 소작인을 정하여 경작하게 하고 그 수확을 절반으로 나눈다. 동네의 전답은 마을이 소유하는 산림에서 산출된 목재 등을 팔아서 저축한 수백 금을 가지고 구입하며, 그 수확을 호부전(戶敷錢) 지출에 사용하기도 한다.

계의 전답은 일본의 다노모시코(賴母子講)[29]처럼 각자가 조금씩 돈을 내서 그 이식(利殖)을 통해 모은 수백 금으로 구입한다. 그 수확은 관혼상제 비용에 충당하거나 불시의 흉사와 재해 등에 대비한다.

세목 7

답 차지권이 있지만 일일이 명칭을 붙일 수가 없다.

문 소작의 명칭은 없는가?

답 그저 '작인(作人)'이라고 한다.

문 타인의 토지에 함부로 집을 지었더라도 차임(借賃)을 지불하면 퇴거를 명받지 않는가?

답 신분이 낮은 자에게는 퇴거의 명이 떨어지기도 한다.

택지에는 지주의 승낙이 없으면 집을 지을 수 없지만, 전답에는 지주의 승낙을 기다리지 않고 집을 지을 수 있다. 관유지 중 황폐해진 곳도 마찬가지다.

문 개인 소유지에 묘지를 세울 수 있는가?

답 승낙을 받아야 한다.

문 관유지는 어떠한가?

---

28 원문에는 '전전(田畑)'으로 쓰여있다.
29 일본식 계의 일종. 무진(無盡)이라고도 한다. 일반적으로 강(講)을 조직하여 참가자가 정기적으로 일정한 금액을 낸 다음 입찰 혹은 추첨으로 한 명씩 교대로 소정의 금액을 수령하는 방식으로 이루어진다. 전원의 분배가 끝나면 강을 해산한다. 일본의 전통적인 금융 조직으로 강원(講員) 상호 간에 자금의 융통을 목적으로 하는 무진강과 강주가 자기의 사업으로 강원을 모집하여 일정 시기마다 일정 금액을 불입하게 하고 매회 추첨이나 낙찰방법으로 약간의 금액을 강원에게 교부하는 영업무진의 두 종류가 있었다(尾崎關太郎, 1934,『朝鮮無盡沿革史』, 京城: 朝鮮無盡協會; 이경란, 1998,「한말시기 일제의 농업금융정책과 지방금융조합의 설립」,『국사관논총』79, 13쪽).

답 대단히 자유롭다. 결국에는 묘지를 세운 사람이 그곳을 소유한다.
문 소작료를 절반으로 나누는 것은 관습인가?
답 그렇다.

〔답안〕 쌀의 수확을 절반으로 나누어 소작인의 조세를 부담하는 경우 보리는 전부 소작인이 가진다. 쌀과 보리를 모두 절반으로 나눌 경우는 조세 또한 절반으로 나눈다.

소작은 대부분 연한을 정하지 않기에 그 자손에게 이어지기도 한다. 고의 혹은 부주의로 인해 수확이 줄어들었을 때 소작인을 바꾸는 것만 가능하다.

세목 8

문 급수권(汲水權)은 토지소유자의 승낙을 얻지 못해도 행사할 수 있는가?
답 그렇다. 매우 자유롭다.
문 편의를 위한 통행권이 존재하는가?
답 어떤 때에는 남의 집 마당 한가운데를 지나다니기도 한다. 자연스레 행사되는 것 같다.
문 특별히 계약을 맺고 통행하는 사람도 있는가?
답 지나다니는 길을 위해 계약을 맺는 사람은 없다.

세목 9

답 산림, 원야에 입회한다. 원야에 입회하는 경우가 가장 많은데 군과 군의 경계에서 양쪽의 인민이 서로 풀을 벤다.

낙동강 자락의 섬에 김해의 주민들이 와서 종종 입회한다.
문 갑촌이 공유하는 원야에 을촌의 사람이 입회하는 경우가 있는가?
답 섬에는 여러 마을 사람들이 와서 입회한다.
문 관유지에도 입회하는가?
답 산림, 원야는 대개 관유지이며 자주 입회한다.
문 한 개인의 토지에서도 그런가?
답 많이 입회한다. 샘이 나오는 산은 개인이 소유하더라도 많은 사람이 입회한다.
문 마을이 소유하는 토지에 그 마을 주민이 입회하는 경우 어떤 조건이 있는가?

답 각자의 재량에 맡기며 매우 자유롭다.

〔답안〕 을군(乙郡)의 원야에 자라난 풀을 베어서 비료, 연료, 지붕 수리 등에 사용하지 않으면 갑군(甲郡) 주민의 생존이 곤란해지는 경우가 있다. 입회의 관습이 존재하는 이유다.

세목 10

문 토지를 질(質)로 내놓고 수확을 이자로 삼는 경우가 있는가?
답 토지는 질로 내놓지 않는다.
문 토지를 저당으로 잡았는데 돈을 돌려받지 못하면 그 토지의 소유권을 취득하는가?
답 취득한다.
문 그 경우 어떤 수속이 필요한가?
답 양안을 고치고 문기를 만들 필요가 있다.
문 저당 잡힐 때 문기를 넘기는가?
답 그렇다.

〔답안〕 저당 기간은 100일을 넘지 못한다.

대부 금액은 그 가액(價額)의 절반으로 한다.

이자는 2부와 6부 사이로 정한다.

이자 인상은 세 번까지 승낙할 수 있고 네 번째는 거절한다.

제2항

답 민유지는 양도 때마다 같이 옮겨 다니는 문기, 혹은 납세 사실에 의해 증명되지만, 국유나 왕유(王有)의 토지는 증거가 분명하지 않다. 다만 최근에는 왕유지면서 둔전, 역전, 궁전(宮田)처럼 양안에 기재되는 것들도 있다.
문 개인이 관유지에서 경작을 5년간 행하면 그 토지를 취득할 수 있는가?
답 3년만 지나도 취득한다고 한다.
문 은결은 중앙정부에 알려지지 않는가? 그리고 관유로 간주되는가?
답 그렇다.

제3항

답 제실 소유의 토지는 둔(屯), 역(驛), 궁(宮)의 삼전이 있다. 이것들과 민유지를 제외한 것이 국유지다.

둔전은 인민의 기부를 모집하여 구입한 것으로 예전에 군마를 위해 사용되었으며 올해부터 탁지부가 관리하게 되었다.

역전은 암행어사 및 그 외의 대관이 지나갈 때 영송(迎送) 등을 위한 비용에 사용된다.

궁전 중에는 낭비가 심한 아들을 둔 부호가 재산의 탕진을 우려하여 가문의 이름을 남기기 위해 궁가에 헌상한 토지도 있다.

제4항

답 각 군아에 양안이 있다. 군 서기가 직접 관리하며 쉽게 볼 수 없다.

양안에는 천자문으로 토지의 번호를 붙이고, 연호와 함께 사표(四標)〈동쪽은 강, 서쪽은 산, 남쪽은 길, 북쪽은 묘지〉를 기재한다.

제5항

문 토지의 영대 매매를 금지하지 않는가?

답 금지하지 않는다.

문 매매할 때 새로운 문기를 만드는 한편 예전 문기도 넘기는가?

답 그렇다.

문 예전의 문기를 분실했거나 처음부터 문기가 없는 경우에는 어떻게 하는가?

답 군수의 증명을 받는다.

문 집을 매매하면 구입한 사람이 그 집 부지를 사용할 수 있는가?

답 토지사용권도 계승되는 것으로 여긴다.

문 소작의 경우는 어떤가?

답 소작인은 지주의 승낙이 없으면 소작권을 남에게 양도할 수 없다.

문 토지를 무상으로 양도하는 경우 문기가 필요한가?

답 필요할 것으로 생각된다.

문 자손에게 양도할 때는 어떤가?

답 문기가 필요치 않다. 다만 장남, 차남 등에게 나누어 줄 때는 문기를 만들어야 한다.

제6항

답 개항장 또는 개시장(開市場) ─ 전관거류지에도 각국거류지에도 ─ 에는 당초부터 지권이 있었다. 경성에서만 발행하지 않는다.

거류지 밖 1리 이내에는 지권과 가권이 모두 있다.

거류지에서 1리를 넘어가면 가권은 있지만 지권이 없다.

〔답안〕 각 개항장과 개시장에서는 택지에 한정하여 지계를 관아에서 발급한다. 전답에 관해서는 개인이 소지하는 지계가 없다.

지권을 발급하는 것은 지주와 가주의 분쟁을 막기 위해서다.

가권은 8년 전〈개항 당시〉까지, 지권은 4년 전까지 발급된 것만 유효하다.

제7항

답 분명한 기준은 없다.

〔답안〕 아래 그림처럼 밭두둑, 밭두렁이 높은 곳과 낮은 곳에 일정치 않게 분포할 때도 높은 곳의 소유권을 인정하는 경우가 많다.

예전 낙동강에는 아래 그림과 같은 변류(變流)가 있어서 의령(宜寧)과 함안(咸安) 두 지역 간에 격렬한 분쟁이 벌어진 적이 있었다. 결국 의령이 패소했는데, 그로 인해 도산한 지역 부호가 5~6가(家)에 이르렀다고 한다.

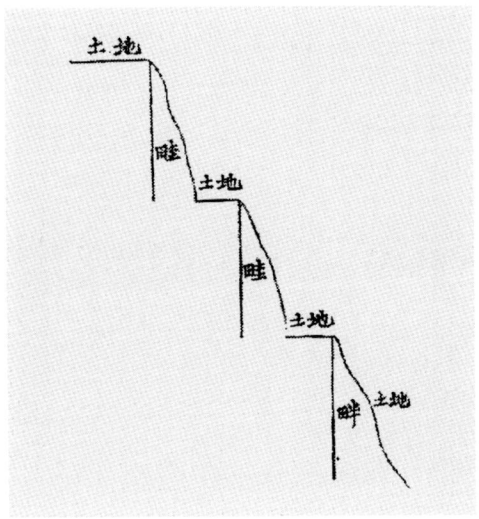 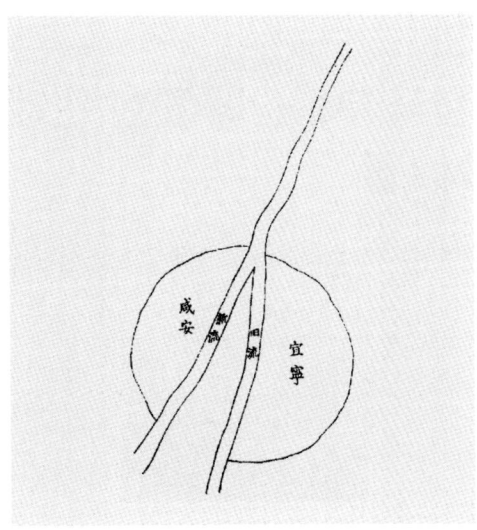

제8항

답 기지(基地), 기대(基垈), 가대(家垈)〈택지〉, 그리고 논, 밭, 화전〈아직 두렁을 정비하지 못한 곳으로 대부분 쑥과 보리 등을 재배한다〉, 노전, 염전 등이 있다. 산림, 원야에는 일정한 이름이 없다.

제9항

답 길이가 약 1미터 정도 되는 양척이라는 것이 있지만 아직 토지를 측량했다는 말을 들어 본 적은 없다.

제10항

〔조사를 생략한다〕

끝

3.
한국 부동산에 관한 관례
제1철

해제

소개

이 자료는 1906년 10월부터 부동산법조사회에서 충청남도 중 12개 군과 황해도 중 3개 군, 평안남도 중 1부 7군 1방 등 24개 지역을 대상으로 조사하여 기록한 책이다. 한국의 부동산 관례에 대한 조사는 우메 겐지로의 조사 원칙을 기본으로 하였고, 가와사키 만조(川崎萬藏) 보좌관보가 주도하였다. 각 부윤, 군수, 주사, 면장 및 서기 등의 응답이 있으면 모두 편철했다. 조사 기간은 1906년 10월에서 1907년 4월까지로 대개 1일 혹은 2일간의 짧은 기간 동안 면담조사가 이루어졌다. 표지를 포함하여 40면(활자본 76쪽)이며, 일본어 활자로 인쇄되어 간행되었다. 이 자료는 현재 일본 교토대학에 소장되어 있다.

주요 내용

1906년 부동산법조사회에서 충청남도, 황해도, 평안남도 등지 24개 지역의 토지제도 관행을 조사한 것이다. 이 조사에서 질문 및 응답은 통역 이방협(李邦協)과 유진혁(柳鎭爀)이 담당하였다. 자료의 구성은 먼저 개언(槪言)에 각 지방의 조사 일시, 응답자의 성명과 직위 등이 기록되어 있다. 다음으로 한국 부동산에 관한 10개 조항과 10개 세목의 질문이 수록되어 있으며, 충청남도 12개 군, 황해도 3개 군, 평안남도 1부 7개 군 1방의 조사 내용이 순서대로 수록되어 있다.

조사 사항은 우메 겐지로의 조사 원칙에 따라 작성된 『조사사항설명서』를 기본으로 하였으며, 해당 지방의 군수, 주사, 수서기, 면장 등 지방 관리들에게 질문하여 그들이 대답한 내용을 수록한 것이다. 그런데 각 지방별 답변서를 수록한 것이 아니라 부동산법조사회의 항목, 세목별로 다시 모아서 정리한 것이다. 따라서 각 지방별 사항은 비교적 간단하게만 언급되어 있는데, 이는 총 조사 기간이 1906년 10월에서 1907년 4월까지로 대개 1일 혹은

2일간의 짧은 기간 동안 면담조사가 이루어졌기 때문이었다. 따라서 황해도, 평안남도, 충청남도 등 각 군마다의 일반적인 추세는 알 수 있지만, 각 지방별 특징을 정확히 판별하기는 어렵다.

주요 내용은 토지소유권에 대해서 개벽 초기 이래 인민이 토지를 경작하고 소유권을 가졌다는 답변이 대다수를 차지하고 있다. 토지소유권의 매매 등은 문기에 의해 인증되며, 토지소유권의 획득과 관련하여 개간 경작의 사례를 소개하고 있으며, 토지소유권의 제한으로 광물 등 채광, 임야, 건물, 분묘 등의 이용을 거론하고 있다. 또한 토지소유권의 부담으로 결세를 거론하면서 각 지방별 부과 방식과 차이에 대해 소개하였다. 강계의 분쟁이나 공유지, 지상권의 여부, 토지임차권, 산림 입회권, 토지가옥의 저당권 등 토지소유제도에 관한 상세한 질문과 대답을 수록하고 있다. 그리고 나머지 토지의 종류와 구분, 이용에 관한 9개의 항목에 대해서도 각 지방별로 조사 사항에 대한 답변을 간단하게 수록하고 있다.

자료의 의의

이 책자는 1906년과 1907년에 걸쳐 부동산법조사회가 충청남도, 황해도, 평안남도 지역을 대상으로 부동산의 관행에 대한 상세한 조사 사항을 수록하여 편철한 문건이다. 당시 부동산법조사회의 조사 활동과 각 지역에서의 응답 내용을 구체적으로 파악할 수 있다. 다만 조사 항목별 분류에 국한하여 질문과 대답이 이루어졌기 때문에 각 지방의 전체 상황을 구체적으로 알 수 없는 한계를 가지고 있다.

자료 149 | 부동산법조사회, 1907. 4

한국 부동산에 관한 관례 제1철
韓國不動産ニ關スル慣例 第一綴

충청남도 중 12군, 황해도 중 3군, 평안남도 중 1부 7군 1방(坊)

개언

1. 이 책은 한국의 토지건물의 관례에 관하여 이루어진 회장 우메 박사의 기존 조사를 바탕으로 가와사키 보좌관보가 각 도의 도시와 시골[鄙]을 돌아다니며 조사한 기록이다. 각 부윤, 군수, 주사, 면장 및 서기 등의 응답을 그대로 편철했다.
2. 각 부와 군의 명칭, 응답자의 성명, 조사 날짜는 다음과 같다.

    직산군(稷山郡)   1907년(光武 11) 3월 6일
                  응답자 군수 곽찬(郭璨), 주사 이호성(李浩性)

    천안군(天安郡)   3월 11일, 12일
                  응답자 군수 김용래(金用來), 서기 맹원술(孟元述)

    온양군(溫陽郡)   3월 9일
                  응답자 군수 권중억(權重億)[1], 주사 정석호(鄭奭好)

    신창군(新昌郡)   3월 13일, 14일
                  응답자 군수 서병익(徐丙益)[2], 주사 이기경(李起鏡)

    예산군(禮山郡)   3월 19일

---

1 권중억(權重億)은 1904년 4월 25일에 정3품으로 온양군수에 임명받았으며 1907년 10월 14일에 의원 면관되었다(『승정원일기』 임면기사 참조).

2 서병익(徐丙益, 1879~?)은 탁지부 주사, 군부 검사관, 관찰부 주사, 혜릉참봉, 감조관, 온릉참봉을 거쳤다. 1906년 2월 문의군수를 역임하다가 이후 신창군수를 지냈고, 1908년 9월 군주사에서 면임되었다. 한호농공은행 감사를 역임했다(『승정원일기』 임면기사; 『조선신사대동보』, 659쪽).

　　　　　　　응답자 군수 이범소(李範紹)³

　　홍주군(洪州郡)　3월 22일

　　　　　　　응답자 주사 최학연(崔學淵)⁴, 수서기(首書記) 한영륜(韓永崙)

　　　　　〔군수 결임(缺任)〕

　　대흥군(大興郡)　3월 23일

　　　　　　　응답자 서기 이한영(李漢榮)

　　　　　〔군수 부재(不在)〕

　　청양군(靑陽郡)　3월 26일

　　　　　　　응답자 수서기 모(某), 북상면장(北上面長) 강성서(姜聖瑞), 남하면장(南下面長) 방한모(方漢模)

　　　　　〔군수 결임〕

　　정산군(定山郡)　3월 27일, 28일

　　　　　　　응답자 군수 이인용(李寅用)⁵, 주사 최원재(崔元在)

　　공주군(公州郡)　3월 31일

　　　　　　　응답자 군수 김갑순(金甲淳)⁶, 주사 이지현(李支鉉)

3　이범소(李範紹, 1867~?)는 1896년 5월 충청남도 관찰부 공주부 주사로 임명된 뒤 8월부터 충청남도 관찰부 주사를 지냈다. 1900년 9월 태안군수로 부임했고, 1901년 2월 연기군수, 1902년 3월 신령군수, 1903년 6월 맹산군수, 1905년 6월 예산군수로 전임해 강제병합 때까지 재직했다. 1910년 10월 예산군수로 유임되었고 1912년 한국병합기념장을 받았다. 1911년 3월부터 목천군수로 근무하다 1914년 2월 퇴직했다(민족문제연구소, 2009, 『친일인명사전』 2, 864쪽).

4　최학연(崔學淵)은 1906년 11월 6일 홍주군 주사로 임명되었으며, 1908년 5월 7일 면관되었다(『승정원일기』 임면기사 참조).

5　이인용(李寅用)은 1906년 3월 9일 정3품으로 있다가 정산군수로 임명받았으며, 1908년 2월 상주군수로 옮겼고, 1909년 윤2월 공립상주보통학교 교장을 겸임했다. 1910년 7월 안동군수로 옮겼다(『승정원일기』 임면기사 참조).

6　김갑순(金甲淳, 1872~1960)은 1900년 9월 충청북도 관찰부 주사로 관료생활을 시작하여 1901년 중추원 의관, 1902년 4월 부여군수가 되었고, 1906년 7월 19일에 공주군수 주임관 6등으로 임명되었다. 1906년 10월에는 지방관 관제 개정으로 주임관 3등이 되고, 이후 1908년 3월에 금화군수로 옮겼다. 공주를 중심으로 하여 황무지 개간, 시장 경영, 자동차 수송 경영 등으로 치부하였고, 일제하 도회의원, 중추원 참의, 조선신문사 사장 등을 역임하여 일제의 정책에 적극 협조하였다(『관원이력서』 41책, 876쪽; 『조선공로자명감』, 176쪽).

노성군(魯城郡)   4월 3일

  응답자 수서기 양주학(梁柱學), 면장 윤상익(尹相益), 서기 이춘우(李春雨)

  〔군수 부재〕

은진군(恩津郡)   4월 6일

  응답자 군수 이상만(李尙萬)[7]

〔이상 충청남도〕

금천군(金川郡)   1906년(光武 10) 10월 29일, 30일

  응답자 군수 유승동(柳昇東)[8], 수서기 정기중(鄭基重)

서흥군(瑞興郡)   11월 1일

  응답자 수서기 김성대(金聲大)

  〔군수 결임〕

황주군(黃州郡)   11월 4일

  응답자 서기 김병순(金秉順)

  〔군수 결임, 수서기 이하 위 김병순 이외 모두 부재〕

〔이상 황해도〕

중화군(中和郡)   1906년 11월 6일

  응답자 군수 신대균(申大均)[9], 수서기 강영걸(康永杰), 하도면(下道面)

  집강(執綱) 김종린(金鐘麟)

시족방(柴足坊) 〔원산(元山) 가도(街道)에 연접한 평양군의 한 촌락〕 11월 11일

  응답자 방(坊)의 장로 두세 명

---

[7] 이상만(李尙萬)은 1906년 4월 29일 은진군수로 임명되었고, 1907년 4월 19일 공립강경보통학교장으로 겸임 발령 받았다(『승정원일기』 임면기사 참조).

[8] 유승동(柳昇東)은 1904년 12월 육군참령에서 풍천군수로 임명되었고, 1905년 5월 금천군수로 옮겼다가 1908년 10월 면관되었다(『승정원일기』 임면기사 참조).

[9] 신대균(申大均)은 1904년 3월 평양 개시장 감리로서 장례원 장례를 겸임하였고, 1905년 9월 평양감리에서 중화군수로 임명되었다. 1906년 12월까지 중화군수로 일했다(『승정원일기』 임면기사 참조).

강동군(江東郡)　11월 12일, 14일
　　　　응답자 군수 오영탁(吳瀯鐸)[10], 서기 최의종(崔義鐘)

성천군(成川郡)　11월 16일
　　　　응답자 경유사(卿有司) 김두현(金斗鉉), 이방(吏房) 박종근(朴宗根)
　　　　〔군수 부재〕

은산군(殷山郡)　11월 19일
　　　　응답자 군수 장덕근(張悳根)[11], 주사 김규석(金圭錫), 면장 임진옥(林鎭玉), 수서기 김윤제(金允濟), 향교장(鄕校長) 김관호(金寬鎬)

자산군(慈山郡)　11월 21일
　　　　응답자 군수 홍순구(洪淳九)[12], 원 경장(元卿長) 김양직(金養稙), 면장 임세환(林世煥), 수서기 김래운(金來雲)

강서군(江西郡)　11월 27일
　　　　응답자 군수 이종영(李宗榮), 원 경장 김기섭(金基燮)

용강군(龍岡郡)　11월 28일
　　　　응답자 군수 윤기원(尹起元)[13], 원 경장 모, 수서기 김연식(金淵植)

삼화부(三和府)　11월 29일
　　　　응답자 부윤 변정상(卞鼎相)[14], 서기 임종환(林宗煥)

〔이상 평안남도〕

조사의 질문과 응답은 통역 이방협(李邦協)[15], 유진혁(柳鎭爀)이 통역했다.

---

[10] 오영탁(吳瀯鐸)은 1906년 7월 강동군수로 임명되었으며, 1907년 1월까지 봉직했다(『승정원일기』 임면기사 참조).

[11] 장덕근(張悳根)은 1902년 5월 예안군수로 있다가 은산군수로 옮겼다가 1907년 9월 물러났다(『승정원일기』 임면기사 참조).

[12] 홍순구(洪淳九)는 1904년 10월 규장각 직학사에서 물러났고 1905년 9월 자산군수가 되었다가 1907년 9월 물러났다(『승정원일기』 임면기사 참조).

[13] 윤기원(尹起元)은 1905년 12월 용강군수로 임명되었으며 1907년 1월 서경역비 조사위원으로 임명되었고 그해 10월 용강군수에서 물러났다(『승정원일기』 임면기사 참조).

[14] 변정상(卞鼎相)은 1902년 경흥전 감리에서 경흥항 재판소 판사 겸임을 면했으며, 1906년 3월 삼화감리로 임명되었고 1907년 1월 서경역비 조사위원으로 일하였고, 1908년 3월 삼화감리에서 물러나 중추원 부찬의가 되었다(『승정원일기』 임면기사 참조).

[15] 이방협(李邦協, 1880~?)은 사숙에서 수학한 후 1891년 2월 경성일본소학교에서 수학하고 1894년 9월 도쿄 아오야

3. 각 부윤, 군수의 응답을 조사 항목 아래에 나열하고 그 취지가 동일한 것은 하나로 묶었다.

   조사 항목 본문은 일괄하여 서두에 기재했다.

4. 〈 〉 안의 문장은 응답자가 추가한 주해, 〔 〕 안의 문장은 가와사키 보좌관보가 추가한 주를 나타낸다.[16]

1907년 4월

의정부 부동산법조사회

조사 사항

1. 토지에 관한 권리의 종류, 명칭 및 그 내용

   세목

   (1) 인민의 토지소유권을 인정하는가? 만약 인정한다면 그 시기는 언제부터인가?

   (2) 토지소유권의 제한 및 부담

   (3) 국가는 어떤 조건 아래 인민의 토지소유권을 징수할 수 있는가?

   (4) 소유권은 토지의 상하와 관련되는가?

   (5) 토지의 경계와 쌍방 소유자 권리의 한계

   (6) 공유지의 처분 및 관리에 관한 관습

   (7) 차지권의 종류, 명칭 및 그 내용. 특히 건물 소유자의 권리

   (8) 지역권이 있는가? 만약 있다면 그 종류 및 효력

   (9) 입회권이 있는가? 만약 있다면 그 종류 및 효력

마고등심상소학교에 입학하여 1896년 4월 졸업했다. 1897년 1월 도쿄 세이죠중학교에 입학하여 1899년 4월 졸업했다. 1900년 9월 도쿄 메이지법률학교에 입학해 1903년 7월 졸업했는데, 재학 중 1903년 1월에 근위사단사령부부(附)로 러일전쟁에 종군해 통역 일을 맡았다. 1907년 9월 주전원 경무관을 거쳐 1908년 1월 경시청 총감관방 황궁경찰계 경시에 임명되었다. 1908년 9월 경기관찰도 경찰부 경시 등을 역임했다. 강제병합 이후 1923년 평안북도 내무부 권업과 이사관을 맡았고, 1925년에 산업과장으로 재임 중 1928년 쇼와천황 즉위기념 대례기념장을 받았다. 1930년 2월 평안북도 강계군수로 부임해 재직하다 1931년 6월 퇴직했다(민족문제연구소, 2009, 『친일인명사전』 2, 861–862쪽).

16 본문에서 이에 해당하는 부분은 글씨를 연하게 하여 구분하였다.

(10) 질권, 저당권의 설정조건 및 효력

2. 관민유 구분의 증거

3. 국유와 제실유의 구별 여하

4. 토지대장 또는 이와 유사한 것이 있는가? 만약 있다면 그 장부에는 어떤 사항이 기재되어 있는가?

5. 토지에 관한 권리의 양도는 완전히 자유로운가? 또 그 조건과 절차는 어떠한가?

6. 지권과 가권이 있다고 들었다. 이는 모든 토지와 건물에 존재하는가? 또 그 연혁 및 기재 사항은 어떠한가?

7. 토지의 경계는 항상 명확한가? 만일 명확하지 않은 곳이 있다면 동일한 토지에 대해 두 명 이상이 동일한 권리를 주장하는 경우가 적지 않을 것이다. 이러한 경우에는 무엇을 표준으로 정당한 권리자를 정하는가?

8. 토지의 종목은 어떻게 이를 나누는가? 일본은 논, 밭, 택지, 산림, 원야 등

9. 토지 장량(丈量)의 방법은 어떠한가?

10. 이상의 각 항목에 대해 시가지와 기타의 상이한 점이 있다면 그 차이. 기타 지방에 따라 관습이 다른 점이 있다면 그 구분

충청남도 중 12군

제1항

세목 1

(토지 소유의 기원)[17] 개벽 당초부터 인민이 토지를 경작하고 소유해 왔다고 생각된다. 천자 즉위 이전에 이미 인민이 토지를 소유한다는 관념이 있었다〔직산〕. 인민의 토지 소유가 인정된 것은 태조고왕(太祖高王) 시대부터다〔천안, 온양, 예산, 홍주, 정산, 공주, 은진〕.

인민이 토지를 언제부터 소유했는지는 알 수 없다〔신창, 대흥, 청양, 노성〕.

17　이 자료에서 이와 같은 부분은 이해를 돕기 위해 상단에 주제어를 넣은 부분을 별도로 표시한 것이다.

인민의 토지 소유는 매매문기를 통해 인정된다〔공주, 은진〕.

조상이 원야, 초장(草場) 등을 개간하여 경작하다가 그 자손이 빈곤 등을 이유로 정부에 이를 판매한 것이 최초의 관유지(官有地)가 되었다. 원래 토지는 모두 인민이 소유하는 것이었다〔직산〕.

기자 개국 당시에는 정전법이 시행되었는데 대한(大韓), 즉 고려시대〈기자 이후 박, 석, 김, 왕이라는 4성의 천자가 있었다. 이 시대를 고려라고 말한다〉에 폐지되었다〔직산〕.

정전법을 시행할 때도 인민이 취득하는 부분은 각자 매매가 가능했으므로 소유권이 있었다고 볼 수 있다〔직산〕.

(진지(陳地) 기경(起耕)) 타인의 진지〈진지는 황폐해진 경지를 말하는데, 다시 경작을 시작하면 그해부터 실수익이 발생한다고 본다〉를 경작하는 사람은 3년간은 수확의 전부를 가져가고 4년째에는 토지를 반환한다〔정산을 제외한 모든 지역〕.

타인의 진지를 경작하는 사람은 3년간은 수확의 전부를 취득하고 4년째부터는 수확의 일부를 소유자에게 분납한다〔정산〕.

진지는 관으로부터 입안 허가를 받아서 소지해야 하며, 타인이 함부로 이를 경작해서는 안 된다〔은진〕.

포락지(浦落地)[18]를 경작하고자 하는 사람은 원래 경작하던 사람으로부터 이를 구입해야 한다〔천안〕.

(시효) 시효에 의한 토지 취득의 사례는 없다〔모든 지역〕.

(첨부) 홍수로 인해 한곳의 토지에 옥토가 첨부되면 반드시 다른 토지에 일부 결여된 부분이 생긴다〈피락시생(彼落是生)이라고 부른다〉. 따라서 첨부지(添附地)는 결여가 생긴 토지의 소유자에게 돌려주어야 한다〔직산〕.

홍수로 인해 첨부된 옥토는 누구든지 경작할 수 있다. 다만 피락시생의 경우는 낙지(落

---

[18] 토지가 바닷물이나 하천의 범람으로 유실되어 흔적이 없거나 혹은 물에 침식되어 떨어져 바다나 하천에 잠긴 토지. 조선 시기에는 천반포락(川反浦落), 성천포락(成川浦落)이라고 했다. 조선에는 하천에 연한 토지가 홍수 때문에 포락하여 니생지를 이루었을 경우, 포락한 토지의 면적에 상응하는 니생지는 포락지 소유자의 소유에 속하는 관습이 존재하였다. 그러나 1914년 4월 일제는 〈조선하천령〉의 전신인 〈차천취체규칙〉을 발포하여 종전의 관습을 더 이상 인정하지 않았다(『한국토지용어사전』, 2016, 해안, 1026쪽).

地)의 소유자가 생지(生地)를 취득한다〔천안, 온양, 청양, 정산〕.

첨부지는 피첨부지의 소유자가 취득한다〔노성, 은진〕.

토지 첨부의 사례를 알지 못한다〔신창〕.

세목 2

갑(甲). 토지소유권의 제한

(채광(採鑛) 허가) 광물은 자기 소유지에서 산출되더라도 자유롭게 채굴할 수 없다. 예전부터 그러했다〔청양 이외 모든 지역〕.

예전에는 모든 광물을 채굴하지 못했다. 12년 전부터 채굴이 시작되었는데 그 대부분은 북방 토민이 약탈적으로 벌인 일이다〔청양〕.

(채광 승역지(承役地)) 예전에는 타인이 광물을 채굴하기 위해 자기 토지를 사용하는 것을 꺼렸고, 특히 전답, 묘지에서 50보 이내는 그 사용을 완강히 거절했다. 정부도 이를 보호해 주었다〔직산〕.

예전에는 광물을 캐기 위해 전답을 파헤치는 행위를 금지했다〔온양〕.

옛 장정(章程)에서 채광을 위해 타인의 경지를 사용하는 것을 금지하고 있다〔온양〕.

채광을 위한 토지의 사용을 거절할 수 없다. 이러한 경우에는 물론 보상금이 지급된다〔천안, 신창〕.

채광을 위한 토지의 사용이라도 거절할 수 있다〔예산〕.

예전에는 광물에 대한 관념이 매우 희박했다〔은진〕.

(벌목의 제한) 산림의 벌목은 자유롭다〔모든 지역〕.

군내 민유(民有) 산림이 매우 적어서 내가 벌목을 금지했다. 그리고 평소에 배목(培木)을 장려한다〔직산〕.

군내 남면 촌락의 촌민들은 송설(松楔)이라는 것을 합의하여 군수에게 청원하기도 한다. 이를 통해 산림 소유주의 벌목을 금지시켜서 연료 보존을 꾀한다〔천안〕.

상고의 국법으로 우(牛), 주(酒), 송(松) 세 가지를 엄격히 금지했다. 송금(松禁)은 어린나무의 벌목을 금지하는 것이다〔온양〕.

조선[19] 이전에는 산림의 벌목을 금지했다〔정산〕.

(건물에 대한 토지의 수역(受役)) 건물과 관련되는 경우 경작지에서도 타인의 사용을 허용해야 한다〔직산, 천안, 온양, 신창, 대흥, 청양, 정산, 공주, 노성, 은진〕.

건물과 관련되더라도 타인이 자기의 토지를 사용하는 것을 거절할 수 있다〔예산, 홍주〕.

분묘와 가까운 장소, 자신의 집이 보이는 장소 등은 건물과 관련되더라도 타인의 사용을 거절할 수 있다〔정산〕.

(변소 등의 위치) 변소의 위치는 옆집에 얼마나 힘 있는 사람이 사는가에 따라 다양하게 변한다〔직산〕.

옆집 부엌과 인접한 곳에 변소를 만들어서는 안 된다〔천안, 온양, 예산, 대흥, 청양, 정산, 공주, 은진〕.

변소의 위치는 정해져 있지 않다〔홍주〕.

변소를 만들 때는 그 위치에 관해 주변 이웃과 협의하는 것이 일반적이다〔대흥〕.

(사실) 실제로 옆집 부엌 근처에 만들어진 변소는 없다〔모든 지역〕.

을(乙). 토지소유권의 부담

(가) 조세

(세액) 경지세(耕地稅)는 1결당 1년에 80냥을 납부한다〔모든 지역〕.

14년 전부터 산군(山郡)은 2원 50전, 해군(海郡) 3원으로 개정되었다〔예산〕.

(칭호) 경지세는 결세(結稅) 또는 결전(結錢)으로 부른다〔모든 지역〕.

예전에는 세미(稅米)로 불렀다〔은진〕.

(경지 등급) 경지의 등급은 국초에는 5개 등급으로 나누었다가, 세종⟨이조 초기⟩ 때부터 6개 등급으로 정했다〔직산〕.

등급은 원래 6등으로 나누어진다〔천안 이외 모든 지역〕.

군내의 토양이 좋지 않아서 3등 이하 경지만 있다〔직산〕.

---

[19] 원문에는 '이조(李朝)'라고 쓰여있다.

군내에 1등지가 없다〔천안, 정산〕.

군내에 좋은 밭이 없다〔온양〕.

군내에 2, 3등지만 있다〔신창〕.

군내 경지에 등급이 없다〔예산, 은진〕.

군내에 2, 4, 5등지만 있다〔청양〕.

경지 매매의 평정(評定)에는 1등부터 6등까지 있다〔공주〕.

6등지 1결의 면적은 3등지의 2배다〔직산〕.

경지는 등급에 따라 면적의 크기가 달라지지만 수확량의 차이는 없고, 쌀, 보리, 조, 콩 등의 종류에 따른 세액의 차이도 없다〔모든 지역〕.

(결과 두락의 비교) 결과 두락의 차이는 분명하게 정해진 바가 없다. 3등지 1결이 2석 5두락, 6등지 1결이 4석락 정도 될 것이다〔직산〕.

1결은 30두락에 해당한다〔대흥, 정산〕.

1결은 상전(上田) 20두락에 해당한다〔공주〕.

1결은 통상 1석락에 해당한다〔은진〕.

8두락은 1일경(日耕)에 해당한다〔직산〕.

(두락과 일경) 논은 두락으로 칭하고 밭은 일경으로 칭한다〔직산〕.

충청남도는 모두 두락으로 칭한다〔온양〕.

(수확량) 수확은 군내 최상지〈3등〉가 1두락당 미맥(米麥) 모두 1석 반〈30두〉 정도다〔직산〕.

2등지 1두락당 벼 2석을 수확한다〔천안〕.

벼 1석〈20두〉은 시두(市斗)〈소형 1두승(斗枡)〉로 측량하여 쌀 6두 5승(升), 도지두(賭地斗)〈대형 1두승〉로 측량하여 8두승이 된다〔천안〕.

보리는 2등지 1두락당 벼 1석이 된다〔천안〕.

인분을 사용하면 보리의 수확이 늘어난다〔천안〕.

중답(中畓) 1두락당 쌀 30두, 하답(下畓) 1두락당 쌀 20두, 중전(中田) 1두락당 보리 15두, 하전(下田) 1두락당 보리 10두 이하를 수확한다〔온양〕.

상지(上地) 1두락당 20두, 2등지 15두, 3등지 10두를 수확한다〔신창〕.

상답(上畓) 1두락당 벼 23석, 하답 10두 이내의 수확량을 생산한다〔예산〕.

상지 1결당 30석, 중지(中地) 20석에서 25석까지의 수확량을 생산한다〔청양〕.

2등지 1두락당 평균 30두 정도를 수확한다〔정산〕.

상지 1두락당 3석을 수확한다〔공주〕.

일반적으로 1두락당 2석 이내를 수확한다〔은진〕.

(면세 기간) 황무지를 개간하면 만 3년이 지난 뒤에 조세를 납부한다〔모든 지역〕.

경지가 황폐[陳化]해지거나 포락(浦落)한 것을 다시 경작하면 만 2년이 지난 뒤에 조세를 납부한다〔직산〕.

진지나 포락지를 경작하면 일반적인 황무지와 마찬가지로 만 3년이 지난 뒤에 조세를 납부한다〔천안, 예산〕.

진지를 다시 개간하면 그해부터 조세를 납부한다〔은진〕.

(면세지) 작년 홍수 때 포락한 토지 가운데 아직 세금을 면제받지 못한 곳이 있다〔직산〕.

힘없는 일반 인민은 진지나 포락지에서 세금을 면제받지 못하는 경우가 많다〔천안〕.

종전의 포락지 중에서 세금을 면제받지 못한 곳이 있다. 특히 작년 홍수로 포락한 토지는 한 군데도 면제를 받지 못했다〔온양〕.

경지가 진지로 변할 경우, 그 진지가 한곳에 모여 있으면 통상의 세액을 납부하고 여러 군데에 산재하면 감액을 받는다〔온양〕.

예전에는 완전히 포락한 경지는 세금을 전혀 내지 않았고, 일부 포락한 곳은 세금을 감면받았다〔신창〕.

경지가 진지로 변하면 세금을 면제한다〔예산〕.

군내 진지 가운데 아직도 세금을 면제받지 못한 곳이 60~70결가량 된다〔정산〕.

군내 진지 가운데 세금을 면제받지 못한 곳이 있다〔은진〕.

미개간지는 납세하지 않는다〔모든 지역〕.

경지에는 원래 조세가 부과되지 않는 곳이 없다〔신창〕.

경지면서 처음부터 세금이 부과되지 않는 곳이 있을지 모른다. 아직 심사하지 않았다〔예산〕.

(납세 방법) 세무주사 이전에는 면장이 세금을 일괄하여 군에 납부했다〔직산〕.

세무주사 이전에는 각자 개별적으로 세금을 군에 납부했다〔천안〕.

옛날에는 쌀로 납세했고, 아산(牙山) 공세지(貢稅地)에 7개의 세창(稅倉)이 있었다〔온양〕.

(태납) 납세를 한 번 연체하는 사람이 있지만 결국 태납하는 사람은 없다〔모든 지역〕.

(가옥세) 가옥세는 1년에 30전을 봄과 가을 2기에 납부한다. 호포전(戶布錢)이라고 부른다〔모든 지역〕.

(나) 부역

(도로 수선) 전두(田頭)나 집 앞의 도로는 그 밭이나 집의 소유자가 수선할 의무가 있다〔모든 지역〕.

길이 울퉁불퉁하여 경지보다 높을 때는 수선해야 한다〔정산〕.

세목 3

(토지 징수 사례) 예전에는 군아(郡衙) 건축 등을 위해 인민의 토지를 징수하고 시가로 보상했으나, 지난해 경부철도 부설을 위해 징수한 군내 민유지 3리에 대해서는 아직 아무런 보상이 이루어지지 않고 있다〔직산〕.

경부철도를 부설하면서 정부와 인민은 아무런 계약을 맺지 않았다. 땅을 파내는 것에 관해서는 1평 정도를 보상해 주었지만 부지의 징수에 관해서는 보상이 이루어지지 않았다〔천안〕.

토지 징수 사례를 들어본 적 없다. 만약 토지를 징수한다면 시가로 보상해야 할 것이다〔온양, 노성, 은진〕.

토지 징수가 이루어진 바 있다. 시가로 보상했다〔신창, 정산, 공주〕.

인민은 정부가 알아서 챙겨주는 대가를 군말 없이 받는다〔예산〕.

군내에서 토지를 징수한 사례가 없다〔청양〕.

세목 4

(지붕의 돌출) 군내의 집들은 각각 그 사이에 빈 땅을 두고 있어서 지붕이 옆집으로 돌출할 일이 없다〔직산, 청양, 노성〕.

옆집 지붕이 튀어나와도 별다른 피해가 없으면 이의를 제기하지 않는다〔온양, 홍주, 대흥, 정산〕.

지붕이 튀어나온 부분에 상응하는 도지(睹地)〈지대(地代)〉를 취한다〔신창〕.

지붕의 돌출에 이의를 제기한다〔예산, 공주, 은진〕.

(새끼줄을 치는 것) 땅 위에 새끼줄을 둘러놓아도 별다른 피해가 없으면 이의를 제기하지 않는다〔직산, 홍주, 노성〕.

땅 위에 새끼줄을 쳐서는 안 된다〔신창, 예산, 청양, 정산, 공주, 은진〕.

(지하에 구멍을 파는 것) 아무리 깊은 지하라도 구멍을 파서는 안 된다〔직산, 온양, 예산, 청양〕.

지하에 구멍을 파도 별다른 피해가 없으면 이의를 제기하지 않는다〔신창, 홍주〕.

(누룩 구덩이) 누룩을 만들 구덩이 등을 팔 때 이웃한 땅을 침범해서는 안 된다〔정산, 공주, 노성, 은진〕.

세목 5

(건물을 위해 이웃한 땅을 일시적으로 사용하는 일) (가) 경계선에 접하여 집을 짓는 경우에는 승낙을 받지 못하면 잠시라도 이웃한 땅을 사용할 수 없다. 어쩔 수 없는 경우에는 거리를 많이 두고 짓는 것 이외에 방법이 없다〔직산, 정산, 공주, 은진〕.

상당한 대가를 지급하고 사용해야 한다〔천안〕.

경지 등이 없다면 일시적으로 사용해도 된다〔온양〕.

일시적인 사용은 자유롭다〔신창, 예산, 홍주, 대흥, 청양〕.

사용을 위해서는 구입이 필요하다. 지주는 매도의 의무가 있다〔노성〕.

(위요지(圍繞地)의 통행) (나) 대지(袋地)에 전답을 소유한 자가 밭두렁 등 빈 땅을 지나다녀도 이의가 제기되는 일은 없다〔직산, 온양〕.

통로로 필요한 토지에 대해서는 보상금을 지급해야 지나다닐 수 있다〔천안〕.

위요지를 자유롭게 통행할 수 있다〔신창, 예산, 청양, 정산, 공주, 은진〕.

따로 길을 만들 때는 보상금을 지급할 필요가 있다〔공주〕.

옛날 사람들은 서로 밭의 경계를 양보했다〔온양〕.

(물의 자연스러운 흘러내림) (다) 이웃한 땅에서 물이 자연스럽게 흘러내리는 것을 막지 않는다〔직산, 신창, 청양, 은진〕.

쌍방이 함께 물이 지나다니는 길을 만들 필요가 있다〔천안, 온양, 예산, 공주〕.

높은 곳에 피해가 생기는 경우에는 막을 수 없다〔온양〕.

(경계선의 담장) (라) 경계선의 담장은 한쪽 사람이 이를 만들고 다른 쪽 사람에게 비용을 분담시킬 수 있다〔직산, 신창, 홍주, 청양, 공주〕.

한쪽 사람이 자유롭게 만들 수 있다. 다만 담장 위에 우복(雨覆)을 씌우는 경우에는 양쪽의 재력이 동등하다면 함께 설치하는 것이 일반적이다. 한쪽 사람이 심은 오이 따위가 우복 위에 자라면 양쪽이 함께 먹을 수 있다〔온양〕.

기거하는 방과 면한 곳에서는 한쪽에만 세우는 경우가 많다〔천안〕.

쌍방이 함께 세운다〔온양〕.

한쪽 사람이 자유롭게 세울 수 있지만 비용을 분담시키지는 못한다〔대흥, 정산, 노성〕.

담장을 세운 사람은 그 아래 경계선을 소유하게 된다〔은진〕.

(관개용 도랑) 관개용 도랑이 좁은 곳의 전답을 서로 소유한 사람들은 그 준설 및 수선을 공동으로 행할 의무가 있다〔모든 지역〕.

(건물과 경계선의 거리) (마) 서로 붙어있는 곳에 집을 짓는 경우 먼저 짓는 사람은 경계선에 밀착하여 지을 수 있다. 나중에 짓는 사람은 어쩔 수 없이 거리를 둘 수밖에 없다〔직산, 신창, 예산, 대흥, 청양, 공주〕.

상당한 거리를 둘 필요가 있다〔천안, 온양, 홍주, 정산, 노성, 은진〕.

(옆집이 보이는 창) (사) 나중에 짓는 집은 옆집을 볼 수 있는 창을 낼 수 없다〔직산〕.

자기 집이 보이게 되는 사람이 집을 나중에 지었더라도 그 창을 막을 수 있다〔천안, 홍주, 청양, 정산, 공주, 노성〕.

창문을 낼 수 없다〔온양, 신창, 예산〕.

(경계선과 구멍의 거리) (아) 경계선에는 우물, 구멍 등을 팔 수 없다〔직산, 온양, 예산, 정산〕.

우물, 구멍 등을 파도 방해하지 못한다〔신창, 청양, 공주〕.

(옆집 수목의 가지와 뿌리) (자) 옆집 수목의 가지가 삐져나오거나 뿌리가 뻗치는 피해가 있으면 이를 자르거나 옆집 사람에게 직접 자르게 한다〔직산, 온양, 신창, 예산, 홍주, 청양, 공주, 은진〕.

노목은 자르지 못하지만 아직 어린 나무는 자르게 할 수 있다〔대흥〕.

가지나 뿌리를 자를 수 없다〔정산〕.

세목 6

(일반공유지)　일반적인 공유지는 없다〔모든 지역. 다만 공주에는 공유지가 있지만 관에 고하지 않아서 알 방법이 없다고 한다〕.

(촌유(村有))　촌유지가 있으며 사람을 골라 관리를 맡긴다〔직산, 신창, 예산, 대흥, 공주〕.

(송설(松楔))　〔세목 1을 참조〕 산림은 공유와 약간 비슷하다〔천안〕.

촌유지는 없다〔온양, 청양, 정산, 노성〕.

다른 마을로 떠나는 사람은 촌유의 지분을 친구에게 넘기며, 새로 마을로 온 사람은 촌유에 참가하지 못한다〔직산, 예산〕.

새로 온 사람은 그에 상응하는 돈을 내면 촌유에 참가할 수 있다〔신창, 공주〕.

(족유(族有))　묘지는 일족이 공유하는 형태를 띤다. 종손이라도 독단으로 처분하지 못한다〔직산〕.

세목 7

갑. 지상권(地上權)

(차지의 기한)　건물을 위한 차지에는 기한이 없다〔모든 지역〕.

(건물 주변 토지)　건물 주변의 필요한 토지는 상당한 도지를 지불하면 강제적으로 사용할 수 있다〔직산, 천안, 온양, 공주, 은진〕.

최근에는 강제적으로 사용하지 못한다〔예산〕.

(차지의 계속)　차지인의 집이 무너지고 지주에게 집을 지을 의향이 있는 경우라도 차지인의 차지는 계속된다. 차지인은 억지로라도 집을 지을 수 있다〔직산, 천안, 온양, 공주〕.

(건물과 부지의 주종 관계)　건물과 그 부지의 소유주가 같을 경우 건물을 넘겨받으면 부지도 반드시 함께 건너온다〔직산〕.

건물의 부지가 반드시 그 건물에 속하지는 않는다〔천안, 온양, 예산, 홍주, 대흥, 청양, 공주, 노성, 은진〕.

(동족 간 차지)　주종(主從) 혹은 동족 사이에서는 토지의 무임영대(無賃永代)가 이루어지기도 한다〔직산〕.

(차지료)　무료로 땅을 빌린 사람은 없다〔온양, 천안〕.

(나무를 키우기 위한 차지)　나무를 키우기 위해 땅을 빌리는 일은 없다〔신창을 제외한 모든 지역〕.

밤나무를 키우기 위해 땅을 빌리는 사람이 있다. 나무가 있는 동안은 토지를 반환하지 않아도 되지만, 나무 키우기를 그만두고 경작을 행할 수는 없다〔신창〕.

을. 토지임차권

(소작 기한)　경작에 기한을 두지 않는다〔모든 지역〕.

(병작(竝作)과 도지)　지주와 작인(作人)의 약정에는 병작〈평작(平作), 분작(分作), 타작(打作)이라고도 한다〉과 도지〈정도(定賭), 복정(卜定), 도자(賭子)라고도 한다〉의 두 종류가 있다. 병작의 경우에는 수확을 절반으로 나누며 조세와 종자를 지주가, 비료를 작인이 부담한다. 도지는 작인이 미리 정한 일정한 수확의 비율을 지주에게 내는 대신 조세, 종자, 비료 등 모든 것을 부담한다〔모든 지역〕.

병작의 경우 모든 짚을 작인이 가지고 종자를 공급하기도 한다〔직산, 온양, 신창〕.

도지에서는 1두락당 1석을 지주가 가져간다〔천안〕.

도지의 경우 흉작이 들면 지주의 소득을 줄이기도 한다〔천안, 온양〕.

(목축을 위한 차지)　목축을 위해 땅을 빌리는 경우는 없다〔모든 지역〕.

세목 8

(관망권(觀望權))　〔남의 집을 보는 것은 모든 지역에서 인정하지 않았다〕

(급수권(汲水權))　타인의 우물에서 물을 긷는 일은 매우 자유롭게 이루어진다〔모든 지역〕.

남자가 급수를 이유로 남의 집에 들어가서는 안 된다〔직산, 노성〕.

(통행권)　가까운 길로 가기 위해 타인의 토지를 지나다녀도 괜찮다〔직산, 천안, 온양, 신창, 예산, 홍주, 대흥, 청양, 정산, 노성〕.

자유롭게 통행할 수 없다〔공주〕.

계속 지나다녀서는 안 된다〔은진〕.

세목 9

(관민유(官民有) 산림의 입회·무주공산의 입회·초장의 입회·세민(細民)의 연료)

산림의 입회를 금지한다. 연료가 부족하기 때문이다.

관은 군아의 뒤편에 있는 산만 소유할 수 있다. 여기서 나오는 낙엽 등을 주워서 군아의 연료로 쓴다.

빈민은 마른 나뭇가지나 낙엽을 주워 산의 주인과 분배한 뒤 병작에 사용한다〔이상 직산〕.

관민유 산림에 입회하여 마른 나뭇가지나 낙엽 등을 주울 수 있다. 다만 다소 문제가 발생한다.

초장은 하지(夏至) 이전에는 소와 말이 뜯어먹도록 놔두지만 그 뒤로는 입회하여 벌초할 수 없다. 하지 이전에는 풀이 짧아서 연료로 사용해도 피해를 입는 일이 적기 때문이다〔이상 천안〕.

관민유 산림에 입회하여 마른 나뭇가지나 낙엽을 줍고 풀을 뽑아갈 수 있다. 그러나 초장의 풀은 베어갈 수 없다. 초장의 주된 목적은 풀을 키우는 것이기 때문이다〔온양, 공주〕.

관유건 민유건 산림에 입회하여 연료를 채취할 수 없다. 빈민도 연료를 직접 사야만 한다〔신창〕.

관민유의 산림에 입회하여 풀을 벨 수는 있지만 마른 나뭇가지를 줍는 일은 금지한다. 초장에서는 풀을 벨 수 없다〔예산, 대흥, 청양〕.

민유의 산림에는 입회할 수 없다〔홍주〕.

주인 없는 산이 있는데 입회를 금지하는 사람이 없다〔정산〕.

산림의 낙엽을 긁어모을 수는 있지만 풀을 베어서는 안 된다〔노성〕.

읍내〈군아가 있는 곳〉 부근은 입회를 금지하지만 깊은 산에서는 입회한다〔은진〕.

(돌을 잘라가거나 흙을 파서 채집하는 일) 관민유의 산에서 돌을 잘라가거나 흙을 파서 채집하는 일은 어느 정도까지는 자유롭다〔직산, 천안, 신창, 홍주, 대흥, 청양, 정산, 공주, 노성〕.

묘지 가까운 곳에서 토석을 채집해서는 안 된다〔천안, 온양, 신창〕.

돌은 채집할 수 있지만 흙을 채집해서는 안 된다〔예산〕.

토석을 채집해서는 안 된다〔은진〕.

세목 10

(토지의 저당 및 질(質)) 전답을 수당(手當)(일본의 저당(抵當))하거나 경지를 점유(일본의 질(質))하여 돈을 빌려주는데, 전자에게는 이자를 받고 후자에게는 수확을 받는다. 두 경우를 모두 전당이라고 부른다(직산, 정산, 은진).

전자의 경우는 있지만 후자의 경우는 없다(천안, 온양, 신창, 예산, 홍주, 대흥, 청양, 공주, 노성).

후자의 경우는 가끔 있다(정산).

(대부(貸付) 금액) 대부 금액은 물건 가액(價額)의 절반으로 정한다(직산, 천안, 온양, 신창, 예산, 홍주, 대흥, 청양, 공주).

물건 가액의 6~7할 정도로 정한다(정산, 노성, 은진).

(이자) 이자는 월 3부다(직산).

월 5부, 1시(市)(5일마다 장을 연다) 당 2부다(천안, 온양, 신창, 예산, 홍주, 대흥, 청양, 정산, 노성, 은진).

월 1부 8리, 1시 당 1부에서 2부까지다(공주).

(기한) 전당에는 보통 기한이 없다(직산, 신창, 예산, 정산, 공주, 은진).

기한은 보통 금액이 많은 경우에는 1개월, 적은 경우에는 보름으로 정한다(천안).

기한은 대개 1~2개월이다(온양).

(초과액 및 부족액) 물건의 가액채권 금액과 이자를 합한 것이 초과해도 돌려주지 않고, 부족해도 더 받지 않는다(직산, 예산).

초과액은 돌려주고 부족액은 더 받는다(천안).

초과액은 돌려주지만 부족액은 더 받지 않는다(온양, 신창, 홍주, 대흥, 청양, 정산, 공주, 은진).

(가액 결정 방법) 전물(典物)을 매각할 때 가액을 정하는 방법 등은 지주의 자유에 맡겨진다(직산).

전물 가액에 대해 쌍방이 합의를 보지 못할 때는 증인의 의견에 따라 정한다. 가끔 이를 널리 알리고 여러 사람을 모아 평가하게 하는 경우도 있다(천안).

(유질(流質) 후의 증문(證文)) 전물이 유질되면 다시 인도(引渡)의 증문을 교부한다(직산).

(최후의 대상(代償)) 돈을 빌린 사람이 자금력이 없는 경우에는 친족이 대상하는 것이 일반적이다. 친족이 대신 갚지 않으면 마을 사람들이 합의하여 갚아주기도 한다(신창).

친족이 대신 갚아주는 일은 없다(청양).

(증문) 전당에는 새 문기를 작성하고 옛 문기를 넘겨준다〔모든 지역〕.

제2항

(문기의 유무) 민유 전답에는 반드시 문기가 있다. 관유 전답에는 문기가 있는 것과 없는 것이 있다〔직산, 온양, 홍주, 대흥, 청양〕.

(전이(轉移)의 급완(急緩)) 민유지는 가끔 매매가 이루어지지만, 관유지〈역전, 둔토〉는 이동되지 않는 것이 일반적이다〔온양, 은진〕.

(문기의 기재) 전래되는 문기에 의해 관유지와 민유지를 구분할 수 있다. 문기는 관유지에도 민유지에도 있다〔신창, 예산, 정산〕.

(작인 등의 요지(了知)) 관유지, 민유지에는 항상 작인이 있으며 그 구분을 숙지하고 있다〔대흥〕.

(양안(量案)의 기재) 역전·둔토〈관유〉 및 사당에 속한 전답에는 별개의 양안이 있으며 민유와 명확히 구분된다〔정산〕.

마름[20], 작인 등의 구분을 숙지하고 있다〔공주, 노성〕.

제3항

(궁전(宮田), 역전 및 둔토) 역전과 둔토가 있으며 궁내부(宮內府)에 속한다〔직산, 천안, 정산〕.

예전에는 5리마다 도역(道驛)에서 말을 키워서 여러 역인(役人)의 왕래에 사용하게 했다. 이 말을 사육하기 위해 각 군에 역전을 두었다〔직산, 은진〕.

예전에 5군문(軍門), 곧 훈련도감, 어영청, 금위영, 총융청, 장위영이 있었고 지금의 군부와 비슷하게 많은 군인을 양성했는데, 이를 위해 각 군에 둔토를 두었다〔직전, 은진〕.

궁전, 역전, 둔토가 있으며 궁내부에 속한다〔온양, 신창, 예산, 홍주, 대흥, 청양, 공주, 은진〕.

궁전, 역전, 둔토에는 매년 궁내부에서 마름이 와서 그 수확을 장부에 기입한다〔청양〕.

궁전, 둔토가 있으며 궁내부에 속한다. 군내에 역전은 없다〔노성〕.

(군아의 건물 및 부지) 군아의 건물과 부지는 국유로서 내부(內部)에 속한다〔직산, 온양,

---

[20] 원문에는 '사음(舍音)'으로 쓰여있다.

신창, 예산, 홍주, 대흥, 청양, 정산, 공주, 은진〕.

군아의 부지 가운데 결세를 부담하는 곳이 있다〔홍주〕.

(**사당의 건물과 부지 및 그 소속 전답**) 사당〔각 군에는 반드시 공자와 맹자를 모시는 전당이 있다〕의 건물과 부지 및 그 소속 전답은 유생들이 관리하지만 진짜 소유주가 누구인지는 알지 못한다〔천안〕.

사당의 건물과 부지 및 이에 소속하는 전답은 공유로 간주하며 유생들이 관리한다〔직산〕.

사당의 건물과 부지 및 그 소속 전답은 국유로 간주하며 학부(學部)의 소관에 속한다〔온양〕.

사당의 건물과 부지 및 그 소속 전답은 나라가 소유한다〔신창, 예산〕.

(**국유지**) 제실유, 인민유(人民有) 이외의 산이 있는데 어디에 속하는지 알지 못한다〔홍주〕.

사당은 장례원(掌禮院)에서 관리한다〔홍주〕.

사당의 건물과 부지 및 그 소속 전답은 유생이 주재하는 제임(齊任)이 관리한다〔대흥, 청양, 정산, 공주, 은진〕.

군내의 산림과 원야 가운데 국유지는 없다〔공주〕.

국유, 제실유, 민유의 관념이 존재한다〔온양〕.

제4항

(**양안 기재 사항**) 〔각 군아에는 반드시 토지대장이 있다. 예전부터 전해지는 양안이라는 것이 있는데 그 기재 사항은 군에 따라 약간 다르지만 대부분 숫자 번호〈천자문 순서〉, 야미(夜味)〈논두렁의 한 면〉의 수, 장량의 척도, 방전(方田), 직전(直田), 제전(梯田) 등 종류별 그림, 지명〈몇 평 등 전답의 소재지에 한정되는 별칭이 있다〉, 사표(四標)〈남쪽은 길, 동쪽은 누구의 밭 등〉, 시주(時主) 및 소작인의 성명 등이다〕

(**개정**) 예전에는 양안을 10년마다 개작하는 장정(章程)이 있었다〔온양〕.

(**연호**) 양안에는 청나라 연호를 사용한다〔신창〕.

우리 군의 양안은 청일전쟁 때 청나라 병사에게 빼앗겨서 지금은 그 사본만 남아 있다〔직산〕.

(**분실**) 양안을 청일전쟁 당시 동학당 때문에 분실했다〔예산〕.

양안은 수백 년 전에 분실했다〔대흥〕.

양안을 몇 년 전에 분실했다〔청양〕.

예전부터 전해지던 양안은 없고, 경자(庚子)년〈8년 전〉에 개작한 것이 있다〔정산〕.

양안을 수십 년 전에 분실했는데 그 원인은 알 수 없다〔공주〕.

양안이 15~16년 전에 화적(火賊)에 의해 불탔다〔은진〕.

(양식[모식(模式)]) 〔각지 양안의 사본을 따로 일괄한다〕

제5항

(토지와 건물의 매매, 차지권의 양도, 전당의 전이) 토지와 가옥의 매도 및 집을 위해 부지를 빌리는 경우에 차지권의 양도, 전당의 전이 등이 이루어진다〔모든 지역〕.

(관증(官證)) 매매에 관한 관증은 없다〔직산〕.

(중개인) 거간(居間)으로 불리는 사람이 매매를 중개한다〔모든 지역. 다만 공주에서는 전답의 작인이 대개 중개의 역할을 맡고 사의(謝儀)를 받지 않는다고 한다〕.

(권매(權賣)) 권매라는 것이 있다. 물건을 넘기고 돈을 받는데 약속한 연한 내에 물건을 다시 사지 않으면 그 물건의 소유권은 당연히 건너간다〔모든 지역〕.

(권매의 성질) 권매는 질(質)의 관념과 비슷하다〔직산, 정산〕.

권매는 전당이 없던 시절부터 이루어져 왔다〔온양〕.

권매는 매매의 관념에서 온 것이다〔천안, 홍주〕.

권매는 통상의 매매와는 다소 성질이 다르다〔청양〕.

권매는 물건을 양도하기 아까워서 이루어지는 것에 불과하다〔공주, 은진, 대흥〕.

권매 대금을 일부분만 수령하는 경우도 있다〔예산〕.

(권매의 연한) 권매의 연한은 길게는 3년에서 5년에 이른다〔천안〕.

권매의 연한은 보통 5년에서 10년 사이로 정한다〔온양〕.

권매의 연한에 관해 일정한 관습은 없다〔예산, 홍주, 청양, 정산, 공주, 은진〕.

(권매의 절차) 권매가 이루어질 때는 반드시 옛 문기를 넘기고 새 문기를 만든다〔모든 지역〕.

새 문기를 보통 명문(明文)이라고 부른다〔모든 지역〕.

'명문'이라는 글자를 문기의 조사(措辭)로 삼는다〔직산〕.

옛 문기를 분실하면 군수가 관립지(官立旨)를 발행하여 이를 증명해 준다〔모든 지역〕.

권매 문기에 환퇴(還退)라는 글자를 기입한다〔모든 지역〕.

권매 이후 매려(買戾)하는 사람이 많다〔천안〕.

제6항

(문기)　지금까지 전전해온 토지, 가옥에는 반드시 문기가 있다. 문기는 지권이나 가권으로도 불린다〔모든 지역〕.

지권을 전권(田券), 답권(畓券)이라고도 부른다〔모든 지역〕.

산에도 문기가 있다〔청양〕.

(유래)　문기의 유래는 분명하지 않다〔직산, 대흥, 청양, 공주〕.

문기는 이조 이래로 전해진 것 같다〔천안, 온양, 신창, 예산〕.

문기는 토지와 가옥을 인민 스스로가 소유한다는 관념이 생겼을 때부터 전해진 것 같다〔정산〕.

(관증)　진실된 문기를 문기 자체에 압인하여 관증〈군수〉으로 삼기도 한다〔천안, 신창, 예산, 정산〕.

문기 자체를 관이 증명하는 일은 없다〔직산, 홍주, 대흥, 청양, 공주, 은진〕.

(기재 사항)　문기의 기재 사항은 예나 지금이나 똑같다〔은진〕.

(양식)　〔문기의 기재 사항은 군에 따라 조금 다르지만 대개 토지와 가옥의 자호(字號), 면적, 종목, 사표, 가액, 판매자·증인·집필자(執筆者)의 성명 등이며, 이를 복사한 뒤 별도로 보관한다〕

제7항

(양안의 기재)　토지의 경계는 양안에 기재된 내용을 따라 정한다〔직산〕.

(문기의 기재)　문기에 의해 경계를 정한다〔청양, 정산〕.

(노인, 촌민 등의 인지(認知))　산의 경계를 두고 분쟁이 벌어지면 여러 사람이 입회한 자리에서 군수가 판단한다〔천안, 신창〕.

연장자의 의견에 따라 경계를 정한다〔홍주, 정산, 노성, 은진〕.

촌민의 의견에 따라 경계를 정한다〔대흥, 공주〕.

(지형)　산은 풀을 베는 형태 등에 따라 그 경계가 자연스럽게 정해진다〔천안〕.

전답의 경계는 두렁으로 짐작한다〔온양〕.

전답의 경계가 명확해서 분쟁이 일어나지 않는다〔천안, 신창, 예산, 정산, 은진〕.

산의 경계는 계곡, 산등성이, 길 등으로 정한다〔온양〕.

산을 둘러싸고 분쟁이 벌어지면 골짜기, 길, 나무를 벤 흔적 등을 가지고 경계를 정한다〔예산〕.

제8항

(토지의 종목) 기지(基地)〈가기(家基), 허(墟), 장내(墻內), 이내(籬內), 채포(菜圃), 대지(垈地)라고도 한다. 일본의 택지〉〔모든 지역〕.

밭〈일본의 전(畑)〉, 논〈일본의 전(田)〉〔모든 지역〕.

초장〈시장(柴場)이라고도 한다〉〔모든 지역〕.

산림〈원림(園林)이라고도 한다〉〔모든 지역〕.

화전〈산전(山田)이라고도 한다. 산을 태워서 새로 개간한 것〉〔모든 지역〕.

분묘지〈선산, 선영, 산소라고도 한다〉〔모든 지역〕.

진지〈지주의 태만 등으로 황폐해진 경지〉〔모든 지역〕.

포락지〈성천(成川)포락이라고 하여 비가 많이 와서 엉망이 된 경지를 말한다〉〔모든 지역〕.

사장(沙場)〔예산, 공주〕.

평(坪)〈원야와 같다〉〔모든 지역〕.

송전(松田)〈소나무를 심은 산등성이 등〉〔노성〕.

〔위의 종류 가운데 군에 따라서 현재 없는 곳도 있다〕

제9항

(지척(地尺)) 나무로 만든 지척이라는 척도가 있다〔직산, 온양, 예산〕.

지척의 길이는 목면척(木綿尺) 2척 정도다〔직산〕.

지척의 길이는 목면척 1척 5촌 정도다〔예산〕.

지척은 년척(綿尺)보다 길다〔은진〕.

지척은 사람의 2보를 1척으로 삼는다〔홍주〕.

두 손의 한 뼘 1도(度), 두 뼘 2도, 세 뼘 3도를 지적의 1척으로 삼는다〔온양〕.

(산척(山尺)) 산척이 있다〔신창, 예산, 노성〕.

산척의 1보는 사람의 2보다〔신창〕.

목면척 2척이 산척의 1척이다〔예산〕.

산척의 길이는 양팔의 1심(尋)이다〔노성〕.

토지 장량의 척도가 따로 없다〔청양, 정산, 공주〕.

(주척(周尺)) 예전에 중앙정부에서 지급하던 주척이라는 것이 있었다. 주척 4척 7촌 7부 5리를 지적의 1척으로 삼는다〔천안〕.

(대공척(大工尺)) 대공척이 있다〔모든 지역〕.

대공척의 길이는 1척 또는 1척 5촌이다〔천안〕.

대공척의 길이는 면척 8촌 정도다〔예산〕.

대공척의 길이에는 8척과 1장(丈)이 있다〔공주〕.

대공척은 길이 1척으로 만들어지며 주척의 10촌이 된다〔신창〕.

대공척에는 3종류가 있고 그 형태는 아래 그림과 같다〔모든 지역〕.

제10항

읍내〈군아가 있는 곳〉와 다른 촌락의 관례는 서로 다르지 않다〔모든 지역〕.

황해도 중 3군, 평안남도 중 1부 7군 1방

제1항

세목 1

(토지 소유의 기원) 인민에게 토지소유권이 있다. 태조 고왕(太祖高王)〈이조의 초대〉시대부터 인정되었다〔모든 지역〕.

(기경, 집짓기[建家]) 이조 이전에는 정전법(井田法)을 만들어서 인민에게 경작을 명했다〔성천, 자산〕.

관민 어디에도 속하지 않는 황무지에 경작을 시작하거나 가옥을 세운 자는 그 토지의 소유권을 저절로 취득한다. 경작자는 결세〈화전세(火田稅)로 칭한다〉를 납부하고 집을 지은 자는 호세를 납부하는데, 호세는 기자(箕子) 영전(影殿)〔성천은 기자가 처음 도읍을 세운 장소로서 그 상영(像影)을 모시는 전당이 있다〕의 비용에 충당한다〔성천〕.

세목 2

갑. 제한

(채광의 허락) 자기 소유지에서 광물이 산출되더라도 정부의 허가가 없으면 채굴할 수 없다. 오래전부터 정해진 일이다〔모든 지역〕.

(벌목의 자유) 자기가 소유하는 삼림을 벌목하는 것은 자유다〔모든 지역〕.

(건물을 위한 토지의 수역) 건물에 사용할 경우에는 경작지라도 타인의 사용을 허가해야만 한다. 그리고 이에 상응하는 임대료를 받는 것이 일반적이다〔모든 지역〕.

건물에 사용할 경우라도 제실이 소유하는 토지와 공맹의 사당에는 제한이 있다〔자산〕.

(분묘를 위한 토지의 수역) 분묘로 사용하는 경우에도 타인의 사용을 거부할 수 없다〔성천〕.

(변소의 위치) 자기 거주지 안에서는 변소를 어디에 만들어도 경찰이 간섭하거나 이웃이 불만을 제기하지 않는다〔금천, 서흥, 강동, 자산, 용강, 삼화〕.

변소의 위치에 대해 이웃이 불만을 제기한다〔황주, 성천, 강서〕.

을. 부담

(가) 조세

(경지세의 명칭) 경지세를 결전 혹은 결세라고 부른다〔모든 지역〕.

(납세액 및 기한) 경지세는 1결당 연 80냥(兩)〈냥은 일화(日貨) 10전〉을 겨울에 전액 납부한다〔금천〕.

연 66냥 6전 7부를 가을에 전액 납부한다〔서흥〕.

연 84냥을 봄과 가을에 분납한다〔황주〕.

연 40냥을 봄과 가을에 분납한다〔중화, 시족방, 강동, 성천, 은산, 자산, 강서, 용강, 삼화=평안남도 모든 지역〕.

(경지의 등급) 군내에 4, 5, 6등지가 있다〔서흥〕.

1, 2, 3, 4등지가 있다〔황주〕.

1, 2, 3, 4, 5, 6등지가 있다〔성천, 은산〕.

5, 6등지가 있다〔강서〕.

6등지만 있다〔용강〕.

1, 2, 3등지가 있다〔중화, 시족방, 강동, 자산〕.

경지는 등급에 따라 1결의 면적 크기에 차이가 있지만 수확량은 똑같고, 쌀, 보리, 조 등 품종의 차이에 따른 세액의 차등도 없다〔서흥, 황주, 중화, 강동, 성천, 은산, 자산〕.

전답의 차이나 수확량에 따라 납세액이 변하지 않는다〔금천〕.

(일경, 두락 및 결) 경지당 4식(息)〈1식은 경작 중에 소를 한번 휴식시키는 것을 말한다〉이 1일경이다〔자산〕.

6식이 1일경이다〔은산, 성천〕.

종 1두의 모종을 심는 면적을 1두락이라고 한다〔자산〕.

1일경은 2두락에 해당한다〔서흥〕.

7일경을 1결로 간주한다〔성천〕.

논과 밭을 모두 두락이라고 부른다〔강서, 용강, 삼화〕.

노전(蘆田)에서는 속(束)이라고 칭하며 세액은 다른 전답과 같다〔강서〕.

논이 적어서 두락이라는 칭호는 없고 일경의 칭호만 있다〔은산〕.

(수확량) 1일경의 수확량은 가장 좋은 경지에서 100두다〔서흥〕.

1일경은 평균 2석 반을 수확한다. 1두락의 수확은 논이 매우 적기 때문에 분명하지 않다〔자산〕.

1일경은 가장 좋은 밭에서 8석, 평균 3석 정도를 수확한다〔은산〕.

1두락은 가장 많은 곳에서 2석, 가장 적은 곳에서 4두 정도를 수확한다〔삼화〕.

황무지를 개간한 사람은 그해부터 납세한다〔성천〕.

경지가 황폐해져도 납세를 계속한다〔강동〕.

(면세) 경지가 황폐해지면 중앙정부에 보고하여 세금을 면제받기도 한다〔자산, 은산〕.

경지가 황폐해지면 납세를 면제받을 수 있는지 중앙정부에 묻기도 한다〔성천〕.

중앙정부에 보고해도 세금을 면제받지 못한다〔용강〕.

재재(災災)〈흉작을 말한다〉 시에는 중앙정부에 보고하여 세금을 반으로 감면받기도 한다〔자산〕.

예전부터 이어진 면세지는 없다〔자산, 은산〕.

(납세 방법) 세금 징수는 이장이 관내를 모두 일괄하여 군수에게 납부한다〔자산, 강동, 성천, 은산, 강서, 용강〕.

13년 전까지는 마상초(馬上草)라는 하급 관리가 있어서 전답을 돌아다니며 곡물의 상황을 검사했다〔자산, 성천〕.

(태납 처분) 태납자는 옥에 넣으며, 그래도 세금을 내지 않으면 곤장을 때려서 납부시킨다〔자산, 은산〕.

세금 납부는 두 번까지 연기할 수 있는데, 그 후에도 내지 않으면 옥에 넣는다〔강서〕.

세금 납부는 세 번까지 연기할 수 있는데, 그 후에도 내지 않으면 옥에 넣는다〔용강〕.

태납액은 따로 없다〔자산, 용강, 삼화〕.

13년 전까지 주세(酒稅)를 징수했다〔서흥〕.

(가옥세) 가옥세는 호전(戶錢)이라 칭하며 연 3냥을 봄과 가을에 분납한다〔서흥, 황주, 시족방, 강동, 성천, 은산, 자산, 강서, 용강, 삼화〕.

호전은 연 6냥을 봄과 가을에 분납한다〔금천〕.

(나) 부역

(도로 수선) 길에 인접한 전답 또는 택지를 소유한 사람이 그 도로를 수선하기도 한다〔모든 지역〕.

제방을 수선하기도 한다〔삼화〕.

일반 도로 수선을 위해 미리 지주나 집주인의 명부를 만들어 한 집당 두 명 혹은 세 명 정도를 징발한다〔서흥〕.

도로 수선은 부근 주민〈인접한 도로의 소유주인지 아닌지를 묻지 않고〉을 징발하여 시행한다〔시족방〕.

도로 수선은 매년 대개 음력 8월 무렵에 시행한다〔성천, 은산, 자산, 강서, 용강〕.

매년 대개 음력 10월 무렵에 시행한다〔용강〕.

경의가도(京義街道)처럼 큰길은 봄과 가을 두 번 수선하고, 마을 안의 작은 길은 그때그때 수선한다〔황주〕.

인민이 도로 수선을 하는 것을 부역(赴役)이라고 한다〔성천, 자산〕.

세목 3

(토지징수 사례 및 그 보상) 정부가 인민의 토지를 징수할 때가 있는데 시가에 상당하는 보상을 지급한다〔서흥, 황주, 중화, 강동, 성천, 은산, 자산, 강서, 용강, 삼화〕.

경의철도를 부설할 때도 전답 등을 징수했는데 이에 대한 보상이 없어서 중앙정부에 호소했으나 아직까지 아무런 기별이 없다〔금천, 서흥, 황주〕.

토지징수의 사례를 들어본 적이 없다〔시족방〕.

군아가 보호하는 학교를 설립할 때 시가를 지급하고 부지를 징수한 적이 있다〔은산〕.

세목 4

(토지에 새끼줄을 펼치는 일, 땅 밑에 구멍을 파는 일) 가부(家敷) 위에 전선 등을 설치해서 지나다니지 못하게 해도 이의를 제기하는 사람은 없다〔금천〕.

집이 기울지 않는 한 땅 밑에 구멍을 파도 문제가 되지 않는다〔금천〕.

타인의 소유지에는 택지건 전답이건 새끼줄 같은 것을 펼치거나 구멍을 파서는 안 된다

〔금천을 제외한 모든 지역〕.

전선 등을 설치해도 정부와 관련된 일이라면 이의를 제기하지 않는다〔황주〕.

(지붕의 돌출) 옆집으로 지붕이 삐져나가면 안 된다〔강동, 성천, 은산, 자산, 강서, 용강〕.

세목 5

(건물을 위해 이웃한 땅을 일시적으로 사용하는 일) (가) 집을 짓는 등의 이유로 꼭 필요한 경우에는 이웃한 땅을 일시적으로 사용해도 된다〔모든 지역. 다만 용강에서는 승낙을 받을 필요가 있다고 한다〕.

(위요지의 통행) (나) 위요지를 통행하는 것은 매우 자유롭다〔모든 지역. 다만 황주에서는 승낙을 받을 필요가 있다고 한다〕.

(물의 자연스러운 흘러내림) (다) 물의 자연스러운 흘러내림에 대해 이의를 제기하지 못한다〔금천, 서흥, 황주, 중화, 은산〕.

낮은 곳에 사는 사람이 높은 곳에 사는 사람보다 먼저 거주하기 시작한 경우에는 이의를 제기할 수 있다〔중화〕.

이의를 제기할 수 있다〔시족방〕.

이의를 제기할 수 있지만, 낮은 곳에 사는 사람이 높은 곳에 사는 사람보다 나중에 거주하기 시작한 경우에는 참을 수밖에 없다〔강동〕.

높은 곳과 낮은 곳에 사는 사람이 함께 수도를 건설한다〔성천, 자산, 강서, 용강, 삼화〕.

(경계선의 담장) (라) 경계선의 담장은 한쪽에 사는 사람이 자유롭게 만들 수 있지만 비용 분담을 강하게 청구할 수는 없다〔금천, 서흥, 황주, 시족방, 강동, 은산, 삼화〕.

장벽은 한쪽 사람이 자유롭게 만들 수 있을 뿐만 아니라 실제로 양쪽의 이익이 될 경우에는 비용 분담을 강하게 청구할 수 있다〔중화, 성천, 자산, 강서, 용강〕.

(관개용 도랑) 관개용 도랑이 좁은 곳에 서로 전답을 소유한 사람은 그 준설과 수선 등을 공동으로 행할 의무가 있다〔모든 지역〕.

(건물과 경계선의 거리) (마) 서로 인접한 곳에 집을 짓는 경우에 먼저 짓는 사람은 경계선에 가깝게 지을 수 있지만, 늦게 짓는 사람은 어쩔 수 없이 거리를 둘 수밖에 없다〔금천, 서흥, 중화, 시족방, 강동, 용강, 삼화〕.

서로 인접한 곳에 건물을 짓는 사람은 상당한 거리를 두는 것이 일반적이다〔황주, 성천, 은산〕.

먼저 건물을 짓는 사람의 자유지만, 실제로는 상당한 거리를 두는 것이 일반적이다〔자산, 강서〕.

(옆집이 보이는 창과 툇마루 등) (사) 옆집이 보이는 창이나 툇마루를 자유롭게 만들 수 있다〔금천, 서흥, 황주, 중화, 시족방〕.

옆집이 보이는 창이 있으면 가리개를 설치해야 한다〔성천, 은산, 자산, 강서〕.

옆집이 보이는 창 등을 만들어서는 안 된다〔용강, 삼화〕.

(경계선과 구멍의 거리) (아) 경계선에 접하여 우물, 구멍, 비료 저장소 등을 만들어도 된다. 옆집 사람에게 위험이 될 수 있는 경우에는 담을 세우면 된다〔금천, 서흥, 황주, 중화, 성천, 은산, 자산, 강서, 용강, 삼화〕.

우물은 파도 되지만 변소 같은 것은 만들면 안 된다〔시족방〕.

구멍을 파서 변소를 만드는 것은 자유지만 우물을 파서는 안 된다. 우물을 새로 파면 사람이 빠져 죽을 수 있다는 엉뚱한 생각이 이 지역의 특이한 관습으로 남아있기 때문이다〔강동〕.

(옆집 수목의 나뭇가지와 뿌리) (자) 옆집 수목의 나뭇가지가 걸치거나 뿌리가 뻗쳐도 이의를 제기할 수 없다〔금천, 서흥, 황주 - 황해도 모든 지역〕.

불편이 발생하면 마음대로 절단할 수 있다〔중화, 시족방, 강동, 성천, 은산, 자산, 강서, 용강, 삼화 - 평안남도 모든 지역〕.

세목 6

(일반공유지) 두세 사람이 자금을 모아 전답을 소유하기도 한다〔금천, 서흥, 황주, 중화, 성천, 은산, 자산, 강서, 삼화〕.

(묘지(廟地)) 묘지〔모든 군에는 반드시 공맹을 모시는 전당이 있다〕 소속의 향교전(鄕校田)〔보학고전(補學庫田), 학교전향(學校田鄕), 약계전(約契田), 향토전(鄕土田)이라고도 한다〕이 있는데 유생이 공유하는 것과 진배없다〔은산, 자산, 강서, 성천, 용강〕.

(촌유지) 계전(契田), 이전(里田), 방전(坊田), 향약전(鄕約田) 등의 공유지가 있다〔성천〕.

촌유지가 있다〔강동, 은산, 자산, 강서〕.

묘지에는 공유지가 많다〔강동〕.

묘지 중에 공유지가 있다〔성천, 은산, 강서〕.

공유의 사례가 없다〔시족방〕.

(비용 지출 방법 및 수익 분배 방법) 공유지 비용의 지출, 수익의 분배는 각자의 지분에 따른다〔금천, 서흥, 황주, 중화, 성천, 은산, 자산, 강서, 삼화〕.

공유지의 비용은 동등하게 부담하고 수익은 지분에 따라 분배한다〔강동〕.

(공유지의 처분) 공유지의 처분은 다수의 협의에 따른다〔모든 지역〕.

(공유지의 관리) 공유지의 관리는 공유자의 협의에 따른다. 또는 공유자 중 한 명을 정해서 관리를 맡기기도 한다〔금천〕.

공유자 중 한 명이 관리를 맡는다. 또는 다른 곳에 맡기는 경우도 있다〔중화, 자산〕.

공유자 중에서 가장 현명한 자에게 관리를 맡긴다〔은산〕.

믿음이 가는 사람에게 관리를 맡기는 것이 일반적이다〔성천, 강서, 삼화〕.

관리는 사정이 밝은 사람에 맡기는 것이 일반적이다〔황주〕.

세목 7

갑. 지상권

(건물을 위한 토지의 강요) 건물을 위해 타인의 토지〈경작지일 경우에도〉를 자유롭게 대차할 수 있다〔모든 지역. 다만 자산에서는 지주의 승낙이 필요하다고 한다〕.

(건물 주위의 토지) 건물 주위의 토지는 자유롭게 사용할 수 없다〔모든 지역〕.

(차지권의 승계) 지주가 바뀌어도 차지권은 지속된다〔모든 지역〕.

(건물이 허물어진 경우) 건물이 허물어지면 당연히 차지권도 지속되지 않는다〔모든 지역〕.

(차지인의 부담) 건물 옆을 지나가는 도로를 수선할 의무는 차지인의 집주인이 부담한다〔모든 지역〕.

(건물과 부지의 관계) 건물과 부지의 소유자가 같을 경우에 건물을 양도하면 부지도 반드시 건물에 따라간다〔모든 지역〕.

을. 토지대차권

(**분작 및 도지**) 지주와 작인의 관계에는 분작과 도지의 두 종류가 있다. 분작〈평작, 타작이라고도 한다〉의 경우에는 수확〈짚과 같은 것도 포함〉을 지주와 작인이 절반으로 나누며, 조세와 종자를 지주가 부담하고 비료를 작인이 부담한다. 도지〔정도, 복정, 도지(賭支)라고도 한다〕의 경우에는 약속된 일정한 비율을 작인이 지주에게 제공하며, 조세, 종자, 비료 등 모든 것을 작인이 부담한다〔모든 지역〕.

분작에서는 모든 짚을 작인이 가지는 대신 조세를 부담하는 경우도 있다〔강서, 용강, 삼화〕.

분작에서 경지가 메말라서 다량의 비료가 필요한 경우에는 수확의 3분의 1을 지주가 가져가고 작인이 3분의 2를 가져가기도 한다〔황주〕.

(**소작 기한**) 경작 기한을 정하지 않으며 지주는 자유롭게 작인을 바꿀 수 있다〔모든 지역〕.

(**개간한 사람의 특전**) 타인의 황무지를 개간한 사람은 3년간 지주에 대한 부담과 납세의 의무를 가지지 않는다〔모든 지역〕.

(**목축**) 목축을 위해 타인의 토지를 빌리기도 한다〔금천, 황주, 중화, 시족방, 강서〕.

(**목축을 위한 차지**) 목축을 위해 타인의 토지를 빌리는 일은 없다〔서흥, 강동, 성천, 은산, 자산, 용강〕.

세목 8

(**관망권**) 관망권에 대해서는 특별한 관습이 없다〔모든 지역〕.

(**급수권**) 급수는 매우 자유롭게 이루어진다〔모든 지역〕.

(**통행권**) 통행은 자유롭지만 경작지 등에 길을 낼 때는 보상을 지급하는 것이 일반적이다〔금천, 강동, 성천, 은산, 자산, 강서, 삼화〕.

통행은 제한되지 않는다〔서흥, 시족방, 용강〕.

빈 땅에서는 자유롭지만 경작지 등에서는 그렇지 않다〔황주, 중화〕.

(**권리의 지속**) 급수권, 통행권은 뒤에 거주하는 사람에게도 당연히 계승된다〔모든 지역〕.

세목 9

민유의 산림에 입회하여 마른 나뭇가지나 낙엽을 줍거나 원야에 입회하여 풀을 베는 관습이 있다〔금천, 황주〕.

(산림, 원야의 입회)　산림, 원야에 입회하여 썩은 것들을 주워갈 수 있지만, 아직 나무에서 떨어지지 않은 나뭇가지를 잘라가거나 풀을 베어서는 안 된다〔성천〕.

(방목)　원야의 풀을 베는 장소에 돼지 등을 방목하기도 한다〔금천〕.

(다른 마을 사람의 입회)　개인의 소유지에 다른 마을 사람이 입회하기도 한다〔금천, 성천〕.

(세민의 연료)　관유·민유 등 주인이 분명한 산림과 원야에 입회하는 일은 없지만, 빈민 등은 무주공산에 입회하여 연료를 채집하기도 한다〔서흥, 강동〕.

(관유지의 입회)　관유지에는 입회할 수 있지만 민유지에는 입회할 수 없다〔자산, 강서, 용강, 삼화〕.

관유지에는 입회하지 못한다〔황주〕.

관유지에는 거리가 멀건 가깝건 어떤 마을의 사람들도 입회할 수 없다〔자산, 강서, 용강, 삼화〕.

(촌유지의 입회)　촌유지에는 촌민들이 입회하는데 이에 관해서는 어떤 규제도 없다〔모든 지역〕.

(주산물(主産物) 채집 금지)　주산물에 대해서는 절대로 입회하지 못한다는 관습이 있다〔모든 지역〕.

입회의 관습이 없다〔중화, 시족방〕.

세목 10

(저당 및 질)　전답을 수당〔일본의 저당〕으로 삼거나 경지를 점유〔일본의 질〕하여 돈을 빌려주는데, 전자는 이자를 받고 후자는 수확물을 받는다. 두 경우를 모두 전당이라고 칭한다〔모든 지역〕.

전자의 경우는 있지만 후자의 경우는 없다〔시족방〕.

(전당의 기한)　두 경우 모두 기한을 정한다〔모든 지역〕.

전자의 기한은 일반적으로 3개월이다〔금천〕.

전자의 기한은 3개월, 5개월, 1년으로 정하는 것이 일반적이다〔삼화〕.

후자의 기한은 3년, 5년, 7년으로 정하는 것이 일반적이다〔성천〕.

후자의 기한은 1년, 2년, 3년으로 정하는 것이 일반적이다〔은산〕.

(유질) 두 경우 모두 기한을 넘기면 전당물은 채권자가 취득한다〔모든 지역〕.

(초과액 및 부족액) 물건의 가액채권 금액을 초과해도 돌려주지 않고 부족해도 더 받지 않는다〔용강을 제외한 모든 지역〕.

초과액은 돌려준다〔용강〕.

(전당의 증문) 두 경우 모두 문기〈소유주가 바뀔 때마다 옮겨가는 구 계약서〉를 채권자에게 교부하고 명문〈새 계약서〉을 작성한다〔모든 지역〕.

제2항

(양안의 기재) 관유지·민유지 모두 양안에 기재된 조세를 징수한다〔황주를 제외한 모든 지역〕.

관유지 가운데 역전과 둔토는 양안에 기재되어 있지만 궁전(宮田)은 기재되어 있지 않다〔황주〕.

궁전은 양안에 그 이름이 실려 있지 않지만 결세는 기입한다〔자산〕.

(조세의 유무) 민유지에는 문기가 있고 관유지에는 문기가 없다〔금천, 서흥, 강서〕.

관유지 중에 문기가 있는 곳〈인민에게 구입한 곳 등〉은 내장원(內藏院)이 보관한다〔중화〕.

(관유의 유래) 오랜 옛날 수목이 풍부한 산, 토지가 비옥한 전답을 관유로 삼았다고 한다〔황주〕.

국사(國事)를 범(犯)한 사람이 소유하는 토지를 몰수하여 관유로 삼기도 한다〔중화〕.

(현실) 군내에 관유지는 없다〔삼화〕.

(사표) 양안이나 문기의 사표 등을 보고 관유와 민유를 구분한다〔은산, 자산, 강서〕.

제3항

탁지부 소관의 토지〔국유(國有)〕는 없다〔모든 지역〕.

(궁전, 역전 및 둔토) 제실유로서 역전과 둔토가 있다〔금천, 서흥, 시족방, 성천〕.

제실유로서 궁전과 둔토가 있다〔용강〕.

제실유로서 궁전, 역전, 둔토, 산림이 있다〔중화〕.

국유도 제실유도 없다〔삼화, 시족방〕.

(유래)　예전에는〔자산에서는 13년 전이라고 한다〕역전은 찰방관(察訪官)〈말을 관리하는 하급 관리〉에 속했고, 둔토는 첨사(僉使)·만호(萬戶)·별장(別將)·권관(權官)〈모두 군인〉에게 속했다〔서흥, 자산〕.

제4항

(양안)　〔모든 군에는 반드시 토지대장이 있다. 예전부터 전해지던 것을 양안(量案)이라고 부른다. 기재 사항은 지방에 따라 다소 차이가 있지만 대개 자호〈천자문 순서에 따른다〉, 범별(犯別)〈장소를 가리키며 동범(東犯), 서범(西犯) 등이 있다〉, 등급, 일경 수, 혹은 두락 수, 부속(負束) 수, 사표〈남쪽은 산, 북쪽은 누구의 밭 등〉, 소유주와 작인의 성명 등이다〕

(결안(結案))　〔징세를 위해 양안에 근거하여 만든 결안이라는 것이 있다. 지주와 부속 수의 변화에 따라 매년, 혹은 3년마다 개정한다〕

(양식)　〔위의 양안 및 결안의 복사는 따로 일괄한다〕

제5항

(매매 양도)　토지와 가옥의 매매, 지상권의 양도, 전당의 이전 등이 있다〔모든 지역〕.

(권리의 계승)　가옥을 구입하면 당연히 차지권도 계승한다〔모든 지역〕.

전당을 넘겨받으면 그 남은 기한도 계승된다〔금천을 제외한 모든 지역〕.

전당을 넘겨받은 사람과 이전 전당권자가 새로 기간을 정한다〔금천〕.

(권매)　일정한 기간이 지난 후에 매려하는 약정을 붙여서 토지와 가옥을 파는 권매가 있다〔모든 지역〕.

(매매 양도의 절차)　물건을 양도할 때 옛 문기를 교부하고 명문을 삽입한다〔모든 지역〕.

권매의 경우에는 문기에 환퇴라는 글자를 기입한다〔중화〕.

문기를 분실하면 군수가 그 사실을 증명한다〔모든 지역〕.

자손에게 양도할 때는 선고서(宣告書)를 만든다〔성천〕.

자손이 많은 경우에는 양도하면서 분급기(分給記)를 만든다〔은산, 자산〕.

제6항

(문기) 종래 전전하던 토지와 가옥에는 반드시 문기가 있다. 문기는 지권, 가권 또는 지문(地文), 가문(家文)이라고도 칭한다〔모든 지역〕.

(칭호) 지권을 나누어 전권(田券), 답권(畓券)이라고도 칭한다〔모든 지역〕.

(유래) 문기는 태조고왕 시대부터 전해진다〔모든 지역〕.

(기재 사항 및 양식) 〔문기의 기재 사항은 군에 따라 다소 다르지만, 대개 토지와 가옥의 자호, 면적〈토지는 두락 수 또는 일경 수, 가옥은 칸수 등〉, 종목, 사표, 가액, 매주·증인·집필자의 성명 등이다. 사본을 따로 일괄한다〕

제7항

(문기와 양안의 기재) 문기나 양안의 사표와 같은 기재 사항이 경계를 정하는 기준이 된다〔모든 지역〕.

(장로의 인지) 문기나 양안으로 확인할 수 없는 경우에는 그 토지에 오래 산 장로 등의 의견을 듣는 것이 일반적이다〔모든 지역〕.

(이장의 판정) 이장, 동장 등의 판정에 맡기는 경우도 있다〔시족방〕.

(개석(介石)) 경계선에 반드시 돌을 세운다〔강동〕.

(사례) 경계선에서 분쟁이 벌어졌다는 이야기를 들어본 적 없다〔서흥, 성천, 은산〕. 가끔 분쟁이 벌어지기도 한다〔자산〕.

제8항

(경지와 그 외의 종류) 택지, 밭, 논, 화전〈산을 태워서 새로 개간한 곳〉, 진황지(陳荒地), 포락지〈홍수로 쓸려나간 경지〉, 묘진(墓陳) 등의 토지가 있다〔금천〕.

가대(家垈), 택지, 밭, 논, 화전, 진전(陳田), 포락전, 선산〈묘지〉, 공산 등이 있다〔서흥〕.

가기지(家基地), 원원(垣園)〈집 주변의 빈 땅〉, 속전(粟田)〈조와 콩 등을 키운다〉, 화전(花田)〈면화를 만든다〉, 논, 화전, 건전(乾田)〈육경(陸耕)으로 벼를 키운다〉, 노전, 초야(草野)〈원야의 일부분〉, 원야 등이 있다〔황주〕.

가대, 원원, 밭, 논, 화전, 노전, 진황지, 포락지, 송산(松山), 시산(柴山) 등이 있다〔중화〕.

가대, 공대(空垈), 밭, 논, 화전, 포락지, 진지, 초장, 원야 등이 있다〔강동〕.

가대, 원원, 밭, 논, 화전, 진황지, 포락지, 초장, 원야 등이 있다〔성천〕.

가대, 후원(後垣)〈원원과 같다〉, 밭, 논, 초장 등이 있다〔시족장〕.

가대, 원원 또는 후원, 밭, 논, 화전 등이 있다〔은산〕.

가대, 원원 도는 후원, 밭, 논, 화전, 포락지, 산묘지(山墓地), 초장 등이 있다〔자산〕.

가대, 원원, 공대〈무너진 집의 흔적〉, 밭, 논, 호전(芦田), 초장 등이 있다〔강서〕.

가대, 공대, 원원 또는 후원, 밭, 논, 염전, 진지, 포락지, 초장 등이 있다〔용강〕.

가대, 공대, 원원 또는 후원, 밭, 논, 진전 등이 있다〔삼화〕.

제9항

(지척) 지척이라는 나무로 만든 척도가 있다. 길이는 2척 5촌〈일본의 반물척(反物尺)과 같다〉이다〔서흥, 강동, 성천, 은산, 강서, 용강〕.

(산척) 산척이라고 매우 짧은 것이 있다〔성천〕.

산척이 있는데 일본의 5~6촌 정도가 1척이다〔강서〕.

지척, 산척 둘 다 없다〔자산〕.

(관척(官尺) 및 동척(銅尺)) 관척이라고 전답을 측량하기 위해 특별히 관서(官署)에 비치된 것이 있다. 길이는 2척 5촌이다〔황주, 중화〕.

동척이 있으며 길이는 1척이다〈일본의 반물척과 거의 비슷하다〉〔금천〕.

최근에는 미터로 토지를 측량한다〔삼화〕.

(장량의 방법) 새끼줄을 끌어서 측량한다〔서흥, 황주, 중화, 은산〕.

오랫동안 토지를 측량하지 않았다〔시족방〕.

(장량의 사실) 지난 500년 동안 장량이 이루어졌다는 말을 들어본 적 없다〔성천, 은산, 강서〕.

처음 양안을 만들 때 토지를 측량한 것이 전부다〔자산〕.

제10항

군아가 있는 읍내와 다른 촌락 사이에 서로 다른 관례는 없다〔모든 지역〕.

4.
한국 부동산에 관한 관례
제2철

해제

소개

이 자료는 부동산법조사회에서 황해도 12개 군과 세무서, 농공은행 등을 방문하여 한국 부동산에 관한 관례를 조사한 내용을 수록한 책이다. 1907년 6월 부동산법조사회 촉탁 히라키 간타로(平木勘太郎)가 정리한 것으로, 각 조항 항목 말미에 '부언(附言)'이라고 하여 자신의 견해를 첨부하고 있다. 표지를 포함하여 145쪽으로 되어 있으며, 일본어 활자체로 간행되었다. 이 자료는 현재 국립중앙도서관에 소장되어 있다.

주요 내용

이 자료는 우선 서언(序言)과 조사 사항 10개 항목 및 10개 세목을 제시하고 있으며, 각 항목별 조사 지역의 질문과 답변서, 각 항목 말미에 부언 등이 순서대로 수록되어 있다. 조사 지역은 황해도 안악, 재령, 해주, 신천, 문화, 은율, 풍천, 송화, 장연, 장련, 연안, 배천 등이며 각 군 및 세무서, 농공은행 등의 순서로 각 항목마다 상세하게 조사, 기록하였다. 조사 대상은 각 군수, 군주사, 세무주사, 은행취체역 등이 대상이었다. 제1철과는 달리 번잡을 피하기 위해 각 지역의 응답자의 상황을 일일이 열기하지는 않아 답변자의 신상을 알 수 없다.

주요 내용으로는 우선 부동산에 관한 질문 항목에 따라 "1. 인민은 토지의 소유권을 가지는가, 그렇지 않은가?", "2. 토지소유권의 기원 여하, 소유권의 취득 방법 등"에 대한 질문에 대해서는 은율군(殷栗郡)의 경우에는 "인민은 토지의 소유권을 가지고 있지만 소유권이란 것이 어떠한 의의를 지니는가를 알지 못한다. 다만 통례 소유권이라고 하기 때문에 그렇게 말할 뿐이다"는 반응이고, 토지소유권의 기원에 대해서는 "알 수 없지만, 개국 이래 이를 가지고 있으며, 다만 인민들 사이에 문기를 작성하여 거래에 활용하는 것이 일반적인 사항"이라고 대답하였다.

또한 토지소유권의 방법에 대해서는 (가) 법률행위: 매매의 경우에 판매자가 가지고 있는 구문기(舊文記)와 함께 신문기(新文記)를 작성하여 그것을 구매자에게 교부한다는 내용으로 설명하였다. 관의 허가 또는 관의 장부에 기입하거나 등록하는 것은 필요하지 않으며, 인민이 가지고 있는 문기가 그 소유권을 증명하는 유일한 증거이므로 만약 그를 분실하거나 소실했을 때는 관청에 그 교부를 신청한다고 하였다. (나) 상속 ① 가독상속(家督相續)의 경우에는 장자상속(長子相續)을 행하며 상속인은 전(前) 호주(戶主)가 지닌 전 재산을 취득하며, 상속인이 자신의 의사로 형제자매에게 그 재산을 분여하는 경우가 있다고 하였다. 그렇지만 강제적으로 분여하게 하는 것은 아니라고 하였다. ② 유산상속의 경우에는 유류재산(遺留財産)은 유자(遺子)가 아직 어린 경우에 관리자를 정하고, 장성하기에 이르러 그것을 분배하는 것이며, 그 분배의 방법은 명확하지 않다고 하였다. (다) 시효(時效)라는 관념은 명확하지 않지만, 관유지나 기타 공지(空地)를 개간하여 조세를 부담하기에 이르렀을 때에는 그 토지의 소유권을 취득한 것으로 한다고 하였다. (라) 첨부가공(添附加功)의 경우에는 이를 통해 토지의 소유권을 취득하는 것이겠지만, 이 경우에도 해당 지방관청의 허가를 얻고 또 수확을 얻기에 이른 때에는 조세를 부담한다고 한다. 그리고 조세 부담은 소유권 취득의 요건은 아니라고 조사되었다.

황해도 12개 조사 지역 중에서 은율군의 조사 내용을 가장 자세하게 소개하였으며, 반면에 여타 지역은 대동소이하다고 간단하게 소개하였다. 다만 일부 특이사항에 대해 자세히 소개하였다. 신천군의 경우에는 단군 이래 시작되고, 가자, 위만, 삼한, 삼국, 고려, 조선에 이르기까지 점차 변천하였다는 설명에 아울러 인민의 토지소유권은 기자(箕子)의 '정전구일세(井田九一稅)' 제도에서 기원하였다고 강조하였다. 또한 흥선대원군 시대인 1871년 종래의 양안을 개정 증보하였지만, 1894년 동학당에 의해 탈취된 이후 양안이 존재하지 않는다고 하였다. 또한 해주의 경우에는 1905년과 1906년에 황해도 관찰사에서 행해진 토지소유권의 재판 사례를 소개하는 등 사례를 보충하여 소개하고 있다.

이 편철자료에는 부동산의 관례조사 중 제1항목 제1세목 말미(원자료 27~40쪽)와 제7세목 말미(원자료 82~86쪽), 제10세목 말미(원자료104~112쪽) 등에 '부언'으로 촉탁 히라키 간타로의 평가가 있다. 그는 부언에서 토지소유권의 유무에 대해 일반적으로 "인민에게 토지소유권이 존재한다"고 하지만, 종래의 관습에 따라 매매, 증여 기타의 행위로 이루어지는 부동산 관례를 법률상 직접, 또는 간접으로 규정한 법규가 존재하지 않기 때문에 이것을 용인할 수 없다고 단정하였다. 또한 토지소유권의 근거로서 주장하는 장부가 양안이기는 하지만, 이는 종래 일본의 메이지 유신 이전 봉건시대 무가(武家)에서 영민(領民)으로부터 징수한 일종의 소작료 수취와 거의 일치하고 있으며, 양안은 조세 징수에 필요한 장부라고 한정하여 이해하였다. 물권과 채권의 관행에 관해서도 "한국에는 일본의 질권, 또는 저당권에 해당하는 권리를 설정한 사실은 존재하지 않지만, 전당의 명칭을 붙여 채권을 담보하는 일종의 권리를 설정"하고 있다고 하면서, 토지의 소유권자임을 증명하는 유일한 증거재료로서 "문기는 소유권의 징표[化体]"라고 간주되며, 전당은 매매 기타 법률행위에 의해 남에게 소유권을 이전하지 않겠다는, 소극적으로 그 처분권 행사를 스스로 제한한다는 관념"을 가졌다고 하였다. 결국 그는 토지소유권의 증거인 문기가 가진 효력이 법률적으로 제한되며, 더욱이 전당도 마찬가지로 법적 보호를 받지 못하고 있다는 점을 들어 토지소유권의 실재에 대해 앞으로 더욱 연구하여 보고되기 바란다면서 유보적 내지 부정적인 입장을 취했다.

자료의 의의

이 자료는 부동산법조사회에서 수행한 황해도 12개 지역 부동산에 관한 관행을 조사, 기록한 것으로 다른 조사 자료보다 풍부한 내용을 갖고 있다. 다만, 자료를 재정리한 부동산법조사회의 촉탁 히라키 간타로의 개인적인 평가가 수록되어 있어 제한적으로 사용되어야 한다. 그는 한국의 토지소유권의 유무를 법률적 제도의 미비를 이유로 부정하였으며, 구래의 관행에 의거한 현실의 토지소유권을 인정하지 않고 일본의 새로운 제도를 도입할 필요성을 주장했는데, 이러한 점에서 한국의 부동산 관행 자체를 객관적으로 조사했다고 보기 어렵기 때문이다.

자료 150 | 부동산법조사회, 1907. 6

한국 부동산에 관한 관례 제2철
韓國不動産ニ關スル慣例 第二綴

황해도 중 12군

서언

1. 이 책은 촉탁 히라키 간타로가 한국 부동산에 관한 관례를 조사한 것으로서, 조사 방법은 회장 우메 겐지로 박사가 이전에 행했던 방법을 모방하였다. 조사에 임하면서 조사 항목을 분석·설명했지만 각 군 및 그 외 지역에서 응답과 언사의 요령을 얻지 못한 결과 내용에 가끔 명확하지 못한 부분이 있다. 가장 유감스러운 점이다.
2. 부동산에 관한 조사를 행한 곳은 황해도 중 안악(安岳), 재령(載寧), 해주(海州), 신천(信川), 문화(文化), 은율(殷栗), 풍천(豊川), 송화(松禾), 장연(長淵), 장련(長連), 연안(延安), 백천(白川)의 각 군 및 세무서, 농공은행(農工銀行) 등이다. 주요한 응답자는 각 군수, 군주사(郡主事), 세무주사, 은행이사 등이며, 각각의 이름은 번잡을 피하기 위해 일일이 기재하지 않는다.
3. 책 안에 '부언(附言)'한 곳이 있는데 이는 촉탁 히라키 간타로가 출장 중 여러 방면을 탐문 연구한 결과를 기술한 것으로서, 중복의 염려가 있지만 참고를 위해 삽입하였다.
4. 부동산에 관한 조사 항목은 별지와 같다.

1907년 6월

의정부 부동산법조사회

조사 사항

1. 토지에 관한 권리의 종류, 명칭 및 그 내용

세목

(1) 인민의 토지소유권을 인정하는가? 만약 인정한다면 그 시기는 언제부터인가?

(2) 토지소유권의 제한 및 부담

(3) 국가는 어떤 조건 아래 인민의 토지소유권을 징수할 수 있는가?

(4) 소유권은 토지의 상하와 관련되는가?

(5) 토지의 경계와 쌍방 소유자 권리의 한계

(6) 공유지의 처분 및 관리에 관한 관습

(7) 차지권의 종류, 명칭 및 그 내용. 특히 건물 소유자의 권리

(8) 지역권이 있는가? 만약 있다면 그 종류 및 효력

(9) 입회권이 있는가? 만약 있다면 그 종류 및 효력

(10) 질권, 저당권의 설정조건 및 효력

2. 관민유 구분의 증거

3. 국유와 제실유의 구별 여하

4. 토지대장 또는 이와 유사한 것이 있는가? 만약 있다면 그 장부에는 어떤 사항이 기재되어 있는가?

5. 토지에 관한 권리의 양도는 완전히 자유로운가? 또 그 조건과 절차는 어떠한가?

6. 지권과 가권이 있다고 들었다. 이는 모든 토지와 건물에 존재하는가? 또 그 연혁 및 기재 사항은 어떠한가?

7. 토지의 경계는 항상 명확한가? 만일 명확하지 않은 곳이 있다면 동일한 토지에 대해 두 명 이상이 동일한 권리를 주장하는 경우가 적지 않을 것이다. 이러한 경우에는 무엇을 표준으로 정당한 권리자를 정하는가?

8. 토지의 종목은 어떻게 이를 나누는가? 일본은 논, 밭, 택지, 산림, 원야 등

9. 토지 장량(丈量)의 방법은 어떠한가?

10. 이상의 각 항목에 대해 시가지와 기타의 상이한 점이 있다면 그 차이. 기타 지방에 따라 관습이 다른 점이 있다면 그 구분

제1항 부동산의 권리

제1목 토지소유권

은율군

1. 인민은 토지의 소유권을 가지는가?

인민은 토지의 소유권을 가지고 있지만, 이것이 어떤 의미를 지니는지 알지 못한다. 일반적으로 소유권이라고 하니까 그렇게 말할 뿐이다.

2. 토지소유권의 기원 여하

개국 이래 516년간 이를 가지고 있었다는 사실은 인정할 수 있지만, 그 기인(起因)은 분명하지 않다. 다만 인민이 문기를 작성하여 관청에 제출하면, 관청은 준비된 장부에 이를 기입했던 것으로 보이는데, 현재는 이러한 일이 행해지지 않는다.

3. 소유권 취득의 방법 여하

소유권 취득의 방법은 다음과 같다.

(가) 법률행위

가령 매매의 경우 판매자가 가지고 있는 구문기(舊文記)와 함께 신문기(新文記)를 작성하고 이를 구매자에게 교부한다. 구매자는 판매자가 교부하는 문기와 교환하여 그 대금을 교부한다. 즉 신·구 문기와 대금을 서로 교환하는 일이 매매계약에 필요하다. 소유권의 취득에 있어서 별도의 어떤 형식이 필요한 것은 아니다. 관(官)의 허가를 받거나 관의 장부에 기입, 혹은 등록할 필요는 없다.

인민이 가지고 있는 문기는 그 소유권을 증명하는 유일한 증거이므로 만약 이를 분실하거나 소실했을 때는 관청에 교부를 신청한다. 이 경우 관청은 충분한 조사를 거친 후에 교부한다.

(나) 상속

(1) 가독상속(家督相續)[1]: 장자상속을 행하며 상속인은 전(前) 호주가 지닌 모든 재산을 취

---

1 일본 메이지 민법에서는 "가독상속은 신분상속에 속하여 호주권 및 호주가 호주권을 상실할 때 가지고 있는 재산"을

득한다. 그리고 상속인이 자신의 의사로 형제자매에게 그 재산을 분여하는 경우가 있다. 그렇지만 강제적인 분여는 아니다.

(2) 유산상속: 유류재산(遺留財産)은 유자(遺子)가 아직 어린 경우에는 관리자를 정하고 장성하면 이를 분배한다. 분배 방법은 명확하지 않다.

(다) 시효

시효라는 관념은 명확하지 않지만, 관유지나 기타 빈 땅을 개간하여 조세를 부담하게 되면 그 토지의 소유권을 취득한 것으로 간주한다.

(라) 첨부가공(添附加功)

첨부가공에 의해 토지의 소유권을 취득하려는 경우에는 해당 지방관청의 허가를 받아야 하며 수확이 생기면 조세를 부담해야 한다. 이때 조세 부담은 소유권 취득의 요건은 아니다.

4. 토지와 가옥의 관계 여하

가옥을 매매할 때 판매자가 아무런 의사를 표시하지 않으면 가옥의 부지는 그 부속물로서 가옥의 소유권과 함께 이전된다. 그렇지만 관유지 또는 타인의 토지를 빌려 가옥을 축조한 경우에는 그 소유권을 취득할 수 없다. 다만 차지권은 당연히 이전된다.

5. 토지소유권을 가진 자는 그 토지에 대해 어떤 작용을 할 수 있는가?

토지를 소유한 자는 그 토지에 대하여 자유롭게 사용·수익·처분을 행할 수 있지만 경우에 따라서는 관청에서 식림 및 다른 필요에 의해 사용·수익을 제한하거나 금지하기도 한다. 이 경우에는 그 명령에 따르지 않으면 안 된다.

6. 토지 매매계약의 양태 및 종류 여하

기한부 매매계약을 한다고 가끔 들은 적이 있지만, 조건부 매매계약은 들어본 적이 없다.

증여 교환의 계약이 이따금 행해지지만 극히 드물다.

목적으로 하였으므로 "명시를 기다릴 필요도 없이 분명하게" 규정하고 있다. 구민법 제294조 1항 "가독상속인은 성씨, 계통, 귀호 및 일체의 권리를 상속하여 호주가 된다"를 개정하여 "가독상속인은 상속 개시 시로부터 전 호주가 가지는 일체의 권리를 계승한다"(원안 제973조, 메이지 민법 제986조) 등으로 되어 있다. 이러한 가독상속이란 용어는 조선에서 이전 제사상속을 하는 장자 등 가부장권의 상속을 지칭하는 것으로 사용될 수 있지만, 일본 구민법의 규정을 그대로 적용한 것으로 조선의 전통 관습과는 차이가 있다(권철, 2009, 「일본 명치민법 상속편의 가독상속과 유산상속」, 『성균관법학』 제21권 2호, 96-99쪽).

문화군

1. 인민은 토지의 소유권을 가지는가?

상동

2. 토지소유권의 기원 여하

기자조(箕子朝)의 시대부터 이를 인정했던 것 같다. 특별히 일반 인민의 토지소유권을 관청에서 인정해 준 사실은 존재하지 않지만, 인민은 토지를 개간하거나 기타 여러 종류의 행위를 통해 자연스럽게 이를 취득했던 것이라고 믿는다.

3. 소유권 취득의 방법 여하

토지소유권 취득의 방법

(가) 법률행위

당사자끼리 토지 매매의 의사 표시가 합치하여 계약이 성립했을 때, 구문기 및 새로 작성한 문기와 그 대금을 교환하지 않았다면 토지의 소유권은 이전되지 않는다. 증여의 경우에는 증여자가 구문기 및 신문기를 작성하여 교부해야 한다. 최근에는 보증인의 입회를 필요로 한다.

(나) 상속

(1) 가독상속: 장남이자 적자[嫡出子]가 상속한다. 상속이 시작되면 전 호주의 권리 의무 일체를 계승한다.

(2) 유산상속: 상속인은 피상속인의 권리 의무를 계승한다. 유류 재산은 장남이 그 10분의 7을 취득하며, 차남이 10분의 3을 취득하는 것이 일반적인 것 같다.

(다) 관청의 허가

황무지 또는 못이나 늪을 개간하는 경우는 해당 지방의 관청에 신청하고 허가를 받아야 한다. 이 허가는 소유권 취득에 있어서 하나의 원인(原因)이 된다. 토지를 개간하고 3년이 지나면 일정한 조세를 부담한다. 허가의 권한을 가진 관청은 농상공부(農商工部)지만 어떤 규정이나 훈령이 있는지는 알지 못한다.

(라) 시효

명확한 시효의 관념은 없지만, 장기간 어떤 토지를 사용·수익하면 그 토지를 취득하는 것 같다. 그 기간은 일정하지 않은데 대체로 30년 정도가 지나면 관청에 신청하여 소유권을 부여받을 수 있을 것이다.

(마) 첨부

첨부를 통해 토지의 소유권을 취득한다는 사실은 들어본 적 없다.

4. 토지와 가옥의 관계 여하

가옥을 매매한 경우 별도의 의사 표시가 있더라도 그 부지의 소유권에는 어떠한 효력도 가지지 못하며, 가옥에 부속된 것으로서 당연히 구매자에게 이전된다. 단 관유지 또는 타인의 토지에 가옥을 건축한 경우는 차지권은 구매자에게 이전되지만, 소유권은 당연히 이전되지 않는다. 따라서 구매자는 이전과 동일한 차지료를 지불할 필요가 있다.

5. 토지 매매계약의 양태 및 종류 여하

상동

6. 토지소유권자는 그 토지에 대해 어떠한 작용을 할 수 있는가?

상동

안악군

1. 인민은 토지의 소유권을 가지는가?

상동

2. 토지소유권의 연혁은 어떠한가?

토지소유권의 연혁을 알지 못한다.

3. 토지소유권 취득 방법 여하

(가) 법률행위

상동

(나) 상속

상동

(다) 관청의 허가

황무지 등을 개간하려는 자는 군수에게 신청하고, 관찰사를 경유하여 농상공부 대신의 허가를 얻어야 한다. 허가를 얻으면 곧바로 소유권을 취득한다. 다만 실제로는 황무지를 개간한 이후에 관청의 허가를 받는 경우가 많다.

(라) 시효

약 30년 정도 사실상 소유의 의사를 가지고 토지를 점유한 경우는 소유권을 취득하는 듯한데 정확한 시효의 의의는 알지 못한다. 또 채권의 소멸시효에 관한 관념이 없기에 몇십 년이 경과하더라도 채권자는 채무자에 대해서 이행 청구를 할 수 있다.

(마) 첨부를 통해 토지의 소유권을 취득하는 경우가 있다고 믿지만, 근래 그러한 사실이 있었다는 것은 들어본 적이 없다.

4. 토지와 가옥의 관계 여하

가옥을 매매할 때 별도의 의사 표시가 없었다면 부지 및 그에 속하는 빈 땅은 당연히 구매자의 권리에 부속된다. 만약 타인의 토지에 가옥을 건축하고 이를 매매하는 경우는 그 차지권은 당연히 구매자에게 이전된다.

5. 법률행위의 양태 및 종류 여하

상동

6. 토지소유권자는 그 토지에 대해 어떠한 작용을 할 수 있는가?

상동

신천군

1. 인민은 토지의 소유권을 가지는가?

상동

2. 토지소유권의 기원 여하

토지소유권의 기원은 명확하지 않지만 인민의 토지소유권은 개국과 동시에 인정되었던 것으로 보인다. 역사를 보면 단군시대 대략 천년과 기자시대 대략 천년이 지나고, 이후 연나라 사람 위만에서 삼한(마한, 진한, 변한)으로 옮겨갔고, 다시 신라, 고구려, 백제로 옮겨갔다. 신라의 통일 이후 그 힘이 미약해지자 고려에 항복했으며, 고려는 이성계, 즉 태조에게 멸망한 후 현재에 이르는데 대략 4,240년 동안 서서히 변화를 겪었다. 인민의 토지소유권을 증명하는 기원은 명확하지 않지만 기자시대의 정전구일세(井田九一稅) 제도에 그 맹아가 보이며, 수많은 변천을 겪은 후 이조 시조(始祖)에 이르러 양안(量案)이라는 부책(簿冊)을 작성하여 민유(民有) 토지의 상황을 명확히 하고자 했다. 다만 불완전했던 탓에 정확한 실행은 이루어지지 못한 것 같다. 그리고 그 후 대원군이 동치(同治) 신미(辛未) 10년(1871)에 종래의 양안을 개정·증보하여 다소 형태를 갖추었으나 개국 503년 동학당[2]이 탈취했고 지금은 존재하지 않는다.

3\. 토지소유권 취득 방법 여하

(가) 법률행위

상동

(나) 상속

상동

(다) 관청의 허가

상동

(라) 시효

상동

(마) 첨부

상동

4\. 토지와 가옥의 관계

상동

5\. 법률행위의 양태 및 종류

상동

6\. 토지소유권의 작용

상동

재령군

1\. 인민은 토지의 소유권을 가지는가?

상동

2\. 토지소유권의 기원 여하

---

[2] 원문에는 '개국 3년(開國三年) 대학당(大學黨)'으로 잘못 쓰여있다.

토지소유권의 기원은 알 수 없지만 관이 인민에게 무언가를 부과하는 명령을 내리기 시작한 것은 기자시대의 정전구일세 제도에서 그 기원이 발생하였다. 그 후 공물제도도 있었지만 임진왜란 때 대부분 유린되었고 다시 결복부속(結卜負束)의 제도에 따라 조세를 징수하여 지금에 이른다.

3. 토지소유권 취득 방법 여하

(가) 법률행위

상동

(나) 상속

(1) 호주상속

상동

(2) 유산상속의 경우 유류재산은 장남이 10분의 5를 취득하고 차남이 10분의 3을 취득하며 서자는 10분의 2를 취득한다. 그리고 직계비족(直系卑族)의 상속인이 없는 경우에는 처가 이를 상속한다. 만약 처가 없으면 그 집의 호주가 상속한다.

(다) 관청의 허가

상동

(라) 시효

상동

(마) 첨부

상동

4. 토지와 가옥의 관계

상동

5. 법률행위의 양태 및 종류

상동

6. 토지소유권자는 그 토지에 대해 어떠한 작용을 할 수 있는가?

상동

해주군

1. 인민은 토지의 소유권을 가지는가?

상동

2. 토지소유권의 기원 여하

토지소유권의 기원은 분명하지 않다.

3. 토지소유권 취득 방법 여하

토지소유권의 취득 원인은

(가) 법률행위

상동

(나) 상속

(1) 호주상속

상동

(2) 유산은 직계비족이 상속한다. 만약 직계비족이 없으면 처가 유산을 상속한다. 처가 없으면 그 집의 호주가 유산을 상속한다. 재산 분배는 장남이 3분의 2를 취득하고, 차남이 만약 두 명이면 각각 그 6분의 1을 취득한다.

(다) 관청의 허가

상동

(라) 시효

상동

(마) 첨부를 통해 소유권을 취득하는 경우가 있을 것이라고 믿지만 그러한 사실을 들어본 적은 없다.

4. 토지와 가옥의 관계

상동

5. 법률행위의 양태 및 종류

상동

6. 토지소유권자는 그 토지에 대해 어떠한 작용을 할 수 있는가?

상동

송화군

풍천군

장연군

1. 인민은 토지의 소유권을 가지는가?

상동

2. 토지소유권의 기원 및 연혁 여하

상동

3. 토지소유권 취득 원인 여하

상동

4. 토지와 가옥의 관계 여하

상동

5. 법률행위의 양태 및 종류 여하

상동

6. 토지소유권자는 그 토지에 대해 어떠한 작용을 할 수 있는가?

상동

장련군

모든 항목이 앞의 군과 같음.

연안군

1. 인민은 토지의 소유권을 가지는가?

상동

2. 토지소유권의 기원 및 연혁 여하

상동

3. 토지소유권의 취득 원인

(가) 법률행위

토지와 가옥을 매매하는 경우 판매자는 먼저 신문기를 작성하여 구문기와 함께 구매자에게 교부하며, 구매자는 그 대금을 지불하지 않으면 토지와 가옥의 소유권을 취득할 수 없다. 즉 문기와 대금의 교환행위가 소유권 이전의 요건이 되는 것이다. 다만 금전적 가격을 지닌 증서로 대금을 대신할 수 있는데, 이 경우에는 판매자의 승낙이 필요하다. 또한 일반적으로 보증인의 입회가 필요하다.

(나) 상속

상동. 다만 유산 분배는 장남이 재산의 2분의 1을, 차남이 5분의 3, 서자가 5분의 2를 취득한다.

(다) 관청의 허가

자연의 토지를 개간하여 자신의 소유로 삼는 경우가 있으며, 또 관청의 허가를 얻어 황무지를 개간하고 자신의 소유지로 삼는 경우도 있다. 관의 허가를 얻으면 곧바로 소유권을 취득함과 동시에 조세를 부담해야 한다. 자연의 토지를 개간한 경우는 그 토지에 대한 입지(立旨)를 요청한다. 입지는 문기와 동일한 효력을 가지기 때문에 충분한 조사를 거친 후가 아니라면 이를 부여할 수 없다. 그리고 입지는 소유권을 새로 부여하는 것이 아니라 기존의 소유권을 인정하는 의미를 가진다. 또 인민이 스스로 황무지를 개간하여 수확을 얻게 되었을 때 이를 신고하고 관청은 여기에 허가를 주는 경우가 있다. 이러한 권한은 군수, 관찰사를 경유하여 농상공부의 관청이 가진다.

(라) 시효

시효가 무엇인지 모르겠다. 다만 입지를 부여하는 경우가 시효의 관념에 가까운 것 같다.

(마) 첨부

첨부를 통해 소유권을 취득한다. 그리고 그 사실을 관청에 신고하는 것을 통례로 한다.

4. 토지와 가옥의 관계

상동

5. 법률행위의 양태 및 종류

상동

6. 토지소유권자는 그 토지에 대해 어떠한 작용을 할 수 있는가?

상동

백천군

1. 인민은 토지의 소유권을 가지는가?

상동

2. 토지소유권의 기원 및 연혁 여하

토지소유권의 기원 및 연혁에 대해서는 아는 바가 없다.

3. 토지소유권의 취득 원인 여하

토지소유권의 취득 원인은

(가) 법률행위

토지 매매의 법률행위가 이루어지기 위해서는 당사자 간 의사 합치는 물론 그 외에

(1) 새로 작성한 문기 및 구문기와 그 대가를 교환하는 행위가 필요하다.

(2) 매매행위에 증인의 입회가 필요하다. 또한 증인은 20세 이상의 남자, 그리고 판매자의 재산 상황을 잘 아는 사람이어야 한다.

(나) 상속

상동

(다) 관청의 허가

황무지 개간의 허가를 받으면 곧바로 그 소유권을 취득한다. 관청의 허가를 얻어서 소유권을 취득하는 일은 최근에 발생한 현상이며, 지금부터 10년 전까지 일반 인민은 자유롭게 토지를 개간하고 그 개간한 토지에 대해 조세를 부담했다. 어떤 사람은 조세를 납부하지 않기도 했다. 조세의 유무와 상관없이 자연스럽게 소유권을 취득했던 것 같다.

(라) 시효

시효의 관념은 박약해서 명확히 대답하기 어렵다. 다만 어떤 토지를 영원히 소유할 의사를 가지고 점유했던 사람이 그 토지를 다른 사람에게 넘길 때는 관청에 입지를 요청하기도 한다. 이때 관청은 이에 대해 충분한 사실 조사를 실시하고 별다른 문제가 없으면 설권적(設權的) 처분이 아닌 선시적(宣示的) 처분을 행한다. 일반적인 경우 입지를 요청하고 그 소유권을 다른 사람에게 넘기지만, 입지를 받지 않고 소유권을 넘기기도 한다.

(마) 첨부를 통해 소유권을 취득할 수 있는지 어떤지 모르겠다.

4. 토지와 가옥의 관계 여하

상동

5. 법률행위의 양태 및 종류 여하

상동

6. 토지소유권자는 그 토지에 대해 어떠한 작용을 할 수 있는가?

상동

해주 농공은행 이사[取締役]의 응답

토지소유권의 이전에 관한 법률행위는 어떠한 요건을 구비해야 하는가?

토지 매매의 법률행위에 요구되는 조건을 일반적 관례에 따라 열거하자면

1. 매매계약 당사자의 상호 의사 합치가 필요하다.

2. 매매계약 시에 판매자는 신문기를 작성하여 구문기와 함께 구매자에게 교부하며, 구매자는 그 대가를 교부해야 한다.

3. 매매계약에는 가쾌(家儈) 또는 집필(執筆), 증인(證人)이라고 칭하는 입회인이 반드시 있어야 한다. 만약 이러한 입회인이 없으면 매매계약은 효력을 가지지 못한다. 따라서 동일한 토지에 대하여 첫 번째 매매에는 증인이 존재하지 않고 두 번째 매매에는 증인이 존재하는 경우, 만약 그 토지를 두고 후일 다툼이 벌어지면 두 번째 매매가 정당성을 가진다는 이야기를 종종 듣는다. 대체로 옛날에는 인민이 일반적으로 순박하여 부정행위를 하는 자가 없었지만, 인민의 지식이 진보함과 동시에 이따금 부정행위를 하는 자가 생기면서 일반적으로 증인을 끼우게 되었다. 제삼자가 토지의 매매 여부를 상세하게 알기 위해서는 당사자의 행위에 타인을 개입시킬 필요가 있었고, 여기서 생겨난 증인을 끼우는 관습이 현재는 거의 필요조건이 되었다. 따라서 일반적으로 보증인의 개입이 없는 경우, 그 행위는 완전한 것이라고 말할 수 없다. 매매의 증인이 되기 위해서는 20세 이상일 것, 그리고 판매자의 재산 상태, 즉 판매자가 매매하려는 토지가 정말 판매자의 소유지인지 아닌지를 상세히 알아야 한다. 그러니까 판매자의 보증인은 매매행위에 필요한 조건임과 동시에 소유권 이전 등 공시기관의 효용을 가지는 것이다.

부언(附言)[3]

인민에게 토지소유권이 존재하는지 물으면 일반적으로 답하기를 인민에게 토지소유권이 존재한다고 한다. 그런데 무엇에 근거하여 토지소유권이 존재한다고 말할 수 있느냐고 물으면 명확하게 답하지 못하며 이를 증명할만한 법규가 없다. **한국에서 소유권이라는 말은 최근 일본인 및 기타 외국인이 서로 왕래 교통하면서 비로소 사용하게 된 말로서, 소위 소유권이라는 것이 어떠한 의의를 가지며 그 효력과 작용은 어떠한가 등에 대해 명확한 관념을 가진 사람이 거의 없는 상황이다. 그들의 답변을 신용하여 곧바로 인민에게 토지소유권이 존재한다고 단정하는 것은 매우 경솔한 일이다.** 그렇지만 일반 인민이 오랫동안 자주(自主)의 의사를 가지고 토지를 점유한 사실이 있으며, 그 점유한 토지를 사용하여 수익을 얻거나 물질적 처분을 행하는 경우도 있다. 게다가 종래의 관습에 따라 매매, 증여 및 기타의 법률행위를 통해 권리의 이전, 즉 법률적 처분행위를 하며, 또한 적극적·소극적으로 점유 물건에 실력을 행사해 왔다는 점을 보면, 어쩌면 인민에게 토지소유권이 존재한다고 단정할 수 있을 것 같기도 하다. 그렇지만 **토지소유권은 법률상 직접 또는 간접적으로 규정된 법규가 존재하지 않는다면 이를 인정할 수 없다. 달리 말하자면 법률의 규정에 근거해야 비로소 소유권이라는 사법상 권리가 발생하고 그 존재를 인정할 수 있으며, 법률 이외에는 그 존재를 용인할 수 없다는 관념에서 보면 지금 한국에는 인민에게 토지의 소유권을 공인하는 법규로서 증빙할 만한 것이 전혀 없다.** 따라서 인민은 토지소유권을 가지지 않는다. 그러므로 국가는 언제라도 점유된 토지들을 해방시킬 수 있지만, 국가 자존(自存)의 필요상 이를 행하지 않을 뿐이라고 말할 수 있다. 그러므로 인민이 토지의 소유권을 전혀 가지지 않는지 어떤지 깊이 연구할 필요가 있다. 아래에서 한두 가지 점을 간단히 논해보겠다.

1. 정부가 인민으로부터 징수하는 조세는 인민이 토지소유권을 가지기 때문에 부담한다는 관념에서 보면, 세법의 규정에 근거하여 토지소유권이 인민에게 간접적으로 공인되어

---

[3] 이 자료에서 계속 등장하는 '부언'은 저자인 부동산법조사회 촉탁 히라키 간타로가 한국 부동산에 관한 관례를 조사한 것으로서 그의 일방적인 편견과 결론이 작용하였으므로 그 내용을 비판적으로 살펴볼 필요가 있다. 이하에서 진하게 표시된 부분은 편역자의 강조이다.

있다고 말할 수 있을 것이다. 다만 조세의 징수는 반드시 소유권의 유무를 표준으로 삼을 필요가 있는 것은 아니다. 토지를 사용하는 상태에 대해 조세를 부과할 수 있는데, 고래 각국에서 토지소유권을 공인하기 이전부터 지조(地租)를 부과한 사례는 일일이 열거할 필요도 없을 것이다. 가령 백보 양보해서 조세(지조)는 소유권에 부과하는 것으로서, 그 표준을 토지소유권에 요구하지 않는 것은 지조가 아니라고 한다면 한국이 인민에게 부과하는 조세는 지조가 아니라고 할 수 있다. 왜냐하면 한국의 징세는 토지의 수확을 표준으로 삼으며 그 수확의 일부를 징수하는 것이기 때문이다. 그 연혁은 명확하게 알 수 없지만, 기자 초 정전 구일제에서 맹아가 발생했다고 일반적으로 알려져 있다. 본디 이 제도는 한국 일반에 시행된 것은 아니며, 평양 일부에 시행하려고 한 것인데 공권력이 미약한 탓에 오랫동안 실행되지 못했다고 한다. 그 후 공물이라는 부과의 방법을 만들어 일정한 표준에 따라 실물을 징수했지만, 당시 전란이 끊이지 않았고 천하가 난마(亂麻)와 같아서 재정을 정리할 여유가 없었으며 여러 폐해가 백출했기 때문에 이를 폐지했다. 임진왜란 이후 새로 결복부속이라는 이름의 징세법을 만들고 일정한 표준에 따라 징수를 행하기 시작했다(현물 징수). 그렇지만 최근 금전경제가 발달하자 현물 징수 대신 1부(負)의 가격을 금 8전으로 간주하고 납세케 하였다. 현금징세는 일종의 편의를 위한 방법·수단이며, 현물 징수가 금전 징수로 바뀐 것으로서 그 성질이 변한 것은 아니며 여전히 중고(中古)부터 이어진 현물 징수의 관념을 포함하고 있다. 즉 일반 납세자는 1부를 8전으로 계산하고 자신의 현물을 납입하는 대신에 현금을 납입하는 것이다. 게다가 징세의 표준이 일정한 지가(地價)에 의하지 않고 토지의 편부(便否), 수확의 다과(多寡)에 따라서 행해지는데, 이것은 우리 메이지 유신 이전 봉건시대에 무가(武家)가 그 영민(領民)에게 징수한 일종의 소작료와 거의 일치한다는 점에서 순연한 조세의 성질을 지니지는 않는 것 같다.

2. 종래 각 지방 하급 관청에 설비한 양안을 토지대장으로 간주하고 토지소유권을 인민에게 공인한 유일한 근거로 삼은 바 있다. **그렇지만 양안은 인민에게 토지소유권을 공인할 목적으로 만든 것이 아니며, 조세 징수를 위해 만든 부책이다. 여기에는 조세지의 등급, 부담액, 면적, 기주(起主) 및 소재지 등을 기재했다. 그리고 조제 당시의 부담자만을 표시했을 뿐 그 이후로 아무런 개정의 흔적이 없다. 따라서 양안에 표시된 부담자와 현재의 부담자는 매우 다를**

뿐만 아니라 양안과 토지점유자는 아무런 관계를 가지지 않는 경우도 있다. 현재 일반적인 징세는 여전히 이 부책이나 그 정신을 참조하여 인민에게 조세의 부담을 명하는데, 우리의 토지대장과는 그 성질 및 정신을 달리한다.

이상과 같으므로 과연 인민이 토지소유권을 갖고 있는지 아닌지 매우 의문이 들지만, 옛날부터 관행의 사실에 따라 토지소유권을 갖고 있다고 말할 수 있는지는 더 연구를 해서 보고할 것을 기약한다.

3. 소유권 취득의 원인

(가) 법률행위(계약)

법률행위 특히 매매계약에는 매도자가 토지의 소유권을 구매자에게 이전한다는 의사 표시와 구매자가 토지소유권의 대가로서 일정한 금액을 판매자에게 지불한다는 의사 표시가 서로 일치되는 일이 필요하다. 그 이외에 소유권의 이전에는 다음 조건이 필요하다.

(1) 매도자는 매매계약이 성립하면 새로 문기를 작성하고 종래 소유했던 구문기와 함께 구매자에게 교부할 필요가 있다.

(2) 구매자는 판매자에게 매매대금을 지불해야 한다. 즉 매도자가 소유한 신구 문기와 대금을 상환하여 지불하는 것이다. 그러므로 단지 당사자의 매매계약만으로는 아직 소유권 이전의 효과가 발생하지 않는다.

(3) 매매계약에는 증인 또는 집필이라고 칭하는 입회인이 있어야 한다. 이 요건은 중고(中古)에는 절대적인 것이 아니었지만, 입회인이 존재하지 않아서 매매계약이 성립하지 못하는 일이 많아지자 자연스럽게 변하여 지금은 거의 절대적인 요건이 되었다. 따라서 이 요건을 충족하지 못한 경우에는 매매계약이 무효가 되는 것 같다. 가령 다른 제삼자의 입회가 없는 당사자끼리의 계약은 아무런 효과를 발생시키지 않는다. 따라서 후일 그 토지를 다시 타인에게 매매하는 경우 입회인이 있으면 이때의 구매자를 정당한 소유권 취득자로 삼는다. 입회인의 자격은 일정하지 않지만 보통 20세 이상의 남자로서 당사자의 재산 상태를 잘 아는 사람일 필요가 있는 듯하다. 대개 이 입회인의 성질은 매매 사실의 승인자임과 동시에 일종의 공시기관으로서 전당 보증인과는 성격이 다르다. 이 점은 전당권 항목에서 다시 설명하겠다.

이상의 조건을 구비하면 다른 어떤 형식이 없어도 곧바로 소유권을 이전한 것으로 간주한다. 달리 말하면 소유권의 이전을 관청에 신고하거나 관청의 부책에 등기, 등록하는 행위가 필요하지 않은 것이다.

한국에는 소유권 이전에 대해 공시기관이 설비되어 있지 않기 때문에 동일한 권리를 2인 이상이 서로 주장하는 경우의 결정 및 문기와 소유권의 관계, 또 소유권과 전당권의 관계 등은 뒤에서 차차 개진할 것이다. 그리고 소유권 이전에 관한 토지와 가옥의 관계를 설명하겠다.

토지소유권과 가옥소유권의 관계

자기의 소유지 내에 가옥을 건축하면 그 부지는 가옥에 부가되어 거의 일체를 이룬다는 관념이 있는 것 같다. 따라서 가옥을 매매나 증여 및 기타 법률행위에 따라 소유권을 이전하면 당연히 그 대지의 소유권은 가옥에 부속된 것으로 간주하여 가옥의 소유권을 취득한 사람으로 옮겨가게 된다. 그렇지만 만일 타인의 소유지 내에 가옥을 건축한 사람이 그 가옥의 소유권을 타인에게 이전하면 대지의 소유권은 이전할 수 없다. 이 경우에 토지소유권자에게 아무런 의사 표시를 하지 않아도 그 차지권은 당연히 가옥의 소유권을 취득한 사람에게 이전되며, 토지소유자는 어떠한 이의도 제기할 수 없다.

가옥의 소유권에 대지의 소유권이 수반된다는 관념은 그다지 강제적 관례가 아니기 때문에, 양자의 권리를 분리하여 각각 따로 매매나 기타 법률행위에 따라 소유권을 이전하겠다는 의사 표시를 행한 경우에는 양자 사이에 주종수반(主從隨伴)이 뒤따르지 않는다. 그렇지만 가옥 및 대지를 분리하여 매매나 기타 법률행위를 행하는 사례는 극히 드문 일로서 일반적인 거래에서는 이를 분리하지 않는 것이 상례다. 또한 후일의 분쟁을 방지할 필요에서 가옥의 매매나 기타 법률행위를 행할 때 특별한 의사 표시를 문기에 게재하여 토지가옥의 병합 매매 여부를 자세히 알 수 있도록 한다.

(나) 상속[계속(繼續) 또는 세전(世傳), 전래(傳來) 등의 용어를 보통 사용한다]

(1) 호주상속

호주상속의 경우 전 호주[또는 가주(家主)라고 칭한다]가 사망하면 상속인은 전 호주가 가진 권리 의무를 계승한다. 따라서 결과적으로 전 호주가 가진 토지소유권도 계승한다.

상속인의 자격은 직계비속으로서, 적자이어야 하며 그중에서도 연장자일 것이 요구되기 때문에 연장자일지라도 서자(庶子)나 사생아(私生子)가 적자에 우선하여 상속인이 될 수 없다. 호주상속의 경우 현실 상속인의 유류분(遺留分)은 재산의 10분의 5 내지 7을 취득하며, 다른 상속인은 10분의 4 내지 5를 평등하게 분배받는다. 단, 서자 또는 사생아의 경우에는 평등한 분배를 받지 못한다.

(2) 유산상속

유산상속의 경우 사망한 가족이 재산을 가지고 있으면 다음 순서에 따라 이를 상속한다.

① 직계비족

② 처

③ 호주(또는 가주)

직계비족이 여러 명인 경우는 장남이 유산의 10분의 4 내지 6을 취득하며, 기타는 남은 재산을 대개 평등하게 분배받는다. 단 서자와 사생아는 여기 해당하지 않는다.

(다) 첨부

첨부의 사실로서 소유권을 취득하는 경우가 있을 수 있겠지만, 최근에는 이를 들어본 적이 없다.

(라) 관청의 허가

황무지나 기타 지소(池沼) 등을 개간하기 위해 관청의 허가를 얻으면 그 토지의 소유권을 취득한다. 이 경우 관청의 허가서는 문기와 동일한 작용을 하는바, 토지의 매매, 증여 등의 행위에 의해 권리를 이전 또는 설정할 때는 그 허가서의 수수(授受)가 필요하다.

(1) 허가의 수속

황무지 또는 지소를 개간하려는 자는(실제로는 개간 이후 허가를 청원하는 자가 많다) 청원서를 만들어 그 토지를 관할하는 지방의 군수에게 제출한다. 군수는 청원서에 기재된 사항을 조사한 후 조사 기록과 함께 이를 농상공부에 보고한다. 농상공부는 보고서 및 청원서의 내용을 조사한 후 허가 여부를 결정한다. 허가 여부를 결정할 때는 허가서를 군수에게 송부하고, 군수는 이를 청원인에게 교부한다.

황무지 또는 지소의 개간에 관한 허가를 농상공부에 청원하게 된 것은 최근의 일로서 농상공부 설치 이전(광서 10년 갑오년)[4]에는 판관(判官, 현재의 군수)을 경유하여 감사(監司, 현재의

---

[4] 광서 10년은 갑신년(1884)이므로 광서 20년 갑오년의 잘못이다. 실제 농상공부가 설치된 것은 1895년이다.

관찰사)에게 청원하며, 감사는 자유로이 허가를 준 것 같다. 그 이전에는 특별히 관청의 허가를 받는 일 없이 인민이 자유롭게 토지를 개간하고 지소를 매립하여 자연스럽게 경지를 만들어 사용, 수익을 얻었던 것 같다.

(2) 소유권 취득의 시기

개간의 허가를 받고 그와 동시에 일정한 기간(3년 내지 5년)이 지나면 일정한 조세 부담의 의무가 발생한다. 그렇지만 토지의 소유권은 조세를 부담하는 시기가 아니라 허가를 받음과 동시에 취득한다. 따라서 일단 허가를 받은 경우는 개간 여부를 묻지 않고, 또 조세의 유무를 논하지 않고 자유롭게 매매나 기타의 행위에 의해 소유권을 이전할 수 있다.

(마) 시효

정확한 시효의 관념을 가지고 있지 않지만 사실상 어떤 기한(30년 내지 50년)에 걸쳐 자주적 의사를 가지고 점유, 지배한 경우에는 그 토지의 소유권을 취득하는 것 같다. 가령 오랫동안 어떤 토지를 소유하고 점유한 자가 그 토지를 매매나 기타의 법률행위를 통해 권리를 이전하려고 할 때 만약 그가 문기나 기타 자기의 권리를 증명할 만한 것을 가지고 있지 않은 경우는 관의 입지를 청구하기도 한다. 이 경우에는 사실상 실제로 권리 취득의 증거가 없어도 자주적 점유자가 오랜 시간 그 토지를 지배했으며 달리 어떤 이의를 제기하는 자가 없다면, 오랜 시간 자주 독점자로서 완전히 그 토지를 지배했던 사람을 토지소유자로 인정하는 것이 일반적인 관례다. 이 경우는 자주 독점의 원인을 조사하지 않는다. 단지 오랜 시간 자주 독점한 사실에 따라 이상의 사실을 인정해 주는 것으로서, 무릇 그 뜻은 자연 영구히 점유한 상태는 이를 존중해야 한다는 관념에 근거한 것 같다.

제2목 소유권의 부담 및 제한

은율군

1. 소유권의 부담 여하

(가) 소유권의 중요한 부담은 조세다.

조세는 전답에서 산출된 수확을 표준으로 금액을 정한다. 토지 등급을 6등으로 나누는데, 이 지역에는 1등, 2등, 3등의 토지는 없고 4등, 5등, 6등의 토지만 있다. 4등 토지는 전답을 묻지 않고 1두락당 5, 6부(負)를, 5등 토지는 3, 4부를, 6등 토지는 2, 3부를 납세한다. 1두락의 넓이는 직경 60보(步)이고, 답은 직경 40보다. 1보는 우리 일본의 1척 7촌 5부에 해당하며 1부는 금 8전의 금액으로 정해져 있다.

(나) 전답에 인접한 도로를 수선할 의무를 부담한다.

2. 소유권의 제한이 있는가?

토지소유권 행사에는 다음과 같은 제한이 있다.

(가) 관의 허가를 받지 못하면 자기 소유지 내의 광물이라도 채굴하지 못한다. 다른 사람이 관의 허가를 얻어서 이를 채굴하는 경우는 이를 거부하거나 방해할 수 없다. 다만 그 사람에게 토지의 매수를 요구할 수는 있다.

(나) 관청이 조림(造林)을 위해 죽목(竹木)을 심을 때는 자기 소유지더라도 이를 채수(採收)하지 못한다.

(다) 자기 소유지에 타인이 가옥을 짓기 위해 차지를 청구하면 이를 거절하지 못하는 것이 일반 인민 사이에서 하나의 법률적 신념처럼 존재한다. 이때 청구를 거절하려면 관에 호소하여 그 목적을 달성한다. 또한 가옥을 건축한 뒤에 그 가옥이 일시적 혹은 영구적으로 멸실(滅失) 훼손되었을 때는 의사 표시를 통해 소유권을 계속 유지할 수 있다. 만약 차지에 기한이 존재하는 경우 기간 만료와 함께 차지권이 소멸하지만, 대개 영구적 무기한인 경우가 많다. 차지인은 그 땅값으로 소작료와 동일한 금액을 지불한다.

문화군

1. 소유권의 부담 여하

(가) 소유권의 중요한 부담 중 첫 번째는 조세이며, 조세는 토지의 수확을 표준으로 정한다. 1등의 답(畓)은 1결당 500부를 부담한다. 1두락당 2부 5속 납부가 평균이며 상답(上畓)은 3부, 중답(中畓)은 2부 1속, 하답(下畓)은 2부를 납부한다.

(나) 자기 소유지의 연도(沿道)는 스스로 수선할 의무가 있다.

2. 소유권의 제한이 있는가?

(가) 관의 허가를 얻지 못하면 자기 소유지에서 산출되는 광물일지라도 채굴할 수 없다. 타인이 그 광물 채굴의 권리를 얻은 경우는 그 토지를 매수하지 않으면 관의 허가를 얻었어

도 이를 채굴할 수 없다(반드시 매수할 이유는 없는 것 같다. 다만 그 배상을 하면 되는 것 같다).

(나) 자기 소유지에 대해 가옥 건축을 위한 차지가 청구되면 거절할 수 없다.

(다) 식림을 위한 죽목은 자기 소유지 안에서도 자유롭게 벌채하지 못한다.

안악군

1. 소유권의 부담 여하

(가) 소유권의 중요한 부담은 조세다. 조세는 그 토지에서 산출되는 수확을 표준으로 삼는다. 토지의 비옥·척박함의 정도에 따라 1등·2등·3등·4등·5등·6등의 구별이 있다. 1등 답은 직경 100척(1척은 일본의 4척 5촌) 면적에 10부의 조세를 부과한다. 2등 답은 8부 5속을, 3등 답은 7부를 부과한다. 이하 1등이 내려갈 때마다 1부 5속의 부과를 체감한다. 1부의 가격은 금 8전으로 정한다. 1두락(직경 100척)의 수확은 대개 2표(俵) 정도로서 1표는 20두를 가리킨다. 1두락은 2두(斗)는 2승(升) 5합(合)이며 1승(升)의 길이는 일본의 척으로 1척 1촌 4부, 너비 3촌, 깊이 4촌 5부다.

(나) 소유지의 연도 수선은 소유자가 그 의무를 부담한다.

2. 소유권의 행사에 제한이 있는가?

제한이 있으며 다음과 같다.

(가) 관의 허가를 얻지 않았다면 자기의 소유지라도 광물을 채굴할 수 없다. 타인이 자기 소유의 토지 내에 있는 광물채굴권을 얻은 경우 그 사람은 토지를 매수해야 하며, 소유자는 이를 매각해야 한다.

(나) 식림을 목적으로 심은 죽목은 자기 소유지 내라도 자유롭게 이를 채수할 수 없다.

(다) 자기의 토지에 대해 가옥의 건조를 위한 차지권 설정의 청구가 있으면 이를 받아들여야만 한다.

신천군

1. 소유권의 부담 여하

(가) 토지소유권의 중요한 부담은 조세다. 원래 토지를 6등으로 구별하는데 이 지역에는 6등지만 있다. 그 구별의 기준이나 이유는 알지 못하지만, 토지의 비옥·척박함의 정도에

따른 것으로 생각된다. 조세도 역시 비옥·척박, 수확의 다과에 따라 정하는 것 같다. 또 6등지를 다시 상세히 구별하여 1등 답은 직경 100척의 면적을 지닌 토지에 대해 1결, 2등 답은 85부, 3등 답은 70부, 4등 답은 55부, 5등 답은 45부, 6등 답은 25부의 조세를 부담한다. 1부 가격을 8전으로 환산하여 납부한다.

(나) 상동

2. 토지소유권의 행사에 제한이 있는가?

상동

재령군

1. 소유권의 부담 여하

소유권의 첫 번째 부담은 조세다. 1두락당 1등 답은 3부, 2등 답은 2부 5속, 3등 답은 2부를 부담한다. 1두락의 면적은 길이 30보, 폭 70보로 정한다. 1보는 보통 남자의 두 걸음을 가리키며, 1부의 가격을 8전으로 환산하여 상납한다.

2. 토지소유권의 행사에 제한이 있는가?

상동

해주군

1. 소유권은 어떠한 부담을 가지는가?

(가) 소유권의 첫 번째 부담은 조세다. 조세의 다과는 그 지질(地質), 즉 비옥·척박함의 정도에 따라서 표준을 결정하는 것 같다. 그리고 그 등급은 대체로 1·2·3·4·5·6등으로 구별하지만 이 지역에는 6등지만 있다. 6등의 토지를 다시 7등으로 상세히 구별하여 1두락당 1등지는 2부를, 2등지는 1부 5속, 3등지는 1부 2속, 4등지는 1부, 5등지는 8속, 6등지는 5속, 7등지는 1속 8리(厘)의 조세를 부과한다. 1두락은 양척(量尺)의 직경 10척을 말한다(양척 1척은 주척(周尺)의 3척 5촌으로 대략 일본의 2척 4, 5촌에 상당하는 것 같다). 그리고 보통의 호칭에는 1두락, 10두락, 1석락(石落)의 구별이 있는데 1석락은 20두락을 말하며 10두락은 반(半)석락이라고도 말한다. 그리고 용량은 10두를 1석으로, 10승을 1두로, 10합을 1승으로 칭한다.

(나) 상동

2. 소유권 행사에는 어떠한 제한이 있는가?

상동

송화군

장연군

풍천군

장련군

1. 소유권은 어떠한 부담을 가지는가?

상동

2. 소유권 행사에는 어떠한 제한이 있는가?

상동

연안군

1. 소유권은 어떠한 부담을 가지는가?

아직 신임이라 이를 상세히 밝히지 못했다.

2. 소유권 행사에는 어떠한 제한이 있는가?

명확하지 않다. 다만 다른 군과 현저하게 다른 관례는 없는 것 같다.

백천군

1. 소유권은 어떠한 부담을 가지는가?

재령군과 같음.

2. 소유권의 행사에는 어떠한 제한이 있는가?

상동

제3목 소유권의 징수

은율군

1. 인민의 토지 또는 가옥을 징수할 수 있는가? 그리고 그 조건은 어떠한가?

공익을 위해 필요한 경우에는 인민의 토지 또는 가옥을 징수할 수 있다. 이를 징수할 때는 시가에 상당하는 보상이 필요하다. 공익을 위한 필요 여부는 상급 감독 관청이 결정한다. 피징수자는 징수된 토지나 가옥에 대한 필요가 사라진 경우에는 선매권(先買權)을 가진다. 이때는 원래의 소유자에게 선매권을 행사할 것인지 여부를 통지하며, 이를 행사하지 않는다고 신고하면 타인에게 매각하는 경우도 있다.

개인이 공익을 위해 기업(起業)할 때 어떤 토지가옥이 필요한 경우에는 우선 그 소유자와 협의를 하고 성립되지 않으면 해당 지방관청에 그 내용을 신고한다. 관청은 신고에 따라 징수 여부를 결정한다. 다만 그 대가를 보상해야 한다.

징수되어 사용할 수 없게 된 토지는 징수자에게 그 매수를 청구할 수 있다.

문화군

1. 인민의 토지 또는 가옥을 징수할 수 있는가? 그리고 그 조건과 효과는 어떠한가?

공익을 위해 필요한 경우에는 인민의 토지나 가옥을 징수할 수 있다. 이 경우에는 상급 관청의 지령을 받을 것과 징수물에 대해 이에 상당하는 보상이 필요하다.

피징수자는 그 토지나 가옥에 대해 선매권을 가진다. 또 징수로 인해 소용없게 된 잔여 토지 등의 매수를 징수자에게 청구할 수 있다.

안악군

1. 인민의 토지 또는 가옥을 징수할 수 있는가? 그리고 그 조건과 효과는 어떠한가?

공익을 위해 필요한 경우에는 인민의 토지나 가옥을 징수할 수 있다. 이 경우에는 시가에 상당하는 보상이 필요하다. 징수를 할 때는 목적물이 작은 경우에는 군수의 인정을 받고, 큰 경우에는 관찰사를 거쳐 내무대신에게 신청하고 그 결정을 기다려 징수한다.

목적물을 징수할 필요가 없어진 경우에도 피징수자는 선매권을 행사할 수 없다. 즉 선매권을 가지지 않는다.

징수로 인해 사용할 수 없게 된 잔여 토지 또는 잔여 가옥의 매수를 징수자에게 청구할 수 있다.

신천군

재령군

1. 인민의 토지 또는 가옥을 공용을 위해 징수할 수 있는가? 그리고 그 조건과 효과는 어떠한가?

상동

해주군

1. 인민의 토지 또는 가옥을 공용을 위해 징수할 수 있는가? 그리고 그 조건과 효과는 어떠한가?

공익을 위해 인민의 토지나 가옥을 징수할 수 있다. 이 경우에는 시가에 상당하는 보상이 필요하다. 공익의 유무 및 그 필요·불필요는 관찰사, 내무대신, 농상공부 대신 등의 인정에 따라 결정한다.

피징수자는 징수물에 대해 선매권을 가진다. 그리고 남아있는 부분 중 사용할 수 없게 된 것에 대해 매수를 청구할 수 있다.

장연군

송화군

풍천군

장련군

1. 인민의 토지 또는 가옥을 공용을 위해 징수할 수 있는가? 그리고 그 조건과 효과는 어떠한가?

상동

연안군

1. 인민의 토지 또는 가옥을 공용을 위해 징수할 수 있는가? 그리고 그 조건과 효과는 어떠한가?

공익을 위해 필요한 경우에는 정부에 보고하여 인민의 토지나 가옥을 징수할 수 있지만, 보통 이에 상당하는 보상을 행한다.

나머지 부분이 징수로 인해 사용할 수 없게 되면 그 매수를 청구할 수 있다. 또 피징수물이 필요가 없어진 때에는 그 선매권을 가지는데 그 내용을 피징수자에게 통지하는 것이 일반적이다.

백천군

1. 인민의 토지 또는 가옥을 공용을 위해 징수할 수 있는가? 그리고 그 조건과 효과는 어떠한가?

공익을 위해 필요한 경우에는 인민의 토지나 가옥을 징수할 수 있지만, 시가에 상당하는 보상이 필요하다.

토지나 가옥을 징수하는 경우에는 군수가 그 뜻을 관찰사를 거쳐 내부대신에게 보고하여 그 지령을 기다린다.

징수물로 인하여 나머지의 토지나 가옥이 경제적 용도를 지닐 수 없게 된 때는 징수물에 매수를 청구할 수 있다.

피징수자는 징수물의 공용이 폐지되면 가장 먼저 그 물건을 매수할 수 있다. 즉 선매권을 가진다.

제4목 소유권의 범위

은율군

1. 토지소유권이 미치는 범위, 즉 토지소유권은 토지의 상하(上下)에 미치는가?

정확한 관념은 없지만 대개 토지의 상하에 미친다.

문화군

1. 토지소유권은 그 토지의 상하에 미치는가?

토지의 소유권은 그 토지의 상하에 미친다고 생각한다. 타인이 자신의 토지 위에 줄을 치거나 처마 끝을 내는 경우 등, 또 자신의 토지에 타인이 구멍을 파거나 타인이 반토(盤土)를 가져가는 경우에 불법을 문책할 수 있다는 사실 등은 토지의 상하에 미치는 효과를 보여주는 것 같다.

신천군
안악군
재령군
해주군
장연군
송화군
풍천군
장련군

1. 토지소유권의 효력은 그 토지의 상하에 미치는가?

상동

연안군
백천군

1. 상동

상동

제5목 소유권의 한계

은율군

1. 어떤 경우에 인접지를 사용할 수 있는가?

가옥의 신축 또는 수선을 위해 일시적으로 인접지를 사용할 수 있다. 단 그 사용으로 인해 인접지 소유권자에게 손해를 가져왔다면 이를 보상할 필요가 있다.

2. 유수(流水)를 막아도 되는가?

이웃한 높은 곳에서 자신의 토지 안으로 자연 상태로 흘러들어 오는 자연수를 막아서는 안 된다. 그렇지만 인위적인 유수, 즉 축조된 연못 등에서 흘러들어 온 물이 자신의 소유지를 침습하는 경우에는 이를 막을 수 있을 뿐만 아니라 이로 인해 생긴 손해의 배상을 청구할 수 있다.

3. 가리개를 설치할 필요가 있는가?

타인의 택지 또는 저택 안을 관망할 수 있는 창, 또는 툇마루는 가리개를 달지 않으면 설치할 수 없다. 단 거리가 멀리 떨어져 있다면 달지 않아도 된다.

4. 인접지를 통행할 수 있는가?

대지의 소유자는 이를 둘러싼 땅 중에서 가장 손해가 적은 장소를 통행할 수 있다. 이때 둘러싼 땅의 소유자는 아무런 이의를 주장할 수 없으며, 통행으로 인해 생긴 손해의 배상을 청구할 수 있다.

5. 계표(界標) 또는 울타리의 설치는 어떤가?

계표 또는 울타리를 설치할 때는 그 재질의 양부선악(良否善惡) 및 대소에 대해 서로 이웃한 자와 협의할 필요가 있다. 협의가 이루어지지 못한 경우에는 재질이 좋고 큰 계표나 울타리를 설치하려는 사람이 상대방이 주장하는 것 이외의 비용을 부담하여 이를 설치할 수 있다. 이러한 부담을 가지고 설치한 부분의 소유권은 출연한 사람이 취득하며, 또한 상대방의 이익을 침해하지 않는 범위에서 자유롭게 이를 취하거나 버릴 수 있다.

6. 이웃 간의 거리 여하

1) 가옥 등을 축조하는 경우는 경계선에서 상당한 거리를 둘 필요는 없다. 자신의 소유지 내에서는 어떠한 곳에라도 가옥 등을 건조할 수 있다.

2) 우물, 용수 구덩이, 하수 구덩이, 기타 비료 구덩이 등을 팔 때는 이웃의 이익을 침해

하지 않는 범위의 거리를 둘 필요가 있다.

7. 인접지의 죽목을 자를 수 있는가?

인접지 죽목의 가지가 자라서 자신의 소유지 내로 들어와도 이를 마음대로 잘라낼 수 없다. 반드시 그 소유자에게 절단을 청구하며 만약 이에 불응하면 비로소 이를 잘라낼 수 있지만, 그 소유권을 취득할 수는 없다.

뿌리는 청구할 필요 없이 자유롭게 절단할 수 있으며, 또한 그 소유권도 취득할 수 있다.

문화군
신천군
안악군
재령군
장연군
송화군
풍천군
장련군
해주군
연안군
백천군

이상 각 군 이동(異同) 없음.

제6목 소유권의 공유

은율군

1. 토지나 가옥을 공유할 수 있는가?

가옥의 공유는 들어본 적 없지만, 토지는 여러 사람이 일정한 금전을 모아서 매수하는 경우가 가끔 있다고 들었다. 또한 촌유(村有)가 있으며, 토지를 여러 사람이나 여러 조(組)로 나누어서 분배하는 경우가 있다.

2. 공유의 지분 및 수익의 배분 여하

공유 지분은 각자의 출자액에 따라 정해지는 경우가 있고, 여러 사람의 협의에 따라 정해지는 경우도 있는 등 일정한 관례는 없다. 또한 수익도 지분의 비율에 따라 정해지는 경우도 있고, 공유자 상호 간의 협의에 따라 정해지는 경우도 있다.

3. 공유물의 사용은 어떠한가?

공유자 사이의 협의를 통해 이것을 정하지 못한 경우에는 지분에 따라 사용하는 것이 일반적이다.

4. 공유물의 처분은 어떠한가?

공유물의 처분은 공유자 상호 간의 협의에 따라 정하는 것이 일반적이지만, 혹 협의가 성립하지 못한 경우에는 출자액의 다과 및 다수결로 이를 정하기도 한다.

5. 공유물의 분할은 자유롭게 청구할 수 있는가?

공유물의 분할은 언제라도 청구할 수 있지만 우선 공유자 사이에 협의가 성립하지 못한 경우에는 관청에 이를 청구한다. 이때 관청은 공유자 사이에 일정한 기간 동안 공유물을 분할하지 않는다는 규약이 없는 한 공유물의 분할을 명한다.

6. 공유물에 대한 채권자의 권리 여하

공유물의 보존 및 기타 필요한 비용을 지불하고 이를 통해 채권을 취득한 사람이 공유물을 분할하는 경우에는 공유물에 대해 선취득권(先取得權)을 가진다. 그러므로 공유자 중 한 사람이 다른 공유자의 지분에 대해 만약 그 채무를 변제하지 못하는 경우에 채권자는 그 지분에 대해 선취득권을 행사하는 것이 일반적이다.

7. 공유물을 분할한 후에는 다른 공유자에 대해 어떠한 의무도 부담하지 않는가?

충분한 답변을 하기 어렵지만, 공유물을 분할한 후에 어떤 사람이 취득한 토지 또는 가옥이 공유물 분할 전에 따로 전당권으로 인해 추탈(追奪)된 경우의 손해는 다른 공유자들도 함께 부담해야 하는 것 같다.

문화군

1. 토지나 가옥을 공유할 수 있는가?

공유하는 부동산이 있다. 여러 사람이 공동으로 타인의 토지나 가옥을 매수한 경우 등이 이것이다.

2. 공유물의 관리 방법은 어떠한가?

공유자 상호의 협의에 따라 관리 방법을 정하는 경우가 있고, 공유하는 지분이 많은 사람의 의사에 따라 정하는 경우가 있는 등 일정한 관례는 존재하지 않는다. 다만 대부분의 경우 일반적으로 공유자 상호의 의논에 따른다.

3. 공유물의 사용 수익은 어떠한가?

공유물의 사용 수익은 그 지분의 다과에 따라 행해지는데, 지분을 많이 가진 사람이 임의적 또는 일방적으로 자유롭게 이를 행하는 경우가 있다. 또한 지분이 근소한 사람은 수익의 분배를 받기만 할뿐, 이를 조금도 사용하지 못하는 경우도 있다.

4. 공유 지분은 자유롭게 처분할 수 있는가?

공유 지분을 처분하려는 사람은 다른 공유자의 승낙을 얻어야 한다. 만약 다른 공유자가 승낙하지 않으면 다른 공유자에게 그 지분의 매수를 요구할 수 있다. 또한 그에 대한 청구가 발생한 경우에 다른 공유자는 그 지분을 매수할 필요가 있는 것 같다.

5. 공유물의 처분은 어떠한가?

공유물의 처분은 공유자 상호 간의 협의에 따라 그 여부를 정하지만, 협의가 절충에 이르지 못한 경우는 각자 지분의 다수에 따라 방법을 결정한다. 이때 지분이 적은 자는 결정에 이의를 제기할 수 없다.

6. 공유물은 언제라도 분할 가능한가?

공유자는 언제라도 공유물의 분할을 청구할 수 있지만, 만약 분할하지 않는다는 계약을 맺은 경우라면 몇십 년이 지나도 그 효력을 지니기 때문에 분할을 청구할 수 없다. 단 필요에 따라 어쩔 수 없는 경우에는 계약 여하를 묻지 않고 사정을 고려하여 분할하기도 한다.

7. 공유물의 분할 방법은 어떠한가?

분할 방법에는 현물 분할 및 매매대금 분배의 두 종류가 있다. 대부분은 두 번째 방법을 택하는데 드물게 현물 분할을 행하는 경우가 있다. 이 경우에는 가장 많은 지분을 가진 자가 문기 및 기타 증서류를 보관하는 것이 일반적이다. 공유물을 매매할 때는 물론 공유자 사이에 협의를 거쳐야 하지만, 공유자 각자가 선매권을 가지므로 공유자 사이에 공유물을 매수할 자가 없는 경우 이외에는 따로 매매할 수 없다.

8. 공유물에 대해 보존 및 기타의 원인으로 채권을 취득한 사람은 다른 공유자에 대해 어떤 권리를 가지는가?

공유물의 보존 및 기타 공유자의 이익을 위해 출연한 공유자는 그 채권을 행사하기 위해 공유물로부터 생기는 이익 및 공유물에 대한 선취득권을 가진다. 따라서 수익 또는 공유물의 분할은 그 채무를 이행한 후가 아니라면 행할 수가 없다. 만약 이행하지 않은 경우에는 채권자는 수익 또는 지분에서 그 채권액을 취할 수 있다.

안악군

1. 토지나 가옥을 공유할 수 있는가? 만약 있다면 취득 원인은 무엇인가?

공유하는 토지나 가옥이 있다. 그 취득 원인에는 여러 사람의 협의에 따라 어떤 토지나 가옥을 매수하는 경우가 있으며, 또는 가족의 사망에 의해 자손이 재산을 이어받았지만 아직 분할하지 않은 경우, 그리고 사망자의 유언에 따라 형제자매들이 토지 또는 가옥을 공유하는 경우가 있다.

2. 공유물의 관리 방법 여하

공유물의 관리 방법은 공유자 사이의 협의에 따라 결정한다. 대부분은 공유자 중에서 명망 있는 사람을 선출하여 관리 방법을 위탁한다.

3. 공유물 사용 수익의 비율은 어떠한가?

별도의 계약을 맺지 않았다면 각 공유자의 지분에 따라 행하는 것이 일반적이다.

4. 공유 지분은 자유롭게 처분할 수 있는가?

공유 지분을 처분할 때는 다른 공유자의 승낙 또는 협의를 얻어야 한다. 공유자들은 각자의 지분에 대해 선매권을 가지기 때문에 처분하려는 자의 지분을 매수할 수 있다. 또 매수의 청구가 있는 경우에는 여기에 매각해야 한다. 단 매수자는 시가에 상당하는 대금을 지불해야 한다.

5. 공유물의 처분은 어떠한가?

각 공유자의 협의에 따라 결정하지만, 만약 협의가 절충에 이르지 못하면 지분의 다과에 따라 정한다.

6. 공유물의 분할 방법은 어떠한가? 그리고 언제라도 분할을 청구할 수 있는가?

일정 기간 분할하지 않는다는 계약이 있는 경우 이외에는 언제라도 공유물 분할을 청구할 수 있다. 분할 방법에는 현물 분할 및 환가(換價) 분할의 두 종류가 있다. 어쩔 수 없는 경우 또는 환가 분할을 원하지 않는 자가 있는 경우 이외에는 대개는 공유물을 매각하고 그 대금을 분배한다. 그리고 현물 분할과 환가 분할의 여부를 묻지 않고 공유물에 관한 문기 및 기타 서류는 가장 많은 지분을 가진 자가 보관한다.

7. 공유물상에 존재하는 채권자의 권리 여하

공유물에서 직접 생겨난 채권을 가진 자는 공유물로부터 발생하는 수익 또는 다른 지분에 대해 우선권을 가진다. 따라서 그 채무를 변제한 후가 아니라면 수익 또는 지분을 취득할 수 없다.

신천군
재령군

1, 2, 3, 4, 5, 6, 7 모두 앞의 군과 다르지 않으므로 이를 생략한다.

해주군

1. 공유의 유무 및 그 취득 원인은 어떠한가?

토지와 가옥을 여러 사람이 공유하는 경우가 있다. 취득 원인으로는 여러 사람이 공동의 법률행위를 통해 타인의 토지와 가옥을 매수하는 경우가 있으며, 유산상속에 의해 분할되지 않은 상태로 취득하는 경우가 있다. 특히 현저한 예로는 가족 혹은 친족이 조상 전래의 묘지를 공동으로 소유하는 것을 들 수 있다. 공유자의 지분을 취득할 자가 달리 존재하지 않을 때는 다른 공유자가 그 지분을 취득한다.

2. 공유물의 관리 방법 여하

공유물의 관리는 각 공유자가 서로 교대로 행하는 것이 일반적이지만, 관리자의 권한 및 기타 이에 관련된 상세한 사항에 대해서는 답하기가 어렵다. 왜냐하면 그 사항이 상세히 밝혀져 있지 않기 때문이다.

3. 공유물의 사용 수익은 어떤 비율로 분배되는가?

공유물의 사용 수익은 각 공유자의 지분에 따라 이루어지지만, 공유자 중에 가난한 사람이 있을 때는 은혜를 베푸는 차원에서 사용하게 하는 경우가 있다. 또 지분의 다과에 따르지 않고 각자 평등하게 행하는 경우도 있다. 다만 이런 경우는 희소한 것 같다.

4. 공유물의 처분은 어떤 방법으로 행하는가?

공유물의 처분은 공유자들의 다수결에 따르거나 지분의 다과에 따르는 두 가지 방법으로 정하는 것이 일반적이다. 한편 많은 액수의 지분을 가진 사람의 의사에 따라 자유롭게 정하는 경우도 있다.

5. 공유자의 지분은 자유롭게 처분할 수 있는가?

공유물의 지분을 처분할 때는 다른 공유자의 동의 또는 승낙을 얻는 것이 필요하기에 이를 자유롭게 처분할 수 없다. 이 경우에 공유자는 그 지분에 대해 선매권을 가진다. 따라서 그 지분을 타인에게 이전하기를 바라지 않는 경우에는 이를 매수할 수가 있으며, 지분을 처분하려는 사람은 시가에 상당하는 액수일 경우 이를 거절할 수 없다.

6. 공유물은 언제라도 분할 가능한가?

특별히 분할하지 않는다는 내용을 약정하지 않는 경우라면 언제라도 공유물을 분할할 수 있다. 또한 분할하지 않는다고 약정한 경우라도 그 약속이 영구적이고 무기한일 경우에는 일정한 연한(5년 내지 7~8년 정도)이 지나면 분할을 청구할 수 있다. 그리고 어쩔 수 없는 경우에는 특약이 존재하더라도 분할할 수 있다.

공유물의 분할 방법은 보통 공유물을 매각하고 그 대금을 지분에 따라 분배하는 것이 관례이지만, 특별한 사정이 있거나 공유자의 계약에 따라 현물을 분할하는 경우가 있다. 공유물의 분할에 관한 서류 및 공유물에 관한 서류는 지분을 많이 소유한 자가 보관하는 것이 일반적이지만, 때로는 공유자의 협의에 따라 보관자를 정하는 경우도 있다.

7. 공유물에 관해 생겨난 채권을 가진 사람은 다른 공유자에 대해 어떤 권리를 가지는가?

공유물에 관해 생겨난 채권을 가진 사람은 공유물 및 그 수익에 대해 우선권을 가지기 때문에 수익의 분배 또는 공유물의 분할은 그 채무를 이행한 후가 아니라면 행할 수 없다. 만약 그 채무를 이행하지 않고서 이들 물건을 분배하려는 경우에는 채권자가 자기의 이익을 위해 물건의 분배를 무효로 할 수 있다.

장연군

송화군

풍천군

장련군

1, 2, 3, 4, 5, 6, 7 모두 다르지 않으므로 이를 생략한다. 다만 송화군 및 풍천군에서는 공유물을 공유자들이 공동으로 관리하는 점에서 여타 지역과 차이를 보이는 것 같다.

연안군

1. 공유의 유무 및 그 취득 원인의 여하

상동

2. 공유물의 사용 수익은 어떻게 분배하는가?

공유물의 사용 수익을 분배하는 비율은 각 공유자의 지분에 따르는 것이 일반적이다. 다만 특별한 사정이 있는 경우는 어떤 특정한 사람에게 은혜를 베푸는 차원에서 사용 수익을 분배하는 경우가 있다.

3. 공유물의 관리 방법은 어떠한가?

공유자가 서로 교대로 관리하는 경우가 있으며, 각자가 공유하여 관리하는 경우도 있어서 일정하지 않다. 또 공유자 중에 명망가를 뽑아서 관리를 위임하는 경우도 있다.

4. 공유 지분은 자유롭게 처분할 수 있는가?

상동

5. 공유물의 처분은 어떤 방법으로 행하는가?

상동

6. 공유물은 언제든지 분할할 수 있는가? 그리고 분할의 방법은 어떠한가?

상동

7. 공유물에 관해 생겨난 채권을 가진 사람은 다른 공유자에 대해 어떤 권리를 가지는가?

상동

백천군

1, 2, 3, 4, 5, 6, 7의 각항 모두 앞의 군과 다르지 않으므로 이를 생략한다.

제7목 차지권

은율군

1. 차지권(借地權)[5]이 있는가? 그리고 그 종류 여하

경작의 목적으로 타인의 토지를 사용하는 경우가 있다. 소작료의 지불 방법에 따라 두 종류로 구별한다. 즉 도지(賭地)와 병작(幷作)이 그것이다. 도지는 소작인이 일정한 소작료를 지불하고 자신의 책임으로 토지를 사용하는 것이며, 병작은 지주가 종자(種子) 및 조세를 부담하고 소작인은 비료를 부담하고 경작하여 그 수확을 지주와 소작인이 절반으로 나누는 것이다. 도지의 경우 조세를 소작인이 부담했던 흔적이 있는데 이는 소작료의 일부분에서 지출하는 것 같다. 도지는 흉작 때도 이를 포기하지 못한다. 다만 흉작이 2년 이상 계속되는 경우에는 사실상 포기하는 경우가 있다. 이상의 차지에는 일정한 연한이 있다. 소작인의 의사로 소작을 계속하는 경우도 있고 그렇지 않은 경우도 있다[따라서 일본의 영소작(永小作)이 아닌 일종의 임대차지(賃貸借地)인 것 같다].

공작(工作) 또는 죽목을 소유하기 위해 타인의 토지를 사용하는 경우가 있다. 지대는 반드시 지불해야 하는 것과 그렇지 않은 것이 있다. 지대를 지불하는 경우는 지질 및 수확 여하를 기준으로 삼고 합의에 따라 정한다. 그 기한은 영구적으로서 거의 무기한인 것 같다. 그렇지만 그 목적물의 멸실 등에 의해 당사자가 합의를 거쳐 소멸시키는 경우도 있다.

문화군

1. 차지권의 유무 및 그 종류 여하

차지권이 있다. 경작을 위해 또는 공작물이나 죽목을 소유하기 위해 타인의 토지를 사용하는 경우가 있다. 이들 차지권은 당사자의 계약에 근거하는 것이 일반적이다.

---

[5] 임차료 또는 지대를 지급하고 타인이 소유하는 토지를 사용·수익할 수 있는 권리. 일제는 관습조사에서 한국에서의 차지권을 지상권, 영소작권, 임차권, 사용차권 기타 등으로 구분하였다. 지상권은 건물, 분묘 등의 공작물 또는 수목을 소유하기 위한 차지로 타인의 토지에 과수를 소유한 것 등을 지상권으로 보고 있다. 가옥의 경우 지대는 소작료 수준인데 지불하지 않는 경우도 많다고 한다. 때로는 가옥을 건축한 것을 소유권을 획득한 것처럼 여기기도 할 정도라는 것이다. 존속 기간은 정하지 않고 차주가 건물의 부지로 이를 사용하지 않을 때까지 그 차지권은 소멸하지 않는다고 보고 있다(『한국토지용어사전』, 2016, 혜안, 956쪽).

(1) 죽목 또는 공작물을 소유하기 위해 타인의 토지를 사용하는 경우 그 설정 행위에 따라 존속 기간 및 지대 지불 방법을 정한다. 그리고 지대(地代)는 사용지의 지질 및 품위를 기준으로 정하는 것이 보통이지만 드물게 그 기준에 따르지 않고 시혜의 차원에서 근소한 지대를 지불하는 경우도 있다. 존속 기간 또한 당사자의 의사에 따라 정하기 때문에 일정한 관례는 없는 것 같다. 다만 영구적 무기한이 일반적이다. 또 차지한 사람은 자신의 의사만으로 이를 포기할 수 없으며, 차지의 목적이 죽목의 소유에 있을 때는 그 죽목을 다른 곳에 이식하거나 매매한 경우라도 약속한 기간 내에는 이를 사용할 수 있다. 지상권(地上權)이 소멸한 경우에는 그 토지를 원형으로 회복시키는 것이 필요하다.

(2) 경작을 위해 타인의 토지를 사용하는 경우가 있지만, 목축을 위해 타인의 토지를 사용하는 경우는 들어본 적 없다. 경작을 위해 타인의 토지를 사용하는 경우는 두 가지로 나뉜다. 즉 도지와 병작이 그것이다.

병작은 지주가 경작에 필요한 종자를 부담하고 소작인이 비료 및 노동력을 더하여 경운(耕耘)하여 실제로 얻은 수확을 지주와 소작인이 절반으로 나누는 것이다. 도지는 소작인이 자기 책임으로 토지를 경작하고 일정한 소작료를 지불하는 것이다. 따라서 당사자가 계약으로 정한 소작료는 작황의 풍흉(豊凶)을 불문하고 반드시 지불해야 한다. 그렇지만 천재 및 기타 불가항력 등으로 인해 지주에게 지불해야 할 소작료조차 얻을 수 없는 경우에는 지주의 의사나 소작인의 청구에 따라 감액하는 것이 일반적이다. 만약 흉작이 2, 3년이나 계속된 경우에는 소작인의 의사에 따라 이를 포기할 수 있다. 다만 이를 포기하는 것은 차지 기간의 존속이 일정한 경우이며, 대다수는 매년 소작계약을 경개(更改)하는 것이므로 포기에 관한 말이 나오지 않는다.

도지의 차지권을 가진 자는 타인이 경작한다는 약속을 받고 그 토지를 사용하게 할 수 있다. 이 경우에는 지주의 승낙이 필요하다. 도지자와 지주, 그리고 지주와 병작인의 관계는 상세하게 답변하기 어렵다.

안악군
1. 차지권의 존부와 그 종류 여하

(1) 차지권이 있다. 경작 또는 가옥을 축조하기 위해 타인의 토지를 사용하는 경우가

있다. 경작은 소작료 지불의 방면으로 보면 도지와 병작 두 가지가 있다.

병작은 지주와 경작자가 토지에서 생기는 실수확을 평등하게 분배하는 것으로, 경지에 필요한 종자는 지주가 부담하고 소작인은 비료 및 노동력을 제공한다. 도지는 확정된 소작료를 지불할 것을 약속하고 타인의 토지를 사용하는 것이다. 그리고 약정한 소작료는 풍흉이나 수확의 다과에 따라 변하지 않으며 반드시 일정한 소작료를 지불만 하면 그걸로 충분하다. 도지는 조세를 납부해야 한다고 하는데, 이는 소작료의 일부를 지주 대신에 지불하는 것으로 생각된다. 도지계약을 맺은 사람은 자기 단독의 의사로 이를 포기할 수 없으며 반드시 그 의사를 표시하고 지주의 승낙을 받아야 한다. 그렇지만 천재 및 기타 불가항력 등으로 인해 2년 이상 소작료조차 얻을 수 없는 흉작이 이어질 때는 도지를 포기할 수 있는 듯하다. 또 흉작으로 소작료조차 얻을 수 없을 때 지주가 소작료를 감면하는 경우가 있다.

(2) 차지를 사용의 방면에서 보면 다음과 같이 구별할 수 있다.

① 지상권이라는 것은 없다. 즉 어떤 기간에 죽목 등을 소유하기 위해 타인의 토지를 사용하는 경우는 없다.

② 영소작권(永小作權)[6]이라는 것은 없다. 즉 목축 또는 경작을 목적으로 일정한 존속 기간(長期)에 타인의 토지를 사용하는 경우는 없다.

③ 임대차지권, 곧 사용 목적을 한정하지 않고 임료(소작료)를 지불하고 타인의 토지를 사용하는 경우가 있다. 도지 등을 그 예로 들 수 있다. 차지인은 지주의 승낙을 얻은 행위라도 차지권이 소멸한 경우에는 원상대로 복구할 필요가 있다. 차지인은 지주의 승낙이 없으면 타인에게 토지를 전대(轉貸)할 수 없다. 차지인과 지주, 지주와 전차인(轉借人), 차지인과 전차인의 관계는 소상히 밝히기 어렵지만, 요컨대 전차인은 차지인에게 소작료를 지불하고 차지인은 지주에게 일정한 소작료를 지불하면 될 뿐만 아니라 이 서열에 따라야만 한다. 지주는 결코 전차인에게 소작료를 청구할 수 없다.

---

[6] 영소작권은 경작지의 차지권으로 매년 일정한 차지료를 지불하고 그 권리가 영구히 존속하는 것으로 정의하고 있다. 보통의 소작권과는 그 취지가 다르고 단순히 소작 기간이 장기인 것을 가리키는 것은 아니라고 했다. 이런 종류의 차지권자는 지주의 승낙을 받지 않고 그 권리를 양도할 수 있는 것인데, 황해도 봉산군, 재령군의 중도지, 안악군의 역둔토의 도조, 의주의 원도지 등을 예로 들 수 있다(정긍식 편역, 2000, 『改譯版慣習調査報告書』, 한국법제연구원, 187-194쪽).

차지권은 매년 경개하는 것이 일반적이지만, 경우에 따라 3년 내지 5년 기간으로 계약하는 경우가 있다. 지주는 차지인이 토지에 심은 죽목 또는 경작물을 타인에게 매각하는 경우 그 선매권을 가진다.

신천군
1. 차지권의 유무 및 그 종류와 효과 여하

상동

안악군
1. 차지권의 존부 및 그 종류와 효과 여하

상동

해주군
1. 차지권의 존부 및 그 종류와 효과 여하

(1) 경작을 위해 타인의 토지를 사용하는 경우가 있다. 도지와 병작이 그것이다. 도지 및 병작은 앞의 여러 군과 다르지 않다. 그리고 도지의 계약을 통해 차지권을 취득한 자가 지주의 승낙을 얻어 타인과 병작을 계약하고 그 토지를 전대(轉貸)하는 경우가 있다. 이때 지주는 도지자에게 소작료를 청구하며 도지자는 병작자와 현재의 수확을 평등하게 분배한다.

차지계약은 매년 경개하는 것이 일반적이지만, 드물게 3년 또는 5년의 기간을 설정하는 경우가 있다. 이때 흉작이 2년 이상 계속되어 소작료를 얻는 것이 불가능해지면 차지권을 포기할 수 있다.

(2) 죽목을 소유하기 위해 타인의 토지를 사용하는 경우가 있다. 설정 행위로 존속 기간 및 지대의 액수를 정한다. 존속 기간은 관례상 일정한 바는 없지만 보통은 거의 영구적이고 무기한인 것 같다. 또한 예전에는 문기를 작성하여 교부했지만 최근에는 이를 행하지 않는다.

차지권이 소멸한 경우 지주는 그 토지를 원형대로 복구하도록 요구할 수 있는 것은 물론, 죽목 등에 대한 선매권을 가진다.

장연군

송화군

풍천군

장련군

1. 차지권의 유무 및 그 종류와 효과 여하

상동

연안군

백천군

1. 차지권의 존부 및 그 종류와 효과 여하

(1) 경작을 위해 타인의 토지를 사용하는 경우가 있다. 도지 및 병작이 그것이다(도지 및 병작은 앞의 예와 같으므로 생략한다).

토지의 임대차계약에 기한을 정한 경우라도 흉작 때는 이를 포기할 수 있다.

전대는 토지소유자의 승낙을 얻지 않으면 행할 수 없다. 만약 이를 행하면 지주는 계약을 해제할 수 있다. 또한 지주의 승낙을 얻어서 전대를 행한 경우 지주는 전차인에게 소작료를 청구할 수 있으며, 도지자가 병작으로 전대한 경우에는 지주는 도지자에게 소작료를 청구하고 도지자는 병작자와 수확을 절반으로 나눈다.

(2) 입목의 매매에 따라 지반(地盤)을 사용하는 경우가 있다. 그 효과는 다른 군과 똑같다.

부언

앞의 대답과 연구의 결과는 대개 서로 동일하지만, 참고가 되는 점이 많을 것이라고 생각되기에 아래에 이 점을 간단히 기술한다.

1. 차지권, 곧 타인의 토지를 사용 수익하는 상태를 지주와 소작인의 관계, 즉 소작료의 지불 방법에서 보면 도지 및 병작의 두 종류가 있다.

도지는 소작인이 자기 책임으로 소작을 하고 지주에게 매년 일정한 소작료의 지불을 약정하여 타인의 토지를 사용하는 것을 말한다.

도지라는 차지계약은 매년 경개하는 것이 일반적이지만, 당사자의 합의를 통해 3년 내지 5년의 기간을 정하고 계약을 맺는 경우가 있다. 이때 만약 그 기간 내에 현저한 흉작으로 소작료의 수확조차 할 수 없는 상태가 2년 이상 계속되면 계약 기간 내라도 차지권을 포기할 수 있다. 또 천재 및 기타 불가항력으로 이러한 사실이 2년간 계속되지 않았다고 해도 소작인은 지주에게 그 사정을 개진하여 소작료의 감액을 청구하는 경우가 있다. 이 경우에는 지주는 작물의 실제 상황을 검사하여 청구의 당부를 결정한다.

병작은 지주가 경작에 필요한 종자를 부담하고 소작인이 배양에 필요한 비료를 부담하여 그해에 경작지로부터 생겨난 실제의 수확을 지주와 소작인이 평등하게 분배하는 계약에 의한 토지 사용을 말한다.

전자는 순연한 임대차지권을 설정한 것과 같지만, 후자는 그 토지를 이용하는 방법·수단으로서 소위 임대차지권의 성질을 가지지 못하는 것 같다. 즉 지주와 소작인의 공용 경작의 일종으로서 사법상 어떤 성질을 지니는지 깊은 연구가 필요하지만, 요컨대 전자와 같은 특수한 권리관계를 만들지는 않는 것 같다.

병작은 도지의 차지권을 가진 자도 이용할 수가 있다. 도지의 차지권자는 직접 그 토지를 경작하지 않고 다시 제삼자와 병작계약을 맺어서 자신이 종자를 부담하여 현재의 수확을 평등하게 분배할 수 있다. 이때 지주는 도지의 차지권자에게 소작료를 청구할 뿐, 병작자에게는 소작료를 청구하지 않는다. 또한 병작자는 도지의 차지권자에게 소작료로서 현 수확을 평등하게 분배할 뿐, 지주에게 아무런 책임을 부담하지 않는다. 도지의 차지권자가 제삼자와 병작계약을 맺을 때는 지주의 승낙을 얻을 필요가 있다. 만약 승낙을 얻지 않고 제삼자와 병작계약을 맺은 경우에는 지주는 도지의 차지계약을 해제할 수 있다. 그로 인해 손해가 생기면 도지의 차지권자에게 손해 배상을 요구할 수 있다.

2. 차지권을 토지 사용의 목적으로 보면 다음과 같다.

(1) 지상권

입목 매매계약을 하면서 이를 일정 기간 벌채하지 않는다는 계약을 부가하는 경우가 있다. 따라서 어떤 기간 동안 그 입목을 소유하기 위해 타인의 토지를 사용하는 경우가 있다. 혹은 식목의 목적으로 타인의 산림 및 기타 토지를 일정한 기간 사용하는 경우가 있다. 이 기간은 당사자의 합의에 따라 정하는데, 대개 표준 기간을 정하는 일정한 관례는 없다. 지대도 마찬가지다. 이 차지권은 죽목을 소유할 목적으로 타인의 토지를 사용하는 것으로서 일본 민법의 소위 지상권과 비슷한 것 같다.

(주의) 가옥 건축을 위한 차지권은 순연한 당사자의 설정행위에 기반하지 않고 어떤 의미에서는 토지소유자의 의사를 강제하여 공권력으로 설정하는 경향이 있어서 오히려 소유권 행사의 제한이라는 측면에서 입론하는 것이 정당하다고 생각된다.

기간이 경과하거나 기타 원인으로 차지권이 소멸한 경우는 차지권자는 토지를 원래대로 회복시킬 필요가 있다.

차지권자가 사용하는 토지에 있는 입목 및 기타 물건을 타인에게 이전하는 경우 토지소유자는 입목 또는 물건에 대하여 선매권을 가지며, 토지소유자에게 그 뜻을 통지하는 것이 일반적인 관례다.

(2) 영소작권

경작 또는 목축을 목적으로 타인의 토지를 일정 기간(영구적) 사용 수익하는 차지권을 설정하는 일, 곧 일본 민법의 이른바 영소작권과 유사한 것은 존재하지 않는 듯하다.

제8목 지역권

은율군

1. 지역권(地役權)이 있는가? 만약 있다면 그 종류 여하

지역권이 있다. 자기가 사용하는 토지의 편익을 위해 타인의 토지를 사용하는 경우가 있다. 그 종류에는

(1) 인수지역(引水地役): 자기 논에 물을 관개하기 위해 타인의 논을 통과하는 것. 즉 물을 대는 경우가 있다.

(2) 급수지역(汲水地役): 자기 집에 타인의 토지에 있는 우물을 사용하여 급수하는 경우가 있다.

(3) 통행지역(通行地役): 자기 토지의 사용 편익을 위해 타인의 토지를 통행하는 경우가 있다.

2. 지역권 취득의 원인은 어떠한가?

취득 원인은 당사자의 계약에 의한 것도 있겠지만 보통은 자연적 상태에 의해 저절로 이를 사용하게 된 것 같다. 그 이외는 알지 못한다.

3. 지역권의 효과 여하

지역(地役)을 가진 토지, 즉 요역지(要役地)의 소유권이 타인에게 이전되더라도 승역지(承役地)의 소유자는 신(新) 소유자가 자신의 토지를 사용하는 것을 거부할 수 없다. 또한 지역을 부담하는 토지, 즉 승역지의 소유권이 타인에게 이전되더라도 요역지의 소유자는 신 소유자에게 어떤 계약이나 기타 의사 표시를 할 필요가 없다. 여전히 이전 소유자에 대한 것과 동일한 행위를 할 수 있다.

승역지의 소유자는 요역지의 역권(役權) 행사를 방해할 수 없다. 기타 용수를 위한 역권에 대한 상세한 사항은 불민(不敏)하여 답변하기 어렵다.

문화군

신천군

안악군

재령군

해주군

송화군

풍천군

장연군

장련군

연안군

백천군

1. 지역권의 존부 및 그 종류 여하

앞의 군과 동일하다. 다만 해주군은 관망권(觀望權)이 있다고 대답했다.

2. 지역권의 취득 원인 여하

상동

3. 지역권의 효과 여하

상동

제9목 입회권

은율군

1. 입회권(入會權)[7]의 유무 및 그 종류 여하

한 마을 또는 3, 4개 마을의 불특정 인민이 주인 없는 산림 원야에 들어가서 여름과 가을 두 번 땔감이나 여물을 베어가는 경우가 있다. 또한 주인이 있는 산야에 승낙을 받지 않고 아무 때나 몰래 들어가서 땔감이나 여물을 베는 경우가 있다(이는 절도일 것이다). 이에 대해 상세히 알지는 못한다.

문화군

1. 입회권의 존부 및 그 종류 여하

무주공산에 각자 마음대로 아무 때나 들어가서 그 부산물을 채취하는 경우가 있다. 또한 특정한 무주공산에는 가을에만 어떤 마을의 인민들만 들어가서 땔감이나 여물을 베어가는 경우가 있다. 이때 그 규약을 위반하고 정해지지 않은 때에 들어가면 곧바로 분규를 야기하기도 한다. 그 상세한 내용은 알지 못한다.

안악군

1. 입회권의 유무 및 그 종류 여하

공유지 안에 들어가서 그 주산물이나 부산물을 각자가 마음대로 채취할 수 있는데 입회

---

7 인민들이 산림에서 자유롭게 산물을 채취하고 방목하는 관습적 산림이용권. 전근대 산림 이용은 지역적 관행에 따라 이용 대상, 이용 시기와 순서, 이용 산물과 채초량, 이용권의 취득과 상실 등 그 권리 정도가 상이하게 나타났다. 이처럼 관습적으로 행해지던 산림이용권은 1908년 〈삼림법〉에서 부정되었다. 일제는 일정한 규약 없이 아무 때나 불특정 인민이 공산에 들어가서 땔나무 혹은 풀을 베어오는 경우는 입회권 혹은 입회관행을 인정하지 않았다. 이후 일제는 일부 입회관행을 허용하였지만, 일제가 소유권 중심으로 권리를 정리해 나가는 과정에서 정리·해체되었다(강정원, 2014, 『일제의 산림법과 임야조사 연구-경남지역 사례』 부산대 사학과 박사학위논문, 45-50쪽).

방법 및 시기에 대해서는 아무런 규약이 존재하지 않는다. 그 종류는 알지 못한다.

신천군
1. 입회권의 유무 및 그 종류 여하

상동

무주공산에는 수시로 누구라도 들어가서 땔감이나 여물을 베어올 수 있다. 이에 관한 아무런 규약도 존재하지 않는다. 그 종류는 소상하지 않다.

해주군
1. 입회권의 유무 및 그 종류 여하

입회권이라는 말을 들어본 적 없지만, 타인의 산림원야에 슬그머니 들어가서 땔감이나 여물을 베어오는 경우가 있다.

송화군
1. 입회권이 있는가? 만약 있다면 그 종류 여하

신천군과 같음.

풍천군
장연군
1. 입회권의 유무 및 그 종류 여하

상동

장련군
1. 입회권의 존부 및 그 종류 여하

입회권이 없다.

연안군

백천군

1. 입회권의 유무 및 그 종류 여하

입회권은 없다. 불특정의 촌민이 아무 때나 공산에 들어가서 땔감이나 여물을 베어오는 경우가 있지만 일정한 규약은 존재하지 않는다. 그 종류 여하는 알지 못한다.

제10목 물상담보권(物上擔保權)

은율군

1. 토지 또는 가옥을 담보로 제공하고 타인으로부터 금전 및 기타를 차입하는 것, 즉 질권 또는 저당권이 있는가?

타인으로부터 금전 등을 차입하는 경우에 자신이 소유한 토지 또는 가옥을 담보로 삼고 만약 그 차금 등을 갚지 못하면 담보로 제공한 토지가옥을 매각하고 그 대금으로 채무의 변제에 충당하는 것, 즉 전당은 없지만 이 지방에는 환퇴(還退) 또는 권매(權買)라고 불리는 것이 있다. 환퇴는 어떤 사람이 금전 기타가 필요한 경우 자기 소유의 토지가옥을 타인에게 일정한 기간이 경과한 후에 환매(還買)한다는 약속을 부가하고서 매각하여 그 대금을 이용하는 방법이다. 그리고 만약 매각한 자가 약속의 기간을 경과한 후에도 환매하지 않으면 약속을 통해 매수한 자는 완전히 그 소유권을 취득한다. 환퇴 기간(?), 즉 환매의 기간은 당사자의 합의에 따라 정하는 바, 일정하지 않지만 일반적으로 3년 내지 5년을 넘기지 않는 것 같다.

2. 담보의 성립 요건은 어떠한가?

담보의 성립 요건은

(1) 환퇴를 하려는 당사자 간의 합의가 필요한 것은 물론이며 그 이외에

(2) 환퇴의 문기를 작성하여 구문기와 함께 토지가옥을 환퇴의무자(매수한 자)에게 교부하는 것이 필요하다. 드물게 특히 친밀한 사이에서는 환퇴문기를 작성하지 않고 단지 구문기만을 교부하는 경우가 있다.

환퇴에 따라 토지가옥을 매수한 자는 그 대금을 상대방에게 교부할 필요가 있는 것 같다.

3. 그 효력은 어떠한가?

환퇴에 따라 토지가옥을 매수한 자는 아직 완전한 소유권을 취득한 것이 아니며, 매도한 사람이 환퇴 기간이 경과해도 그 환매를 행하지 않는 경우는 완전한 소유권을 취득한다.

환퇴를 조건으로 토지가옥을 매도한 자는 그 기간 내에는 언제라도 매매대금 및 그 비용을 제공하고 환매할 수 있지만, 기간을 경과한 후에는 그럴 수 없다.

환퇴를 조건으로 매수한 자가 환퇴 기간 만료 전에 매매 및 기타의 행위를 통해 토지가옥의 소유권을 이전한 경우, 만약 제3의 취득자가 악의를 가지고 있으면 그 사람을 추급하고 환퇴권을 주장하여 환매를 행할 수 있지만, 제3의 취득자가 선의로 소유권을 취득한 때는 그를 추급할 수 없다. 따라서 이 경우에는 환퇴 의무자에게 단지 손해배상을 청구할 수 있을 뿐이다.

문화군

1, 2, 3의 각항은 앞의 군과 다르지 않으므로 이를 생략한다.

안악군

1. 질권·저당권이 있는가?

질권·저당권이 무엇인지 알지 못하지만 이 지방에는 전당이라는 것이 있다. 타인으로부터 금전 및 기타를 차입하는 경우는 자신이 소유한 토지가옥을 담보로 삼는다. 만약 일정 기간이 경과했는데도 빌린 돈을 변제하지 않으면 그 토지가옥을 매각하여 변제에 충당한다. 변제 기한은 당사자 간 계약으로 정하는 것이기 때문에 관례상 일정하지 않지만, 3개월보다는 짧지 않고 3년보다는 길지 않은 것 같다. 또한 전당 이외에 환퇴가 있다(환퇴는 앞의 군과 동일하므로 생략한다).

2. 전당의 성립 요건은 어떠한가?

전당의 성립 요건은 상세하게 답하기 어렵지만, 일반적인 경우를 간략히 보면

(1) 채무자가 전당을 설정할 때는 우선 전당문기를 작성하고 구문기와 함께 채권자에게 교부할 필요가 있다.

(2) 채권자는 채무자로부터 문서류를 교부받는 동시에 채권 금액을 교부할 필요가 있다.

(3) 전당을 설정할 때 보통 증인이 입회한다.

3. 전당의 효력 여하

채권자는 채무자가 채무의 기한이 도래했는데도 변제하지 않은 경우는 전당의 목적물인 토지가옥을 매각하고 채권의 변제에 충당할 수 있다. 이때 채권자는 채무자에게 전당의 목적물을 처분해야 한다는 내용을 통지하는 것이 일반적이다.

목적물의 가격이 채권액보다 적을 때는 그 부족액을 채무자에게 청구할 수 있으며, 목적물의 가격이 채권액을 초과할 때는 그 초과한 부분을 채무자에게 반환하는 것이 필요하다.

전당의 목적물이 된 토지가옥의 소유권은 전당이 소멸된 것이 아니라면 타인에게 이전할 수 없다. 이를 소멸시키지 않고서 매매 및 기타 행위를 통해 소유권을 타인에게 이전하더라도, 그 행위는 효력을 발생시키지 않는다.

채권자가 채무이행 기간이 도래하기 전에 전당의 목적물을 처분한 경우, 만약 제3의 취득자가 선의로 취득했다면 전당채무자는 그 취득자에 대해 자신의 소유권을 가지고 대항할 수 없다. 따라서 이 경우에는 채권자에 대해 손해배상만을 청구할 수 있다. 이에 반대로 제3의 취득자가 악의를 가진 경우에는 전당채무자는 당연히 자기의 소유권을 주장할 수 있다.

신천군

재령군

1, 2, 3의 각항 모두 앞의 군과 다르지 않으므로 생략한다.

해주군

1. 자기 소유의 토지가옥을 담보로 타인으로부터 차금하는 것, 즉 채무의 담보로서 질권·저당권을 설정하는 경우가 있는가?

자신의 어떤 수용(需用)을 만족시키기 위해 타인으로부터 금전 등을 차용하려는 경우에 그 의무 이행을 확보하기 위해 담보로서 자기 소유의 토지 또는 가옥을 채권자에게 제공하는 경우가 있다. 이를 질권이나 저당권이라고 부르지 않고 전당이라고 한다. 채권자에 대한 채무이행을 보전하기 위해 채무자가 그 토지가옥을 담보로 제공하고 또 그 권리(소유권)를 위탁하는바, 만약 채무자가 채무를 이행하지 않은 경우는 채무자는 곧바로 그 목적물건을 매각하거나 혹은 그 소유권을 자신이 취득하여 채권을 소멸시킬 수 있다. 자신이 그 소유권을 취득한 경우에는 물론 이를 금전으로 환산하는 일이 필요하다. 이때 목적물의 가격이 채권액을 넘거나 모자라는 경우에는 서로 수지를 맞추지 않으면 안 된다. 채무이행을 청구할 수 있는 기간은 당사자 간 합의로 정하기 때문에 항상 일정하지는 않지만 보통 일반적으로 3개월 내지 1년인 것 같다.

2. 전당권의 설정조건은 어떠한가?

전당권 설정에 필요한 조건은 아직 상세히 알지 못하지만, 일반적인 관례에 따르면 대략 다음과 같은 요건을 구비하는 것이 필요하다.

(1) 전당채무자는 전당문기를 작성하여 구문기와 함께 채권자에게 교부할 필요가 있다. 따라서 계약서, 즉 전당문기[수표(手標)라고 칭한다]만을 채권자에게 교부하고 구문기를 교부하지 않은 경우에는 전당이 성립하지 않는다.

(2) 전당채권자는 채무자로부터 문기의 교부를 받는 동시에 채권금을 교부할 필요가 있다. 다만 금전의 대차(貸借)를 행한 다음에 전당을 설정하는 경우는 이 요건이 필요하지 않다.

(3) 전당권 설정에 관한 보증인이 필요하다. 다만 보통은 보증채무의 부담을 보증으로 간주한다.

3. 전당권의 효력 여하

전당권의 효력은 전당채무자가 그 채무를 이행하지 않은 경우는 채권자가 전당의 목적물을 매각하고 그 대금으로 다른 채무자에 우선하여 자신의 채권을 만족시키는 작용을 한다. 또한 전당권의 설정은 소유권에 대해 중요한 제한을 부가한다. 즉 전당권을 설정한 경우는 전술한 바와 같이 채권자에게 문기(소유권을 증명하는 문서)를 교부할 필요가 있다. 문기를 교부하는 행위는 만약 채무자가 채무를 이행하지 않는 경우 그 만족을 쉽게 얻으려는 의사를 가질 뿐만 아니라, 목적물의 소유권을 채무이행 기간이 만료될 때까지 처분하지 못한다는 의사를 교부하는 것이기도 하다. 따라서 다음과 같은 효과를 발생시킬 수 있다.

(1) 전당채무자가 그 목적물의 소유권을 매매 및 기타의 행위를 통해 이전하더라도 이를 무효로 간주한다. 따라서 전당의 목적물인 토지가옥에 대해 선의로서 매매 및 기타의 행위를 하더라도 소유권을 취득할 수 없다. 그 행위로 인해 손해를 입은 자가 판매자 등에게 배상을 청구할 수 있을 뿐이다. 예를 들어 전당채권자가 구문기로 전당권을 설정한 후에 전당

채무자가 다시 군수에게 입지(입지는 소유권의 존재를 증명해 주며, 입지가 교부되면 구문기의 효력은 상실한다)를 청구하여 소유권을 취득하는 경우가 있다. 이때 소유권과 전당권의 충돌이 초래된다. 관청은 이러한 충돌을 계쟁사건으로서 소송을 수리하고 소유권 취득자의 패소를 언도한다. 여기서도 역시 소유권 이전의 효과가 발생하지 않음을 알 수 있다.

(2) 채무 기한이 만료하기 전에 전당채권자가 매매 및 기타의 행위를 통해 그 목적물의 소유권을 이전한 경우에 제3의 취득자가 선의를 가지고 있으면 전당채무자는 자신의 권리를 주장하거나 이를 돌려받을 수 없다. 다만 전당채권자에 대해 발생한 손해의 배상을 요구할 수 있을 뿐이다. 그러나 제3의 취득자가 악의가 있었던 경우라면 그 권리를 주장할 수 있다.

전당권의 목적물인 토지가옥은 꼭 채무자의 소유물일 필요는 없고, 타인의 소유물이더라도 허락을 받은 경우는 전당의 목적물로 삼을 수 있다.

4. 전당 이외에 질권이 있는가?

채무의 이행을 확보하기 위해 토지가옥의 점유를 채권자에게 이전하고 빌린 돈을 갚는 경우는 없다. 다만 전당 이외에 환퇴라고 불리는 재산의 이용 방법이 있다(환퇴는 앞의 예와 같으므로 생략한다).

[해주 농공은행 중역(한국인 모씨) 및 세무주사 두 사람이 전당에 관해 설명했다. 내용은 군수, 군주사, 서기 등의 답변과 같기에 생략한다]

장연군

풍천군

송화군

장련군

풍천·장련의 두 군에는 전당권이 없고 환퇴만 존재하며, 송화군은 전당권의 존부가 명확하지 않다. 그 이외는 다른 군과 동일하기에 생략한다.

연안군

백천군

1, 2, 3 모두 해주군과 같기에 생략한다.

부언

이상의 내용에 더해 연구 결과를 보고한다. 종래 한국에는 일본의 질권 또는 저당권에 해당하는 권리를 설정한 사실은 보이지 않지만, 일반 인민이 소유하는 토지가옥을 이용하는 방법으로서 전당이라는 명칭을 붙여서 채권을 담보하는 일종의 권리를 설정하는 것은 앞서 본 것처럼 널리 알려져 있다. 그런데 전당은 소위 질권 또는 저당권과는 그 개념이 크게 다르기 때문에 전당의 개념, 설정조건 및 그 효력에 관해 간략히 논해보고자 한다.

1. 전당의 관념[8]

전당은 채권의 담보로서 채무자 또는 제삼자가 제공하는 물건(토지가옥)을 채권자에게 일정 기간 내에 혹은 조건부로 그 처분권을 위탁하고, 채권자는 그 물건에 대해 다른 채권자에 우선하여 자신의 채권을 변제받는 것을 말한다. 따라서

1) 전당은 채권의 이행을 확보하기 위해 설정한 물적 담보다. 따라서 전당채권자는 목적물을 근거로 다른 채권자에 우선하여 변제를 받을 수 있다. 이 점에서는 질권, 저당권과 같은 개념에 속한다.

2) 전당은 채무자 또는 제삼자가 제공하는 권리 목적물의 점유를 채권자에게 이전하지 않고, 스스로 물건의 사용 수익을 행할 수 있다는 점에서 일본의 저당권과 같은 개념이지만 질권과는 다르다.

3) 전당은 그 목적물을 채권자에게 일정한 기간 내에 혹은 조건부로 처분권을 위탁하는 것이다. 일본의 질권, 저당권과 개념이 다른데, 특히 이 점에 전당의 특질이 있다. 일본의 민법상 질권 및 저당권은 대개 소유권의 목적물에 일정한 채권을 부담시키는 개념으로서, 목

---

[8] 질권, 저당권 등은 구래 조선에서는 물건 또는 권리를 목적으로 하는 채권의 담보를 말한다. 이때 전당문기를 작성하여 부동산의 매매문기와 함께 이를 채권자에게 인도하였다. 전근대 조선에서는 물건 또는 권리를 목적으로 하는 채권의 담보를 모두 전당이라고 하였다. 이는 대개 사적으로 이루어지는 민간관행이었다. 전당에는 명칭상 질권과 저당권의 구별이 없으나 대개 동산을 목적으로 하는 경우에는 질권에 속하고, 부동산을 목적으로 하는 경우에는 저당권에 속하였다. 전당제도가 국가제도로 들어오게된 계기는 1898년 9월 공포한 〈전당포규칙〉에서였다. 1906년 10월 〈토지가옥증명규칙〉에서도 행정기관의 증명을 얻어 토지·가옥을 전당계약의 목적물로 할 수 있도록 하였다(최원규, 2015, 「일제초기 조선부동산 등기제도의 시행과 그 성격」, 『한국민족문화』 56, 122-125쪽).

적물의 처분권과는 아무런 관계도 지니지 않는다. 따라서 목적물에 질권이나 저당권을 설정한 경우에도 그 물건(정확하게 말하면 소유권)의 처분에는 아무런 지장이 없다. 다만 질권, 저당권이 소멸되기 전까지는 그 물건의 소재에 추급하여 효력을 가질 뿐이며, 채무자 또는 제삼자가 전당을 설정한 경우에는 전당이 존속하는 동안은 목적물인 토지가옥을 설정자 자신이 자유롭게 매매 및 기타의 법률행위를 통해 소유권을 남에게 이전할 수 없다. 전당을 설정하는 경우는 설정자가 소유하는 구문기를 전당채권자에게 교부해야 한다. 이 구문기는 자신이 토지가옥의 소유권자임을 증명하는 유일한 증거재료로서 문기는 소유권이 형태화된 것이라고 말할 수 있다. 따라서 문기의 점유를 이전하지 않는 것은 그 소유권을 이전할 수 없다는 점만을 의미하는 것이 아니다. 원래 채무자 또는 물적 보증인이 전당채권자에게 문기를 교부하는 행위는 전당의 목적물을 매매나 기타 법률행위를 통해 남에게 소유권을 이전하지 않겠다는, 즉 처분권 행사를 스스로 소극적으로 제한한다는 관념을 지니는 데 그치는 것이 아니다. 처분권의 행사를 일정한 기간, 즉 채무의 변제 기한이 도래했음에도 채무자가 채무를 갚지 않으면 채권자에게 자유롭게 목적물(정확하게 말하자면 소유권)을 처분할 수 있는 권능을 위탁한다는 적극적인 의미로 채권자에게 문기를 교부하는 것이다. 따라서 채무자 또는 물적 보증인은 채권자에게 위탁한 권능을 회복하지 않는 한, 토지가옥(전당의 목적물)을 매매나 기타 법률행위를 통해 그 소유권을 남에게 이전할 수 없다. 채무자 또는 물적 보증인이 이 권능을 회복하지 않고 토지가옥의 소유권을 매매나 기타 법률행위를 통해 남에게 이전하더라도 그 행위는 아무런 효과를 가지지 못한다.

채무자 및 물적 보증인은 전술한 바와 같이 상당히 불안하고 불리한 지위에 놓여있으며, 전당채권자는 우세한 권능을 가진다. 그리고 전당채권자가 고의 또는 과실로 전당 목적물의 소유권을 채무이행 기한이 도래하기 이전에 매매나 기타 법률행위를 통해 남에게 이전한 경우, 이를 취득한 선의의 제삼자는 그 물건의 완전한 소유권을 가진다. 따라서 이 경우에는 전당을 설정한 자, 즉 채무자 또는 물적 보증인은 이를 취득한 제삼자를 추급하거나 자신의 권리를 가지고 대항할 수 없다. 단지 전당채권자에게 불법행위에 따른 손해배상을 요구할 수 있을 뿐이다.

2. 전당의 설정조건

1) 당사자 간에 전당계약이 성립할 필요가 있다.

2) 계약이 성립하면 구문기, 수표(手票)(차용증)를 작성하여 교부해야 한다.

3) 채권 금액과 구문기 및 수표를 교환해야 한다.

4) 전당의 설정에는 보증인의 입회가 필요하다. 증인의 성질에 관해서는 다음에 설명한다.

3. 전당의 효력

전당의 효력은 앞에서 설명한 바와 같이 목적물에 대해 우선적 변제를 받을 수 있는 것은 물론, 만약 전당채권자가 채권의 만족을 얻지 못한 경우, 즉 채무자가 채무의 변제 기한이 이미 경과했음에도 아직 채무를 갚지 않았을 때 전당채권자는 전당의 목적물을 자유롭게 처분하고 그 대금을 자신의 채권에 충당할 수 있다. 다만 전당채권자가 처분권을 실행할 경우는 통상 채무자 또는 물적 보증인에게 채무이행 기한이 경과한 사실 및 불이행에 따라 전당의 목적물을 처분할 것이라는 내용을 통지할 필요가 있다.

전당 목적물의 가격이 채권 금액을 초과하는 경우는 채무자에게 그 초과액을 반환해야 한다. 만약 목적물의 가격이 채권 금액을 만족시키지 못할 경우는 채무자에게 그 부족액의 이행을 요구할 수 있다.

이상의 전당 이외에 토지가옥의 이용 방법으로서 환퇴 또는 권매라는 것이 있다. 아래에서 간략히 설명한다.

1. 환퇴 또는 권매

환퇴는 어느 일정 기간(3년 내지 10년) 내에 환매한다는 약관을 매매계약에 부가하고 소유권을 이전하는 행위를 말한다. 그 성립의 요건은 다음과 같다.

1) 당사자 간에 매매계약이 성립할 필요가 있다.

2) 매매계약에 일정한 기간 내에 환매한다는 약관을 부가해야 한다.

3) 매매계약과 동시에 환매의 약관을 부가해야 한다.

4) 환매부(還買附)의 매매문기 및 구문기를 매매대금과 교환하고 교부할 필요가 있다.

5) 환퇴계약 성립에는 증인의 입회가 필요하다.

이상의 요건을 구비하면 소유권 및 점유권(?)은 구매자에게 이전되지만, 만약 판매자가 환매권의 실행, 즉 일정한 기간 내에 매매대금 및 그에 필요한 비용을 구매자에게 제공하고 그 반환을 청구하면 구매자는 그 소유권을 반환해야만 한다. 그렇지만 그 기간 내에 환매권을 실행하지 않으면 판매자는 구매자에게 매매의 신문기를 작성하여 교부할 것을 요구할 수 있다.

구매자가 환매 기간 만료 이전에 그 토지가옥의 소유권을 매매나 기타 법률행위를 통해 남에게 이전한 경우, 제3의 취득자가 선의로 이를 매매하거나 기타 행위를 통해 완전히 그 소유권을 취득할 수 있다. 이때 환매권자는 선의의 취득자를 추급하여 자신의 권리를 주장할 수 없다. 그렇지만 제3의 취득자가 악의 또는 과실로 권리를 취득한 경우는 환매권자는 제3의 취득자에 대해 환매권을 주장하고 물건을 반환받을 수 있다. 그리고 실제로 대부분의 경우 제3의 취득자는 악의 또는 과실로 권리를 취득한다. 짐작하건대 환퇴계약은 문기에 환퇴의 의사 표시를 반드시 해야 하기 때문이다.

2. 전당과 환퇴의 중요한 차이

1) 전당은 토지가옥의 소유자가 일정한 기간 혹은 조건부로 소유물의 처분권을 행사할 수 있는 권능을 위탁하는 것에 머무르지만, 환퇴는 어떤 조건을 달아서 소유권을 이전하는 것이다. 그러므로 당사자의 개념이 다르다.

2) 전당은 목적물의 점유를 이전하지 않으며 채권의 원리(元利)를 상환할 필요가 있지만, 환퇴는 점유를 이전하며 매매대금 및 그 비용을 상환할 것이 요구된다.

이상의 내용을 가지고 전당과 환퇴의 관념 및 효력에 대한 설명을 마무리한다. 한마디 덧붙이자면 토지가옥의 매매나 기타 법률행위를 통해 소유권을 이전하는 경우, 그리고 전당을 설정하는 경우는 일반적으로 보증인을 필요로 하는 관행이 있는데, 이때 소유권 이전의 증인과 전당의 증인은 각각 그 성질을 달리한다. 그 요점은 다음과 같다.

매매나 기타 법률행위를 통해 소유권을 이전하는 경우의 보증인(또는 집필)은 매매나 기타 법률행위를 통해 갑에게서 을로 소유권이 이전되었다는 사실, 그리고 이전된 소유권은 판매자인 갑의 소유물이었다는 것을 인정하는 일종의 공시 방법으로서 매매 성립의 요건이 된다는 성질을 지닌다. 이에 반해 전당보증인은 공시 방법이라는 성질을 가질 뿐만 아니라, 채무자가 채권자에게 채무를 이행하지 않을 경우, 특히 전당물건의 가격이 채권 금액보다 부족하고 그 부족액을 변제하지 않는 경우에 그 보증채무를 부담한다. 따라서 채무자가 채무를 이행하지 않는 경우에 보증인은 그를 대신하여 채무이행의 책임을 부담한다.

제2항 관유지 및 민유지의 구별

은율군

1. 관유지와 민유지는 어떻게 구별하는가? 그 증거는 무엇인가?

문기의 유무에 따라 구별한다. 즉 민유지의 소유자는 문기를 지니고 있지만, 관유지에는 문기가 없다.

문화군

1. 상동

관유지는 양안으로, 민유지는 문기로 식별할 수 있다. 또 산림에는 목표(目標)가 존재하지 않지만 경지에는 반드시 목표가 있기 때문에 일목요연하다.

안악군

1. 상동

관유지에는 문기가 없지만 민유지에는 문기가 있어서 이를 증거로 삼는다. 다만 분쟁이 생기면 양안에 근거하여 그 귀속할 바를 정한다(그렇지만 양안이 보존되어 있지 않으므로 결국 방법이 없다).

신천군

1. 상동

위와 같으므로 생략한다.

재령군

1. 상동

위와 같으므로 생략한다.

해주군

1. 상동

관유지와 민유지는 예전부터 관유지 또는 민유지라는 일반적으로 부르는 이름에 따라서 구별한다. 그 중요한 증거는 문기나 기타 수표, 또는 구비(口碑)에 따르는 방법밖에 없다.

장연군

1. 상동

위와 같으므로 생략한다.

송화군
풍천군
장련군

1. 상동

관유지와 민유지는 문기 및 양안에 따라 구별하는 것 이외에 달리 방법은 없다.

연안군

1. 상동

관유지와 민유지의 구별은 일반적으로 인정되고 있으며, 민유지는 문기로 입증하는 것이 보통이다.

백천군

1. 상동

관유지와 민유지의 구별은 존재하는 것 같지만 이를 증명할 만한 것이 무엇인지 알지 못한다.

제3항 국유지와 제실유지의 구별

은율군

1. 국유지와 제실유의 구별 여하

잘 알지 못한다. 다만 경리원(經理院)에 속하는 것은 제실유의 토지일 것이다. 또한 관아의 건물 및 부지 등은 국유일 것이다.

문화군

1. 상동

국유지와 제실유의 토지에는 각각 따로 목표를 설치한다. 만약 이를 설치하지 않았을 때는 양안에 의해 결정한다. 또한 산림 등의 국유지와 제실유에는 각각 별도로 파수꾼을 두기 때문에 이를 명확히 구별할 수 있다.

안악군

1. 상동

국유지와 제실유지의 구별은 명확하지 않은 것 같다. 가령 구별이 있다고 해도 불민하여 잘 알지 못한다.

신천군

1. 상동

위와 같으므로 생략한다.

해주군

1. 상동

위와 같으므로 생략한다.

장연군

1. 상동

일반적인 호칭에 따라 이를 구별하는 듯하다. 명확한 증적(證跡)은 없다.

송화군

1. 상동

어떠한 구별이 있는지 알지 못한다.

풍천군
장련군

1. 상동

위와 같으므로 생략한다.

연안군

1. 상동

내장원(內藏院)에 속하는지 여부에 따라 구별한다. 내장원에 속하는 토지는 궁내부(宮內府)의 관리가 관리한다.

백천군

1. 상동

역전(驛田), 둔전(屯田)은 경리원에 속하기 때문에 제실유의 토지일 것이다. 그 이외는 알지 못한다.

제4항 토지대장

은율군

1. 토지대장 또는 그와 비슷한 것이 있는가?

토지의 소유자, 지목(地目), 소재 및 기타 사항을 기재한 공부(公簿)가 있다. 이를 양안이라고 부른다. 옛날에는 기재된 사항이 변경될 때마다 양안을 개정했지만 최근에는 그렇지 않다. 또한 동학당의 난에 의해 그 전부 또는 일부를 분실하였기 때문에 매우 불확실하고 엉성한 부책(簿冊)이 있을 뿐이다. 이 양안은 인민 소유권의 소재를 밝히는 것이 아니라 관에서 조세를 징수하기 위해 작성한 것이다.

양안의 기원은 명확하지 않지만 아마 기자의 시대부터 존재했던 것 같다. 당시 존재하던 양안은 부족한 점이 많아서 점차 수정하고 개량을 더했지만 이후 결국 불타버렸기 때문에 1871년(同治 10)(46~47년 전)에 작성한 것만 남아있다.

문화군

1. 상동

위와 같으므로 생략한다.

안악군

1. 상동

양안이라는 것이 있다. 기자의 시대부터 전해졌던 것으로 생각되는데 임진의 난을 만나 전부 소실되었고, 그 후 오랫동안 존재하지 않았다. 동치 10년에 만든 것이 있지만 그 뒤로 수정한 적이 없기 때문에 지금은 양안을 보아도 소유자 등을 파악할 수 없다. 양안은 조세를 징수하기 위한 부책이므로 지금도 이를 기준으로 징수하는 경우가 있다.

신천군

1. 상동

위와 같음.

재령군

1. 상동

위와 같음.

해주군

1. 상동

토지대장 또는 양안이 없어서 기재 사항 및 기타에 대해 알지 못한다.

장연군

1. 상동

명확하지 않기 때문에 답변할 수 없다.

송화군

1. 상동

양안이라는 것은 관아에 존재하지 않는다. 다만 각 면장에게 양안의 사본[控]이 있을 뿐이다.

풍천군
장련군

1. 상동

양안은 존재하지 않는다. 또한 이에 관해서는 소상히 밝히지 못했기 때문에 답변을 할 수 없다.

연안군

1. 상동

위와 같음.

백천군

1. 상동

위와 같음.

제5항   권리 이전의 자유

은율군

1. 토지가옥에 관한 권리 이전은 모두 자유로운가?

자유롭다. 다만 외국인에게 잠매(潛賣)할 수는 없다.

문화군
안악군
신천군
재령군
송화군
장연군
풍천군
장련군
연안군
백천군
1. 상동
상동

제6항   지권 및 가권

은율군

1. 지권 및 가권이 있는가? 그 연혁은 어떠한가?

지권 또는 가권이라는 것을 관청에서 발행한 적은 없다. 다만 민간에서는 상호 간에 자신의 토지 또는 가옥을 매매나 기타 행위를 통해 소유권을 이전하고, 전당권을 설정하는 경우는 문기라고 불리는 문서를 작성하여 수수하는 것이 일반적이다. 문기는 인민의 소유권 또는 전당권을 증명하는 유일한 재료로서, 문기를 가지고 있지 않으면 그 소유권이 부인당하는 경우가 종종 있다. 문기를 가지고 있으면 가령 부정한 행위로 이를 점유하게 된 경우, 혹은 그것이 증명하는 목적물을 매매나 기타의 행위를 통해 권리를 이전한 경우에도 그 상대방이 완전히 소유권을 가진다. 즉 문기의 점유자는 곧바로 토지가옥의 소유자로 일단 인정을 받을 수 있는 효력을 가진다.

문기의 점유자가 문기의 멸실, 훼손으로 그 효용을 상실하게 되면 이를 관청에 신고하고 입지를 요청한다. 입지의 지령서는 문기와 동일한 효력을 가진다. 입지를 받으면 이전의 문기는 그 효력을 모두 상실한다. 관청은 신고자 및 기타 그 지방의 면장·이장 등에게 문의하고, 신고자의 신청 내용이 진실한 경우에는 권리를 지니는 자에게 연유를 신고할 것을 일정한 기간 내에 고시한 뒤 입지를 발부한다.

그 연혁은 알지 못한다.

문화군

1. 상동

위와 같음.

안악군

1. 상동

위와 같음.

신천군

1. 상동

위와 같음.

재령군

1. 상동

위와 같음.

해주군

1. 상동

위와 같음.

장연군

1. 상동

위와 같음.

송화군

1. 상동

위와 같음.

풍천군

1. 상동

위와 같음.

장련군

1. 상동

위와 같음.

연안군

1. 상동

위와 같음.

백천군

1. 상동

위와 같음.

제7항　강계 및 권리의 분쟁

은율군

1. 강계의 다툼이 벌어지면 어떤 증거에 따라 이를 결정하는가?

다툼이 일어났다는 것을 듣지 못했기 때문에 결정 방법을 알지 못한다.

2. 두 사람 이상이 동일물에 대하여 서로 권리를 주장하면 어떻게 이를 결정하는가?

문기를 근거로 결정한다. 이것이 없는 경우에는 어쩔 수 없지만, 일반 인민의 토지에 대한 관념이 몹시 박약하기 때문에 권리의 충돌이 발생했다는 것을 듣지 못했다.

문화군

1. 상동

위와 같음.

2. 상동

위와 같음.

안악군

1. 상동

위와 같음.

2. 상동

위와 같음.

신천군

1. 상동

위와 같음.

2. 상동

위와 같음.

재령군

1. 상동

위와 같음.

2. 상동

동장·면장 및 기타 이웃의 증언에 따라 결정한다.

해주군

1. 상동

매우 불분명한 경우에는 노인이나 기타 사람의 증언에 따라 결정한다.

2. 상동

동일물에 대해 두 사람 이상의 권리가 충돌하는 것은 본국과 같이 토지에 관한 제도가 갖추어져 있지 않은 곳에서는 실로 어쩔 수 없는 일이다. 우선 그 원인부터 서술하자면

(1) 토지 권리의 설정 및 이전에 있어서 관청의 부책에 등기 또는 등록 등을 하지 않으며, 권리의 설정 또는 이전에 관한 공시 방법이 존재하지 않는다. 따라서 토지가옥의 매매 및 기타 행위를 통해 인민이 소유권을 이전하거나 전당을 설정하면 자신이 소유한 문기와 권리 이전을 증명하는 신문기를 작성하여 교부할 필요가 있다. 원래 문기는 어떤 토지가옥의 소유권자임을 증명하는 유일한 증거물이며, 그 물건을 문기 위에 표상하고 실현시키는 효용과 성질을 지닌다. 그러므로 문기의 이전은 곧 토지가옥의 소유권 이전을 의미하며 또한 실로 물권적인 효용을 가진다. 따라서 만약 정당한 권리자가 그 문기를 멸실 또는 훼손한 경우는 그 토지가옥을 매매하거나 기타 경제상의 작용을 할 수 없다. 이때 문기를 상실한 자는 해당 관청에 이를 상실한 이유를 설명하고 입지를 신청한다. 해당 관청은 그 땅을 관할하는 면장, 이장, 동장 등을 소환하여 신청자의 신청 사항을 조사하고, 진실한 경우에는 입지의 문서를 교부한다. 입지는 문기와 동일한 효력을 가지기 때문에 입지에 근거하여 매매나 권리의 이전 또는 설정을 행하는 것이 일반적이다. 입지에 근거하여 권리를 처분한 후에 우연히 상실한 문기를 발견하는 경우가 있다(문기는 입지가 교부되면 그 효력을 상실한다). 이때 갑자기 악의를 품고 그 문기를 명목으로 다시 목적물의 소유권을 타인에게 매매나 기타 행위를 통해 이전하는 일이 있다. 이러한 경우에는 입지에 의해 소유권을 취득한 자와 문기에 의해

소유권을 취득한 자, 두 사람 사이에 동일한 권리가 충돌하는 결과가 발생할 것이다.

(2) 두 사람의 권리가 충돌한 경우 누구를 정당한 권리자로 간주할 것인가를 생각할 때, 위와 같은 사실에 대해서는 입지에 근거하여 소유권을 취득한 자를 정당한 권리자로 간주해야 한다. 애당초 군수, 부윤이 인민의 신청을 받아 입지를 교부하는 것은 신청자가 진술한 사실에 대해 충분한 심사를 거치고 신청자가 정말 문기를 상실했다는 심증을 얻고 난 다음이다. 입지를 부여하면 그와 동시에 신청자가 가지고 있던 문기는 아무런 효력도 보유하지 못한다. 즉 입지는 문기를 대신하는 것이다. 그럼에도 불구하고 황해도 관찰사가 이에 반하는 재판을 행한 적이 있다. 그 사실 및 판결 이유를 참고로 제공하기 위해 아래에 서술하겠다.

사실

1905년(光武 9) 중 한국인 갑모(甲某)가 청국인 을모(乙某)에 대해 입지에 근거하여 표시된 토지 및 가옥에 전당을 설정했다. 그런데 갑모는 상업상의 실패로 채무를 이행할 수 없게 되었고, 합의에 의해 그 소유권을 을모에게 이전했다. 그리고 을모는 이 토지가옥에 대해 자신이 소유권자임을 표명하는 말뚝을 세웠다. 을모는 이후 상업을 위해 경성에 약 1년간 머물렀고, 1906년(光武 10)에 다시 해주읍에 와보니 자신이 일찍이 표시했던 말뚝이 한인(韓人) 병모(丙某)에 의해 제거되었을 뿐만 아니라 병모가 자신이 소유자라는 의사를 표시하기 위해 다른 말뚝을 세운 것을 알았다. 이에 을모가 병모에게 그 이유를 물으니 말하기를 이 토지가옥은 갑모가 3년 전에 문기를 가지고 자신에게 전당을 설정했다. 그리고 채무 이행 기한이 도래했음에도 이를 이행하지 못했고 2년 전에 자신이 토지가옥의 소유권을 취득했다. 따라서 을모의 행위는 타인의 소유물을 자신의 소유물이라고 표시한 불법이므로 말뚝을 제거한 것이라고 말했다. 그렇지만 병모가 갑모로부터 소유권을 취득했다고 주장하는 당시에 병모는 자신의 소유물이라는 사실을 표시하지 않았을 뿐만 아니라, 갑모는 여전히 그 가옥에 거주하며 집세를 내는 등 차가인(借家人)의 행위를 한 적이 없으므로 제삼자에게는 완전히 갑모의 소유물로 보였다. 따라서 을모가 갑모로부터 소유권을 취득한 일에는 아무런 과실이 없었다. 즉 선의에 의한 취득인 것이다. 병모 또한 선의에 의해 취득한 것이다. 다만 갑모와 병모는 친족 관계이기에 전당 설정의 사실을 은폐했던 것 같다.

판결 및 이유

(1) 해주군수의 판결

살피건대 갑모는 군수를 기망(欺罔)하여 입지를 얻었고, 이를 가지고 을모에게 소유권을 이전했다. 입지를 얻은 행위는 불법이지만 을모는 완전히 그 소유권을 취득한 것으로 간주한다. 그 이유는 다음과 같다. 입지를 신청하면 군수는 그 사실에 대해 충분히 심사할 직무가 있다. 이에 따라 입지의 필요성을 인정하면 그 사실을 일정 기간 공시하고, 또한 신청자가 신청한 토지가옥의 문기나 권리를 지닌 자는 그 사실을 신고해야 하는데, 만약 기간 내에 아무런 신고도 없었을 경우는 이를 가지지 않는다고 인정하는 내용을 게시한다. 또한 입지는 문기를 대신하는 효력을 가지는 행정처분이기 때문에 문기에 근거하여 소유권을 지니는 자는 이를 신고해야만 하는데도 병모는 이를 행하지 않았으므로 무효가 되는 것은 당연하다. 따라서 을모의 권리를 인정해야 한다.

(2) 관찰사의 판결

이상의 판결에 대해 병모가 관찰사에게 상소했고 관찰사는 다음과 같이 판결했다. 병모를 정당한 권리자로 간주한다. 갑모는 군수를 기망하여 입지를 얻었다. 따라서 그 입지는 무효다. 무효에 근거한 입지를 가지고 소유권을 이전해도 아무런 효력을 일으키지 못한다.

이상의 사실은 아직 수결(修結)을 고하지 않았다. 목하 이사청(理事廳) 지청(支廳)에서 그 진상을 심리 중이다. 기록하여 참고로 제공한다.

송화군

1. 상동

다툼을 들어본 적 없다.

2. 상동

노인이나 공적이 있는 사람에게 물어서 결정한다.

장연군

1. 상동

위와 같음.

2. 상동

위와 같음.

풍천군

1. 상동

위와 같음.

2. 상동

위와 같음.

장련군

1. 상동

위와 같음.

2. 상동

위와 같음.

연안군

1. 상동

위와 같음.

2. 상동

관청에서 받은 입지에 근거하여 소유자가 그 소유권을 이전한 후에 문기를 발견하여 다시 타인에게 그 토지 또는 가옥을 매매하더라도 소유권 이전의 효과가 생겨나지 않는다. 그 외의 사항은 알지 못한다.

백천군

1. 상동

위와 같음.

2. 상동

위와 같음.

제8항 토지의 종목

은율군
1. 토지의 종목 여하
전(畑), 논[田], 화전[山], 마른 논[乾田](原), 야채 밭[垈地]

문화군
1. 상동
전, 복전(洑田)(畑), 마른 논(原), 화전, 산림, 야채 밭

안악군
1. 상동
전, 답, 자양(柴場), 노전(蘆田), 야채 밭, 채전(采田)

신천군
1. 상동
전, 답, 화전, 마른 논, 초장(草場), 채전, 야채 밭

재령군
1. 상동
답, 전, 노전, 초장, 야채 밭, 채전, 산림, 원야

해주군
1. 상동
답, 전, 화전, 마른 논, 평전(平田)(原野), 채전

장연군

송화군

풍천군

장련군

1. 상동

위와 같음.

연안군

1. 상동

답, 전, 야전(野田), 산전(山田), 마른 논, 곡전(谷田), 대전(垈田)

백천군

1. 상동

답, 전, 화전, 마른 논, 대전, 원야, 초장

제9항 토지의 장량

은율군

1. 토지의 장량 방법은 어떠한가?

장량의 방법이 없다.

문화군

1. 상동

종전에는 목척(木尺)으로 측량했는데 지금은 보존하는 것이 없어서 장량의 방법은 확실하지 않다.

안악군

1. 상동

위와 같음.

신천군

1. 상동

위와 같음.

재령군

1. 상동

위와 같음.

해주군

1. 상동

양척(量尺)으로 장량을 행한다. 양척 1척은 일본의 3척에 해당한다.

장연군

1. 상동

위와 같음.

송화군

1. 상동

위와 같음.

풍천군

1. 상동

정해진 방법이 없다.

장련군

1. 상동

위와 같음.

연안군

1. 상동

1일경(日耕)은 직경 100묘(畝)다. 1묘는 대략 일본의 1척 8촌 4방(方)에 해당한다. 두락의 장량 방법은 확실하지 않다.

백천군

1. 상동

종전에는 장량의 방법이 존재했지만 지금은 없다.

제10항   관습의 이동

은율군

1. 촌락과 시읍지(市邑地)의 관습에 이동(異同)이 있는가?

확실하지 않다.

문화군

안악군

신천군

재령군

해주군

장연군

송화군

풍천군

장련군

연안군

백천군

1. 상동

위와 같음.

IV

부동산법조사회 관습조사 실행 결과

1.
한국 토지에 관한 권리 일반

해제

소개

1907년 6월 부동산법조사회 보좌관 나카야마 세타로(中山成太郎)가 한국 남부지역을 출장 조사하여 정리한 한국 토지제도에 관한 보고서이다. 그는 한국인의 권리 관념을 비롯하여 토지에 관한 권리, 토지소유권, 토지소유권의 취득 및 상실, 토지용익권, 토지에 관한 담보물, 문기 등 당시 한국의 토지제도와 토지에 관한 제반 권리에 대해 총괄적으로 조사하여 보고하였다. 이 자료는 현재 국립중앙도서관에 소장되어 있다.

주요 내용

나카야마 보좌관은 한국에서 토지에 관한 권리를 로마법의 '통일주의(統一主義)'를 따라 소유권, 기타 물권, 채권적 차지권으로 정리하였다. 그는 "한국에서는 고래로 여러 종류의 권리를 혼립(混立) 발생시키지 않아서 그 권리의 종류가 매우 간단하고, 전적으로 통일주의에 의하는 것이 명백하다"고 보았다. 여기서 통일주의란 "토지 위에 1개의 통할적(統轄的) 지배권을 인정하여 이에 의하여 토지의 이익을 통일시키며, 기타의 권리는 모두 이 권리의 부분적 제한 또는 부담으로 성립하는 것"으로 정의하였다. 그는 토지의 권리를 조사하기 위해서는 토지의 의의, 1필지의 관념, 집합지의 관념, 토지정착물의 관념, 토지면적의 표시, 토지의 종목[기간지, 기지(基地), 삼림원야, 도로제방 기타 공용지, 미기간지], 토지소유권의 주체로서 민유지와 국유지, 궁내유지(宮內有地), 공유지(公有地) 등을 대상으로 하여 구체적으로 분석해야 한다고 하였다.

한국에서 토지에 관한 권리에 대하여 나카야마는 조선의 종래 관습에서는 물권을 인정하는 범위가 작고 용익물권(用益物權), 즉 지역권(地役權), 지상권(地上權), 영소작권(永小作權), 담보물권(擔保物權)의 관념 같은 것은 구관(舊慣)에서는 전혀 찾아볼 수 없다고 서술했다. 또한 토지소유권의 기원에 대해서는 토지 국유로 인하여 인민의 토지소유권을 인정하지 않았다가 조선시대부터 인민의 토지소유권을 인정하였다고 보았다. 조선시대에 들어와서 이미 인민의 사유를 공인하고 여러 차례 양전(量田)을 행하고 전안(田案)을 작성하여 여기에 민의 토지를 등록하여 부세의 기초로 삼았다고 보았는데 또한 토지소유권의 취득으로 인정되는 것은 원시적 취득과 승계적 취득(양도, 상속)이 있으며, 토지소유권의 상실 원인으로는 토지의 멸실과 소유권의 포기가 있다고 정리하였다.

한편 한국의 토지용익권을 물권적인 것과 채권적인 것으로 나누고, 전자의 예로는 지상권, 지역권 등 두 가지 종류가 있다고 보았다. 반면에 영소작권은 한국에서는 거의 존재하지 않고, 근대 외국인 가운데 이 권리를 설정하는 것이 있는데 이는 외국법을 주입한 것이고, 구관에 있는 것은 아니라고 보았다. 한국에서 채권으로서 토지용익권만 활성화되어 있다고 하였다. 소작인의 토지에 대한 권리를 '채권적(債權的) 차지권(借地權)'으로 규정하였다. 이어 채권적 차지권을 또한 소작인이 일정한 소작료를 지불하고 조세, 종자, 비료 등을 부담하는 도지(賭地)와 지주가 조세, 종자, 토지를 제공하고 소작인이 비료, 기구, 노동력을 제공하여 공동으로 토지를 경작하는 병작(幷作, 절반 타작)의 두 종류로 구분하였다. 병작은 중부유럽에서 시행되는 '타일바우(タイルバウ)' 제도와 동일한 것으로 보면서 순연한 임대차로 볼 수 없고, 전적으로 공동경작의 일종이라고 보았다. 따라서 병작을 고용관계로 보아야 할지 노무적 청부라고 해야 할지, 아니면 불순수한 임대차로 봐야 할지에 대해 추후 연구가 필요하다는 말을 덧붙였다.

마지막으로 토지에 관한 담보권의 특성을 설명하면서 전당(典當)과 권매(權賣)를 소개하며 전당을 저당의 성질을 가지는 것과 부동산질(不動産質)의 성격을 가지는 것, 유질계약(流質契約)을 부대하는 것과 부대하지 않는 것 등을 구별하여 설명하였다. 전당은 대체로 일본에서 인정되는 저당의 관념과 유사하지만 등기제도가 결여되어 있다는 점, 채권자에게 문기를 넘기기 때문에 토지의 처분에 제한을 받는다는 점 등이 다르며, 문기와 함께 토지의 점유도 채권자에게 이전하는 부동산질의 성질을 가지는 전당이 남한지방에서는 드물게 사례를 찾을 수 있다고 하였다. 권매는 토지를 채권의 담보로 제공한다는 점에서 전당과 유사하다고 해도 조건부 소유권의 이전이라는 점에서 일본의 '매려약관부(買戾約款付) 매매'와 동일하다고 하였다. 마지막으로 토지에 대한 사정 및 권리의 양도에서 문기의 중요성을 강조하였다. 종래 여러 종류의 매매문기 양식과 기록된 각종 표기 내용의 의미를 다루었는데, 문기가 소유권을 증명하는 증서이자 권리 양도의 필수적인 요건이라고 보았다. 그렇지만 문기의 결점인 위조, 변조의 우려가 강조되었다.

자료의 의의

1907년 6월 부동산법조사회 촉탁 히라키 간타로(平木勘太郎)는 부동산법조사회의 보좌관으로서 일본 민법에서 통용되는 토지소유권의 절대성, 배타성을 강조하는 의미에서 한국의 토지에 관한 권리들을 일방적으로 정의하였다. 그는 이 책에서 각 조항 항목 말미에 '부언(附言)'이라고 하여 자신의 견해를 첨부하고 있다. 한국의 토지소유권의 유무를 법률적 제도의 미비로 부정하고, 구래의 관행에 의거해서 현실의 토지소유권을 부정하고 일본의 새로운 제도 도입의 필요성을 주장했다는 점에서 한국의 부동산 관행 자체를 객관적으로 조사했다고 보기 어렵다.

전반적으로 한국의 토지권리 일반을 소개하면서 토지소유권의 절대성을 강조하는 반면, 경작농민의 경작권을 채권적인 성질로 보고 있으며 사적인 매매문기의 활성화에 따른 대응방식을 소개하고 있다. 당시 일본의 부동산법 조사와 일본인의 토지 침탈 의도를 잘 드러내주고 있는 자료이다.

자료 151 | 나카야마 세타로(中山成太郎), 1907. 6

한국 토지에 관한 권리 일반
韓國ニ於ケル土地ニ關スル權利一班

본고는 나카야마 보좌관이 남한 지방 출장 때 조사 보고한 것이다.

1907년(光武 11) 6월
부동산법조사회

한국 토지에 관한 권리 일반

목차[1]

제1장   한국인의 권리 관념

제2장   토지

　1. 토지의 의의

　2. 일필의 관념

　3. 집합지의 관념

　4. 토지정착물의 관념

　5. 토지면적의 표시

　6. 토지의 종목

제3장   토지에 관한 권리

제4장   토지소유권

　제1절   총설

---

1   원자료에서 목차와 본문의 제목은 일치하지 않는다.

제2절 토지소유권의 한계

　　갑, 당연한 한계

　　을, 공법상의 제한

　　병, 상린자 간의 제한

　　　　1. 권리를 남용하지 않을 것

　　　　2. 경계의 근방에 있어 이웃한 토지 간의 제한

　　　　3. 유수에 관한 제한

　　　　4. 인접한 토지의 통행에 관한 제한

제3절 토지소유권의 취득 및 상실

　제1. 소유권의 취득

　　갑, 토지소유권의 원시적 취득 방법

　　　　1. 기경

　　　　2. 시효

　　　　3. 첨부

　　을, 토지소유권의 계승적 취득 방법

　　　　1. 양도

　　　　2. 상속

　제2. 소유권의 상실

　　　　1. 목적물의 상실

　　　　2. 포기

제5장 토지용익권

　제1절 지상권

　제2절 지역권

　제3절 채권적 차지권

　　제1. 도지

　　제2. 병작

제6장　토지에 관한 담보권
　제1절　전당
　　제1. 저당
　　제2. 부동산질
　제2절　권매
제7장　문기
　　1. 매매의 문기
　　2. 전당의 문기
　　　(1) 저당의 문기
　　　(2) 유질계약 부대 저당의 문기
　　　(3) 부동산질의 문기
　　3. 권매의 문기
　　4. 도지 또는 병작의 문기
　　5. 세가의 문기

제1장　한국인의 권리 관념

　권리에 대한 한국인의 관념은 매우 유치하여 엄격하게 말하면 권리 사상이 아직 발달하지 못했다고 할 수 있다. 아마도 한국의 정강(政綱)이 느슨해진 결과 관리의 전횡이 심하고 인민의 이익을 존중하고 보호한다는 생각이 매우 옅은데다 관의 행위에 대해서는 인민을 심하게 억압하고 그에 대한 불복 주장을 절대 허용하지 않는다. 그렇기 때문에 한국에서는 관에 대항하는 일에 대해 보호받을 권리는 전혀 없고 오직 인민 상호 간에 합당한 사리에 따라 스스로 피아의 사이에 정당한 이익범위를 인식하며, 이에 대해서 인민 상호의 불법적인 횡포와 침해를 허용하지 않는다. 이러한 면에서는 권리의 관념이 있다고 할 수 있지만 또 일반 행정이 부패하여 관리의 전횡이 심해지고 인민 상호 간에 일어나는 일에도 관리가 강자와 부자의 말은 기꺼이 들어주나 약자와 가난한 자는 강자와 부자의 횡포를 견딜 수밖에 없는 상황이 적지 않다. 그래서 지금까지 한국인에 대해서는 법률의 보호가 전혀 존재하지 않았고, 따라서 권리의 사상은 존재하지만 아직 권리의 형체가 온전하지 않아 실질적인 권리는 없다고 할 수 있다. 따라서 한국인의 권리가 존재하는가 하고 묻는다면 실상은 거의 없지만 권리의 사상은 자연히 발달하면서 그 존재를 드러낼 조짐은 보이고 있다. 그 사상의 형체는 매우 막연하게 존재할 뿐이고 그 본체는 정확하거나 명료하지 않은 점이 많다. 나는 이하에서 이른바 권리 사상 가운데 토지에 관련된 것을 뽑아 단편적인 내용을 약술하고자 한다. 그 전반에 관한 것은 앞으로 연구 조사가 이루어질 것을 기대하는 바이다.

제2장 토지

토지에 관한 권리를 조사하기 위해서는 먼저 그 권리의 대상인 토지를 연구하는 것이 순서일 것이다.

토지에 관한 관념은 유럽의 경우도 예로부터 지금까지 나라마다 그 취지가 다른 면이 있다. 즉 로마법[2]의 경우는 원칙적으로 토지와 동산을 모두 동일한 규정에 의해 처분하는 주의를 채택하고 있다. 독일 고유법(古有法)의 경우는 토지와 동산을 구분하여 그 법제를 완전히 달리하는 주의를 채택하고 있다. 근세 유럽 문명국의 입법 역시 대체로 토지와 동산을 구별하여 법제화하는 주의를 취하고 있다. 최근의 경향은 양자의 구분을 점차 완화하고 있는데 그 예로 상법에서는 현저한 변화를 보이고 있다. 한국인의 관념 역시 토지와 동산을 명확히 구분하고 있다. 즉 토지의 법제를 동산과 구분하는 주의를 취하고 있음은 이론의 여지가 없는 사실이다. 예를 들면 토지의 양도와 전당에 대해서도 아직 유럽대륙 또는 일본과 같이 등기와 같은 형식이 필요함에도 불구하고 그 경우에도 역시 동산과는 수속을 달리하여 문기의 교부를 요건으로 하고 있는 것이 그 증거다.

---

2 원문에는 '라마고법(羅馬古法)'이라고 쓰여 있다.

1. 토지의 의의

토지란 지구 표면(수면을 제외한)의 일부로 우리가 지배할 수 있는 부분이다. 이것이 근세의 모든 문명국이 인식하고 있는 정의이며 토지의 관념을 가장 적당하게 표현한 말이다. 이 관념은 한국에서도 다르지 않다.

2. 일필(一筆)의 관념

토지는 지구의 표면이므로 이론상 그 경계를 자유롭게 정하고 이것을 분할할 수 있다. 그리고 분할되는 토지는 하나의 땅을 이루는 것으로 그 넓이와 형상 등에 아무런 제한이 없지만 필요에 따라 적당한 범위 내로 제한되는 것이 일반적이다. 이와 같이 경계로 나뉘어진 토지를 일지(一地)라 하고 또 이를 한 사람이 소유한 경우는 일필(一筆)의 토지라고 하는데 이것이 바로 일필의 관념이다. 문명국에서는 일필의 토지에 일지일번(一地一番)의 지호(地號)를 붙이고 또한 토지대장에 이것을 기입하여 명확히 하는 것이 일반적이다. 이와 같이 일필의 관념은 토지의 단위로서 상당히 중요한 관념이며 한국에서는 일필의 관념 및 이와 관련된 제도는 전혀 갖추고 있지 않지만 사실상 일지에 관한 사상은 있기 때문에 경계를 정하고 한 구역을 획정하는 일지의 관념은 존재한다. 이것은 일필의 토지와 다르지 않지만 여기에 지번을 붙이고 토지대장에 기입하는 등의 제도는 없으며 단지 그 사표를 적어 다른 토지와 구별할 뿐이다. 따라서 한국의 토지에 있어서는 토지의 표식이 매우 곤란해서 분란이 일어나기 쉽고 그저 권리자의 점유에 의해 그 혼란을 막을 수 있을 뿐이다. 이것이 한국 토지제도의 근본적이고도 큰 결점이라고 할 수 있으므로 하루라도 빨리 일필의 관념을 명확히 하고 지번 및 토지대장 제도를 만들어 토지를 확정할 수 있는 수단을 강구하는 것이 곧 토지의 권리를 명확히 하고 나아가 차후의 분쟁을 방지하는 길이다.

3. 집합지의 관념

집합지란 일필의 토지는 아니지만 한 구획으로 경계가 나뉘는 토지를 말하며 우리의 일상에서 관습적으로 일지로 취급하는 경우를 말한다. 예를 들면 철도용 부지, 장원, 개간지, 매립지 등은 일필로 보기는 어렵지만 철도용지로서 한 덩어리를 이루고 있으며 철도채권의 담보로 제공할 경우는 이것을 완전히 일지로 취급한다. 장원의 경우도 택지와 전지(田地), 산림이 있으며 통상 일필의 땅은 아니지만 모씨의 장원이라고 하는 것과 같이 한 덩어리를 이루는 경우에도 이를 일지로 취급하는 것이다. 개간지나 매립지 등에 이름을 붙여 아무개 신전(新田)이나 아무개 축지라고 하는 것과 같이 한 덩어리일 때에는 여러 필의 토지라 할지라도 특정한 편의상 일지로 취급할 수 있다. 이러한 관념은 유럽 문명국에서 매우 흔하며 한국에서도 이 관념은 분명히 존재한다. 특히 한국에서는 관습상 매매의 단위로 삼는 일지라는 것이 매우 적다. 따라서 필요에 의해 집합지로 취급하는 경우가 의외로 많다. 이는 독일 등 기법상의 원칙으로서 일지일엽(一地一葉)주의(한 땅을 한 장에 기록)를 채택하고 있음에도 불구하고 예외로 부지일엽(敷地一葉)주의를 인정할 수밖에 없었다.

4. 토지정착물의 관념

정착물이란 어떤 것일까. 이것은 자연의 형상에 기초하여 일시적으로 생겨난 것이 아니라 토지에 붙어있는 것을 일컬으며 반드시 자연의 상태를 훼손하는 것이 아니기 때문에 토지와 분리하거나 따로 이전시킬 수 없는 것을 요건으로 하지 않는다. 토지 위에 세운 건물 또는 토지에 심은 수목과 같은 것이 그 예이다. 이러한 정착물은 토지와 함께 부동산으로 취급하는 것이 통례이며 토지의 정착물 중 가장 주요한 것은 건물이다. 건물과 토지의 관계에 대한 법률상의 관념은 일정하지 않고 다양하다. 즉 건물은 토지의 정착물이라고 하는 관념은 각국에서도 인정하고 있지만 그 토지와의 정착관계의 양상에 대해서는 각국의 관념이 다른데 이것은 크게 두 가지로 나눌 수 있다. 하나는 건물은 토지의 일부분으로서 토지와 가옥이 하나의 사물을 조성한다고 보는 관념이며 또 하나는 건물은 토지에 정착하고 있지만 토지와 완전히 독립된 존재이므로 본디 토지의 일부라고 할 수 없으며 토지의 종속물도 아니라고 하는 것이다. 전자는 유럽대륙에서 볼 수 있는 일반적인 관념이며 후자는 일본의 관념이다. 이러한 차이는 주로 가옥의 축조법이 다른 데서 생기는 구분이라 할 수 있다. 즉 전자의 가옥 축조법은 대개 벽돌구조 또는 석조로 짓는 것으로 토지와의 부합관계가 극히 긴밀하다. 후자는 목조로 짓는 경우가 대부분이기 때문에 토지와의 부합관계가 전자와는 다르며 이는 바로 정착관계에 대한 관념이 다르기 때문에 발생하는 것이라고 볼 수 있다.

한국에서는 건물을 토지의 정착물이라고 본다. 즉 정착관계의 관념에 대해서는 유럽대륙과 완전히 동일한 주의를 채택하고 있어 토지와 건물이 하나의 사물을 조성하는 것으로 보며 건물와 부지를 한꺼번에 처분하는 것이 일반적이다. 물론 한국의 가옥은 유럽의 가옥과 그 축조법부터 다르다. 하지만 한국의 가옥은 거칠고 단순한 방법으로 지음에도 불구하고 흙으로 지은 건축[土造]이어서 토지와의 부합관계는 역시 목조가옥과 비교가 되지 않는다. 토지와 긴밀한 결합상태가 오히려 유럽대륙의 축조와 비슷하다. 때문에 자연히 유럽대륙과 동일한 관념이 생기게 되는 것이다.

한국에서 볼 수 있는 특별한 현상은 토지와 건물의 관계가 하나의 사물을 조성하는 것임에도 불구하고 유럽에서와 같이 건물을 토지의 일부로 보지 않고 오히려 건물에 중점을 두려고 하는 경향이다. 이것은 한국에서 볼 수 있는 특이한 현상으로서 한국인의 일반적인 관념이라고 단언할 수 있다. 그 이유 중 하나는 한국에서는 여유 있는 토지에 비해 주택이 많지 않기 때문에 자연히 가옥에 중점을 두게 되었다는 점이고, 또 하나는 도회지에서 정책적으로 주민의 이주를 장려할 필요가 있기 때문이거나 혹은 세금[地子][3]을 면제하거나 타인이 소유한 토지라도 공터인 경우에 자유롭게 주택을 건축할 수 있도록 하는 관습을 인정하였기 때문에 (물론 토지의 수확에 상당하는 지대를 지불해야 한다) 자연히 가옥에 중점을 두는 경향이 생긴 것으로 보인다(가옥을 짓기 위해 타인의 토지를 사용하는 관습은 지방에서도 일반적으로 행해지고 있다. 이에 관해서는 토지의 용익권 편에서 다시 기술하기로 한다). 요컨대 이러한 일은 모두 토지는 여유가 있고 주택이 적기 때문에 일어나는 현상으로 근래에 토지의 가격이 점점 상승하고 또 토지의 여유가 없게 되면서 토지보다 건물을 중시하는 관념 및 가옥 건축을 위해 타인의 토지를 자유롭게 사용하는 관습은 자연히 점차 기존의 관념을 변화시키게 되었으며 현재는 과도기라고 볼 수 있다.

5. 토지면적의 표시

한국에서는 지적을 표시하는 종류가 여러 가지 있는데 이 모두가 확정된 표준이 없고 매우 불분명하다. 즉 두락(斗落), 일경(日耕), 결부(結負) 등은 과거의 관용적인 표준이다. 두락이란 일두(一斗)의 종자를 뿌리는 토지면적을 말하는데 작물의 종류, 전답 등 토지의 종목에 따

---

[3] 일본의 전근대 시기 영주가 토지에 부과한 지대. 헤이안(平安) 시대에 각 지방 관유전(官有田)의 여분을 농민에게 대여해서 경작시키고 가을에 소작료조로 거둬들이던 벼이며, 무로마치(室町) 시대에 도시의 토지에 부과하던 잡세를 의미한다.

라 다양하기 때문에 확정적인 것이 아니다. 또 일경이란 소 한 마리를 이용해서 하루에 경작할 수 있는 면적을 말하는데 이 역시 각지마다 관행에 따른 차이가 있어 일정하지 않다. 예를 들어 남한지방에서 말하는 두락은 밭[畠]의 경우는 40평 이상 200평 이하, 논[田]의 경우는 100평 이상 280평 이하이다. 일경은 1,000평에서 2,500평 사이를 말하는데 이처럼 모두 매우 불명확하다. 결부는 토지면적을 표시하는 한 방법이기는 하나, 결(結)은 본디 과세표준으로서 만들어진 토지의 한 단위로서 법령상의 면적은 토지의 등급에 따라 다음과 같이 정해진다.

1결(結)의 면적

등급	1결의 면적[조선 전량척(田量尺)]	1결의 단별[反別](일본 단별)
일등	10,000(단위: 척)	10,025(단위: 정단무보[町反畝步])
이등	11,764	11,818
삼등	14,285	14,401
사등	18,181	18,310
오등	25,000	25,202
육등	40,000	40,310
평균	16,000	16,110

이는 법령상의 면적이기 때문에 사실상 토지제도가 확립되지 않았고 도량형 제도 역시 복잡하다. 일결의 면적은 여러 가지 있는데 정확한 것은 각각의 경우에 따라 그 토지를 실측할 수밖에 없다. 이처럼 두락, 일경, 결부 등과 같은 한국의 토지면적을 표시하는 단위는 모두 불명확한 표준에 의거하고 있기 때문에 엄격하게 말해서 토지면적을 표시하는 방법이 매우 불충분하다고 해도 과언이 아니다. 이는 한국 토지제도가 가진 커다란 결점으로, 지적법의 확립은 토지제도의 한 요건이라고 할 수 있다.

6. 토지의 종목

한국의 토지 종목을 열거하기 위해서는 먼저 다음과 같이 관찰한 토지의 이용에 따른 종류를 살펴보아야 한다.

제1. 기경지(起耕地)

기경지란 땅을 개간 또는 기타의 인위적 혹은 자연적 원인에 의해 완전한 경작지가 된 곳을 가리키며 다음과 같은 두 가지로 나뉜다.

1. 전(田)

이것은 일본의 밭[畠地]에 해당한다.

2. 답(畓)

이것은 일본의 논[田地]에 해당한다.

이것들은 모두 지조(地租)를 부과하는 것을 원칙으로 하며 면세지는 이에 해당하지 않는다. 또 기경지를 가리켜 전(田)이라고 말하는 경우가 있는데 이런 의미의 전은 정전(正田)[4], 속전(續田)[5], 진폐전(陳廢田)으로 나눈다.

정전이란 경작하는 전(田)을 말한다. 속전이란 경작하거나 혹은 묵히는 것을 말한다. 진폐전은 완전히 황폐해져서 경작할 수 없는 땅을 말하며 세금이 부과되지 않는다. 또 진폐전은 구전(舊田), 즉 옛 기경지로서 엄격하게 말하면 기경지의 종목에 속하지 않는다.

제2. 기지(基地)

일명 집터 혹은 가대(家垈)라고도 하며 택지를 말하는 것이다.

기지는 경성과 같이 세금이 면제된 토지의 경우에는 지조를 부과하지 않지만 그 밖의 토지는 전답을 바꾸어 기지로 하거나, 또는 양안 제정을 할 때 등록한 토지에는 모두 지조를 부과한다.

제3. 삼림원야(森林原野)

한국의 삼림은 북한 등 일부 지방에서만 건축재료로 공급되며 대부분은 땔감 혹은 토석을 공급할 뿐이다. 원야는 야초(野草)를 공급하는 정도이고 갈대밭의 경우는 비교적 가장 유

---

4 해마다 농사짓는 상경전(常耕田)을 가리키는 법제적 용어로서 전적에 기록되어 국가 전세 수취의 토대가 된 토지를 말한다. 정전이라는 용어는 세종 연간에 공법 제정을 두고 사용된 사례가 나타나며, 『경국대전』 호전, 양전조에 규정이 반영되어 있다(『한국토지용어사전』, 2016, 혜안, 838-839쪽).

5 조선 시기 상경(常耕)하지 못하는 토지를 가리키는 법제적 용어. 조선 시기 양안에는 상경을 기준으로 토지를 별도로 파악했다. 속전이라는 용어는 정전을 원장부에 등재한 뒤, 경작하기도 묵히기도 하는 토지를 속록(續錄)하거나 속안(續案)에 별도로 기재한 것에서 유래한다고 본다. 속전은 수기수세(隨起收稅)가 적용되었다. 16세기 이래 토질이 점차 저하되어 이를 속전으로 강등시켜 수세하자는 논의가 계속 되었고, 18세기에는 강등하여 속전으로 편입하기도 하였다(『한국토지용어사전』, 2016, 혜안, 558-559쪽).

리한 토지에 속한다.

제4. 도로 제방 기타의 공용지

도로와 제방 등 공용 목적으로 제공되는 토지를 말하며 공동묘지도 이 종목에 속한다.

제5. 미기경지

미기경지란 토지의 상태가 황폐하거나 혹은 아직 사람의 손이 닿지 않은 경우 또는 재해로 인해 아직 경작할 수 없는 곳을 말하는데 이는 다음의 세 가지로 나뉜다.

1. 진폐전

완전히 묵혀서 버려진 토지를 말한다. 그 원인이 사람의 손길이 닿지 않은 경우든 또는 재해를 입었든 혹은 원래 상태이든 모든 경우를 포함한다.

2. 해포(海浦)

이것은 해안의 갯벌[干瀉]로 아직 사용되지 않은 토지라고 할 수 있다. 이것은 매립하거나 그 밖의 인력을 가함으로써 온전히 이용할 수 있는 토지로 변경 가능한 경우를 말한다.

3. 하천에서 부주(浮洲)[6], 기주(寄洲)[7] 또는 물이 고갈된 하천 바닥

이것은 모두 미기경지로서 인력을 가해 이용 가능한 토지로 만들 수 있다.

토지의 소유권이 귀속하는 주체에 따라 다음과 같이 분류한다.

제1. 민유지

인민이 소유하고 있는 것을 말한다.

제2. 국유지

국가가 소유하고 있는 것을 말하며 다음과 같은 세 가지로 나뉜다.

1. 국용지(國用地)

현재 국가가 사용하고 있는 토지로 국가에서 직접 쓰는 곳을 말한다.

2. 공용지

공용으로 사용하기 위한 국유지를 말하며 도로, 공원, 해안 등이 그 예이다.

---

[6] 물 위에 떠 있는 것처럼 보이는 모래톱을 가리키는 일본어.
[7] 풍파 때문에 물가에 접해서 강 안쪽으로 불룩 나온 사주 혹은 해안 등에 토사가 밀려와서 자연히 생긴 사주를 가리키는 일본어.

3. 국가의 사유지

국가가 소유하고 있으며 그 수익도 국가에 귀속된다.

제3. 궁내유지(宮內有地)

왕실 소유에 속하는 것을 말한다. 이를테면 왕실소유지로서 한국에서는 산림, 원야, 광산, 전답 등 광범위한 일반 토지가 있으며 그 수확 또한 매우 많다.

제4. 공유지

공유지는 지방단체의 소유에 속하는 것 및 일본의 재단법인과 같은 것으로 인정되는 종류의 토지로서 촌유지, 사원의 소유지, 묘전(廟田), 제전(祭田), 학전, 서원전, 의도전(義渡田), 빙부전(氷夫田) 등이 여기에 속한다. 이 종목에 속하는 토지의 성질 및 관리는 유익한 연구재료다.

이상에서 열거한 것 외의 국유지 및 궁내유지 종류는 적전(藉田), 직전(職田), 관둔전(官屯田), 마전(馬田), 사릉군전(寺陵軍田), 내수사전(內需司田), 혜민서(惠民署) 종약전(種藥田), 제향공상(祭享供上) 제사채전(諸司菜田), 관방전(官房田) 등이 있는데 오늘날은 국유지와 궁내유지 두 종류로 구분하고 있기 때문에 실용성은 없는 명칭이다.

이상은 토지의 종목을 그 성질에 따라 이론적으로 살펴본 임시 분류에 지나지 않는다. 본디 이러한 종목을 법령에 특정하고 있지 않기 때문에 사실상 토지의 종목은 전혀 미정인 상태라고 할 수 있으며 이는 토지제도의 결점이기 때문에 토지의 종목을 확정하는 일은 토지제도의 첫째 요건이다.

제3장　토지에 관한 권리

토지에 관한 권리에는 어떤 것이 있는지 이것을 각국의 법제를 통해 토지에 관한 권리를 보면 각 나라마다 기존의 고유한 관습에 의해 특정하게 발달하는 일이 적지 않다. 근세 문명국에서도 국가에 따라 다소 차이가 있는 것이 보통이다. 이것을 자세히 들여다보면 토지의 권리를 정한 법제에는 두 종류의 계통이 있는데 한 가지는 병립주의(竝立主義), 다른 하나는 통일주의(統一主義)이다. 병립주의란 토지 위에 여러 종류의 동동하거나 혹은 거의 동등한 권리를 분립 병존하게 하여 토지의 권익을 분할 공용하는 것을 목적으로 하는 주의이다. 즉 이 주의에서는 토지의 권익을 한 사람이 독점할 수 없고 여러 사람에게 그 권익을 공동으로 분배하는 것이다. 따라서 또한 토지를 여러 사람이 공동으로 개발하는 정책에 적합하다. 이와 반대로 통일주의란 하나의 총괄적 지배권을 인정하여 이것으로 토지의 권익을 통일시키고 기타의 권리는 모두 이 권리의 일부로 제한하거나 혹은 부담(負擔)으로 성립하게 하는 것이다. 독일의 고유법과 같은 경우는 전자의 예에 속하며 로마법은 후자의 예에 속한다. 전자는 그것의 당연한 결과로서 토지에 대해 하나의 총괄적 지배를 인정하지 않음으로써 소유권과 같은 관념을 인정하지 않고 소유권과 유사하지만 그 범위가 협소한 여러 가지의 동등한 권리의 존립을 인정하는 것이다. 예를 들면 토지의 상권(上權), 하권(下權), 영대사용권(永代使用權)을 인정하는 것이다. 후자의 경우는 우선 토지를 총괄적으로 지배하는 소유권의 관념을 확인하고 그 다음에 소유권의 제한 및 부담으로서 1. 타물권(他物權)(물권) 2. 차지권(借地權)(채권)의 관념을 인정하는 것이 일반적이다. 아마 고대에는 토지를 귀하게 여기는 사상이 강해서 토지를 개척하는데 필요한 자본 및 노동력 등의 관계상 여러 사람의 힘이 필요했고 그들은 가능한 그 토지에 대해 동등한 권력을 취득하려고 희망함으로써 결국 한 사람이 독점하는 관념보다는 여러 사람이 공동으로 소유하는 사상이 발달하게 된 것으로 보이는데 이는 자연스러운 필요에 의한 것이라고 할 수 있다.

로마법에서는 논리적 관념의 발달로 인해 토지에 관해서도 당연히 독점장악의 관념을 존립 발생시킨 것은 당연하다. 그 밖의 것은 필요에 따라 독점장악 관념을 제한하거나 또는 부담으로 삼아 다른 물권의 형식으로 발달하게 된 것이다. 따라서 로마법이 서구에 도입되자 로마법학은 점차 그 세력을 넓혀 근세에는 통일주의가 병립주의를 거의 압도한 것으로 보인다. 아마 통일주의의 사상은 근세에 가장 발달한 국민자유의 관념에 적합하여 국민의 면학심을 장려한데다가 토지 개발을 융성하게 함으로써 독점장악의 사상은 오히려 공유[共握]의 사상보다 외부로부터 간섭과 방해를 받는 일이 적어서 자연적으로 진보에 유익한 점이 있음에 따른 것이다. '병립주의'는 종종 토지상에 여러 가지 권리를 혼립 발생시키는 경향이 있다. 이 때문에 이 분야의 사람들이 토지를 개발하거나 또는 토지의 위에 사업을 일으키기 위해서는 여러 권리자와 교섭하고 그들의 승낙을 받아야 하는 번거로움이 생기는 경우가 많다. 따라서 병립주의의 경우에는 자연적으로 점차 토지를 정리해서 통일주의로 제도를 바꾸었다. **한국에서는 어느 계통에 따라 토지에 관한 권리를 인정하는가 하면 예로부터 토지에 관해서 여러 종류의 권리가 혼립 발생하고 있지 않기 때문에 그 권리의 종류가 매우 간**

단하여 완전히 '통일주의'를 따르고 있음이 명백하다. 어떠한 이유로 이렇게 되었는지는 아직 상세히 알 수 없지만 실로 하나의 특색이다. 즉 한국에서는 토지에 관해 첫째, 소유권을 인정하고 둘째, 소수의 타물권을 인정하며 셋째, 채권의 차지권을 인정하고 있는 데 지나지 않는다. 한국에서 타물권을 인정하는 범위는 어떠한가 하면 이 역시 지극히 단순하다. 유럽 문명국의 법률관념을 따르고 있기는 하지만 토지에 관한 타물권의 범위에 대해서는 각국이 인정하는 바가 매우 다르다. 즉 로마법이 인정하는 것과 독일법이 인정하는 것, 프랑스법이 규정하는 것 또 일본 민법이 규정하는 것에 다소 차이가 있다.[8]

하지만 대개 두 종류의 권리를 인정하는 것이 보통이다. 즉 하나는 용익물권으로서 타인의 토지를 사용하거나 수익을 얻을 권리다. 이 권리는 즉 타인의 소유권의 사용가치에 중점을 둔 것이다. 지역권, 지상권, 영소작권, 입회권 등이 즉 이것에 속한다. 첫째는 담보물권으로서 즉 토지를 채권의 담보로 제공하는 것이다. 다시 말하면 토지의 교환가치를 목적으로 하는 것이다. 즉 질권, 저당권 등이 여기에 속한다. 한국의 과거 관습을 볼 때 타물권을 인정하는 범위는 매우 좁은 것 같고 즉 용익물권 관념과 같은 것은 기존 관례에서는 거의 없다고 할 수 있다. **지상권 및 지역권은 이제 겨우 그 존재를 인정하고 있는 것 같지만 영소작권의 경우에는 전혀 없다. 근래 외국인의 거주로 인해 외국인의 설정한 것은 이와 비슷한 권리가 왕왕 적지 않다고는 해도 이것은 외국법을 주입한 데에 불과한 것이며 결코 기존 관례에 의한 권리라고 할 수는 없다. 이에 반해 담보물권의 경우에는 토지의 이용상 자연적 필요에 의해 질권과 저당권의 두 가지 모두 그 존재를 분명히 구관(舊慣)에서 인정하고 있다. 이것이 한국에서 말하는 전당이다. 단지 선취특권은 기존 관례에서 아직 그 명확한 존재를 볼 수 없는 것 같다. 이상의 것 외에는 단지 채권으로서 차지권이 존재하는 경우가 있을 뿐이다.** 그리고 차지권과 같은 것도 종류가 매우 간단하기 때문에 한국에서는 토지에 관해서 그 존재를 인정하는 권리는 1. 소유권 2. 지상권 3. 지역권 4. 전당권 5. 채권의 차지권과 같은 다섯 종류이다. 다음은 각각의 권리에 대한 개념을 간단하게 설명하고자 한다.

---

8 이 자료에서 이와 같이 진하게 표시한 것은 편역자의 강조이다.

제4장 토지소유권

제1절 총설

　제1기의 토지란 경제상 소위 자유재화이다. 즉 최초의 국가조직은 대개 인구가 적고 토지는 여유가 있는 경우가 일반적이다. 이 시기에는 누구나 자유롭게 토지를 취득할 수 있다. 즉 토지는 자유재화로서 공기 또는 햇볕과 같다. 이 경우에 토지는 권리의 목적이 아니며, 따라서 토지는 국유도 사유도 아니다. 제2기의 토지는 둘로 나뉜다. 즉 첫 번째는 하나의 조직단체의 세력하에 있는 것이고 두 번째는 그 세력 외에 있는 자유재화이다. 전자는 그 단체가 장악하고 있는 주권의 기초 및 목적이 되고 단체와 가장 밀접한 관계를 가진다. 그 토지지배권은 오로지 단체에 예속되며 보통 그 토지에 대해 단체 이외의 자가 장악하는 것을 허용하지 않는다. 이 경우에 토지는 자유재화가 아니라 명확한 경제적 재화이자 순수한 권리의 목적물이 되었다. 그렇지만 이 시기에는 영토주권의 관념과 토지 지배라는 사권(私權)의 관념이 명확히 구별되지 않고 거의 혼용되어 동일한 관념을 이루었으므로 따라서 토지는 그 단체의 영토주권의 목적임은 분명하지만 지배사권(支配私權)의 목적이라는 관념은 아직 발생하지 않는다.

　제3기는 토지의 영토주권의 관념과 지배사권의 관념이 점차 분리되어 단체는 토지를 영토주권의 목적으로 함과 동시에 지배사권까지 향유한다. 즉 토지는 단체가 갖는 지배사권의 목적이 되는 것이다. 이것은 이른바 토지 국유의 관념이 발달한 시대로 이것을 가리켜 토지국유시기라고 말한다. 그보다 더 전에도 토지는 사실상 그 단체가 가지고 있어 국유와 같은 상태였지만 국유라는 사상이 아직 발달하지 않았고 이 시기에 이르러 비로소 이 관념이 생겨났기 때문에 엄밀히 말하면 토지 국유의 시기는 이때 시작되었다고 할 수 있다.

　토지국유시대에는 단체의 구성원이 토지를 사용하는 여러 가지 주의(主義)가 있다. 그 첫 번째는 자유방임주의로서 다른 단체 구성원의 침입은 엄격하게 금지하지만, 그 단체의 구성원에 대해서는 완전히 방임하여 각 구성원이 자유롭게 사용하도록 공인하는 것이다. 두 번째는 간섭주의인데 토지의 사용에 대해서는 단체가 간섭하고 각 단체원의 자유로 방임하지 않는 것이다. 이 주의는 무목적 분배주의와 유목적 분배주의로 나눌 수 있다. 무목적 분배주의란 단지 토지를 분배하여 사용하게 하는 것으로서 독일법에서 '후헤이(フウヘイ)'의 분배제도가 이 예에 속한다. 유목적 분배주의란 토지를 분배하여 사용을 허가함과 동시

에 일정 부분을 궁에 납부하는 의무를 부과하는 것인데 세금 부과의 목적으로 이용하는 것이다. 하·은·주(夏·殷·周)의 정전제(井田制)가 이러한 경우인데 첫째로는 임대적 분배주의, 은혜적 분배주의가 있다. 분배의 목적이 단지 토지를 사용하게 하고 그 대가를 얻는데 있는 경우 임대적 분배주의라고 하며, 분배의 목적이 주로 은혜를 베푸는 데 있으며 아무런 보수를 요구하지 않는 경우 은혜적 분배주의라고 한다. 둘째는 직록적(職祿的) 분배주의, 보통 분배주의이다. 봉건제에서 군주가 가신에게 토지를 직록으로 분배하는 경우는 직록적 분배주의이고 보통 인민에게 분배하면 보통 분배주의이다. 군주가 그의 사원에 대해 분배하면 대개 직록적 분배주의에 준하는 것이다. 셋째는 유기 분배주의, 무기 분배주의가 있다. 유기 분배주의란 기한을 설정해 토지를 분배하고 기한이 되면 다시 분배하는 것이다. 무기 분배주의란 분배를 갱신하는 시기가 있기는 하지만 그 시기를 미리 정하지 않는 것을 말한다. 이것은 모두 간섭적 분배주의에 속하는 것이다. 요컨대 토지국유시대에 토지는 단지 국가의 소유라는 관념만이 있으며 토지를 분배 혹은 사용을 허가하는 관념이 있기는 하지만 토지 사유의 사상은 발달하지 못하고 오히려 금지하고 억압되었다.

제4기는 토지 국유 관념 외에 토지 사유의 관념이 발달한 시대이다. 토지국유시대에는 토지를 인민에게 분배하여 사용할 수 있게 허용은 하지만 토지지배권을 완전히 사유화하는 것은 금지한다. 그러나 시대의 변천에 따라 토지를 분배함에 있어서도 기존의 분배 외에 영구지배를 용인하는 분배를 하게 되었다. 당(唐)의 영업전(永業田)이 그 예이다. 이것은 최초의 토지사유제도로 토지 사유의 관념은 이때부터 발달하게 된 것이다. 대개 처음은 단지 토지의 분배 사용에 불과하지만 점차 인민의 사용 관습이 오래되고 분배 갱정(更正)이 이루어짐에 따라 인민의 토지 지배 실권을 허용하게 되고 결국 토지 사유의 관념을 인정하게 되는 것이다. 토지 사유를 인정한 당초에는 사전(私田)은 토지를 겸병(兼倂)하여 부자가 빈자를 억압하는 폐단이 있다고 보고 이에 간섭하는 정책을 세운 경우가 많았으나 단체의 권력이 약해지거나 혹은 인민의 사유 관념이 견고해짐에 따라 결국 사유를 시인할 수밖에 없게 되었다. 그리고 토지의 사유를 인정하게 되었더라도 처음에는 아직 토지가 나라의 일부인 지방소단체의 공유에 속하거나 또는 가족으로 구성된 소단체에 예속되어 개인의 소유를 용이하게 인정하지 않았다. 개인에 대해서는 지방 공공단체원의 일원 또는 가족의 일원으로서 그 공공단체 또는 가족이 소유한 것을 사용하도록 허용하는 데 지나지 않았다. 그러다가 점차 가족단체 이외에도 개인의 존재를 확인하기에 이르러 비로소 지방 공공단체 또는 가족 외에 독립된 개인에 대하여 토지의 사유를 인정한다. 이것이 최종적으로 토지 사유 관념으로 발달함에 따라 토지의 분배는 완전히 그 목적을 달성하게 되었고 근세 문명국에서 토지제도의 발달은 대개 여기에 기초를 두고 있다. 이상은 지극히 간략한 설명이지만 토지소유권의 연혁과 개요로서 구미를 비롯하여 근세 문명국이라고 부르는 나라에서 토지의 발달은 거의 대부분 동일한 경로를 따르고 있다고 할 수 있다. 오늘날까지도 토지 사유를 인정하지 않는 곳은 유럽에서는 슬라브족 즉 러시아, 아시아에서는 인도, 대양주에서는 자바 등에서 그 실례를 볼 수 있다. 하지만 이 경우에도 개인의 사유를 인정하지 않을 뿐 단체의 공유에 대해서는 국유가 아닌 사유의 관념으로서 그 존재를 인정하고 있기 때문에 토지 사유의 관념은 각 나라마다 일반적인 현상임을 충분히 알 수 있다.

 한국에서는 처음 토지 국유의 주의를 채택하고 인민의 토지 소유를 인정하지 않았다. 기자의 정전법이 그 하나의 증거다. 이후 언젠가부터 인민의 토지 소유를 인정하게 되었는데 이는 공전, 사전 제도가 명확하게 인정되기 시작되었던 때부터라는 것이 통설이다. 또 한 가지의 설은 기자로부터 400년 후인 관씨(管氏)의 시대에 시작되었다고도 하며 일설에는 결세(結稅)제도가 생기면서 동시에 인민의 토지 소유를 인정하게 되었다고 한다. 결세제도는 신라시대에 시작되었다고 한다. 또 다른 일설에는 중국에서 인민의 토지 소유를 인정하자 당조(唐朝)의 영업전제도에 기초하여 한국에서도 분명히 그 이후라고 하며 또 일설에는 개국 당시부터 인민의 토지 소유를 인정했다고 한다. 이처럼 여러 설이 분분하기는 하나 요컨대 조선시대에는 이미 인민의 토지 소유를 인정했다고 하는 것이 중설로 모두 다툼이 없다. 그리고 인민의 토지 사유를 인정하고 사전제가 생긴 후에도 사전의 폐단은 강자의 겸병에 있다고 보고 그 폐단을 두려워해 자주 사전을 고쳐 공전제로 돌아가려 한 적도 있다. 즉 고려 신창(辛昌) 시기 시중(侍中) 조준(趙浚)이 제출한 혁사전의(革私田議)가 그 한 예로서 경기의 땅을 사대부 위왕실자(衛王室者)의 전(田)으로 하고 기타는 균전(均田)제도로 바꾸려고 하였다.

 조선에 이르러 태조 5년 해주 강무장(講武場)의 기름진 땅을 경작하게 함에 있어 백성에게 경작을 허락한다는 칙조를 내렸다. 그 주석에서 말하기를 조준의 사전제를 개혁해서 백성을 두텁게 할 것을 청하니 세가거실(世家巨室)의 원망과 비방이 비등하였다. 조선에서는 이미 인민의 사유를 공인하여 종종 양전을 행하고 전안(田案)을 만들어 여기에 민지(民地)를 등록하여 과세의 기초로 삼은 것은 명백한 사실이다. 즉 태종 원년에 양전이 있었다. 태종 5년 6도(六道)의 밭을 개량하여 잉전(剩田) 30여만 결을 얻었다. 세종 26년 전제 및 결법을 정했다. 즉 밭을 6등분한 다음 한 해를 9등분하였는데 다음과 같다.

  10분 상상년   9분 상중년
  8분 상하년   7분 중상년
  6분 중중년   5분 중하년
  4분 하상년   3분 하중년
  2분 하하년   1분 면세

그리고 이에 대한 결세는 다음의 예에 따른다.

  상상(上上)의 해에는
  1등전 수확 80석(石) 세 30두(斗)
  2등전 68석   25두 5승(升)
  3등전 56석   21두
  4등전 44석   16두 5승
  5등전 33석   12두
  6등전 20석   7두 5승

20두의 세액을 기본으로 각 등급의 밭을 평균하고 그 각 등급의 밭에 상당하는 지적(地積)은 다음과 같다.

  1등전 38무(畝)[9]

---

[9] 논밭 넓이의 단위. 1무는 1단(段)의 10분의 1, 곧 30평으로 약 99.174㎡에 해당한다. 전근대 보(步)·경(頃)·무(畝) 등의 절대 면적 단위로 토지를 측량하던 방식인 경무법에서 '무(畝)'는 농민 한 사람이 하루 동안 가는 면적을 기준으로 했다고 한다. 주나라 때 100보를 1무로 하는 원칙이 있었으며, 중국의 경무법은 한국 고대국가에도 영향을 주어

2등전   44무 7분

3등전   54무 2분

4등전   69무

5등전   95무

6등전   152무

또한 연분(年分)에 따른 과세의 차등은 다음과 같다.

상상년   20두

상중년   18두

상하년   16두

중상년   14두

중중년   12두

중하년   10두

하상년   8두

하중년   6두

하하년   4두

결적(結積)은 다음과 같다.

1등   주척(周尺)[10] 22,800척 개방(開方)

신라의 결부제가 경무법과 동일한 성격이라고 이해하기도 한다. 한국에서는 공식적으로 결부제가 쓰였지만, 조선 후기 토지개혁을 추구하였던 실학자들은 유형원(柳馨遠)처럼 공전 분배의 단위로 사용할 것을 구상하기도 했다(『한국 토지용어사전』, 2016, 혜안, 92-93쪽).

10 척의 하나. 『주례(周禮)』에 규정된 척으로서, 1척이 곱자의 6치 6푼, 즉 23.1cm이다. 대한제국기 1902년(광무 6) 도량형제를 개혁할 때는 미터법을 도입하면서 표준척 1척을 33분의 10m로 하고 이 척도를 원척(原尺)이라 하여 표준척으로 삼았다. 그렇지만 일본의 육지측량부는 이후 전국을 삼각측량하면서 전래의 결부속파법을 사용하지 않고 일본식 단위제도인 곡척 6척을 기준으로 하여 도량형제를 바꾸었다(『증보문헌비고』 권 91, 약고 2. 도량형).

2등	26,820
3등	32,520
4등	41,040
5등	57,000
6등	91,200

세종 27년(1445년) 양전법을 정했다. 즉 양전에 이용되는 것은 주척(周尺)으로 계(計) 5보(步)로 목척(木尺)이다. 그 면은 10분(分)으로 새긴다. 용양승(用量繩)은 1보마다 소표(小標)를 이용하고 10걸음마다 대표(大標)를 이용한다. 논을 측량하는 단위는 방(方) 5척을 1보라 하고 240보를 1무(畝)라 하고 100무를 1항(項)[11]이라 하고 5항(項)[12]을 1자(字)라 한다. 산곡릉판(山谷陵坂), 경측수전(傾側水田)을 계량하는 데는 그 경사도에 따라 (1) 20분의 1을 줄인다. (2) 30분의 1을 줄인다. (3) 40분의 1을 줄인다. 사처(私處), 가사(家舍), 묘지 및 저저완전(苧楮莞田), 과원칠림죽림(菓園漆林竹林) 등 이익이 있는 곳은 이것을 측량하며 공처(公處) 및 사원, 묘지는 측량하지 않는다.

세조 8년(1462년) 양전을 시행하고 동 33년[13] 경기도와 충청도의 밭을 측량했다. 동 24년[14] 경상도와 전라도를 측량했다. 그 법에 이르기를 무릇 밭을 6등분하여 20년마다 개량하여 적(籍)을 만든다. 실적(實積)은 1척(尺)을 파(把)라 하고 10파를 속(束)이라 하고 10속(束)을 부(負)라 하고 100부(負)를 1결(結)이라고 한다.

연산 초년 전라도의 밭을 측량하고 중종 17년에 강원도, 18년에 전라도의 밭을 개량했다. 선조 37년 경기, 황해, 강원, 평안, 함경 등 5개 도의 밭을 개량했으며, 인조 12년 삼남전(三南田)을 개량했고, 효종 4년 준수책(遵守冊)을 인반(印頒)했다. 현종 4년 경기전을 개량했으며 19년에는 충청도와 황해도 일원을 개량했다. 숙종 27년 황해도의 삼읍(三邑)을 개량했으며 35년 강원도의 16개 읍을 개량했고 44년에는 양전청(量田廳)을 개설했다. 영조 5년

---

11 '경(頃)'의 오기로 보인다.
12 '경(頃)'의 오기로 보인다.
13 원문의 오류로, 성종 23년(1492)에 실시한 양전을 말한다.
14 원문의 오류로, 성종 24년(1493)에 실시한 양전을 말한다.

울산부의 전(田)을 개량했고 13년에 황해도 8개 읍을 개량했다. 이렇게 해서 조선에서는 역조(歷朝) 양전을 행하고 늘 양안의 기재를 정확히 하여 인민의 사전을 명료하게 함과 동시에 공평한 과세와 은결의 발견을 도모했다. 영조 이후 국운이 점차 쇠퇴하고 양안제 또한 널리 시행하지 못하였다. 게다가 현 황제의 치세에는 외우내환이 잦은 탓에 양안은 병화에 시달리거나 혹은 폭도의 약탈 등으로 그 대부분이 손실되었으나 그럼에도 각지에 양안이 존재했다. 분명 이러한 양안제는 인민의 사전을 인정하는 공증이었다. 따라서 한국에서 인민의 토지 소유를 인정했음은 간접적으로 추정할 수 있다. 본회의 조사위원 중 한국인 위원의 소견 역시 대체로 동일하다. 다음에 열거한 것은 그 보고의 한 부분으로서 역시 한국의 토지소유에 관한 관념의 일반을 알기에 충분하다.

"나라에는 그 토지가 있고 토지가 있으면 그 인민이 있으니, 토지는 인민의 정착한 관계와 밀접한 고로 미루어 추측한 바 여기에 인민에 있다고 한지라. 토지소유권의 기원은 공산(公産) 사산(私産)에 나오지 않으니 토지가 이미 소유한다는 것은 그 권리가 그 소유를 따라 향유하오니 대개 우리나라 토지의 제도는 대저 개국으로부터 무릇 국내 토지를 통칭 국토(國土)라 하여 국유, 관유, 제실유를 제외한 외는 다 민유지(民有地)라 하니 그 사용, 수익, 처분에 관한 일은 민의 자유를 청하니 이를 이르러 토지소유권이라. 토지소유권을 만약 인허할 뿐이다. 국초로부터 전택문기(田宅文記)를 관에 고하게 하더니 우리 선묘조(宣廟朝)에 이르러 임진(壬辰) 5월 이후 무술(戊戌) 12월 이전에 매매문기는 비록 사출(斜出)하지 않았으나 증거로 참작한 것이 명확한 것은 모두 시행을 허락함이라 이로부터 지금까지 사급(斜給)의 법이 자연히 폐이(廢弛)하고 인민이 전택문기가 불명확하면 관에 고하여 입지(立旨)를 성급하며 혹은 관의 양안을 베껴 관인을 찍어 후에 증거로 삼으니 이는 우리나라 인민이 토지소유권을 승인 및 인허한 연혁의 대략이라."

제2절 토지소유권의 한계

토지소유권의 한계란 토지소유권을 행사하는 범위를 정한 것으로 토지소유권이 토지에 관한 권리의 중요한 사안이며 동시에 그 한계는 토지소유권 행사에 관한 가장 중요한 관념이다. 이에 대해서 일반적으로 인정되는 세 가지 제한이 있는데 첫째는 당연의 한계이고 둘째는 공법상(公法上)의 제한이며 셋째는 상린자(相隣者) 간의 제한이다.

갑, 당연한 한계

당연한 한계란 토지소유권의 성질에서 자연히 발생하는 결과인 제한이다. 토지소유권은 토지를 목적으로 하지만 토지는 지구 표면의 일부이기 때문에 토지의 소유권은 먼저 지구의 표면으로서 토지의 표면을 이르는 것임은 의심할 바가 없다. 하지만 그 지배가 미치는 범위는 단지 표면뿐만이 아니라 그 땅 표면의 위아래까지 포함한다. 위로는 지상의 공간이며 아래로는 지하에 이르기까지 그 지배 아래에 있다는 것이 일반적인 관념이다. 그렇다면 그 지상 및 지하의 어느 범위까지 미치는가에 관해서는 자연의 제한이 있음은 명백한 것이다. 즉 그 범위란 (1) 인력이 미칠 수 있는 범위 내로 제한되고 (2) 이해관계가 전혀 없는 지점에 이르러서야 그 지배는 정지한다. 이 점은 근세 문명국이 모두 인정하는 바이다. 한국에서도 이 관념은 불완전하지만 그 존재를 인정하고 있다. 아마도 토지 지배의 관념에서 생겨난 당연한 결과일 것이다.

을, 공법상의 제한

공법상의 제한이란 토지소유권의 행사에 관련해서 특히 공익을 위해 공법상 설정된 제한을 말하는 것으로서 토지소유권에 대해서는 각 나라마다 공법으로 제한을 두고 있는 경우가 적지 않다. 공법상 제한을 받는 목적물로부터 관찰할 때는 대략 다음과 같은 세 가지로 나눌 수 있다.

즉, (1) 지상의 권리행사 제한

(2) 지하의 권리행사 제한

(3) 지면의 권리행사 제한이다.

지상의 제한이란 그 토지에서 수렵을 하는데 관련한 제한 또는 건축물의 높이에 관한 제한, 전신주의 지상가설에 관한 제한 등이 그 예이다.

지하의 제한이란 광물의 채굴에 관한 제한, 지하수맥 사용에 관한 제한 등이 그 예이다.

지면의 제한이란 삼림보호 및 수해 방지를 위해 지면을 개간하는 것을 금지하거나 군사적인 목적으로 지면을 강제 사용하는 것과 같은 것이 그 예이다.

또 공법상의 제한을 그 목적에 따라 보면 다음과 같이 구분할 수 있다.

(1) 수리상의 제한

(2) 식림상의 제한

(3) 위생상의 제한

(4) 군용상의 제한

(5) 기타 공익상의 제한 등이 있다.

또 제한을 받는 토지의 종류에 따라 다음과 같이 구분할 수 있다.

(1) 경작지에 관한 제한

(2) 택지에 관한 제한

(3) 하천에 관한 제한

(4) 산림에 관한 제한

(5) 도로, 묘지, 기타 공용물에 관한 제한 등이다.

이처럼 토지소유권에 관한 공법상의 제한은 그 종류가 매우 다양하고 나라에 따라 종류와 제한의 상태가 다소 다른 부분이 있다. 한국에서도 토지에 관한 공법상의 제한이 존재하는 것은 물론이다. 예를 들면 광물 채굴의 제한, 산 중턱과 묘지의 경작 제한 등이 주요한 것이다. 하지만 법규가 정비되어 있지 않기 때문에 그 제한의 종류는 매우 불명확하다. 한국에서는 국권의 행위에 대하여 인민이 대항할 수 있는 법률이 담보되어 있지 않기 때문에 필요할 경우 언제든지 어떠한 제한이라도 할 수가 있다. 때문에 실제 공법상의 제한의 종류는 매우 많을 것으로 생각된다.

병. 상린자 간의 제한

이것은 상린자 간의 이익을 보전하고 나아가 분쟁의 발생을 예방하기 위해 상린자 상호 간의 토지소유권 행사에 관해 만들어진 제한이다. 이 제한은 나라에 따라 많은 차이가 있지만 이러한 제한을 인정하고 있다는 점에서는 모두 동일하다. 한국에서는 이에 관한 관념이 아직 발달하지 않아 매우 불명확하지만 그 존재가 있음은 의심할 여지가 없다. 아래에 근세 문명국이 인정하고 있는 내용을 들어 한국에서도 그러한 관습이 있었는지를 비교하여 연구해야 할 것이다.

1. 권리의 남용을 허용하지 않을 것

상린자 간의 제한에서 가장 중요한 점인데 각자가 자신의 소유지에 대한 권리를 집행하는 것은 당연한 일이며 아무런 제한이 없지만 만일 그 권리를 행사할 때 특히 인접지를 해할 목적이 있는 경우 이것은 명백한 권리의 남용이다. 이러한 일을 용인할 시에는 상린자 간에 불화를 낳고 나중에 분쟁을 발생시키는 단서가 될 것이 분명하다. 따라서 이러한 남용은 절대 금지하는 것이 온당하며 문명국의 법률에서 특히 이 제한을 인정하는 이유이다. 한국에서는 이에 관한 관습을 명확히 인정할 수는 없지만 각자의 관념에 호소해 모두 당연함을 믿는 상태이다. 따라서 사실상 이 제한이 한국에도 존재한다고 단정할 수 있을 듯하다.

2. 경계의 근방에 있어 인지(隣地) 간의 제한

토지의 경계가 인접한 경우 소유권의 행사와 관련된 상호의 제한을 말하는 것으로서 근세 문명국에서는 이것을 인정하고 있는 나라가 적지 않으며 그 내용은 다음과 같다.

(1) 경계를 범한 죽목(竹木)의 벌취권

한쪽의 토지에서 자라는 죽목 등 입목이 울창해져서 그 가지 또는 뿌리가 인접지를 범한 경우의 제한이다. 이 경우에는 침범당한 인접지의 소유자에게 그 절취권을 줌으로써 피아 간에 분쟁을 발생시키지 않는 것이 적당하다는 것이다. 여러 나라의 민법에서도 이 권리를 인접지의 소유자에게 주고 있기 때문에 실로 당연한 일이라 할 수 있다. 한국에서는 이와 같은 관습은 극히 명료하지 않지만 당연한 사리로서 이 권리를 인정하는 데에 거의 이의가 없는 것도 사실이다. 따라서 이 제한의 존재는 인정할 수 있다.

(2) 공작물(工作物)의 설치에 관한 제한

이 제한의 종류는 매우 많다. 오늘날 근세 문명국이 인정하고 있는 것을 보면 다음과 같다.

(갑) 지상의 건물에 관한 제한

이에 관해서는 ① 상린지 간에 일정한 거리를 둘 필요가 있다. ② 그 건축물을 건축함에 있어 필요한 범위 내에서 인접지를 사용할 수 있다. 단 이로 인해 손해를 끼칠 경우는 당연히 배상을 한다. 이 제한은 토지를 사용하는 데 있어 가장 필요한 제한이나 한국에서는 아직 이러한 법률적 관계를 상린자 간에 인정하는 데까지는 이르지 못하고 있는 것 같다. 관습적으로 이러한 제한이 있는지는 불분명하며 완전히 상린자 간의 도의적인 관계로 방임하고 있는 듯하다.

(을) 관망(觀望)에 관한 제한

상린자 간 상호의 관망에 관해서는 피차의 이익이 공존하기 위해서 적당한 제한을 두는 것은 당연한 일이다. 예를 들면 타인의 택지를 직접 관망할 수 있는 창문이나 마루가 일정한 거리 내에 있는 경우에는 반드시 가림막을 만들어 상린자가 서로 그 내부를 관망하여 불쾌함을 느끼는 일을 피해야 한다. 한국에서는 이러한 관념이 아주 명확하게 발달하여, 이웃이 내방(內房)을 보는 것을 허용하지 않는 사상은 확실하게 존재하고 있음은 의심의 여지가 없다. 일설에는 한국에 2층이 적은 이유가 주로 내방을 관망할 수 없도록 제한하는 사상이 강해서라고 하는 점 역시 참고할 만하다.

(병) 굴착[穿地] 공사에 관한 제한

굴착 공사에 관해서는 인접지가 여러 가지 손해를 입을 수 있기 때문에 ① 그 공사의 종류에 따라 일정한 거리를 두어야 한다. ② 그 공사의 성질에 따라서는 토사의 붕괴 또는 물 혹은 오염수가 스며드는 것을 막기 위해 필요한 주의를 기울여야 한다는 제한을 두는 것이 일반적이다. 한국에서는 이에 관해 관습상의 관념 발달은 찾아볼 수 없고 이를 완전히 상린자 간 도의적인 문제로 방임하고 있다. 굴착 공사가 적고 위생 관념이 보급되지 않은 것이 그 원인이라고 할 수 있다.

한국에서는 '온돌'에 관해서 상린자 간에 다소의 제한을 두고 있는지에 관해서는 아직 아무런 보고가 없다. 그러나 건축과 관련해서 또는 굴뚝 등에 대해 일반적인 관념에 아무런 제한이 없을 때는 반드시 상린자 간의 분쟁이 발생할 수 있다고 생각되나 아직 이에 관해서 명확히 제한하는 관념이 있다고 들은 바는 없다. 따라서 인접지 간의 공사를 제한하는 사상의 발달이 매우 유치하다고 추정된다.

(3) 기타 경계에 관한 상린자 간의 제한

이에 속하는 제한에는 다음과 같은 종류가 있다. ① 상린자가 공동의 비용으로 그 경계를 명확히 하기 위해 경계 표식을 설치할 권리 및 의무를 가진다. ② 경계 사이에 공동의 비용으로 울타리를 설치하여 상린자 상호 간에 가택 안의 비밀을 안전하게 보장한다. ③ 경계 선상에 설치하는 표식, 울타리, 벽 및 도랑은 상린자 상호의 공유에 속하는 것으로 추정하는 것을 원칙으로 한다. 이와 같은 것들은 상린자 상호의 이익을 보전하고 피차간에 분쟁을 발생시키지 않기 위한 방법으로서 매우 당연한 제한이다. 한국에서는 이러한 관습이 매우 불분명하여 그 존재를 증명하기 어렵지만 이러한 것들은 모두 사리에 맞는 당연한 관념이며 현재 한국인들의 보통 관념으로 비추어보면 대체로 당연한 이치가 있음을 인정한다. 그러므로 사실상 이 제한의 존재를 주장하기는 어렵지 않으며 결코 구관으로 받아들일 수 없는 것은 아니다.

3. 유수(流水)에 관한 제한

유수에 관해서는 상린자 간에 여러 제한이 있다. 이것을 크게 두 가지로 나누는데 물의 소통에 관한 제한과 물의 사용 및 인용에 관한 제한이다. 물의 소통에 관해서는 ① 인접지에서 오는 자연의 수류를 방해할 수밖에 없는 경우 ② 인공적으로 과량의 물을 인접지에 흘려보낼 수 밖에 없는 경우 ③ 고지대에서 물을 배출하기 위해 부득이한 경우에 저지대로 통과하여 흘려보낼 수밖에 없는 경우가 그것이다. 물의 사용 또는 인용에 관한 제한은 ① 지하수맥에 관한 것과 ② 지상의 수류에 관한 것 두 종류가 있다. 지하수맥에 관해서는 유수는 지하든 지상이든 주인이 없기 때문에 누구나 이것을 자유롭게 취득할 수 있다는 것이 근세의 일반적인 관념이다. 따라서 지하수맥을 이용해서 우물을 파거나 연못을 만들어 사용하는 것은 자유지만 그 사용량이 지나쳐서 인접지로 가는 물의 흐름을 막거나 수맥을 완전히 독점하는 일은 처음부터 피해야 할 것이다. 지상의 수류에 관해서는 공류(公流)에 대한 것과 사류(私流)에 대한 것으로 구분한다. 공류는 공류에 관한 공법적인 제한에 의해 완전히 제한되며 사류에 관해서는 상린자 간의 제한에 의거한다. 이 경우의 제한이란 예를 들면 ① 수류의 변경에 관해 ② 수류의 사용, 특히 둑의 설치 등에 관해 여러 가지 제한이 있다. 이러한 제한은 대개 모든 근세 문명국에서 인정하는 바이다. 한국에서는 이에 관한 습관 역시 매우 불분명하지만 이들 제한은 모두 당연한 것이므로 사실상 그 제한이 마땅함을 인정하고 있는 듯하다.

4. 인접지 통행에 관한 제한

이것은 대지(袋地)의 경우에도 적용된다. 인접지의 통행을 허용하고 그 토지의 이용을 온전하게 하는 것이다. 이 제한의 경우는 사실상 불가피하므로 한국에서도 그 존재는 일반적으로 인정된다.

이상에서 기술한 내용에 의하면 상린자의 제한에 대해서는 한국에서도 대체로 이것을 인정하는 것으로 단정할 수 있다고 하겠다.

제3절 토지소유권의 취득 및 상실

제1. 소유권의 취득

소유권의 취득에는 두 가지가 있다. 하나는 원시적 취득이며 또 하나는 승계적 취득이다. 원시적 취득이란 타인의 권리에 기인하지 않고 독립적으로 발생하는 것을 말한다. 승계적 취득이란 타인의 권리에 기초하여 이것을 이전(移轉)하여 취득하는 것을 말한다. 지금 한국에서 토지소유권 취득 방법으로 인정되는 것은 원시적 취득 방법으로 1. 기경 2. 시효 3. 첨부 세 가지가 있다. 승계적 취득 방법으로는 1. 양도 2. 상속의 두 가지가 있다. 다음에서 그 개략을 설명하기로 한다.

갑. 토지소유권의 원시적 취득 방법

1. 기경

기경이란 개간과 동일한 의미이다. 기경에는 두 가지가 있는데 하나는 간황지(間曠地)라고 하여 주인이 없는 토지를 말한다. 이곳에는 누구나 기경을 함으로써 그 소유주가 된다. 단 기경에 관해서 규제의 수속을 밟을 필요가 있다. 이 수속을 밟지 않으면 소유권을 인정받지 못하고 오히려 형률에 구속받게 된다. 또 하나는 진전(陳田)이라고 하는데 일단 타인의 소유가 된 토지라도 황폐해진 경우에는 논은 3년 해택(海澤)은 10년 동안 원래의 주인이 돌보지 않으면 기경에 의해 소유권을 취득할 수 있다. 이 경우의 기경에 관해서도 규제와 수속이 필요한 것은 전자와 동일하다.

2. 시효

5년간 토지 위에 자주(自主)점유를 하고 선의에서 달리 과실이 없을 때는 소유권을 취득한다. 단 예외가 있는데 (1) 도매전(盜賣田) (2) 부모의 밭 (3) 임차지다. 이상은 『대전회통(大典會通)』 중 전택(田宅)의 부(部)에서 나와 있는 바로 내용이 다소 명확하지 않으나 그 취지는 명백하다.

3. 첨부

첨부는 두 가지가 있다. 하나는 해포(海埔) 즉 해안에 있는 기주(寄洲)이고 또 하나는 사주(砂洲)로서 해안의 기주 또는 부도(浮島) 등을 말한다. 전자는 관유로 이것을 취득하는 방법으로 삼지 않지만 후자에 관해서는 동일한 경우에 토지를 그 토지를 상실한 자의 소유로 보는 것이 종래의 관습이다. 이것은 첨부에 의한 것이 아니며 이 점에서 말할 때는 첨부의 결과라고 말해야 할 것이다. 오히려 관청의 처분에 의해 소유권을 취득하는 것이라고 할 수 있지만 첨부의 경우에 발생하는 것이기 때문에 여기에 기술하는 바이다.

을, 토지소유권의 승계적 취득 방법

1. 양도

양도에 관해서는 특별히 기술할 것은 없다. 한국에서는 근세 문명국과 마찬가지로 토지의 양도에 관해 등기나 그 밖의 특별한 형식은 필요치 않지만 단 문기와 함께 양도할 필요가 있다는 것이 일반적인 사실이다. 대개 이것은 증거를 완전하게 갖추어 그 사이에 사기가 행해지는 것을 막으려 하기 위함이다.

2. 상속

이에 관해서 역시 특별히 기술할 것은 없다.

제2. 토지소유권의 상실 원인

토지소유권의 상실 원인이란 객관적인 토지소유권을 상실하는 원인이 되는 것을 말하는 것으로서 양도와 같이 주관적인 상실 원인을 가리키는 것이 아니다. 이에 관해서는 (1) 그 목적인 토지를 멸실할 때에는 토지소유권을 소멸하는 것으로 한다. (2) 소유자가 소유권을 포기할 경우 그 토지는 주인이 없는 것으로 하는 것이 일반적인 관념이다. 두 경우 모두 소유권의 성질상 당연히 발생하는 결과이다. 한국에서도 역시 토지소유권의 상실 원인으로 토지의 멸실 및 소유권의 포기를 인정하고 있음은 명백한 사실이며 의심의 여지가 없다.

제5장 토지용익권

토지용익권(土地用益權)이란 토지를 사용하여 이익을 얻을 권리로서 토지소유권과 같이 토지를 총괄적으로 지배하는 권리가 아니라 단지 토지를 사용하여 이익을 얻을 목적의 범위 내에서 토지를 지배하는 권리이다. 이때 사용이란 토지를 훼손하거나 버려두지 않고 자신의 수요를 충족할 목적으로 사용하는 것을 말한다. 수익이란 토지에서 생기는 천연 또는 법정(法定) 과실(果實)을 거두는 것을 말한다. 한국에서 인정하는 토지의 용익은 여러 종류가 있지만 이것을 다른 나라와 비교하면 그 종류가 적고 범위도 좁다. 먼저 이것을 두 가지로 크게 나누면 물권으로서의 토지용익권과 채권으로서의 토지용익권이 있다. 전자에 속하는 것은 지상권과 지역권이 있다. 영소작권은 한국에서는 거의 볼 수 없고 최근 외국인이 이 권리를 설정하는 경우가 있지만 외국법을 적용하는 경우이고 기존의 관습에서 인정하고 있는 것은 아니다. 그리고 지상권, 지역권의 범위 및 종류도 매우 협소해서 겨우 그 권리의 존재를 찾아볼 수 있을 뿐 아직 발달은 유치하다고 할 수 있다. 토지용익권으로 가장 많이 행사하는 것은 후자(채권으로서의 토지용익권)인데 한국에서 토지의 용익은 거의 이것이라고 할 수 있다. 이에는 다시 두 종류가 있는데 하나는 순수한 임대, 또 하나는 불순수 임대이며 다음은 이에 대한 간략한 설명이다.

제1절 지상권

한국에서는 가옥을 건축하기 위해 타인의 토지를 사용할 권능을 인정하고 있다. 이것이 한국에서 지상권을 인정한 시초이다. 한국에서는 가옥을 건축하기 위해 타인의 토지를 사용하는 경우가 두 가지 있다. 하나는 시가지에 있는 공터에 2년 이상 집을 짓지 않는 경우다. 이때는 누구나 그 토지에 가옥을 건축할 수 있으며 토지소유자는 이것을 거부할 수 없다. 또 하나는 촌락에 있는 남새밭 또는 공터인데, 누구나 가옥을 건축할 수 있으며 소유주는 그것을 전혀 거부할 수 없다. 만일 거부할 경우는 법률에 의거하여 책임을 묻게 된다. 둘 중 어느 경우에도 사용자는 그 토지에 대해서 사용료를 지불해야 하며 금액은 토지에서 얻는 소작료와 동일한 것이 일반적이다. 만일 사용료를 지불하지 않으면 침점전택률(侵占田宅律)에 걸리게 된다. 이 경우에 가옥건축자가 토지 위에서 가지는 사용권은 한국에서 인정되는 유일한 지상권으로서 그 권리는 가옥이 존재하는 한 당연히 지속되는 것으로 한다. 가옥의 노후 또는 기타의 원인에 의해 멸실할 때에도 계속해서 그 토지 위에 가옥을 건축할 수 있으며 토지사용료를 일반적인 지가(地價) 상승에 따라 높일 것인지 아닌지에 대해서는 아직 명확한 표준으로 삼을 관습은 없는 것 같다.

이상은 한국에서 옛 관습이 인정하고 있는 지상권에 대한 내용이다. 최근 외국인이 외국법의 관념을 주입하여 문명국에서 일반적으로 인정하고 있는 지상권을 설정하고자 하는 경우가 많은데 이들의 지상권은 완전히 일반적인 지상권이기 때문에 굳이 설명할 필요는 없다. 이 권리는 완전히 외국법의 관념에 의한 지상권으로서 한국 고유의 지상권이 아니다. 이와 반대로 묘지에 대해서는 과거의 관례로 보아 지상권으로 분류되는 권리를 설정하고 있는 것으로 생각된다. 즉 묘지를 만들기 위해 사용료를 지불하고 타인의 토지를 무기한으로 사용하는 권리와 같은 것이다.

제2절 지역권

한국에서 지역권의 관념은 급수(汲水) 및 인용수(引用水)에 관하여, 운반 및 통행에 관하여, 그리고 삼림원야에 대한 입회에 관하여 불과 두세 가지의 지역(地役)을 인정하고 있는데 불과하다. 아마도 한국에서는 음료수 및 농경용수가 매우 부족하며 도로가 정비되지 않아 운반통행이 매우 불편하고 또 잡목이나 야초 등 연료가 심각하게 부족한 탓에 자연히 이들 지역(地役)이 먼저 발달한 것으로 보인다. 그 권리는 무상을 원칙으로 하며 유상인 경우는 매우 적다. 이 지역(地役)의 관념은 도의적으로 관용하고 있는 습관에 기인하고 있는 경우가 많기 때문일 것이다. 요컨대 그 형태가 매우 불완전해서 그 존재를 겨우 찾아 볼 수 있는 정도에 불과하다고 하는 것이 적당하다.

제3절 채권적 차지권

현재 한국의 토지용익권 중 대부분이 채권적 차지권인데 전답의 경우는 거의 채권적 차지권이라고 단언할 수 있다. 이것에는 두 종류가 있는데 하나는 순수한 임차로서 이것을 도지(賭地)라고 한다. 다른 하나는 순수한 임대가 아닌 경우인데 이를 병작(幷作), 타작(打作) 또는 반작(半作)이라고 부른다.

제1. 도지

도지(賭地)란 수확과 관계없이 매년 일정한 소작료를 지불하고 토지를 소작하는 것으로서 그 권리관계는 완전히 순수한 임대차로 논해야 할 것이다. 그 소작료의 액수는 본디 계약에 의해 정하는 것이기는 하지만 대개는 토지에서 수확한 것의 3분의 1 이내로 하는 것이 보통이다. 그리고 조세, 종자, 비료 등을 모든 소작인이 부담한다. 소작의 기한은 1년이 일반적이지만 기록에 따르면 이 권리를 설정함에 있어 퇴도지(退賭地) 매매라고 하여 일정한 금액의 특별 지불금을 내는 경우가 있다. 이 경우에는 10년을 기한으로 하는데 권리자가 10년이 되기 전에 소작을 중지한 토지를 환부할 때에는 그 연한에 상응하는 지출금을 반납하여야 한다. 이 관습은 가옥과 관련해서 특히 발달했는데 가옥을 차입할 때는 세금(貰金)이라고 하여 일시에 일정 금액을 납입하고 별도의 월 사용료는 징수하지 않는 경우가 있다. 이 금액은 가옥 가격의 반액 이상으로 하는 것이 통례이다. 그리고 가옥을 반납할 때는 세금을 전액 환불하게 된다. 이것이 한국인 사이의 일반적인 임차법이다.

도지에 있어서도 흉작일 경우에는 소작인이 소작료의 감액을 요구할 수 있도록 하는 예도 있다.

제2. 병작[타작(打作), 반작(半作) 또는 분작(分作)이라고도 한다]

병작이란 일종의 토지 사용 방법으로 토지의 소유자가 세금과 경작에 필요한 종자를 부담함과 동시에 토지를 제공하고 사용자는 작물의 배양에 필요한 비료, 기구 및 모든 노동력을 부담한다. 이에 따라 공동으로 토지의 경작에 종사하고 수확도 양자가 공평하게 나눈다. 이 사용 방법은 도지와 마찬가지로 일반적으로 이루어지고 있다. 그리고 병작의 성격은 도지와 같이 순수한 임대차가 아니다. 지주가 경작을 하는 데 있어 친밀한 관계를 유지하기 때문에 그 관계는 단순한 임차가 아닌 공동경작으로 논해야 할 것이다. 이 점에서 병작은 중부 유럽에서 이루어지는 '타일바우(Teilbaw)'와 동일하다. 병작의 성질을 연구하는데 참고로 삼기 위해 '타일바우'에 대한 대략적인 내용을 기술한다.

'타일바우'는 토지사용자가 지주에 대해서 매년 일정한 소작료를 지불하는 것이 아니라 해마다 수확에 따라 달라지는 수확고의 반을 지주에게 분배하는 것이다. 계약 연한은 프랑스에서는 대개 3년이고 영국에서는 연한을 정하지 않고 매년 해약하는 경우도 있다. '타일바우'의 성격은 노무청부(勞務請負)라고 하는 것이 적당하다고 할 수 있다. 아마 '타일바우'의 경우 소작인은 가족과 함께 농사일에 종사하고 농작물을 수확할 의무를 부담하고 그 보수로 수확의 반을 취득하는 것으로 이는 듀체르, 에부르크(K. T. Eheburg) 등이 주창하는 바이다. '타일바우'가 보통 임대차의 소작과 다른 점을 들면 (1) 명확한 약속이 없는 한 전대(轉

貸)를 허용하지 않는다. (2) 소작인의 사망과 함께 그 관계를 해소한다. (3) '타일바우'에 있어 지주는 계약이 존속하는 한 해당 토지의 경작에 관해 끊임없는 간섭을 할 수 있다는 점 등이다. 이 가운데 (3)의 습관은 '타일바우'가 보통의 소작과 가장 다른 점인데, 일반적인 소작의 경우 경작은 완전히 소작인의 자유의지로 하는 것이며 지주가 간섭할 수 있는 일이 아니다. 아마 '타일바우'의 경우 지주가 경작에 대해서 간섭권을 가지는 것은 아마도 '타일바우' 방식에서는 지주에게 수확의 반을 취득할 권리가 있기 때문에 경작의 결과 즉 수확에 대해서는 가장 큰 이해관계를 가지고 있는 것으로 생각된다.

'타일바우'는 윌리엄 로셔(Wilhelm Roscher)가 보고한 바에 의하면 영국에서는 18세기에 시작되었으나 노르웨이 홀타인, 프란데른, 작센, 프랑켄 등에서는 중세에도 널리 이루어졌고 독일에서는 포도를 재배하는 지방과 담배경작지에서 많이 볼 수 있다. 그리고 '타일바우'가 가장 성행한 곳은 로마인 국가인데 즉 이탈리아, 스페인, 남프랑스 등이다. 최근에는 북아메리카에서도 성행하고 있는 듯하다. '타일바우'의 성질 및 가치에 대해서는 1877년 이탈리아에서 발표된 농사 보고가 가장 참고할 만한 자료라고 할 수 있다. '타일바우'는 이탈리아에서는 여러 가지 형태로 나타나고 있다. 즉 (1)은 토지개량계약에서 볼 수 있는데 토지개량계약이란 지주가 토지 및 토지 개량에 필요한 자본을 제공하고 경작자는 농사에 필요한 노동력을 부담함으로써 성립하는 것으로 그 양자의 관계를 '타일바우'에 의해 조직하는 것이다. 이 형태는 이탈리아에서 가장 많이 볼 수 있다. (2)는 롬바르디아 등에서 행해지는 것으로 새로운 개간 또는 특정 작물 경작에서 가장 필요한 노동력을 공급하는 수단으로서 '타일바우'를 이용하는 것이다. (3)은 남방 이탈리아 즉 지칠리엔에서 이루어지는 것으로 일일 고용노동자가 '타일바우' 형식에 의해 약간의 토지사용권을 취득하여 노동하는 사람들이 적지 않다고 한다.

이와 같이 여러 종류가 있지만 '타일바우'의 가장 정당하면서도 널리 행해지는 형식은 농사계영(農事計營)에 적당한 토지를 농부 및 그 가족에게 교부하여 경작에서 발생하는 모든 이익과 위험을 평등하게 나누는 조건으로 경작을 하고 지주는 경작에 관한 일반적 방침을 결정하고 경작을 하는 과정에 끊임없이 간섭을 할 권리를 갖는 것이다. 이탈리아의 '타일바우'의 수는 1871년 통계에 의하면 150만에 달하며 농업에 종사하는 전체 인구의 18.2퍼센트를 차지한다고 한다. 이 통계 가운데에는 소작이라고 칭하는 사람 가운데 아직 '타일바우'로 볼 수 있는 사람이 적지 않기 때문에 사실상 '타일바우'의 수는 더 많다고 봐야 할 것이다. 병작은 앞에 기술한 '타일바우'와 거의 동일하다고 볼 수 있다. 따라서 그 성질에 관해서는 '타일바우'와 마찬가지로 이것을 순수한 임대차로 볼 수 없는 완전한 공동경작의 일종이기 때문에 이것을 고용관계로 볼 것인가 아니면 노무적 청부로 볼 것인가 아니면 순수하지 않은 임대차로 볼 것인가는 또 하나의 연구재료이다. 이에 관해서 다음 보고에서 기술하게 될 것이다.

제6장 토지에 관한 담보권

토지에 관한 담보권이란 토지를 목적으로 하는 담보권을 말한다. 이것은 채권을 담보하기 위해 토지 위에 성립하는 담보권을 말하기 때문에 이 권리는 토지의 용익권과 같이 토지의 사용, 수익을 목적으로 하는데 있지 않고 온전히 토지의 교환가격을 이용하여 이것을 채권의 변제를 담보하는 용도로 제공된다. 토지를 목적으로 하는 담보권에는 두 종류가 있다. 하나는 전당이고 또 하나는 권매다. 두 종류 다 채권담보의 목적으로 성립하는 것이지만 그 형식은 매우 다르다. 전자는 저당 또는 부동산질의 형식인데 즉 담보물권의 형태를 띠는 것이고 후자는 매려약관부(買戾約款付) 매매의 형식인데 즉 담보물권의 형태를 띠지 않고 넓은 의미에서의 담보권의 형태를 띠는데 그 직접적 형태는 매매이다. 다음에 그 대략적인 개요를 기술하기로 한다.

제1절 전당

전당(典當)은 한국에서 유일한 담보물권이다. 전당이라는 명칭은 동산, 부동산을 구분하지 않고 일반적으로 쓰이는 것인데 동산의 경우에는 질(質)뿐이고, 토지 및 기타의 부동산에 있어서는 저당 및 질 두 종류를 이 명칭에 포함하고 있다. 즉 전당을 크게 나누면 이 두 가지인데 하나는 저당에 해당하는 것이고 또 하나는 질에 해당하는 것이다. 저당의 경우에는 전당의 일반적인 경우이고 질의 경우는 그 특례로 한다. 또 전당을 나눠 유질(流質)계약이 부대(附帶)되는 것과 그렇지 않은 것 두 가지가 있다. 이는 그 주요한 채권의 변제기에 있어 변제를 하지 않는 경우에 그 토지의 소유권을 채권자에게 이전하는 합의를 위한 유질계약을 부대하느냐 하지 않느냐에 따라 구별하는 것으로서 저당 및 질의 경우에도 이 구분은 존재한다. 요컨대 한국에서 전당에 포함되는 저당 및 질 및 유질 등의 개념은 근세 문명국이 인정하는 저당 및 질 그리고 유질 등의 관념과 그 취지는 같다. 다만 한국에서는 등기제가 결여되어 있기에 차이가 있다. 다음은 이 두 가지의 구별에 대해 기술한다.

제1. 저당으로 볼 수 있는 전당

이 종류의 전당은 일반적인 경우로 채무자가 토지를 채무의 담보로 채권자에게 제공하는 것이다. 즉 채무자는 채권자에게 수표나 토지의 문기를 제공하고 채권자는 이것을 수령함으로써 성립하는 것이다. 이 경우는 토지점유권은 여전히 채무자에게 있으며 그 토지의 사용수익은 채무자의 자유이다. 다만 문기가 채권자에게 있기 때문에 채무자가 그 토지를 처분하거나 양도하는 것은 제한된다. 그리고 전당에는 보통 이자가 붙으며 그 이자는 당사자의 합의에 맡긴다. 대개는 2분(分) 이상에서 5분(分) 이하로 정하는 것이 일반적이다. 채무자가 변제기일에 채무를 변제하지 못할 경우 채권자는 통상적으로 다음과 같은 예에 따른다.

1. 문기를 계속 점유하고 채무자의 토지 처분을 제한한다.
2. 변제를 할 때까지 계속 이자를 청구할 수 있다.
3. 채권자는 변제를 강요하기 위해 다음의 처분을 할 수 있다.

(1) 전당계약의 성립과 동시에 유질계약을 체결할 때

이 경우에는 즉시 그 목적인 토지를 채권자의 소유로 할 수 있다. 이 관습은 매우 빈번하게 이루어진다.

(2) 채무를 변제하지 못할 때를 위해 사전에 특별 처분 방법을 계약할 것

이 경우에는 그 계약에 의해 토지를 처분하기로 한다. 처분 방법은 토지를 매각하여 그 대가로 변제하거나 또는 그 토지를 원고의 소유로 한다고 즉시 선고하는 경우도 있다. 또 많은 경우에는 변제를 받는 것이 통상적이다. 토지를 매각할 때는 매매가가 채권액보다 많으면 남는 금액은 당연히 채무자의 소득이 된다. 반대로 매매가가 채권액보다 낮을 경우 부족한 금액은 채권자의 손실로 보는 것이 일반적이다. 단, 반대의 계약일 경우에는 원래 해당되지 아니한다. 이것은 매우 보기 드문 현상이나 채무자를 보호할 취지에서 생겨난 것이다.

(3) 이상의 두 종류에 속하지 않는 경우

이 경우에는 재판소에 소송을 제기해 바로잡도록 한다. 재판소가 그 소송을 이유 있다

고 인정할 때에는 간혹 피고를 감옥에 구금함으로써 변제를 강제하는 일이 있다. 또는 토지를 매각하여 그 대가로 변제할 수 있다. 또 그 토지를 즉시 원고의 소유라고 선고하는 일도 있다. 또한 많은 경우에 일정 기간 연기를 해주어 관계를 지속할 것을 명령하는 일도 있다. 이와 같이 재판소의 판결에 의해 그 권리를 구제하는 길이 있다. 하지만 한국의 재판소는 이전부터 재판관의 횡포로 부정한 판결을 내리는 일이 많고 더욱이 그 판결의 확정기가 없기 때문에 사건이 지체되는 경우가 예상 외로 많다. 따라서 이들 권리의 구제는 매우 불안한 것이 현실이다.

이상에서 기술한 것처럼 이런 종류의 전당은 대체로 근세 문명국이 인정하는 저당의 관념 및 취지와 같지만 다음과 같은 점은 역시 다른 부분이라고 할 수 있다.

1. 한국에는 등기제도가 없기 때문에 등기를 요하지 않는다.

2. 채무자는 토지의 처분을 제한한다. 이것이 전당 본래의 취지가 아니지만 문기의 점유를 채권자로 변경함으로써 생기는 간접적 결과이다.

3. 전당의 집행 방법이 저당의 경우와 같이 완비되어 있지 않다.

제2. 부동산질로 간주해야 하는 전당

이 종류의 전당은 일반적인 경우가 아닌 전당의 특례에 속한다. 대체적인 성질은 저당으로 볼 수 있는 전당과 동일하나 다음과 같은 점에서는 다르다.

1. 이 종류의 전당에서는 문기뿐만 아니라 토지의 점유도 겸해서 채권자에게 이전한다. 이것이 전당의 첫 번째 특성이다.

2. 이 종류의 전당에서는 토지의 사용 수익은 채권자가 이것을 행하고 채무자는 토지의 사용, 수익 및 처분에 모두 제한을 받는다. 이 두 번째 특성이 앞에서 나온 저당으로 볼 수 있는 전당과 크게 다른 점이다.

3. 이 종류의 전당에서는 이자를 청구하지 않는다. 대개 이자 대신에 토지의 사용 수익을 채권자에게 주는 것이기 때문이다. 당사자 간 계약에 따라서는 토지의 수익으로 이자를 변상하거나 또는 원금을 소각하는데 충당하는 것은 자유로 이는 결코 그 본질에 반하는 것은 아니다. 이와 반대로 이 전당에서 이자를 청구할 권리가 있다는 것은 매우 높은 이자를 탐하는 것으로서 토지수익권을 채권자에게 주는 취지에 어긋나는 것이라고 하지 않을 수 없다.

실제로 남한지방에서 드물게 이런 예를 볼 수 있으나 정당한 관례가 아니므로 채권자가 탐욕적 행위에 나서는 불법적 관례이다.

한국에서는 이상과 같은 두 가지의 전당 이외에는 담보물권의 존재를 인정하지 않는다. 그리고 전당 가운데 부동산질로 볼 수 있는 것은 그 형태가 매매와 매우 흡사한 면이 있지만 양자의 성격은 완전히 다르기 때문에 결코 혼동해서는 안 된다. 그 두 종류에는 어떤 차이가 있는지 다음 절에서 기술하기로 한다.

제2절 권매

권매(權賣)란 일명 환퇴(還退)라고도 하는데 이 역시 토지를 채권의 담보로 제공하기 위해 사용하기 때문에 그 목적이 전당과 완전히 동일한 부분이 있기는 하지만 형태는 크게 다르다. 즉 전당은 순수한 담보물권으로 소유권의 부담인 다른 물권의 하나이지만, 권매는 이와 반대로 그 내용은 조건이 붙은 소유권의 이전으로서 전당과 같이 소유권의 부담인 독립된 다른 물권을 형성하는 것이 아니다. 그 성질은 소유권의 이전에 불과하며 다만 그 이전에는 하나의 조건을 붙임으로써 이것을 보통의 소유권의 이전과 구별하는 것이다. 이것을 담보권의 일종이라고 함은 그 조건의 성질이 담보의 목적에 적합하기 때문에 이에 의해 간접의 토지를 채권의 담보로 할 용도로 제공하는 일이 있기 때문이다. 요컨대 권매는 그 목적이 채권의 담보에 있기 때문에 이를 전당과 함께 담보권의 한 종류로 설명하는데 불과하며 엄격한 의미에서 말하자면 권매는 결코 담보권이 아니고 그 성질은 온전히 소유의 조건부 이전이다.

아래에 권매의 의의, 성립요건, 효력 및 전당과의 차이를 간단히 기술한다.

1. 권매의 의의

권매란 일정 기간 내에 원가로 되살 수 있도록 하는 계약을 부대하며 토지를 매매하는 것을 말한다. 근세 문명국에서 말하는 매려(買戻)[15]와 완전히 똑같다. 계약기간은 당사자 간의 약정에 따라 달라지는데 3년에서 10년 사이가 일반적이다.

2. 권매의 성립요건

(1) 매매계약이 성립되어야 한다. 권매의 본체로서 필요불가결한 것이다.

---

[15] 계약부 매매를 말한다.

(2) 일정 기간 내 원가로 되살 수 있는 계약이어야 한다. 이것은 권매의 특성으로서 권매가 권매인 이유가 바로 이 점에 있다.

(3) 매매계약과 동시에 매려약관이 부가되어야 하며 이 내용이 없으면 권매가 아니다. 이것에 의해야만 권매의 효력을 제삼자에게 대항할 수 있게 된다.

(4) 매려약관부 매매의 문기 및 구문기를 매매대금과 교환할 필요가 있다. 증거의 완전을 기하기 위한 성립요건이다.

3. 권매의 효력

(1) 권매의 성립과 함께 토지소유권 및 그 점유권이 매수자에게 이전되고 매수자는 그 토지에 대한 모든 소유권을 행사할 수 있다. 다만 일정 기간 동안 매려권 행사에 제한을 받을 수 있다.

(2) 매려 기간 내에 매도자는 언제든지 매려를 요구할 수 있다.

(3) 매려 금액은 원가로 해야 한다.

(4) 매도자가 대금을 주고 매려를 요구할 경우 매수자는 소유권을 반환해야 하며 이 효력은 제삼자에게도 대항할 수 있다.

(5) 매려 기간 내에 매도자가 매려권을 행사하지 않을 경우 매도자는 매수자에게 새로운 문기를 작성 교부할 필요가 있다. 그 이후부터 매려의 제한은 없어지는 것으로 한다.

4. 전당과 권매의 차이

(1) 전당은 토지소유권이 제한하는 담보물권으로 소유권 이외의 독립된 물권이지만 권매는 이와 반대로 토지소유권을 이전함으로써 소유권을 취득하는 것이다. 이 점이 양자의 성질에 있어서 다른 점이다.

(2) 전당의 경우에 채무자는 원칙적으로는 토지의 처분에 제한을 받는 데 그치지만 권매의 경우에는 토지소유권을 이전함으로써 채무자는 소유권의 행사가 완전히 제한된다. 이것이 양자의 성질상 다른 점이다.

(3) 권매의 경우 매수자는 매려약관의 부대를 명확히 한 이상은 그 토지를 제삼자에게 전매할 수 있지만 전당의 경우에는 채권자는 토지를 전매할 권한이 없다. 이 부동산질의 성질을 띠는 전당과 주요하게 다른 점이다.

제7장 문기

문기란 권리에 관한 사서증서(私署證書)를 가리키며 다른 말로는 계약증서이다. 어느 나라에서나 토지에 관한 권리를 존중하고 그 결과로 권리의 이전 및 취득에 관해서 단지 당사자의 구두 계약만으로는 부족하기 때문에 증서의 작성이 필요하며 따라서 당사자의 의지가 확실하다는 증거를 구비할 필요가 있다. 한국에서는 토지에 관련된 모든 공증제도가 불충분하고 토지의 확정 방법 역시 불충분하기 때문에 그 권리를 증명하는 방법 또한 매우 불충분하다. 따라서 그 권리의 성립을 확보하기 위해서는 특히 문기를 작성할 필요가 있으며 결국 이것을 가지고 토지에 관한 권리의 이전 또는 취득의 요건으로 삼는 관습이 생겼다.

문기는 그 성질에 따라 두 종류로 나눌 수 있다. 하나는 토지에 관한 권리의 이전 또는 취득의 직접적 원인인 법률행위의 존재를 증명하는 것이고 다른 하나는 그 권리의 유래가 정확해서 그 권리를 처분하는 자가 바로 진정한 권리자임을 증명하는 것이다. 전자를 증명하는 문기를 신문기라 하고 후자를 증명하는 문기를 구문기라고 한다. 권리의 최초 취득 시에는 신문기만 있으나 이후의 취득 또는 이전에는 반드시 신문기를 구비할 필요가 있기 때문에 권리의 이전이 여러 차례 계속되면 구문기의 숫자도 늘어난다.

이상에서 기술했듯이 문기는 토지의 권리 취득 또는 이전의 요건이므로 토지의 권리를 존중함과 동시에 토지의 문기를 정중하게 보존하고 이것을 토지의 권리와 거의 동일시하는 관습이 있다. 따라서 정확하게 권리를 이전하기 위해서는 반드시 다수의 구문기를 구비하고 또한 상호 단절된 기간이 없이 연속적이어야 한다. 이처럼 문기는 권리의 이전에 있어서 한국인이 중시하는 것이긴 하지만 원래 사서증서이기 때문에 위조나 변조의 우려가 있을 수 있다. 이는 한국에서 토지의 권리를 수수(授受)하는 과정에서 가장 불안한 부분이기 때문에 당사자는 항상 이 점에 대해 면밀한 주의를 기울여 피해를 막아야 할 것이다. 이는 매우 중대한 결점이기 때문에 문기의 확실함을 보증할 방법으로 일찍이 사출(斜出)제도를 만들어 관에서 문기를 증명해 주었으나 그 제도는 도중에 폐지되어 지금은 존재하지 않는다. 작년에 정부가 제정한 증명규칙은 사출제도를 부활시키고 한층 더 완비하려는 것이라고 할 수 있다. 이 규칙이 보편적으로 실시되면 앞으로는 토지에 대한 권리를 안전하고 확실하게 수수할 수 있게 될 것이다.

문기는 그 목적인 법률행위의 내용에 따라 여러 가지로 분류할 수 있다. 그 가운데 일반적으로 시행되는 것을 들면 다음과 같다.

1. 매매문기

매매문기는 일정하다. 일반적으로 쓰이는 것은 다음과 같다.

토지 매매문권 식양(式樣)

光武十一年三月 日 明文
右明文事段自己買得屢年耕食是如何可伏在州地某面某坪某字畓幾斗落幾夜味負數幾結幾卜幾束庫廩價折錢文幾千幾百幾兩依數捧上是遣[16]右人前永永放賣爲去乎日後如有爻象之端則 以此文記告官下呈事

　　　　　　　　　　　　　　　　　　　　　再舊文記幾張幷出給云云
　　　　　　　　　　　　　　　　　　(若無舊券則舊文記閪失故以新文一張成給事云云)

畓主　某　　　捺章
執筆　某　　　捺章
證人　某　　　捺章

가옥 매매 양식

光武十一年三月 日 明文
右明文事段自己買得屢年居生是如可移居次伏在州地某面某某里某字家垈體舍幾間行廊幾間負數幾結幾卜幾束庫廩價折錢文幾千幾百幾兩依數捧上是遣右人前永永放賣爲去乎日後如有爻象之端則以此文記告官下呈事

　　　　　　　　　　　　　　　　　　　　　　　再舊文記幾張幷出給
　　　　　　　　　　　　　　　　　　(若無舊券則舊文記中間閪失故以新文一張成給事云云)

家垈　某　　　捺章
執筆　某　　　捺章
證人　某　　　捺章

---

[16] '是遣'은 이두식 표현으로, '이고'를 말한다. 원문에는 '是遺'라고 잘못 쓰여있다.

2. 전당문기

전당의 문기는 갑, 저당으로 볼 수 있는 것과 을, 부동산질로 볼 수 있는 것 두 종류가 있다. 또 각각에 대해 유질계약을 부가하는 것과 부가하지 않는 것으로 구분한다. 다음은 일반적으로 쓰이는 양식을 기재한다.

(1) 저당

> 手標
> 右手標事段은 以急用所致로 傳來耕食畓 十斗落을 右人前典當이고 錢文貳佰伍拾兩을 以每朔五分 例로 得用이기온 待秋成後幷本利備報之意로 如是成票事
> 丁未　某月日　　標主　姓名　　　署名印

(2) 유질계약을 부대한 저당

전당수표 격식

> 手記
> 右手記事段緊有用處自己畓幾斗落田幾作或家垈幾間在於某面某洞者典執是遣錢文幾兩以每朔每兩頭 幾分邊出積爲去乎若過限日不報則以該土地或家屋永永許給之意成手記爲去乎日後憑考事
> 年月日　　　　票主　姓名
> 　　　　　　　證人　同

토지가옥 전당수표 격식

右手標事段以要用所致傳來畓幾斗落所居家屋幾間右人前典當是遣錢文幾兩以幾分邊利出用而限幾朔俱利報給是矣若過限不報則永爲許給之意如是成票事

　　　　畓主　　姓名
　　　　證人　　同

手標
右手標事段錢幾千幾百幾什兩以或每市每朔每兩或四分邊得用爲遣某坪所在田畓幾斗落或瓦家草家間典當是遣以某年某月定限爲去乎若過限則不報必以典當該物永給右人之意成標事

　　　　某年 某月 某日　標主某姓名踏章
　　　　　　　　　式平決

(3) 부동산질

토지가옥 환퇴문권 격식

　　光武十一年四月 日　　　前明文
右明文事段以要用所致傳來畓幾斗落所居家屋幾間右人前爲先典當報是遣錢文幾兩出用而限幾年報給後還退之意如是成票爲去乎以此憑考事

　　　　記主　　姓名
　　　　證人　　同
　　　　證筆　　同

3. 권매문기

권매의 문기는 일반적으로 다음과 같은 예에 따른다. 종종 환퇴(還退)라는 명칭을 쓰는 일이 있다.

환퇴문기 격식

光武十一年(丁未)四月 日 某人 前明文
右明文事段以要用所致自己土地幾斗落在於某面某洞員何字年幾負廛價折錢文幾兩依數捧上是遣限何年月日還退之意玆權賣爲去乎日後以此憑考爲爲事
   土地 姓名
   證人 同
   筆執 同

권매문권

年號幾年丁未 某月日 某姓名 前明文
右文記事段無他以要用所致某邑某面某里伏在畓結幾員幾斗落幾夜味果某字田幾負幾日耕限三年或五年或十年權賣爲去乎若過限比限以此田畓永永次知之意成文記事
   田畓主 姓名
   證筆   同

환퇴신문기 식(式)

光武 某年某月某日某人前還退明文
右明支段은 無他라 緣某事窘艱이기로 思不獲己ᄒᆞ야 若干現存한 家屋幾間文記와 所耕田畓幾斗落文記를 右人前의 現給ᄒᆞ고 價文幾許兩酌定ᄒᆞ야 依數上權賣ᄒᆡ되 過幾年後報償此錢而還退之意로 成文ᄒᆞ마온 趂期限相不如約이면 此文記持이고 告官卞正事
   家舍田畓 某姓名 章
   證人   某姓名 章
   筆執   某姓名 章

4. 도지 또는 병작

도지 또는 병작에 대해서는 보통 문기를 작성하지 않지만 남한지방에서는 특별히 문기를 작성하는 경우가 있다. 단 이때는 도지와 병작을 불문하고 동일한 문기를 지주가 교부하는데 그 도지나 병작의 문기는 당사자 간의 특별한 약속 또는 그 지방의 관습을 따르게 된다. 다음은 그 문서의 양식이다.

[다음의 문기 중 시작(時作), 이작(移作)이라고 칭하는 것과 모두 같다]

시작표(時作標)

```
其面某洞某坪某字田畓幾夜味幾斗落幾卜廛移作干某姓名着實耕作事
       某年 某月 某日 畓主       姓名           捺章
                           小作表紙         牌 紙
                              某洞居某姓名
```

```
匪他某面某洞員某字田畓幾斗落員廛前作某以不勤耕作으로移作次牌定ᄒ니着實耕作헐 事
       某年 某月 某日 畓主姓名       捺章 或 着票
```

전답이작표(田畓移作票)

```
丙寅十一月 十五日
平山員金仲瑞所耕畓七斗落沙火朴春尙處移作着實耕作事
                      畓主    李桃原
```

5. 세가의 문기

가옥을 대차하는 것으로 일반적으로 쓰이는 세가(貰家)의 문기는 다음과 같다.

光武十一年 六月　　　　　日 明文
右明文事段某署某坊某契某洞伏在草家幾間幾許兩右人前某處傳貰是遺限一百日後無雜談之意備報相約事

　　　　　　家主　某　　　印
　　　　　　貰主　某　　　印
　　　　　　家儈　某　　　印
　　　　　　證人　某　　　印
　　　　　　筆執　某　　　印

이상에서 기술한 문기에 대해 일반적인 요건을 들면 다음과 같다.

1. 법률행위의 내용

문기에는 그 목적인 법률행위의 내용을 밝힐 필요가 있음은 당연한 일이므로 더 설명할 필요가 없다.

2. 목적물 및 소재지의 표시

그 목적물건인 토지와 소재지 여하를 확정하여 표시할 필요가 있다.

3. 권리처분자의 서명

권리를 처분하는 자의 서명이 필요한 것 역시 당연한 조건이다.

4. 권리를 취득하는 자의 표시 또는 서명

누가 그 법률행위에 의하여 권리를 취득하는 것인지를 표시해야 한다.

단 쌍무(雙務)계약의 경우에는 더욱 서명이 필요하며 이것은 의무이자 강제적으로 당연히 이행해야 할 조건이다.

5. 연월일

법률행위가 성립한 연월일을 기재해야 한다.

6. 서명한 당사자의 날인 또는 착표(着票)

서명을 한 당사자의 날인 또는 각자 관용의 착표를 할 필요가 있다. 근래 도장을 가진 사람이 증가함에 따라 날인을 하는 일 역시 적지 않으나 도장이 없는 사람도 적지 않으므로 착표를 하는 일 또한 많다. 착표란 각자가 관용적으로 사용하는 특별한 표식인데 이것을 사용하여 의지의 진정성을 명확히 한다고 볼 수 있다.

7. 대서인(代書人)의 서명

당사자가 문기를 작성하지 않고 대서인이 작성할 때는 그 대서인의 서명이 필요함은 말할 것도 없다. 한국에는 이러한 경우가 매우 많다.

8. 보증인의 서명

한국에서는 문기의 작성 및 그 권리의 이전을 거짓으로 행하는 일을 막기 위해 보증인을 세우는 것이 일반적이다. 보증인이 어떤 의무를 가지는지 극히 불분명하나 계약이 확실하게 성립되었음을 보증한다는 것은 의문의 여지가 없다.

2.
한국 토지소유권의 연혁을 논함

해제

소개

『한국 토지소유권의 연혁을 논함』은 부동산법조사회에서 한국 전역 및 제도 전반에 대해 조사 검토하였던 히라키 간타로(平木勘太郞)의 저작이다. 이는 일제의 식민지 정책 특히 부동산 관련 법제 마련을 위한 것으로, 한국의 관습에 소유권 개념과 의식이 어떻게 존재했는지에 대한 종합적인 보고서이다.

이 자료는 당시 한국의 토지제도의 연혁에 대해 구체적으로 알 수 있는 각종 역사서를 충실하게 검토한 위에 저술되었다기보다는, 대한제국 당시 재편되고 있었던 『증보문헌비고』를 중심으로 각종 역사서 및 법제서의 관련 기록을 일부 요약하면서 정리한 것이다.

따라서 이 자료는 1907년 당시 일제 침략정책의 일환으로 저술된 토지소유권의 연혁에 관한 편향된 보고서로 볼 수 있으나 이후 일제의 토지제도 개혁과 관습제도 수립에 커다란 영향을 끼친 저작이니만큼 내용상, 그리고 성격상 주의를 요한다. 이 자료는 현재 국립중앙도서관에 소장되어 있다.

주요 내용

자료의 서론에서 히라키 간타로는 모든 권리는 법규(法規)로 인하여 발생하는 고로 권리의 관념은 법규에 의하여 이를 명확히 해야 한다고 하였다. 또한 법규는 그 나라의 정령 및 관습에 기초하므로 그 사회의 진화 변경은 법규와 기타 관습의 변화 발전을 촉구한다고 정의하였다. 따라서 인민 상호 간의 권리 의무의 관념은 법규 및 관례를 명확히 하는 것이 중요하며, 또 그것의 추이와 변천의 상태, 즉 연혁의 연구가 필요하다고 하였다.

그는 한국 인민의 토지소유권의 상태를 알기 위해서는 먼저 토지에 관한 법규 관례를 아는 것이 중요하다고 강조하며 전제 연혁을 조사하기 위해『삼국사』,『고려사』및『한국문헌비고』,『대전통편』,『경국대전』,『대전회통』,『육전조례』등의 서적을 참조하였다.

한국의 토지소유권 연혁에 대해서, 우선 기자조선 시기 정전법에서 연원을 찾았다. 그는 정전법의 원리 등을 설명하면서 정전법의 공전, 사전의 개념을 설명하고 토지소유권과의 관계는 토지 사용에 대한 수익 처분권을 행사하므로 국가에 의한 총괄적인 지배권만 있는 것처럼 보인다고 서술하였다. 또한 당시 일반 인민의 경제적 사상이 유치하고 공산적 사상이 지배하였다고 보았다. 따라서 토지는 소위 자유재화라는 개념이 있기는 했지만, 동시에 왕토사상이라는 관념에 의하여 소유권을 주장하는 자는 없고 국왕도 역시 국토는 자기 소유물이라는 관념을 가졌으므로 사적 토지소유권을 인정할 수 없다고 하였다.

또한 위만조선 이래 마한, 변한, 진한 등 삼한을 거쳐 신라, 고구려, 백제 등의 토지제도에 대해 간략하게 설명하였다. 중고시대에는 토지는 소위 자유재화의 일종이라는 관념에 기초하여 인민의 토지 기간을 자유롭게 하고 사용을 방임하였지만 관련하여 하등의 정령(政令)을 발하지 않았다고 하면서 통일신라 시기 성덕왕 21년에 전정(田丁)을 지급한 것에 대해서도 소유권을 부여한 것은 아니라고 하였다.

고려조 시대에는 간전(墾田)제도도 있었고, 사전, 공전 등의 용어가 나타났다고 하면서 당시 균전의 제도가 명목상으로 있었지만 거호권세가(巨豪權勢家)에 의한 사전 폐단이 일어났다고 하였다. 또한 토지 취득 방법으로는 왕실 소유의 토지인 적전, 관료에게 지급된 직전 등을 들고 과전의 수수를 보여주는 지권의 수속, 불법 점유에 대한 처분 조치를 설명하였으며, 제전(諸田), 둔전 등에 대해서도 개략적으로 설명했다. 고려 시기 토지는 국가의 소유에 속하고 일개인의 소유에도 속하여 일반적으로 소유권을 인식하고 있었지만 이는 사용 수익 처분에 대한 것에 한정한 것으로 총괄적 지배력을 가지로 있다고 보기는 어렵다고 하였다.

조선시대(본문 서술의 용어로는 이조시대)에 대해서는 과전법의 시행과 공법을 설명하면서 특히『대전통편』등 각종 법률에 실려 있는 전택(田宅)에 관한 각종 법규 등을 설명했다. 조선 시기 토지 분배 방법과 변화에 대해 상세하게 설명했지만, 주로 제도적인 설명에 그쳤다.

결론적으로 한국의 토지소유권 관련 제도는 고려와 조선의 토지제도 변화와 토지의 분배 방법 등을 볼 때 토지의 매매나 상속 등의 권리를 보장하기 위한 것이 아니라 국가의 조세 수입을 증가를 위해 전제의 문란을 교정한 데 불과하다고 보았다. 또 인민의 재산 안전을 도모하고 국가의 안전과 공동생활의 평정을 기대하기 위해서는 소유권을 보장해야 하는데,

조선에서는 전혀 그러한 정책을 찾아볼 수 없었다고 단언하였다. 이 책자의 전체 쪽수는 국판 67쪽(표지 포함 72쪽)에 불과하지만 조선의 토지제도의 연혁을 국가에 의한 토지 분배제도인 수조권적(收租權的) 사전제도를 중심으로 설명한 반면, 인민의 토지 경작과 소유권 발달에 대해서는 전혀 관심을 두지 않는 편향적인 서술을 하고 있다. 더욱이 〈토지가옥증명규칙〉 등의 도입을 토지소유권 보호의 좋은 예로 드는 것으로 보아 당시 일본의 식민지 토지법제의 도입을 합리화하고 호도하려는 관점에서 작성된 책으로 평가할 수 있다.

자료의 의의

이 자료는 역대 왕조의 토지제도 변천에 관한 역사 문헌과 법제 자료를 검토하면서 전근대 한국에서는 국가에 의한 토지의 총괄적 지배와 수조권의 분배가 이루어지고 인민의 토지소유권 개념은 성립하지 않았다고 결론지었다. 일제가 추진한 조선의 부동산법 제정과 관습조사의 정책적 의도를 잘 보여주고 있다.

자료 152 | 히라키 간타로(平木勘太郎), 1907

한국 토지소유권의 연혁을 논함
韓國土地所有權ノ沿革ヲ論ス

서언

본서는 촉탁 히라키 간타로가 집무의 여가에 연구한 논문으로 조사하여 참고로 삼을만 하다고 인정되어 이를 인쇄하기로 하였다.

내각 부동산법조사회

목차[1]

제1장　서론

제2장　기자(箕子)시대

　제1절　정전법

　제2절　정전법과 토지소유권의 관계

제3장　삼국시대의 전제(田制)

제4장　고려시대

　제1절　개론

　제2절　토지 취득 방법

　　제1관　적전

　　제2관　직전

　　제3관　제전

1　원자료에서 목차와 본문의 제목은 일치하지 않는다.

>   제4관　둔전
> 제5장　이조시대
>   제1절　개론
>   제2절　토지 분배 방법
>   제1관　적전
>   제2관　직전
>   제3관　제전
>   제4관　둔전
> 제6장　결론

제1장　서론

　　무릇 권리란 법규에 의거하여 발행하는 것이다. 그러므로 권리의 관념은 법규에 의하지 않고는 밝힐 수 없다. 법규는 실로 권리의 관념을 기준으로 한 골자이다. 법규는 그 나라의 정령(政令) 및 관습(慣習)에 기초하는 것이다. 그러므로 그 기초라는 것은 사회의 추이 변천과 함께 진화하고 변경되는 것이다. 사회의 진화와 변경은 법규와 기타 관습의 변화와 발전을 재촉하는 것이다. 따라서 인민 상호 간에 권리와 의무의 개념에 중대한 영향을 미친다는 사실은 더 말할 필요가 없다. 그렇기 때문에 권리의 개념을 명확히 하기 위해서는 먼저 그 법규 및 관례를 분명히 할 필요가 있다. 이것을 분명히 하기 위해서는 그것의 추이와 변천 상황 즉 연혁(沿革)을 연구할 필요가 있음은 사물을 연구하는 순서에 있어 가장 중요한 원칙이다.

　　한국 인민의 토지소유권 상황을 알기 위해서는 먼저 그 토지에 관한 법규와 관례를 상세히 알 필요가 있다. 또한 법규와 관례를 자세히 알기 위해 먼저 그 변천의 상태 즉 연혁을 연구할 필요가 있다. 한국의 법규와 관례는 중국 대륙에서 유래한 법체계에 속하기 때문에 이것을 계통적으로 연구하기 위해서는 먼저 중국의 법규를 연구해야 하지만 중국 법규를 연구하는 것은 용이한 일이 아니므로 이것은 일단 제외하고 여기서는 한국의 법규와 관례를 조사하여 옛 전제(田制)에 관한 일반적인 상황을 기술함으로써 토지소유권에 관한 법제의 개요를 알려 부족하나마 고찰의 재료로 제공하고자 한다.

전제의 연혁을 조사하기 위해 적당한 재료는 『삼국사(三國史)』[2]와 『고려사(高麗史)』[3] 및 한국의 『문헌비고(文獻備考)』[4], 『대전통편(大典通編)』[5], 『경국대전(經國大典)』[6], 『대전회통(大典會通)』[7] 기타 『육전조례(六典條例)』[8] 등이다. 이 서적은 원래 한국의 일류 한문체로 어리석고 지식

---

[2] 『삼국사기(三國史記)』. 1145년경에 김부식 등이 고려 인종(仁宗)의 명을 받아 편찬한 삼국시대의 역사서. 기전체의 역사서로서 본기 28권(고구려 10권, 백제 6권, 신라·통일신라 12권), 지 9권, 표 3권, 열전 10권으로 이루어져 있다(『한국민족문화대백과사전』).

[3] 조선 전기 문신 김종서·정인지·이선제 등이 왕명으로 고려시대 전반에 관한 내용을 정리하여 편찬한 역사서. 관찬사서. 총 139권 75책. 전체 구성은 세가 46권, 열전 50권, 지 39권, 연표 2권, 목록 2권으로 되어있다(『한국민족문화대백과사전』).

[4] 『문헌비고』는 1770년(영조 46)에 처음으로 『동국문헌비고(東國文獻備考)』가 편찬, 간행되었다. 1769년에 왕명으로 시작된 편찬 사업은 서명응·채제공·서호수·신경준 등이 주도해, 반년여 만에 상위(象緯)·여지(輿地)·예(禮)·악(樂)·병(兵)·형(刑)·전부(田賦)·시적(市糴)·선거(選擧)·재용(財用)·호구(戶口)·학교(學校)·직관(職官) 등 총 13고 100권으로 완성되어, 1770년 8월에 인쇄되었다. 이후 재간행 사업은 1790년에 일단락되었다. 『증정동국문헌비고(增訂東國文獻備考)』 또는 『증보동국문헌비고』로 불리는 이 책은 앞의 13고에 물이(物異)·궁실(宮室)·왕계(王系)·씨족(氏族)·조빙(朝聘)·시호(諡號)·예문(藝文) 등 7고를 더해 총 20고 146권을 이루었으나 간행되지는 않았다. 대한제국기에 들어와서는 『증보문헌비고』를 1903년부터 1908년 사이에 칙명으로 편찬하여 상위(12권)·여지(27권)·제계(帝系)(14권)·예(36권)·악(19권)·병(10권)·형(14권)·전부(13권)·재용(7권)·호구(2권)·시적(8권)·교빙(交聘)(13권)·선거(18권)·학교(12권)·직관(28권)·예문(9권) 등의 16고로 되었다(『한국민족문화대백과사전』).

[5] 1785년 『경국대전』과 『속대전』 및 그 뒤의 법령을 통합하여 편찬한 법서. 『대전통편』에는 이전 212개조, 호전 73개조, 예전 101개조, 병전 265개조, 형전 60개조, 공전 12개조 등 도합 723개 조문이 그 전의 법전에 추가되었다. 1865년(고종 2) 조선시대 최후의 법전인 『대전회통』은 『대전통편』을 약간 증보한 것에 지나지 않았다(『한국민족문화대백과사전』).

[6] 『경제육전』의 원전과 속전(續典), 그리고 법령을 종합해 편찬한 조선시대 기본 법제서. 1460년(세조 6) 7월에 먼저 재정·경제의 기본이 되는 「호전」과 「호전등록」을 완성, 이를 「경국대전 호전」이라고 이름지었다. 이듬해 7월에는 「형전」을 완성해 공포, 시행했으며, 1466년에는 나머지 「이전」·「예전」·「병전」·「공전」도 완성하였다. 『경국대전』은 『경제육전』과 같이 6분 방식에 따라 「이전」·「호전」·「예전」·「병전」·「형전」·「공전」의 순서로 되어있다. 「호전」에는 재정 경제와 그에 관련되는 사항으로서 오늘날의 등기제도에 해당하는 입안(立案)에 관한 것, 그리고 채무의 변제와 이자율에 관한 규정이 수록되어 있다. 1936년 조선총독부 중추원에서 판본을 고교(稿校)해 활자로 인쇄, 간행하였다. 1962년에는 법제처에서 『경국대전』 역주본을 내었고, 1985년에는 한국정신문화연구원에서 『역주 경국대전』을 출간해 한글 번역본으로 간행하였다(『한국민족문화대백과사전』).

[7] 1865년 『대전통편』 체제 이후 80년간의 수교(受敎) 및 각종 조례 등을 보완하여 정리한 조선시대 최후의 통일 법제서. 또한 『경국대전』을 비롯, 그 뒤의 『속대전』·『대전통편』 등을 보완하는 입장에서 편찬한 것이기 때문에 이들 법전의 내용을 그대로 모두 수록하였다. 즉, 『경국대전』에 수록된 내용은 '(原)'으로 표시하고, 『속대전』에서 처음 나타나거나 『경국대전』의 내용이 바뀐 것은 '(續)'으로 표시하였다. 또 『대전통편』에 처음 등장하거나 『경국대전』·『속대전』의 내용이 바뀐 것은 '(增)'으로 표기했으며, 『대전회통』에 와서 처음 나타나거나 기존의 법전 내용이 바뀐 것은 '(補)'로 표기하였다. 『대전회통』은 1870년(고종 7)에 보간(補刊)된 것을 비롯, 경외(京外)에서 모두 4회 인간(印刊)되었다. 1907년 민간인 장도(張燾)에 의해 반 양장으로 출판되기도 했으며, 1913년 조선고서간행회에 의해 양장으로, 1938년 조선총독부 중추원에 의해 양장으로 출간된 바 있다. 1960년에는 고려대학교 한국고전국역위원회에 의해 국역되기도 하였다(『한국민족문화대백과사전』).

[8] 1867년 육조 각 관아의 사무처리에 필요한 행정법규와 사례를 편집한 법제서. 체재는 서·범례·이전(吏典)·호전(戶

이 얕은 무리는 이를 이해하지 못하는 일도 종종 있다. 따라서 본문 가운데 논리가 어설프고 철저하지 못한 면이 있음은 물론 문의가 불명확한 부분이 다수 있어서 골자를 거의 얻지 못한 점에 대해서 자인하는 바이다. 다만 참고로 할 만한 서적을 다소 번역체로 기술한 탓에 특히 불명확한 부분이 많은 것은 절반은 논자의 잘못이므로 질책은 기꺼이 받아들이는 바이다.

후일 더욱 심리(審理) 연구하여 그 결과를 다시 보고할 것을 기약한다.

제2장 기자(箕子)시대[9]

제1절 정전법

정전법의 기원

한국의 토지에 관한 제도가 싹을 틔운 것은 태고 기씨(箕氏)시대의 정전법(井田法)에서 그 맹아가 생긴 것으로 볼 수 있다.[10] 그리고 그 기원에 관해서 한백겸(韓百謙)[11], 유랑(柳浪),[12] 허

典)·예전(禮典)·병전(兵典)·형전(刑典)·공전(工典)의 순으로 되어있다. 육조를 비롯한 여러 관청의 기록에 실려 있는 사례를 뽑았으므로 당시의 행정 실례를 참고하는 데 크게 도움이 된다. 조선시대 유일한 체계적인 행정법령 사례집이다(『한국민족문화대백과사전』).

9 기자정전(箕子井田)은 중국의 은나라가 멸망한 뒤 동래(東來)했다는 기자가 평양에 설치했다는 정전을 말한다. 기전(箕田)이라고도 한다. '전(田)'자 모양의 할지법(割地法)에 의해 구획된 토지로, 은나라 멸망 후 동래한 기자가 평양 외성(外城)의 남쪽에서 대동강변에 이르는 지역에 설치한 것으로 전해진다. 기자정전의 잔형 중에서 가장 정제된 형태를 갖춘 구역은 평양 외성의 함구문(含毬門)과 정양문(正陽門)사이에 있던 64구(區)이다. 이 기자정전의 기본 구조는 64무(畝)의 면적인 4개의 '구(區)'와 십(十)자 모양의 일묘로(一畝路)로 구성된 '전(田)'이 가로, 세로 각 4열씩 모두 16개가 배치되고, 각 '전' 사이에 3묘 넓이의 삼묘로(三畝路)가 갖추어진 형태였다. 이러한 64구의 기본 구조 또한 정사각형이다. 이러한 평양의 기자정전 구획에는 중국 하, 은 시대의 양전법이 사용되었다고 보이는데, 길이 조금 넓다는 점에 차이가 있다. 기자정전의 할지법은 후일 '사마정전법(司馬井田法)'의 형성에 큰 영향을 미쳤다고 평가된다. 기자정전의 구조도 전자 형의 '전' 16개를 단위로 한 형태가 아니라 주나라의 정전과 같은 '정(井)'자 모양이었다는 견해도 있고, 각 '구'의 형태가 정사각형이 아니었을 것이라는 이설도 있다(『한국토지용어사전』, 2016, 혜안, 253~254쪽).

10 조선 시기에 편찬된 '기자조선' 관련 자료는 대체로 사서 속의 기자조선 관련 기사와 기자조선의 역사와 문화를 전론한 책으로 나누어 볼 수 있다. 사서 속의 기자조선 자료는 조선 초기에 간행된 『제왕운기(帝王韻紀)』, 『응제시주(應製詩註)』, 『삼국사절요(三國史節要)』, 『동국통감(東國通鑑)』 등에서 이미 나타나며, 조선 후기로 들어와 내용이 보다 풍부해지는 양상을 보인다. 허목(許穆, 1595~1682)의 『동사(東事)』, 임덕상(林象德, 1683~1719)의 『동사회강(東史會綱)』, 이종휘(李種徽, 1731~1797)의 『동사(東史)』, 안정복(安鼎福, 1712~1791)의 『동사강목(東史綱目)』 등 이 시기에 만들어진 사서에서 기자조선에 대한 자료적 보강이 광범위하게 이루어지고 단군조선과의 관계, 그리고 부여나 고구려와의 연관성 속에서 체계화되는 것을 볼 수 있다(『한국토지용어사전』, 2016, 혜안, 253~254쪽).

11 조선에서 기자정전에 대한 본격적인 검토는 한백겸(韓百謙, 1552~1615)으로부터 시작되었다. 한백겸은 기전을 확신

잠(許箴)¹³ 등 학자마다 설이 서로 다르며 또 이 제도에 대하여 당(唐)의 이정(李靖)은 황제(黃帝)의 시대에 시작되었다고 논하며 두우(杜佑)¹⁴는 이를 고증되지 않은 주장이라고 반박하며 말하기를 "기씨의 정전법은 추성(鄒聖)이 주장한 것과 은(殷)나라 사람이 70무(畝)를 주장한 것이 서로 부합할 뿐 아니라 그 정자형(井字形)의 경계는 지금의 상원(尙苑)을 보면 은의 옛 제도를 모방한 증거를 어렵지 않게 얻을 수 있다. 이로써 정전법은 은의 제도가 그 기원이라는 것을 알 수 있다"고 했다.¹⁵

하는 가운데 1608년(선조 41) '기전유제설(箕田遺制說)'과 '기전도(箕田圖)'를 지어, 기자정전을 주의 정전제가 아니라 은의 정전제를 받아들여 시행한 은전(殷田)이었다고 주장하였다. 또한 토지의 구획 모양을 정자(井字)형의 정전이 아니라 전자(田字)형의 정전으로 파악하였다. 한백겸은 정전제가 실재했던 제도임을 입증하고 그 정전제 이념, 즉 경자유전의 원칙에 입각한 토지제도 개혁의 역사적, 이론적 근거를 마련하고자 했다. 그는 주자가 개치구혁(改治溝洫)에 비용과 인력이 많이 든다는 점을 들어 맹자의 정전론을 부정했던 것은 주자 평생의 정론이 아니라고 주장하였다. 한백겸의 주장은 그 자체로 주자설에 대한 직접적인 반론은 아니라 할지라도 결국은 주자의 정전난행설(井田難行說)을 완곡하게 부정하는 것이었다. 한백겸의 기전설(箕田說)은 이후 유형원(柳馨遠), 이익(李瀷), 안정복(安鼎福), 서명응(徐命膺), 이가환(李家煥) 등 반주자적(反朱子的) 토지론을 적극적으로 주장한 개혁론자들에게 많은 영향을 주었다 (『한국토지용어사전』, 2016, 혜안, 253-254쪽).

12 '유근(柳根)'의 오기로 보인다. 유근이 말하기를, "어떤 사람은 이르기를, '기성(箕城, 평양)의 전(田)은 '정전(井田)'이라고 일컬은 지 이미 오래다. '정'은 곧 9구(區)이니, 이제 가볍게 4구가 됨을 말하여서는 안 된다'라고 하는데, 이는 그렇지 않다. 만약 은(殷)·주(周)의 전을 논한다면 8구는 8가(家)가 받는 전이니, 이것으로 미루어 나간다면 비록 1,000구, 100구라도 모두 그러하며, 70묘 안에 7묘를 공전(公田)으로 하여서 주부자(朱夫子)의 말대로라면 또한 십일(什一)이 됨을 잃지 않는다. 만약 은·주의 전제(田制)의 같지 않음을 논한다면, 70묘, 100묘를 이미 볼 수 있으니, 어찌 반드시 4구와 9구의 같고 다름에 의심을 두랴. 같음을 귀히 여기는 것은 10일의 제도일 뿐이다. 공자가 말하기를, '주나라는 은나라의 예(禮)에 인하였으니, 손익(損益)하는 바를 알 수 있다'라고 하였다"고 하였다(『증보문헌비고』 권 141, 전부고).

13 '허성(許筬)'의 오류로 보인다. 허성이 말하기를, "9묘의 대로의 안에 70묘 되는 것이 64구가 있는데, 방형(方形)으로 벌려 있어서 『주역』의 방도(方圖)와 같다. 8구가 1행(行)으로 된 것이 여덟인데, 그 1행 8구 안에서 1구를 덜어내 공전으로 하고, 나머지 7구를 7가(家)에서 각각 1구씩 받아 사전(私田)으로 한다. 그 공전 안에서 7가가 각각 3묘를 받아 여사(廬舍)를 짓고 3을 7로 곱하여 함께 21묘를 빼면 남은 공전이 49묘가 되며, 7가가 이를 나누면 도와 경작하는 것이 또한 각각 7묘가 되어 사전 70묘와 통하여서 열의 하나가 된다. 아홉 묘로(畝路)의 안은 곧 그 제도의 전체로서 법으로 보인 것이고, 소로(小路) 3묘의 가운데는 곧 그 흩어진 모양으로서 그 제도에 통하는 것이다. 반드시 4구를 가지고 1방단(方段)으로 한 것은 그 둘을 합치면 8구가 되어 비록 벌리어 줄로 하지 않더라도 또한 8구 1행이 되는 뜻이니, 어찌 의의(意義)가 없이 8로 하며, 4로 하였으랴? 주나라의 1정 9구와 은나라의 1행 8구가 그 뜻은 하나이다" 하였다(『증보문헌비고』 권 141, 전부고).

14 두우(杜佑, 735~812). 당나라 경조(京兆) 만년(萬年) 사람으로 자는 군경(君卿)이고, 두희망(杜希望)의 아들이다. 증조부 이래 관료를 지낸 귀족 집안에서 태어나 일찍부터 여러 관직을 역임했다. 문자를 좋아하고 고금의 일에 해박했는데, 학문은 부국안민을 으뜸으로 삼았다. 헌종(憲宗) 때까지 3제(帝)에 걸쳐 재상을 지냈다. 시호는 안간(安簡)이다. 저서에 『통전(通典)』 200권이 있는데, 상고로부터 현종(玄宗) 때까지 역대의 제도를 아홉 부분으로 분류하여 수록한 역사서로, 제도사(制度史) 연구에 불가결한 자료이다. 그 밖의 저서에 『통전』의 요점을 쓴 것으로 생각되는 『이도요결(理道要訣)』 등이 있다(임종욱, 2010, 『중국역대인명사전』, 이회문화사).

15 이에 대해서 『증보문헌비고』의 편집자는 "신이 삼가 살펴보건대, 당나라 신하 이정(李靖)의 말에 이르기를, '정전(井田)은 황제(黃帝) 때에 비로소 만들어졌다'고 하고, 두우도 또한 그렇다고 하였으나, 이는 모두 상고할 만한 것이 없

정전법의 의의

소위 정전법이란 토지를 이용하는 한 방법으로 어떤 토지를 아홉 구획으로 나눠 그 중앙의 한 구획에서 생기는 수확을 관(官)이 취득하고 다른 여덟 구획에서 생기는 수확은 이를 경작한 자가 취득하는 것을 일컫는데 정전구일(井田九一)이란 바로 이 뜻이다. 그리고 그 한 구획을 공전이라 칭하고 다른 여덟 구획을 사전이라고 말하는데 당시의 소위 공전, 사전은 토지소유권이 귀속하는 측면에서 구별하는 것이 아니라 수확물을 취득하는 측면에서 붙여진 명칭이다. 이 제도는 일반적으로 시행되는 것이 아니라 어떤 한 지방 즉 지금의 평안도 지역의 일부분에서 시행된 데 불과한 것으로 보인다. 아마도 기씨는 북방에서 점차 남진해서 평양에 거처를 만들고 이 지방에서 그 제도를 시험적으로 시행하고 남진하면서 전반적으로 시행하고자 하였으나 정령을 일반에 보급하지 못했고 또한 여러 가지 장해로 인해 이를 시행하지 못한 것으로 보인다.

제2절   정전법과 토지소유권의 관계

정전법은 앞에 기술한 것처럼 토지를 이용하는 한 방법에 불과하다. 따라서 일반 인민은 정전법의 규정에 따라 토지를 사용하고 수익을 얻을 수 있지만 이것을 처분할 권리, 즉 처분권(處分權)을 행사할 수는 없다. 즉 토지에 대한 총괄적 지배권이 없었던 듯하다. 이것은 아마도 당시 일반 인민의 경제적 사상이 유치하고 공산적 사상에 지배되었을 뿐만 아니라 토지는 소위 자유재산이라는 관념을 가지고 있었고 동시에 천하의 모든 땅이 왕토(王土)가 아닌 것은 없다는 식의 관념에 의거하여 그 소유권을 주장하는 자가 없는데다 임금도 또한 국토는 곧 자기의 소유물이라는 관념을 가졌던 것에 기인한다고 생각한다. 이전은 중고(中古) 이전, 영토주권의 관념과 토지소유권의 관념이 서로 혼동된 시대에 이것을 명확하게 구별하지 못하는 결과를 낳았고 종종 토지소유권을 인정하지 않은 일이 있는 것은 결코 이상하지 않다.

고, 오직 기자의 정전과 추성(鄒聖, 맹자)의 논한 바, 은인(殷人)은 70묘라는 것이 서로 맞으며, 그 경계(經界)가 지금도 완연(宛然)하여 은나라의 옛 제도를 징빙(徵憑)하기에 족함이 있으니, 정전의 은나라에서 비롯됨을 알 수 있습니다"라고 정리하였다(『증보문헌비고』 권 141, 전부고).

제3장 삼국시대의 전제(田制)

기씨의 자손은 영토를 확장하고 세력이 발전함에 따라 점차 유제(遺制)인 정전법을 보급하는데 힘썼으나 정령이 일반에 보급되지 않았고 또 수많은 장해로 인해 그 목적을 달성하지 못했다. 이보다 앞서 한(漢) 고조(高祖)시대에 연(燕)의 위만(衛滿)이라는 사람이 있었다. 연왕(燕王) 관(綰)이 한을 배반하고 흉노(匈奴)에 들어갔으나 당시 그 나라가 어지러워 위만은 다시 망명해서 천여 명의 무리를 모아 퇴결이복(魋結夷服)하고 동패수(東浿水)를 건너 기자 40대손인 기준(箕準)의 아래로 들어가 서쪽 경계에 머물며 변경을 지키니 준(準)은 그를 신임하여 벼슬을 내려 박사(博士)가 되었고 규(圭)를 하사했다.

또한 백리에 봉하고 서비(西鄙)를 지키게 하였는데 위만 망명 세력을 부추겨 약간의 무리를 만들어 준에게 고하기를, 한의 병사가 사방에서 몰려오니 데려온 사람들에게 호위하도록 하겠다고 거짓을 말하고 마침내 준을 덮치니 준은 싸우지 못하고 주변의 관인(官人)을 데리고 도망쳐 남쪽 전라에 도착해 익산지방에 이르렀다. 이로써 위만은 스스로 왕이 되어 그 세력을 뿌리내림과 동시에 이웃 나라를 습이(襲異)하려는 것에만 급급하였기 때문에 문물제도를 고려할 여유가 없었다.

따라서 토지에 관한 제도를 증빙할 만한 기록은 전혀 없다. 다만 그 영내에서 인민이 생활에 필요한 토지를 사용하고 거기서 수익을 얻었다는 사실은 이를 보여주기에 어렵지 않으나 법률적 관념에 기초하여 그 성질을 밝힐 수는 없다. 그리고 위만의 자손 우거(右渠)의 시대에 와서는 한에 조공을 바치지 않은 탓에 무제(武帝)로 인해 결국 멸망하고 그 영토는 한때 한의 사군(四郡)이 되어 통치를 받게 되었으나 인민의 재산 특히 토지에 관한 권리를 규율하는 규칙은 조금도 발견할 수 없다. 그 후 조제(照帝)시대에 이르러 결국 이것을 포기했다.

남한지방에 마한, 진한, 변한이 있었는데 이를 삼한이라 칭한다. 마한은 그중 가장 세력이 강하고 풍요로운 영토를 보유하고 있었기 때문에 그 지배를 받는 인민은 사실상 토지를 자유롭게 사용하고 수익을 냈다는 것은 그 생존의 필요상 굳이 의심할 여지가 없지만 법률제도하에 어떤 행위를 하고 어떤 권리를 가졌는지에 대해서는 고증할 만한 것이 전혀 없어 상세한 내용을 알 수 없다. 진한과 변한은 거의 마한에 예속된 상태였고 스스로 독립된 국가의 존립을 이루지 못했기 때문에 독립해서 정령을 행하지 못했던 것으로 보인다. 그리고 위만에 쫓긴 기준은 남쪽으로 도망쳐서 마한에 들어와 그 지방의 마한족을 멸망시키고 자신이 왕이 되었다. 이름하여 후마한왕(後馬韓王) 또는 무예왕(武隸王)이라 부른다. 전마군(全馬郡)[16]에서 여러 대에 걸쳐 200여 년 동안 마한을 통치했다고 한다. 그동안 어떤 방법으로 통치했는지 또는 인민에게 어떤 권리를 부여했는지 증좌가 될 만한 기록이 없어 이것을 조사하고 논의할 수는 없다. 기원전 19년[17] 백제왕 온조(溫祚)로 인해 멸망했다.

진한은 마한 무강왕(武康王) 시대부터 점차 세력을 얻었고 이를 더 뿌리내려서 마침내 신라를 건국하기에 이르렀고 이어서 변한도 병탄했다. 박혁거세가 신라를 건국한 것은 기원전 57년으로 백제보다 36년 앞선 일이다.

신라의 혁거세가 왕이 되고 21년 후, 즉 기원전 40년 고구려의 주몽(朱蒙)은 고조선의 옛 땅에서 왕이 되었다. 그 북쪽에는 부여(夫餘)라고 하는 나라가 있었다. 부여왕 금와(金蛙)의 차남 주몽은 화가 두려워 동남쪽으로 달아나 졸본(卒本) 부여에 이르러 비류수(沸流水)에 도읍을 정하고 나라를 세워 고구려라고 불렀다. 이상은 서로 전후한 일로, 각 국가가 건립되어 이에 비로소 한반도 땅은 셋으로 나뉘어 완전히 정립된 상태를 이루었고 각각 그 위세를 굳혔다. 이를 삼국시대라고 부른다. 그리고 이 삼국이 각각 어떤 제도 특히 전제를 시행했는지에 대해서는 아직 상세한 내용을 알 수는 없다.

(1) 신라 통일 이전의 전제

신라의 토지제도에 관해서는 현재 아무것도 전해진 것이 없다. 신라 3대 유리왕(儒理王)(80) 시대에 열성으로 나라를 통치하여 백성에게 대대적으로 농상(農桑)을 권장하고 노인들에게 곡식을 내리고 밭과 들이 황폐한 때에는 그 지방 감리(監吏)의 직책을 두어 부국강병의 기초를 마련했다. 이처럼 번성하여 일성왕(逸聖王)(33) 시대에 와서는 정사당(政事堂)을 만들어 제방을 쌓고 전야(田野)를 개간하였고 민간에서 금은주옥(金銀珠玉)을 사용하는 것을 금지했다. 그 후 오로지 선왕의 유법을 따랐고 여러 대에 걸쳐 100여 년에 달했다. 그리고 미

---

16 전라도 익산군을 말한다.
17 원문에는 '일본기원 642년'으로 표기되어 있다. 일본기원 1년은 기원전 660년이다. 이하의 내용에서 일본기원 연도는 모두 서기 연도로 환산하여 표기하였다.

추왕(味鄒王)(262) 시대에도 역시 왕 스스로 정형(政刑)의 득실을 물어 빈궁한 백성을 구휼하고 백성의 병고를 돌보았으며 신료들이 궁실을 개축하고자 청하였으나 백성의 고초를 염려하여 이를 허용하지 않았다. 또한 지증왕(智證王)(502) 시대에 이르러 인민에게 우경법(牛耕法)을 사용하게 함으로써 농사를 장려했다. 이처럼 신라 중세의 군주는 농사에 심혈을 기울였고 장애를 제거한 것이 분명하다. 그 국력을 양성하여 통일의 위업을 달성한 일 또한 우연은 아니라는 것을 알 수 있다.

이처럼 신라 중세의 군주는 모두가 농사에 뜻을 두고 깊이 인민을 위로하고 구하는 일을 가장 중요하게 여겼으나 아직 법령을 시행하여 인민의 생명과 안전을 보호하고 나아가 토지의 소유권을 부여함으로써 재산의 안고(安固)를 보장하는 정도까지 진보하지는 못했던 것으로 보인다. 즉 이 시대에도 사실상 토지를 사용하고 수익을 얻는 일을 용인하였으나 이러한 상태가 곧 법률적인 성질을 띠는 것인지는 알 수 없다.

(2) 고구려의 전제

고구려는 북한지방에서 건국된 나라인데 이 지방은 옥야 풍양한 땅이 적고 위로는 왕공으로부터 아래로는 서민에 이르기까지 사냥을 업으로 했는데 짐승을 포획해서 고기는 먹고 가죽으로는 옷을 만들었다. 농상을 업으로 삼은 사람이 없었기 때문에 토지에 관한 제도에 눈여겨볼 만한 점은 없다. 또한 왕자 역시 농잠의 업을 국시로 삼지 않고 오히려 수렵을 국시로 삼았던 듯하다. 고국천왕(故國川王)(179) 시대에 와서야 전렵(田獵)에 의해 민생을 살펴 백성의 곤궁함을 보고 그 의식을 지급하고 나아가 진대법(賑貸法)을 만들었다. 진대법이란 매년 3월부터 7월까지 관의 곳간을 열어 백성들에게 가족 수에 따라 곡식을 빌려주고 이것을 겨울철에 갚게 하는 방식이다. 이 방식을 만든 왕은 대단한 성군이었으며 다른 왕은 모두 인민의 생활을 염려한 자가 없었다. 그런데 이 진대 방식은 농사를 짓지 않으면 관곡을 얻을 수 없었기 때문에 고구려에서도 다소 농사를 지었던 것은 분명하다. 따라서 이에 관한 제도의 존재가 인정되지만 내용을 기록한 것이 없기 때문에 상세히는 알 수 없다.

(3) 백제의 전제

백제의 전제 중 형률에 관해서는 약간의 단서가 있기는 하지만 민사 특히 토지에 관한 제도는 전혀 찾아볼 수가 없다. 다만 아주 조금 다루왕(多婁王) 6년(33)에 남쪽의 주군(州郡)에 명령을 내려 비로소 벼농사를 짓게 하였다는 사실이 있을 뿐 상세한 내용을 알 수는 없으나 적어도 인민에게 토지를 경작하게 하고 도전(稻田)을 했던 것으로 보아 어떤 형태로든 정령이 없지는 않았을 것이다.[18] 그런데 이것이 남아 있지 않은 것은 필시 중고시대에는 토지는 소위 자유재화의 일종이라는 관념에 따라 인민에게 자유 기경 및 사용을 방임했기 때문에 아무런 정령을 찾아볼 수 없는 것이라고 생각된다.

이상의 삼국은 건립 이래 상호 간에 전혀 충돌이 없었으나 삼국 정립의 상태를 영원히 유지하지 못하고 결국 서기 432년경에 이르러서는 점차 동요와 난잡이 초래되었다. 즉 고구려 고국원왕(故國原王)은 백제를 침략했고 백제의 근초고왕 역시 정병(精兵)을 내보내 싸웠고 고국원왕이 전사한 이후 서로 질시 비예(睥睨) 공략 방어의 방법을 강구하고 권모술수로 서로 침략을 시도하며 전란을 거듭했다. 이 때문에 민심은 흉흉해지고 편안한 날이 없으며 옥야는 황폐하고 백성들은 피폐해졌으나 이를 염려할 겨를이 없었다. 신라는 그 틈을 타서 남쪽으로부터 이들에 대해 침략적 행동을 하였고 동시에 북쪽으로부터는 수(隋)와 당이 입구(入寇)하니 백제의 의자왕(義慈王)은 당의 행군대부영(行軍大部營) 소정방(蘇定方)에게 항복하였다. 이에 백제는 시조인 온조왕 이래 무릇 678년의 종사를 끝으로 와해되기에 이르렀다. 이때가 서기 660년이다.

고구려 보장왕(寶藏王)이 당에 항복하였다. 동명왕(東明王) 주몽 이래 28명의 왕이 750년의 사직을 끝으로 멸망한 때는 서기 668년이다.

신라는 당과 힘을 합쳐 백제와 고구려를 멸망시키고 이를 당과 분할했다. 당은 이외에도 군감(郡監) 등의 관리를 두고 이를 통치했으나 신라 역시 그 땅을 점령하여 영토로 삼았고 또 고구려의 반중(叛衆)을 받아들이고 위로했다. 따라서 당은 자주 이를 책하였으나 신라가 따르지 않았기 때문에 당과 군사적으로 충돌하고 기타 여러 변란을 거쳐 드디어 반도의 땅에서 당의 세력을 소탕함으로써 한반도를 통일하기에 이르렀다. 이때가 문무(文武) 15년으로 서기 675년이다.

---

[18] 백제(百濟), "다루왕(多婁王) 6년(33)에 비로소 백성으로 하여금 논을 만들게 하여, 나라 남쪽의 주군(州郡)에서부터 시작하였다."(『증보문헌비고』 권 141, 전부고)

(4) 신라 통일 후의 전제

신라 문무왕(文武王) 시대에 김유신(金庾信)에게 500결의 밭을 하사하고 그 후에 다시 유신과 김인문(金仁問)에게 각각 식읍(食邑) 500호를 내렸다. 강수(强首)에게 세봉조(歲俸租) 200석을 추가한 일이 있다. 하지만 이들은 모두 백제와 고구려를 평정한 공에 대한 상으로 하사받은 것으로서 일정한 규제가 있는 것은 아니다. 또 강수에게 조(租) 200석을 하사한 것을 보면 당시의 봉록은 전읍(田邑)이 아니고 조로 지급한 것으로 생각된다. 신문왕(神文王)(722)에 이르러서는 문무관료에게 밭을 하사했는데 이것은 근세 직전의 시작이 되었다. 하지만 그 수치에 대해서는 약간씩 차이가 있었다고 하는 정도만 알 뿐 얼마씩을 하사했는지는 알 수 없다.

성덕왕(聖德王) 21년(722)에는 사민백성(四民百姓)에게 전정(田丁)[19]을 지급함으로써 백성의 심신을 보양하고 민심의 안도를 도모했다. 하지만 전정을 지급하기는 했으나 그 조건이나 효력 등은 전혀 기록되어 있는 것이 없어 과연 소유권을 부여할 의사가 있었는지 아닌지를 명확히 알 수 없다.[20] 이보다 앞서 진평왕(眞平王) 6년(584)에 조정령(調府令) 일원을 두어 공부(貢賦)를 다루게 했는데 그 징수 방법은 밭 1부(負)(100척은 1부다)에 조(租) 3승(升)을 납입하기로 정했으나 어떤 사람이 소유하는 전전(田畠)에 대해서 부과하며 또 어떤 사람을 징수의 대상으로 삼았는지 불명확하다. 뿐만 아니라 반드시 소유권에 조세를 부과할 필요가 없다고 한다면 이 시대에도 역시 소유권을 인정했다고 말할 수는 없을 듯하다.

신라는 위에는 어진 임금이 있고 아래에는 충신이 있었으니 이는 백제나 고구려와 다르다. 뿐만 아니라 신라의 땅은 현재의 경상도로 기후가 온화하고 토지는 비옥 풍양해서 부국강병에 가장 적합한 땅이었고 결국 한반도의 패권을 장악하게 되었다. 하지만 혜공왕(惠恭王) 이래 반역자들이 생겨나고 원성왕(元聖王) 시대에 와서는 기아와 역병, 메뚜기 떼의 피해로 인해 백성의 생활이 편안치 않았다. 헌덕왕(憲德王)이 애장왕(哀莊王)을 죽이고 즉위한 후

---

19 전지(田地)와 솔정(率丁)을 말한다.
20 『증보문헌비고』에 의하면, "신라 성덕왕 21년(722)에 비로소 백성에게 정전(丁田)을 주었다. [보(補)] 경주에 신라 때의 정전의 남은 터가 있으니, 혹은 진한(辰韓)의 유제가 아닌가 한다. [보(補)] 당나라의 유인궤(劉仁軌)가 대방군 자사(剌史)가 되어, 읍내의 이전(里廛)으로 하여금 정전의 법을 취하여 그어 9구(區)로 만들게 하였으니, 유지(遺址)가 아직도 있다" 등을 기록하고 있다(『증보문헌비고』 권 141, 전부고). 이 자료에서는 신라의 정전제 시행을 부정적으로 기술하고 있다.

기근은 더욱 심해졌으나 여러 재난을 다스렸고 신무왕(神武王) 시대에 와서 점차 회복되었으나 갈수록 사치와 유흥을 탐닉한 결과 효덕왕(孝德王) 시대에 와서는 다시 나라의 위세를 떨치지 못하고 쇠멸의 길로 들어섰다. 이보다 앞서 진정여왕(眞正女王)(894) 시대에는 군웅이 고슴도치와 같이 틈새로 파고 들었는데 그중 가장 큰 세력은 헌강왕(憲康王)의 서자인 궁예(弓裔)와 견훤(甄萱)이었다. 그리고 경명왕(景明王) 2년(918)에 이르러 고려의 왕건이 이미 궁예를 대신해서 왕이라 칭하게 되었고 국세는 날이 갈수록 번성했다. (고려)왕이 사신을 보내자 거의 대등한 예우를 취하기에 이르렀고 경순왕(敬順王) 시대에는 사방의 토지가 모두 다른 세력의 것이 되었다. 나라가 약해지고 세력이 고립되어 안정되지 못하고 신라는 결국 고려에 항복함으로써 멸망했다. 신라의 시조인 박혁거세 이후 56명의 왕이 무려 992년 동안 통치를 이어왔고 문무왕 때 고구려와 백제를 멸망시키고 통일한 이래 268년간 한반도를 통치했다. 이때가 서기 935년이다.

제4장[21] 고려왕조시대

제1절 개론

고려의 시조 왕건(王建)이 건국한 이래 광종왕(光宗王) 시대에 와서 약 200년 동안 토지에 관한 제도를 전혀 찾아볼 수 없기는 하지만 요컨대 신라시대에 시행된 제도를 그대로 시행했거나 혹은 토지를 자유재화로 보고 인민의 자유로운 사용을 방임한 것으로 생각된다.

그리고 광종(950) 때에 이르러 비로소 간전(墾田)제도를 만들었다. 즉 진전(陳田)을 간경(墾耕)하는 사람은 사전의 경우 초년도의 수확은 모두 지급하고 2년째에 비로소 밭주인과 절반으로 나눴다. 공전의 경우에는 3년까지는 그 수확을 지급하고 4년째에 비로소 법에 따라 세금을 거둬들였다. 공전이란 기씨(箕氏)시대의 공전과 그 성질이 다르지 않은데 즉 공전이란 이것을 취득한 자의 소유로 두고 그 사람이 사망한 때에는 이를 관에 반환하는 것을 말한다. 사전이란 조세를 관에 납부하지 않고 신민이 사유하는 것을 말한다.

현종(顯宗) 12년(1021)에 와서 사천(泗川) 경내의 공전을 심량(審量)하여 백성에게 보상

---

21 원문에는 '제3장'으로 잘못 쓰여있다.

하도록 명하였다.[22] 무릇 사천은 풍요로운 땅이다. 이전에 민전(民田)을 추감(抽減)하여 이것을 관장(官庄)에 소속시킨 것은 백성이 정세(征稅)를 감당하지 못할 경우 공전으로써 이를 보상하도록 했다. 즉 인민을 진휼하는 방법을 명함으로써 고구려 왕조에 있어 토지에 관한 제령(制令)이 만들어지는 효시가 되었다. 하지만 이 제령은 사천이라는 한 지방에서 시행된 것이다. 문종(文宗) 8년(1054)에 이르러 토지의 고척(膏瘠)과 생산력의 다과(多寡)에 따라 등급을 정했다. 즉 갈지 않은 땅을 상전(上田)으로 하고 한 번 간 땅을 중전(中田)으로 하고 두 번 간 땅을 하전(下田)이라고 한다. 갈지 않은 산전(山田) 1결은 평전(平田) 1결에 준하며 한 번 간 산전 2결은 평전 1결에 준하며 재역전(再易田) 3결은 평전 1결에 준하는 것으로 했다. 동 13년(1059) 양주(揚州) 기타 서북면(황해도) 및 구태예위(龜泰禮渭) 등의 전지(田地)는 수한고척(水旱膏瘠)이 동일하지 않다. 따라서 인민의 부담이 과불급하여 불공평한 결과를 낳기 때문에 이것을 균등하게 하는 제도를 만들어 동 23평 양전의 보수(步數) 및 전세(田稅)를 정했다. 즉 그 보법(步法)은 6촌(寸)을 1분(分)으로 하고 10분을 1척(尺)으로 하며 6척을 1보(步)라 한다. 전(田) 1결(結)은 방(方) 33보, 2결은 방 47보, 3결은 방 57보, 4결은 방 66보, 5결은 방 99보, 10결은 방 104보 3분으로 한다. 아마도 그 뜻은 권세를 위해 광범한 토지를 점유하는 것을 간접적으로 제한하기 위해서 만들어진 것이다. 그리고 그 세법은 10부(負)로서 쌀 7홉(合) 5작(勺)이 쌓여 1결이 되면 7승(舛) 5홉을, 20결이 되면 1석을 납입해야 한다. 예종왕(睿宗王) 6년(1111)에 와서는 진전을 간경해서 수확을 얻고 그것을 분배하는 방법을 정했다. 즉 진전을 3년 이상 간경하여 얻은 수확은 이것을 2년 동안 전호(佃戶)에 지급하고 3년이 되면 비로소 전주(田主)와 전호가 그 수확을 절반으로 나누고 2년간 진전을 간경하여 거기서 얻은 수확은 4등분하여 1분은 전주에게 3분은 전호에게 분배하는 것이다. 1년간 진전을 간경하여 수확한 것은 3등분하여 1분을 전주에게, 2분을 전호에 분배하는 것으로 했다. 그 뜻을 생각건대 아마도 황폐진퇴(荒廢陳頹)한 토지를 개간함으로써 경작지를 늘리는

---

[22] 고려 현종 13년(1022)에, 사천(泗川)의 경내 공전을 심량(審量)하여서 백성에게 상환(償還)하라고 명하였다. 사천은 풍패(豐沛)의 땅으로서, 이보다 앞서 민전을 추감(抽減)하여 궁장에 귀속시켰는데, 백성이 정세(征稅)를 견디지 못하였으므로, 이에 이르러 호부에서 수(數)대로 상환할 것을 주청하였던 것이다. [보(補)] 정종(靖宗) 7년(1041)에 호부에서 아뢰기를, "상주 관내의 중모현(中牟縣), 홍주 관내의 혜성군(槥城郡), 장단현 관내의 임진(臨津)·임강(臨江) 등 현의 민전은 많고 적음과 기름지고 메마름이 고르지 않으니, 청컨대, 사신을 보내어 측량하여서 그 식역(食役)을 균등하게 하소서" 하니, 그대로 따랐다(『증보문헌비고』 권 141, 전부고).

것은 국가의 이익이 됨과 동시에 경작하는 사람의 이익을 증대시키는 일로서 요컨대 농업을 장려하는 취지에 맞는 일인 듯하다.

충목왕(忠穆王) 3년(1345) 정치도감(整治都監)을 두고 관리를 지방에 파견해서 여러 도(道)의 환자(宦者) 및 호강(豪强) 전주(田主)를 조사하여 이들이 부정과 횡포로 전토를 점유한 경우는 이것을 모두 관에서 몰수했다. 당시에는 소위 자유재화의 성질은 일변하여 경제적 재화가 되었다. 관리와 그 밖의 권세호가(權勢豪家)는 강제로 약탈을 일삼아 인민의 전토를 불법으로 점유하는 등 그 폐해가 심각했다.

공민왕(恭愍王) 11년(1352)에 이르러 이전의 전법(田法)은 폐해가 심각해서 나라는 궁핍해지고 백성이 가난에 이르기 때문에 관리를 선발하여 구시대의 폐해를 고치고 경리(經理)를 행함으로써 공사(公私)의 편익을 도모할 것을 명했으나 어떠한 방법을 시행했는지 어떤 효과를 얻었는지는 전혀 찾아볼 수 없다.

신우왕(辛禑王) 2년(1381)경에 변위도감(辨僞都監)을 두고 부호강족(富豪强族)과 기타 토지를 점유한 자의 정권원(正權原)을 이정(釐正)하고자 했지만 당시 정전(征戰)이 끊이지 않았고 장마와 가뭄이 반복되어 기근이 심한 탓에 그 목적을 달성하지 못했다. 신우의 아들인 창(昌)이 즉위한 해(1385) 사전을 개혁하기로 논의하고 6도의 관찰사로 하여금 각 부사판관(副使判官)을 통해 토전(土田)을 개량하게 했다.

균전제(均田制)

당시 전정(田政)이 문란하기가 실로 말로 표현할 수 없다. 특히 종래의 겸병횡탈(兼並橫奪)의 폐단을 막기 위해 사전을 바로잡고자 했다. 시중(侍中) 조준은 상소에서 말하기를,[23]

---

[23] 이 사료는 1388년(우왕 14) 7월 조준(趙浚, 1346~1405)이 올린 전제 개혁 상소문의 일부분이다. 그는 1388년 7월, 1389년 8월과 12월 총 3차에 걸쳐 전제 개혁론을 올렸다. 고려 말 권문세족이 집권한 시기에 국가의 공권력을 배제한 상태에서 사전·농장이 확대되었는데, 이는 민생을 위협했고 국용·군수·녹봉 등을 파탄의 지경에 이르게 했다. 1388년 5월 이성계(李成桂)의 위화도 회군 이후 신진 사대부가 권력을 장악하면서 사전 문제도 근본적인 해결이 가능해졌다. 이후 즉위한 창왕(昌王, 재위 1388~1389)은 사전 개혁을 위한 교지를 발표하였다. 이에 조준이 1차 상소를 하였다. 상소에서 조준은 "무릇 인정(仁政)은 반드시 경계(經界)로부터 비롯되며, 전제가 바로잡혀야 국용(國用)이 족하고 민생은 후해지니 이것이 지금 급선무"라고 지적하였다. 그리고 사전의 폐단을 낱낱이 열거한 후 전국의 토지를 보편적인 국가 수조지로 편성한다는 원칙으로 개혁의 구체적인 요항(要項)을 제시하였다. 이 같은 전제 개혁 상소가 잇따르자 도당(都堂)에서 중신회의를 개최하였다. 회의에서 이색(李穡) 등이 개혁안에 반대하고 정도전(鄭道傳) 등은 찬성하였으며 정몽주(鄭夢周)는 중립을 지켰다. 다시 개최된 회의에서는 전체 53명 중 급진파 18~19명이 찬성

"가만히 생각건대, 사전은 사문(私門)에 이롭고 국가에는 무익하며, 공전은 공실(公室)에 이롭고 백성에게도 매우 편리합니다. 사문에 이로우면 겸병이 이로써 일어나고 용도(用度)가 이로 말미암아 부족하게 되며, 공실에 이로우면 창름(倉廩)이 충실하고 국용(國用)이 풍족하게 되며, 쟁송(爭訟)이 그치고 민생이 편안하게 됩니다. 국가를 가진 이는 마땅히 경계(經界)로써 인정(仁政)의 시발(始發)을 삼아야 할진대, 어찌 겸병의 문을 열어서 백성으로 하여금 도탄에 빠지게 할 수 있겠습니까? 전토는 본디 사람을 키우기 위한 것인데 사람을 해치는 데 쓰인다면 사전의 폐단이 몹시 심합니다. 다행하게도 하늘의 국가를 보우하심을 힘입어 성신(聖神)[24]이 일어나시어 세상에 보기 드문 적폐를 제거하게 되었으니, 그 복구와 개혁의 이해(利害)를 분명히 볼 수 있는데도, 세신(世臣)·거실(巨室)이 오히려 폐풍(弊風)을 좇아 본조의 성법(成法)을 하루아침에 급작스럽게 고쳐서는 안 되며, 진실로 이를 고친다면 사군자의 생계가 날로 어려워져서 반드시 공(工)·상(商)으로 달려가게 된다고 하여, 서로 뜬 말을 만들어 뭇사람의 청문(聽聞)을 현혹시켜서 사전을 회복하여 부귀를 보전하려 하니, 그 일가를 위하는 계책으로는 득이 되겠지만, 사직(社稷)과 생민은 어떠하겠습니까? 만일 이를 반복한다면, 이는 삼한의 백만의 무리를 들어 기름불 속에 넣는 것이니, 이제 다스림을 도모하면서 도리어 생령에게 근심을 끼친다면 불가하지 않겠습니까? 마땅히 경기(京畿)의 땅을 사대부와 왕실을 호위하는 자의 전지로 만들어서 그 생계를 돕고 그 업을 후하게 하시고 나머지는 모두 혁파하소서"라고 하였다.

조준 등이 또 소를 올리기를, "사(士)가 아니고, 군인이 아니고, 나라의 일을 맡은 자가 아

하고 권문세족과 온건 개혁파 등은 모두 반대하여, 사전을 한꺼번에 폐지할 것이 아니라 그 자체는 그대로 두고 거기에서 야기되는 문제점만 제거하자는 결론을 얻었다. 반대에도 불구하고 실권을 장악하고 있던 급진파 신진 사대부들은 이성계의 지원 아래 남부 6도의 양전과 3년 동안의 모든 공사 전조를 공수(公收)한다는 개혁안을 밀어붙였다. 그리하여 양전 사업이 강력하게 추진되어 이듬해(1389)에 완료되었다. 같은 해 12월에 조준은 3차 상소를 통해 종래의 원칙을 확인하고, 이듬해 1월에는 새로운 과전 수급 대상자들에게 전적(田籍)을 나누어 주었다. 이어 9월에는 이전의 공사 전적을 수도의 시가에 모아서 불태웠다. 이때 공양왕(恭讓王, 재위 1389~1392)은 '조종의 사전의 법'이 혁파되었음을 한탄하고 눈물을 흘렸다고 한다. 이로써 법제상으로도 형식적으로도 고려 후기의 사전제도는 완전히 폐지되었다. 1391년 5월에 새로이 과전법이 공포되지만, 그것은 새 왕조 조선의 토지제도로서 기능하였다. 과전법은 전시과가 갖는 사전의 세전적 성격이 그대로 계승되는 가운데 경기 사전의 원칙과 분급대상자의 축소, 그리고 녹과전이 추가된 것으로 지배층에게는 왕조의 교체까지 몰고 온 토지제도 개혁이었다(『한국토지용어사전』, 2016, 혜안, 902-904;『고려사』, 조준 상소 해설 자료).

24 현명한 임금을 말한다.

니면 전지를 받지 못하여 그 몸을 마칠 때까지 사사로이 서로 주고받지 못하게 하소서. 금한(禁限)을 엄히 세워 백성과 함께 다시 시작하여서 국용을 족하게 하고 민생을 후하게 하소서. 사전의 조를 한결같이 모두 나라에서 거둔다면 조신(朝臣)이 반드시 먹기 어려움을 근심할 것이니, 잠시 그 조를 반만 거두게 하며 국용에 충당하소서"라고 하였다. 우산기상시(右散騎常侍) 허응(許應)[25]이 소를 올리기를, "근일에 사헌부(司憲府)·판도사(版圖司)·전법사(典法司)와 더불어 먼저 균전의 제도를 회복하기를 청하자, 전하께서 의윤(依允)하였으니, 사방에서 기뻐하지 않는 이가 없습니다. 오직 거가세족(巨家世族)으로서 겸병한 자가 홀로 불편하게 여기고 한때의 사대부의 전지가 있는 자가 소리를 같이하여 이에 화응(和應)하였는데, 얼마 아니 되어 종묘·사직·도전(道殿)[26]·신사(神祠)·공신·등과(登科)의 전지의 조를 거두지 않는다는 의논이 있기에, 신 등은 이것은 반드시 이를 창도(倡導)하여서 법을 폐하는 단서를 일으킴이 있다고 하였더니, 며칠도 아니 되어 과연 반만 거두라는 명이 있었습니다. 대저 입법은 폐단을 고치는 것이니, 법이 서서 아직 폐단이 생기지 않았는데도, 문득 스스로 중지함은 옳지 않은 것이 아니겠습니까? 엎드려 바라건대, 전하께서는 균전의 옛 제도를 회복하시어 군국(軍國)의 수요(需要)로 하여금 모두 남음이 있게 한다면, 국가가 매우 다행스럽겠습니다" 하니, 그대로 따랐다.

공양왕(恭讓王) 원년(1389)에 도평의사사(都評議使司)가 전제(田制)를 의논하였다.

조준이 소를 올리기를,[27] "경기에서, 서울에 살면서 시위(侍衛)하는 자에게 전지를 지급하여 사족을 우대하심은 곧 문왕의 사자세록(仕者世祿)[28]의 아름다운 뜻이고, 제도(諸道)에서 다만 군전(軍田)을 지급하여 군사를 구휼하심은 곧 조종의 선군급전(選軍給田)의 좋은 법이며,

---

25　원문에는 '허원(許遠)'으로 쓰여있다.
26　도가(道家)의 신을 받드는 곳을 말한다.
27　창왕 원년(1389) 8월 대사헌(大司憲) 조준(趙浚) 등이 상소하여 말하기를, "삼가 생각하건대, 사전(私田)은 개인 집에는 이익이 되나, 나라에는 이익이 되지 않으며, 공전(公田)은 국가에 이익이 되고 민(民)에게는 매우 편리합니다. 개인 집에 이익이 되기에 겸병(兼幷)이 이 때문에 일어나며, 써야 될 것이 이 때문에 부족하게 됩니다. 국가에 이로우면 창고가 차서 국가의 재정이 풍족하여지고, 소송이 그쳐서 민의 삶이 안정되게 됩니다. 국가를 다스리는 자는 마땅히 토지의 경계를 어진 정치의 시작으로 삼아야 합니다"(『고려사』志 卷第三十二, 食貨 一, 〈창왕 원년 8월 대사헌 조준 등 상소(大司憲趙浚等上疏)〉). 또한 창왕 원년 12월 공양왕(恭讓王)이 즉위하니, 대사헌 조준 등이 또 상소하여 토지 제도에 대해 논하였다(『고려사』志 卷第三十二, 食貨 一, 〈창왕 원년 12월 대사헌 조준 등 우상소(大司憲趙浚等又上疏)〉).
28　벼슬하는 자는 대대로 녹을 주는 것을 말한다.

중외의 경계(經界)로 하여금 절연히 서로 문란하지 못하게 하여 겸병의 문을 막고 쟁송의 길을 막으심은 진실로 성왕의 제도입니다. 그러나 경기에서 전지를 받아서 수에 차지 못하는 경우 외방에서 지급하고자 하신다면, 이는 전하께서 다시 겸병의 문을 여시어 삼한의 억조(億兆)의 백성을 끓는 물과 불 속에 두는 것입니다. 이제 6도의 관찰사가 보고한 간전의 수는 50만 결에 차지 않습니다. 공상(供上)을 풍족하게 하지 않을 수 없으므로, 10만 결을 우창(右倉)에 소속시키고 3만 결을 사고(四庫)에 소속시키며, 녹봉을 후하게 하지 않을 수 없으므로 10만 결을 좌창(左倉)에 소속시키고, 조사(朝士)를 우대하지 않을 수 없으므로 기전(畿田) 10만 결을 이들에게 절급(折給)하니, 그 나머지는 17만 결에 그칠 뿐입니다. 무릇 6도의 군사와 진(津)·원(院)·역(驛)·시(寺)의 향리는 사객(使客)의 늠료(廩料)로 아록(衙祿)의 비용을 지급하였으나 이 또한 부족하니, 군수(軍需)의 지출은 땅이 없습니다"라고 하였다.

의론이 백출하고 드디어 이를 결정하기에 이르렀다. 공양왕 2년(1390)에 공사(公私)의 전적(典籍)을 시가(市街)에서 불태워서 불이 며칠 동안 꺼지지 아니하니, 왕이 탄식하고 눈물을 흘리며 말하기를, "조종 사전의 법이 과인의 몸에 이르러 급작스럽게 혁파되어 애석하도다"라고 하였다.

마침내 사전제도가 폐지되었다. 이것은 요컨대 종래 토지를 공전과 사전으로 구별하였으나 우승열패 약육강식의 상태는 국가의 기초를 영구히 견고하게 하는 일이 아니다. 그러므로 사민을 평등하게 보호하는 것이 득책이다. 그것을 실행하기 위한 가장 중요한 수단으로써 겸병을 막고 권세를 억제함으로써 백성의 평온한 생활상을 보호하고자 하였다.

제2절 토지 취득 방법

제1관 적전

소위 적전(藉田)이라는 것은 왕실 특유의 토지를 지칭하는 것이다. 현재의 소위 황실 소유의 토지에 속하는 것을 말한다. 그렇지만 옛날에는 소위 황실의 토지와 국유의 토지를 판연하게 구별할 수 없었다. 대개 옛날에는 국가의 관념과 황실의 관념이라는 것이 서로 섞여서 국가는 곧 황실이라는 관념이 지배하고 있었다. 따라서 한반도에서 적전은 곧 왕실 특유의 토지를 지정하는 것이다.

성종(成宗) 때에 처음으로 적전을 설치하였다. 그러나 어떤 토지를 어떤 방법으로 취득하였는가 등에 관련된 증거는 전혀 발견되지 않았기 때문에 상세한 내용을 알 수 없다. 현종(顯宗) 23년(1032) 및 인황왕(仁皇王) 32년(1144)에 두 차례 친히 적전을 경작하였다고 하였다.[29] 그러나 그 목적 및 방법은 하등 증거할 수 없기 때문에 상세한 것은 알 수 없다. 짐작하건대 국왕이 친히 토전(土田)을 경작한 이유는 인민 일반에게 그 모범을 보임으로써 관농기경(觀農起耕)을 장려하는 취지 이외에는 없는 것 같다. 의종(毅宗)의 조에 이르러 상세하게 친경적전의(親耕籍田儀)를 정한 사실이 있으나 현재는 예조의 글이 없는 탓에 그 상세한 내용은 알 수 없다.[30]

이상을 요약하면 친경적전(親耕籍田)은 인민의 토전 소유와는 아무런 관계가 없는 것이다. 따라서 소유권의 연혁으로서 굳이 논할 가치가 없으나 토지소유권이 귀속하는 곳은 왕실이므로 소위 왕실유의 토지 즉 황실 특유의 재산으로서 당시에 존재했던 사실을 확인할 수 있다. 동시에 왕실유와 인민유의 구별이 존재하지 않는다는 것을 알 수 있다.

제2관 직전

직전(職田)이라는 것은 관직의 위계와 기타 국가에 공로가 있는 자에 대하여 왕실에서 토지를 사급하는 것을 지칭한다. 이 제도는 신라 문무왕 7년 문무관료에게 토전을 사여한 것이 그 시작이다. 고려 태조(왕건) 원년(918)에 조서를 내려 역분전(役分田)을 정하여 모든 관직의 상하에 관계없이 그 사람의 행실의 선악 또는 공로의 대소를 표준으로 하여 이를 차등 지급한 것이다. 따라서 당시 직전의 취지는 관등의 고저 및 위계의 상하에 의하여 이를 사급하는 것이 아니라 관리의 품성, 소행의 선악, 기타 공로의 다과에 의하여 그에 상당하는 토지를 사급하였다. 따라서 어떤 행위를 한 사람에 대해서 얼마의 토지를 지급할 것인가 등 구체적인 기록은 발견되지 않으므로 이를 상세히 알 수 없으나 그 뜻은 아마도 선행을 장려하

---

[29] 『증보문헌비고』에서는 "현종 22년(1031)에 적전(籍田)을 친경(親耕)하였다. 인종 22년(1144)에 적전을 친경하였다"로 기록하고 있다(『증보문헌비고』 권 143, 전부고 3, 적전조). 본문에서 서술된 현종 23년은 원자료의 오류로, 현종 22년이 맞다.

[30] 『증보문헌비고』에서는 의종조(毅宗朝)에 친경적전의(親耕籍田儀)를 상정하였다. 예고(禮考)에 자세히 보인다(『증보문헌비고』 권 143, 전부고 3, 적전조).

고 및 위공노역(偉功勞役)을 표창하는 것을 목적으로 한다. 또한 그 행위에 따라 임의로 이를 사급하였다. 경종왕(景宗王)의 시대에 이르러서는 완전히 관등위계에 의해 일정한 토지를 지급하게 되었다. 경종 원년(976)에 비로소 각품(各品)의 전시과(田柴科)를 정하였으니, 자삼(紫衫) 이상을 18품(品)으로 만들어, 1품은 전(田) 시(柴) 각각 110결로 하고, 차례로 체강(遞降)하여 18품에 이르면 전 32결 시 25결로 하였다. 문반(文班)은 단삼(丹衫) 이상을 10품으로 하니, 1품은 전 65결 시 55결로 하고, 체감(遞減)하여 10품에 이르면 전 30결 시 18결로 하였다. 비삼(緋衫)을 8품으로 하니, 1품은 전 50결 시 40결로 하고, 체감하여 8품에 이르면 전 27결 시 14결로 하였다. 녹삼(綠衫) 이상을 10품으로 하니, 1품은 전 45결 시 35결로 하고, 체감하여 10품에 이르면 전 20결 시 10결로 하였다. 잡업(雜業)[31]은 단삼 이상을 10품으로 하고, 비삼 이상을 8품으로 하고, 녹삼 이상을 10품으로 하였으며, 무반(武班)은 단삼 이상을 5품으로 하고, 또한 전과 시를 차등을 두어 지급하였으나 차액이나 다른 상세한 내용은 알 수 없다.

이상의 사급 방법은 목종(穆宗) 원년에 이르러 이를 개정하였고 또한 지방 군현에 안일(安逸)촌장(안일호장이라고 함)에도 역시 직전을 급여하였다.[32] 개정 방법은 문무 양반 및 군인의 과를 18개로 나누고 그 과에 의하여 전시(田柴)를 사급하였고, 소위 과라는 것은 어떤 위계에 있는 자에게 사급하는 한도이고 일종의 식록(食祿)으로 부른다.

제1과는 전이 100결 시가 70결이고, 제2과는 전이 95결 시가 65결이며, 제3과는 전이 90결 시가 60결이고, 제4과는 전이 85결 시가 55결이며, 제5과는 전이 80결 시가 50결이고, 제6과는 전이 75결 시가 45결이며, 제7과는 전이 70결 시가 40결이고, 제8과는 전이 65결 시가 35결이며, 제9과는 전이 60결 시가 33결이고, 제10과는 전이 55결 시가 30결이며, 제11과는 전이 50결 시가 25결이고, 제12과는 전이 45결 시가 22결이며, 제13과는 전이 40결 시가 20결이고, 제14과는 전이 35결 시가 15결이며, 제15과는 전이 30결 시가 10결이고, 제16과는 전이 27결 제17과는 전이 23결, 제18과는 전을 20결로 하였는데, 이 한계에 미치지 못한 자에게는 모두 전 17결을 주고, 상식(常式)으로 삼았다.

---

31 전중(殿中)·사천(司天)·연수(延壽)·상선원(尙膳院)
32 목종 원년(998)에 군현의 안일호장(安逸戶長)에게 직전의 반을 주었다. 문무 양반과 군인의 전시과를 고쳐 정한 것을 말한다.

문종(文宗) 원년(1047)에 구분전제(口分田制)를 제정하였다. 이것은 즉 판임관(判任官) 6품 이하 7품 이상으로서 연립(連立)[33]할 자손이 없는 자의 처에게는 구분전 8결을 사급하고 8품 이하 및 전사한 군인의 처에게는 구분전 5결을 지급하였다. 또 5품 이상의 경우에는 부부가 모두 사망하고 아들이 없으며 아직 출가하지 않은 딸에게 구분전 8결을 지급하였는데 딸이 출가한 후에는 그 토지를 관에 반환하는 것으로 하였다. 소위 구분전이란 문무관직에 있는 자가 사망한 경우 또는 일정한 조건하에 일정한 토지를 그 유족에게 지급하는 것을 말한다. 그리고 미혼의 아녀자가 받은 때에는 혼인한 후 관에 반환해야 하므로 이 경우에는 완전한 소유권을 얻지 못한 것으로 보인다.

경종(景宗) 2년(977)에 공음전시과(功蔭田柴科)를 정하였으니, 개국공신과 향의귀순(向義歸順)한 성주(城主) 등에게 훈전(勳田)을 50결에서부터 20결까지 차등 있게 내려 주었다. 문종 원년(1047)에는 다시 양반의 공음전시의 법을 개정하여 1품의 문하시랑평장사는 상전 50결 시 15결로 하고 2품 참정은 상전 25결 시 12결, 3품은 전 20결 시 10결, 4품은 전 17결 시 8결 5품은 전 5결을 사급하는 것으로 하였다. 소위 공음전시법은 5품 이상의 모든 관직 가운데 국가에 공로가 있는 자에 대하여 음식을 주기 위한 것으로 전시를 사급하는 방법을 말한다. 이 방법은 과전을 받거나 안 받거나 간에 그 공로에 대하여 전시의 사급하는 것으로 요컨대 국가의 사무를 장려할 목적으로 시행한 것으로 보인다. 동 20년(1066)에 목종이 개정한 전시의 과를 다시 변경하였다.[34] 즉 제1과는 전 100결 시 50결이고, 제2과는 전이 90결 시가 45결이며, 제3과는 전이 85결 시가 47결, 제4과는 전이 80결 시가 35결, 제5과는 전이 75결 시가 30결, 제6과는 전이 70결 시가 27결, 제7과는 전이 65결 시가 24결, 제8과는 전이 60결 시가 21결, 제9과는 전이 55결 시가 18결, 제10과는 전이 50결 시가 15결, 제11과는 전이 45결 시가 12결, 제12과는 전이 40결 시가 10결, 제13과는 전이 35결 시가 8결, 제14과는 전이 30결 시가 5결, 제15과는 전이 25결, 제16과는 전이 22결, 제17과는 전이 20결, 제18과는 전이 17결이었다. 그리고 이 과를 받은 사람 이외에 문학과 기예의 과거시험을 명받은 자로서 30년 혹은 40년을 궐방주현(闕榜州縣)한 사람[35]으로서 만

---

[33] 상속을 말한다.
[34] 이 경정전시과(更定田柴科)는 문종 때의 일이다. 문종 30년(1076)에 양반의 전시과를 다시 정하였다.
[35] 과거에 낙제한 주·현의 사람이라는 말이다.

약 제술(製述)이나 명경과(明經科)에 등제(登第)한 자에게는 전 17결을 주고, 혹 100년 후에 등제한 자는 전 20결과 노비 각각 1구(口)를 주며, 잡업에 등제한 자에게도 역시 전을 차등 있게 지급하도록 하였다.

　　명종(明宗) 18년(1188)경에는 토지에 대한 일반적인 관념이 점차 변화하였다. 즉 일반의 상태를 서술하기를, "무릇 경외(京外)의 주현(州縣)에 있는 양반과 군인의 가전(家田)·영업전(永業田)을 교활한 이민(吏民)이 권요(權要)에 의탁하여 거짓으로 한지(閑地)라 칭하여 양안에 기부(記付)하는 일이 있었다. 그 사람이나 집이 권세가 있으면 우리 가전이라고 주장하는 폐해가 점차 심해졌다. 원종(元宗) 원년에 이르러 문무 양반 앞으로 지급하는 토지는 비옥한 정도가 균등하지 않았는데 그 직에 따라서 일괄적으로 시행했으므로 모든 권세가가 양전을 차지하지는 못하기 때문에 제도의 결행을 막기에 이르렀다.

　　충렬왕(忠烈王) 4년(1278)에 절급을 고쳐 녹과전(祿科田)으로 하였고, 충렬왕 5년(1279)에 전지(傳旨)하기를, "공신이 받은 사전(賜田)으로서 경기 8현에 있는 것은 녹과전에 충당하지 말라" 하였다. 당시에 기현(畿縣)의 전토는 권귀(權貴)가 모두 사패(賜牌)로써 각각 차지하고 있었으므로 도병마사(都兵馬使)가 말하기를, "사패를 논하지 말고 직전을 양급(量給)하소서" 하니, 왕이 이를 허락하였다. 즉 과전사급을 엄격하게 함으로써 겸병점탈을 방지하고 또한 교정하고자 하였으나 그 목적을 달성하지 못했다.

　　그리고 충숙왕(忠肅王) 14년(1327)에 이르러 조인옥(趙仁沃) 등이 상소하여, "생각하니 조종의 분전(分田)을 통제하고 적전을 경작함은 천지 종묘를 받드는 까닭입니다. 360개의 장처전(庄處田)은 공상(供上)을 받드는 까닭입니다. 전시(田柴) 구분(口分)의 전은 사대부를 우대하고 염치를 장려하는 까닭입니다. 주부군현 향소, 부곡, 진역(津驛)의 관리에 이르기까지 모든 국역을 바치는 자는 전을 받지 않음이 없습니다. 민생을 두텁게 하여 나라의 기틀을 삼는 까닭입니다. 42도부 4만 2천 명의 병사에게 모두 전을 주었습니다. 무비를 엄중하게 하기 위함입니다. 성헌(成憲) 사직을 지키고 기반을 평안히 하는 것 500년에 이르려 합니다. 근래 단권장처(檀權庄處)의 전을 빈묵(貧墨)하고 외역군전(外役軍田) 모두 그 사이에 들어가거나 혹은 자성(粢盛)[36]을 공상할 때 사대부의 당직(當職)을 잇지 않고 왕사(王事)에 애쓰는 자는

36　나라의 큰 제사에 쓰는 기장과 피. 조선시대의 경우 종묘나 사직과 같은 국가대제에 사용되는 자성은 임금이 적전(籍

그 직업에 따라 생활하는 자가 없습니다. 무뢰한 무리를 키워 그 집에 편안히 안좌(安坐)하여 정역(征役)의 어려움을 모릅니다. 선대 사수(私受)한 전을 가지고 이를 조업(祖業)의 식(食)이라고 말합니다. 1,100결에 이르더라도 국가의 쓰임이 되지 못하고 부모의 덕전(德田)이 되어 보국하는 마음이 없습니다. 더구나 종군하는 선비는 구명(軀命)을 잊고 시석(矢石)을 무릅쓰고 백전 끝에 생명을 얻은 자는 도리어 1무(畝)도 얻지 못합니다. 정말로 개탄할 일이라고 논하여도 그 목적을 달성하지 못했습니다. 그런데 충혜왕(忠惠王) 원년(1331)에 이르러 경기 내의 사급전을 없애고 녹과로 충당하기로 정하였습니다. 충목왕(忠穆王)이 즉위하여 보흥고(寶興庫)·덕녕고(德寧庫)와 내승(內乘)·응방(鷹坊)을 없애고 그곳에 예속한 토전은 각각 본래의 주인에게 돌려주었습니다. 경기의 녹과전으로서 권세가가 빼앗은 것은 모두 그 주인에게 돌려주었습니다. 그 이유는 경기의 토전은 조업구분전(祖業口分田)을 제외한 나머지는 모두 절급하여 녹과전으로 삼아 이를 행한지 50년 가까이 되었는데, 근래에 권호(權豪)의 집안에서 모두 점탈하였으므로, 중간에 여러 차례 이혁(釐革)을 의논하였으나, 번번이 거짓으로 상청(上聽)하여 위협하고 속이니 결국 제대로 이루어지지 못했으니 이것은 대신들이 고집하지 못한 소치입니다. 만일 제대로 이혁할 수 있다면 기뻐할 자는 매우 많고 기뻐하지 아니할 자는 수십의 권호무리일 것이니 무엇을 꺼려서 과감히 하지 않겠습니까"라고 말했다.

충목왕 원년(1345)에 도평의사사(都評議使司)에서 말하기를, "선왕이 관을 설치하고 녹을 제정하여 1, 2품은 360여 석으로 하고, 품계에 따라 차등 있게 하여 오위(伍尉)·대정(隊正)에 이르기까지 과수(科數)에 준하여 지급하지 않음이 없었으므로, 의식(衣食)이 넉넉하여 모두 봉공하였습니다. 그 뒤에 또다시 병란이 일어나 전야(田野)가 황폐하고 공부(貢賦)는 결핍하여 창고가 비었으므로, 재상의 녹이 30석에 불과하였습니다. 이에 기현(畿縣)에 있는 양반의 조업전을 제외한 반정(半丁)을 파하고 녹과전을 만들고, 과에 따라 절급하였는데, 근래에 제공신(諸功臣)과 권세가가 사패를 함부로 받아 스스로 본전(本田)이라 칭하고, 산천으로 표(標)를 삼으며, 앞을 다투어 거집(據執)하여 고제(古制)에 위반됨이 있으니, 바라건대, 선왕이 제정한 경기 8현의 토전에 의거하여 경리를 다시 행하고, 어분전(御分田)·궁사전(宮司田)과

田)에서 직접 밭을 갈아 심은 곡식을 이용하였다. 조선시대에는 적전의 곡식을 관장하여 제사에 올리기 위해 전농시(典農寺)를 설치하였다(『한국고전용어사전』, 2001, 세종대왕기념사업회).

향리·진척(津尺)[37]·역자(驛子)·잡구(雜口)의 분위전(分位田)은 원적(元籍)을 고핵(考覈)하여 양급하시되, 양반과 군·한인(閑人)의 구분전은 원종 12년(1271) 이전의 공문을 고핵하여 절급하고, 그 나머지 여러 사급전은 모두 수탈하여 직전을 균급(均給)하며, 여전(餘田)은 조세를 공수(公收)하여 국용으로 충당하소서"라고 하니, 제(制)하여 가(可)하다고 하였다. 그러나 여전히 아무런 결정을 내리지 못했다.

공양왕 3년(1391)에 다시 도평의사사가 상소하여 과전법(科田法)을 정하기를 청하니 그대로 따랐다. 문종이 정한 바에 의하여 경기의 주군에 좌우도(左右道)를 설치하여 1품에서 9품에 이르는 직분을 나누어 18과로 하였다. 경기와 6도의 전을 모두 답험(踏驗)하여 측량하고 경기에서는 실전(實田) 13만 1,755결과 황원전(荒遠田) 8,387결을, 6도에서는 실전 49만 1,342결과 황원전 16만 6,643결을 얻어 수를 헤아려 정(丁)을 세우고, 정마다 자호(字號)를 붙여 이를 전적(田籍)에 기재하되, 공사(公私)의 지난해 전적을 모두 거두어 검복(檢覆)을 시행하여 그 진위를 가려내고 과거의 손익에 따라 능침·창고·궁사(宮司)·군자사(軍資寺) 및 사원·외관직전(外官職田)·늠급전(廩給田)과 향·진(津)·역리·군장(軍匠)·잡색(雜色)의 전을 정하였다. 경기는 사방(四方)의 근본이라 마땅히 과전을 설치하고 사대부는 더 우대하여야 한다. 무릇 경성에 거주하면서 왕실을 호위하는 자는 시직(時職)과 산직(散職)을 논하지 않고 각각 과로써 받게 한다. 제1과는 재내대군(在內大君)으로부터 문하시중(門下侍中)에 이르기까지 150결이고, 제2과는 재내부원군(在內府院君)으로부터 검교시중(檢校侍中)에 이르기까지 130결이며, 제3과는 찬성사(贊成事)로서 125결이고, 제4과는 재내제군(在內諸君)으로부터 지문하(知門下)에 이르기까지 115결이고, 제5과는 판밀직(判密直)으로부터 동지밀직(同知密直)에 이르기까지 105결이고, 제6과는 밀직부사(密直副使)로부터 제학(提學)에 이르기까지 97결이고, 제7과는 재내원윤으로부터 좌상시(左常侍)·우상시(右常侍)에 이르기까지 89결이고, 제8과도 판통례문(判通禮門)으로부터 제시판사(諸寺判事)에 이르기까지 81결이고, 제9과는 좌우사의(左右司議)로부터 전의정(典醫正)에 이르기까지 73결이고, 제10과는 육조총랑(六曹摠郎)으로부터 제부소윤(諸府少尹)에 이르기까지 65결이고, 제11과는 문하사인(門下舍人)으로부터 제시부정(諸寺副正)에 이르기까지 57결이고, 제12과는 육조정랑(六曹

---

[37] 고려 시기와 조선 초기에 진에 배속되어 배를 부리던 사공(沙工)을 말한다.

正郎)으로부터 화령판관(和寧判官)에 이르기까지 50결이고, 제13과는 전의시승(典醫寺丞)으로부터 중랑장(中郎將)에 이르기까지 43결이고, 제14과는 육조좌랑(六曹佐郎)으로부터 낭장(郎將)에 이르기까지 35결이고, 제15과는 동서 7품(東西七品)으로 25결이고, 제16과는 동서 8품(東西八品)으로 20결이고, 제17과는 동서 9품(東西九品)으로 15결이고, 제18과는 권무산직(權務散職)으로 10결이다. 외방(外方)은 왕실의 번병이니 마땅히 군전을 설치하여 군사를 양성하여야 한다. 동서 양계(兩界)는 구례(舊例)에 의하여 군수를 충당하고, 6도의 한량관리는 자품(資品)의 고하를 논하지 않고 그 본래의 전토의 다소에 따라 각각 군전 10결 혹은 5결씩 지급한다. 이제 신미년(辛未年, 1391)에 전과를 받은 것이 부족한 자와 신미년 이후에 새로 부임하여 아직 전토를 받지 못한 자는 조부(祖父)의 문계(文契)가 있고 없음을 논하지 말고, 혹은 죄를 범하였거나 혹은 후사(後嗣)가 없거나 혹은 과외(科外)의 여전(餘田)이 있는 것을 가지고 과에 따라 체수(遞受)되고, 소임이 없는 한량관은 이 한정에 들지 아니한다. 경기의 황원전과 개간전은 직사(職事)에 종사하는 자는 관에 고하여 정을 세우고 과를 받는다. 무릇 전토를 받은 자가 자신이 죽은 뒤에 그 처가 자식이 있어 수신(守信)[38]하는 경우에는 전과(全科)를 전수(傳受)하고, 자식이 없이 수신하는 자는 반을 감하여 전수(傳受)하며 수신하지 않는 자는 이 한정에 들지 아니한다. 부모가 모두 죽고 자손이 유약한 자는 이치가 휼양(恤養)함이 합당하니, 그 부(父)의 전을 전과로 전수하였다가 나이 20세가 되기를 기다려 각각 과로써 받고, 여자는 남편에게 정해진 과를 받으며, 그 나머지 전토는 다른 사람이 체수한다. 군전을 받은 자가 경사(京師)에 부임하여 종사하면 과로써 경기의 전을 받는 것을 허락하고, 군·향리 및 모든 역인이 만일 사망한 경우 후사가 없는 자와 본역(本役)을 도피한 자와 경사에 나아가 종사하는 자는 그 역을 대신하는 자가 전을 체수한다. 경오년(庚午年, 1390)에 수사(受賜)한 공신의 전토는 과외(科外)로 자손들이 상전(相傳)하는 것을 허용하되, 대개 과에 더하여 전토를 받고 새로 공문을 만드는 자는 원권(原券)과 묶어 1통으로 하고 별도로 문권(文券)을 만들지 못하도록 한다. 부모의 전토를 나눈 자는 원권을 관에 반납하고, 모정(某丁)은 모자(某子) 모손(某孫)이 받은 것임을 주필(朱筆)하고 말소하며 원권은 장자(長子)에게 돌려준다. 비록 전토는 적고 자식은 많더라도 파정(破丁)함을 허락하지 않으며, 자기의 전

---

[38] 수절(守節)을 말한다.

토를 자손 및 타인에게 준 자와 아비가 죽은 과외의 여전과 지아비가 죽고 자식이 없어 반(半)으로 감한 전은 원권에 표주(標注)하고 구소(句銷)하기를 위와 같이 하여 원권은 그 주인에 돌려주고, 그 전토를 모두 타인에게 준 자는 관에 고하여 체급(遞給)하고 원권은 관에 돌려준다. 무릇 과에 충족하게 전토를 받은 자가 부모가 죽은 뒤에 그 전토로써 부모의 전토와 바꾸기를 원하는 자는 들어주고, 죄를 범하거나 후사가 없는 자의 공문을 그 가인(家人)이 은닉하고 관에 납부하지 않은 자는 그 죄를 통렬히 다스린다. 모든 사람은 전토를 사원과 신사(神祠)에 시주하지 못하며, 어긴 자는 죄로써 다스린다. 이미 경오년(庚午年, 1389) 이전 공사(公私)의 전적(田籍)은 모두 불태워 버렸으니, 감히 사사로이 감추는 자가 있으면 국법을 훼손한 것으로써 논하여 재산을 적몰(籍沒)한다. 이후로는 무릇 사전이라 일컫는 것은 그 주인이 비록 범죄를 저질렀더라도 몰수하여 공전으로 삼는 것을 불허하고, 범죄한 자의 전을 받는 자도 각각 과로써 체수한다.

장형(杖刑) 이상의 죄를 범하여 첩직(貼職)을 사퇴하고 수취한 자와 그 공(功) 이상 친척을 범가(犯嫁)한 자와 한량관으로 부모의 상장(喪葬)과 질병을 제외하고 까닭 없이 삼군총제부(三軍摠制府)의 숙위(宿衛)에 나아가지 않은 지 100일이 이미 찬 자와 판금(判禁)한 이후에 동성(同姓)이 혼인한 자와 수신전을 받고 재가(再嫁)한 자와 전지가 있으면서 공문을 작성하지 않은 자와 죽은 뒤에 처자가 없는 자는 그 전토를 아울러 타인의 진고(陳告)로 과수(科受)함을 허락하고, 공사의 천구(賤口)와 공상(工商)·매복(賣卜)·맹인·무격·창기·승니(僧尼) 등은 자신과 자손이 전토를 받을 수 없다. 경기 공사전의 사표 내에 황한지(荒閑地)가 있으면 백성의 초목(樵牧)과 어렵(漁獵)을 들어주고, 금하는 자는 죄를 다스린다. 전주(田主)가 소작인(佃客)이 경작하는 바의 전을 1부에서 5부를 빼앗으면 태 20으로 하고, 5부마다 1등을 더하여 죄가 장(杖) 80에 이르면 직첩을 거두지 아니하나, 1결 이상이면 그 정을 다른 사람에게 체수함을 허락한다. 소작인은 경작하는 전지를 가지고 함부로 팔거나 다른 집 사람에게 주지 못하며 만일 사망하거나 이사(移徙)한 자가 있어 호가 끊어진 자의 여전을 많이 점유한 까닭으로 황무지를 만든 자는 그 전을 전주가 임의로 구처(區處)함을 들어준다. 기사년(己巳年)에 미쳐 측량[39]하지 못한 해빈(海濱)·해도(海島)의 전과 측량했을 때 누락된 전지와 측량을 법대

---

[39] 원문에는 '타량(打量)'으로 쓰여있다.

로 하지 아니하여 남은 전지와 새로 개간한 전지는 각도의 도관찰사가 해마다 편의대로 즉시 관원을 보내어 답험하여 정을 세우고 전적에 속서(續書)하여 주장관(主掌官)에게 신보(申報)하여서 군수에 충당토록 하고, 모든 사람이 함부로 점유함을 허락하지 않으며, 위반한 자는 죄를 다스린다. 과외로 함부로 받거나 공사전을 침탈한 자는 율(律)에 의하여 결죄하고, 받았던 과전은 타인에게 체수함을 허락한다. 만일 타인을 증거 없이 간도(奸盜) 등의 일로 망령되게 고함이 있거나 또 뇌전(雷電)·맹수·수화(水火)·도적의 해(害)한 것으로서 지목하여 죄명으로 삼아 남의 전지를 빼앗으려고 꾀한 자는 통렬하게 금하고 다스릴 것이며, 만일 대군(大軍)을 조발(調發)하여 양향(糧餉)의 부족함이 있을 때는 공사전을 불문하고 비용의 많고 적음에 따라 임시로 수를 정하여 지용(支用)을 공수(公收)하고 무사(無事)하면 곧 중지한다.

　이상을 요약하면 고려조의 직전제는 그 폐해가 극심했고 여러 대신과 그 밖의 권관(權官)이 그 폐해를 바로잡는데 급급했던 것은 앞에 나온 사실에 의거해 인정하지 않을 수 없다. 그러나 과연 토지의 소유권을 앞에 기술한 사실에 따라 인정할 것인가 아닌가를 간단히 결정할 수는 없다. 원래 토지는 국가의 소유에 속하며 개인이 소유할 수 있는 것이 아니라는 관념에 기초하여 대체로 소유권을 인정하지 않고 단지 일반적인 사용과 수익을 얻는 것을 인정하는 데에 그친 것으로 보인다. 그러나 권세가는 그들이 점유한 토지를 자유롭게 사용하고 수익을 얻고 처분하며 나아가 영구적으로 상속할 수 있었던 듯하다. 따라서 사실상 소위 총괄적 지배력을 가지지만 이것이 곧바로 법률상의 소유권을 갖는 것이라고 논할 수 없다고 보는 것이 정당하다고 본다. 다만 이 부분에 대해서는 나중에 다시 연구하여 그 결과를 보고하기로 한다.

제3관　제전(諸田)

　문종 27년(1073)에 판임관에 봉직하고 자식이 없는 사람의 공음전(功蔭田)을 여서(女壻)와 친질(親姪)·양자(養子)·의자(義子)에게 상속할 수 있게 하였다. 공음전을 가지고 있으나 물려줄 자손이 없을 때는 이것을 관이 개입하여 제령에 따라 자손 이외의 친족에게 물려줄 수 있게 되었다. 또 고종(高宗) 43년(1256)의 제령에 이르기를, 지금 여러 지방의 백성이 생계를 잇지 못하고 너나 할 것 없이 유이(流移)하는 자가 많아 심히 슬프다며 그 피난한 곳이 본읍(本邑)과의 거리가 불과 1일의 노정이면 왕래하면서 경전(耕田)함을 허락하고, 그 나머지는 도(島) 내의 토전을 양급하되 부족하면 연해(沿海)의 한전(閑田)과 궁전(宮田)·사원전(寺院田)을 주도록 하였다.

원종 원년(1260)에 추검(推撿)을 명하여 관전(官田), 즉 궁전(宮田)을 추검하여 일반 백성에게 나눠준 것으로 보인다. 사신(史臣)이 말하기를, 옛날의 명군(明君)은 원유(苑囿)[40]를 버리고 백성에게 경종(耕種)하기를 허락하였다. 이제 이 별궁(別宮)의 전지는 모두 권신(權臣)이 탈점하였으니 원래 주인에게 돌려줌이 마땅하거늘 지금까지 이것을 의논하지 않고 도리어 또다시 추검을 하니, 악을 징계하고 폭력을 금하기 위해 생각건대 궁전의 추검을 행하여 점탈한 토지를 회수함으로써 일반 사람들에게 나눠줄 생각이라고 하였다.

충선왕(忠宣王) 초년(1298)에 하교(下敎)하기를, "선왕이 내외의 전정(田丁)을 제정하여 각각 직역을 따라 고르게 분급함으로써 민생을 돕고, 또 국용을 지탱하였는데, 요즈음은 호강하고 교활한 무리들이 원진(遠陳)을 칭탁하여 산천으로써 표를 삼고 함부로 사패를 받아 자기의 소유로 삼아서 공조(公租)를 납부하지 않으니, 전야가 비록 개간되었더라도 국가의 공부는 해마다 감소한다. 또 그 심한 것은 방(房)·고(庫)·종실의 전지를 칭탁하여 그 조세를 1분은 공물로 바치고 2분은 자기의 것으로 하며 혹은 전혀 납부하지 않는 자도 있어 이 폐단이 막대하므로, 마땅히 제도(諸道)의 안렴(按廉)과 수령으로 하여금 궁힐(窮詰)하여 그 주인에게 돌려줄 것이며, 만일 주인이 없는 것이면 그것을 내외군(內外軍)의 한인(閑人)에게 주어 호(戶)를 세워 역에 충당토록 하라. 경기 8현의 전지는 원래 그 주인이 있었는데, 국가가 근래에 변고가 많음으로 인하여 양반의 봉록이 박(薄)함으로써 처음에 개간지를 지급하였으나 그 나머지 황지가 자못 많았다. 그런데 자리(自利)를 위주(爲主)하는 자가 틈을 타서 사패를 받아 그 주인을 인정하지 아니하며, 관조(官租)를 납부하지 않고 그 이익을 전수(專收)하면서, 심한 자는 또 아울러 양반에게 절급한 전토까지 병탄하여 직에 따라 체수함을 얻지 못하게 된 자가 많으니, 유사(有司)로 하여금 다시 심험(審驗)하게 하여 화해하여 절급하고 강화(江華)의 전토도 또한 균등하게 분급토록 하라"고 하였다.

충숙왕 5년(1318)에 호세(豪勢)가 점유한 민전을 크게 색출하여 그 주인에게 돌려주니 중외가 크게 기뻐하였는데, 호세들이 이를 근심하고 상왕에게 호소하여 혁파케 하였다. 하

---

40 궁궐 안에 있는 동산을 말한다.

교하기를, "공신의 사전(賜田)이 산천으로써 표를 삼아 받는 것이 날로 넓어지는데 세(稅)를 바치지는 아니하며 공부전이 날로 더욱 줄어드니, 그 정수(定數) 외에 점유한 것은 끝까지 추구하여 본 주인에게 돌려주라"고 하였다.

충숙왕 12년(1325)에 하교하기를, "권세가가 남의 토전을 빼앗아 토전은 세가에 속하고 세(稅)는 그대로 본 주인에게 물리어 심히 백성에게 해가 되니, 이제부터는 사전(賜田)을 받는 것은 비록 공신이라 하더라도 100결을 넘지 말게 할 것이니, 식목도감(式目都監)은 조사하여 사패하고 그 나머지 수는 깎도록 하라"고 하였다.

공민왕(恭愍王) 2년(1353)에 전민별감(田民別監)을 양광(楊廣)·전라·경상도에 분견(分遣)하여, 의성창(義成倉)·덕천창(德泉倉)·유비창(有備倉)의 전지와 여러 사급전의 표내(標內)에서 함부로 가지고 있는 공사전을 추쇄(推刷)하여 모두 본 주인에게 돌려주었다.

공민왕 11년(1362)에 밀직제학(密直提學) 백문보(白文寶)가 상소하기를, "경사(京師)[41]에서 가까운 땅은 평광(平廣)하고 기름져서 경작할 수 있는 것을 목장으로 만들어서 그 이익을 뺏고 있으니, 마땅히 목장을 산곡(山谷)과 도서(島嶼)로 옮겨서 지리(地利)를 일으키소서. 또 기내(畿內) 8현의 전토도 또한 모름지기 녹과로 반급하지 마시고 균등하게 대부(大夫)·사(士)의 제전(祭田)으로 주어서 경사에 사는 사람들의 급한 바를 구제하도록 하소서"라고 하였다.

공양왕 초년(1389)에 헌부(憲府)에서 상소하여 전제를 논하기를, "경기는 서울에 살며 시위(侍衛)하는 자의 전지를 주어서 사족을 우대하시면 곧 문왕의 사자세록(仕者世祿)의 아름다운 뜻이요, 제도(諸道)에는 다만 군전을 주어서 군사를 구휼하시면 곧 조종의 군인을 뽑고 전지를 주는 양법입니다. 이에 중외의 경계(經界)로 하여금 절연하게 하여 서로 문란됨이 없게 하였으나, 경기에서 수전(受田)하되 수(數)에 차지 못한 자는 외방(外方)에서 이를 주고자 하니, 이는 전하께서 다시 겸병의 문을 열어줌이라, 신 등은 심히 전하의 중흥의 성사를 위하여 애석하게 여깁니다. 원하건대 전하께서는 무릇 서울에 거주하는 자에게는 다만 기내의 전토만을 주시고, 외방에서 주는 것은 허락하지 않음을 법으로 정하여서 국용을 넉넉하게 하고 민생을 후하게 하며, 조사(朝士)를 우대하고 군식(軍食)을 넉넉하게 하소서"라고 하였다. 제전(諸田)은 일반 인민에게 사급(賜給)하는 것이지만 사급의 목적인 토지가 어떤 곳

---

[41] 서울을 말한다.

인지를 불문하고 사급하는 것이 아니며 특정한 토지에 한하여 이를 사급한다. 그리고 제전의 경우에 있어서도 직전과 마찬가지로 토지의 소유권을 부여한다는 관념을 가지고 사급하는 것이 아니다. 자유로이 사용하여 수익하게 함으로써 그 사용료 즉 조세를 징수하여 국가의 수용(需用)을 만족시키기 위해 이를 행하는 것이며 소유권을 부여하려는 의사를 가지고 이를 부여한 것은 아니다. 그리고 토지를 사급하는 것은 원래 토지는 국가에 속한 것이라는 관념에 기초한 것이 아니라면 이를 행할 수 없는 것이다. 이른바 사급이란 부여(附與) 즉 소유권의 이전을 의미하는 것이 아니고 어떤 행위를 할 수 있는가를 의미하는 것이다.

제4관 둔전

현종 15년(1024)에 도병마사(都兵馬使)가 아뢰기를, "서경과 기내 하음부곡(河陰部曲)의 백성 100여 호를 보내어 가주(嘉州) 남둔전(南屯田)으로 옮기게 하소서"라고 하였다.

정종(靖宗) 2년(1036)에 제(制)하기를, "제위(諸衛)의 군인이 집이 가난하여 명전(名田)[42]이 부족한 자가 매우 많은데 지금 변경의 정수(征戍)[43]가 아직 그치지 아니하니, 구휼하지 않을 수 없다. 호부(戶部)로 하여금 공전을 나누어 더 주도록 하라"고 하였다.

문종 27년[44](1073)에 서북로병마사(西北路兵馬使)가 아뢰기를, "장성(長城) 밖의 개간한 전지 1만 1,494경(頃)을, 청컨대 가을 수확을 기다려서 군저(軍儲)에 쓰도록 하소서"라고 하니, 좋다고 하였으나 목적을 달성하지 못했다.

숙종(肅宗) 8년[45](1103)에 주진(州鎭)의 둔전(屯田)은 군(軍) 1대(隊)에 전지 1결을 주어, 밭은 1결에 1석 9두 5승을 거두고 논은 1결에 3석을 거두며, 10결에 20석 이상을 내는 색원(色員)은 포상하되 군졸이나 백성에게 거두어 수량을 채우는 자는 과죄(科罪)하기를 판(判)하였다.

공민왕 5년(1356)에 하교하기를, "임피(臨陂)의 둔전을 근래에 세가에서 '사급한 것이라'고 일컫고는 거의 다 빼앗아 점령하였으니, 도평의사(都評議使)에게 의뢰하여 따로 둔전관을

---

42 백성이 소유한 전지를 말한다.
43 변경을 지킴, 또는 그 군사, 수자리를 말한다.
44 원문에는 '문종 17년'으로 잘못 쓰여 있다.
45 원문에는 '숙종 38년'으로 잘못 쓰여 있다.

두어, 여러 세가에서 점탈한 것은 일체 모두 예전대로 회복하도록 하고, 연해의 땅에 제방을 쌓고 물을 막아서 좋은 전지를 만들 만한 것은 마땅히 유사(有司)로 하여금 땅을 살펴보게 하여 방왜(防倭)하는 군졸을 써서 농부로 삼고, 여러 세가에 내려 준 전지가 평평하고 넓으며 기름지고 건 것은 적가(賊家) 및 행성(行省)에서 소점(所占)한 인물로 대(隊)를 나누고 땅을 주어서 그 일을 책임지게 하라"고 하였다.

공민왕 20년(1371)에 하교하기를, "선군(選軍)에게 전지를 지급하는 것은 이미 이루어진 법이 있는데, 근년에 전제가 문란하여 부병(府兵)이 전지를 받지 못하게 되니, 자못 군사를 모집하는 뜻을 잃은 것이다. 옛 제도를 회복할 것이다" 하고, 또 이르기를, "국가에서 전지 17결로써 1족정(足丁)으로 삼으니, 옛 전부(田賦)의 전해온 법이다. 무릇 군호(軍戶)의 본래 연립한 것을 남에게 빼앗긴 바가 된 것은 진고(陳告)하기를 허락하여 돌려주게 하라"고 하였다.

우왕(禑王) 3년(1377)에 최영(崔瑩)이 말하기를, "교동(喬桐)·강화(江華)는 바로 왜적을 방수하는 땅인데, 두 곳 전지의 소출이 모두 겸병하는 문(門)의 사비(私費)로 들어가니 무슨 보탬이 있겠습니까? 다만 마니산 참성제전(塹城祭田) 및 부관 녹봉 외의 나머지 전지는 모두 군부(軍簿)로써 거두게 할 것입니다" 하니, 그대로 따랐다.

이상을 요약하면 군졸로 변방의 요지에서 경비를 맡은 자에 대하여 일정한 토지를 사급하여 군수를 충당하고 동시에 각 병졸의 생활을 유지하게 하였다. 그리고 사급된 토지는 병졸의 소유로 전속되나 아무런 규정이 없으므로 아직은 이를 단정할 수 없다. 하지만 둔전의 성질상 병졸이 일정 기간의 복무를 마친 후에는 사전(賜田)으로 생활을 유지할 필요가 있기 때문에 이 토지를 사용하여 수익을 얻지만 이것을 처분할 권리 즉 총괄적으로 지배할 권리를 갖는지 아닌지는 의문이다.

제5장 이조(李朝)시대

제1절 개론

태조 5년(1396) 해주의 강무장은 풍요하여 경작하기에 좋으므로 백성에게 경작을 허락하였다. 그리고 조준은 사전을 개혁하여 백성을 풍요롭게 할 것을 청하였다. 세가와 거실의 원성과 비방이 비등함에도 불구하고 조준은 이러한 논의에 더욱 힘을 기울였으나 그 목적을 달성하지 못하였다. 그 해 태안(泰安)의 강무장을 없애고 백성에게 경간을 허락하였다.

태종(太宗) 원년(1401) 하륜(河崙) 등이 상소하여 말하기를, 동서 양계(兩界)는 이전 왕조의 고식에 얽매여 이전에 양전을 하여 조세를 납부하지 않았다. 군족(軍族)의 일이 있고 가뭄의 피해를 입었으나 때마다 궁민이 웅덩이에 빠지려 한다. 다른 도의 토지를 통해 토지의 척박함에 따라 분동양전(分棟量田)하기를 바란다. 심구령(沈龜齡) 등이 상소하여 말하기를, 연해주의 군(軍)은 경인년 이래로 전지가 황폐하였으나 최근에 들어 사람들이 모여 전야를 개간하였다. 잘 헤아려 공부를 정해야 할 것이다. 생각건대 구래의 토전을 헤아리고 구관을 고침으로써 인력을 체양(體養)하는 주의와 방침을 채용한 것 같다. 그렇지만 이듬해(1402) 동서 양계의 양전을 중지하였다. 그 이유는 사간원(司諫院)이 상소하여 말하기를, 동서 양계의 인심과 토속은 다른 도와 달리 구관에 얽매여 있다. 반드시 염택(厭澤)의 마음을 일으켜야 한다고 하였다.

태종 4년(1404) 의정부는 각도의 전결의 수 및 양전사목(量田事目)을 올렸다. 즉, 경상도 22만 4,625결, 황해도 9만 9,022결, 강원도 5만 9,989결을 가지고 있다. 1405년 6도의 논을 다시 양전하여 잉전 30여 결을 얻었다고 한다. 세종 25년(1443) 호조에 명하기를, 우리나라의 손해의 법은 금지(金趾)의 주관(周官) 6익(翼)을 뽑는데 있다. 대저 고려로부터 이미 행해지고 있다. 이것이 좋은 법이라고는 해도 세금을 걷는 경중은 관리가 일시적으로 판단하는 바에서 나와 민심을 크게 잃는 폐해 역시 많다. 또 손해를 축단(逐段)하는 것은 옛날 경전에도 없다. 그 공법(貢法)은 중국의 3대로부터 지금에 이르나 이를 행하기가 쉽지 않다. 본국은 이미 3도에 시험을 내렸는데 그 절목(節目)은 아직 갖추어지지 못했다. 지금 잘 구체적인 경정(更定)을 한다면 백성들을 편하게 할 것으로 생각한다.

첫째로 3등의 전척(田尺)의 장단(長湍)은 3등전의 면적은 그 차이가 없이 고르지만 실적은 고르지 않다. 지금 각 등의 한전(旱田)과 수전(水田)을 동일하게 개량(改量)하여 조세의 등급으로 보고 가감함으로써 고제(古制)를 따른다. 옛 제도를 따른다 함은 그것의 전척은 결부속파(結負束把)를 가리킨다. 옛 제도에 따르지 않고 여전히 옛 주척(周尺)을 사용하여 개량하는 것은 아직 편리하지 않다. 더구나 1~2년 동안은 아직 쉽게 개량하지 못한다. 잠시 옛 전안(田案)에 의해 먼저 5등의 전에 품 결부속파를 나누고 작경무보(作頃畝步)의 법을 고침으로써 5등의 조세를 걷는다면 고제의 시무(時務)에 못하지 않을 것으로 생각한다.

둘째로 앞으로 장래는 도(道)를 나누어 3등으로 하고 관을 나누어 3등으로 하고 전을 나누어 3등으로 하는데 그 내용은 구체적으로 정하지 않는다. 생각건대 아래쪽 3도의 수전은 기름진 곳이 많다. 경기, 황해도는 이에 버금가고 강원, 함경, 평안 또한 그 다음이다. 한전의 비옥함은 8도가 대체로 비슷하다. 또 한전에서 나오는 것은 수전에 미치지 못한다. 지금 한전과 수전을 각 5등으로 나눔에 있어 한전의 제1등은 수전의 2등에 준한다. 한전 5등은 수전 5등 밑에 있다. 그런데 각 도 각 관은 8도의 전을 합쳐 등급을 나누지 않는다. 다만 전품(田品)의 등급을 나눌 뿐이다.

셋째로 주례(周禮) 사가(司稼)의 관은 순야(巡野) 관가(觀稼)하여 그 해의 상하를 보고 법을 정한다. 즉, 공법은 그 해의 풍흉 정도를 보고 그 세금을 알 것이다. 지금 역시 상중하의 3등을 각 3등으로 나누어 모두 9등이 된다. 3등을 나누면 즉 상하 간 조세의 경중이 현격하지만 만약 9등으로 나누면 그 격차는 그다지 크지 않다. 매년 가을에 각 관의 수령은 벼와 곡식의 결실상태를 조사해 그 해의 등급을 감사에게 보고하고 감사는 다시 수전과 한전을 검사하여 각 분등을 나누어 계문(啓聞)한다. 만약 각 관의 벼와 곡식이 크게 다른 점이 있다면 즉, 분등급을 계문하여 의정부의 6조에 하문하지 않고 시행한다. 생각건대 호조(戶曹)가 내외에 알릴 것이다. 마침내 세종 26년(1444) 전제평정소(田制評定所)를 설치해 진양대군(晉陽大君)이 도제조(都提調)가 되었다. 전을 6등으로 나누고 한 해를 9등으로 나누고 실(實)을 상상년(上上年)으로 하였다. 9분을 상중(上中)으로 하고 8분을 상의 하로 하고 7분을 중상(中上)으로 하였다. 6분을 중의 중으로 하고 5분을 중의 하로 하고 4분을 하의 상으로 하였다. 3분을 하의 중으로 하고 2분을 하의 하로 하였다. 그 해의 풍흉이 1분이라고 한다면 세를 면제하도록 결법을 고쳤다.

『대전도편(大典道編)』[46]에서 말하기를, 전택에 대해 소송을 하여 5년이 지나도록 아직 결정되지 않은 것은 받아들이지 않는다. 진전(陳田)의 경우 3년이 지나면 다른 사람에게 고경(告耕)을 허락한다. 또 주인이 없는 논은 다른 사람에게 이급(移給)하며 공신전은 자손에게 물려준다. 또 주묘(主廟)의 가사(家舍)는 주제(主祭)의 자손에게 물려준다. 또 공신에게 패전(牌田)을 내렸으나 아직 전을 받지 않은 자에게는 추가 급여를 허락하지 않는다. 또 말하기

---

[46] '『대전통편(大典通編)』'의 오기로 보인다.

를, 무릇 비어있는[間曠] 곳은 땅을 일군 자를 주인으로 삼는다. 단 다른 사람의 토지를 비어 있는 땅이라고 하여 부정하게 기경한 자는 법률에 따라 처분한다. 또 경성 안에서 기경한 자는 장(杖) 100대, 산허리 이상을 기경한 자는 금단(禁斷), 수령이 금단할 수 없는 자는 법률로 논하지 않는 것으로 한다.

『대전통편』에서 말하기를, 서울 안에 집을 짓는 땅은 한성부 사람의 장고(狀告)를 듣고 빈 땅과 만 2년 동안 집을 짓지 않은 땅을 나누어 준다. 만약 출사나 외임, 상을 당해 아직 집을 짓지 못했을 때는 땅을 나누어줄 수 없다. 빈 대지나 논밭을 구분하지 않고 백성에게 집 건축을 허가하고 본 주인이 훼방하고 방해한 경우는 제서유위율(制書有違律)로 논한다.

전지와 가사를 매매하여 이를 15일 이내에 고치지 않으면 100일 이내에 관에 고하여 입안(立案)을 받는다. 아마도 매매계약 후 15일 이내에 매주가 명의를 변경하지 않으면 100일 이내에 그 사실을 고소하여 관의 입안(명의의 변경)을 받는 것으로 하였다. 또 전지나 가사를 매매하고 15일의 기한 내라 하더라도 상황을 알리고 30일이 지나 소송을 하지 않는 자는 받아들이지 않는다고 한다. 또 무릇 관가의 전토를 살 때는 허실을 잘 조사하여 명백히 하고 그런 뒤에 매매를 허락한다고 한다. 즉, 관가의 전토는 인민이 착오에 빠지는 일이 많으므로 허실을 명확히 하고 관의 윤허를 받아 매매할 것을 규정하였다. 퇴도지(退賭地)의 매매는 10년을 기한으로 한다. 10년이 되면 무상으로 환퇴하고 5년 이상이면 반가로 환퇴한다. 만일 원가에 준한다면 12년이라 하더라도 역시 환퇴를 허용한다고 한다. 이는 아마도 환퇴에 관한 회수 기한을 정함으로써 채무자를 보호한 것이 아닌가 생각된다.

제2절 토지 분배 방법

제1관 적전

태조는 적전을 만들고 함(函)으로 하여 자경(藉耕) 제사의 법을 관장하게 하였다. 정도전(鄭道傳)이 말하기를, 농(農)은 만사의 근본이며 적(籍)은 관농(觀農)의 근본이다. 인군(人君)은 친히 적전을 경작함으로써 농사를 우선시한다. 그리하여 하민(下民)이 모두 인군을 존경하게 되므로 더욱 더 친히 경작을 한다. 하물며 하민이 천함에 안좌하고 경작하지 않는다면 그것이 옳은 것인가? 이에 사람들은 모두 남무(南畝)로 가서 농사를 일으킨다. 그러므로 적은 관농의 근본이라 한다. 서쪽 적전은 개성부의 동쪽 20전에 있다. 이전 고려 때 교외의 미공전(米公田)으로 원래 기름졌다고 하여 국조전(國朝田)을 적전으로 삼았다. 동쪽의 적전은 근교 10리에 있다. 즉, 선농(先農), 친경(親耕)을 제사하는 땅이다. 벼[稻]·조[梁]·기장[黍]·찰기장[稷]·옥수수[唐黍]·콩[大豆]·팥[小豆]·보리[大麥]·밀[小麥]의 9곡 가운데 바로 양성(梁盛)해야 할 것과 천신(薦新)해야 할 것은 친경전에서 이를 사용하도록 명했다. 나머지 곡식은 종자를 제외하고 봉진(封進)함으로써 양성의 무거운 뜻을 보인다.

영조(英祖) 22년(1746) 교지에서 말하기를, 100무의 논을 매년 친경할 때 관례에 따라 9곡으로 양성의 뜻을 올리고 태상(太常)에게 분부한다. 또 대략 정전의 규정에 따라 그 이(里)를 정하고 그 무를 재고 그 세(稅)를 감한다. 열심히 공전을 경작하게 하고 태상에게 절목을 강구하게 하여 봉상시(奉常寺)에 알린다. 정전의 법은 900무를 1정(井)으로 한다. 100무 가운데 공전으로 삼은 것 외에 800무를 사전으로 삼는다. 공전을 우선하고 사사(私事)를 뒤로 한다. 이 구일(九一)의 법은 백성을 풍족하게 하려는 까닭으로 열심히 공전을 농사한다. 시경에서 말하기를, 공전에 비가 와서 마침내 우리에게 미친다. 지금 친경전 100무는 전교(傳敎)에 의해 거의 정전의 고례에서 배우고 만들어 공전으로 삼는다. 위전(位田) 가운데 11일경(日耕)으로 오랫동안 구획을 삼아 어전(御田)을 경작하는 백성에게 나누어준다. 그 세곡(稅穀)을 감하고 100무 가운데 9곡의 종자를 본적(本籍)으로부터 수시 출급한다. 시기에 따라 파종의 정해진 방법을 준행한다.

영조 43년(1767)의 교지에서 말하기를 "천승(千乘)의 존귀한 몸으로 전토를 석이(潟履)하고 금번(今番)을 통해 이를 본다. 새로 적석(赤潟)을 만드는데 있어 역시 흙에 따른다. 올해 8월 또 지난봄을 거쳐 지금 이러한 모습을 본다. 만일 관담(觀膽)을 하는 것은 이 어찌 정성이 아닐까? 하물며 나의 기운 오추(五推)를 가지로 십추(十推)를 행함은 이 어찌 즐거이 정성을 다하는 백성이 아닌가"라고 하였다.

『대전통편』에서 말하기를, 경전(耕田)은 부근의 주민을 통해 경작한다. 주(註)에서 말하기를 민전 10결에 한 사람이 나오고 세 사람이 적전결(藉田結)을 관리한다. 농부에게 공부(貢賦) 외에 잡요역(雜徭役)을 면제한다. 또 친경을 할 때 100무의 제도를 다해 서직(黍稷) 도량(稻梁)을 거두어 양성으로 바친다. 주(註)에서 말하기를 친경을 한 뒤 본조(本曹)는 정랑(正郎)의 관을 선택해 적전을 주고 한추(限秋)로 하여 간검(看檢)을 하게 한다. 그렇지만 본조의 낭관(郞官)의 간검은 지금은 없어졌다. 또 위전 18일경의 민으로 하여 전치(田治)를 하도록 하고 어경(御耕)은 일경의 전은 병십본세(並十本稅) 결전(結錢)을 감한다고 한다.

제2관 직전

태조 원년(1392) 배극렴(裵克廉)과 조준 등이 상소하여 왕자 등의 계(啓)에 용도가 부족하여 본과(本科) 외에 전토를 가사(加賜)할 것을 청하였다. 임금이 말하기를, 본과 100결로 역시 기한(飢寒)에 이르지 않는다. 만일 가사한다면 사람들이 반드시 나의 아들이기 때문이라고 말할 것이다. 하물며 서울의 전토는 유한하다. 어찌 함부로 나누어줄 것인가? 은(誾)이 말하기를 여러 공신의 과목 외에 별도 사전(賜田)이 있다. 어찌 나누어줄 수 없는가? 임금이 은에게 말하기를 이미 공신전을 받고 또 제자(諸子)에게 받을 것인가? 시중 조준이 상소하여 말하기를, 전하께서 분연히 만세를 위해 태평을 열고 사전(私田)을 혁파하고 과목을 경기에 두어 사대부를 우대하였다. 군전(郡田)을 별군(別郡)에 두고 사도(師徒)를 양성함으로써 경리진원(卿吏津院)에 이르기까지 모두 이에 전을 주었다. 전에 정제(定制)가 있고 나라에는 성법이 있다. 각기 분한이 있어 서로 침범하지 않는다면 곳간이 차고 국용이 충분할 것이다.

『경국대전』에서 말하기를,

왕자, 대군(大君)은 225결		군(君)은 80결
정1품은 110결	종1품은 105결	정2품은 95결
종2품은 85결	정3품은 65결	당하3품은 60결
종3품은 55결	정4품은 50결	종4품은 45결
정5품은 40결	종5품은 35결	정6품은 30결
종8품은 25결	정종7품은 각20결	정종8품은 각15결

정종(正從)9품은 각 10결로 하여 매월 그믐날 이전에 직을 받은 자는 50일 내를 기한으로 하고 상을 당하고 죽은 자는 체차(遞差)를 하지 않은 자에게 주고 기한 후 상을 당하거나 죽은 자에게도 역시 지급한다.

『대전통편』에서 말하기를, 각 과록(科祿)은 실직(實職)에 따라 사맹(四孟)의 초하루에 반사(頒賜)한다. 주에서 말하기를, 고과(故科)를 아직 받지 않은 자가 있다면 과후(科後) 100일 이내라면 반사한다. 즉 종래의 직제를 폐하고 각 과록을 다음과 같이 사급한다. 그렇지만 종전에 사급받은 과목은 그대로 소유한 것으로 보인다.

제1과　정1품 미 2석8두 황두(黃豆) 1석5두
제2과　종1품 미 2석2두 황두 1석5두
제3과　정2품 미 2석5두 황두 1석5두
제4과　종2품 미 1석11두 황두 1석5두
제5과　정3품(당상관) 미 1석9두 황두 1석5두
제5과　정3품(당하관) 미 1석5두 황두 1석2두
제6과　종3품 미 1석5두 황두 1석2두
제7과　정종4품 미 1석2두 황두 13두
제8과　정종5품 미 1석1두 황두 10두
제9과　정종6품 미 1석1두 황두 10두
제10과 정종7품 미 13두 황두 6두
제11과 정종8품 미 12두 황두 5두
제12과 정9품 미 10두 황두 5두
제13과 종9품 미 10두 황두 5두

제3관　제전

태종 4년(1404) 박경(朴經) 등이 상언(上言)하여 말하기를 "경기 좌우도 및 6도에 능침·창고·군자(軍資)·공해(公廨)·사원전·학교·신사·경진(庚津)·역리·지장(紙匠) 등의 전을 정하고 사대부로 하여금 경성에 살며 왕실을 지키기 위해 과전을 설치하고 염치의 군사를 양성하며 변위번(邊圍藩)이라면 국가는 군전을 설치하여 휼양을 더한다. 무릇 과전 공신전은 기내(畿內)에서만 이를 지급하고 군전은 기외(畿外)에서만 지급할 것이다. 이 법은 후세로 하여금 잘 준수하여 잃지 않도록 해야 할 것이다. 조만간 원(原)의 공신전에 의해 모두 본경(本卿)에 이를 지급한다. 그 전택을 광점(廣占)하는 자는 반드시 사전(私田) 밖에 있기 때문이다.

지금 만약 사전을 기외에 둔다면 어쩌면 탐욕스럽고 교활한 무리가 그 틈을 타서 잠식을 하여 사방의 모든 공전은 틀림없이 점차 없어질 것이다. 부디 모두 경기에서 지급하고 만약 경기 안에 더 남은 논이 없다면 한두 개의 주현(州縣)을 추가해 그 수를 충당하더라도 역시 지장이 없을 것이"라 하였다. 그래서 이렇게 결정하였다. 문종 원년 고려 현종의 원손(遠孫)을 공주에서 찾아 토전을 지급하고 감획(減獲)하였다.

『경국대전』에서 말하기를, 관의 둔전, 마전(馬田), 원전(院田), 진부전(津夫田), 빙부전(氷夫田), 수릉군전(守陵軍田)은 자경(自耕)으로 하고 무세(無稅)로 한다. 나라의 수륙의 전조(前條)를 행하고 공상을 바치는 논사승전(論司乘田)의 내수사전(內需司田), 혜민서(惠民署)의 종약전(種藥田)도 아울러 무세로 한다. 사전(寺田), 아록전(衙祿田), 공수전(公須田), 도전(渡田), 숭의전(崇義殿)의 전, 빙부전, 장전(長田), 부장전(副長田), 급주전(急走田)은 스스로 수세(收稅)한다. 직전, 사전(賜田)의 세금은 가치를 평가해 경창(京倉)에 납부하고 군자감(軍資監) 미두로 나라의 둔전을 칭한다. 소재관(所在官)은 경내의 진수군(鎭戍軍)으로 경획하여 군자를 보충한다.

숙종(肅宗) 14년(1688) 영의정 남구만(南九萬)이 상주하여 말하기를, 조종의 시기 이래 본전토(本田土)는 이를 절급한 적이 없다. 혹은 관전(官田) 및 몰입(沒入) 속공(屬公)의 땅이 있다면 사여(賜與)의 규정이 있다. 선조 때 임진의 난 이후는 인민이 희소하여 매우 진황(陳荒)한 상태였다. 그리고 왕자, 옹주가 잇달아 대궐을 나갔으나 사여할 땅이 없었다. 옛 상신(相臣) 한응인(韓應寅)이 당시 호조판서였다. 예빈사(禮賓寺) 소속의 백관은 선반(宣飯) 및 왜야인(倭野人)을 접대할 때 필요한 어염(魚鹽)과 시탄(柴炭) 등의 물건을 내는 곳의 땅을 나누어 이를 준다. 그때 통칙을 변경하는 것이 옳다고 하였다. 그리고 또 나중에 절수(折受)의 유규(謬規)가 된다. 현종 초년에 이르러서는 공주가 궁궐을 나와 침광(寢廣)을 절수(折受)하고 산해의 인민은 분명 생계를 이을 수 없게 될 것이다. 그러므로 삼사(三司)가 해를 넘겨 쟁집(爭執)하여 그만둘 것을 청하였다. 그때 소신도 역시 삼사에 출입하고 혹은 전계(傳啓)하고 혹은 입전하였는데 임금의 교지를 받아 절수를 하는 것은 전장(典章)의 일은 아니라 하더라도 지난 왕조에 있어서는 개혁하기 어려운 점이 있었다. 지금 이후 만약 절수를 다시 허락하지 않는다면 근원적 폐를 자연스럽게 끊을 수 없다.

『대전(大典)』의 직전(職田)에 따라 그 결수를 더해 면세로 삼는 한도를 정하였다. 그 뒤 광점의 폐가 이전과 같이 다시 나왔다. 지금 인민이 번성한 것을 임자년과 비교하면 또 배종(倍

從)도 이상하지 않다. 산간 협곡과 바닷가의 촌토(寸土) 척지(尺地)도 모두 이미 기경하여 실로 1무의 땅도 비어있는 곳이 없다. 이렇게 되면 민전 외에 백탈(白奪)하려고 해도 결코 이렇게 할 수 있는 땅이 없다. 게다가 올해 제도(諸道)에서 절수하는 곳이 몇 군데인지 알 수 없다. 그리고 읍민은 도(道)에 격쟁(擊錚)한다. 이것을 듣고 대간(臺諫)이 논계(論啓)하지만 그 분란이 더하였다. 성문(聖門)도 인민의 호원(呼冤)을 견디지 못하였기 때문에 모두 연고가 있는 무리에게 환급하고 제도(諸道)로 하여금 소요의 폐를 이르게 하여 관가도 역시 이로운 점이 없었다. 앞으로 하늘이 도와 종묘사직에 종사(螽斯)의 기쁨이 있어서 신궁(新宮) 무한히 매우 번성하였다. 즉, 조정은 아직 어딘가를 절득(折得)하려고 하고 전결이 한이 없음을 알지 못하였다. 더구나 민전을 빼앗기기에 이를 것인가? 혹은 종조의 직전(職田) 결수에 따라 세금을 내는 쌀을 법전에 기록된 바와 같이 나누어 준다. 만일 이것을 행하기 어렵다면 잘 선처할 방도를 다시 생각해야 할 것이다. 절수의 규정에 이르러서는 마침내 뒷날에 행해서는 안 된다.

　　임금이 말씀하시기를 "선후(善後)의 방도를 생각하지 않고 절수를 갑자기 혁파한다면 신설 궁가(宮家)는 분명히 낭패를 면하지 못한다. 조정이 선처의 방도를 강구하고 나중에 품정(稟定)하여 변통하는 것도 가하다" 하였다. 또 말씀을 올리기를, 제가에게 이러한 절수에 대신할 것을 강구하여 처리하라는 명이 있었다. 신은 여러 신하들과 상의한 결과 절수는 이미 조종의 전장(典章)이 아니다. 또 선대 임자년(壬子年)의 금령(禁令)이 있어 결코 지금 행해서는 안 된다. 그리고 지금 상황은 이를 행하려 하더라도 조금의 빈 땅도 없다. 민전을 빼앗는 것밖에 이를 얻을 곳이 없다. 『통대전(通大典)』 직전(職田)의 규정을 바꾸지 않으면 안 된다. 대군 250결, 왕자 군 180결, 공주와 옹주 종위(從尉)의 품에 합쳐 주는 것은 이 법전에 실려 있는 바이고 현종조 계묘년(癸卯年) 대군, 공주 400결, 왕자, 군, 옹주 25결로 정하였고 면세도 역시 수교(受敎)가 있었다. 조종의 법전, 선대 왕조의 정식(定式)은 바로 준수해야 할 것이지만 역시 숫자를 줄이기 어렵다. 지금 계묘년의 수교를 한도로 삼아 그 결수를 계산하고 나누어 지급하는 전을 받고 세금은 대동미로 걷는다. 즉, 400결은 460~470석으로 해야 할 것이다. 궁가로 하여금 그 수에 따르게 해 호조 및 선혜청에서 받을 것이다. 이밖에 계하(啓下) 절수 및 사전의 면세 등의 일은 모두 혁파한다. 즉 유사(有司)의 경비가 어쩌면 감축될 우려가 있지만 여러 민전을 빼앗아 인민의 큰 분노를 초래하는 것에 비해 이해 경중의 현격함도 매우 크다. 『대전』의 직전(職田) 조항에서 본 전의 세금 및 초가(草價)[47]는 모두 경창에 납부하고 군자감의 미두로 바꾸어 지급한다고 되어 있다. 사전의 면세가 뒤섞이는 폐해를 막으려는 것으로 과거에 이른바 공부(公賦)의 세금을 통해 이를 상사(賞賜)하기에 매우 족하다고 말한 것은 이러한 의미이다. 신들이 많은 것을 강구하더라도 이밖에는 다른 방책이 없는 것 같다.

임금이 말씀하시기를 "제궁(諸宮) 및 후궁은 과거에 이미 절급한 자 이외에는 앞으로는 절급을 허락하지 않는다. 장래의 신궁은 계한 바에 따라 직전의 법으로 이를 행한다. 그리고 어전(漁箭), 염분(鹽盆) 등의 각 항의 절수 및 대수(代受) 등의 일은 모두 방금(防禁)한다. 각 관아, 각 군문도 역시 동일하게 시행하려고 한다. 영의정 김수항(金壽恒)이 아뢰어 말하기를, 변통의 일을 문의하였는데 전임 여러 대신은 모두 생각하기를 절수의 제도는 이미 없어지고 직전의 법도 역시 어려움이 많아 마침내 행할 수 없다. 해당 관서에 급가(給價)를 같게 해 궁가로 하여금 전장(田庄)을 사적으로 매입하게 하는 것은 가장 폐해가 없다"고 말하였다. 오늘 여러 신하가 모두 입시(入侍)할 때 이를 행하는 것이 어떠냐고 하문하셨다.

호조판서 유상운(柳尙運)이 말하기를, 직전제는 『대전』 행용식례(行用式例)에 실려 있으므로 지금 이를 생각할 바가 아니다. 여름에 절수를 혁파할 때 법전에 실려 있는 것으로 직전을 행할 것을 청한다. 그렇지만 그것은 행하기 어렵다고 생각한다. 절수를 하려 해도 이미 혁파되었다. 급가의 논의는 실로 어쩔 수 없어 나온 것이다. 이를 절수, 직전의 제도에 비해 낭비되는 점이 많다고 하더라도 이로 인해 달리 폐단이 없다면 가하다. 그러므로 이를 행하려 한다. 병조판서 윤지완(尹趾完)이 말하기를, 직전의 법전이라 하더라도 이미 행하기 어렵다. 급가도 정당하지 않다고 하지만 백성에게 폐해가 없을 것이다. 이조참판 최석정(崔錫鼎)이 말하기를, 신이 전임 대신에게 논의하였는데 영부사(領府事) 민정중(閔鼎重)이 직전의 법을 행함은 정말로 불가하다. 민결의 면세를 갑자기 행하더라도 역시 행하기 어렵다. 급가 매장(買庄)은 편리하기는 하지만 역시 폐단이 있다. 매장할 때 자세히 심사를 하지 않는다면 소송 분쟁도 있어 처리하기 어려운 점이 반드시 있을 것이어서 이 역시 생각해야만 한다. 좋은 방책이 없다. 대신의 뜻은 모두 급가를 하는 것이 좋다고 한다. 신도 역시 달리 다른 생각

---

47 조선시대에 나라에서 경기의 공전과 사전에 대하여 전세(田稅) 이외에 풀과 볏짚으로 받던 세목(稅目)을 말한다.

이 없다. 직전은 이미 불가하기 때문에 급가 매장이 편리하고 또 뒷날 소송을 생각하여 과연 어떠한가. 민정중이 말하는 바는 매장을 충분히 자세히 살핌이 마땅하다는 것이다.

 임금이 말하기를, 대신 여러 신하의 의견은 모두 절수의 제도는 이미 혁파되었고 직전의 법 또한 과거로 되돌아가지 않는다면 급가 매장 외에 달리 방도가 없다는 것이다. 그리고 급가의 수는 어느 정도로 정해야 할 것인가? 김수항이 말하기를, 대군과 공주는 4,000량으로 하고 왕자와 옹주는 3,000량으로 해야 할 것이다. 대군과 주자(主子)는 직전을 몇 결로 하고 절수 면세하는 것 역시 몇 결로 하는가? 김수항이 말하기를, 법전 가운데 직전의 수는 대군은 225결, 왕자는 180결, 그리고 선대의 절수 정제(定制)는 즉 대군은 400결, 왕자 200결이다. 임금이 말하기를, 급가 매장은 이 법에 준해야 할 것인데 역시 부족할 염려는 없는가? 유상운이 말하기를, 3,000량으로 몇 급(給)을 살 수 있는 아직 잘 알 수는 없지만 면세는 250결에 해당하는 것을 기준으로 삼는다. 임금이 말하기를, 면세를 하는가? 김수항이 말하기를, 전장(田庄)을 매수한 뒤는 바로 절수한 결수로 면세해야 한다. 유상운이 말하기를, 이미 가은(價銀)을 지급하고 면세로 돌린다. 궁가에 있어서는 이전에 비해 더해지는 바는 있어도 손해 보는 바는 없다. 집의(執義) 심평(沈枰)이 말하기를, 직전의 법은 이미 행해지지 않기 때문에 급가를 가지고 탈(奪)을 정한다 하였다. 이어서 민정중(閔鼎重)이 그것을 심의(深意)하였다. 대체로 근래 인심이 조용하지 않다. 전장을 서로 다투고 훔쳐 궁가에 파는 자가 때때로 있었다. 그 뒤 궁가의 권세에 기대어 불분명한 전지를 몰래 궁가에 방매(放賣)하는 자 및 궁가의 종들을 사는 것이다. 이 전장자(田庄者)는 모두 그 경중에 따라 죄를 논하고 뒷날 무궁한 폐해를 더함은 그치지 않을 것이다. 김수항으로부터 심평의 말은 이와 같다. 여러 궁가 매매한 뒤는 반드시 쟁송이 일어날 것이다. 팔아서는 안 되는 전지를 기만해서 매도한 자는 별도로 죄를 논단해 엄중하게 과조(科條)를 세워야 함이 마땅하다. 임금이 말하기를, 대군과 공주는 5,000량을 주고 왕자와 옹주는 4,000량을 지급하여 영구히 정식(定式)으로 삼고 전지를 상송(相訟)하여 궁가에 판 자는 각기 별도로 죄를 논하여 입법을 분명히 함이 마땅하다.

 영의정 남구만(南九萬)이 상소하여 말하기를, 절수 면세의 폐해는 여러 신하가 헌언(獻言)하여 거의 이를 모두 헤아렸다. 지금 신 등이 다시 굳이 그 폐단을 매거(枚擧)하지 않는다. 단지 사리를 통해 논한다. 무릇 절세 면세는 공적으로 이롭다고 할 수 있을까? 그 이익은 국가를 위한 것인가? 만일 절수 면세를 없앤다면 여러 궁가가 모두 자재가 부족하여 생활을 할 수 없지는 않은가? 지금 절수 면세를 없애지 않는다고 해도 민생은 스스로 생업을 즐길 것이다. 국체가 스스로 기울지 않을 것이다. 그리고 헌언이 헛되이 잠잠해지고 멈추지 않을까. 무릇 중인의 마음이 모두 자후자봉(自厚自封)을 바라고 특히 국법을 두려워하지만 굳이 듣지 않는다. 지금 전하가 2~3의 궁가를 위해 스스로 법을 품었다고 나라 전체가 이를 말하지만 역시 근심하지 않는다. 무릇 조신(朝臣)의 처첩과 자녀를 위해 봉사하려는 자는 이익을 영위하고 사적인 것을 행하려는데 힘씀을 본다. 더욱이 꺼리는 바가 없다. 아직 전하가 어느 법으로 할지를 모르지만 이를 금하려 하는가? 옛날 당의 중종(中宗)이 무도한 군주가 되자 공주의 안락을 곤명지(昆明池)에 청하였다. 중종이 생각하기를 백성은 포어(蒲漁)의 도움이 되는 바로 지금은 구량(溝梁)의 미(微)로부터 밖으로 강해(江海)의 큼, 교야(郊野)의 광활함, 산악의 높음 모두 할렬(割烈)을 허용하지 않는다. 게다가 봉하여 이를 생략한다. 전하가 지킬 수 있는 조종의 강토는 남는 곳이 어느 정도인가? 백성은 그 이익을 잃고 삶을 이루는 것이라면 즉 약자는 구렁으로 떨어지고 장자(壯者)는 흩어져 도적이 된다. 국세(國勢)는 토붕(土崩)하는 것에 많은 시간이 걸리지 않을 것이다. 전하께서는 2~3의 궁가를 위해 나라를 없앨 것인가? 전하가 감심(甘心)하여 후회하지 않더라도 이 나라가 없어지게 되는 것을 생각하면 2~3의 궁가가 홀로 부를 유지할 수 없을 것이고 궁가를 위해 땅을 두둑하게 하는 것도 역시 좋은 계획은 아니다. 만일 지금 서둘러 이를 행한다면 국가가 모두 편안해질 것이다. 과거에 태조대왕은 정도전에게 말하기를 왕자들은 본료(本料)가 100여 결이지만 역시 배고프고 춥지 않다. 만일 이에 가사(加賜)한다면 사람들은 반드시 이기적이라고 말할 것이다. 아, 어찌 전하가 태조의 성훈을 법으로 삼기에 부족하다 하여 다섯 배의 수를 정하는가? 항(項)이 말하기를, 정언(正言)을 하는 여성제(呂聖齊)의 상소에 『대전』의 제전(諸田)에 관한 조규에 의해 사전(賜田)할 것을 청한다. 전세(田稅)는 경창에 납부하고 군자 미두는 환급하고 궁가를 합급(合給)하는 직전의 제도를 폐지하려고 말하는 자는 이는 진정으로 본발원색(本拔源塞)의 주장으로 그 공사(公私)는 실로 양편(兩便)이다. 엎드려 바라옵건대는 이 두 가지 일을 가지고 마음에 역(逆)으로 삼지 말라. 승(丞)에 태유(台兪)를 받기 바란다.

　『속대전(續大典)』에서 말하기를, 무릇 면세의 전은 해당 관아가 각자 수세하고 각 관아 면세의 전은 정해진 기한을 넘긴 수세(收稅)는 1결마다 미 23두로 하고 충근부(忠勤府)는 이미 절급하고 축언(築堰) 매수한 것 외에는 면세를 허락하지 않는다. 진상한 청죽전(靑竹田), 관죽전(官竹田), 저전(楮田)은 관도(官都)를 방차(放差)하고 일에 의찰(意察)을 더하는 바이고 호양(護養)을 열심히 하지 않는 자는 감고(監考) 요추(要推)하고 목자위전(牧子位田)은 목장 안에서 각 2결을 지급한다. 매득(買得)한 자는 마위(馬位)의 예에 따라 목장 안에 축언을 논하고 목자위전(牧子位田)을 무릅쓰고 온전히 세금을 납부한 자는 장 100, 도(徒) 2년에 처하고 그 전은 공(公)에 속한다. 학전(學田) 성균관은 400결, 사학(四學)은 각 10결, 주부(州府) 향교는 7결, 군현 향교는 5결, 사액서원(賜額書院)은 3결 세곡(稅穀)을 출납할 때 본관(本館), 본학에 이를 관장하는 교전수(校田守)에게 청대(請臺)하고 서원전(書院田)은 본원으로 하여금 검찰(撿察)하게 하고 자비(自備)가 아직 3결에 미치지 않는다 하더라도 민결(民結)을 가지고 충결(充結)하지 못하게 한다.

　관방전(官房田)은 대왕사친궁(大王私親宮) 500결, 세자사친은 300결, 사궁(四宮)은 각 1,000결, 친궁과 후궁은 800결, 대군과 공주는 850결, 왕자와 옹주는 200결, 구궁과 신궁을 구별하지 않고 왕패(王牌)의 특히 사여가 있는 자는 궁가의 정수에 한정되지 아니한다. 면세의 전은 원결(元結)을 정결(定結)로 삼고 사표를 명확히 정한다. 다른 전을 혼입한 자는 1결의 수세를 엄금하고 미 23두를 넘을 수 없다. 영작궁(永作宮)이 주둔하는 곳은 조세 23두를 거둔다. 선마가(船馬價) 잡비는 모두 원결 면세 중에서 나온다.『속대전』이전의 절수 외에 모든 절수의 대부분은 양서(兩西)지방에 허용하지 않는다. 강화지방의 일절(一切)은 절수를 허락하지 않는다. 국경을 지키는 중요한 지역은 민주(民主)의 결이 있다. 봉산(封山)의 금계(禁界)는 절수해서는 안 된다. 궁차(宮差) 무리 단지 지고(指告)에 의해 섞여서 계하(啓下)라고 한 자는 궁차 및 지고인을 장 100대, 도 2년에 처한다고 한다. 또 구공신에게 패전(牌田)을 주고 아직 수출(受出)을 받지 않은 자는 추급(追給)을 허락하지 않는다. 대개 간접의 거(據)는 기경을 주로 삼는다. 경성 안에서 기경한 자는 장 100대, 산허리 이상을 기경한 자에게는 금단 수령한다. 금단할 수 없는 것은 율론(律論)을 할 수 없는 것으로 한다는 등이다.

제4관　둔전

태조 원년(1392)에 지난 왕조의 둔전의 폐해를 모두 없앴다. 단지 음죽현(陰竹縣)의 둔전 한 곳을 그대로 두었다. 태조 2년 상전(上田)을 붙여 오랫동안 군자(軍資)에 속하게 하였다. 서운관(書雲觀)이 상언하여 말하기를, 고려 태조의 통치가 시작되고 비로소 절을 설치하여 부처님을 편안하게 하였다. 전을 백성에게 주는 것은 500년 동안 일찍이 기록할 수 없었다. 옛 사람이 말하기를 나라에 3년의 비축이 없다면 그 나라는 나라가 아니다. 또 말하기를 폭사(暴師)가 오래되면 국용이 모자란다. 지금의 축적을 가지고 이를 보면 수만의 군사가 1년의 식량이 아직 충분하지 않은 것이다. 만일 전쟁을 일으켜 대중을 움직이는 일이 있더라도 무엇을 가지고 이에 응할 것인가? 경외(京外) 70사(寺) 이외의 강사(講寺) 토전(土田)의 조(租)는 오랫동안 군자에 속하게 하기를 바란다. 문종 원년(1451) 함길(咸吉)의 감사 전문기(全文起)에게 설유하여 말하기를, 둔전의 일을 박의(駁議)하는 자는 생각건대 소리(所利)는 소비(所費)를 갚지 못한다. 나의 뜻은 즉 그렇지 않다. 내가 올해 내놓는 바는 역경(力耕) 제초(除草)의 때에 국고에 넣지 못한다. 힘의 다소에 따라 군량을 권하고 혹은 농기구, 일손을 사서 이를 보충하려 한다. 또 영여(贏餘)가 있고 그러한 뒤에 빈핍한 군대의 수요를 보충한다. 하물며 수년 뒤에 전토가 잘 익으면 내어놓을 바는 스스로 배양하고 그 유익함이 반드시 많을 것이다.

『경국대전』에서 말하기를 "관의 둔전은 주진(主鎭)은 20결, 거진(巨鎭)은 10결, 진(鎭)은 5결, 부(府)·대도호부·목(牧)은 각 20결, 도호부·군(郡)은 16결, 현(縣)·역(驛)은 각 12결[수외(數外)의 둔전 및 속공전(屬公田)은 빈민에게 지급하고 세를 거두게 한다]로 둔전의 수량을 명시하였다. 그리고 선조 19년(1586) 둔전을 경흥(慶興)의 녹둔도(鹿屯島)에 설치하였다. 최욱(崔昱)이 말하기를, 병사를 주둔하는 곳에는 식량이 가장 시급하다. 그러므로 조충국(趙充國)은 계략을 세웠으나 서강(西羌)에 격파당하였다. 먼저 둔전을 힘쓰게 하는데 편의의 방책을 올리는 것이 하나 있다. 말하기를 약간의 병졸이 유둔(留屯)할 때는 무(武)를 하고 전을 통해 곡식을 일궈 위덕(威德)이 함께 행해진다"고 하였다.

또 말하기를 "거주민이 전작(田作)을 할 수 있다면 농업을 잃지 않는다. 신이 은밀히 이를 북변 땅에서 들을 수 있었다. 궐(厥)의 땅이 고수(膏腴)함이 남방의 배(倍)이다. 한광(閑曠) 개간하지 않은 곳이 매우 많다. 시험삼아 형편에 따라 매도하여 간자(幹者) 한 명의 관리로 하여 감동(監董) 역할에 전임하고 토병(土兵)을 사용하게 해 경비병으로서 관에서 먹을 것을 얻는 자는 관에 수종(手種) 기용(器用)의 변급(辯給)을 하고 잡색에 이르러서는 원래 사는 사람이 사는 입호(入戶) 역시 그 양은 잘 절급해야 할 것이다. 요컨대 경작해서 수확할 때까지 천우(千耦) 재야 노사(盧舍)를 바라는 병사가 사람에게 먹을 것을 얻는 자에게는 처음으로 군량을 오로지 지금 농량(農粮)을 겸하게 한다. 아마도 병사는 농민을 떠나지 않고 농민은 병사를 떠나지 않는다. 옛날부터 득책이라고 하는 곡식이 만들어진 이후 병사를 만든다는 것은 공(公)으로 돌아가 다시 병(兵)의 소득이 된다. 잡색을 먹고 만드는 바는 사(私)로 돌아간다. 그리고 인호(人戶) 실업을 면한다. 지금 두려운 바는 땅이 부족하지 않을 것뿐이다. 그렇지만 적은 땅도 사용하지 못하는 것은 개간하지 않음에 있다"고 하였다.

좌의정 유성룡(柳成龍)이 헌책하여 말하기를 "둔전의 논의는 이전에 헌의(獻議)하는 자가 많이 있었지만 마침내 이루어질 수 없었다. 예전의 둔전이라는 것은 주변의 군대가 싸우고 지키는 틈에 스스로 경작하고 스스로 먹었다. 그러므로 내지에 전운(轉運)의 어려움을 줄여야 할 것이다. 지금 백성을 모아 이를 경작하려 하고 나머지를 가지고 군량으로 삼는다. 소득이 충분하지 않다면 쓰는 곳을 보충한다. 이것은 고금에 쉽고 어려움이 같지 않은 형세이다. 단, 남도에 입거한 백성의 수가 매우 많고 6진 한전의 다과를 계산해 이를 관에 분처(分處)하고 우척(牛隻) 농기를 취하여 이를 사용한다. 통력(通力) 합작하는 것이 거의 옛날의 둔전 제도와 같다.

그 소출을 먹는 관리는 별도로 구휼을 더함으로써 흥사(興事)의 부공농작(府功農作)의 힘을 더하여 수년간 스스로 업을 다스린다. 비유하건대 여러 부기고현에 흩어져 단경(單耕)하여 이산(離散)에 이르는 자는 그 효동(效同)을 가져온다. 또한 말하기를 해도(海島)의 둔전은 경사의 민이 아울러 자금을 거두어서 만약 바다 중에 개간이 가능한 땅을 선택하고 매 10인으로써 일우(一耦)로 하여 이들에게 농기를 빌려주고 그 수륙(水陸)의 종을 보급하여 그 땅의 들판에 습지를 선택하여 기경하게 하고 관에는 그 반분을 취하고 그 반을 먹어 공사(公私)가 서로 편하게 한다. 서울과 가까운 땅은 곡물이 이미 많아서 스스로 여민(餘民)에게 돌려주고, 지난해 경성의 민은 크게 반은 곡(穀)을 강화에서 무역하였는데, 피난의 백성과 여러 곳의 관이 이를 의(義)라는 군(軍)도 또한 여러 일어나 강화의 한 지역에 이를 자금으로 하여 크게 경험이 되었다. 옛 당나라 말에 낙양(洛陽)이 창잔(瘡殘)하여 장전의(張全義) 같은 자가 있어 그 윤열하는 유민을 위하여 민에게 전을 나누어 기간하게 하여 각 둔보(屯堡)로부터 전의는 친히 견무(畎畝)의 사이에 권과농상(勸課農桑)을 시행하여 수년 내에 낙양이 완전히 실하게 되었다. 이제 또한 경기의 민에게 조처하게 하는 일은 반드시 전의의 낙양에서 한 일과 같다. 그러니 후에도 좋다고 할 것이다. 27년[48] 이래 훈국(訓局)을 창설하는 의(議)도 둔전을 설치함으로써 양병(養兵)의 수요로 하여 설국의 초기에는 상신(相臣)이 그 일을 담당하고 대장(大將)은 그 병을 다스렸다. 늠양(廩養)의 도구는 기계의 설비, 대사(大司)의 농은 모두 진급함이 족하게 하여 여기에서 별도로 둔전을 설치하여 그 비용을 충당하였다"고 하였다.

우의정 이항복(李恒福)은 경리둔전(經理屯田)의 폐단을 논하여 말하기를[49] "이 일의 시말은 신도 역시 잘 알지 못하나 여러 해에 걸친 양(楊)의 경리(經理)는 서울 남방의 변보가 갑자기 이르렀는데, 군에 전에 양(粮)이 결여된 것은 비변사에게 된 사(士)에게 오복(杇腹)이 많았고, 경리에서 급하게 사후(伺候) 배신을 소환하여 사신을 질책하고 둔전에 속(粟)을 모아서 군수를 보충하게 하였다. 당시 여름철에 또한 창황(蒼黃)하여 비변사에게 준비시켜 일시의 편의에 따라 일시의 급함에 응하고 이에 인하여 각도에는 과외(科外)의 곡식을 징수하여 이름을 '둔전'이라하고 땅의 광협과 곡식의 다소에 따라 정하였는데, 유망한 자가 있으면 이웃과 친족에게 침범하여 징수하며 간혹 간민(奸民)이 있어, 둔전이라고 탁언(託言)하여 백성의 토지를 징탈하여 몰래 사사로이 곡식을 종자로 하여 자기의 이익으로 삼고 있다. 옛날 둔전은 모두 둔전에서 이를 두는 땅이니 이것으로 인하여 황폐하고 버리거나 혹은 경작하여 또한 지키거나 하면서 군저(軍儲)에 입지하였다. 지금에는 그렇지 아니하여 옛 이름을 거짓으로 속여서 새롭게 해를 끼치니 일월이 이미 오래되어 점점 고질적인 폐단을 이루었다. 경리로부터 거둔 둔전은 오히려 그대로 있으니 심히 마땅한 일이 아니기 때문에 신으로서는 마땅히 장차 주사(舟師)를 보내어 연해에 속한 곳 등 둔전의 원수(元數)를 반감하고 파종하는 것으로 하였다. 지금을 위하는 개혁으로서는 일체 탕척(蕩滌)을 하여 가장 상책(上策)이 될 것이다" 하였다.

---

48 선조 27년(1594)을 가리킨다.
49 이 부분은 『증보문헌비고』의 내용을 그대로 전재하고 있다(『증보문헌비고』 권 145, 전부고 5, 둔전). "선조 27년(1594)에 새로이 훈국(訓局)을 설치한 이유로서 둔전을 설치하여 양병하는 수용(需用)에 이바지하기를 의논하였다. 훈국을 설치한 처음에 상신(相臣)이 그 일을 담당하고 대장이 그 군사를 다스렸는데, 늠양(廩養)의 갖춤과 기계(器械)의 준비를 대사농(大司農)이 다 공급할 수가 없으므로, 이에 따라 둔전을 두어 그 비용에 충당하였다. 우의정 이항복(李恒福)이 경리 둔전의 폐단을 논하기를…" 등의 내용을 인용하였다.

인조(仁祖) 때(1623~1650) 예조참판 이식(李植)은 계를 올려, 관향사(管餉使)[50] 성준구(成俊耉)의 장계(狀啓)로써 여정(餘丁)[51]을 모집하여 둔전을 일으킬 일을 판하(判下)하였는데[52] "우리나라 둔전의 법은 제회(第會)한 것이 소활(疎闊)함이 심하다. 그 시초에는 황폐한 빈 들판에 나가 노는 사람을 섞어 모집하여 농사를 짓고 가을이 되면 약간의 수입은 있으나 그 실수(實數)를 비교하면 비록 원전(原田)에 정세(正稅)를 더한다 하더라도 비록 대동수미(大同收米)[53]에는 훨씬 미치지 못한다. 애초에 경계를 구획한 한계와 과정을 권고하고 이를 감독하고 관개·기용(器用)을 사용하여 도움을 얻는 것은 묘(畝)에 따라서 나누어 거두는 제도가 중원(中原) 전대(前代)의 성시(盛時)와 같은 것은 있지 않았다. 보내는 곳의 둔전관도 또한 정선(精選)한 것이 아니고 그 자원에 따라 보고하는 바에 맡겼기 때문에 둔전관이 자기만 살찌기를 일삼아, 백성과 더불어 서로 편들어 함께 속이고 숨기니, 많고 적음을 참작할 수 없다. 국가 요역(徭役)이 번거롭더라도 비록 역이 있는 백성이라 하더라도 혹시 자기 전토를 들이거나 오히려 도로 전작(佃作)을 받는 것이 오히려 이익이 되므로, 대개 둔민은 한가롭고 넉넉하며 둔관은 왕왕 치부(致富)하니, 그 습관이 이미 고질이 되어 갑자기 고칠 수 없기 때문에 반정(反正)한 이래로 비국(備局)에서 비록 크게 둔전을 일으키자는 의논이 있었으나 마침내 이익이 없다는 이유로 시행하지 아니하였다. 지난해 처음 호패법(戶牌法)을 행하였는데 그때 승지(承旨) 이민구(李敏求)가 헌의하여 평안도에 둔전을 설치 시행하여 입작(入作)하여 협중(峽中)의 유민을 모집하여 여정(餘丁)을 면하고 전작하게 하려고 하였으니, 대개 그 뜻은 옛 법을 조금 변하여 그 수입을 넉넉하게 하려고 한 것인데, 비국에서 이익이 적은 이유로 방지하였으니, 이는 둔전의 법이 좋지 아니한 것이 아니라 바로 우리나라 둔전하는 법이 스스로 좋지 못하여 그러한 것이다. 지금 부(府)에서 둔전을 감독하되 겨우 산비탈과 시내 언덕의 예전 폐전(廢田)을 차지하고 있으므로 현재 경작하는 등의 땅과는 기름지고 메마름이 현저

50　조선조 때 평안도의 군량을 관리하던 벼슬. 평안감사(平安監司)가 겸직하였다.
51　국가의 충원(充員) 계획에 따라 현역(現役)에 징집하고 남은 장정을 말한다.
52　이 부분도 『증보문헌비고』의 내용을 그대로 전재하고 있다(『증보문헌비고』 권 145, 전부고 5, 둔전). "인조조(仁祖朝)에 예조참판(禮曹參判) 이식(李植)이 아뢰기를, '관향사(管餉使) 성준구(成俊耉)의 장계(狀啓)로써 여정(餘丁)을 모집하여 둔전을 일으킬 일을 판하(判下)를 하였는데 …'를 인용하였다.
53　원문에는 '대고수미(大固收米)'로 잘못 쓰여있다. 대동수미는 현물로 바치던 공물(貢物)을 미곡으로 환산하여 전지 1결에 대하여 일정한 양을 거두어들이던 쌀을 말한다.

하게 다른데도 오히려 한 해에 10여만 곡(斛)을 수확하고 있으니, 둔전의 이익은 대개 이와 같은데, 성준구(成俊耉)[54]가, '여정을 모집하여 둔전을 일으키기를 청한 것'은 바로 이민구(李敏求)가 헌의한 뜻이다. 그러나 만약 옛 폐해를 고치지 아니하면, 이는 국가에서 많은 여정을 감실(減失)하면서 군수(軍需)에 큰 이익이 없는 것이다. 신의 망령된 뜻은 마땅히 이때에 미쳐서 따로 사목(事目)을 만들어 결복(結卜)[55]의 안(案)을 바르게 하고 수입의 수량을 제정하며, 청렴하고 삼가는 서리를 선임(選任)하고 고핵(考覈)하는 법을 엄하게 하여, 독부(督府)에서 구당(句當)하여 절목에 따라 이회(理會)하고 관원을 보내어 심핵(審覈)하여 상벌을 명백하게 보여서 실효를 거두기를 기필하면, 비록 효과를 얻지 못한다 하더라도, 독부(督府)의 모든 법이 지금 훈련도감(訓鍊都監)의 소활한 규정과 같지는 아니하면 거의 위상(渭上)과 황중(湟中)[56]의 일을 지금 다시 보게 될 것이다" 하였다. 현종 7년(1666) 훈국의 둔전을 혁파하고 호조에 이속하고 본영의 군수에 책응(策應)하였다. 영조 31년(1761) 적산(籍産)의 전토로서 금아영에 매번 할급하여 경용(經用)에 쓰이게 하였다.

제6장 결론

토지소유권에 관한 대체적인 연혁은 이상 논술한 바와 같이 태고의 기씨시대에 은나라의 법제를 모방하고 나서 처음으로 한반도 북부지방 평안도의 한 국지에서 모범적 법제 즉, 정전법의 시행을 시도한 이래 이조 현대에 이르기까지 토지에 관한 제도의 추이와 변천 상태는 앞의 각 장에서 중심 내용을 논술하였다. 그런데 이를 요약하면 기씨가 정전법을 시행한 당시에는 아직 일반 인민에 대해 토지에 관한 이른바 총괄적 지배권, 즉 법률상 이른바 토지소유권을 시인하는 관념을 갖고 이를 시행한 것은 아니라는 것은 일반적으로 의심할 여지가 없다. 그 뒤 삼국시대, 즉 신라, 백제, 고구려의 삼국이 반도 내에서 상호 맹렬히 싸

---

54 원문에는 '성준고(成俊考)'로 잘못 쓰여 있다.

55 복(卜). 곧 전지(田地)의 단위 면적을 말한다. 양전척(量田尺)으로 1척 평방(平方)을 파(把, 줌)라 하고, 10파를 1속(束, 뭇)으로, 10속을 1부(負 또는 卜, 짐)로 100부를 1결(結, 목)이라 한다. 결복은 전지의 면적 또는 전세(田稅)를 의미하는 말로 사용된다.

56 위상(渭上)은 제갈량(諸葛亮)이 둔전을 설치한 위수(渭水)가의 이름이고, 황중(湟中)은 조충국(趙充國)이 둔전을 설치한 금성황중(金城湟中)을 말한다.

우고 있던 시대에 있어서는 인민이 사실상 자유롭게 토지의 사용 및 수익을 거둔 상태는 허용되지 않았을 뿐만 아니라 왕왕 이에 관한 정령(政令)을 발포한 사실이 존재하나 그 내용은 문서에 실린 것이 없으므로 이를 상세히 알 수 없다. 그러나 요컨대 당시에 있어서는 근세에 있어서와 마찬가지로 토지에 관한 관념이 공고하지 않고 토지는 경제학상의 이른바 자유재화로서 각자는 이르는 곳에서 용이하게 수용(需用)의 만족을 얻었다. 그러므로 앞서 말한 정령은 토지에 관한 법률상의 성질을 분명히 한 것이 아니라 단지 토지의 사용을 장려하는 관념, 즉 바꿔 말하면 폐퇴황모(廢頹荒茅)의 땅을 개간하여 기경권농(起耕勸農)하여 가급적 토지사용을 장려하는 정신을 기초로 하여 이를 발포한 것이다. 따라서 이 시대에 있어서도 아직 토지소유권은 일반 인민에 대해 이를 부여하는 관념이 존재하지 않았던 것은 당시의 경제상의 상태에 비추어 아마도 의심할 여지가 없다. 그리고 신라 말엽 문무왕 시대에 이르러 백제 및 고구려를 통일한 뒤 신문왕이 군림하는데 미쳐 비로소 관료에게 직전(職田)을 사급(賜給)하였다. 그렇지만 그 직전은 어떠한 관직을 갖는 자에 대해 이를 사급하였는지 또 사급을 받은 자는 그 토지에 대해 어떠한 행위를 행할 수 있었는지 등에 관해 아무런 규정을 찾을 수 없으므로 이를 상세히 알 수는 없다. 그러나 요컨대 당시에 있어서는 영토 주권의 관념과 토지소유권의 관념은 혼효(混淆)하여 이를 구별할 수 없는 시대이었기 때문에 토지소유권을 부여하는 관념을 갖고 이를 사급한 것이 아니며 단지 토지에서 생기는 조곡(租穀) 즉 토지사용료를 징수하는 권능을 부여한 것에 지나지 않는다는 것은 봉록(俸祿)에 조곡을 지급하는 것은 당시의 관례였던 사실에 비추어 아마도 의심할 필요가 없다고 생각한다. 따라서 그 사여(賜與)를 받은 토지는 이를 매매 또는 기타 행위에 의해 소유권을 이전할 수 없을 뿐만 아니라 그 자손에 대해서도 법률상 당연히 상속을 할 수 없다. 즉 논을 받은 자가 사망한 경우에는 이를 관에 반환할 필요가 있다고 규정하였다. 그 뒤 한반도 내에서 인민이 번식, 증가함에 따라 종래 자유재화였던 토지는 경제적 재화로 변하였다. 이에 대한 관념이 진보하고 발달하여 더욱 공고해짐과 동시에 일반적으로 생활상은 점차 현저하게 곤란해짐에 따라 거호권세(巨豪權勢)의 무리는 이기심의 발동에 의해 종종 매우 포악해지고 완력을 행사함으로써 광모(廣茅)한 땅을 점탈하기에 이르렀다. 이에 반해 빈천(貧賤)하여 세력을 가지지 못한 무리는 수수방관하며 무위 강포한 점탈을 감수하지 않을 수 없는 영역에 군박(窘迫)하기에 이르렀다. 즉, 이른바 우승열패는 사실상 용이하게 행해지고 현저하게 질서를 문란하고 또

민간에서 매우 심한 참상을 보이게 됨에 따라 고려왕조 문종시대 이후 자주 토지에 관한 정령을 발포하고 주의 깊게 그 교정에 노력하였다.

즉 첫째[57] 토지의 품질, 생산이 많고 적음에 따라 등급을 정함으로써 징세의 평등 균일을 기했다. 둘째 진전(陳田) 개간 경작 및 수익 분배의 방법을 정함으로써 토지 이용을 장려하고 또 식산의 진작을 기도하였다. 셋째 정치도감(整治都監)을 두어 강포하고 불법적인 태탈(台奪)을 막음으로써 사민이 평등하게 토지의 사용 수익을 거두게 하는 방법을 강구하였다. 넷째 균전의 제도를 정함으로써 전정의 문란을 정리하고 또 겸병횡탈의 폐해를 교정하는데 노력하였다. 다섯째 공전과 사전의 구별을 없애고 토지는 모두 공전으로 함으로써 국가의 재정을 정리하고 또 국용의 충실을 기도한 것이다. 기타 토지의 분배 방법으로 적전, 직전, 둔전 등 많은 제도를 규정함으로써 이를 규율하려고 기도하였다. 이와 같이 토지에 관한 정령은 자주 발포되었다고는 하지만 아직 인민에 대해 토지소유권을 시인하는 관념을 가지고 발포된 것은 아니며 그 주안점은 오로지 국가의 재정적 수입을 증가시키려는 데 있었다. 환언하자면 다수의 정령은 조세의 징수를 용이하게 함으로써 국고의 수입을 증가하려는 것을 목적으로 한 점은 당시 당국자의 논쟁에 비추어 아마도 틀림이 없을 것이다. 또 유조지(有租地)와 무세지(無稅地)를 구별하기 위해 많은 법규를 제정하였다. 요컨대 당시에 있어서는 아직 인민에 대한 토지의 소유권을 시인받은 것은 아니다. 단지 무조지(無租地) 등에 있어서는 인민이 각자 자유롭게 사용 수익을 얻는 데 지나지 않는 것이었다.

이조(李朝)는 그 시조 태조대왕(이성계) 이래 종래의 관행을 깨지 않으려고 기도하였지만 당시 제도는 심하게 문란해진 결과 국고의 수용을 충실하게 하지 않을 수 없었으므로 자주 전제의 개혁을 단행하였다. 즉 첫째[58] 현재의 경지 정리의 수단으로서 토지의 장량을 시도하고 또 토지의 수확과 기타 고척편부(膏瘠便否)를 기초로 하여 등급을 정하였다. 그 목적은 국고의 수입을 증가시키는데 있었다. 둘째 토지의 분배 방법은 대체로 전 왕조의 법제를 계수한 것이었지만 그 안에 특히 이른바 직전은 여러 가지 폐해를 양성하는 유일한 원인이

---

57 원문에는 '첫째(第一)' 위에 방점이 찍혀 있다. 이하 '둘째(第二)', '셋째(第三)', '넷째(第四)', '다섯째(第五)'도 마찬가지다.
58 원문에는 '첫째(第一)' 위에 방점이 찍혀 있다. 이하 '둘째(第二)'도 마찬가지다.

었을 것이므로 자주 이를 개정, 보정하였으나 그 목적을 달성할 수 없었으므로 마침내 이를 폐지하고 직전을 받을 자에 대해서는 미두를 녹급하기로 하였다. 기타 제전(諸田)에 관해서는 태조대왕이 군림한 이래 근세에 이르기까지 다대한 논쟁을 야기한 바 거의 개혁에 관한 논의가 그칠 적이 없었지만 요컨대 사패의 토지, 절급의 토지, 절수 환가(換價) 등 수많은 추이, 변천을 거쳐 대원군이 섭정의 직에 있을 시대에 이르러서도 아직 명확한 결정을 보지 못하였다. 요컨대 그 논쟁의 근본적 관념은 어떠한 법을 가지고 인민이 소유하는 토지의 안전을 보호할지가 아니라 어떻게 하면 완전히 국고가 희망하는 수입을 증가시킬 수 있을지, 그리고 어떠한 방법을 취하면 토지를 사급할지 등에 있었다. 여러 가지 정령의 취지가 이와 같았다. 과연 그렇다면 일반 인민은 토지소유권을 취득할 수 있을지 아닐지에 관해 한국 법제사상 어느 경우에 있어서는 토지의 매매와 상속 등에 의해 권리를 이전할 수 있는 것 같이 규정하고 또 어떤 경우에 있어서는 사급된 토지는 사수자(賜受者)의 일신에 머물고 그 자의 사망 등 원인에 의해 지배관계를 이탈한 경우에는 이를 관에 반환하여야 한다고 규정하는 등 법제의 연혁상 매우 애매한 지위상태에 있으므로 위에서 말한 문제에 관해서는 아직 갑자기 논단할 수 없다.

생각건대 인민의 생명, 신체의 안전을 보호하고 재산의 안고를 보장하는 것은 사회의 안녕과 질서를 유지하는 까닭이며 이른바 치국 위정의 요의다.[59] 무릇 사람의 생명과 신체는 사회생활의 근원이다. 인민의 신체가 건강하지 않다면 국가의 정력의 불건강을 초래하고 생명이 보호받지 못한다면 사회조직의 파멸을 초래하는 것은 많은 말이 필요하지 않을 것이다. 생명과 신체에 아무런 장해를 받는 일 없이 평정 안녕하고 나서 비로소 사회적 공동생활의 목적을 달성할 수 있는 것이다.

그러므로 근세 진보한 국가에 있어서는 개인의 생명과 신체의 안전을 보호하기 위해 노력하고 이에 대한 긴급하고 위급한 상해는 자진해서 이를 제거하게 할 뿐만 아니라 국가도 역시 개인의 생명과 신체의 자유를 인정하고 법률의 규정에 따르지 않는다면 용이하게 이에 대해 상해를 가할 수 없는 것이다. 즉, 개인의 생명과 신체에 대해 국가 공법을 통해 이를 보호하는 것은 크게 이유가 있는 바이다. 그리고 인류의 생명, 신체 다음으로 사회적 공동단

---

59 원문에서는 해당 문장의 오른쪽에 방점을 찍어 강조하였다. 이하 진하게 처리한 문장 모두 마찬가지다.

체의 생활상 근본적 필요가 불가결한 것은 재산이다.

원래 재산은 인류의 생명 재산을 지지하는 자료이며 생활의 근원 기초를 공고하게 하고 또 국가의 안녕질서를 유지하는 유일한 원동력이다. 과거 재산적 관념이 결핍되었던 시대에 있어서는 국가의 기초가 스스로 영약(贏弱)하여 수초(水草)를 따라 떠다니는 인민에게 국가의 관념이 결핍되어있는 것은 과거부터 법제사상 그 예증이 적지 않다. 즉, **재산의 안고가 있은 뒤에 국가의 안전을 바랄 수 있는 것이다. 재산의 안전을 꾀하지 않고 국가의 안전, 공동생활의 평정을 기대하는 것은 이른바 습한 데 있으면서 마른 것을 바라는 것과 일반이다. 재산의 안전을 꾀하는 것은 그 소유권을 보장하는 데 있다.** 원래 소유권은 재산 가운데 가장 중대한 권리로 다른 사법상의 권리는 소유권에 수반되어 발생, 변경, 소멸하는 권리라고 칭하더라도 굳이 지나친 말은 아닐 것이다. 생명과 신체의 자유, 재산의 안전을 보호받음에 따라 비로소 국가의 안녕을 보지하고 단체적 공동생활의 진보와 발달을 기할 수 있다. 그런데 한국은 종래 인민에 대해 토지소유권을 부여함으로 이를 보호하는 관념을 가지고 입법을 한 것이 아니라, 오로지 국고의 수입을 증가시키려고 기함으로써 법규를 제정한 것은 앞에서 반복해 논술하였다. 뿐만 아니라 각 지방의 부호와 권세를 가진 무리는 그 위력을 이용하여 멋대로 박서(搏筮) 양탈(攘奪)을 하고 탐횡(貪橫)을 함부로 하여 빈천하고 무지한 무리를 도탄에 빠지게 하여도 관헌은 이를 억제하는 권력을 사용할 수 없었다.

따라서 이른바 양반이라고 칭하는 거가부호(巨家富豪)로서 권세를 쥔 무리배는 유유무위하며 아무 일도 하지 않고 포의도식을 하는 데에 반해, 보통 일반 인민은 아침 저녁으로 자자급급(孜孜汲汲) 먹고 입기 위해 분주하여 겨우 일상생활을 지속할 수 있는 데 지나지 않았다. 그 생활상태가 불권형(不權衡), 불균일함은 실로 우리들이 생각하는 것 이상이다. 게다가 한국민 일반에게 축재의 관념이 결핍된 결과 광위(廣菱)한 옥야, 풍성한 땅은 이르는 곳마다 대부분은 거의 황폐해지고 그 생산력은 날로 감퇴하였다. 인민의 활기는 더욱 기운을 잃고 부지불식간에 타민유리(惰民遊俚)의 무리를 증가시키고 헛되이 사령(辭令)에만 교묘하고, 농사와 기타 식산 사업을 진작할 것을 기도하거나 획책하는 자가 없다. 따라서 이들 사업이 유치하고 더디고 진척이 없는 까닭에는 필시 또 다른 정치적 원인이 있을 것이지만 재산권에 대한 완전한 보호를 결여한 것은 그 중요한 요인이며 현재와 같은 상태에 빠진 것도 역시 우연이 아닐 것이다.

그렇지만 근래에는 크게 생각하는 바가 있어 주의 깊게 인민의 보호 방법을 강구하고 또 식산 공업의 진작을 기도하고 있으므로 가까운 장래에 크게 그 진보와 발달을 보기에 이를 것은 아마도 틀림없다고 생각한다. 특히 인민의 재산권의 보호 방법으로서 최근 토지, 가옥의 증명규칙과 기타 소유권의 보존등기규칙(조만간 발표될 것이다) 등은 그 일례다.

자료목록

자료번호	대분류	소분류	편저자	자료(책)명	소장처	발행연월
1~129	경제	법령	신문기사	《독립신문》,《황성신문》,《대한매일신보》,《제국신문》등 신문기사 총 129건		1897.11~1907.12
130~144	경제	법령	잡지기사	《대한자강회월보》,《대한유학생회학보》,《태극학보》,《서우》등 잡지기사 총 15건		1906.9~1907.12
145	정치	법률가	우메 겐지로 (梅謙次郎)	한국 입법 사업 담임 당시 기안 서류 (韓國立法事業担任当時ニ於ケル起案書類)	일본 호세이대학	(미상)
146	경제	정책	부동산법조사회	부동산법조사회안 (不動産法調査會案)	서울대학교 규장각 한국학연구원	1906.8~1907.11
147	경제	정책	한국통감부	토지 및 건물의 매매, 증여, 교환 및 전당의 증명에 관한 규칙 및 지령 등 요록 (土地及建物ノ賣買,贈與,交換及典當證明規則及指令等要錄)	국립중앙도서관	1906.11~1907.2
148	경제	정책	부동산법조사회	한국 부동산에 관한 조사 기록 (韓國不動産ニ關スル調査記錄)	국립중앙도서관	1906.8
149	경제	조사	부동산법조사회	한국 부동산에 관한 관례 제1철 (韓國不動産ニ關スル慣例 第一綴)	일본 교토대학	1907.4
150	경제	조사	부동산법조사회	한국 부동산에 관한 관례 제2철 (韓國不動産ニ關スル慣例 第二綴)	국립중앙도서관	1907.6
151	경제	저서	나카야마 세타로 (中山成太郎)	한국 토지에 관한 권리 일반 (韓國ニ於ケル土地ニ關スル權利一班)	국립중앙도서관	1907.6
152	경제	저서	히라키 간타로 (平木勘太郎)	한국 토지소유권의 연혁을 논함 (韓國土地所有權ノ沿革ヲ論ス)	국립중앙도서관	1907

참고문헌

1. 자료

1.1 개인문서, 일기, 전기, 회고록류

『梅謙次郎文書』, 『寺內正毅文書』, 『寺內正毅日記』, 『水野鍊太郎回想錄·關係文書』 司法協會, 『日帝의 韓國司法府 侵略實話』, 『齋藤實文書』, 『倉富勇三郎文書』

朝鮮司法協會, 1940, 「朝鮮司法界の往事な語る座談會」, 『朝鮮司法協會雜誌』 19권 10·11호(남기정 역, 1978, 『일제의 한국사법부 침략실화』, 育法社).

1.2 정기 간행물

『舊韓國官報』, 『國家學會雜誌』, 『每日申報』, 『法學志林』, 『法學協會雜誌』, 『司法協會雜誌』, 『思想彙報』, 『朝鮮總督府官報』, 『朝鮮總督府施政年報』, 『朝鮮總督府月報』, 『朝鮮總督府統計年報』, 『朝鮮行政』, 『朝鮮彙報』, 『朝鮮』, 『中樞院通信(1937~1938)』, 『戶籍』

1.3 규장각한국학연구원 소장 문서

『法部大臣請議日本人法官任用內規』(奎24565)

『內閣法部來去文(1906~1909)』(奎17763)

『內閣去來案(1909)』(奎26200)

『法部去來案』(奎26204)

『起案(議政府)』(奎17746)

『各部通牒(1906~1908)』(奎17824)

『法制局通牒(1907~1910)』(奎17825)

『外事局通牒(1907~1910)』(奎17826)

『內閣往復文(1907~1910)』(奎17755)

『統監府來文』(奎17849)

『統別法律關係往復文』(奎17852), 內閣(朝鮮) 編, (1907~1910) 총 4책

『統別詔勅關係往復文』(奎17853), 內閣(朝鮮) 編, (1907~1910) 총 2책

『韓國法令關係綴(조선총독부)』(奎26745)

『事務參考書(朝鮮總督府)』(奎20958)

『朝鮮總督府各部內譯明細書』(奎20290)

『京畿仁川港畓洞戶籍』(奎27369)

1.4 국사편찬위원회 소장 관습조사 관련 문서

『慶州東萊昌原大邱調査書』(中B16BBC-10)

『公州地方ニ於ケル特別調査書』(中B16BBE-6)

『大邱郡ニ於ケル調査報告書』(中B16BBC-22)

『東萊郡ニ於ケル調査報告書』(中B16BBC-25)

『調査報告書』(中B13A-1)

『調査報告書(東萊)』(中B13J-83)

『舊慣審査委員會議案原稿』(中B6B-41)

『舊慣審査委員會誌』(中B6B-42)

『舊慣審査委員會會議錄』(中B6B-43)

『舊慣審査委員會會議案原稿』(中B6B-41)

『慣習及制度調査沿革草起稿狀況』(中B14-15)

『朝鮮舊慣及制度沿革ノ調査』(中C14D-3)

『慣習ニ關スル照會回答綴』(中B14-16)

『歸化ニ關スル事項』(中B13J-20)

『歸化人事項拔萃』(中B13J-21)

『資料關係雜書類綴』(中B17B-76)

『制度調査項目』(中B13B-34)

『調査事項綴』(中B14-61)

『調査資料書目』(中B17B-81)

『中樞院官制改正ニ關スル資料』(中B12B-20)

『親族相續編纂資料項目』(中B13IF-18)

『婚姻ニ關スル事項』(中B13IF-25)

『婚姻年齡調査表』(中B13IF-28)

『隆熙三年 韓國慣習調査報告書 平北篇』

『咸鏡南道慣習調査報告書』

『舊調査書表』

『慣習調査應答者調』

『調査報告書』

『第一案各地慣習異同表』

『洑ニ於ケル調査報告書』

『公課負擔ト年齡トノ關係, 戶主權行使ト年齡トノ關係』

1.5 조선총독부 간행물·단행본·자료집

法典調査局, 1909, 『慣習調査問題』.

內部警務局, 1910, 『民籍事務槪要』.

朝鮮總督府, 『慣習調査報告書』(정긍식 편역, 2000, 『改譯版慣習調査報告書』, 한국법제연구원).

_____, 『朝鮮總督府參事官分室關係書類』 1.

_____, 1912, 『明治四十五年行政整理顚末』.

_____, 1914, 『朝鮮統治三年間成績』.

_____, 1915, 『朝鮮施政ノ方針及實績』

_____, 1915, 『朝鮮關係帝國議會議事經過摘錄』.

_____, 1917, 『司法官會議諮問事項答申書』.

_____, 1917, 『裁判所及檢事局監督官協議決定事項(1917. 10)』.

_____, 1917, 『司法官提出意見ニ對スル總督內示(1917. 10)』.

_____, 1917, 『司法官ニ對スル總督訓示·司法官ニ對スル總督指示·司法官ニ對スル司法府長官注意事項(1917. 10)(司法官會議)』.

_____, 1922, 『朝鮮に於ける新施政』.

_____, 1938, 『朝鮮總督府臨時對策調査會會議錄』.

_____, 1938, 『裁判所及檢事局監督官會議 總督訓示及法務局長注意事項集』.

_____, 1941, 『朝鮮施政上ノ重要統計資料』.

_____, 1943, 『朝鮮統理と皇民化の進展』.

朝鮮總督府 內務部, 1917, 『民籍例規集』.

朝鮮總督府 法務局, 1922, 『民籍例規』.

_____, 1933, 『朝鮮戶籍例規』.

_____, 1936, 『朝鮮の司法制度』.

_____, 1943, 『朝鮮司法一覽』.

_____, 1943, 『朝鮮戶籍及寄留例規』.

朝鮮行政編 輯總局, 1937, 『朝鮮統治秘話』.

朝鮮總督府 中樞院, 1938, 『朝鮮舊慣制度調査事業槪要』.

_____, 1938, 『民事慣習回答彙集』.

_____, 1945, 『民事慣習回答彙集(續編稿)』.

朝鮮戶籍協會, 1944,『朝鮮戶籍及寄留質疑回答輯錄』.

舊慣審査委員會, 1919,『第四回舊慣審査委員會議案追加』.

高等法院書記課, 1923,『朝鮮司法提要』.

拓務大臣官房文書課, 1934,『外地ニ行ハルル法律調』.

司法法規改正調査委員會, 1937,『司法法規改正調査委員會審議案』1.

司法協會,『朝鮮高等法院判決錄』1~30.

_____, 1932,『司法協會決議回答輯錄』.

_____, 1938,『司法協會決議回答輯錄』.

_____, 1923,『朝鮮高等法院判例要旨類集』.

_____, 1930,『朝鮮高等法院判例要旨類集』.

_____, 1937,『朝鮮高等法院判例要旨類集』.

_____, 1942,『朝鮮高等法院判例要旨類集』.

朝鮮總督府 中樞院,『中樞院會議錄』(서울대학교·고려대학교·국회·국립중앙도서관 소장본).

_____,『中樞院會議各局長演述』(서울대학교·고려대학교·국회·국립중앙도서관 소장본).

_____,『慣習及制度調査計劃』.

朝鮮總督府 中樞院 調査課,『推定祭祀相續人の廢除に就て』.

朝鮮總督府,『朝鮮戶籍令私案』(국립중앙도서관 한·古·朝33-15).

_____,『朝鮮戶籍令案』(국립중앙도서관 한·古·朝33-16)

_____,『朝鮮總督府帝國議會說明資料』1~17(不二出版 復刻).

廣池千九郎, 1909,『韓國親族法親等制度之硏究』, 法理硏究會.

細谷正, 1915,『日鮮對照朝鮮民籍要覽』.

小松綠, 1920,『朝鮮倂合之裏面』.

切山篤太郎·春澤得一, 1920,『朝鮮親族相續慣習類纂』, 嚴松堂京城店.

近見繁造, 1924,『朝鮮戶籍法規詳解』.

野村調太郎, 1923,『朝鮮戶籍令義解』.

中田傳平, 1923,『朝鮮戶籍令要義』.

馬場社, 1926,『朝鮮親族相續慣習法綜攬』.

吉武繁, 1931,『朝鮮親族法要論』.

藤田東三, 1933,『朝鮮親族法 – 主として朝鮮高等法院判例を中心としての考察』, 大阪屋號書店.

南雲幸吉, 1935,『現行朝鮮親族相續法類集』.

中村進吾, 1936,『朝鮮施政發展史』, 朝鮮發展社.

喜頭兵一, 1936,『李朝の財産相續法』.

野村調太郎, 1939,『朝鮮祭祀相續法論 序說』.

綠旗日本文化硏究所, 1940, 『氏創設の眞精神とその手續』.

松岡修太郎, 1941, 『外地法』, 日本評論社.

_____, 1944, 『朝鮮行政法提要』, 東都書籍.

山崎丹照, 1943, 『外地統治機構の硏究』.

中村哲, 1943, 『植民地統治法の基本問題』, 日本評論社.

淸宮四郎, 1944, 『外地法序說』, 有斐閣.

水野直樹 編, 1998, 『戰時期 植民地統治資料』 1~7, 柏書房.

_____, 2001, 『朝鮮總督諭告·訓示集成』, 綠蔭書房.

市川正明, 1979~1981, 『日韓外交史料』, 原書房.

_____, 1978, 『韓國倂合史料』, 原書房.

國會圖書館 編, 1970~1972, 『韓末近代法令資料集』 I, III~IX.

外務省, 1965, 『日本外交年表竝主要文書』 上·下, 原書房.

_____, 1990, 『外地法制誌』 1~12, 文生書院.

學習院大學 東洋文化硏究所, 2001, 『未公開資料 朝鮮總督府關係者 錄音記錄』 2(정재정 역, 2002, 『식민통치의 허상과 실상』, 혜안).

2. 연구물

2.1 연구서

강창석, 1995, 『朝鮮 統監府 硏究』, 국학자료원.

국사편찬위원회, 2002, 『신편 한국사 47: 일제의 무단통치와 3·1운동』.

_____, 2014, 『한국근대사기초자료집 6 – 개화기 사법』.

金斗憲, 1969, 『韓國家族制度硏究』, 서울대학교출판부.

金英達, 1997, 『創氏改名の硏究』, 未來社.

김운태, 1999, 『개정판 日本帝國主義의 韓國統治』, 박영사.

민족문제연구소, 2009, 『친일인명사전』(전3권).

박병호, 1985, 『한국의 전통사회와 법』, 서울대학교출판부.

박성진·이승일, 2007, 『조선총독부 공문서』, 역사비평사.

小川原宏幸, 2012, 『이토 히로부미의 한국 병합 구상과 조선사회』, 열린책들.

연세대학교 국학연구원, 2016, 『한국토지용어사전』, 혜안.

王泰升, 1999, 『臺灣日治時期的法律改革』, 聯經.

왕현종, 2016, 『한국 근대 토지제도의 형성과 양안 – 지주와 농민의 등재 기록과 변화』, 혜안.

_____, 2017, 『대한제국의 토지조사와 토지법제』, 혜안.

윤대성, 1997, 『한국민사법제사 연구』, 창원대학교출판부.

이승일, 2008, 『조선총독부 법제정책 - 일제의 식민통치와 조선민사령』, 역사비평사.

이영미, 2005, 『韓國司法制度と梅謙次郎』, 法政大學出版局.

_____, 2011, 『한국사법제도와 우메 겐지로』, 일조각.

이영호, 2018, 『근대전환기 토지정책과 토지조사』, 서울대학교출판문화원.

임종욱, 2010, 『중국역대인명사전』, 이회문화사.

장병인, 1997, 『조선전기 혼인제와 성차별』, 일지사.

정광현, 1967, 『韓國家族法研究』, 서울대학교출판부.

정긍식, 1991, 『韓末法令體系分析』, 한국법제연구원.

_____, 1995, 『統監府法令 體系分析』, 한국법제연구원.

_____, 1996, 『朝鮮總督府 法令史料(1) - 支配機構·立法』, 한국법제연구원.

_____, 2002, 『韓國近代法史攷』, 박영사.

정치학대사전편찬위원회, 2002, 『21세기 정치학대사전』, 아카데미아리서치.

정혜경, 2001, 『日帝時代 在日朝鮮人民族運動研究』, 국학자료원.

최덕교, 2004, 『한국잡지백년』 1, 현암사.

최석영, 1997, 『일제의 동화이데올로기의 창출』, 서경.

최원규, 2019, 『한말 일제초기 국유지 조사와 토지조사사업』, 혜안.

최유리, 1997, 『日帝末期 植民地 支配政策研究』, 국학자료원.

최재석, 1996, 『韓國家族制度史研究』, 일지사.

최홍기, 1997, 『韓國戶籍制度史研究』, 서울대학교출판부.

Marie.s.h kim, 2012, *Law and Custom in Korea:Comparative Legal History*, Cambridge University Press.

古屋哲夫·山室信一 編, 2001, 『近代日本における東アジア問題』, 吉川弘文館.

駒込武, 1996, 『植民地帝國日本の文化統合』, 岩波書店.

宮田節子, 1985, 『朝鮮民族と「皇民化」政策』(이형낭 역, 1997, 『朝鮮民衆과 '皇民化' 政策』, 일조각).

牧英正·藤原明久 編, 1993, 『日本法制史』, 靑林書院.

尾崎關太郞, 1934, 『朝鮮無盡沿革史』, 朝鮮無盡協會.

小熊英二, 1998, 『日本人の境界』, 新曜社.

水野直樹, 2008, 『創氏改名 - 日本の朝鮮支配の中で』, 岩波書店.

鄭鍾休, 1989, 『韓國民法典の比較法的研究』, 創文社.

桶口雄一, 2001, 『戰時下朝鮮の民衆と徵兵』, 總和社.

海野福壽, 1995, 『韓國併合』, 岩波書店.

일제 조선관습조사 토대기초연구팀, 2019, 『일제의 조선관습조사 종합목록』, 혜안.

왕현종·김경남·이승일·한동민 편, 2019, 『일제의 조선 구관제도 조사와 기초자료』, 혜안.

왕현종·이승일·채관식 편, 2016, 『일제의 조선 관습조사 자료 해제』 I, 혜안.

이영학·한동민·이순용·김성국 편, 2019, 『일제의 조선 관습조사 자료 해제』 II, 혜안.

최원규·김경남·류지아·원재영 편, 2019, 『일제의 조선 관습조사 자료 해제』 III, 혜안.

2.2. 연구논문

강정원, 2014, 「일제의 산림법과 임야조사 연구 – 경남지역 사례」, 부산대 박사학위논문.

권철, 2009, 「일본 명치민법 상속편의 가독상속과 유산상속」, 『성균관법학』 21(2).

권태억, 1994, 「통감부 설치기 일제의 조선근대화론」, 『국사관논총』 53.

권태억, 2001, 「동화 정책론」, 『역사학보』 172.

金英達, 1994, 「創氏改名의 制度」, 『創氏改名』, 학민사.

김낙년, 1994, 「일본제국주의의 식민지 지배의 특질」, 『한국사』 13, 한길사.

김도형, 2004, 「大垣丈夫의 존재와 의미 – 애국계몽운동과의 관련을 중심으로」, 성균관대 석사학위논문.

김동명, 1998, 「1920년대 식민지 조선에서의 정치운동 연구 – 일본제국주의의 지배에 대한 저항과 '협력'의 변증법」, 『한국정치학회보』 32(3).

_____, 1998, 「일본제국주의의 식민지 지배 체제의 개편 – 3·1운동 직후 조선에서의 동화주의 지배 체제의 확정」, 『韓日關係史研究』 9.

_____, 2001, 「15년전쟁하 일본제국주의의 식민지지배 체제의 전개」, 『일본학』 20.

김창록, 1989, 「식민지 피지배기 법제의 기초」, 『법제연구』 8.

_____, 1994, 「日本에서의 西洋 憲法思想의 受容에 관한 硏究」, 서울대 박사학위논문.

_____, 2002, 「制令에 관한 연구」, 『법사학연구』 26.

김태웅, 1994, 「1910년대 전반 조선총독부의 취조국 참사관실과 구관제도조사사업」, 『규장각』 16.

김효전, 2004, 「독일 헌법이론의 초기 수용(2)」, 『인권과 정의: 대한변호사협회』 339.

남근우, 1998, 「식민지주의 민속학의 일고찰」, 『정신문화연구』 21(3).

도면회, 1998, 「1894~1905년간 형사재판제도 연구」, 서울대 박사학위논문.

_____, 2001, 「갑오개혁 이후 근대적 법령 제정 과정」, 『한국문화』 27.

류승렬, 2007, 「한국의 일제강점기 '동화'론 연구에 대한 메타분석」, 『역사와 현실』 65.

문준영, 1999, 「大韓帝國期 刑法大典의 制定과 改正」, 『法史學研究』 20.

_____, 2007, 「한국사법제도와 우메 켄지로 – 이영미, 『韓國司法制度と梅謙次郎』」, 『법사학연구』 35.

_____, 2008, 「이토 히로부미의 한국사법정책과 그 귀결 – 영사재판권 폐지 문제와의 관계를 중심으로」, 『법학연구』 49(1), 통권 59호.

미즈노 나오키, 2001, 「조선 식민지 지배와 이름의 '차이화': '내지인과 혼동하기 쉬운 이름'의 금지를 중심으로」, 『사회와 역사』.

박병호, 1992, 「日帝時代의 戶籍制度」, 『古文書研究』 3.

_____, 1992, 「일제하의 가족 정책과 관습법 형성 과정」, 『법학』 33(2).

박진태, 2007, 「한말 내장원과 통감부시기 임시재산정리국의 국유지조사 비교 분석」, *Jornal of Korean Studies* 9.

박찬승, 2017, 「1933년 상해 '有吉明공사 암살미수 사건'의 전말」, 『한국독립운동사연구』 60.

박현수, 1980, 「일제의 침략을 위한 사회 문화 조사활동」, 『한국사연구』 30.

朴賢洙, 1993, 「日帝의 朝鮮調査에 관한 研究」, 서울대 박사학위논문.

배성준, 2009, 「통감부시기 관습조사와 토지권 관습의 창출」, 『史林』 33.

사카모토 신이치, 2000, 「"明治民法"의 성씨제도와 "創氏改名"(조선) · "改姓名"(대만)의 비교분석」, 『법사학연구』 22.

손경찬, 2004, 「민형소송규칙의 제정과 의의」, 『법사학연구』 30.

심희기, 1992, 「書評 國譯慣習調査報告書」, 『법사학연구』 13.

_____, 2003, 「일제강점 초기 '식민지 관습법'의 형성」, 『법사학연구』 28.

양현아, 1999, 「한국의 호주제도」, 『여성과 사회』 10.

_____, 2000, 「식민지 시기 한국 가족법의 관습 문제 1」, 『사회와 역사』 58.

여박동, 1992, 「조선총독부 중추원의 조직과 조사 편찬사업에 관한 연구」, 『일본학연보』 4.

왕현종, 2007, 「경남 창원지역 토지조사의 시행과정과 장부체계의 변화」, 『역사와 현실』 65.

_____, 2010, 「한국 근대사의 전통 근대의 연계와 동아시아 관계사 모색」, 『역사학보』 207.

_____, 2010, 「대한제국기 고종의 황제권 강화와 개혁논리」, 『역사학보』 208.

_____, 2010, 「한말 한성부 지역 토지가옥 거래의 추이와 거주지별 편차」, 『한국사연구』 150.

_____, 2011, 「경남 창원 토지조사의 실시와 지역 주민의 대응」, 『한국학연구』 24.

_____, 2015, 「한말 개혁기 민법 제정론의 갈등과 '한국 관습'의 이해」, 『식민지 조선의 근대학문과 조선학연구』 선인.

柳在坤, 1993, 「日帝統監 伊藤博文의 對韓侵略政策(1906~1909) - 〈大臣會議筆記〉를 중심으로」, 『청계사학』 10.

윤대성, 1991, 「일제의 한국 관습조사사업과 민사관습법」, 『논문집(창원대)』 13(1).

_____, 1991, 「日帝의 韓國慣習調査事業과 傳貰慣習法」, 『韓國法史學論叢 - 박병호 교수 화갑 기념』 2, 박영사.

_____, 1992, 「〈韓國不動産ニ關スル調査記錄〉의 연구」, 『논문집(창원대)』 14.

윤병석, 2010, 「안중근의 하얼빈의거와 순국 100주년의 성찰」, 『군사연구』 129.

이경란, 1998, 「한말시기 일제의 농업금융정책과 지방금융조합의 설립」, 『국사관논총』 79.

이병수, 1975, 「우리나라의 근대화와 형법대전의 頒示」, 『법사학연구』 2.

_____, 1977, 「朝鮮民事令에 關하여 - 제11조의 관습을 중심으로」, 『법사학연구』 4.

이상욱, 1986, 「韓國相續法의 成文化過程」, 경북대 박사학위논문.

이수열, 2019, 「다이쇼 데모크라시기 의회중심주의의 역사적 전개」, 『역사와경제』 110.

이승일, 1999, 「식민지 조선의 차양자(次養子) 연구」, 『역사와 현실』 34.

_____, 1999, 「日帝時代 親族慣習의 변화와 朝鮮民事令 개정에 관한 연구 - 朝鮮民事令 제11조 제2차 개정안을 중심으로」, 『한국학논집』 33.

_____, 2000, 「일제 식민지 시기 宗中財産과 '朝鮮不動産登記令'」, 『사학연구』 61.

_____, 2003, 「일제의 관습조사사업과 식민지 관습법의 성격」, 『역사민속학』 17.

_____, 2004, 「1910·20년대 조선총독부의 법제 정책」, 『동방학지』 126.

_____, 2005, 「조선총독부의 조선인 등록제도 연구 - 1910년대 민적과 거주등록부의 등록 단위의 변화를 중심으로」, 『사회와 역사』 67.

_____, 2005, 「조선호적령 제정에 대한 연구」, 『법사학연구』 32.

_____, 2009, 「일제의 관습조사와 전국적 관습의 확립과정 연구」, 『대동문화연구』 67.

_____, 2010, 「일제의 동아시아 구관조사와 식민지 법 제정구상 - 대만과 조선의 구관입법을 중심으로」, 『한국사연구』 151.

이영학, 2007, 「갑오개혁시기 기록관리제도의 변화」, 『역사문화연구』 27.

_____, 2007, 「한말 일제하 식민지주의 형성과 그 특질」, 『지역과 역사』 21.

_____, 2008, 「매뉴스크립트 관리전문가들의 국제협력 및 연대」, 『기록학연구』 18.

_____, 2008, 「일제의 토지조사사업과 기록관리」, 『역사문화연구』 30.

_____, 2009, 「국가기록관리정책의 미래」, 『한국기록관리학회지』 9(2).

_____, 2009, 「기록물관리 전문요원의 운영현황과 전망」, 『기록학연구』 21.

_____, 2009, 「대통령기록관리제도 시행의 의의와 과제」, 『역사문화연구』 33.

_____, 2009, 「대한제국시기의 기록관리」, 『기록학연구』 19.

_____, 2009, 「조선시기 경제사연구의 현황」, 『역사문화연구』 32.

_____, 2010, 「기록문화와 지방자치」, 『기록학연구』 22.

_____, 2011, 「1910년대 경상남도 김해군 국유지실측도와 과세지견취도의 비교」, 『한국학연구』 24.

_____, 2011, 「통감부의 조사사업과 조선침략」, 『역사문화연구』 39.

이영호, 2003, 「일본제국의 식민지 토지조사사업에 대한 비교사적 검토」, 『역사와 현실』 50.

_____, 2008, 「일제의 한국토지정책과 '證明→地券→登記'로의 단계적 전환」, 『한국사연구』 142.

장철수, 1998, 「조선총독부 민속조사자료의 성격과 내용」, 『정신문화연구』 21(3).

田鳳德, 1976, 「韓國近代史法制度史(6)」, 『대한변호사협회지』 14.

_____, 1976, 「韓國近代史法制度史(7)」, 『대한변호사협회지』 15.

정긍식, 1992, 「日帝의 慣習調査와 意義」, 『國譯慣習調査報告書』, 한국법제연구원.

_____, 2009, 「식민지기 상속관습법의 타당성에 대한 재검토」, 『법학』 50(1).

정동호, 1979, 「개화기의 가족법 규범에 관한 일고찰」, 『논문집(강원대)』 13.

정승모, 1994, 「관습조사보고서 서평」, 『역사민속학』 4.

鄭然泰, 1995,「大韓帝國 後期 不動産 登記制度의 近代化를 둘러싼 葛藤과 그 歸結」,『法史學硏究』16.

정종휴, 2007,「日本民法典의 編纂」,『법사학연구』36.

趙凡來, 1992,「朝鮮總督府 中樞院의 初期 構造와 機能」,『한국독립운동사연구』6.

조형렬, 2004,「개신유학자 설태희(1875~1940)을 통해 본 '문화운동'의 이념적 편차」, 고려대 석사학위논문.

최미숙, 1995,「大垣丈夫연구 - 대한자강회와 대한협회의 활동을 중심으로」, 숙명여대 석사학위논문.

최덕수, 2009,「근대 계몽기 한국과 일본 지식인의 '보호국론' 비교 연구」,『東北亞歷史論叢』24.

최병택, 2006,「일제하 조선총독부의 삼림공용권 정리와 민유림 창출시도」,『역사교육』99.

_____, 2007,「1930년대 전반 일제의 민유림정책 전환과 임야세제 도입의 배경 및 의미」,『한국사연구』138.

최원규, 1996,「대한제국과 일제의 토지권법 제정과정과 그 지향」,『동방학지』94.

_____, 1997,「한말 일제초기 일제의 토지권 인식과 그 정리방향」,『한국근현대의 민족문제와 신국가건설』, 지식산업사.

_____, 2009,「일제초기 창원군 토지조사과정과 토지신고서 분석」,『지역과사회』30.

_____, 2015,「일제 초기 조선부동산 등기제도의 시행과 그 성격」,『한국민족문화』56.

한희숙, 2013,「조선시대 개성의 목청전과 그 인식」,『역사와담론』65.

허지은, 2008,「근세 쓰시마 조선어통사의 정보수집 경로와 내용」,『한일관계사연구』34.

홍양희, 2005,「조선총독부의 가족 정책 연구」, 한양대 박사학위논문.

Marie.s.h kim, 2008, "Ume Kenjirō and the Making of Korean Civil Law, 1906-1910", *The Journal of Japanese Studies* 34(1).

江橋崇, 1985,「植民地における憲法の適用 – 明治立憲體制の一側面」,『法學志林』82(3・4).

金英達, 1997,「日本の朝鮮統治下における'通婚'と'混血' – いわゆる'內鮮通婚'の法制・統計・政策ついて」,『人權問題研究室紀要』39.

吉田光男, 1994,「大韓帝國期ソウルの住民移動 – '漢城府戶籍'の分析を通して」,『朝鮮文化研究』1.

楠精一郎, 1991,「外地參政權問題」,『近代日本史の新研究』, 北樹出版.

Marie.s.h kim, 2000,「日本統治下における韓國の慣習法の構成」,『東洋文化研究』11.

水野直樹, 1997,「戰時期の植民地支配と'內外地行政一元化'」,『人文學報』79.

_____, 2001,「國籍をめぐる東アジア關係」,『近代日本における東アジア問題』, 吉川弘文館.

李昇燁, 2001,「朝鮮人內鮮一體論者の轉向と同化論理 – 綠旗聯盟の朝鮮イデオローグ中心に」,『二十世紀研究』2.

李英美, 2004,「韓國近代戶籍關聯法規の制定及び改正過程 – 民籍法を中心に」,『東洋文化研究』6.

田中美彩都, 2017,「植民地期朝鮮における異姓養子制度の容認とその影響: 近代における「儒教的」家族制度の展開の一側面」,『朝鮮学報』244.

田中美彩都, 2019,「近代朝鮮における養子離縁の「慣習」の形成過程 – 慣習調査事業(1908~1910)に着目して – 」,『年報朝鮮学』22.

田中隆一, 2000, 「帝國日本の司法連鎖」, 『朝鮮史研究會論文集』 38.

淺野豊美, 1998, 「日本帝國最後の再編」, 『戰間期のアジア太平洋地域－國際關係とその展開』, 早稻田大學社會科學研究所.

靑野正明, 2001, 「朝鮮總督府の墓地政策と民衆の墓地風水信仰－1920年代までを中心に」, 『大正でモクラシー・天皇制・キリスト教』, 新教出版社.

_____, 2002, 「朝鮮總督府の'創氏'構想」, 『桃山學院大學總合研究所紀要』 28(2).

春山明哲, 1980, 「近代日本の植民地統治と原敬」, 『日本植民地主義の政治的展開1895~1934』, アジア政經學會.

坂元眞一, 1996, 「敗戰前日本國における朝鮮戶籍の研究」, 『靑邱學術論集』 10.

平野武, 1972, 「日本統治下の朝鮮の法的地位」, 『阪大法學』 83.

찾아보기

ㄱ

가계(家契) 295, 305, 355
가권 143, 184, 221, 224, 236~241, 326, 329, 345, 355, 360, 362, 367, 376, 386, 402, 416, 423, 483
가독상속 420, 424~426, 609
가와사키 만조(川崎萬藏) 13, 163~165, 255, 258, 260~261, 263~264, 268~269, 271~274, 325, 328, 379, 381, 385
가쾌(家儈) 435
『경국대전(經國大典)』 510, 548, 552, 584, 586, 592
《고베 헤럴드(神戶Herald)》 131
고정상(高鼎相) 255, 260, 266~267, 273~274
고쿠분 쇼타로(國分象太郎) 163~164
곤도 렌페이(近藤廉平) 122
곽찬(郭璨) 381
곽한탁(郭漢倬) 185~186
관습법 75~76, 159, 173, 203, 610~612
구라토미 유자부로(倉富勇三郎) 167~169, 244
권매(權賣) 14, 252, 340, 401~402, 415, 468, 475, 500, 504, 533, 536~537, 542
권중억(權重億) 381
권현섭(權賢燮) 98
균전제(均田制) 517, 548, 563, 565, 598
기쿠치 다케카즈(菊池武一) 346
김갑순(金甲淳) 382
김구현(金龜鉉) 54~55
김락헌(金洛憲) 146~147, 255
김량한(金亮漢) 147
김용래(金用來) 381

김택(金澤) 146~147

ㄴ

나가노 슌고(永野俊吾) 255, 260
나카야마 세타로(中山成太郎) 13, 160, 164~165, 255, 257~258, 260, 265~266, 274~275, 325, 328, 499, 502
농공은행규칙 91
니시오 모리유키(西尾守行) 142

ㄷ

다다 칸(多田桓) 341, 346
『대전통편(大典通編)』 548, 552, 581~584

ㄹ

라인영(羅寅永) 128

ㅁ

매려약관부(買戾約款付) 500, 533, 537
매매문기 387, 473, 475, 501, 521, 539
메가타 다네타로(目賀田種太郎) 93, 160, 163
문기 229, 231~232, 250, 285~286, 307, 310, 313, 316, 318, 326, 333, 338~340, 345, 347, 354~355, 360, 362~363, 366, 374~376, 399, 401~402, 414~416, 424, 426, 433, 438~441, 461, 474, 476~478, 483~484, 486~490,

538~540, 542~545
물상담보권 468
미노베 다쓰키치(美濃部達吉) 250
미마스 구메키치(三增久米吉) 368
미우라 야고로(三浦彌五郎) 165, 330
민법 50, 52, 55~59, 66, 68~69, 71~74, 76~79, 85, 90, 95, 100, 104~106, 153, 155, 197~199, 202~204, 206~209, 235, 293

ㅂ

박성흠(朴聖欽) 179, 202~203, 206
박제순(朴齊純) 160, 172, 188, 258~259, 261, 263~268
박중양(朴重陽) 356
법률기초규정 74
법전조사국 219
부동산법 143, 149~150, 164~165, 241, 258~259, 272, 274
부동산법 요지 219, 221, 236~237
부동산법조사회 13~16, 19, 155, 172, 219, 230, 241, 255~256, 279, 281, 293, 321, 325, 328, 379~380, 385, 419, 421~422, 499, 501~502, 547, 550
부동산법조사회비 158
부동산조사문목 183
부동산조사위원회 160, 183
부동산질 250, 500, 504, 533, 535~537, 540~541
《북청 헤럴드》 138

ㅅ

사카이 요시아키(境喜明) 368
상법 74, 76~77, 90, 100, 105~106, 203~204, 207
상업회의소 75~77, 81~82, 188, 216
서병익(徐丙益) 381

석진형(石鎭衡) 147, 149, 255, 257~258, 260, 325, 328
설태희(薛泰熙) 211~212, 612
『속대전(續大典)』 552, 590~591
시부자와 에이이치(澁澤榮一) 122
신기선(申箕善) 54~55
신대균(申大均) 73, 383

ㅇ

아리가 나가오(有賀長雄) 84
아리요시 아키라(有吉明) 363
야마구치 게이치(山口慶一) 150~151, 156, 164~165, 255, 257~261, 263~264, 267~268, 271~272
양안(量案) 14, 326, 333, 339~340, 345, 347, 354~355, 361~362, 374~375, 399~402, 414~417, 420~421, 428~429, 437~438, 477~479, 481~482, 510, 521, 570, 607
양전법 130, 520, 553
양전사목(量田事目) 580
영소작권 102, 159, 330, 335, 352, 458, 460, 464, 499~500, 514, 529
오가키 다케오(大垣丈夫) 31, 94
오영탁(吳榮鐸) 384
오정선(吳政善) 194
오카요시 시치로(岡喜七郎) 167
우메 겐지로(梅謙次郎) 11, 13~14, 16, 145~149, 152~153, 158, 160~161, 163, 165~167, 172, 183, 219~221, 223, 228, 236, 238, 244, 246, 250, 255, 257~261, 265~268, 270~271, 273~275, 328, 379, 381, 422, 608
원응상(元應常) 147, 265~266
유성준(兪星濬) 167
유승동(柳昇東) 383
유진혁(柳鎭爀) 260~261, 263~264, 268~269, 271~272, 379, 384

윤기원(尹起元) 384
윤정하(尹定夏) 188
윤치호(尹致昊) 188
윤효정(尹孝定) 29, 78, 172~173, 197, 199
이건(李健) 128
이건영(李健榮) 146~147, 255
이다 아키라(飯田章) 357
이민법 19, 87, 104, 109~112, 115~117, 120~125, 128
이방협(李邦協) 258, 379, 384
이범소(李範紹) 382
이상만(李尚萬) 48, 383
이완용(李完用) 268
이완용(李完鎔) 268, 270~275, 349
이용선(李容善) 341
이원긍(李源兢) 146~147
이인용(李寅用) 382
이종영(李宗榮) 384
이중옥(李重玉) 341
이토 히로부미(伊藤博文) 13, 86, 95, 108, 142, 163, 167~169, 171~172, 236, 257, 275, 279, 282~283, 368, 607, 609
이하영(李夏榮) 171, 280~281, 287, 293, 295, 309, 317, 334
임대차 159, 462, 500, 530~531, 533
입회권 183, 223, 225, 329, 380, 385, 423, 466~468, 514

ㅈ

장덕근(張悳根) 384
장지연(張志淵) 172, 180, 182, 197
재산권 101, 172, 207, 600~601
전당(典當) 92, 153, 155, 157, 160~161, 187, 220, 226~228, 239~241, 250~252, 282~283, 285~286, 293, 296~300, 302, 304~306, 310~316, 319~321, 326, 332, 338, 344, 353, 361, 398~399, 413~415, 468~476, 487~488, 500, 505, 514, 533~537, 540
전당권 226, 229~230, 240, 250~252, 415, 438~439, 452, 471~472, 483, 514
전당문기 469, 471, 473, 540
정인흥(鄭寅興) 146~147
정전구일세(井田九一稅) 420, 428, 430
정전법(井田法) 159, 369, 387, 405, 517, 548, 550, 553~556, 596
『조사사항설명서(調查事項說明書)』 14, 223, 379
조준(趙浚) 517, 563~565, 579, 584
지계(地契) 295, 305
지권 124, 143, 172, 194, 221, 224, 236~241, 306, 326, 329, 345, 347, 355, 362, 367, 376, 386, 402, 416, 423, 483, 548
지권가권법 219~221, 224, 238
지상권 102, 159, 326, 330, 335, 344, 347, 352, 380, 395, 411, 415, 458~460, 463~464, 499~500, 503, 514, 529~530
지역권(地役權) 102, 183, 223, 329, 332, 344, 385, 423, 464~466, 499~500, 503, 514, 529~530

ㅊ

차지권 183, 223, 226, 236, 326, 329, 337, 343~344, 352, 354, 359, 361, 367, 372, 385, 401, 411, 415, 423, 425, 427~428, 439, 442~443, 458~464, 500, 513~514
채권적 차지권 499~500, 503, 530
청한협회(清韓協會) 122~123
최병상(崔秉相) 150~151, 156, 164~165, 255, 257~261, 263~264, 267~268, 271~272
최정덕(崔廷德) 54~55

ㅌ

타일바우(Teilbaw) 500, 531~533
토지가옥전당집행규칙 시행세칙 280, 296
토지가옥증명규칙 14, 39, 155, 172, 187, 220, 229, 231, 251, 263~264, 266~269, 279~283, 293, 295, 306, 309~320, 323, 473, 549
토지가옥증명규칙 시행세칙 155, 293, 309
토지가옥증명규칙 요지 14, 281, 317
토지건물소유권보존증명규칙 230~231
토지건물소유권증명규칙 시행세칙 230~231, 233
토지건물의 매매, 교환, 양도, 전당에 관한 법률 226
토지건물의 매매, 교환, 양여, 전당에 관한 법률 172
토지건물전당집행규칙 296, 298~301
토지건물전당집행규칙 세칙 298
토지건물증명규칙 172, 219, 221, 226, 229~232, 251~252, 279, 282, 285~286, 296, 298, 302, 304~305
『토지 및 건물의 매매, 증여, 교환 및 전당의 증명에 관한 규칙 및 지령 등 요록(土地及建物ノ賣買, 贈與, 交換及典當ノ證明ニ關スル規則及指令等要錄)』 14~16, 282
토지소관법기초위원회 146, 172
토지소유권 183~184, 223~224, 236, 329~330, 333, 335, 342, 349, 357, 363, 385, 405, 423~439, 442~444, 448~449, 515, 517, 521~523, 527~528, 537, 550~552, 555, 567, 596~600
토지에 관한 권리 9, 15~16, 183~184, 223, 296, 329, 385~386, 422~423, 499, 501~502, 505, 512~513, 521, 538, 556
토지에 관한 권리의 종류 183~184, 223, 329, 385, 422
토지용익권 500, 528

ㅍ

풍속 개량 39, 41

ㅎ

하세가와 요시미치(長谷川好道) 280, 293, 295~296
한광호(韓光鎬) 200, 202, 213
『한국 부동산에 관한 관례 제2철: 황해도 중 12군(韓國不動産ニ關スル慣例 第二綴: 黃海道中拾貳郡)』 14, 16, 256, 422
『한국사정(韓國事情)』 333, 363
『한국 입법 사업 담임 당시 기안 서류(韓國立法事業担任当時ニ於ケル起案書類)』 14~16, 219, 221
한백겸(韓百謙) 553~554
한영원(韓永源) 334
한일은행 88~89, 188
『형법대전(刑法大典)』 72~73, 89~91, 96, 100, 106, 171, 186, 251, 610
호주상속 430~431, 439
혼인 22~26, 34, 40, 42~45, 48~49, 59, 61, 107, 235
혼인법 22~23, 25~26, 35~38, 107
혼인조칙 34
홍범 50~52, 54~55
홍순구(洪淳九) 384
홍재기(洪在祺) 146
홍정후(洪正厚) 54~55
홍필주(洪弼周) 128
황인종 64~65
히라키 간타로(平木勘太郞) 255, 260, 266~267, 419~422, 436, 501, 547, 550

동북아역사재단 일제침탈사 자료총서 13
정치편

관습조사(1)
일제의 관습조사와 토지법제 인식

초판 1쇄 인쇄 2021년 12월 20일
초판 1쇄 발행 2021년 12월 31일

기획 | 동북아역사재단 일제침탈사 편찬위원회
편역 | 왕현종·방광석·심희찬
펴낸이 | 이영호
펴낸곳 | 동북아역사재단

등록 | 제312-2004-050호(2004년 10월 18일)
주소 | 서울시 서대문구 통일로 81 NH농협생명빌딩
전화 | 02-2012-6065
팩스 | 02-2012-6189
홈페이지 | www.nahf.or.kr
제작·인쇄 | 역사공간

ISBN 978-89-6187-686-5 94910
　　　978-89-6187-685-8 (세트)

- 이 책은 저작권법으로 보호를 받는 저작물이므로 어떤 형태나 어떤 방법으로도 무단전재와 무단복제를 금합니다.
- 책값은 뒤표지에 있습니다. 잘못된 책은 바꾸어 드립니다.